苏州地域文明探源

企致集

苏州考古七十周年纪念文集

苏州市考古研究所 编著

上海古籍出版社

图书在版编目(CIP)数据

企致集：苏州考古七十周年纪念文集 / 苏州市考古研究所(苏州考古博物馆)编著. -- 上海：上海古籍出版社，2024.12. -- ISBN 978-7-5732-1454-6

Ⅰ. K85-53

中国国家版本馆CIP数据核字第2024VV3351号

企致集——苏州考古七十周年纪念文集

苏州市考古研究所　编著

上海古籍出版社出版发行

(上海市闵行区号景路159弄1-5号A座5F　邮政编码201101)

(1) 网址：www.guji.com.cn
(2) E-mail：guji1@guji.com.cn
(3) 易文网网址：www.ewen.co

苏州市越洋印刷有限公司印刷

开本889×1194　1/16　印张23.5　插页15　字数631,000
2024年12月第1版　2024年12月第1次印刷
ISBN 978-7-5732-1454-6
K·3776　定价：150.00元

如有质量问题，请与承印公司联系

谨此纪念——苏州考古七十周年（1954—2024）、
苏州市考古研究所成立十五周年（2009—2024）

编著委员会

主　　任：朱　艳

副 主 任：陈瑞近

主　　编：程　义

副 主 编：朱　威　张铁军

执行主编：车亚风

统　　稿：牛煜龙　张志清

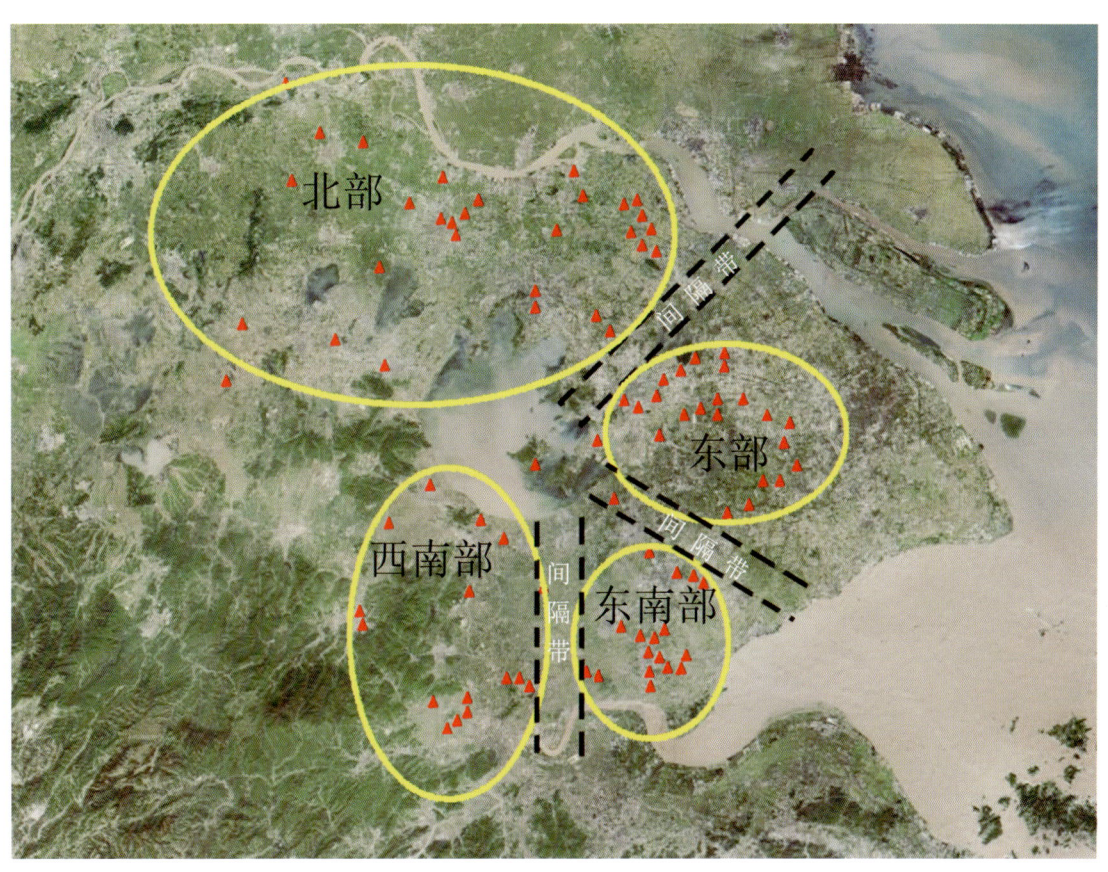

图版一　环太湖地区崧泽文化遗址分布图

寺墩遗址水井出土彩绘陶罐

澄湖遗址水井出土彩绘黑皮陶罐

图版二

图版三　真山D33-K1（由北向南拍摄）

图版四　真山D33-K2出土位置（由东向西拍摄）

图版五　观音山D1东壁剖面与盗洞（由西向东拍摄）

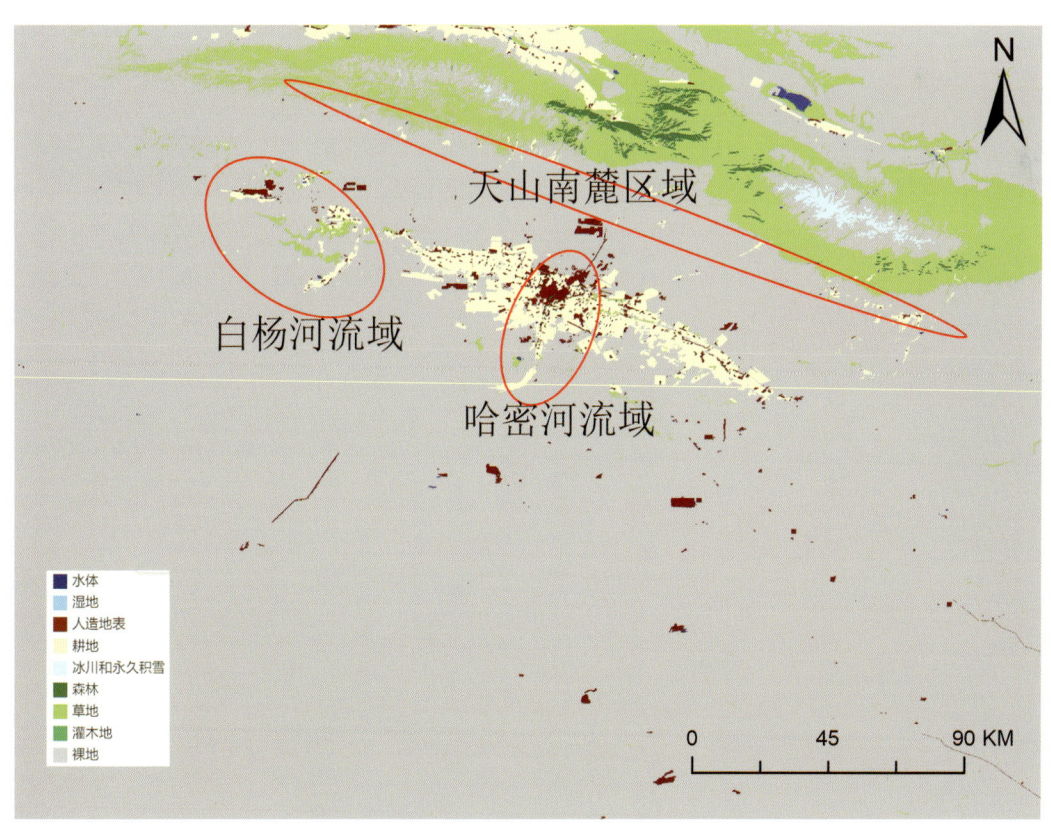

图版六　新疆哈密盆地地表覆盖图2020年

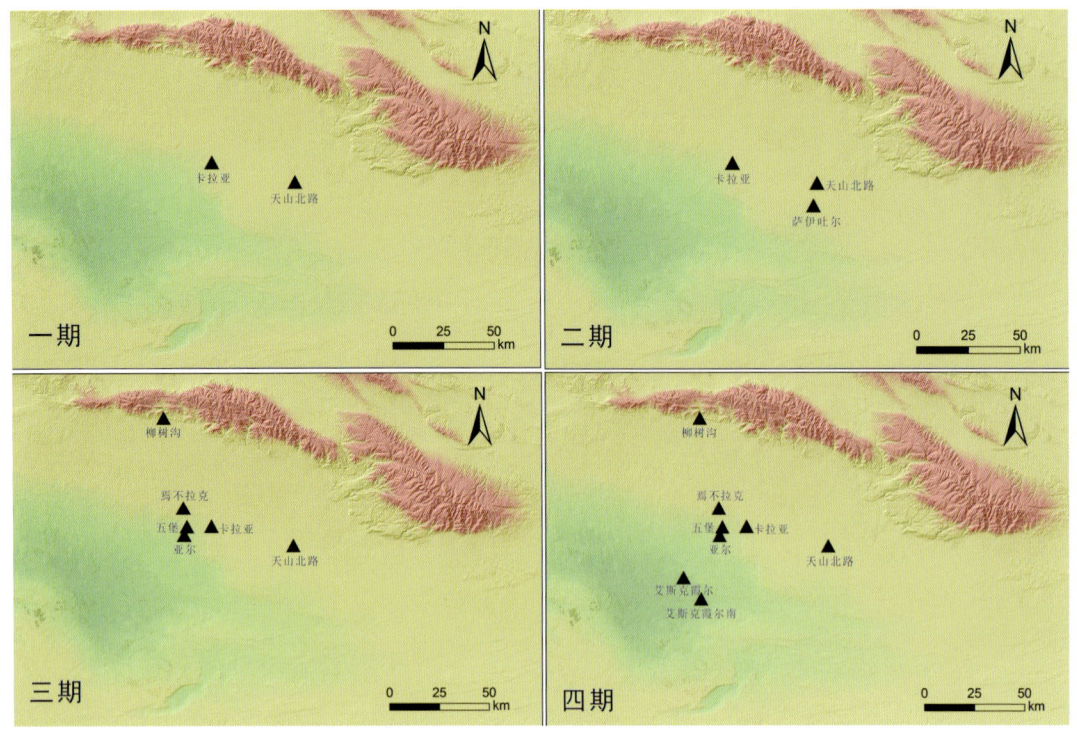

图版七　新疆哈密盆地青铜时代各阶段遗存变化图

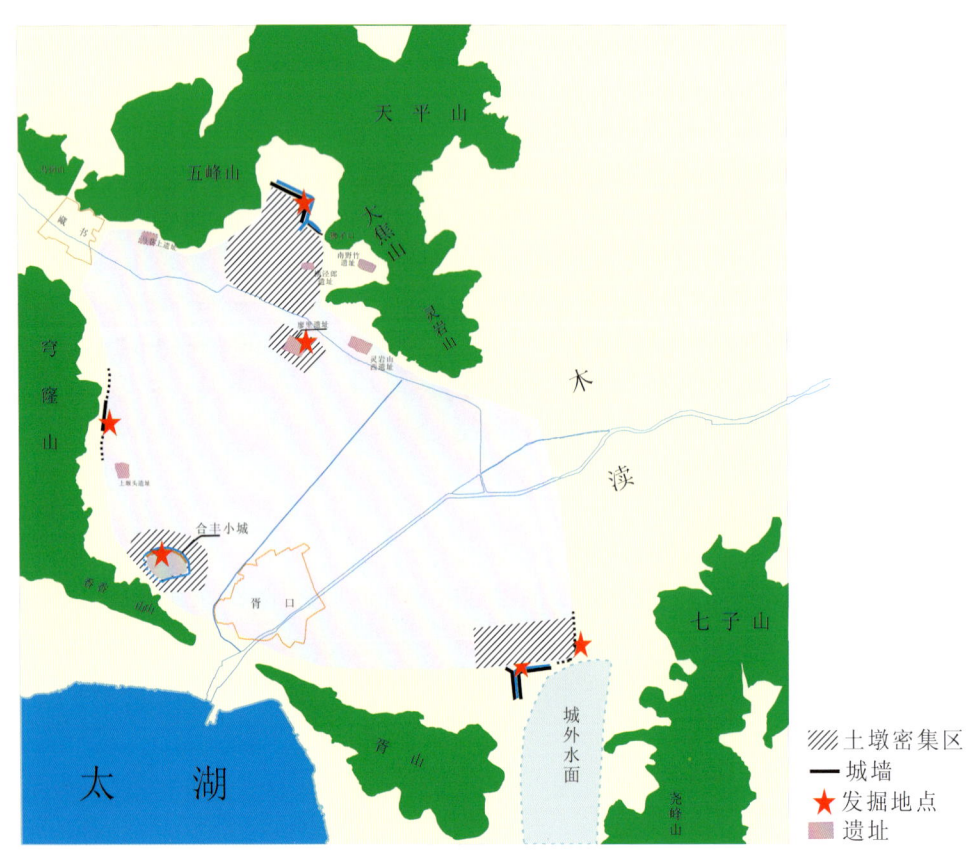

图版八　木渎古城聚落形态

图版九　江西国字山越国贵族墓出土漆瑟

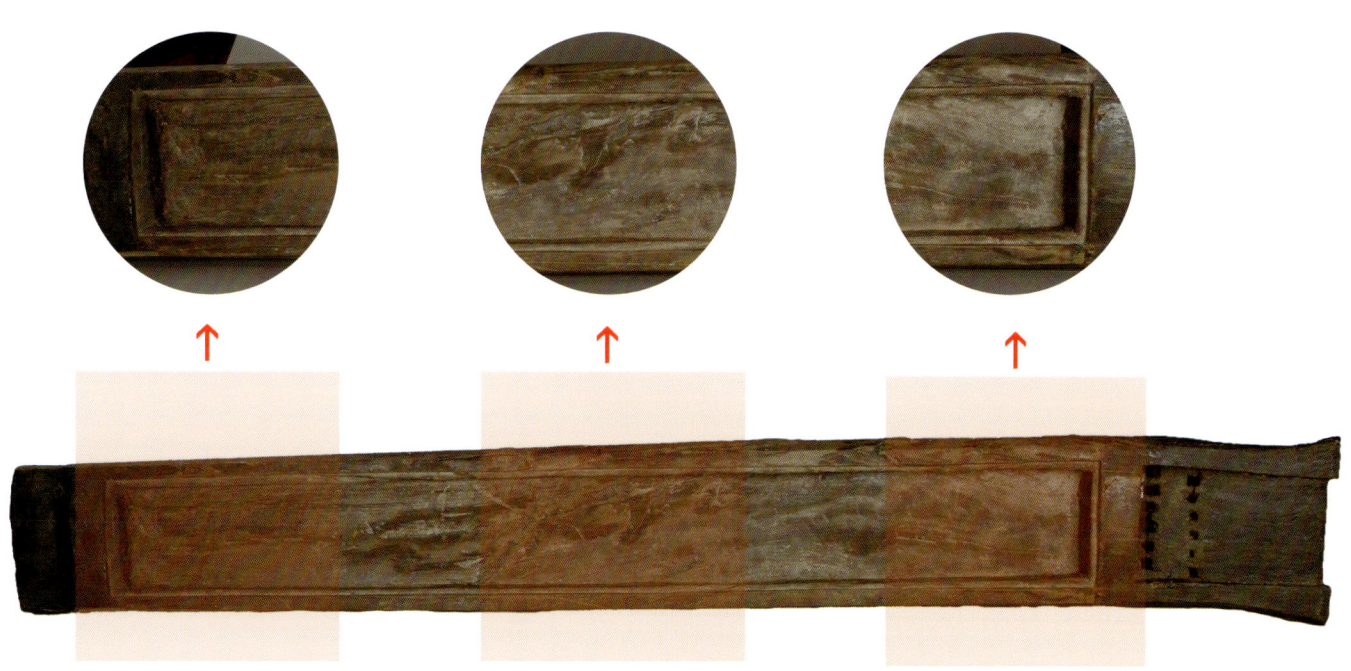

图版十　吴文化博物馆"长桥琴"安置面板的浅槽

 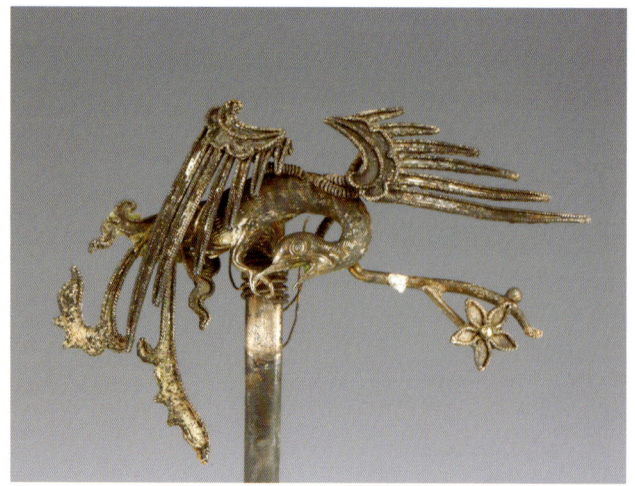

图版十一　江苏常熟邵家湾出土银簪（M60：3、6）局部

图版十二　山西太原郭行墓演乐图　东壁、西壁南端宴乐图

图版十三　山西太原郭行墓墓顶壁画

图版十四　江海万里行——黄泗浦遗址精品文物展

图版十五　樊村泾元代遗址发掘区域全景

春秋透雕龙纹镜

战国四山镜

图版十八　昆山博物馆藏铜镜

图版十七　榆林窟第3窟南壁壁画　观无量寿经变（高鹏、吴荣鉴　临摹）

图版十八　北宋·真珠舍利宝幢（苏州瑞光寺塔第三层天宫出土）

图版十九　北宋·嵌螺钿经箱（苏州瑞光寺塔第三层天宫出土）

图版二十　北宋·残裹经绢绣袱（苏州虎丘云岩寺塔第二层出土）

图版二十一　北宋·残裹经绢绣袱（中国工艺美术大师李娥英复制）

图版二十二　莫高窟172窟北壁《观无量寿经变》中的菩萨（含局部）

真珠舍利宝幢复制品局部

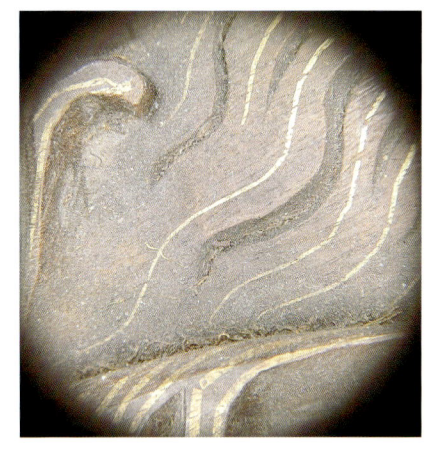
宝幢局部（金箔条尾部，用描金工艺收尾）

缠枝纹鎏金银皮凳

缠枝纹鎏金银皮小凳内部的錾刻痕迹

金宝瓶

宝瓶瓶身细节图

图版二十三　苏州博物馆藏真珠舍利宝幢金属工艺

图版二十四　瑞光塔出土九头蟠龙

图版二十五　瑞光塔出土殿顶、宝花璎珞幡铎

图版二十六　法门寺地宫出土唐门茶具组合

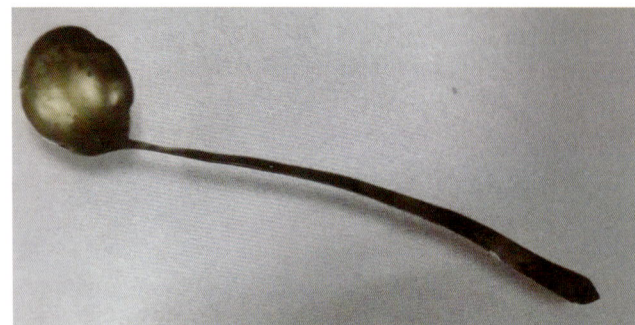

图版二十七　辽德妃伊氏墓出土茶具组合

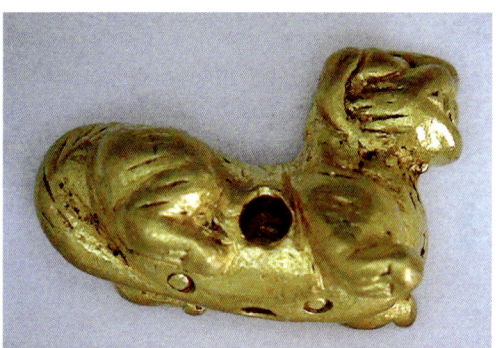
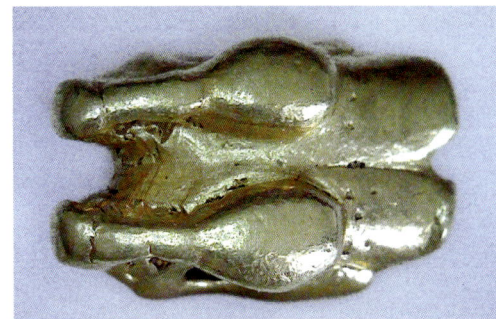
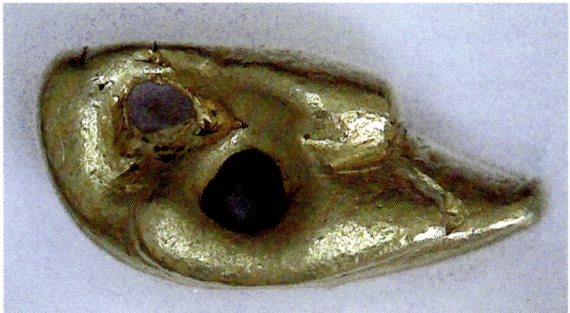
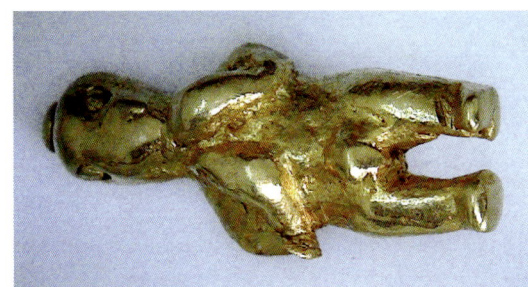
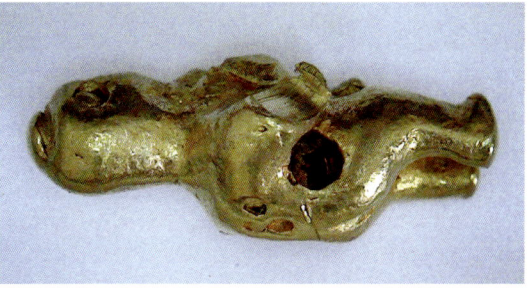

图版二十八　苏州虎丘路新村土墩M1出土部分金串饰

苏州考古七十年：回顾、成就、展望（代序）

◎ 程　义（苏州市考古研究所　所长）

苏州市委、市政府历来重视文物事业发展，21世纪以来，特别是党的十八大至今，苏州积极践行"保护第一、加强管理、挖掘价值、有效利用、让文物活起来"的新时代文物工作方针，同时扎实推进"全面保护古城风貌，积极建设现代化新区"的古城保护方针，涌现了一批重要的考古发现及研究成果。这些成果完善了"马家浜—崧泽—良渚"等史前考古学文化的发展序列，为实证我国"百万年的人类史、一万年的文化史、五千多年的文明史"作出了重要贡献。

一、发展历程回顾

中华人民共和国成立前，苏州地区有过数次文物调查活动，如1926年春夏间，李根源在苏州近郊和西部诸山调查历代名人墓葬、石刻、古建筑等文物并著述出版《吴郡西山访古记》；1934年11月，中央古物保管委员会江苏分会对苏州城内外古墓葬进行调查；1936年3月，卫聚贤调查发现了吴城、越城等遗址，采集到印纹陶片、鹿角、石斧等器物，开苏州田野考古调查工作之先河，苏州考古工作也肇始于此。这一时期苏州地区的文物考古工作主要为零星的调查考证和地面标本的采集，尚未采用现代考古学的理论与方法进行清理及发掘。

中华人民共和国成立后，随着社会主义现代化建设的开展，文物考古工作日渐受到党和政府的高度重视。1954年，江苏省文物管理委员会苏州文物工作组对苏州五峰山地区土墩墓的发掘，是苏州历史上第一次经国家批准并采用现代考古学方法进行的田野考古发掘活动。这一工作揭开了苏州地区科学考古发掘工作的序幕。从1954年至今，苏州的考古工作主要分为以下四个发展阶段。

第一阶段：1954年至1982年

这一时期苏州地区的田野考古工作主要由华东文物工作队、江苏省文管会、南京博物院、苏州博物馆等机构承担。1960年1月，苏州博物馆成立，内设考古组，从此苏州有了自己的考古研究机构。

此时的考古发掘项目数量总体偏少，大部分以配合农田水利基本建设为主，发掘手段也相对原始，但不乏有重要的考古发现，为日后苏州的考古工作积累了资料、培养了人才、奠定了基础。例如，先后发掘了梅堰遗址、越城遗址、草鞋山遗址、张陵山遗址以及吕师孟墓、元娘娘墓、王锡爵墓、毕沅墓、天宝墩汉墓、七子山五代墓等。

值得一提的是，1973年草鞋山遗址的发掘，首次在典型的良渚文化墓葬中出土了玉琮、玉璧等随葬玉器，不仅解决了琮、璧的年代问题，还首次确立了琮、璧、钺等玉礼器是新石器时代礼器的观点。此外，草鞋山遗址的发掘还首次确立了环太湖地区史前考古学文化的发展序列：马家浜文化→崧泽文化→良渚文化，因此被誉为"江南史前文化标尺"。

第二阶段：1982年至1992年

以1982年入选首批国家历史文化名城为标志，苏州开始贯彻"全面保护古城风貌，积极建设现代化新区"的发展策略，苏州地区进入了城市考古的新阶段。

随着高考的全面恢复，一批考古学专业毕业的大学生陆续来到苏州工作，苏州考古人员的业务素质有了显著提高。此时，苏州博物馆考古组更名为苏州博物馆考古部，苏州的考古机构开始独立开展大规模的考古工作。

为进一步加大城市基本建设中的文物保护力度，《中华人民共和国文物保护法》《田野考古工作规程》先后于1982年、1984年公布实施，苏州博物馆考古部配合进行了大量的考古调查、勘探与发掘，先后发掘了徐家湾、三山岛、龙南、东山村等史前遗址。

全市范围的文物普查为苏州文物考古工作奠定了扎实的基础。为共享文物考古资料、推动相关学术研究，这一时期还创办了《苏州文博通讯》等期刊。

第三阶段：1992年至2006年

以赵陵山遗址入选"1992年度全国十大考古新发现"和1992年中日联合考古队对草鞋山遗址古稻田进行发掘研究为标志，苏州地区的考古工作开始向聚落考古、科技考古转型。赵陵山遗址入选全国十大考古新发现，也是江苏省首次获此殊荣。

1992年至1995年，苏州博物馆考古部与南京博物院、江苏省农科院、日本宫崎大学联合开展了四期的草鞋山遗址古稻田研究，发现了马家浜文化时期的水稻田及水井（蓄水坑）、水塘、水路等相配套的灌溉系统。这是我国首次考古发现有灌溉系统的古稻田，揭开了对稻作农业起源研究的序幕。

这一时期还发掘了真山大墓、黑松林墓地、罗墩、少卿山、绰墩等重要遗址。除了多学科合作成果，以《真山东周墓地》为代表的一批较高质量的报告、论文等也相继问世。

第四阶段：2006年至今

以苏州获得团体考古发掘资质、苏州市考古研究所获批成立为标志，苏州考古工作迎来了蓬勃发展期。

2006年2月，苏州博物馆获得国家文物局颁发的团体考古发掘资质，同年9月《苏州市地下文物保护办法》颁布施行。2007年9月，苏州市编办正式批复同意建立苏州市考古研究所。在原苏州博物馆考古部的基础上，苏州市考古研究所于2009年3月正式独立运行。2024年6月，苏州市委编办批复苏州市考古研究所增挂"苏州考古博物馆"牌子。在法律法规、机构建设等方面，苏州考古事业的健康发展得到了制度化保障，进入了全新的发展阶段。

苏州市考古研究所成立后，聚落考古、城市考古等相继开花结果，主持或参与发掘的项目先后有：木渎春秋古城入选"2010年度全国十大考古新发现"、扬州曹庄隋唐墓（隋炀帝墓）入选"2013年度全国十大考古新发现"、张家港黄泗浦遗址入选"2018年度全国十大考古新发现"等。

此外，苏州市考古研究所还发掘了鸡笼山、馒首山、观音山等一批石室土墩墓，以及姜里、朱墓村、唐家角等一批史前遗址，初步形成了苏州东部史前考古、西部吴越文化考古、中部城市考古三大重点研究方向。

二、近年考古成就

1. 文明探源与研究

2022年11月，苏州地域文明探源工程正式启动，苏州成为国内首个实施文明探源工程的地级市。苏州地域文明探源工程共设置"太湖流域文明源头研究""苏州史前文明发展历程研究""吴文化探源研究""苏州古城研究""苏州地域人口迁徙和文化交流研究"五大重点研究项目。

在探源工程的指导下，先后有草鞋山、塘北、东山村等3项由苏州市考古研究所主持或参与的主动性考古发掘项目有序推进，基建考古成果也不断呈现。

2023年3月，元和塘古窑址群经过论证被确认为南宋"平江窑"所在地，实现了苏州考古史上的一个重大突破。

2024年6月，金城新村遗址考古发现专家论证会召开。金城新村遗址是近年在苏州子城区域最重要的考古发现，遗址揭露了东周至唐宋时期地层堆积，证实了苏州2500年绵延不断的历史文脉。特别是在江南地区发现并识别出一批秦代建筑构件和生产生活遗物，不但为确定秦会稽郡治所位置提供了确切考古证据，而且也为我们从考古视角重新探寻、研究和认识苏州建城史揭开了序幕。

此外，苏州还有不少考古新发现，为地域文明探源工程提供了重要依据和实证，例如长江下游地区首次发现的旧石器时代遗址——三山岛遗址、被誉为"崧泽王"的东山村遗址、江南史前文化标尺——草鞋山遗址、鉴真第六次东渡日本起航地——黄泗浦遗址、大元瓷仓——樊村泾遗址等等。

一件件文物、一处处遗址，汇聚成了一幅饱含"一万余年文化史、五千多年文明史、两千五百年建城史"的苏州历史长卷。从考古的视角解读苏州的历史文化、勾勒苏州的历史轮廓，实证了苏州地域文明对中华文明的重要贡献。

2. 文物保护与利用

《苏州市地下文物保护办法》于2006年正式公布，2022年又修订施行。通过修订，确立了"先考古、后出让"的基本建设考古制度，还明确了政府及其相关部门职责，增加了地下文物埋藏区、文物保护信息共享机制的相关规定，调整了考古调查、勘探的范围，突出编制计划的重要性，明确了考古费用的承担主体，并增加了考古成果展示运用的相关规定，进一步理顺了文物保护与城市更新的关系。

作为江苏省首家考古博物馆，苏州考古博物馆预计2025年正式对外开放，将与苏州市考古研究所实现一体化管理、发展。通过开放式展厅，运用现代科技手段，科学系统地展示田野考古工作规程，展现和阐释苏州丰富的考古成果，打造既科学严谨又生动活泼的公众考古教育、体验基地，苏州考古博物馆将成为揭示苏州地域文明脉络和城市发展变迁的重要平台。

草鞋山考古遗址公园也于2022年6月正式开园，随后成功入选第四批国家考古遗址公园立项名单；元和塘古窑遗址公园、黄泗浦考古遗址公园等也在加快推进中。

可以说，苏州地区的遗址保护利用工作已呈现出"多点开花"的发展态势，实现了文物保护与地方发展的合作共赢。

3. 学术成果与合作

学术成果：仅2022年至2024年，先后出版《虎丘黑松林墓地》《吴国史新证：出土文献视野下的〈吴太伯世家〉》《学步集——吴文化器物与文献研究》《苏州草鞋山遗址出土文物》《苏州出土文物精粹》《苏州考古资料汇编》《企致集——苏州考古七十周年纪念文集》等专著7部，发表各类简报、论文60多篇（含核心期刊11篇）。

公众考古：苏州市考古研究所与苏州图书馆合办的"苏州大讲坛·文明探源系列讲座"，邀请多位国内知名的考古相关领域专家学者，围绕文明探源工程的理论研究、重要遗址发现等主题，搭建起一个权威研讨平台，旨在向市民传播承载中华文化、中国精神的价值符号和文化产品，营造出向全社会传承中华文明的浓厚氛围。

与苏州广电传媒集团联合制作的苏州地域文明探源系列短视频《苏从何处来》，获评"2023年度中华文物新媒体传播精品项目"。

对外合作：苏州市考古研究所与中国科学院古脊椎动物与古人类研究所、南京大学、南京师范大学、上海大学等四家单位签订苏州地域文明探源工程战略合作协议。此外，还与国家文物局考古研究中心、江苏省地质局第四地质大队、苏州市测绘院等单位进行多学科合作与研究。

4. 机构建设与发展

管理机构：目前已建立木渎基地和多个临时考古工作站，逐渐形成"考古博物馆+基地+考古工作站"相结合的"1+N"模式，有效服务大市范围。

人才体系：2022年7月，苏州市委理论学习中心组举行"中华文明探源"专题学习报告会，随后为苏州市考古研究所增加10名编制。2024年6月，苏州市委编办批复苏州市考古研究所增挂"苏州考古博物馆"牌子，同时新增5名编制。苏州市考古研究所（苏州考古博物馆）现有事业编制30名、公益性岗位5名，2023年以来先后引进十余名硕、博士毕业生及劳务派遣人员，极大充实了从业人员的数量与质量。

学术平台：苏州市考古研究所先后合作共建了中国社会科学院考古研究所环太湖地区古代文明研究中心、国家文物局考古研究中心苏州工作站、王巍院士苏州工作站等学术交流平台，以及苏州市吴越史地研究会等社会组织，未来将充分发挥专家智库与桥梁纽带作用，加强考古研究，深刻揭示苏州作为吴文化发源地和江南文化核心城市的发展脉络。

三、未来规划展望

未来，苏州市考古研究所将持续推进苏州地域文明探源工程，不断完善机构建设，逐步扩大合作交流，为把苏州建成古今辉映的历史文化名城作出考古贡献。除完成基建考古等基础工作，还将重点推动以下几方面内容：

1. 持续整理历年发掘资料，力争出版一批高质量考古成果

扎实推进前期积压考古资料的整理与编写工作，努力实现"以老带新"传帮带、"以新促老"共提高，不断提升项目负责人的学术视野与研究水准，力争形成一批有特色、有影响的成果，以此推动苏州考古工作由田野技术型向学术研究型提升。

2. 以苏州考古博物馆为平台，加大考古成果展示转化力度

苏州考古博物馆将以文物保护传承为核心理念，以现代化博物馆为展示平台，以公众考古教育为服务导向,以石湖自然景观为环境依托,有效整合苏州考古资源、展示苏州考古成果、创新形式、增加互动,为社会各界提供一个科普考古知识、解读苏州历史、领略地域文化的窗口。

苏州考古博物馆还将与渔家村文化旅游项目等文旅资源形成乘数效应,充分发挥考古资源的科研、教育、研学、游憩等功能,打造在考古遗址保护和展示方面具有示范意义的特定公共空间和文旅融合示范项目。通过文化赋能推动石湖板块区域整体价值的提升,对加快考古成果展示转化、提高苏州文化遗产利用水平、促进苏州文旅产业融合发展都将具有重要意义。

3. 以环太湖地区为中心,构建完备的人才培养与成长体系

支持联合开展重大考古项目、考古研究课题,定期进行专业培训交流,强化人才队伍能力建设,实行"请进来、走出去",促进优质人才资源共建共享。

引进或培养实用型、研究型、复合型人才,不断完善技工队伍管理制度,建立健全有利于人才健康成长的体制机制,逐步形成专业结构科学、年龄梯队合理的人才队伍体系。

4. 从苏州实际出发,探索基建考古+学术研究的工作模式

苏州地区的基础建设高潮已开始回落,基建考古项目也会随之减少,并且从中心城区向外围郊县扩展的趋势不断加强。

新时代,新使命。在未来的考古工作中应时刻加强课题意识,适时开展主动性考古工作,从量向质转变,着重本地特色,全面提升文物保护传承、研究阐释和活化利用水平,探索出一条符合苏州实际的"基建考古+学术研究"的工作模式。

弹指一挥间,从1954年五峰山的首次考古发掘至今已经七十年了,一代又一代的苏州考古人扎根田野、栉风沐雨,用一把把手铲揭开了埋藏在这片沃土之下的文物瑰宝,也使苏州地区的文物考古事业取得了长足进步:机构建制方面,从1960年的苏州博物馆考古组到2009年升级成立苏州市考古研究所,再到馆所一体化的苏州市考古研究所(苏州考古博物馆),走在了全国地市级考古机构的前列;发掘成果方面,先后有4个项目入选"全国十大考古新发现",填补了诸多研究空白、产生了较大社会影响。

此外,苏州的考古机构为配合基本建设还进行了大量的考古调查、勘探、发掘、保护和研究等工作,延伸了苏州历史轴线,增强了苏州历史信度,丰富了苏州历史内涵,活化了苏州历史场景,为苏州地区经济社会的快速发展提供了有力保障,为文明起源、吴越文化、海上丝绸之路等课题的深入开展提供了新的材料。这些成绩的取得与老一辈文物考古工作者的奠基之功是分不开的,他们为苏州考古文博事业作出的重要贡献也将被永久铭记!

新起点,新征程。未来,苏州市考古研究所将一如既往地积极贯彻、认真落实习近平总书记关于文物考古工作的系列重要讲话精神与指示,多措并举、扎实高效推进考古工作高质量发展,奋力实现苏州文物考古工作再上新台阶,为建设中国特色、中国风格、中国气派的考古学提供苏州力量,为弘扬中华优秀传统文化、坚定文化自信自强提供考古支撑。

目 录

苏州考古七十年：回顾、成就、展望（代序） .... 程　义　1

一、问道求真与探索

苏州古城址考古与研究补页 .... 钱公麟　3

回忆苏州西塘河与西部山区考古 .... 张志新　10

考古工作十四年 .... 朱薇君　17

瑞光塔出土文物发现经过和文物概况 .... 朱伟峰　22

苏州虎丘黑松林三国墓发掘及其他 .... 王学雷　31

跳出苏州做苏州——苏州考古工作的断想 .... 唐锦琼　35

我与考古的不解之缘 .... 姚晨辰　43

虞迹·文物托起的历史——博物馆人与常熟考古 .... 谢金飞　48

二、考古发现与研究

苏州城墙考古发掘情况（2011年）介绍——兼谈苏州城始建年代

.... 王　霞　59

太仓沙溪钱家巷遗址发掘简报 .... 苏州市考古研究所　70

苏州昆山张家坟墓葬发掘简报 .... 苏州市考古研究所　87

江苏常熟邵家湾M60、J1发掘简报 .... 苏州市考古研究所　95

古基因组探究南岛语族的起源与扩散历史
　　……………… 薛家旸　平婉菁　崔　璨　刘思琼　付巧妹　101
中国磨制石器研究实践与思考 ………… 任　欢　薛理平　陈　虹　106
崧泽文化时期太湖东部的社会发展 ………………………… 曹　峻　114
祭水观念与崧泽文化彩陶——江南地区史前彩陶研究之一 …… 孙明利　131
江南地区出土春秋时期印纹硬陶分期研究 ………………… 郑建明　138
关于苏州商周时期土墩墓若干现象探讨 ………… 丁金龙　王　霞　159
新疆哈密盆地青铜时代考古学文化的发展 ………………… 佟建一　175
略论苏州地区考古学文化景观复原的影响因素 … 牛煜龙　沙龙滨　188

三、文物与文献研究

说阖闾城 ……………………………………………………… 程　义　203
安徽博物院藏铸客鼎腹部、足铭文"夋"字小考 …………… 沈　浩　208
筝或琴——从出土实物谈先秦时期筝类乐器相关问题 …… 高　超　211
山西太原郭行墓壁画浅析 …………………………………… 朱书玉　221
张家港黄泗浦遗址保护利用实践与思考 ………… 田　笛　朱　滢　234
元代太仓的海外贸易史迹 …………………………………… 徐　超　241
《吴江进士题名录》残碑考释 ……………………………… 陆青松　251
取水明月　鉴照千秋——昆山博物馆藏历代铜镜撷珍 …… 金坤萍　258
中国古建筑四出抱厦外观小考 ……………………………… 信香伊　268
从正谊书院看清末苏州地区新学的兴起
　——兼谈苏州可园二期建筑性质 ………………………… 车亚风　277

四、工艺与科技考古

试论苏作艺术在宋代的形成——基于苏州出土文物初探 ········· 张云林　289

苏州博物馆藏真珠舍利宝幢金属工艺初考 ················· 金　怡　295

唐宋茶事衍变初探——以考古资料为视角 ················· 赵慧群　304

苏州虎丘路新村土墩M1出土金器的初步研究 ········ 张铁军　何文竞　325

元和塘出土陶器烧成温度初探
　　············· 隋鲁青　吴丽婷　刘芳芳　吴　昊　庞　洁　王晓琪　332

地质考古在木渎盆地中的应用前景和展望
　　································ 李海斌　彭　伟　王玉海　何宝强　345

苏州考古大事记 ························· 宁振南、何文竞整理　351

后　记 ·· 365

一

问道求真与探索

苏州古城址考古与研究补页

◎ 钱公麟（苏州博物馆）

承考古所程所之约，要老同志写一些回忆文章。本人自20世纪70年代末开始此业。今退休，承蒙领导厚爱，常去考古工地验收，对苏州考古事业颇有感触，尤其对古城怀有一种深厚的情愫。今特补充一些资料，谈一些浅肤之见，求正于同行。

我对苏州古城的考古与研究起于1980年。1980年12月，苏州市政公司在疏通狮子口到环城河的出水口作驳岸，建立污水处理站时，发现了大面积的木结构遗存。报苏州博物馆后，考古人员于1980年12月至1981年1月对其遗存进行了发掘清理。遗址暴露部分长14米，宽8米。东临环城河，南靠旧城墙，北距原相门路（现干将路）24米。

遗址由三个部分组成：水城门、城内部分和城外部分。

地层为三层：

第一层，距地表0—2.18米，为建筑物废墟。涉及旧城墙基础的包含物（如石、土、砖）；

第二层，距地表2.38—3.3米，城内为淤泥层，应为河床（干将河）；城外是数十根竖插排列的杉木桩，应为封门之物。城门为水城门之构造残存；

第三层，木、石结构层，城内、城门和部分城外均为楠木的原木和大型木块平铺层、竖横交错叠放共三层。

下为青灰色土层，土层纯硬、细腻，深挖知无任何包含物，应为生土层。

主要遗存为水门，分别为水上门和水下门。在木基础上有两块千斤重的大青石，为门础（又称门臼）。0.8米见方，厚0.4米左右，两门臼相距3.18米。门臼上分别有圆孔、长方形槽各一。南门臼上，门的各种木构件俱在，仅水上门之门轴上部分已残断，从而可以看到水门包括水上门和水下门，而北门臼上方已遭破坏，仅存门的门桄，可以看到两扇门合缝处微内拱。由此可知，水是由城内流向城外，为出水门。

水下门高0.72米，向内开，南面一扇门保存较为完整，宽1.85米，四周用铁皮包裹。门之外为竖插的杉木桩，共五层，应为封门桩，并发现有大量六朝残砖。在三层的基础中又发现了大量的灰陶绳纹板瓦、筒瓦碎片，瓦的反面为细麻布纹和素面。最有价值的是门内3米处，三层木构层下、生土层上发现的一小片汉代填线方格纹几何印纹陶片。这些出土数量众多的板瓦、筒瓦都是汉代遗物。其他还有唐代六棱嘴执壶、宋代瓷片及一只漆碗。南门外侧为厚达1.6米的用大石块堆砌的高墙，应为水城门的石门洞，石块为略泛红色的砂岩。

在对基础木进行采样并进行碳十四法测定后确定其均为汉代。

相门古水门遗址清理刚结束，盘门水门大修筑坝堵水。笔者有幸从水门底部破缺的墙洞钻入其内,发现里面的许多石块均与相门水门南石墙的石块类同,为略泛红色的砂岩。

通过对相门古水门的发掘清理,人们不禁要问,相门水城门如此重要,为何没有撰写报告,甚至连简报都没有发?这是现代人的认识。当时的条件是"一铲一笔一卷尺",穿着高筒雨靴,自己作泥坝,用铲子刮水,在泥泞的河床中进行考古工作,连能拍照的相机都没有。领导曾带一帮人视察,可能没有看到符合他们期待的器物和资料,也就不关注了。后知道是一批为筹备建城2 500周年而来的人员,因没有提供有力佐证悻悻而去。最后,还是工地上的负责人关心此事,将石臼、木构件等遗物运到博物馆。馆内地方小,二石臼放置于大殿前的天井中(现入城墙博物馆),大木块就堆放在简易的平房中,馆里没有经费,不可能进行脱水保护,加之当时文物保护意识淡漠……怎么可能去整理撰写报告?更之,年轻人都不愿意再当"提供材料者"。几十年下来,不对其进行保护,大木板都萎缩了。今天如发现,一定是"十大考古发现之一"。只能站在历史唯物主义的角度审时度势吧!

上述内容是由当时的原始考古日记记录整理而成的。后来社科院考古研究所的专家来馆,免费为水城门的三个样本做了同位素碳十四检测,结论都是汉代。[1]

当时,我们已开始筹备建城2 500周年。一般认为,苏州城就是吴大城,即春秋时期的吴国都城。相门水城门遗址考古清理结束后,没有发现春秋时期的遗迹、遗物,因此心中的疑窦久久不能消失——到底是春秋城还是汉代城?当翻阅线装本的《越绝书》卷二,《越绝外传记》吴地传第三曰:"吴大城,周四十七里二百一十步二尺。陆门八,其二有楼。水门八。南面十里四十二步五尺,西面七里百一十二步三尺,北面八里二百二十六步三尺,东面十一里七十九步一尺。"如果把四边连作一封闭式几何形,则呈现出来为一不规则的四边形。另如将其长度相加以1里=360步、1步=6尺折算,其和为三十七里一百六十一步。而吴大城周四十七里二百一十步二尺,为何?是历代之笔误吗?如里、步、尺仅一数相差,如古之"三"误笔成"三",还能解释,而现在里、步、尺三数均错,岂是误笔?定有它因。应该说吴大城是因地制宜筑城墙组成的所谓不规则的城,其周长为四十七里二百一十步二尺,而且各边长度应为直线距离。

另朱长文《吴郡图经续记·城邑》曰:"流俗或传吴之故都在馆娃宫侧。"馆里藏洪武《苏州府志·城池》引《崇德县志》:"吴之国都,今平江木渎。"

于是,我和丁金龙先生按1:50 000的西部山区地形图按图索骥进行了实地勘察,"草帽军壶解放鞋",沿着一座座山脊进行了为期三个月的勘察调查后。决定先从吴、越对峙的吴城、越城开始进行考古工作,并结合文献史料进行深入研究。《吴郡志》曰:"越城在胥门外(今行春桥东)。越伐吴,吴王在姑苏,越筑此城以逼之。城堞仿佛具在,高者犹丈余,阔亦三丈,而幅员不甚广。"调查时,整个城东西径为300米,南北径为200米,面积略为0.06平方公里,周长略为1公里,城四角略呈弧形,整个城为椭圆形。城东靠水田,南濒石湖,西临越来溪,北倚新郭江。

越城遗址实分两个时间概念段:一为新石器时代遗址,又曰"黄壁山遗址",内涵为马家浜文化和良渚文化的遗存,位于城西北角。越城城址就利用其高台筑西北角城墙。后越城也被称为越城遗址,时间为春秋晚期。调查时,越城北面比较高宽,宽为30—40米,高4—6米。南面城墙略低矮,宽为20—30米,高3—4米。土质较纯,均为黄夯土,剖面夯土层次不太明显。西面为一大缺口。

城内原为一片平坦荒地,无任何建筑物,仅有少量的树木和荒冢。城西有一石桥,当时叫越城桥,旧名越来溪桥,宽3.2米。整个城如大盘,城内有一条从越城桥曲曲弯弯地向东延伸至新郭镇的小径,宽约3米。从整个城池的地形分析,越城位于太湖东北角,与吴大城距离最近,为进军吴国的军事要

---

[1] 北京大学考古系碳十四实验室:《碳十四年代测定报告(九)》,《文物》1994年第4期。

地。当年越军为威慑吴国,从松江至横山东北筑城伐吴,使越城成为其侵吴之桥头堡。

吴国当然不能坐视不管,利用天然地形优势筑吴城对垒。

吴城,《吴县志》曰:"在横山南,越来溪西。吴王控制越之地,横山之旁,冈势如城郭状,今犹隐隐然。"吴城今在行春桥西,和越城对峙,两城仅隔200米。吴城居高临下,如一山城。此山原为茶磨山,又曰茶磨屿。以其三面临水,故谓屿也。坐落于水中宛如一条大鱼,故名"鱼城"。城南濒石湖,东逼越城,北临公路(据《吴郡志》地形图,此处原为荷花荡,是石湖的一部分,现已成农田),西连上方山、七子山、尧峰山……通称横山。横山东麓为吴城所在。城墙以范成大祠堂边上的山开始,依山而筑,向西连绵延伸,城东部现高25米(因开公路有所破坏),鸟瞰越城全境,南北宽180米,东西径为200米,为一开阔的空地,如一磨盘,故俗名为磨盘山,现尚存60米×80米的场地。南面城墙的轮廓已不太清晰,仅见一些残垣痕迹可辨。北面城墙,虽经开山、造田、建房、植树等人为破坏,但轮廓还很清晰。依山而筑,还有六七米之高。此城墙以山为基础,如逢山凹处就全用夯土筑基而成。一直向西沿着山脉走向蜿蜒600余米,此后开始连接土墩,土墩顺山脊一个连一个向西推进。二墩密者仅20米左右,到上方山楞伽寺止有九座;在山脊上,塔西的上方山有八座;上方山西北的福寿山有十四座;七子山、尧峰山……均有土墩。

为了解吴城的具体筑城年代及土墩的性质,1981年9—10月大家对上方山楞伽寺塔西1公里处的第六个土墩(上方山六号墩)进行发掘。1984年1—2月,对此墩进行了第二次发掘,完成了六号墩的全部发掘清理工作。"六号墩"规模较大,处在东西走向的山脊上,东西长为42米,南北宽为28米,高7.15米,呈馒头状。墩内有一石室,位于墩西半部偏中,呈长条形,长为9.6米,宽约1.8米。最高处6.15米。石室系本山的大小石块堆砌而成。北壁保存完整,最高达5.55米,与地面成80度左右的夹角。后壁保存完整,高达4.84米。石室门保存完好,高2.8米。上有1.5米×0.9米×0.6米的大石块,盖顶为门顶石……[1]

出土遗物有生产工具泥质红陶纺轮1件,生活器皿有原始瓷22件,几何印纹硬陶器3件,几何印纹软陶器3件。最令人关注的是石室内出土了较多的木炭,其中最大块长6厘米、直径2.5厘米,主要分布在沿壁四周及红烧土块周围,尤其是在石室中部偏后发现了两处较集中的红烧土块,明显成灶状。泥条盘筑高7.5厘米,内有不少炭灰屑,周围散落的红烧土块呈条状,有些一面较光滑,呈口沿状。红衣陶器的散片就分布于此,应为盛器。周围还出土较多的器皿,故疑为土灶。在室中部及门口原始瓷碎片之处还发现有较多的禽兽骨。还有一个现象是门顶及两壁近门处发现有大面积的烟炱痕迹,地面上有不少被烧红的小石块,出土的木炭经北京大学考古学系(同位素、碳十四)实验室测定,年代为距今2 910±75年(树轮校正为距今3 045±110年)。综上所述,我们认为石室建筑的年代为西周中期,性质为人类的活动场所。

1983年4月至1984年1月我们对吴城进行了调查与试掘,选取北面城墙,保存较好的山凹处,堆筑残高达4.15米,全部为夯土堆筑而成。夯土层面布满圆形夯窝,土质坚硬,结构紧密,并且发现了西周至春秋时期的陶片和一件小石器等。城墙年代应为春秋时期。

通过对西部山区的初步调查,我们认为以灵岩山为中心的木渎山间盆地应该为吴大城的所在地。结合文献史料,撰写了《春秋时代吴大城位置新考》一文,在《东南文化》1989年第4—5期发表。

此文在学术界产生了一定反响,尤其对以传统观念思维的一些人士触动较大。但考古工作仍在进行。随后,1986年在严山发现了一批吴国王室玉器;1993年11月,小真山炸山暴露了一座战国大

---

[1] 详见钱公麟等:《江苏苏州上方山六号墩的发掘》,《考古》1987年第6期。

墓（D1M1），出土了一方铜印，印文为"上相邦玺"。经专家考释为战国晚期楚国的一位封君春申君，春申君即黄歇。

接着我们对大真山顶部的D9M1进行了发掘。其墓虽然早期被盗，但从其规模、残剩的出土物分析：D9M1的封土规模巨大，封土呈覆斗式，位于海拔76.9米的大真山主峰。现存封土台东西长26、南北宽7米，底部东西长约70、南北宽32米，封土高6.5米。

其次，D9M1的墓室长13.8、最宽达8米，为浅穴基岩墓，墓室四周有二层台，东部有下坡式墓道。

第三，从D9M1的棺椁漆皮及残剩葬具确认为七棺二椁。

第四，玉敛葬的存在。虽然被盗，但还是发现了玉石器11 280件。分葬玉、礼仪器、装饰品等，以装饰品穿珠为多。葬玉中的玉覆面、珠襦玉甲、阳具饰最为瞩目，是汉代金缕玉衣的前身。

第五，兽面纹图案无处不有。

第六，上述几点说明，D9M1是目前在苏南发现的春秋时期规格、级别最高的墓葬，墓葬年代为春秋中晚期，经研究，D9M1这样的规格只有吴王寿梦才能享受，是春秋吴国第一代王——寿梦之陵。[1]

在发掘真山墓地的过程中，我们对西部山区，特别是沿浒（关）光（福）运河沿线的低矮丘陵和孤山独墩尤为关注，并发现了一些迹象。1997年对真山邻近的树山进行了试掘，山顶为一个人工堆筑的土墩，对出土的陶片进行分析，也为春秋中晚期的遗物。土墩下为一东西长9、南北宽6米的石坑，形状与真山D9M1近似，已被盗掘，墓室内的随葬品被彻底盗空。另在调查时，在真山公路对面毗邻真山的华山，发现了一批战国墓，在其北面的一座小山顶部筑铁塔时，发现下为一长达16米左右的大墓，从型制上看，应为春秋晚期墓，惜已被破坏。

1986年，在距树山西北约1公里的严山炸山，炸出了大批玉石器。4月20日，吴县文管会接到通安乡教师杭小毛来信反映后，即有吴县分管付县长、姚勤德等工作人员，对发现玉石器出土的现场作了详细调查并征集了散落民间的绝大部分出土文物。据采石矿工反映，他们清理废泥时，在距岩石深约10厘米处，发现了一个长约2、宽约1.5米，略呈长方形的土坑，坑底距地表深约0.5米，底部叠压排列着8块大玉璧。而追缴的402件玉石器中最令人关注的是一件半爿的残琮。大真山D9M1出土的阳具饰为其正名，反映了周礼中"璧在背，琮在腹"的功能，大量的配饰件都和D9M1出土的玉器有相同的丧俗特性。更可贵的是，长方形佩（J2∶71）内孔中清理出了一小段麻织物，显然是系挂此类佩饰的绳线残段。特别是和文献记载《吴越春秋·夫差内传》"（夫差）乃引剑而伏之死……越王（勾践）乃葬吴王以礼于秦余杭山卑犹。越王使军士集于我戎之功，人一隞土以葬之"的地点、埋葬礼节和方法相一致，是最后一位吴王夫差之埋葬处。[2]

以吴国都城为主题的调查工作还在继续，以张照根先生为主的调查工作队在2000年11月—12月中取得了重大突破。在以木渎为中心的山间盆地上，发现了不少长条形土岗，并有一定分布规律——这些土岗断断续续围成了一处不规则的长方形土城。木渎古城终于初见端倪，工作队对其进行了试掘。[3] 此城位于灵岩山周围，还保存有一些城墙遗存。在试掘中，从古城墙中出土了春秋晚期的遗物，此城不仅面积大，还存在宫城、郭城三重套城现象，我们随后邀请以北京大学李伯谦教授为首的全国城市考古专家组进行了论证，专家组一致肯定此成果并呼吁保护。耐人寻味的是，此成果不仅没有得到关心和支持，还有人公开叫嚣："将其铲平，苏州城两千五百年就没有争议了吗？"这对我们考古人是什么打击？无奈之下古城的发掘工作被迫搁置了多年，直到无锡阖闾城评上"2008年度全国十

---

[1] 苏州博物馆：《真山东周墓地——吴楚贵族墓地的发掘与研究》，文物出版社，1999年。
[2] 钱公麟：《关于吴县严山春秋玉器窖藏性质的再认识》，《东南文化》1999年第2期。
[3] 张照根：《苏州春秋大型城址的调查与发掘》，《苏州科技大学学报（社会科学版）》2002年第4期。

大考古新发现",事情才发生了转机,领导将考古的同志召集起来,最终决定和社科院考古研究所联合对木渎春秋古城进行发掘。2009年开始,经过一年多的工作,第二年(即2010年)就获得了全国十大考古新发现。[1]

其中最重要的成果之一是城址的发现:(一)合丰小城,从西周晚期——春秋早期;(二)木渎古城,为春秋晚期;(三)千年寺小城,战国时期的。并发现有大量西汉时期的墓葬,它们说明了这一特定区域历史变迁的延续性。工作还将继续下去,新的成果会不断刷新我们的认知。

笔者从1981年进入西部山区进行考古工作,到现在作为一个旁观者时刻关注着吴大城。根据目前考古工作的初步成果,已经不能单从几个城址问题去认识整个木渎盆地或西部山区的历史内涵,而应该从都邑圈的角度去认识、了解、研究其文化内涵,这是一个真正的吴文化的中心——吴国都邑圈,有着丰富的文化内涵和文献史料相呼应的历史事实,尤其是早期的文献史料,如《越绝书》中所叙述的"吴郭周六十八里六十步"。我们从吴城开始向西,上方山、七子山、尧峰山、胥山、香山、穹窿山……另灵岩山,背依天平山、五峰山。五峰山和穹窿山相接。这些山上的土墩石室相连接,实为吴郭之所在,形成了吴国的防御体系。真所谓"北筑长城,南筑墩"。上方山六号墩、五峰山石室土墩均已说明此问题。

吴国都邑圈的城郭不仅起到了居高临下的保护作用,更是成了通讯联络工作的载体,白天熏烟、夜间用火光来传达信息。

在都邑圈内发现的遗存反映其历史文化内涵丰富,仅以城址就说明其历史悠久,如合丰小城的年代为西周晚期到春秋早期,和其相匹配的遗存有上方山六号墩等一系列的土墩石室,更有俞墩墓地、馒头山、小山墓地中的西周中期到春秋早期的墓相呼应。而木渎春秋古城是吴国都邑圈中的核心,发现了相距约6 728米的南、北两处城墙遗迹,城内的运输通道为木光运河、箭泾河、胥江,与太湖及外部水路相连。和其城对应的墓葬,有华山、真山、树山、严山……以浒光运河串联的王陵区,以大真山的D9M1为首,另有春秋时期的东渚小山墓地、馒首山土墩墓……

承上启下的还有战国时期的千年寺小城,以及小真山春申君家属墓地、华山一批战国墓等,与其反映战国后期的楚国封邑中的贵族墓地、墓葬相呼应。在城内外发现了多处地点的汉代墓葬,如彭家墩、合丰,城外的善山、长墩、小真山等,都属于西汉时期,暂未发现东汉时期墓葬。

吴国都邑圈内涵丰富,考古工作还在进行,相信会不断有新的成果发现锦上添花。

城市的出现是古代文明的标志之一。那么苏州地区最早出现的城址应该在什么时期,位于何方呢?考古工作在崧泽时期的东山村遗址发现了9座高等级大墓,不仅墓坑大而且随葬品多达385件,最大的(M90)一座达65件,并且随葬有大量石钺,多数石钺未见使用痕迹,特别是M90:31还带有朱彩纹饰,说明东山村崧泽文化时期,钺已成为礼仪之物,进入了军权时代。更之,草鞋山、张陵山、绰墩、少卿山的良渚大墓中出土了琮璧等玉器,反映了苏州这一时期已跨入文明的门槛。对照浙江良渚古城及其周围的反山、瑶山等良渚大墓,苏州应该早于其出现良渚时期的古城。多年的考古调查反映了昆山的朱墓村遗址应有希望找到证据。其遗址于2012年发现,位于草鞋山、张陵山、绰墩、少卿山的中心,经过四年努力,我们于2015年结束田野勘探,确定其遗址面积达15万平方米。并发现了纵横交错、呈网状分布的8条河道,4座用黄色斑土筑成的高台,与良渚古城遗址发现的高台堆积土质结构相同,可惜遭严重破坏。[2]

---
[1] 详见徐良高等:《苏州木渎古城考古的主要收获》,《苏州文博论丛》2011年(总第2辑);唐锦琼等:《苏州木渎古城2011—2014年考古报告》,《考古学报》2016年第2期。
[2] 孙明利:《昆山朱墓村遗址发掘》,《江苏考古(2014—2015)》,南京出版社,2017年。

商周时期,《吴越春秋·吴太伯传第一》曰:"遭殷之末世衰,中国侯王数用兵,恐及于荆蛮,故太伯起城,周三里二百步,外郭三百余里。在西北隅,名曰故吴……"目前尚未有考古实例证明。但吴国都邑圈的发现说明苏州的古城从西周晚期至春秋早期的合丰小城、春秋晚期的木渎春秋古城,到战国晚期的千年寺小城等,其间具有一定历史文化的延续性。

越灭吴,未曾驻之,继续北上建都琅琊,到越王翳三十三年(公元前378年)"迁于吴"。到楚威王七年(公元前333年),楚灭越,"尽取故吴地至浙江"。从公元前473年越灭吴,到楚灭越,越在吴建都仅47年,相对应的是"鸿山墓地"。虽然没有记载建城之文字,但考古上的发现足以说明越在吴的文化轨迹。现苏州城南的西塘河遗址在西塘河河床内发现了200余口古井,出土遗物有黑衣陶器和几何印纹硬陶。黑衣陶器有罐、三足乳钉高颈壶、鬲、豆、钵、盆、网坠、筒瓦等几何印纹陶器,以罐为主,有红褐色、橘红色、灰色,纹饰有方格纹、米字格纹或细麻布纹等。该遗址为战国时期的遗址,其范围南起五龙桥,北至短桥,长达2 000余米。[1]

1988年在西塘河遗址以南发现的长桥新塘战国墓地,是在京杭大运河苏州市段整治工程中发现的墓地,包括"T"字型墓1座,长方形墓9座,共10座。[2]这墓地应该是西塘河遗址的一个组成部分。1991年,在长桥村又发现了一座战国墓,出土的十二弦木琴放置在棺具盖上(琴现收藏在吴文化博物馆)。而且在西塘河遗址附近,包括大龙港遗址、青旸地遗址、盘门三景遗址,以及20世纪50年代在十全街发现的一批石器等遗物的出土处,应该都是以西塘河遗址为中心的战国时期苏州先民的聚落。这时的苏州城内也零落地分布着一些战国时代的遗存,如大公园遗址、钟楼村遗址、平门遗址、玄妙观遗址等,以及在后期的城墙下发现的遗迹、遗物等遗存,如在振亚厂城墙下、娄门城墙下都发现有战国灰坑,平门以西的城墙下发现了局部的战国地层,还有战国的水井,但是它们之间都是点状分布的,没有如西塘河遗址一般呈聚落状,有集中的生活区域,有墓葬区。另外,在苏州新庄也发现了一个较大的战国遗址,正是人口的相对集中,为汉代建苏州城奠定了基础。战国晚期,楚灭越,在吴国都邑圈内建成了千年寺小城,其对应的是小真山春申君墓地;而在吴国都邑圈内也发现了较多的西汉墓地。苏州的汉代考古成果是确立汉代苏州城认识的基础,是现在苏州城的根基。[3]

随着时代的更迭变迁,城墙上的考古发现了大量的六朝墓葬。据文献记载,由于屡遭兵燹、水火之厄,苏州城早已被破坏得伤痕累累。

到了隋朝,《吴郡图经续记·卷上·城邑》中曰:"隋开皇九年,平陈之后,江左遭乱。十一年,杨素帅师平之,以苏城尝被围,非设险之地,奏徙于古城西南横山之东,黄山之下。唐武德末,复其旧。"《卷下·新郭》:"隋既平陈……隋文帝以杨素为行军总管讨之,追击至苏州,移郡邑于横山下,盖欲空其旧城耳……初,杨素迁城于横山也……"而苏州博物馆在20世纪80年代的考古中,在新郭发现的"吴宫桥遗址"中出土了大量的隋到唐初的青瓷器,以杯、碗为主,完全吻合杨素迁城之新郭。迁城原因似乎是避兵灾,但应该和大运河有关,首要是水系的整治,《卷下·运河》曰:"隋大业六年十二月,敕开江南河,自京口至余杭郡八百余里,水面阔十余丈,又拟通龙舟……巡会稽。"陆士衡诗云:"阊门何峨峨,飞阁跨通波。"乐天诗云:"平河七百里,沃壤二三州。"皆谓此水也。苏州城外有运河,内有水系相通,奠定了苏州城内、外的水系流通。37年后,"唐武德末,复其旧",迁回旧城,水系工程完成才使苏州城得以复原,并逐步建设发展。

---

[1] 江苏文物综录编辑委员会编:《江苏文物综录》,1988年。
[2] 苏州博物馆:《苏州市长桥新塘战国墓地的发掘》,《考古》1994年第6期。
[3] 详见钱公麟:《论苏州城最早建于汉代》,《东南文化》1990年第4期;许洁、钱公麟:《木渎春秋古城就是文献记载中的吴大城——再论苏州城建于汉代》,《苏州文博论丛》2016年(总第7辑)。

苏州城能以此为基础得益于隋朝大运河的贯通,《平江图》的苏州一直沿袭至今。

作为一个老考古工作者,我在苏州这块土地上也算耕耘了几十年,尤其是对苏州古城址的考古、研究,也算是时刻关心、具有深厚感情。但是对具体的情况,一定本着负责的态度。首先,要科学、实事求是地做好考古的每一项工作;第二,要站在历史唯物主义的角度上研究问题;第三,一定要时刻掌握考古学最基本的知识,尤其是城市考古:不要一发现对自己的观点有利的文物,就不顾其遗存关系,特别是地层关系,不能只看出土物的年代而不顾出土物所处的地层就定性了。牢记早期地层中不可能出现晚期东西,而晚期地层中出土发现早期东西是很正常、普遍的。就如大家熟知的清代毕沅墓中,有战国、唐代的文物,毕竟他是乾隆时期的大学士,只是喜欢这些古代文玩而已。

面对城市年代判断:因为早在城市建成之前,就有先民在此活动,留下早期的遗存遗物,非常正常、普遍,也就是点、线、面的关系,不能一出一件符合自己需要的文物,也不管其物所处的地层、遗存关系,就作为一条证据,洒洒洋洋一部大作问世了。

我相信,最终还是科学的、实事求是的成果会昭白天下。

回忆苏州西塘河与西部山区考古

◎ 张志新（吴中区文管会）

引　子

　　严格意义上说，吴县的现代科学考古是从1972年吴县草鞋山遗址发掘开始的。在此之前，吴县虽有零星考古发掘，但规模都不大。见诸报道的，也就江苏省文物工作队朱江同志于1954年5月所进行的五峰山烽燧墩清理（详见《考古通讯》1955年第4期）等少数几处。

　　"文革"中后期，农村平整土地动土量大增，各地对文物工作也逐渐有了新认识。当时吴县实行军事管制，县革委会政工组组长、军代表陶云龙副政委对文物工作特别重视。在此背景下，我被县领导选中，并于1973年10月3日，初次前往南京博物院参加"江苏省文博干部训练班"学习，由此也开启了我的文物生涯。

　　说实在的，对于领导们的这一宏伟计划，当时的我并不了解，领导们的意图是我后来在工作中逐步体会到的。

　　我在训练班学习很认真、很努力，深得授课老师——纪仲庆、汪遵国、邹厚本、尤振尧等的喜欢。训练班最后到江宁点将台遗址进行考古实习，我和苏州博物馆的朱薇君、汪乐英和唐建初同志一起负责408探方的发掘。这可是整个遗址地层最厚的一个探方。发掘结束，每位学员都撰写了《探方小结》。我的《小结》获得了带班老师的一致好评，并成为唯一一位在全班进行宣讲的学员。训练班结束，我被留在南京博物院整理编写《江宁点将台遗址发掘报告》。这期间我还随邹厚本老师去句容孙头山遗址和连云岗汉墓群进行了发掘。

　　在连云港发掘时，突然接到县里的电话，急召我回县，说是县里发现了大型遗址，急需我回县处理。我第二天急匆匆赶回县里，却遭到陶副政委好一顿训："你像断了线的鸢子，放你出去学习，就不晓得回来了！……"澄湖发现大批古井的消息，是王新同志直接汇报给省里的，他也重重地挨了训："怎么可以不汇报县里，不经过同意，越级汇报省里？！"王新被批评得一愣一愣的。次日陶副政委亲自陪同南博的邹厚本老师和我去了车坊澄湖现场，并明确：湖水刚刚抽干，遗址现场保护较好的前湾，交由省里组织发掘；水已抽干多时，遗址破坏较为严重的后湾，则由我主持发掘，并要我尽好地主之谊。发掘分工明确，出土文物的归属也有了定论，至此，我才真正明白，县里派我出去学习的真正意图。

　　自从学习结束回县之后，我在吴县从事考古、文物工作十六年。主持发掘、清理过许多重要的古遗址和古墓葬。现将西塘河和西部山区从事考古的经历写出来，以示后人。

一、西塘河遗址的发掘

我在南京博物院考古训练班学习期间,正值1973年末—1974年初吴县"农业学大寨",大搞冬春农田基本建设的高峰期。当时长桥公社龙桥大队,是苏州地区的"学大寨"标兵,全国前来参观学习的人很多。江苏省和苏州地区还准备在这一年水稻成熟季节,在这里召开"南方水稻会议"。为树立样板,改善环境,优化稻田供水、灌排系统,龙桥、新联大队将苏州城南吴县境内北起短桥、南至澹台湖全长2 000余米的河道结直、挖深、加宽,并将这一河段命名为西塘河。在这一水利清淤、开挖工程中,陆续发现旧有河道内有"井坑",并在坑内发现了文物。军管会政工组长陶副政委立即指派县文化馆李伯襄、叶玉奇等同志前往工地跟踪配合。他们每天穿着深筒套鞋出入工地,发现有"井坑",即行清理发掘,几乎每天都有收获。由于当时我尚在南京,未能参与发掘,现场情况是我回县后整理这批文物时听参与者介绍的。但是后来的许多年里,龙桥、新联大队社员在深挖麦沟时,时常会发现类似的"井坑"和"独木棺"遗存,所以判断这里应该是一处古文化遗址。遗址的西部为生活区,而东部为墓葬区。吴中博物馆内展陈的"战国古琴",就是在这一遗址东部——迎春路国防园施工中发现的。由于当年水利工程进度较快,还有不少"古井坑"保存在河道旁广袤的农田里,故在1986年经遴选将这里公布为"吴县文物保护单位"。

西塘河遗址出土的文物,以泥质黑衣陶为主,三乳足高颈壶为其典型器。其他黑衣陶器还有罐、鬲、豆、钵、盘、网坠等。器物表面漆黑油亮,带铅色光,并以素面为主。有的在肩部设隆起的弦纹,并带耸起的双耳。一件鬲比较典型:矮裆,腹不深,平口,表面饰绳纹。另外还出有多种几何印纹硬陶器。陶色有红褐色、橘红色、米灰色等;纹饰有方格纹、米筛纹、细麻布纹等;器型以罐为主。遗址东部发现的古墓葬,大多采用竖穴深埋的葬式。墓穴距地表近1米。穴内有以树段刳成的"独木棺",棺长2米左右,内部刳空盛放尸体。两端起凹槽嵌以半圆形木板做成的"护头",并以上、下两爿镶合捆以绳索而成,不施钉铆,这应该是木质棺材的早期形式。这种棺内一般都没有随葬遗物,而竖穴中靠棺木大头一端,常常会有少量陶器作为随葬品。

西塘河遗址古井坑内出土的陶器,具有类似于上海金山县戚家墩遗址出土文物的特征,可判定为战国时期的遗物。葬墓型式也迥异于此前在草鞋山遗址上层等地发现的平地掩埋并累叠而成为"土墩墓"的葬式。这种丧葬形式的变化,可能与公元前473年越灭吴、吴地曾长期被越国占领和战国后期春申君治吴的历史事实有关。

西塘河遗址,应该是苏州城南一处研究吴越争霸时期历史文化的重要遗址。

二、"土墩石室"的调查与发掘

苏州城西,丘陵起伏,群山逶迤。在许多山头上,有着一个个高起的土墩。这些墩究竟是什么?它们何时筑在山头上,又起着什么样的作用?这确实是应该弄清楚的。

20世纪80年代初,为了弄清这些"墩"的情况,我也是做了大量工作的。不仅对吴县境内光福、胥口、横泾、洞庭东西山等地的山头作了详细调查;还参与了南京博物院、吴县文管会联合对安山先后2次计10座"墩"的发掘;参与了南博、中山大学历史系、吴县文管会对五峰山、雅宜山上46座这类

"墩"的发掘；还对苏州博物馆考古部在上方山楞伽寺西第六个"墩"作了两次发掘，以及参与常熟文管会对虞山维摩寺旁及西岭最高处所谓"吴王点将台"所在的土墩发掘现场的参观、考察……只是那么多清理发掘，仅见苏州博物馆考古部在《考古》1987年第6期上发表了较为详细的《江苏苏州上方山六号墩的发掘》报告，其他均未见有正式《报告》发表。相关资料，只零星见诸同事们的论文之中。

对于吴县安山和后来五峰山、雅宜山的发掘，我一直为没有看到《发掘报告》而深感可惜。因为这两次发掘不仅数量多、位置重要，内容还十分丰富，可以平息考古界的许多争论。2021年9月，我邀请邹厚本老师来苏时，又与他谈起整理报告的事。当时他已86岁，也很想抓紧时间，将三座山上"土墩石室"的资料一起整理出来。他还向我索要了《吴县地图》和我手头当年的相关资料。关照我：光福弹山和西山兵场里村后山上的遗址一定要保护好！我感到他信心十足，而且对这些墩的性质判定也比较明确。有专家权威发言，争论了三十年的问题可以尘埃落定了。只可惜2022年3月，他被查出罹患癌症，几经抢救无效，一月后即离世。这批资料的整理由此又被搁置，十分可惜。

无疑对于"土墩石室"我还是比较有发言权的！因为我曾做过大量工作，不仅进行过认真调查，还亲自参与过许多"土墩石室"的发掘，撰写过多篇论文。也许我应当将相关研究和真实情况记录下来，才能弥补邹老师离世的遗憾！

实际关注这些"墩"，早在1954年，江苏省文管会的朱江同志就已经开始了。他曾在吴县的五峰山发掘过三座这样的土墩，揭开了现代探究土墩奥秘的序幕。他初步弄清了土墩的结构和内涵，并取风水墩的谐音，给它定名为"烽燧墩"。60年代，浙江的考古工作者在吴兴和长兴之间的苍山上也发掘了一座这样的墩，认为它是古代的"战堡"。

80年代初，随着各地对吴文化研究的开展与深入，这些墩也深深吸引了我。1981年刚过完春节，我乘陪同上海电视台拍摄专题片《邓尉探梅》的当儿，一有空就往山上跑。整整十多天，把光福所有的山头都跑了个遍。调查中发现仅光福地区就有这种墩二百六十多个。光福的安山，山虽不高，仅百米左右；也不大，占地还不到一平方公里，但它地处太湖东岸，北望无锡军将山、马迹山；南望洞庭东西山和胥口渔洋山。山下扼相传吴王泛舟之下崦湖和太湖相通的水道——铜坑口。山上这类墩就有十六个之多；而且几个小些的墩之间，就有一个较大的墩，很像现代战争中设防的"子母堡"。弹山，是光福群峰之冠。山上几个土墩之间，还筑有一道石墙相连。形式很像缩小版的长城，而这土墩又像是长城中的烽火台。这种情况在后来对西山缥缈诸山的调查中都有发现。我还领邹厚本老师，对西山兵场里山脊上的"土墩石室"进行过复查，因为那里联结"土墩"的石墙更多更长。当地人称之为"坞岭"，还有"秦始皇北筑长城，南筑坞岭"的传说。

1981年5月，南京博物馆和吴县文管会，在我对光福群山调查的基础上，在安山发掘了三座土墩，来年又发掘了七座。与此同时，无锡博物馆在马山、苏州博物馆在七子山支脉上方山、常熟博物馆在虞山、镇江博物馆在武进城湾山和宜兴黄梅山，后来南京博物院和中山大学又在吴县五峰山和雅宜（借尼）山上的四十六座"土墩石室"，进行了发掘，都试图通过发掘，对神秘土墩的结构、性质、用途、时代分期等求得更加深入的了解。

通过发掘，我们弄清了这些土墩的内部结构。这些墩看似土筑，实际土墩内部都有以石块叠筑的平面为长方形、剖面为梯形、顶上以大石块覆盖的石室。安山五号墩的石室长12米，当地村民到山上劳作遇雨，常常会到石室中避雨。借尼山的石室内高近3米，石壁平整如墙。虞山石室的一端带有喇叭口通道。上方山土墩的高广虽比不上七子山各墩，但它是所发掘土墩中最高大的一座。这座墩长42米，宽23米，高7米多。墩内的石室长9.6米，宽1.84米，高6.15米，石壁厚达1米以上，外口的通道长10余米。石室顶部以150厘米×90厘米×60厘米的大石块覆盖，石块上还有六七十厘米厚的泥沙混合浇浆,结构十分坚固。其他山头的土墩石室,形制虽小一点,但结构也完全一致。

这种土墩石室内,常常有文物出土。出土物以几何纹硬陶和原始青瓷器为主,器型有罐、钵、豆、盂、壶等。在不少墩中,还发现有大量草木灰、木炭屑、红烧土块和禽兽骨。上方山六号墩内还发现了一座泥条盘筑的灶,灶内满是炭屑块;门顶和两壁有大面积的烟炱。中国科学院碳十四实验室对灶中所出的炭粒做放射性碳的同位素测定,判定这些积炭是距今 2910 ± 75 年的遗物。这一时间与出土文物的年代相当。说明这些土墩石室正是春秋时代吴国统治这一地区时建造并使用的。

看着山头上的神秘土墩,马上会让人联想到西周末年周幽王"烽火戏诸侯"的故事。周幽王无故举烽燧,调动全国兵力以博褒姒一笑,以致后来国破家亡、身败名裂。故事中的烽燧,实际是古代边防报警时常用的两种信号:"昼则燔燧",以望其烟,因为烧烟常用狼粪,所以有狼烟之称;"夜乃举烽",以观其火,因而又有烽火之谓。《后汉书·光武帝纪》李贤注:"边方备警急……有寇即燃火,举之以相告。"又注云:"台上作桔皋,桔皋头有兜零,以薪草置其中,常低之,有寇即燃火举之。""桔皋"是一种可以上下牵引的木制机具;而"兜零"是一种盛装狼粪、薪草的笼子。都是准备举烽和燔燧的器具。这种装有桔皋和兜零的墩,在边防线上隔一定距离就有一座。一旦发现敌人侵犯,立即举火、燔烟示警,报警信号一节传递一节,全线戒兵,以便做好迎战准备。对于举烽、燃火的情形,汉代司马相如在《喻巴蜀》中有"夫边郡之士,闻烽举燧燔,皆摄弓而驰,荷兵而走"的生动描述。

看守这些墩,负责举烽、燔烟,有专门的守军。戎昱所作《塞上曲》有:"山头烽子声声叫,知是将军夜猎回。"曲中所谓的"烽子",就是这类守卒的称谓。《太白阴经》更对"烽子"的分工,作了记述:"一烽六人。五人烽子,递知更刻,观望动静。一人烽卒,知文书符牒传递。"

关于这些墩,苏州一带的地方志上也有记载。《吴县志》横山条有:"山之岭九,九岭各有墩,中空,为藏军处。《图经续记》云:'此山镇郡西南,临湖控越,实吴时要地。'"《吴兴掌故集·山墟类》有:"吴憾山,相传吴王夫差憾勾践之伤父,举兵伐越,筑垒于此。"《吴县志·古迹门》有:"望越台,俗称'烟火墩',吴王时所筑。"《太湖备考·洞庭东山条》载:"碧螺峰西之墩为演武(烟雾)墩。"天池山古地图上,则将天门楼西的这种土墩石室标为"藏军洞"……历代的文献记载,对这些土墩石室的性质与作用有着比较一致的说法,认定它们是古代的军事设施。

但是,1980年江苏省考古学会和吴文化研究会相继成立,太湖地区群山上的石室土墩,也成了研究吴越文化中热烈争论的中心议题。1979年2月《考古》杂志刊出《浙江安吉发掘一座石室建筑》,1981年2月又刊出《无锡灿山土墩墓》等考古报告,作者对土墩石室的性质判定为一类墓葬,镇江博物馆的刘建国同志还撰文对墓葬说作了系统论证。1982年6月,以神秘土墩问题为中心议题的吴文化学术讨论会在常熟举办,会上还有人提出是"山越民族的居住遗址"和"祭祀遗迹"的论点。由此,对土墩石室的性质和历史作用产生了四种不同看法。而且几种观点各不相让,争得面红耳赤。

争论,有利于深入揭示客观事实的本质,但在没有掌握具有说服力的资料之前,轻易表态容易造成误判。这样不仅会损害自己的名誉,还会形成认识和理论上的混乱。有一定影响力的人不愿意轻易表露自己的看法,也许正是由于这个原因,邹厚本老师一直比较严谨,《发掘报告》多少年来一直未写出来,也许是他觉得仍没有突破性的关键资料,还想再拖一拖,看一看。直到2021年来苏州时,他才愿意表露观点,重拾当年的工作,争取在有生之年完成这两地的《发掘报告》。

我相对比较年轻,人微言轻,没有那么多的顾忌。所以在常熟第一次举办"土墩石室"问题讨论会时,我就和陆永文同志联合署名提交了论文:《我们对山顶石室建筑的初步看法》,亮明了这是军事设施的观点。在研讨会结束之后,又综合分析会上的不同意见,撰写了论文:《太湖地区"石室墓葬"说质疑》,发表在1983年第3期《苏州大学学报》上。我拿到期刊的那天,正好南博、中山大学和吴县文管会五峰山发掘工作结束，在苏州阊门饭店召开向市、县领导汇报的会议。中山大学带班的商志䨱教授拿起杂志粗略翻了翻就扔在了一边，脸上还露出很不屑的神情，当时我很生气。后来知道，参加那次发掘的学生们所写的《小结》，全都和商教授观点一致，认为这是"一种墓葬"！后来我想学生们可能是忌惮论文不被通过，不过我还是应该谦虚一点，应该认真审视一下老师和同学们的观点是否真有道理，是否有发掘的新资料可以支撑"墓葬说"，但结果仍未能说服我。

墓葬说的论据主要有两个：其一，认为土墩石室中出土的"器物变形、起泡、火候不匀，粗制滥造的现象普遍存在……说明这种遗物不是给活人所用，而是为死者烧造的明器"。其二，认为有一部分石室的进出口被堵住了，这应该是墓葬的"封门"，门封住了，人怎么进出？

所谓明器，就是冥器，是指专为随葬而制作的器物。一般冥器都用加工简单、造价低廉的材料制作；明器一般都没有实用价值。土墩石室内出土的遗物，以原始瓷和几何印纹陶器为主。同类器物在各地遗址中曾经被大量发现，说明这些器物是当时人们使用的主要生活器具。其中，原始青瓷的烧造，始于商代中期，它的烧造经过劳动人民长期实践才渐趋完善。烧造瓷器，要经过洗泥、炼泥、制坯、刻印花纹、挂釉等复杂过程，至少要经过900℃高温长时间的焙烧，才能烧制成功。可见它的烧造工艺要求，相比其他陶器要高得多。在当时，它是制陶业技术水准的指示物。在中原地区，原始瓷器甚至与青铜器一样珍贵。土墩石室中出土的一小部分原始瓷器，是有变形、起泡的现象，但这不能作为判断是否为明器的依据。因为，对明器的制作，哪怕是一件最简单的纸折品，其制作也是十分精心的。原始瓷器变形、起泡，只能说明其制作不易。而属于食力的军卒，当然不可能像领主们那样专门使用精美的铜器，对于这些变形、起泡而在当时说来比较先进的用具，当然还是应该物尽其用的。

再说，土墩石室中的出土遗物，并不具备随葬品的组合形式。

埋葬习俗，应该是社会意识形态和人们生活习惯的一种反映。在奴隶制和封建社会里，人们埋葬死者，其目的是保存尸骨，要其灵魂不灭，而进入另一个世界。在埋葬遗体时的随葬品，则是为墓主人到另一个世界去而准备的。因此，随葬品具有一定的组合形式。西周至战国时期墓葬中的随葬品，一般都以炊器、盛器和食器等为随葬品组合。有些墓还随葬生产工具，或鼎、提梁壶、盘等青铜器。而土墩石室内的出土遗物，仅有坛、罐、瓿、簋、钵、盂、豆、碗等盛器，炊器极为罕见。由此可见，出土物不具备墓葬随葬品所应有的组合。另外，作为墓葬，其随葬品数量的多寡和精美程度，都应与墓葬规模的大小成正比。但土墩石室不论其规模大小，出土遗物并无精、陋之明显差异；数量也不因为墩高室广就一定多。这些都是与墓葬规律不相符的。

对于"封门"问题，各地考古工作者在发掘中也特别注意。但由于"封门"和通道内的堆积物不含文化遗物，虽想分清其堵塞年代而不能，因此对"封门"应该客观分析。有些现象应该引起足够重视：上方山、虞山等地土墩石室前的通道，都砌成喇叭口，向外敞开；有些墩的门前砌有台阶，这些设施显然有便于人们出入石室的作用。另外，不少石室中，都有大量草木灰烬发现，虞山维摩寺石室内的灰烬堆积厚达40厘米以上，还有经火烧红的石块。墩内的出土遗物，都不"陈放有序"，也不都发现于石室的底部，而出在不同层次的灰烬或浮泥堆积中。出土器物不仅有完整器，还有碎片；不仅有生活用的器皿，还有禽兽的骨头等。这些遗物显然是人们在室内生活时留下的。如果土墩石室是墓葬，是绝不可能有这些现象的。由此我们可以推断：石室"封门"的时间，不是在建造石室的同时，而应该是石室废弃之后。"封门"的原因，可能是随着吴越战争的结束，这些墩已经失去了存在的意义，就像现在大城市周边国民党留下的碉堡一样被封堵、被淹塞了。当然，也有自然坍塌而被"封"住的可能。

吴国统治者的先祖来自中原，他们都受到过周朝礼制的熏陶。春秋晚期，公子季札还曾出使中原学习礼乐。作为周礼重要组成部分的丧葬礼制，《周礼·春官》《礼记·曲礼》和《礼记·丧服大记》中都有详细记载。甚至对死者棺椁的用材大小、质地及重数，墓地种树的多少，随葬品的种类与件数，还有管理冢墓人的设置等制度，都有十分严格的规定。关于墓地的选择，《礼记·曲礼》载："适墓不登垄。"就是说位置适宜的墓不能设在高地上，甚至"聚土亦为垄"（郑注），连堆土都成为"不敬"。可见在严格执行周礼的西周、春秋时代，吴国的墓主人是绝不会把墓地选到山顶或山脊上去的。

另外，在生产力低下的西周、春秋时代，谁能动用那么多民力去构筑位于山巅的这样庞大的"土墩石室"呢？起码应该是奴隶主贵族。而像横山顶上占地千余平方米、高十余米的石室，起码应该是王室贵族或诸侯的墓葬。而文献中却未见有诸侯、贵族葬于山巅的记载。而载为"故阖庐治以诸侯冢次之处"的抚侯山（《吴地记》），却连一个这样的土墩都不见。可见，将这类石室说成是"越族人的墓葬，是吴国的主要葬式之一"的论断，是绝对不能成立的。

说这种"土墩石室"不可能是墓葬的最关键依据是：发掘了近百处这类石室，却没有一处发现葬具和人类骨骼的！有人会说：经过那么多年，尸骨早就腐烂掉了！那么为什么在许多石室内会有动物甚至禽类的骨骸遗留下来，而人类最不易腐烂的牙齿都没有发现过一颗？相反，作为人类生活、活动的遗迹，比如草木灰、木炭屑、红烧土块、灶……倒发现了不少。所以说"土墩石室"是墓葬，是绝对不可能的。

作为"山越民族的居住遗址"，也是不可能的，因为苏州地区已有大量春秋遗址发现，这些村落遗址都不在山上，而在旁有水源的平原上。山上缺乏人类生活之必需——水源，选择住在山上的人除非具有特殊使命，否则一般人谁愿意住在远离水源的山上？作为"祭祀遗迹"，也是不可能的，因为出土遗物中缺乏祭祀必备的礼器。因此，它们也不可能是"祭祀地"。排除了上述几种观点，神秘土墩就只能是军事设施了。

那么，它是怎样的军事设施呢？

到过长城的人，都为其雄伟的气魄赞叹不已。她堪称世界奇迹，是历史上最伟大的工程之一。她由我国古代劳动人民所创造，因此一直被视作我国民族的象征，是中国人的骄傲。

长城始筑于春秋战国时代。当时，各诸侯国为了互相防御，都在形势险要的地方修筑长城。《左传》僖公四年（前657年）"楚国方城以为城"，长城始见记载。战国时，齐、楚、魏、燕、赵、秦和中山等国相继兴筑，并称之为"边墙"。秦始皇灭六国，完成统一大业以后，为了防御北方匈奴的南侵，于公元前214年将秦、赵、燕三国的北边城予以修缮连贯为一，这就成了今天的万里长城。长城称之为"边墙"是十分有道理的，它不同于一座城池，也不同于城墙；它是包罗一个国家国境的一种军事防御设施，因此它的工程更浩繁，意义更非凡。

春秋时代，地处江南的吴国，也曾据雄称霸，成为著名的春秋五霸之一。那么，吴国有没有筑过长城呢？《吴越春秋·吴太伯传》有这样的记载：太伯奔吴之后，"荆蛮义之，从而归之者千有余家，共立以为勾吴。数年之间，民人殷富。遭殷之末世衰，中国侯王数用兵，恐及于荆蛮，故太伯起城，周三里二百步，外郭三百余里，在西北隅，名曰故吴，人民皆耕田其中"。吴国为了防止"侯王用兵，及于荆蛮"，也筑了"城"，除了"周长三里二百步"的宫城之外，还有三百余里的外郭。"人民皆耕田其中"，说明外郭包容了吴国的领土疆域。这种外郭，应该就是具有军事意义的防御设施——边墙，也就是吴国最早的"长城"。

吴王阖闾当政时，吴国的疆域更为广大，他也曾因"吾国僻远，顾在东南之地，险阻润湿，又有江海之害，君无守御，民无所依，仓库不设，田畴不垦"而委之伍子胥因地制宜筑城郭、设守备，以达到

"安君治民,兴霸成王,从近制远"的目的(《吴越春秋》)。伍子胥受命于吴王,相土尝水,筑造了"周围四十七里,陆门八,以象天八风,水门八,以法地八聪"的吴大城——吴国的都城。至于其郭——包罗吴国疆域的边墙——"长城",史籍未有详细记载。

春秋时期,各国都十分重视军事,吴国同样如此,所以才能出现孙武这样的大军事家,孙武向吴王阖闾所献兵法十三篇,其《地形篇》就有:"地形有通者、有挂者、有支者、有隘者、有险者、有远者。""我可以往,彼可以来,曰通。通形者,先居高阳,利粮道,以战则利。"说明了先占领制高点的重要性。所以安山、胥山、临太湖东北梢的七子山、上方山,这类设施,既多又大。另外,吴越两国,地隔宽阔的太湖,这一特殊的地形条件,决定了双方作战的主要手段是水上机动,登陆决战。在广阔的水面上机动,如何提前发现敌人的攻击方向,是关系到战争胜负的首要问题。因此,利用"高陵勿向"的高地,建筑"藏于九地之下"的石室,屯兵驻守"居高阳以待敌",形成"一虎当溪,万鹿不能过"的态势……这些都是孙武历来所主张的。在这些墩内的驻兵,平时担负瞭望、观察及发现敌情的任务;临战时,发出信号,指示敌方的动向。这在当时的交通、通讯条件下,是除指挥者无法采取"针锋相对","以迂为直,以患为利"的有效手段。因此,这类石室土墩,既应该是临战时的信号指挥系统,同时也应该是平原水网地区积极防御的阵地设施。

吴国地处低山水网,正像阖闾所分析的,"有江海之害","险阻润湿",同时吴国的国境又在不断的变迁之中,没有很固定的国境线和赖以作为屏障、据险可守的延绵山岭。"因地制宜"地筑造这种土墩石室,正是体现了孙武的军事思想,达到了"边墙"和"长城"的效果。因此,这些墩就单个来说,应该是"藏军洞",是"战堡",是"烟雾墩"或"烽燧墩";而它的群体,应该是江南水网地区古代吴国筑造的特定形式的长城,它们的筑造是非常了不起的。

结 束 语

以上,是我在吴县从事考古发掘工作的部分回忆。

从1973年到1988年,我在吴县从事文物工作十六年。1988年7月28日,我响应吴县县委、县政府"抽调青年干部到经济战线上去"的号召,经县委管正书记亲自协调、批准,调我到县经委领办项目,离开了我所热爱的文物工作,开启了我人生的又一个新的历程。

趁这次纪念苏州考古七十周年之际,苏州市考古研究所的程义所长邀我写一些文章,回忆我当年所参加的考古发掘工作。我犹豫了很长时间,最后决定还是将这段经历写出来。因为苏州的考古工作不能缺了吴县这一块。而我又是当年从事这些考古工作的亲历者,许多细节和前因后果只有我最清楚。

希望苏州的考古工作越做越出色!希望苏州年轻的考古工作者,在我们的基础上,看得更远,做得更好!

2024年5月22日稿成于苏州凯悦大厦

考古工作十四年

◎ 朱薇君（苏州博物馆）

我于1970年10月初中毕业后，被分配到苏州博物馆工作。干了一年多陈列宣教工作后，于1971年底调入苏博考古组工作。对于"考古"这两字我很陌生，好像从来没听说过，怎么干这项工作更无从谈起。刚到考古组，组内只有4位同志：郑莉莉、廖志豪、罗宝芸、匡正娟。前3位负责地下文物，后1位负责地上文物。如果工作忙人手不够就打统仗，4人随时调配。为了适应这份工作，我在师父郑莉莉的指导下，去馆资料室借阅有关"考古"方面的专业书籍，开始认真自学和理解。就在1971年12月，位于苏州天平山麓的省级文保单位清代状元毕沅夫妇墓因当地农民破四旧、平整土地而被破坏，出土了金银器、翡翠、玛瑙、玉器、七孔石刀等百余件珍贵文物，具有很高的艺术价值和历史价值。其中168颗翡翠朝珠、金凤冠、金同心盒、七孔石刀等尤为突出。由于东西太多、太珍贵，大队社员把挖到的所有东西交到了当地吴县人民银行，银行认为除金银器他们可收购，其他东西也无法保护，于是就上交到了苏州博物馆。因为毕沅夫妇墓是省级文保单位，苏博立即向省博（南京博物院）汇报，南京博物院派周甲生和钱锋两位同志前来苏州。当时农民挖了毕沅夫妇合葬墓，但在合葬墓左右还有五处墓没被挖掉，南博同志要求我们考古组派人协助参加另外五座墓的发掘。我与我师父郑莉莉有幸参加了这五座墓的发掘，这也是我第一次参加考古发掘工作。当时正值寒冬，温度在零度以下，我们先后工作了五天，清理了这五座墓葬，左边三座，右边二座，又出土了不少金银器和玉器。我负责文物取出后的消毒、登记、编号和包装。由于当时工作条件较差，而且这几座墓中的尸骨呈半腐烂状态，臭味熏天，让人恶心，我虽然戴了口罩，但还是能闻到刺鼻的臭味。我想，从此以后我就是与死人打交道的人了。

1972年冬到1973年4月，为配合农村平整土地，我参加了娄葑公社团结大队天宝墩遗址的发掘。那时干考古工作条件十分艰苦，没有交通工具，靠两条腿走路。刚开始时，每天清早带上中午的口粮，徒步1个多小时到发掘工地。由于是冬天，有时下雨下雪，我们走在泥泞的田埂上，一不小心就会摔倒，有时来个嘴啃泥，有时浑身上下都是泥。中午吃的是自己带的干粮，放在附近小学的食堂热一下，以此充饥。后来天气越来越冷，每天花在路途上的时间太多，于是我与郑莉莉就借了小队仓库的一间房，又向农民借了一块木板当床，和郑莉莉合睡。我睡的半边没有长木板，脚就搁在木凳上。仓库的窗户破了，没有玻璃，只能用塑料纸糊了一下。为了解决吃饭问题，我俩向馆长借了一个煤油炉，买了口锅，问农民买些米，在煤油炉上煮饭吃。没有菜，就靠有同事来看我们时带的一些咸菜、萝卜干等。在天宝墩工地，我们前后工作了将近半年，共发掘唐墓、六朝墓、汉墓和战国墓近百座，出土了唐代墓志铭、青瓷器，汉代釉陶器、金饼、弩机、铜镜、陶礼器、玉器等四百余件文物。同时为了更详细地了解地层堆积情况，在天宝墩挖了一条10米×2米的探沟和一个5米×4米的探方，出土了战国时期的原始青瓷和石质生产工具，丰富了苏州地区唐墓、六朝墓特别是汉墓的实物资料，为进一步探讨汉代苏州的历史情况，提供了科学依据。

天宝墩汉墓最多，占80%以上。有T字型土坑墓（M23），墓总长4米，残长0.45米，为一单身葬，填土为灰黄色。棺室长2.46米，宽1.24米，耳室宽0.54米，长2.46米，葬具已朽，尚能见到朱红色棺漆，出土器物平排成两行放置于耳室中。有的是土坑竖穴木椁墓（M26、M27）。M26为合葬墓，墓壁四周均有木头痕迹残存，底部也有木纹痕迹。墓长3米，宽2.8米，出土器物均放在棺的一侧。M27为汉墓，墓室南北向，偏西南45°，墓室中间有土梁相隔，土梁宽0.15米，残高0.6米。分东西两个棺室，东棺室较西棺室略为宽大。东棺室长4米，宽2.45米；西棺室长3米，宽1.7米，呈凸形。两室葬具均已腐朽，但尚能看到棺漆痕迹。西棺外层黑色，内层朱红色；东棺外漆红色，内层朱红色，东棺室人骨残迹还可辨，头北脚南，是一座男女合葬墓。

西棺室出土的随葬品有釉陶壶、釉陶瓿、釉陶罐、釉陶屋、铜盉等，排列于葬具西侧，较为整齐。东棺室随葬有釉陶钫、釉陶鼎、釉陶瓿、釉陶灶、釉陶耳杯、釉陶灯等放在葬具西侧，铜麟趾金、铜弩机放在头部的木盒内。玉格铁剑、铜矛、金饼、玉璧及铜镜等置于东棺内，此墓共出土文物64件，是迄今苏州市区发掘的土坑竖穴木椁墓中出土文物等级最高的一个墓葬。记得清理东棺室时正好是一个星期天，那天工地民工都休息，就留下我们几个考古人员，清理到下午2点多钟时，我们发现了铜麟趾金和铜弩机，大家就议论起来，今天会不会挖到金的麟趾金，结果在继续清理时，真的发现了两块金灿灿的金饼，于是我们决定，绘好图、拍好照把金饼取出后就立即收工，然后把当天该墓出土的这些珍贵文物运送回博物馆，以防被盗失窃。现在想想也是件非常有意思的事。在天宝墩工地工作了半年多，当时生活条件虽然艰苦，没有任何经济补贴，吃的是白饭，睡的是长凳，但我在这里收获了许多。我负责绘制和拍摄有关墓葬的图纸和照片，进行了几十座墓的发掘清理，做好了所有资料的整理，在资料整理的基础上我与郑莉莉同志第一次一起撰写了《苏州市娄葑公社团结大队天宝墩二十七号汉墓清理简报》，发表在文物出版社《文物资料丛刊》第九期上。

1973年5月7日，我与丁金龙、王嘉明、汪乐英4人一行由苏州博物馆派遣去吴县唯亭草鞋山，参加南京博物院带队主持的草鞋山遗址第二次发掘。记得去草鞋山的当天，下着蒙蒙春雨，我们在苏博南面的华阳桥堍上船，带着我们的行李，手摇的木船沿娄江向东，经过了4个小时才到达唯亭草鞋山，这时我们的行李已被雨淋湿了，没办法只能马马虎虎凑合着用，等天晴后再晒干。那时候我和汪乐英合住在陵北大队一个小队长的家中，没有电灯，每天晚上整理白天的工作笔记都是在油灯下进行的，工作虽然艰苦，没有任何娱乐活动，但很充实。我与王嘉明被分配在T102探方，是由南博曹者祉老师负责的。我们到时，T102的良渚文化层已经清理完了，崧泽文化正在清理中。我们这个探方正好是遗址的墓葬区，整个探方共发现近百座墓，是草鞋山第二次发掘中发现墓葬最多的一个探方。有段时间曹老师出差，探方中就剩我与王嘉明两个人，我俩天天忙于绘图、拍照、登记、编号、收集包装。每天最早出工，最晚回来吃饭。

草鞋山遗址崧泽文化层出土的墓葬很有特点，一般都为仰身直肢，除个别外，不见墓圹和葬具痕迹。马家浜文化层的墓葬，一般都为单身俯身葬，多数头骨用釜、钵、豆、盆覆盖，有的头骨就放在陶器中。

在草鞋山遗址的发掘工作中我学到了很多专业知识，比如遗址考古的一系列基本工作方法、工作特点和要点，开阔了眼界，从一个非专业人员开始一步步向前迈进，对我今后的成长起到了很关键的作用。今天看到《苏州草鞋山遗址出土文物》一书的出版问世，颇感欣慰，书中收集很多T102探方中崧泽文化和马家浜文化墓葬中出土的各类文物，其中还有一张当年我与汪乐英在绘制墓葬图时的照片，50年前的今天，我们是多么年轻自信、蓬勃向上、活力四射。时至今日这些情景仍历历在目，令人感慨万分!

草鞋山遗址发掘结束后，我于1973年9月至12月有幸参加了"江苏省第二届考古训练班"，系统学习了历史知识、考古理论，以及田野考古的基本方法，并参加了南京汤山点将台商周遗址的发掘实习，成了一名基本合格的考古工作者。

1974年至1975年初，我参加了长青公社繁荣大队孙坟头的发掘，清理了唐、宋、汉、战国墓二十余座，亲自绘制了孙坟头遗址的总平面图和墓葬器物分布图，拍摄了这些墓葬的照片，做好资料整理汇总。此外还参与了虎丘公社宋代员外郎胡献卿墓、虎丘公社新塘大队六队战国铜器墓的发掘。战国墓出土了鼎、盉、匜、鉴、壶、豆等青铜器，这批青铜器是苏州博物馆建馆以来的首次发现，填补了苏州这一时期青铜器的空白。

与此同时，我还参加了苏州市内大石头巷宋代坊市遗址的发掘，这个遗址出土器物500多件，按质料分有瓷、陶、石、铜、铁、骨等品种；按用途分有生产工具、生活用具、建筑材料、钱币、博具等。这个遗址的发掘证明了宋代平权坊坊市遗址的所在地，这里有酒肆、跨街楼、手工业作坊，是宋代苏州坊市的缩影，对研究宋代平江城的变迁、手工业坊市和商品经济的发展，提供了实物佐证。

1975年8月至1976年7月整整一年时间内，为了配合苏州市木材公司平整土地、扩大木材堆放场地，当时由于人员不足，整个工地就我1名考古工作者，我便独立主持了苏州平门城墙的发掘工作。历年来，苏州平门城墙在基建、人防工程的施工中，曾发现过多座六朝墓。为了搞清楚城墙年代、城墙与六朝墓的关系，我们配合基建，从平门大桥西南六百米处起至一千二百五十米处止，对共六百五十米城墙进行了勘察，由推土机和民工发掘相结合，在城墙的中段挖了一条探沟，长30米，宽4米，深3.3米，探沟中虽然没有发现墓葬，但是发现了明清城墙的石基础、宋代的砖石城墙以及汉代夯土堆筑城墙的遗迹，暴露了汉代城墙的夯土层和整齐而密集的夯窝。夯土层共17层，每层厚度为8—10厘米。同时在平面上有大量的夯窝，呈平底圆形，直径有6—8厘米。土质细腻而纯净，又很坚硬，用夯打实，层次平整。这次发掘还在城墙上发现了六朝墓和唐墓共40余座，出土了大量的六朝青瓷器、铜器和金银器，唐代墓志铭、铜镜等一百五十余件文物，绘制了城墙结构图、墓葬分布图、器物分布图，拍摄了有关资料照片，整理了发掘资料，撰写了《苏州平门城墙的发掘》《苏州平门城墙唐墓清理》两篇文章，分别发表于《苏州文物资料选编》《文物资料丛刊》第六期上。平门城墙的发掘，证明了该城墙始建于汉代，后曾荒废，六朝墓和唐墓埋葬于此。从唐墓志铭上可以知道，当时平门被称为"北城"，位于现苏州桃花坞一带，唐代属长洲县大云乡，并有崇仁里、崇仁坊之称。

在此期间，1976年2月觅渡桥外贸公司在建仓库时发现了一座汉墓。汉墓的东边就是运河，水位很高，所以发现时棺椁里全是水。记得那天正好我师父不小心伤了手，无法参与清理，于是只能由我带头，带领王嘉明同事对棺椁进行清理发掘。抽水机抽了很久，水一直无法排出去，所以只能徒手在棺椁水中摸着清理。该墓为一长方形土坑竖穴墓，以墓圹、木椁、棺三部分组成。椁分为前后两部分，前面放棺木，中间有隔板，后面为"脚厢"。棺木用整段楠木雕空而成，断面呈"凹"形，棺两端有槽，放前后棺板，吻合紧密。棺内渗有半棺淤泥，人骨保存完好，仰身直肢，双手交叉放置于腹部。尸体下垫有木炭、竹丝编织的垫席，随葬品主要放在"脚厢"。棺内出土了一个木梳、一个箆子以及一面铜镜，放在头骨顶部。另有4枚"剪边五铢"钱放在右手边。"脚厢"共出土20件随葬品：其中陶器6件，其余都是漆器，有碗、奁、盘、耳杯、案等，漆碗、漆盘中放有桃子等果核，一个漆耳杯内写有赭色"莒"字，另一个耳杯的耳背有红漆绘的"困"方印。觅渡桥汉墓是苏州唯一发现完整漆器的墓葬，可惜受到当时文物保护、保存条件的限制，请外地专家修复后效果也不太理想，很是遗憾。

1978年，我被派去五七干校劳动锻炼。1979年初，为配合军用工程的需要，在吴县七子山，我馆与吴县文管会联合发掘了七子山一号墓。当时我已结婚生女，女儿才几个月，考古部的男同志都住在工地，我因为要给女儿喂奶只能每天清早6点多出门，坐长途汽车到石湖，再翻山走到七子山，路程两个多小时，然后到下午4点离开发掘现场往回赶，到家亦已6、7点钟了，只有这样才可以保证女儿晚上有奶吃，就这样前后坚持了6天，终于清理完了该墓。七子山一号墓，在钱元璙墓的西边、祝家山的山坡上。该墓门前堆放的大小不同、形状各异的黄石块约有千斤，我们只能从破了的顶部用梯子爬进去工作。由于墓室内空气不通畅，干一会儿就会呼吸困难，需要到墓外透透气。墓室全长14.34米，分前中后三室，中室两侧各有一个耳室。墓中出土了五代越窑扣金青瓷器、男女铜侍俑、铜弩机、金银器、玉器等珍贵文物100多件。根据出土文物和墓葬的地理位置推断，以及文献资料的考证，该墓应是吴越王钱氏家族墓。出土的越窑青瓷釉色匀净润泽，青中泛黄，当为五代越窑的秘色瓷。金扣边秘色青瓷碗，在国内是少见的珍品，出土的玉饰品、鎏金饰件、鎏金银盒、漆器上的金银装饰也十分精美，代表了唐、五代金银细工、琢玉工艺技术的较高水平，为我们研究这一时期的吴越钱氏家族提供了实物资料。

1981年，我们配合苏州染织厂基本建设的需要，对青旸地"孙坚"墓进行了发掘。该墓为穹窿顶和拱圈多室砖室墓。墓前有甬道、石门，门前另有一层封门砖墙。石门楣上雕有青龙、白虎和羽人，作舞姿状。门、门楣、门坎、棂窗均为青石所建。墓前室长2.85米、宽2.73米，后室长4.10米、宽2.56米，耳室长1.34米、宽1.9米，墓底为青砖交叉平铺而成，墓葬应早期被盗，仅出土了一硬陶质、表施茶绿色釉的五联罐。

1981年与1982年我先后撰写了《对苏州发现的几何印文陶的几点认识》《略谈苏州汉墓》两篇论文，参加了江苏省考古年会，受到了老师们的一致好评，使我对考古工作更加努力和热爱。

为了进一步深入探讨"吴文化"的物质内涵和社会性质，我们开展了对吴国城市结构的分析研究，1983年4月和10月，曾先后两次对上方山春秋战国吴城遗址进行了试掘。吴城依山而筑，面对石湖（越来溪）越城，全为夯土堆积而起。我们在吴城的东面挖了一条10米×2米的探沟，发现了早期夯土城墙的堆积，上有圜底圆形夯窝，夯窝直径在4—5厘米，出土了西周至春秋战国时期的陶片和小件石器等。夯土层土质坚硬，结构紧密，层次分明。通过对吴城遗址的试掘，我们对早期城墙、城的建造特点及其所处的地理位置有了一定的了解：这是一座具有防御性质的军事城堡，从而推动了吴文化研究的深入。

1984年1月至6月我参加了为期半年的郑州"全国第二届考古训练班"，聆听了各地考古专家、学者的授课，系统规范地接受了考古培训。期间参观了河南大河村遗址、二里头遗址、郑州商城、殷墟遗址等著名遗址，还参加了郑州市郊站马屯遗址的发掘。同年12月，应昆山县文管会的邀请，主持千墩少卿山新石器时代遗址的试掘，挖了一条10米×2米的探沟，解剖了遗址的文化堆积情况，发掘崧泽时期的墓葬一座。1984年9月，我代表苏州参与了嘉兴、湖州、苏州、无锡、常州、上海六市联合举办的"太湖流域古文化、古生物、古人类"展览的筹备，展览共展出各地出土的文物、动物化石等五百多件。同时参加了在嘉兴举办的"太湖流域古文化、古生物、古人类"学术研讨会。与会人员有：考古界泰斗苏秉琦先生、浙江省茅家琦厅长、复旦大学地理研究室魏嵩山教授以及全国考古专家，江苏、浙江、上海的专家都有参加，这是一次空前的专门针对太湖流域古文化、古生物、古人类的专题研讨会，苏先生提出了中华文明发展的"多元一体论"，对太湖流域的考古工作指明了新的方向。

1985年5月，南京博物院、苏州博物馆和吴县文管会对太湖三山岛龙头山一处含晚更新世哺乳动物化石的裂隙进行发掘。在此期间我们在三山岛上进行了全面的考古调查。一天傍晚，我与上海大学文学院陈淳老师饭后散步时，在岛西北端东泊小山下清风岭一处溶洞前发现了许多旧石器。当时我们十分激动，因为苏州从来没有发现过旧石器。这些石器有：刮削器、尖状器、锥、钻、砍砸器等。同年12月，由南京博物院、上海大学文学院、苏州博物馆、吴县文管会组成的联合发掘队，对这一石器地点进行了发掘。三山岛石器地点发掘所得石器制品共计5 263件，石器质地主要为燧石、石髓、玛瑙等，种类有刮削器、尖状器、砍砸器、锥、钻、雕刻器等，其中刮削器的数量种类最多。三山岛旧石器遗址的发现和发掘，填补了苏州历史的空白，将苏州人类活动、生活状态提前到了一万年以前。

  这次调查发掘工作后，我通过自学，参加了上海复旦大学第二届文博专修班的考试，录取后正式成了一名复旦大学文博专业的大学生，同时也为我的考古生涯画上了圆满的句号。

  回想起这十四年的考古经历，从一个什么都不知的初中生逐步成长为一名专业的考古工作者，我感到十分自豪。虽然70、80年代考古工作的生活条件非常艰苦，工作环境十分简陋，我几乎天天都在工地上日晒雨淋，没有任何生活补贴，经常以冷饭干粮充饥，靠双脚跑遍了苏州地区许许多多的考古现场，但我始终没有放弃。记得在觅渡桥汉墓发掘现场，围观的群众纷纷议论"这个小姑娘吃死人不吐骨头"，后来担任市级领导的王铭杰主任在现场看到后，也对我大加称赞，过后再见面时，他还时常提起此事。

  我曾是一名考古工作者，一直以来认认真真地学习，勤勤恳恳地工作，得到了老一辈的肯定，为苏州的考古事业作出了一定的贡献，也使自己努力成了一名名副其实的文博专业人士。

朱薇君
2023年12月

瑞光塔出土文物发现经过和文物概况

◎ 朱伟峰（苏州博物馆）

苏州城内现存四座古塔，最高大雄伟的属城北的北寺塔，城南的瑞光塔就比较娇小秀气，而城东的双塔好像是它们的一对双胞胎儿女，矗立古老的巷子之中。

瑞光塔位于苏州盘门内。据《吴县志》载："寺旧名普济禅院，三国东吴赤乌四年（241年）建寺，十年（247年）建塔。"

瑞光塔为砖木结构，平面呈八角形，方向10°。塔身由外壁、回廊和塔心三部分组成。第一层外壁四面辟门，第二到第三层八面辟门，第四到第七层为四面辟门，且上下层的门不在同一壁面，错开而设。砖砌塔心平面也呈八角形，从一层到五层，五层以上无砖砌塔心而改为木质梁架，五、六层塔心立有粗大的木质刹柱，刹柱直通塔顶，也就是塔刹。

1978年4月的一个星期三下午，在苏州城南瑞光塔的第三层塔心佛龛内的天宫中发现一批五代至北宋时期的珍贵文物。

真珠舍利宝幢就是其中最珍贵的一件，其他还有盛放真珠舍利宝幢的木函、存放经卷的嵌螺钿经箱、铜佛像、铜质金涂塔等。

一、真珠舍利宝幢的发现经过

1978年4月的某天下午，趁着学校放假，有三个学生爬到瑞光塔上面玩耍，在第三层，他们看见几只鸟从塔心墙壁破洞中飞出来，认为洞里一定是鸟类巢穴，于是他们从已倒塌的佛龛钻进了塔心空洞内，只见有很多干草，果然一个小朋友先掏出一窝鸟蛋，另外两个把洞中干草纷纷扔出洞外，鸟蛋是没发现，却见在空洞中间有一块长方形的石板，比地面高出50厘米左右，一个小朋友在石板上发现了两个泥人，其实就是两尊彩绘泥塑观音像，另外两人就提出要分他的泥人，而发现观音的小朋友不愿意分，说你们自己去找好了。

于是他们两个又继续进到洞内寻找，但是什么也没有找到，却发现这块石板有问题，有点活动，他们想搬开它，但石板很沉，三个孩子花了九牛二虎的力气才把这块石板翻了起来，也就在这一瞬间他们惊呆了，想不到石板下面还有一个很深的洞（塔的天宫），因为塔心室里很暗，石板下的地洞里更暗，看不到洞底，靠着墙壁破洞中透进来微弱的亮光，三个孩子只看见地洞中有一个很大的黑箱子，里面到底是什么东西，谁也不知道。

他们在惊奇中慢慢地惊醒过来，惊醒以后的事情就不太好了，他们要把这些东西取出来，于是就七手八脚地先把木箱子拆开,由于经过了一千多年时间,木头都已干透,榫头都已脱落,很轻易地就把箱子拆开了。

惊喜的是,木箱是双层的,外面的是黑漆箱子,而里面的箱子外壁绘有彩色图画,箱子中又有很多东西,他们不管三七二十一,抓到东西就往外拿,越往下东西就越多,不光是箱子里面有东西,连箱子外面也发现了不少东西,经卷、铜佛像、小木箱一大堆,由于地洞里面太黑,小孩们怕有东西遗漏,就胡乱地拿起一卷经卷点火照明,花了很长时间,总算把地洞中的东西拿到洞外,连地洞底部的木垫板也给挖了出来。

可问题又来了,瑞光塔第三层,离地面有20多米高,塔内的木楼梯也早就没了,他们是踩着墙壁上的小洞攀登而上,而现在有这么一大堆东西,怎么拿下去,动了一下脑筋还是想出办法来了,回家取来米袋子、长绳子,把除了木箱板以外的其他东西装进米袋子,用绳子吊着往下放。

正当这几个孩子盘算着把这些东西送往废品收购站换钱,起劲地劳作时,瑞光塔边上粮食新村的居民发现了他们,劝说这些东西是文物,不可以拿回家,要交给国家,同时又打电话给派出所,于是民警就把这批文物送到我们博物馆,当时已是快到下班时间了。

第二天我们考古部几个人上到瑞光塔第三层,进行了实地踏勘,经过仔细的考察和清理,在塔心室里又找到了一些遗留的文物,并把散落在天宫地面上的木函板全部运回了博物馆。同时对相关遗迹进行了测量绘图、照相记录等工作。

二、真珠舍利宝幢的整理与复原

1. 真珠舍利宝幢

通过初步整理,得到狮形雕塑16件,有木质和银质之分;木雕人物16件;八角形、圆形木构件若干;用金属丝编织的部件较多,其中九头蟠龙1件,小龙8件,水晶球10余个,大小不一;其余都是真珠舍利宝幢上的部件。具体数量如下:

木雕狮子8只;
银雕狮子8只;
木雕人物共16尊(其中天王像3尊、天女像4尊、力士像8尊、佛祖像1尊);
鎏金银丝纺织龙9条,其中1条大龙有9个龙头,身上布满用珍珠串成的鳞片;
木雕部件若干。

通过对这些文物的细致研究,再广泛查阅有关资料,三请教于佛教界人士,经过一段时间的摸索,我们把这些零散文物恢复成了"真珠舍利宝幢"。

真珠舍利宝幢
(通高122.6厘米)

真珠舍利宝幢可分四层:

第一层:八角座(须弥座)

座,木质,平面为正八边形,对边直径为35.5厘米,座高18.3厘米。中部束腰,上部内收。最下有

八足,足上有雕塑,为似狻猊样的兽形雕漆图案,角上饰描金牡丹、宝相花。从八足到此层高为4.8厘米,座顶为一八角平台;

束腰高2.5厘米,八面,每边长14厘米,每面有三朵镂空如意花饰,孔内缀有鎏金银丝编变形如意;

束腰上面有一层台阶,边长15厘米,八边各站立有一只银质狮子,姿态各异,生动活泼,栩栩如生,煞是可爱,角上饰描金牡丹、宝相花;

台阶里面是斜坡,坡高3.6厘米。斜坡上饰描金牡丹图案,每面还贴有两个雕漆供养人物,动作各异,形象生动;

斜坡再往上面是座子上最高的一级台阶,八个角上各有木雕彩色狮子一个,或卧、或爬,姿态各异,呼之欲动。各角狮子两两相对;

台阶里面有3.0厘米高的壁,每面中间如意形镂空,缀有鎏金银丝编变形如意;

木座的顶端是一八角平台;

座表面通体髹赭红色大漆,描金缠枝花卉图案。

第二层:须弥山

座子上面有一八角形平台,平面呈正八边形,八面以木构栏围合,栏高4.9厘米,栏杆中间有水晶球,直径1.3厘米,八根栏柱顶部也各有一水晶球,直径1.8厘米,水晶球下有用银丝编织的珍珠莲瓣托起。围栏内有木雕漆绘云雾缭绕的须弥山和九山八海等,高9.0厘米,上小下大,直径分别为24.0、26.0厘米。

海中升起一座须弥山,山高24.4厘米,山腰有山洞数个,鎏金银丝编成的九头龙盘绕在山腰之上,龙身布满珍珠串成的龙麟,九个龙头均朝向南方。山顶周围升起16座山峰。

海面周围升起彩云八朵,云分别高10.0—12.0厘米,彩云之上分别站有四大天王和四天女,四天王分管东、南、西、北四方(东天王为后补,南、西、北天王分别高8.3、8.4、10.8厘米):

东方持国天王　左手持剑,右手撑腰。名多罗吒,领乾闼婆及毗舍阇神将,护佛婆提人。(系后补雕)

南方增长天王　左手持戟幡,右手平推前方。名毗琉璃,领鸠槃荼及薜荔神,护阎浮提人。(高8.3厘米)

西文广目天王　双手斜持叉。名毗留博叉,领一切诸龙及富单那,护瞿耶尼人。(高8.4厘米)

北方多闻天王　左手前托舍利宝塔。名毗沙门,领夜叉罗刹将,护郁单越人。(高10.8厘米)

四尊天女(高7.7—8.2厘米)朝向东南、东北、西南、西北四个方向,手中各有所持。

东南之天女,两手斜握仙草;东北之天女,两手在腰前相握;

西南之天女,两手在胸前合什;西北之天女,两手断(灵芝)。

山、海、云为木胎髹漆,通体呈赭红色,描金,水浪、云彩表现逼真。天王、天女均为檀香木雕,刀工苍劲有力,眼神、肌肉、衣褶,刻划得栩栩如生,衣褶飘带随风飞动,衣裙上的描金图案品种繁多,缠枝花卉、几何图形,各显精妙。

第三层：宫殿、经幢

在须弥山顶建有八角宫殿一座，高23.6厘米，八根柱子用极细的鎏金银丝编织物包裹，柱间上方有鎏金银丝编织的挂落，柱头戗角下各有一鎏金银质小力士（系银皮錾刻而成）顶着斗拱；八角殿顶和八个翘角也都用鎏金银丝编织物构成，翘角下挂有用鎏金银丝编织与真珠串成的流苏，随风可动，殿顶用珍珠串成的瓦片覆盖，殿顶又称华盖。

整个宫殿显现出珠光宝气、金碧辉煌之气势，给人以庄严肃穆之感。

殿外八方各有一木雕金刚力士，即护法神，为檀香木雕，通体花卉图案由泥金描成，衣带飘起，在头顶上方形成一个环。力士手持宝杵，怒目而向，以护宝殿：

东方，左手持降魔杵下伸，右手上举掌心向前，目视右前方；
东南方，左臂环形，右手上举，掌心向前，目视前方；
南方，左手持降魔杵撑地，右掌压在左手上，目视前方；
西南方，弓箭步，左掌向上推出，右拳上举，向下目视左前方；
西方，左手平举胸前，右手斜举降魔杵，目视左前方；
西北方，双手左举降魔杵，右手握把，左手托杵，目视右前笔；
北方，双手在胸前抱拳；
东北方，左手后伸，右拳前举，向前目视左下方。

经幢置于八角宫殿内，幢高19.4厘米，直径为5.2厘米，七佛一经用真、草、隶、篆刻在经幢八面，经幢为藏青兰色，字阴刻填金。依次是：

南无摩诃般若波罗密（意为"大智慧可达彼岸乐土"）
南无过去毗婆尸佛
南无尸弃佛
南无毗舍浮佛
南无拘留孙佛
南无拘那含牟尼佛
南无迦叶佛
南无释迦牟尼佛

经幢木质，中空，内径为4.1厘米，深13.0厘米，内藏：

① 纸质经咒2张：均为皮纸，雕版印刷，其中，汉文咒刻印时间为咸平四年（1001年）十一月，梵文咒刻印时间为景德二年（1005年）八月。

② 古钱币16枚：

其中正书开元通宝7枚，篆书开元通宝1枚，篆书唐国通宝2枚，正书淳化元宝2枚，草书淳化元宝1枚，正书至道元宝1枚，草书至道元宝1枚，正书咸平元宝1枚。

③ 结晶矿石数十块：无色透明。

④ 银龙2件，盘成耳环状，龙头在中间，藏于幢盖内。

⑤ 乳青色葫芦形玻璃小瓶1件，用梵文咒包裹，瓶内置舍利子9颗，其中1颗为肉红色，余8颗为乳白色，米粒大小。

⑥ 印章1枚：琥珀质地，龟钮，阴刻篆书"与贞私印"。

幢顶置有金龛1座，四面都有壶门，弹凿花卉布满佛龛表面，龛内置木雕佛祖坐像1尊，头戴风帽，通体描金，面南而坐，面部表情慈爱可亲。

该经幢应该是为佛祖而设，幢内的舍利子即由佛祖的精华所结成，而琥珀印上的"与贞"说明应该是某位信众的私印。

第四层：刹

殿顶置木雕佛龛1座，龛内存放1件金质球形长颈瓶，球面弹刻四小佛像、四个戏嬉童子，相间排列在金瓶周围，其他空间为缠枝花卉所占，瓶口覆以金雕圆盖。

八翘角之上各有一条用鎏金银丝编织的小龙，龙口内各含一颗珍珠。头外尾内，昂视八方。八条龙象征八龙王，分别是：

难陀龙王、跋难陀龙王、娑伽罗龙王、和修吉龙王、德叉迦龙王、阿那婆达多龙王、摩那斯龙王、优钵罗龙王。

佛龛之上是八角形鎏金银丝串珠华盖，其上有一刹柱，高为24.5厘米，刹柱顶端有八根用鎏金银丝编织的长锁连接宫殿八翘角之尖顶；刹柱用四方形银柱做成，相轮分别用水晶和木质制作而成，各相轮下由银丝编织的变相如意花瓣承托。刹柱顶端置一水晶大球，直径3.4厘米。同样以鎏金银丝制成的火焰状的瑞光环绕在球的周围。

这座庄严瑰丽的宝幢，设计优美，制作精巧，工艺精湛，充分彰显了当时工艺美术的发展水平，是一件极为罕见的综合多种工艺的艺术珍品。

2. 木函

从瑞光塔上带回的木板拼装而成2件木函，即《真珠舍利宝幢藏匣》。分内、外二函：

外木函，通高134.7厘米，平面呈正方形，边长上部为51厘米，下部为53厘米，板厚3.5厘米，顶板厚3.2厘米。外壁施黑漆，用白漆书写"瑞光院第三层塔　内真珠舍利宝幢"。

内木函，通高124厘米。内木函为银杏木制，套叠五节，为正方柱体，四边均宽42.5厘米，板厚1.0厘米。内壁用墨书：

大中祥符六年（1013年）四月十八日记

都勾当方允升
妻孙氏十娘
男新翁顺子有
庆增子女四娘
弟子
女使东子
　　小莲

外壁彩绘四天王像。

佛教传说,在须弥山腰有座犍陀罗山,上有四峰,居四王各护一方,故又称"护世四天王"(见前文)。

四天王性格鲜明,活泼生动,惟妙惟肖,栩栩如生。因其都双脚踩踏夜叉小鬼,故双足以下底色用石绿色,小鬼有的头顶肩承,有的跪负背荷,或驯、或诈、或戾、或诌,姿态不一,神情各异,更烘托出了四天王的雄伟气概。

用色有朱砂、银朱、石绿、蛤粉、泥金等重彩,至今仍色泽鲜艳,绚烂夺目。画像没留作者姓名,当出自民间画工之手,其笔法纯熟精练,显非出于俗手。

宗教人物绘画盛于唐宋时期。其中,五代时期苏州为吴越国辖境,吴越国钱氏笃信佛法,号为"东南佛国",佛教艺术尤为兴盛。宋代的宗教绘画是前代绘画艺术的继承和发展,从这一组天王画像中得到了充分反映。画家的运笔,轻重按捺,各极其妙。粗犷处豪放雄健,如风驰电掣;细纤处游丝毫发,如行云流畅。粗细得当,坚柔适度,变化较大。

衣褶飘带随风飞扬,确有"吴带当风"之概。敷彩设色,虽是朱红石绿,但仍笔墨苍劲,筋骨毕显,唐代画圣吴道子风格跃然画面之上。这对中国绘画史的研究,是十分重要的资料。

三、其他文物的整理

经过整理,得到以下所列文物:

1. 铜佛像9尊

释迦牟尼像6尊(1大5小),**大日如来**1尊,观音1尊,地藏1尊。

小释迦牟尼像5尊,其中2尊右肩袒露,1尊右肩半袒露,另2尊不露肩。高17.5—20.0厘米。

观音1尊,通高18.3厘米,其中莲花座高5.5厘米、坐像高8.0厘米、背光高13.5厘米。背光后有墨书题记,竖书5行:

> □□女弟子唐氏三娘
> 谨舍净财铸造铜
> 观音菩萨一躯用
> □□开宝二年
> 岁次己巳五月
> □□。

地藏像1尊,通高17.5厘米,座高7.0厘米。坐像,左腿自然下垂,右腿盘于坐位上,右手执夜明珠一颗。

2. 铜金涂塔2座

大塔,通高44.5厘米,平面为正方形,底座底边长15.0厘米,顶边长12.5厘米、高10.2厘米,底座上部四周各有小佛像4个;塔身高9.2厘米,四面各有佛本生故事一则,其一为"尸毗王割肉饲鹰救鸽",其二为"萨埵王子舍身饲虎",其三为"慈力王割耳燃灯",其四为"月光王捐舍宝首"。塔上四角各有三角小亭一座,内侧各立一天王像,外侧两面均分为两层,共饰16个佛经故事。中间塔刹上有五层相轮,直径3.25—4.5厘米不等,刹顶有小葫芦一枚,有火焰燃其下。塔四角还挂小铃铛各一。

塔底座顶板上刻有铭文：

> 苏州长州县通贤乡清信弟子顾彦超将亡□在生衣物敬舍铸造释迦如来真身舍利宝塔一所伏用资荐亡姚胡氏五娘子生界永充供养。　岁次乙卯十月一日舍

小塔，通高32.7厘米，底边长10.6厘米。造型基本上与大塔相仿。刹顶葫芦缺失，相轮只有四个，直径2.4—3.25厘米，角亭无图案，无铃铛。

3. 纸质经卷121卷

（1）碧纸金书《妙法莲华经》：共7卷。纸宽27—27.6厘米。每卷有24—28开不等，每开竖书25行，每17字。

每卷卷首正反面均有泥金描绘的经变故事，正面是释迦牟尼出身、说法等经变故事，反面是牡丹花卉，唯第一卷反面除牡丹花卉外有5童子像，或坐、或爬，形态各异，天真生动，娇柔活泼，煞是可爱。

经文全用泥金写成。

第一卷尾有黑题款：常州建元寺长讲法华经大德知□记。

第二卷尾有黑题款：大和辛卯四月廿八日修补记。

第七卷尾泥金题款：时显德三年岁次丙辰十二月十五日弟子朱承惠特舍净财收赎此古旧损经七卷备金银及碧纸请人书写已得句义周圆添续良因伏愿上报四重恩下救三涂苦法界含生俱沾利乐永充供养。

（2）碧纸金书《佛说阿弥陀经》1卷，宽22.6、长221.4厘米。

（3）黄经纸墨书《佛说天地八阳经》1卷，宽27.7、总长362厘米，8开，开长46.3—48.8厘米。

（4）黄经纸墨书《佛说相轮陀罗尼经》105卷，宽14.5—15.7、长95—105厘米。

（5）黄经纸墨书《佛说相轮陀罗尼经》1卷，稍残，宽2.6、长22厘米。（本经置小型木雕喇嘛塔内）

> ……瑟□□……噜吉帝六萨啰萨啰播跛输达尼七菩达尼三菩达尼八钵啰伐啰曳瑟撤伐丽九末尼脱誓十鹘噜止啰末罗毗戍第十一吽引莎诃。　佛说相轮陀罗尼。

（6）黄经纸木刻印刷《妙法莲华经》共6卷（其中失卷六，全应该是七卷）。

宽17、总长293.5厘米，每开长53—55毫米。每开88行，行24字。

纸有竹帘纹，竹条间距1.54毫米，线距38.5毫米。

三藏法师鸠摩罗什译第一卷卷首有一段瓷青纸，上有朱砂题字：

> 天禧元年九月初五日雍熙寺僧永宗转舍妙法莲华经一部七卷入瑞光院新建多宝佛塔相轮珠内所其福利用职权上报四恩下资三有若有瞻礼顶戴者舍此一报身同生极乐国。

卷经咒2张：

①《大随求陀罗尼》咒。木刻印刷，梵文。26×21.7厘米。

经文横书，中间一块长方形经变图，画的上、左、右各有四个双线圆圈，圈内之画，代表巴比伦黄道十二宫的图像。经文两旁各有14个神像，代表我国古代二十八宿。

黄道十二宫的排列次序（不是按原来的次序排列）为（自左到右）：白羊、天蝎、双子、巨蟹、天秤、

狮子、宝瓶、双鱼、人马、金牛、室女、摩羯。从形象上看,经咒星官图与宣化辽墓星官图上的十二宫大略近似,它们都在一定程度上把巴比伦的黄道十二宫中国化了。

汉文题字:

佛说普遍光明焰□清净炽盛思惟如意宝印心无能胜惣持大明王大随求陀罗尼此陀罗尼者九十九亿殑伽沙如来同共宣说若有人志心诵念戴持颈臂者得十方诸佛菩萨□龙鬼神亲自护持身中无量劫来一切罪业悉皆消灭度一切灾难若有书写此陀罗尼安于幢刹能息一切不断恶风雹雨非时寒热雷电霹雳能息一切诸葛亮天斗争言颂能息一切蚊蛮蝗虫及诸余类食草稼者悉能退散□不尽功伏愿。

皇帝万岁重臣千秋万民安泰入净真言唵引阿蜜哩□帝吽癹吒入触真言唵引骨噜□驮囊吽啊。

传大教梵学沙门秀璋书所将雕板印施功德伏愿亡过父母早生人天然愿阖家大小平安男孟继升次男继朗孙男仁宣伝忱里顗儿耿大户新妇平氏张氏孙男新妇张氏张氏王氏重孙女伴姑相儿更惜。景德二年八月　日记

②《大随求陀罗尼》咒。木刻印刷,中文。46.4×36.6厘米。
中间有释迦牟尼像,经文围绕释迦旋转而收写,四角有四天王像,下刻有弟子姓名,两旁有职官姓名。

右行:朝请大夫给事中知苏州军州事清河县开国男食邑三百户柱国赐紫金鱼袋张去华朝奉郎守尚书兵部郎中通判军州事赐绯鱼袋查陶守尚书屯田员外郎监苏州清酒务张振太子中允监税赐绯鱼袋李德金英著作佐郎签署节察判官厅公事崔端。

左行:大理寺丞知长洲县事王允己节度掌书记彭愈节度推官周允中观察推官程□录事参军宋有基司户参军纪士衡□司理参军刘庶几守吴县令班绚守吴县主簿李宗道□知白州郭用之相州观察推官周植内品监税李德嵩进士郭宗孟书。

下部:剑南西川城都府净众寺讲经论持念赐紫义超同募缘传法沙门蕴仁传法沙门蕴谦传法沙门可闻传法沙门道隐比丘智通同入缘男弟子张日宣郭用庄闵超闵荣□禧沈遇管福王文胜潘训孙元吉陆泰纪旺蔡有顾宠盛福徐远凌秀骨绍管秀唐仁胜茅庄俊言庆□文举张承宋张从□张仁皓虞升朱延晓田裔同入缘女弟子沈三娘沈四娘汪七娘许十一娘周十九娘戴七娘张十八娘顾十二娘陆十娘刘十二娘陈十二娘沈五娘凌氏夏十娘赵一娘郭三娘钱五娘锺十一娘陈九娘贲六娘陈三娘元二娘刘一娘孙三娘牛氏陈一娘瞿氏盖氏何氏张一娘陈九娘沈二娘何六娘沈五娘王五娘王信心。

咸平四年十一月　日　杭州赵宗霸开

4. 经箱

嵌螺钿经箱:长33、宽12、高12.5厘米。木胎,通体髹黑漆,通体嵌入五彩闪光螺钿。箱盖有三组团花图案,箱身下部为须弥座式,周边雕有如意花头,上部仅高5、长33厘米,用螺钿片嵌成各种花卉图案。

木经箱:长33、宽14.7、高13.5厘米。通体素面,外表髹赭红色漆。部分残损。

5. 小型木雕喇嘛塔

高10.3厘米,塔内放置黄经纸墨书《佛说相轮陀罗尼经》1卷,稍残,宽2.6、长22厘米。

……瑟□□……噜吉帝六萨啰萨啰播跛输达尼七菩达尼三菩达尼八钵啰伐啰曳瑟搋伐丽九末尼脱誓十鹘噜止啰末罗毗戌第十二吽引莎诃。 佛说相轮陀罗尼。

6. 彩绘描金模制泥质观音

两尊，成部丰满，神态庄严慈祥，端立云彩座子之上，是宋代风貌。

自从这批文物被发现后，我们马上就组织有关方面人士，对这些文物进行识别和鉴定，特别是工艺方面的权威人士，还请来了红木雕刻厂、金属工艺厂等单位经验丰富的老师傅，对这些文物的工艺技术进行鉴别，得到确定意见后，就着手讨论对真珠舍利宝幢的修复问题，因为这些文物的工艺水平确实很高，必须先要了解这些工艺手法，才能进行修复，最后决定先复制一个宝幢，等技术熟练后再把旧物修复。很快一个修复班子组成了。

注：真珠舍利宝幢发现经过，社会上有多种传说，均与实际情况有出入。

其实，我是在这件宝贝出土后，从接收文物开始，保管、研究、修复、复制一直参与其中，全过程陪伴近二十年，第一手资料都在我这里。

真珠舍利宝幢的第一件复制品由苏州博物馆保存，此件复制品也经过长达一年的时间才完成。

苏州虎丘黑松林三国墓发掘及其他

◎ 王学雷（苏州城市学院）

1997年我还在苏州博物馆考古部工作，在一次野外考古中幸运地发掘到两块三国孙吴时期的青石屏风，上面所刻画的人物图案令我大为惊讶和好奇。三国时期的绘画资料本来就不多见，之前好像也从未发现孙吴的绘画。2019年9月28日，苏州博物馆召开"苏州虎丘黑松林三国墓地第一次研讨会"，并邀我参加，我便得以重温当时的发掘资料，生发出对往事的一些回忆。复与与会专家进行热烈探讨，亦加深了许多认识。大家一致认为，尘封多年的考古发掘报告亟待发表，青石屏风尤当重点介绍。于是，苏州博物馆姚晨辰先生在2020年2月3日的《中国文物报》上刊发了《苏州黑松林出土三国时期石屏风》一文，首次公布了其中一块完整的石屏风拓片图像，让学界对之有了初步的了解。惟本人于1999年离开苏州博物馆，当时自存的一本工作笔记又不慎遗失，现仅就尚存的另两本临时笔记，结合苏博研讨会上得到的信息，就虎丘黑松林三国墓葬先作回顾性的简述，并发表一些粗浅的认识。

20世纪90年代后期，苏州旧城改造进入如火如荼的阶段，老城区周边亦同步并进。1997年4月25日，苏州博物馆考古部接到虎丘乡留园村康乐之都游乐场基建工地打来的电话，告知工地发现古代墓葬，并有文物贩子在周围流窜，煽动民工偷盗文物。情况紧急，我们立即赶往勘查。

康乐之都游乐场工地，位于苏州老城区西北部的虎丘路北侧，因这里有座土墩，上面栽有茂密的松树，故这块区域被称作"黑松林"。上了一点年纪的苏州人都知道，此处以前还曾作过刑场。当天我们进行了初步的勘察，在此墩的腰部看到几座暴露出来的宋明时期至现代的墓葬。回馆后我们将情况向苏州市文管会作了汇报。28日下午三点，又往市文化局三楼听取工作安排，并约定明日再往现场查看。29日的气温高达30℃，为开春以来温度最高的一天。早上八点四十五分，我与两位同事到达现场，首先清理的是位于土墩腰部的一座明墓，该墓为拱券顶双室夫妻合葬砖室墓。墓形长方呈石匣状，墓内葬具腐朽无存，残存的仅是铁棺钉数枚及尸骨残片。南室墓主为男性，北室墓主为女性，皆头东脚西葬，各自足部放有墓志一方。我们还清理了不远处的一座宋代平顶双室夫妻墓葬，其中除了残余的一些已经残朽粘连的铜钱外，一无所获。唐以后的小型墓葬通常激发不起考古工作者的兴致，因此将宋明墓葬简单地清理完毕之后，不知不觉，我们又把目光投向了背后那座高大的土墩。

苏州地处平原，丘陵多集中在西部地区，虎丘山距此虽然不远，但这个陡然拱起的土墩显然不是它的余脉，应是人工累筑起来的一种设施。从直觉上判断，这个土墩更像是一座墓葬，而苏州发现的六朝墓葬"大部分都是在高出地表的土墩内发现"的。"黑松林"应该是比较后起的名称，从那座明代女性墓主的墓志中得知，这座土墩明代被称作"周公墩"。而据当地居民介绍，这个区域以前还被称作"吴天墩",后来通过一方南宋的墓志也证实了这一说法。这自然引发了我们极大的兴趣和猜测——"吴天"二字是否意味着这个土墩为三国孙吴的宗室贵族墓地呢？于是我们爬了上去,在墩顶发现有两处凹陷,可以判定是两个盗洞,基本坐实了这是墓葬的猜测。

发现这样的大型墓葬自然要向上级申报,我们大约用了一个星期左右的时间走完发掘申报流程,5月10日即正式开始对其进行抢救性发掘。这次发掘的领队是考古部主任丁金龙,副主任张照根和我参加发掘,还有安徽人钱松浦带来的一批技工。整个发掘过程前后经历了一个月左右的时间,其间又在周围意外地发现了其他5座同时期规模较小的砖室墓。通过进一步勘察,这座名为"黑松林"的土墩最终被认定为是一座规格不低的东汉后期的大型墓葬,编号为M4（其余规模较小的几座同时期的砖室墓,分别编号为M3、M5、M6、M7、M8）。

孙吴宗室墓葬主要分布于苏州、鄂州、武汉、马鞍山与南京五地,其中大部分宗室墓葬位于城邑外的主要墓葬区,且一般是多座宗室墓葬或贵族墓葬聚集分布,这从地方文献中也可得到一些印证。文献记载的苏州孙吴宗室墓葬主要分布在两处：

一是盘门外的青旸地（今南门路原苏州第一丝织厂内）。该处自唐宋以来就被认为是孙坚、孙策父子的墓葬所在。唐陆广微《吴地记》："盘门……东北二里有后汉破虏将军孙坚坟,又有讨逆将军孙策坟。"北宋朱长文《吴郡图经续记》卷下亦云："汉豫州刺史孙坚及其妻吴夫人、会稽太守（孙）策三坟,并在盘门外三里,载唐陆广微《吴地记》。墓前有小沟曰陵浜,乡俗称为孙王墓。"北宋张邦基的《墨庄漫录》卷十记载：

> 重和戊戌岁,平江有盘门外大和宫相近,耕夫数人穴一冢。初入隧道,甚深,其中极宽,如厦屋然,复有数门,扃镝不可开。耕者得古器物及雁足灯之类,以为铜也,欲贷之,熟视之乃金,因分争至官。时应安道逢原为郡守,尽令追索元物到官,乃遣郡官数人往闭其穴,观者如堵。其中四壁皆绘画嫔御之属,丹青如新,画手殊奇妙。有一秘色香炉,其中灰炭尚存焉。诸卒争取,破之。冢之顶皆画天文玄象,此特初入之室,未见棺柩,意其在重室内也。又得数器而出,乃掩之。后考《图经》云："吴孙破虏坚之墓也。"然考之《吴志》,坚薨,葬曲阿。未详此果何人也。

张邦基虽然不敢断定此墓即属孙坚,但其所述地理位置亦在盘门外。南宋范成大《吴郡志》卷三十九"冢墓"中记载的孙策"吴孙王墓"也在此处：

> 吴孙王墓,在盘门外三里。政和间,村民发墓砖皆作篆隶为"万岁永藏"之文。得金玉瑰异之器甚多,有东西银杯,初若灿花,良久化为腐土。又得金搔头十数枚,金握臂二,皆如新。并瓦熏炉一枚,与近世陆墓所烧略相似。而箱底有灰炭如故。父老相传云：长沙王墓。按长沙王,即孙策。又恐是其母、若妻墓。郡守闻之遽命掩塞,所得古物尽归朱勔家。洪刍《香谱》亦略载此事。

因其中所出土的金搔头（即金发簪）和金握臂（金手钏）疑似为妇女饰品,所以范成大认为"恐是其母、若妻墓"。此处是否为孙坚父子墓地的相关探讨,宋代及以后的文献中亦每有所见,而1981年苏州博物馆在此进行的一次清理发掘,发现有三座汉墓,似乎也为《吴郡图经续记》"汉豫州刺史孙坚及其妻吴夫人、会稽太守（孙）策三坟"之说,提供了一个可供参考的实物证据。

二是阊门以西与虎丘之间的区域。民国《吴县志》卷四十一"冢墓二·孙王墓"附按语：

> 案：阊门外山塘八字桥西有大冢，土人呼为"破房墩"，谓即孙坚之坟。所谓"八字桥"者，有二桥在墓门左右，形如八字，故名。现有孙姓学究在墓旁授徒，云系坚之苗裔，然无实证。考孙坚坟，自《吴地记》以下诸志，皆云在盘门外，从无在阊门之说。或云当是孙武冢。疑莫能明也。

"孙武冢"当然不可信。但因为自《吴地记》及以后的方志都说孙坚墓是在盘门外，从无在阊门的记载，从而否定孙坚墓或孙吴宗室墓地亦在阊门附近区域的可能性，则是武断的。2016—2018年间，苏州市考古研究所对苏州虎丘路新村土墩进行了考古发掘，发掘出孙吴时期的砖室墓4座（编号M1、M2、M5、M8），其中M1属于孙吴早期，M5中还有多块"吴侯"字样的印文砖出土。这个土墩现已被确定为孙吴宗室墓葬群无疑。现在看来，"土人呼为破房墩"倒是一个非常具有启发性的说法，考古发掘恰恰证明了"土人"之说并不是空穴来风。

那么，黑松林M4所处的方位在虎丘路新村土墩以北，两处隔虎丘路而南北相望，如果穿越时空看去，本应同属"吴天墩"一个区域内。这对其性质与时代的认定是极为重要的。未曾想当时认为黑松林M4是三国孙吴宗室贵族墓葬的观点，在二十年后又获得了进一步的证实。

对黑松林M4发掘的第一个步骤是将所覆盖的封土去除，不久之后整座墓葬呈现了出来。这是一座结构包括甬道、墓室和左右后室的多室墓。甬道至后室通长13米。前室为横式，宽6.2米、进深3.4米、高3.8米。后为左右对称两室，有青石门楣、门柱和棂窗；后室呈刀形，有通道，其长为3.8米、宽2.4米、高2.8米。墓室和甬道都为双重拱券顶。对比历年所发现的孙吴高等级墓葬形制规模，该墓属于其中第二等级的高级别墓。

将整个墓室中填塞的淤泥全部清理完毕之后，发现墓壁上涂满了白粉，但未见壁画。顶部亦有白粉，似见有彩绘痕迹，惜大多剥落而无法确定。西汉的一些壁画墓的前室顶上就已出现了星象图，这些星象图都是用粉白涂地，然后用墨、朱二色绘以流云，用朱色标出日、月、星辰、天河、云气等图像。M4墓顶剥落的白粉上残存着的彩绘，或许正是张邦基所描绘的"冢之顶皆画天文玄象"；后室的青石门楣、门柱上，有阴线刻人物及云气画像。

我们对盗洞中的包含物进行了分析，推测该墓至迟于宋代已被盗掘，因为金石学自北宋时期开始兴盛，盗墓之风也如影随形，以至"人竟搜剔山泽，发掘冢墓，无所不至"。前引《吴郡志》和《墨庄漫录》所载的盘门墓葬被盗掘之事，即是发生在北宋徽宗政和间（1111—1118年）、重和元年（1118年）。另据《洪武苏州府志》引洪氏《三庚志》载，在南宋绍熙二年（1191年），此处的孙坚墓又被一牧童光顾过一次：

> 平江盘门外大冢，绍熙二年秋雨溃圮，牧童入其间，得铜器数种持卖于市，乡人往视圮处，盖其隧道有石刻隶书，云"大吴长沙桓王之墓赤乌三年"，凡十二字。

或许是北宋时已遭盗掘，这次仅"得铜器数种"而已。然就《墨庄漫录》和《吴郡志》中记载的出土的器物有雁足灯、"秘色"香炉、瓦熏炉，皆为汉墓中常见之物；此外还有金握臂、金搔头，在考古发掘的汉墓中也不是没有发现。黑松林M4的被盗，盖与宋代金石学兴起的时代背景不无关系，盗墓者所遗留下的残余除了破损不堪的陶器及青瓷器外，还有骨簪、铜带钩、五铢钱、金箔、铜片、人齿、人骨等物；前室中的陶案、石案、石构件等，也受到了非常严重的扰乱破坏，摆放已失原位。当然，墓中最有价值的遗存，也是最令人感到兴奋和意外的，无疑就是上面线刻有人物图像的两块青石屏风。由于原器物编号今已不详，现以"屏风Ⅰ""屏风Ⅱ"加以称呼：

屏风Ⅰ。高73、宽71、厚5.5厘米。两面皆阴刻有图案：一面四周刻有卷云纹，画面以帷幔自上而下分隔为三层，上层四人，中层四人，下层三人，左下角刻有山水流云，人物共十一人；另一面已完全风化，图案无法辨认。出土时紧贴于前室南壁近西壁转角处，竖立放置，因而紧贴墙壁的一面保存得非常完好。

屏风Ⅱ。出土时已碎作六块，散落在前室中部一失其原位的石案下及左侧。据拼合后的拓片测量，高68、宽80、厚约6厘米（由于拓片纸张有伸缩性，这个数据可能与原物存在一定的误差）。与屏风Ⅰ相同的是，亦两面皆阴刻有图案：一面四周亦刻有卷云纹。画面亦以帷幔自上而下分隔为三层，上层左面残剩二人（右侧隐约有二人），中层残剩三人（原似有五人），右一人较完整，下层左下角残剩一人（隐约可见有二人）；另一面风化特甚，似亦以帷幔自上而下分隔为三层，上层四人，唯左侧一人较完整，中层仅存右侧一人头面部，下部中间仅见一人物的衣褶图案。

这两块石屏风所幸未被盗墓者关注，得以留存下来。可惜原本所处的位置已无从知晓，一块又残损相当严重。

最为可喜的是，经过苏州市考古研究所和苏州博物馆共同努力，《虎丘黑松林》发掘报告已由文物出版社正式出版，苏州规模最大的一批三国墓资料在时隔25年之后能得以出版，也算是考古史上的一个奇迹。谨以此文，纪念那激动人心、惊心动魄的考古时光。

跳出苏州做苏州*

——苏州考古工作的断想

◎ 唐锦琼（中国社会科学院考古研究所）

  苏州地区的考古工作始于20世纪30年代卫聚贤及吴越史地研究会在苏州的调查。[1]苏州最早的考古发掘是1954年江苏省文管会派出工作组对苏州五峰山进行发掘，[2]迄今已走过七十年的历程。在苏州地区早先主要由苏州博物馆考古组（部）开展，此外先后有苏南文物工作队、南京博物院、中国社会科学院考古研究所等单位在苏州开展过工作。近百年的考古工作，先后在东山村、[3]草鞋山、[4]绰墩、[5]张陵山、[6]赵陵山、[7]木渎古城、[8]真山大墓、[9]虎丘六朝墓、[10]太仓樊村泾[11]等一系列遗址、墓葬取得了重要发现和收获，大体构建起苏州地区的考古学文化谱系和序列，对本区域的整体历史进程有了考古学上的认识。

  2009年苏州市考古研究所的成立，标志着苏州有了成建制的专业性考古研究机构，使苏州的考古工作走上了快车道。如何更好地做好苏州的考古工作不仅仅需要埋头向下的发掘、研究，更需要抬头向上，通过认清自身特性，以更多的框架性设计，以及贴合实际的工作思路来规划和引领苏州的考古工作。这些都是建立在对苏州考古工作的定位有明晰认识的基础之上的。

---

  * 本文的写作得到国家社科基金重大项目"长江下游社会复杂化及中原化进程研究"（20&ZD247）资助。
[1]　1936年2、3月间，卫聚贤等在苏州先后踏查了上方山、灵岩山等地，发现了吴城、越城、大公园和灵岩山等遗址。参见董大中：《卫聚贤传》，三晋出版社，2017年，第99页。
[2]　钟兆锦：《苏州附近宋赵善苍墓清理简报》，《考古通讯》1955年第2期；朱江：《吴县五峰山烽燧墩清理简报》，《考古通讯》1955年第4期；朱江：《姑苏之忆——在苏州的两个文管会和首次考古发掘》，《苏州史志资料选辑（第25辑）》，2000年。
[3]　南京博物院：《东山村——新石器时代遗址发掘报告》，文物出版社，2016年。
[4]　南京博物院：《苏州草鞋山良渚墓葬》，《东方文明之光——良渚文化发现60周年纪念文集》，海南国际新闻出版中心，1996年；南京博物院：《江苏吴县草鞋山遗址》，《文物资料丛刊（第3辑）》，文物出版社，1980年；邹厚本、谷建祥等：《江苏草鞋山马家浜文化水田的发现》，《稻作陶器和都市的起源》，文物出版社，2000年；吴中博物馆、苏州市考古研究所、南京博物院、苏州博物馆：《苏州草鞋山遗址出土文物》，文物出版社，2023年。
[5]　苏州市考古研究所：《昆山绰墩遗址》，文物出版社，2011年。
[6]　南京博物院：《江苏吴县张陵山发掘简报》，《文物资料丛刊（第6辑）》，文物出版社，1982年。
[7]　南京博物院：《赵陵山》，文物出版社，2012年。
[8]　中国社会科学院考古研究所、苏州市考古研究所苏州古城联合考古队：《江苏苏州市木渎春秋城址》，《考古》2011年第7期；中国社会科学院考古研究所、苏州市考古研究所苏州古城联合考古队：《苏州木渎古城2011—2014年考古报告》，《考古学报》2016年第2期。
[9]　苏州博物馆：《真山东周墓地：吴楚贵族墓地的发掘与研究》，文物出版社，1999年。
[10]　苏州市考古研究所：《江苏苏州虎丘路新村土墩三国孙吴M1发掘简报》，《东南文化》2019年第6期；苏州市考古研究所：《江苏苏州虎丘路新村土墩三国孙吴M5发掘简报》，《东南文化》2020年第6期。
[11]　太仓博物馆、苏州市考古研究所：《大元·仓：太仓樊村泾元代遗址出土瓷器精粹》，上海古籍出版社，2018年。

考古工作最为基础的在于对时空关系的认识。对于苏州来讲，长江下游地区从秦汉以后，已经被纳入中华文明多元一体大家庭中，考古学的文化面貌与其他地区的文化面貌趋于一致。在此之前，苏州、太湖地区，乃至长江下游地区始终是一个有着独特文化面貌的区域。[1]因此，从考古学上探索最"苏州"应当主要着眼于新石器时代到先秦时期。

现在苏州市域面积8657平方公里，地处长江南岸，太湖东北侧，西邻无锡，东接上海，南依嘉兴，南与湖州、常州隔湖相望。此市域范围是在长时期行政区划调整的基础上逐步形成的。这绝非考古研究范围的绝对限定，还要从苏州考古的本体出发，结合建置演变、地理空间以及考古学文化的区域态势，来探讨苏州考古所处的历史定位。

一、建置变迁

先秦时期的苏州地区先后为吴、越、楚等国属地。春秋晚期，吴王阖闾建都于此。[2]越灭吴后，此地当为越国所控制。[3]此后越王翳三十三年"迁于吴"(《古本竹书纪年·魏纪》)，此处又成为越的都城。楚灭越后，春申君"请封于江东。考烈王许之。春申君因城故吴墟，以自为都邑"，[4]表明此处在东周时期一直是吴越两国的核心区域，到战国晚期为楚国所控制。

苏州地区设置郡县始自秦代的会稽郡，又称吴郡。会稽郡"东接于海，南近诸越，北枕大江"(《汉书·严助传》)，南侧与诸越之分界在大末、鄞县一线，[5]辖县包括太湖北侧的丹徒、曲阿、毗陵、吴县、娄县、太湖西侧的阳羡，太湖南侧、钱塘江以北的乌程、由拳、海盐、余杭、富春和钱唐，钱塘江以南的余暨、山阴、诸暨、剡县、上虞、余姚、句章、鄞县、鄮县、大末、乌伤等，范围囊括了太湖流域、钱塘江流域和宁绍平原，这一区域同时也是东周时期吴、越两国最为核心的区域，当是因循以往两国范围所致。

此后，会稽郡的辖区除了在西汉时扩大到福建[6]以外，其余时间均在不断地缩减中。东汉永建四年(129年)，因会稽郡辖区过大，将郡的东南境析为会稽郡，其余部分改为吴郡。根据《中国历史地图集》所绘制，此时吴郡的范围为环太湖地区以及富春江的中下游。[7]东吴时，孙休"分吴立吴兴郡"，吴郡辖县十一：吴、嘉兴、海盐、盐官、钱唐、富春、桐庐、建德、寿昌、海虞、娄。[8]西侧的今无锡、江阴、常州辟为毗陵郡，太湖西南岸的湖州等地为吴兴郡，钱塘江中下游仍属吴郡。隋灭陈后，置余杭郡，下辖六县：钱唐、富阳、余杭、于潜、盐官、武康，[9]将吴郡下辖的钱塘江流域分割了出去，此时苏州下辖五县：吴、昆山、常熟、乌程和长洲。[10]由此奠定了今天苏州辖区的基本框架——即太湖东岸及北岸

---

[1] 苏秉琦和殷玮璋先生在"区系类型理论"中，将长江下游地区单独成区，并将太湖地区与宁镇地区和宁绍地区并列，均体现出苏州所在的环太湖地区的独立性。参见苏秉琦、殷玮璋：《关于考古学文化的区系类型问题》，《文物》1981年第5期。
[2] (唐)张守节《史记正义》在吴太伯下称："至二十一代孙光，使子胥筑阖闾城都之，今苏州也。"参见(汉)司马迁：《史记》，中华书局，2014年，第1748页。
[3] 楚威王"大败越，杀王无疆，尽取故吴地至浙江，……"表明越灭吴后，占据了原吴国地域。参见(汉)司马迁：《史记》，中华书局，2014年，第1751页。
[4] (汉)司马迁：《史记》，中华书局，2014年，第1751页。
[5] 周振鹤：《西汉政区地理》，商务印书馆，2017年，第38页。
[6] 汉武帝平定闽越后，在东瓯故地设置回浦县，在闽越故都东冶设置治县，均属会稽郡。
[7] 谭其骧主编：《中国历史地图集(第二册：秦、西汉、东汉时期·东汉扬州刺史部)》，中国地图出版社，1982年，第38页。
[8] (唐)房玄龄等撰：《晋书·志第五·地理下》，中华书局，1974年，第459、461页。
[9] (唐)魏徵等撰：《隋书·志第二十六·地理下》，中华书局，1973年，第878页。
[10] "吴郡，陈置吴州。平陈，改曰苏州，大业初复曰吴州。"吴郡改称苏州，自此始。参见(唐)魏徵等撰：《隋书·志第二十六·地理下》，中华书局，1973年，第877页。

地区。唐代《元和郡县图志》载苏州条目下管县七,即吴县、长洲、嘉兴、海盐、常熟、昆山、华亭,[1]与隋代的统辖区域大差不离。五代后晋天福三年(938年)十月,"以杭州嘉兴县为秀州,从钱元瓘之奏也"。[2]时,钱元瓘"病支郡多阙而右藩强大",[3]从杭州中割海盐、嘉兴、崇德与苏州的华亭四县置秀州,所辖范围大致为今嘉兴和上海吴淞江以南地区。此时苏州仅领有5县:吴、长洲、昆山、常熟、吴江,辖制区域缩减至太湖以东及东北部地区。元代至元十五年(1278年)改华亭县为松江府,[4]下辖华亭、上海、青浦等县。由此太湖平原东侧靠海的区域不再属苏州管辖。明代,今江苏属南直隶,在长江南岸自西向东分别为应天府、镇江府、常州府、苏州府和松江府,其中苏州府下辖吴县、长洲县、昆山县、常熟县、吴江县和太仓州。[5]清代江苏建省后,长江南岸的江宁、苏州、松江、常州、镇江5府归江南右布政使司管辖,[6]苏州府辖区与前朝相比并无大的调整。到民国时期,无论是北洋政府还是南京国民政府时期,苏州的行政区域变化均不大,均在太湖平原的西部、北部和东北部,其东侧为今大致上海市域。[7]从新中国成立后到1983年前,此处设苏州地区(专区),间于西侧的镇江地区和东侧的上海市之间。其范围除今天苏州市五区四县(姑苏区、虎丘区、相城区、吴中区、吴江区、张家港市、常熟市、太仓市和昆山市)外,还下辖无锡和江阴两县,"占据"了太湖地区的西北部、北部和东部。

以上通过对苏州行政区划演变过程的勾勒,可见其控制范围逐步缩小,到最后相对稳定的过程:从汉代会稽郡地跨苏、浙、闽三省,到东汉时期的吴郡退缩至太湖和钱塘江流域,退出以往越国核心区域——宁绍平原;到五代时期退出钱塘江流域,元代又退出东侧近海部分,最终形成了今天苏州的行政格局。这一过程充分体现了行政区域划定中的"犬牙交错与山川形便"[8]基本原则。对于苏州地区来说,"山川形便"体现在其处于太湖流域的基本地理格局;吴郡和会稽郡分治时,钱塘江流域划于吴郡,以控制更为偏远的越地,以及将富庶的苏州分割出嘉兴和松江等府,则是"犬牙交错"理念的体现。

二、地 理 空 间

在地理空间上,苏州地区最为显著的地理特征在于其地处太湖东北侧。太湖是中国第三大湖泊,湖区南北长68.5公里,东西最宽达56公里,面积约2 427.8平方公里。[9]如此大体量的水体势必对周边各方向的文化形成、塑造及交流有着很大的影响。

太湖流域位于长江河口段南侧与钱塘江、杭州湾之间,北靠长江,南接杭州湾,东临于海,西侧为天目山地和宜溧山地,面积约36 500平方公里。[10]在地形地貌上,太湖流域可分为西部丘陵山地地区

---

[1] (唐)李吉甫:《元和郡县图志》,中华书局,1983年,第601—602页。
[2] (宋)薛居正等撰:《旧五代史·晋书三·高祖纪第三》,中华书局,1976年,第1021页。
[3] 王象之:《舆地纪胜》,中华书局,1992年,第169页。
[4] 《[崇祯]松江府志》,书目文献出版社,1991年,第48页。
[5] 江苏省地方志编纂委员会编:《江苏建置志》,江苏人民出版社,2013年,第81—82页。
[6] 江苏省地方志编纂委员会编:《江苏建置志》,江苏人民出版社,2013年,第85—86页。
[7] 民国北洋政府时期,苏州的江南地区先后设有金陵道、苏常道和沪海道。其中苏常道下辖有吴县、昆山、常熟、武进、无锡、宜兴、江阴和靖江等县,沪海道下辖上海、松江、奉贤、青浦、南汇、金山、川沙和太仓县等。1927年,南京政府成立后,由于定都南京,江苏省会移到镇江,并同时废除道级行政建置而实行省、县二级制,后又设立行政督察区,间于省和县之间。其中在长江以南地区有第一、第二、第三和第十区。第一区和第十区在宁镇地区,第二区偏西,辖无锡、武进、江阴、常熟、太仓、昆山、吴县和吴江8县,第三区辖松江、金山、奉贤、南汇、川沙、上海、宝山、嘉定、青浦9县。
[8] 周振鹤:《体国经野之道》,上海人民出版社,2019年,第80页。
[9] 中国科学院南京地理与湖泊研究所:《太湖》,海洋出版社,1993年,第4页。
[10] 中国科学院南京地理与湖泊研究所:《太湖》,海洋出版社,1993年,第1页。

和太湖平原地区。西部丘陵山地地区位于太湖流域的西部和南部,包括茅山低山丘陵地区、宜溧低山丘陵区、西苕溪河谷平原区及天目山山地丘陵区等,基本地貌为山地丘陵,是太湖的主要来水区域。太湖平原地区根据地势可以分为西北侧的高亢平原、东侧的地势略高的海积平原,以及太湖周边,特别是以东分布的大面积湖荡平原,[1]从而构成了一处周边高,中间略低的碟形盆地。苏州地区主要处于湖荡平原上,少部在东侧的海积平原上。

以太湖为中心,可将太湖水系分为上游来水和出水水系。太湖的来水包括苕溪水系、南溪水系和洮、滆、运河地区来水。苕溪水系包括东、苕溪组成的苕溪,以及合溪等,位于太湖西南侧,源自天目山区,自南向北经大钱口、小梅口、夹浦等汇入太湖,是太湖最大的来水水系。南溪水系以荆溪水系为主,位于太湖西侧南部,发源于茅山和苏皖浙三省交界处的界岭山地,自西向东由大浦口附近的各港溇汇入太湖。洮、滆、运河地区的来水包括茅山以东、滨江高地以南、锡澄运河以西地区的水系,位于太湖西部偏北处,自西向东在百渎港、直湖港等处入太湖,在总入湖水量中所占比例较小。太湖的出水水系,古代有"三江既入,震泽底定"(《禹贡》)的说法,指当时太湖下游的三条河道,使太湖洪水得以下泄。《史记正义》记载,"三江者,在苏州东南三十里,名三江口。一江西南上七十里至太湖,名曰松江,古笠泽江;一江东南上七十里至白蚬湖,名曰上江,亦曰东江;一江东北下三百余里入海,名曰下江,亦曰娄江。于其分处号曰三江口"。[2]今学者指出松江相当于今吴淞江,下游至今上海注入东海;娄江大致即今浏河,东北入长江;东江则自今澄湖经淀山湖,东南入杭州湾。[3]由此可见,苏州地区正位于太湖出水处,即下游方向。

通过对现时地理状况的考察,能够确认苏州地处太湖下游平原地带的基本地理态势。但需要指出的是,太湖并非"自古以来"即是如此,而是有着诞生、发展和演变的过程。[4]根据《越绝书·吴地记》记载,东汉时期太湖面积为三万六千顷,约合1 600—1 700平方公里,仅是现在太湖面积的3/5。宋代太湖湖区面积达到2 000平方公里,到解放前则超过2 500平方公里。因此对于苏州地理态势的考察必须从太湖发展历程出发加以历史性的考察。

根据相关研究,太湖地区原先地貌是一处覆盖着黄土的冲积平原,上有多条河道穿过,并无湖泊等的存在。中全新世早期(距今7 000—6 000年),东海海平面接近现代海面的高程。由于海水的顶托作用将长江及海洋的泥沙在太湖平原东部堆积,最终在长江三角洲东部形成了一系列滨海滩脊(沙冈、紫冈、竹冈等,合称为外冈)。这些冈身的高程在4—6.5米之间。与此同时,中部的太湖平原地区则以一定的速率沉降,现在高程在2.5—3.5米之间。由此太湖平原形成了外高内低,高差约2—3米的碟形洼地。在洼地形成的同时,由于气候变化引起的洪涝灾害和泥沙淤积引起的排水不畅、涝水内积等多种原因,使得原先的河道逐渐扩展成湖,形成了包括太湖、漕湖、澄湖、金鸡湖等在内的一系列湖泊,其中碟形洼地的中心及河道等则演变成为太湖。太湖的最终成湖年代应不早于春秋战国时期,即所谓"三江既入,震泽底定"(《尚书·禹贡》)。今天太湖的基本形态是在魏晋时期随着湖区东北部五湖(菱湖、游湖、莫湖、贡湖、胥湖)的纳入而完成塑造的。到宋代,东太湖形成,最终形成"周回五百里,东西二百里,南北一百二十余里"的广大湖面。[5]

---

[1] 参见中国科学院南京地理与湖泊研究所:《太湖》,海洋出版社,1993年,第26页。
[2] (汉)司马迁:《史记》,中华书局,2014年,第74页。
[3] 邹逸麟、张修桂主编:《中国历史自然地理》,科学出版社,2013年,第377页。
[4] 中国科学院南京地理与湖泊研究所:《太湖》,海洋出版社,1993年,第80—84页;邹逸麟、张修桂主编:《中国历史自然地理》,科学出版社,2013年,第370—379页。两者对太湖的形成过程推断大体一致,但后者认为太湖是由潟湖转变而来的,前者则认为整个太湖平原的腹地为遭受到全新世海侵作用而形成的。
[5] 金友理:《太湖备考》,江苏古籍出版社,1998年,第33—34页。

前文已经提到,从考古学上探索典型"苏州"的时间段是新石器至先秦时期,恰与太湖逐步形成的时间相同步。由于研究的阙如,尚无法详细勾勒出各个时期太湖的状况,但可大致推断太湖发展历程中的几种可能出现的状况。

首先,太湖是在几条早期河道上潴潦而成的。在太湖底部形成的河道自西向东穿过太湖,并且与现在太湖东部出口河道基本一致。如东太湖北部湖底的河道,东北端与现代的吴淞江相衔接,西侧穿过渡村与西太湖河道相连,再经西北部转向小梅口方向。小梅口恰为苕溪入太湖处。东太湖南部河道则与太浦河方向一致。太湖平原的其他湖泊的湖底也有类似发现。漍湖湖底有一条宽800米的南北向延伸的河道。澄湖与淀山湖底的河道深4—5米以上。阳澄湖底有3条东北——西南方向延伸的河道,分别与阳澄东湖、阳澄中湖与阳澄西湖相对应。在未成湖或者湖区面积很小的时候,湖区为一处大平原,应该会有早期人群活动,并留下相应的遗存。湖区的不断扩大,使原先在湖边的早期遗址逐步陷入湖中,因此现湖底会有遗址分布。但由于工作所限,具体的分布状况无从得知。大略可知太湖的衡山、漫山到五子山一带的太湖湖底,200里长、直径60里的范围内曾捞出过很多石器。[1]从湖底打捞出水的石器、[2]出土的铜剑,[3]以及文献记载[4]等也证明有人"曾经来过"。

此外,我们还要考虑到太湖地区从新石器时代以来经历过多次的温暖湿润期,[5]发生过大规模洪灾,将许多遗址覆盖,形成了广泛的泥炭层或者淤积层等。此时湖区及洪水淹没地区并不适合人类生存。反之,在气候较为干冷的时期,湖面会显著缩小,人类或能进入湖区腹地居住和生活。因此太湖虽然在总体上是逐步扩大的,但也有进有退,处于动态变动的过程。对于太湖流域人类活动的考察是对一个历时性过程的动态考察。在这个过程中,除了环境对人类活动的制约作用,也要关注人类有意识的对环境的适应和改变。"江南卑湿,丈夫早夭"(《史记·货殖列传》)。因此,当时大量的遗址都是处于高出地面的土台(墩)之上或者地势相对较高的山前地带。[6]周边地区很多遗址名之以"墩",即为其证。也有很多以"山"命名的,如草鞋山、赵陵山、福泉山、少卿山等等。这些遗址并非惯常理解的山地,实际上也是高出地面的土墩。这些都是对环境的适应在聚落形态上的体现。

再者,湖泊未构筑堤坝前,周围会形成大片的季节性沼泽湿地,雨季是有大片芦苇的浅水面,旱季虽随着水面下降,但依旧是"烂泥塘",再向外才是适合人们生活的较为干爽的区域。三者之间的边界随着季节和气候的变化、湖岸的涨跌,不断改变。在这个过程中,"三万六千顷"的太湖日益成为横亘在长江三角洲腹地的天然障碍,阻碍着各个方向的交通与交流。杭嘉湖平原在晚更新世晚期是一处起伏和缓的台地,其与西侧山地(天目山地)之间有一条南北向沟通今苏南太湖与钱塘江的低谷,该河谷在距今4 000—2 500年左右逐渐淤塞。[7]这条河道在存续期间,势必会影响两侧的人员往来和文化交流,对文化格局的形成造成影响。同样,在太湖下游的水道(以三江为主),不仅仅是沟通往来

---

[1] 柴旺顺:《太湖湖底发现大批石器等遗物》,《文物参考资料》1957年第11期。
[2] 蒋喜:《太湖沉宝》,文物出版社,2011年。
[3] 如太湖西山消夏湾、太湖白浮山、横泾东太湖、东太湖越溪等地出土铜剑(参见吴县文管会:《江苏吴县发现东周铜器》,《东南文化》1989年Z1期;勤德:《江苏吴县发现东周时期青铜剑》,《东南文化》1987年第2期;叶玉奇:《江苏吴县出土一批周代青铜剑》,《考古》1986年第4期)、通安汉代水井(转引自中国科学院南京地理与湖泊研究所:《太湖》,海洋出版社,1993年,第83页)等。
[4] 宋熙宁八年(1075年),"夏大旱,太湖水退数里,内见丘墓街道",参见金友理:《太湖备考》,江苏古籍出版社,1998年,第535页。
[5] 第一次大约在距今6 500—6 000年前后,当时气温比现在高2—3℃,降雨量高出当今300—500毫米,大致相当于现今的南亚热带气候环境;第二次大约在距今4 000年,气温比现在高1—2℃;第三次温暖湿润期约在距今2 500—2 000年前后,大致相当于春秋战国时期,温度较现在高1—2℃,降水量高200—300毫米。参见中国科学院南京地理与湖泊研究所:《太湖》,海洋出版社,1993年,第83页。
[6] 唐锦琼:《苏州木渎古城水环境蠡测》,《三代考古(五)》,科学出版社,2013年。
[7] 严钦尚、黄山:《杭嘉湖平原全新世沉积环境的演变》,《地理学报》第42卷第1期,1987年。

的孔道,也会阻碍两岸的交通和联系。唐代,在松江口修建吴江塘路时,河面宽度达五六十里,[1]势必会对人员及与之相关的文化交流带来影响。由此,除了太湖本体,周边的水道也会对周边的文化态势起到塑造作用。

三、文 化 态 势

回到考古学本体的考察上。苏州地区及太湖平原的考古学文化谱系已经基本清楚:马家浜文化——崧泽文化——良渚文化——钱山漾文化——广富林文化——马桥文化——吴越文化。下面从诸考古学文化的分布、分区及与周边文化的关系来窥见苏州考古的定位。

马家浜文化是以红色陶、腰沿釜和大量的骨器等为主要特征的新石器时代遗存,其主要分布地区为长江以南,外冈以西,钱塘江以北和茅山、天目山以东的地区,主要还是分布在太湖流域。其主要时代为公元前5000年到公元前4000年左右。[2]苏州地区发现的马家浜文化遗址有草鞋山遗址、绰墩遗址、东山村遗址、许庄遗址、象塔头墩遗址、钱底巷遗址、越城遗址、少卿山遗址、同里遗址、徐巷遗址、俞墩遗址、梅堰遗址、太平桥村遗址、俞家渡遗址和广福遗址等。[3]马家浜文化的分区,随着宜兴骆驼墩遗址[4]的发掘而日渐明晰。环太湖地区在马家浜文化时期存在东、西两个文化中心:东部以草鞋山遗址为代表的文化遗存,其以圜底釜为典型器物,而不见平底釜,沿太湖向东南和东北呈半月形分布;而太湖西部以骆驼墩遗址为代表的文化遗存以平底釜为典型器物,不见圜底釜,其沿太湖向西南和西北呈半月形分布。[5]也有学者在将马家浜文化分为早、晚两个阶段的基础上,对马家浜文化进行了细致的研究,认为在早期阶段,环太湖西部的茅山山脉、宜溧山地、天目山山脉等低山丘陵向太湖平原逐渐过渡的地区存在着以各类平底腰檐釜为中心的马家浜早期文化类型:骆驼墩—吴家埠类型,与此同时,在太湖东部有以罗家角早期为代表的圜底腰檐釜类型遗存,两者东西并存。到晚期阶段,受到宁镇地区北阴阳营文化的大力影响,太湖西部形成了西溪—神墩晚期类型,其特征在于炊器以各类鼎为主,釜退居辅助地位,并开始大量出现和使用玉石器,在太湖以东还是以圜底釜为中心、鼎逐渐增多的草鞋山—圩墩类型和罗家角类型(两者之间似以今吴淞江为分界,应当与此宽阔水道对两侧文化交流的隔绝相关),此外在太湖西南侧还有东苕溪流域的庙前类型。[6]这些都体现了马家浜文化时期,太湖上下游地区在考古学文化上的差异。

崧泽文化是继马家浜文化之后太湖流域的考古学文化,其分布范围仍是以环太湖地区为中心,时代大约从距今6 000年延续到距今5 300年。苏州地区已发现的崧泽文化遗址有草鞋山遗址、张家港徐家湾遗址、[7]张家港许庄遗址、[8]吴江龙南遗址、[9]昆山赵陵山遗址、昆山少卿山遗址、[10]吴中郭新河

---

[1] 程家祥:《略论唐代的太湖水利》,参见中国水利学会水利史研究会、江苏省水利史志编撰委员会:《太湖水利史论文集》,1986年。
[2] 中国社会科学院考古研究所:《中国考古学·新石器时代卷》,中国社会科学出版社,2010年,第460—465页。
[3] 根据《马家浜文化遗址分布图》列举,参见嘉兴市文化局编:《马家浜文化》,浙江摄影美术出版社,2004年,第14页。
[4] 南京博物院、宜兴市文物管理委员会:《江苏宜兴骆驼墩遗址发掘报告》,《东南文化》2009年第5期。
[5] 张敏:《关于环太湖流域原始文化的思考》,《庆祝张忠培先生七十岁论文集》,科学出版社,2004年。
[6] 田名利:《略论环太湖西部马家浜文化的变迁——兼谈马家浜文化的分期、分区和类型》,《东南文化》2010年第6期。
[7] 苏州博物馆、张家港市文物管理委员会:《江苏张家港徐家湾新石器时代遗址》,《考古学报》1995年第3期。
[8] 苏州博物馆、张家港市文管会:《江苏张家港许庄新石器时代遗址调查与试掘》,《考古》1990年第5期。
[9] 苏州博物馆、吴江县文物管理委员会:《江苏吴江龙南新石器时代村落遗址第一、二次发掘简报》,《文物》1990年第7期。
[10] 苏州博物馆、昆山县文管会:《江苏省昆山县少卿山遗址》,《文物》1988年第1期;苏州博物馆、昆山市文化局、千灯镇人民政府:《江苏昆山市少卿山遗址的发掘》,《考古》2000年第4期。

遗址、[1]昆山绰墩遗址、吴江同里遗址、[2]苏州澄湖遗址、[3]张家港东山村遗址、昆山姜里遗址[4]等。崧泽文化可分为太湖东南部的南河浜类型、东部和北部的崧泽类型和沿江的东山村类型，以及西部的湖西类型。到崧泽文化晚期，则逐步演化为湖东、湖西两大区系。[5]早期的四个类型中，湖西类型当属于太湖上游地区，南河浜类型和崧泽类型之间或以太湖下游水道为分隔。到崧泽文化晚期，文化类型的区分则大体与太湖上下游相对应。

良渚文化是长江下游地区新石器时代文化发展的高峰，亦主要分布在太湖周边地区，延续时代大约为公元前3300年到公元前2000年。[6]在苏州地区发现的良渚文化遗址很多，据统计有73处左右，[7]典型遗址有草鞋山遗址、赵陵山遗址、张陵山遗址、绰墩遗址、少卿山遗址、朱墓村遗址[8]等，兹不赘述。根据研究，环太湖地区良渚文化内部至少能够划分为五个各具特色的区域类型：太湖以南以余杭良渚遗址群为中心的杭州地区；太湖东北侧以草鞋山—赵陵山—张陵山—福泉山为核心的苏南—沪西地区；太湖东南侧包括嘉兴、桐乡、海宁、海盐、平湖等在内的嘉兴—沪南地区；太湖以北以武进寺墩、江阴高城墩为核心的常州—无锡地区；太湖西部的湖州—宜兴地区。[9]这些区域与太湖及周边水道的区隔大体对应：杭州地区位于太湖下游，杭嘉湖平原南北向水道的西侧；嘉兴—沪南地区则在该水道以东，古东江以南的区域；苏南—沪西地区是在太湖下游，古东江以北的区域；湖州—宜兴地区位于太湖上游地区；常州—无锡地区则是在太湖流域西北的高亢平原上。

钱山漾文化[10]和广富林文化[11]是新近确认的环太湖地区新石器时代末期文化。两者是在良渚文化衰落以后，在继承本地文化传统和吸纳中原文化因素的基础上分别出现的。这一时期的文化遗址数量殊少，处于文化的衰落期，尚难以对遗址的布局分区等做出进一步判断，姑且不论。

马桥文化是太湖流域青铜时代的早期文化，其与宁镇地区的湖熟文化夹茅山东西对峙。苏州地区发现的马桥文化遗址有绰墩遗址、澄湖遗址、吴江广福村和昆山姜里遗址等，[12]此外在俞墩也发现有马桥时期的墓葬。[13]对于马桥文化的分区，有学者划分为环太湖地区、浙东北地区（宁绍平原、浙东北沿海和舟山群岛等地），以及浙闽地区（肩头弄类型）。[14]此划分可能更多地考虑到马桥文化与肩头弄文化之间的联系。浙江地区一般将此类文化称为"高祭台类型"。[15]发现的遗址有湖州毘山[16]等。仅就笔者的粗浅认识，毘山遗址发现的马桥文化遗存与上海的马桥遗址有着一定的差别，或者划分为两个类型，或体现了马桥文化在太湖上、下游的差异。

---

[1] 苏州博物馆：《吴县郭新河遗址发掘简报》，《东南文化》2002年第7期。
[2] 苏州博物馆、吴江博物馆、同里文保所：《江苏吴江同里遗址发掘报告》，《苏州文物考古新发现——苏州考古发掘报告专辑（2001—2006）》，古吴轩出版社，2007年。
[3] 丁金龙：《苏州澄湖遗址发掘报告》，《苏州文物考古新发现——苏州考古发掘报告专辑（2001—2006）》，古吴轩出版社，2007年。
[4] 苏州市考古研究所、昆山市文物管理所、昆山市张浦镇文体站：《江苏昆山姜里新石器时代遗址2011年发掘简报》，《文物》2013年第1期。
[5] 赵东升：《环太湖古文化演进与水域变迁关系初论》，《南方文物》2016年第3期。
[6] 中国社会科学院考古研究所：《中国考古学·新石器时代卷》，中国社会科学出版社，2010年，第460—465页。
[7] 郭明建共统计苏州和上海地区良渚遗址94处，其中位于上海地区的遗址有21处，据此可知苏州地区的良渚遗址有73处。参见郭明建：《良渚文化宏观聚落研究》，《考古学报》2014年第2期。
[8] 苏州市考古研究所、昆山市文物管理所：《江苏昆山朱墓村遗址发掘简报》，《东南文化》2014年第2期。
[9] 浙江省文物考古研究所、桐乡市文物管理委员会：《新地里》，文物出版社，2006年，第596—597页。
[10] 郭梦雨：《试论钱山漾文化的内涵、分期与年代》，《考古》2020年第9期。
[11] 陈杰：《广富林文化初识》，《南方文物》2006年第4期；翟杨：《广富林遗址广富林文化的分期和年代》，《南方文物》2006年第4期。
[12] 陈杰主编：《马桥文化探微——发现与研究文集》，上海书店出版社，2018年，第99—112页。
[13] 苏州市考古研究所：《苏州阳山俞墩土墩墓发掘简报》，《东南文化》2012年第4期。
[14] 宋建：《马桥文化的分区和类型》，《东南文化》1999年第6期。
[15] 牟永抗：《高祭台类型析探》，《浙江省文物考古研究所学刊·建所十周年纪念（1980—1990）》，科学出版社，1993年。
[16] 浙江省文物考古研究所、湖州市博物馆：《毘山》，文物出版社，2006年。

马桥文化以后，环太湖地区的考古学文化有称为后马桥文化，[1]亦有称为亭林类型的，[2]时代大致相当于商代晚期到西周早期。此后，一般用吴文化和越文化的国属文化名来指称本地区两周时期的土著文化。本地的考古学文化以几何印纹陶、原始瓷等遗物、土墩类遗存为突出特征。江南地区的土墩类遗存有土墩墓和石室土墩墓的区别，两者在形制上有着显著的差异。后者主要分布在"太湖周围及杭州湾沿岸低山丘陵一带"。[3]苏州地区是石室土墩墓的主要分布区，[4]在上方山、[5]虞山[6]等地点均有发现。在遗物上，太湖地区的炊器以鼎和釜多见，与宁镇地区以鬲为主的炊器传统也有着明显的区别，可见是一个单独的文化区域。

以上通过对苏州所在区域由新石器时代至先秦时期考古学文化面貌的大致梳理，更加明晰了苏州考古所处的位置。其或可划分为以下几个层次：首先，苏州考古处于长江三角洲地区整体文化圈中，虽然从早到晚，宁镇地区、宁绍地区与环太湖地区始终有着各自相对独立的文化发展序列，但三者之间文化交流密切，丝丝相扣，属于一个泛文化圈。其次，太湖地区一直是一处相对独立的文化区域，有着自身完备的发展序列，苏州考古是其中重要的关键性环节。再者，从地理态势以及具体的文化分布看，苏州地处太湖下游的核心地区，也是考古工作的核心所在。最后，苏州考古要充分考虑到早期环境对考古面貌的塑造作用，由于古代三江以及众多沼泽湿地的影响，太湖下游东北部地区相对独立，也是需要加以关注的。其定位或可用下图来加以表示。

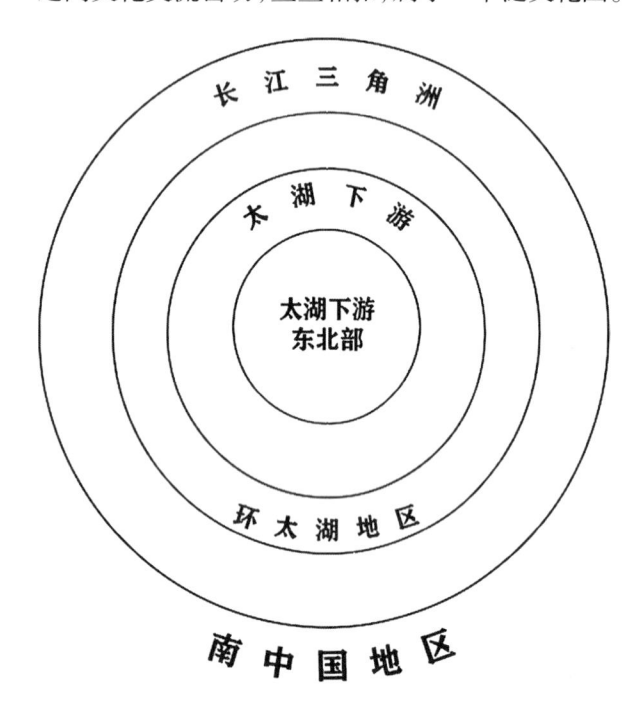

有鉴于其具体定位，苏州的考古工作需要不再拘泥于现代行政区划的限制，而是以宽广的学术视野来审视各项考古工作，以"跳出苏州做苏州"的心态，以苏州具体的考古发现为出发点，将其置于太湖下游、环太湖地区和长江三角洲地区的具体考古学语境中，或能对中国南方地区考古的进一步发展有所帮助。

---

[1] 宋建：《马桥文化的去向》，《中国考古学会第九次年会论文集》，文物出版社，1997年；闫凯凯：《钱山漾遗址第三期遗存分析——兼论"后马桥文化"》，《东方博物》2023年第3期。
[2] 曹峻：《亭林类型初论》，《中国考古学会第十四次年会论文集》，文物出版社，2012年。
[3] 杨楠：《江南土墩遗存研究》，民族出版社，1998年，第25页。
[4] 丁金龙、陈军：《苏州地区周代土墩的发掘与研究》，《东南文化》2012年第4期。
[5] 苏州博物馆考古部：《江苏苏州上方山六号墩的发掘》，《考古》1987年第6期。
[6] 苏州博物馆、常熟博物馆：《江苏常熟市虞山西岭石室土墩的发掘》，《考古》2001年第9期。

我与考古的不解之缘

◎ 姚晨辰（苏州博物馆）

在原苏州博物馆考古部任职的三年（2003年6月—2006年6月），是我人生的第一段工作经历，我从中学到了很多，为文博职业生涯奠定了坚实的基础，2008年有幸接收了部分原苏州博物馆考古部的文物，现保管考古出土文物万余件。值此苏州考古七十周年华诞，借此机会与大家分享我在考古部工作的点滴，希望能抛砖引玉，有不足之处请各位前辈老师批评指正。

第一个田野考古工地

2003年底的澄湖考古发掘，由原苏州博物馆考古部主任丁金龙研究馆员带队。在考古队中我主要负责日常账务处理和出土文物的发掘、测量、登记等工作（图一）。

刚说要去工地的时候，兴奋了半天，我们住在澄湖正北水闸守闸人的临时居所——一排平房。我们坐车到原甪直镇郭巷村，下车后走了很长的路到村子尽头，最后竟然说要坐上小船划过去，我虽然是水乡出生，但不熟水性，从未坐过那种小船，在战战兢兢走过跳板上船后紧张得不行，后来坐多了也就习惯了，但当时真的很无语，有一种赶鸭子上架的感觉。

澄湖考古，是吴中区水利局在澄湖东北围湖1.5万亩，湖水抽干后，甪直镇沿岸露出湖底，发

图一

现了大量古文化遗迹，主要是古代的水井、灰坑、房址、水田等，最多的是水井。这次发掘共计清理遗迹872处，出土各类遗物近500件。从9月25日至12月1日整整两个月时间，当时遇到的第一个问题就是当地老百姓的不理解，2003年文物法还不是很普及，考古工地文物保护范围的围挡还未设立，当时有很多村民时不时地进入考古作业区进行所谓的"摸河蚌""捉黄鳝"活动，我们不让他们进入，还与他们发生了一些推搡和冲突，这也是我工作的第二个没想到，还真以为一到了工地就会马上投入到工作中去。

我们的工作环境多数是湖底的水井边，厚厚的淤泥被太阳晒过，表面看上去很硬，其实特别软，走几步就陷入淤泥里了，有一次我越陷越深，赶紧呼喊工友来帮忙，他们拿来测绘尺长横在我身前，增加受力面积，我就一步步出来了，当时真的慌了，永生难忘。

最开心的是回家之前买水产，澄湖湖水被抽干，捕鱼就简单了，渔民们把刚打上来的白鱼、银鱼、白虾、河鳗等摆在西面的堤岸上售卖，好不热闹，我还买了一条大白鱼回家，当时才拾元一斤，真便宜。秋季正是大闸蟹收获的季节，澄湖也有大闸蟹，据守闸人说，到了这个季节，湖里的螃蟹成熟后，会纷纷爬到闸岸上来产卵繁衍后代，根本不需要下湖去抓，螃蟹会"自动送上门"。下工后我们有时会用老式的起网捕小鱼，抓到的小鱼都被家猫和一只老母鸡吃去了，后来丁老师的朋友来工地，看中了这只老母鸡，回家炖了说腥味很重，估计是吃了很多小鱼的缘故。

最锻炼业务的工地

2003年12月至2004年1月、2004年2月至4月，昆山绰墩遗址的第六次考古发掘，由原苏州博物馆考古部主任丁金龙研究馆员带队。我在考古队中负责日常的账务处理和探方的基本工作。绰墩遗址是我参加的第一次正规的探方作业工地，逐渐进入状态是2004年2月的那次发掘，正好出土了一具人骨，我自告奋勇地去画图，得到了丁老师的表扬，当时我很开心，这是一个很好的开始。

这是跟随考古队第一次进入村庄，住在当地村民的房屋中，我感受到了不一样的风土民情，那天村民家里来了一只刚出生的小柴狗，因为看不见母亲，又到了新环境，在狗棚里叫了一个晚上，真的很可怜，但这就是生活，必须适应。

2005年1月至2月我们再次对昆山绰墩新石器时代遗址中心进行布方发掘，对遗址周边范围进行钻探。本人负责测量、绘图、钻探记录、出土文物清理、探方日常管理工作，此次发掘了解了遗址外围区域的文化层情况，为大遗址的保护提供了技术上的依据。

工作上要认真，运气也很重要。这次我主要负责钻探工作，就是把一排排的探孔标记到地图上，再用软件在电脑上标注，当时用的软件是AUTCAD。那天正在探工边上做记录，突然一声惊呼传来，我顺眼望去，只见探工把洛阳铲带出的泥芯从中间掰开，发现了一件完整的良渚文化玉锥形器竖立在泥芯正中间，据探工说这是他从业十几年来第一次带出完整的玉器。这件事当时就轰动了整个考古队，这次考古发掘只出土了这唯一一件玉器，可见其珍贵和传奇程度。后来技工对出土玉器的探孔四周进行了密探，希望初步了解这一区域，但再也没有带出任何遗物。

离"家"最近的工地

2004年5月上旬，我参加了浒关高坟、和尚坟汉墓的考古发掘，由原苏州博物馆考古部闻惠芬研究馆员带队。遗址位于浒关镇南800米、苏浒公路西800米处，大运河东岸，面积约1万平方米。我是苏州浒墅关出生的，这是离我出生地最近的工地。苏州的五月，高温初临又接近梅雨天，工地没有遮挡晴热暴晒，下雨后又泥泞不堪，我体验了一把晴天一身土、雨天一身泥的味道。工作面特别是汉代夯土层特别硬，工友们也是叫苦不迭。这次考古共清理西汉墓葬9座，出土陶器40件。

最难忘的工地

2005年6月至8月，我们进行了抢救性发掘工业园区琼姬墩遗址，由原苏州博物馆考古部朱伟峰副研究馆员带队（如图二）。琼姬墩是苏州东部屈指可数的古迹之一，当地人传说那是吴王夫差女儿的墓，也有传说是张士诚女儿的墓。还有一种说法是，原本琼姬墩西面还有一个金姬墩，金鸡湖即由此而来，据说金姬和琼姬是在孙武操练吴王宫女时不听话而被杀掉的那两个妃子。

经苏州博物馆考古发掘证实，该墩为一处史前人类祭天用的土坛，墩内并无墓葬。经全面的抢救性考古调查，初步断定为新石器时代即良渚文化至崧泽文化时期（距今大约5 000—5 500年）人工堆筑的土台，没有发现传说中的吴王或张士诚时期的遗物。

图二

一般田野考古是不会在冬天与夏天这种极端气候条件下进行的，但当时情况较为特殊，因此出现的异常和突发状况不少。

夏天田野中的土地被翻动，大批蛇鼠就出现在我们眼前，白天还好不多，我看到的是几条翠绿色的蛇在泥土中蠕动，工友们说这种蛇没毒，就没有理会。晚上，据工友们说工棚周围都是蛇的天下，其中不乏有毒蛇，我们的简易厕所独立在室外，吓得晚上都不敢出来上厕所。这期间我就看见工友打死了一条毒蛇，当地人叫"黑里瘟"，看上去黑乎乎的有灰色的条纹，查了一下，是蝮蛇的一种。

夏天雨多，工地上最常遇到的是积水，最怕的是塌方，每天清晨第一件事情就是看探方里有没有积水，排完水干一会儿才能干活。一天下午特别闷，朱老师说天气不好早点收工，当我们回到休息点没多久，就听到轰隆一声闷响，跑过去一看，果然是探方立面塌方了，还好当时没人在场，否则后果不堪设想。

苏州地区夏天最怕的还有台风，那时我们住的是一排彩钢板筑的简易工棚，搭建起来用了不到一天时间。工棚里特别潮湿，下雨时雨点打在棚顶叮叮当当声音巨响，还好我当时年轻睡得实，可是苦了我们的领队——将近六十高龄的朱老师。还有就是用水，当时用的是桶装水，有次给我们供水的人没来，我还坐着联防队长的摩托车去斜塘镇上采购桶装水，这也是我第一次坐摩托车后座，差点把我吓出心脏病。

在接近完工的一个多星期前，一天丁金龙老师来工地看我们，刚走没多久，一阵巨大的狂风吹来，我们的工棚在风中摆动，有要被连根拔起的感觉，我们迅速跑出屋子，当时我为了安全起见，把总电闸拉下了，一阵更大的飓风再度来袭，我们的工棚终于坚持不住，被完全吹倒掀翻，很庆幸总电源已经被关掉了，没有造成更大的损失伤害。飓风袭后，我看了一下周围的情况，其他的简易工棚都遭了殃，棚顶上的空调都被吹倒在地，真是满目狼藉。随后丁老师一行人马上赶回，将我们安置到斜塘镇的一个招待所居住。可怜了我刚买的当时很流行的MP4没有被抢救出来，我还伤心了好一阵子。好像老天知道工地快要结束了,帮我们搬家,这过程也太粗暴了吧!

夏天最烦的还是蚊虫,当时一个休息天,我的一个大学同学来苏州玩,问我干嘛呢,我说在工地考古,他觉得很酷,但当我给他看满是蚊子包的小腿时就不说话了。那时只顾干活,当地老乡说再过三五年琼姬墩会是苏州最繁华之地,叫我们搞点投资,我根本就不信,当时周边都是工地,不远处湖东刚建好东吴大郡一期和春之韵,邻里中心和幼儿园才刚建好,我苏州同学来工地看我时还问,你怎么到了这么一个破地方。没有想到,现在琼姬墩是湖东居住的最佳中心地带,金姬墩花园别墅区朝南见阳,风水非常好,我们领队朱老师忠诚的爱犬就长眠在那块宝地。这不禁让我想起去年我们去的上海临港滴水湖,现在也都是工地,但我相信再过不到五年,那里肯定是上海最具活力的地区。

城市考古方面,我最早参加的是苏州古桥调查的补充调查,对古桥进行实地勘查、拍照、测量数据,这是和朱伟峰老师第一次配合出任务。参加的考古调查有:虎丘街道调查发现古遗物事宜,并征集铜镜一枚;木渎天平山调查群众上报古墓葬,新区牌楼村调查群众上报古墓葬,在火车站北、312国道南的"方吊浜"进行的考古调查。

第一次接受采访的工地

我主要发掘过的工地有2004年10月11日至12月10日对苏州阊门古瓮城进行的考古发掘,由原苏州博物馆考古部朱伟峰副研究馆员带队。考古目的是暴露城墙基础,把瓮城的范围基本摸清(如图三)。本人负责测量、绘图、工地日记、出土文物清理工作,此次发掘了解了苏州阊门古瓮城的历史内涵,为阊门古瓮城成为遗址公园做了技术准备。发掘收集城址遗留城砖、石构件、青石板共计1 148件。

当时我住在南环新村附近,我骑车从南门路向东,扛车翻越蟠龙桥,经西大街过吉庆街至学士街,走长船湾来到专诸巷南新路,最后至阊门遗址,在锻炼身体的同时饱览了姑苏的美景。我们还在阊门城墙下发现了50年代造的防空洞,苏州文史专家、当时地方志办公室主任徐刚毅还亲自进入察看,据他说里面面积不大。现在阊门遗址公园保留了我们当时发现城址的作业面,完美地利用了考古发现的遗留城砖、石构件、青石板等石器。

图三

环境最好的工地

2005年12月7日至16日，原苏州博物馆考古部对虎丘风景区管理处进行环境整治时发现的原观音殿建筑遗址进行了发掘（如图四）。发掘暴露了原观音殿基础及部分石壁（墙）。本人负责测量、绘图、工地日记的记录、清理出土文物，虎丘观音殿为风景区除虎丘塔以外最早的遗物，此次发掘为申报市级文物保护单位做出技术上的支持。这是我待过环境最好的工地，每天上工就爬虎丘山。

出现场最迅速的工地

我还参加了苏州博物馆新馆工地出土汉代陶罐的考古调查，那天正在忠王府办公，忽闻新馆工地发现古井，丁老师火速带我们去现场查看。当时新馆工地正在打基坑，作业面到生土，发现了数口古井，井底打破生土，据古井出土陶罐判断，属汉代古井，共发现汉代陶罐四件（如图五）。

尹山调查传说中的陨石，是最后一个被记录在案的工作，我和施晓平老师一起去吴中区郭巷镇尹山村调查走访，我妻子就是尹山人，这是不是冥冥之中自有安排呢？

图四　　　　　　　　　　　　　　图五　新馆工地古井出土的陶罐

参考资料：

[1] 丁金龙：《苏州澄湖遗址发掘报告》，《苏州文物考古新发现》，古吴轩出版社，2007年。
[2] 姚晨辰、金怡、闻惠芬：《浒关镇高坟西汉墓群发掘简报》，《苏州文物考古新发现》，古吴轩出版社，2007年。
[3] 朱伟峰：《苏州阊门古瓮城遗址发掘报告》，《苏州文物考古新发现》，古吴轩出版社，2007年。
[4] 王霞、周官清：《虎丘观音殿建筑遗址发掘简报》，《苏州文物考古新发现》，古吴轩出版社，2007年。

虞迹·文物托起的历史
——博物馆人与常熟考古

◎ 谢金飞（常熟博物馆）

一、缘起考古

2017年，我分管考古工作后，开始思考一个问题，那就是，常熟这座历史文化名城靠什么支撑？弄清这一点，我觉得是至关重要的。总说常熟历史悠久，人文荟萃，用什么佐证？那必定是文物，而考古就是最佳途径。因而每当提及常熟历史，必说良渚第一龙，必说唐宋墓志，必说出土的各类瓷器、玉器、金银器等。当时，常熟还没有发现马家浜文化遗址，唐宋时期的古墓葬也不多，更多地集中在明清这个江南比较繁华的时期。

众所周知，常熟的标志是虞山，环虞山一带就是常熟的根与魂，是这个城市的核心所在。虞山古称海隅山，所谓海隅，就是海的一角，最早的先民应是从海边（长江）走向山边的，后来的发现也恰好印证了这一点。

依托这个思路，恰逢当时地下文物埋藏区划定、环虞山一带民房翻建，加上国家实行考古前置的大背景，我们在地方文物主管部门的领导下，多方协调、统筹安排，一举打开了常熟考古工作的新局面。

2021年底，常熟博物馆顺利举办了"十三五以来考古成果展（2016—2021）"，这是具有重要意义的一个展览，仅仅五年，我们就实现了许多零的突破。我给这个展览起了个名字，叫"虞迹"，顾名思义，虞山就是常熟，虞迹就是虞山人的足迹、痕迹。这个展览汇集了五年来常熟地区发掘的数百个古墓葬出土的合计近1000件文物中的精品，包括马家浜时期的玉玦、玉璜、靴形器、红陶釜等，也包括汉琉璃珠、铜矛、唐墓志铭、宋砚刻、明清金银器、瓷器以及各类标本等200多件。这个展览的举办，是对考古工作的致敬，也是常熟历史文化的壮丽宣言。

当我梳理70年来常熟考古经过的时候，我看到的是博物馆藏最有分量的那批出土文物，想到的是历史文化名城，我还想到了为之付出努力的博物馆人（包括南京、苏州、常熟的考古专家）。考古离不开博物馆人，正是他们的坚守和不懈努力，成就了常熟博物馆广泛而又完整的收藏体系和脉络，正是博物馆人与常熟的考古事业，托起了常熟的历史。让我们回顾这段历程，并抛砖引玉。

二、博物馆人与常熟考古事业发展

《常昭合志》记载，早在20世纪初，庞树森、庞士龙等人就发起成立了"县文献委员会"，[1]但并未开展实际考古工作。1950年常熟成立了常熟县（市）文物保管委员会，这是全省最早设置的文物管理单位之一，并开始配合省文博部门发掘清理古墓葬等，常熟的考古工作正式启动。80年代后，重点进行了古遗址的调查，先后发现了不少新石器时代遗存。主要与苏州博物馆、南京大学历史系考古专业等单位联合发掘了一批古遗址、古墓葬，取得了丰硕的成果。1990年5月，常熟市博物馆筹建处成立，正式设置了考古部，并作为核心业务部门，配备了多名考古工作人员，开创了主动性考古工作的新局面。90年代后期，常熟的考古只有零星的发现。2017年，为科学、规范地做好常熟的考古、勘探工作，苏州市考古研究所与常熟博物馆商定设立苏州市考古研究所常熟工作站，办公地点设在常熟博物馆，并于2018年11月25日正式揭牌成立，同时配备基地和库房，从而开启了科学考古的历程，翻开了常熟考古工作的崭新篇章。2019年起，恰逢环虞山一带民房翻建浪潮，我们与虞山街道、市文物局加大监管力度，联合执法大队现场执法，一旦发现问题，上报公安机关，并上报市政府，召开协调会，落实考古经费，将民房翻建程序合法化，形成了规范化管理。通过翻建前上报、先行勘探、发现后执法停工、考古队入场、考古结束、复工等一系列规范的流程，常熟考古工作发生了翻天覆地的变化。随后的几年间，直至2024年，在常熟环虞山南路、虞山北麓、虞山东路一带，梅李龙腾特种钢厂区、梅李天字村、辛庄张桥白鹤滩地块、经开区玄武浜、范家塘遗址、老罗庄遗址、花溪片区、渠中路明墓、平墅村古墓葬群、玄武浜古墓葬群、常福街道、常熟京门影城地块等进行了大量的考古工作，发掘古墓葬合计600座以上，获得了常熟地区出土文物的第一手资料。尤其是梅李何村遗址的考古发掘，为马家浜文化的研究和分期提供了重要的实物资料，对于研究长江下游文化分期具有非常重要的考古学意义。其中值得一提的是，在虞山周边民宅翻建过程中，发掘了一百多座古墓葬，且出现了几乎家家有墓、多墓集中的现象。这些古墓葬隶属于从汉代至唐、宋、明、清等各个历史时期，墓葬形制多样，大小不一，为综合研究苏州地区各时期墓葬形制的演变和丧葬习俗等提供了新材料。出土墓志铭等各类文物四百余件，其中包括精美的金银器、玉器、瓷器、陶器等，具有重要的文物价值与研究价值。

在常熟考古事业的发展中，博物馆人作出了重要贡献，如已故老一辈文物工作者庞士龙、黄步青等人，千方百计抢救了一大批文物，为常熟考古事业奠定了基础；60年代后期至市博物馆筹建处成立期间的考古工作，主要由沈传甲、徐振球、钱浚、吴慧虞等同志主持，也取得了一系列成绩；90年代后，钱浚、周公太、常利平、邹建东、石良宝、杨新民、俞家平、蒋伟国、曾康、徐国清、陈颖等人均参与了常熟的考古工作，上级文物部门的考古专家丁金龙、陈瑞近、张照根、林留根、钱公麟等人指导并直接参与了诸多常熟古遗址的发掘工作；2017年至2024年间，谢金飞、李前桥等人在市文物局的领导下，依托常熟考古工作站，配合苏州市考古研究所（张照根、程义、张铁军、孙明利、张志清、周官清、牛煜龙等人）开展勘探以及全面、科学的考古工作，取得了常熟地区考古工作的新辉煌。

---

[1] 常熟市地方志编纂委员会办公室标校：《重修常昭合志》序例013，上海社会科学院出版社，2002年。

三、考古历程与博物馆收藏及地方史

（一）常熟原始社会的考古

主要包括几个大的遗址，有梅李何村马家浜文化遗址、谢桥钱底巷崧泽文化遗址、练塘罗墩良渚文化遗址、张桥嘉菱塘遗址、莫城黄土山遗址等。

（1）何村遗址

说到常熟最早的文化遗存，首提何村遗址。苏州市考古研究所于2020年8月至11月间，对何村遗址进行了考古勘探和发掘。该遗址位于常熟市梅李镇周师线龙腾特钢22号门内，发掘工作面积合计600平方米。共发现文化层10层（分属马家浜文化时期、东周时期、宋代、明代、清代和现代），墓葬38座（马家浜文化时期墓葬35座、宋代墓葬2座、明代墓葬1座），灰坑44个（马家浜文化时期灰坑36个、东周时期灰坑4个、明代灰坑3个、近现代灰坑1个），沟8条（马家浜文化时期沟3条、宋代沟1条、清代沟2条、近现代沟2条），柱洞123个（均为马家浜文化时期），红烧土墙1段（马家浜文化时期），井3口（马家浜文化时期水井2口、唐代水井1口），出土不同材质文物181件组。随葬品以陶器、石器等生产生活用具为主，亦有6件玉器，包括玉璜、玉玦、玉管，陶器主要为炊器和盛器，分为夹砂陶和泥质陶两类，以红褐色泥质陶为主，器型主要有豆、釜、壶、匜、盆、钵、罐、杯、鼎等，并且发现了常熟地区最早的人类骨骸。北京大学考古文博学院科技考古实验室对M24出土的碳颗粒进行了加速器质谱（AMS）碳-14测试，树轮校正后年代为距今6 738—6 508年。据此可以推断何村遗址大约处于马家浜文化中、晚期。[1]

何村遗址的发现意义重大，在此之前，常熟最早的古文化遗址为距今5 500年的谢桥钱底巷崧泽文化遗址，何村遗址的发现，将常熟的人类活动史向前推进了1 200年，至约6 700年。并且该遗址的发现，完善了常熟在江南地理位置上一脉相承的发展序列，即马家浜文化—崧泽文化—良渚文化的发展演变，也确立了梅李古岗地带在长江下游马家浜文化遗址中的重要地位，连起了从常熟东（梅李）往常熟北（谢桥钱底巷）再往西（尚湖、练塘、张桥、莫城等）的早先人类活动足迹，揭开了常熟文化之源的奥秘。该遗址出土的玉玦、红陶釜、靴形器、石锛、石斧等各类文物及标本，是常熟历史最重要的文物实证，现已在原址附近建成马家浜文化展示馆。

（2）钱底巷遗址

1983年开始试掘，到1988年，由南京大学历史系考古专业与市文管会进行了联合发掘，出土了以新石器时代崧泽文化为主要内涵的各类器物200多件。遗址年代距今约5 500年，文化层丰富，上下延续时间较长，上限可达崧泽文化早期，下限包括商周、六朝、唐宋元等各个历史时期。钱底巷遗址是新中国成立后常熟最重要的考古成果之一，这一时期的地层中出土的孢粉，对研究常熟古气候和生态环境很有价值。该遗址出土的崧泽文化玉犬、玉璜，是常熟博物馆收藏的新石器时代重要的玉器类文物，填补了空白。

（3）罗墩遗址

位于练塘镇罗墩村，1993年村民取墩土时发现，距今约5 250±300年。常熟考古部门与苏州博物馆联合组成考古队两次对其进行发掘，清理出良渚时期古墓葬14座，其中有4座墓尚存骨骸遗迹。随

---

[1] 苏州市考古研究所：《江苏省苏州市常熟市梅李镇何村遗址马家浜文化时期墓葬发掘简报》，未刊稿。

葬品有陶器105件，石器29件，玉器116件。其中常熟博物馆的镇馆之宝——双龙连体环形玉珮，就出土于该遗址。它采用双龙连体对称的浅浮雕技艺，构思巧妙，做工精美，是全国出土的9件良渚玉龙中最早的龙形图案，被誉为"良渚第一龙"，参加了2023年上海博物馆举办的大展"实证中国"，也是常熟博物馆的馆徽。罗墩遗址是良渚文化早期部族首领的墓地，原始面积可达到1万平方米，这个遗址对探讨良渚社会结构有着十分重要的价值，同时，它也是迄今为止常熟地区出土玉器最多、质量等级最高的古墓葬，目前已建成展示馆。

（4）张桥嘉菱塘遗址

1983年公社窑厂在仁厚墩发掘和征集到玉璧、玉琮、穿孔石斧、有段石锛、三孔石刀、石镰等玉石器共12件，具有较高的文物价值和研究价值。出土的玉琮，造型规整，玉质细腻，有6层，细雕24组神人兽面纹，是国家一级文物，也是常熟博物馆藏唯一一件大玉琮，地位显赫，曾于1992年参加了在北京故宫博物院举办的"第二届中国文物精华展"。

（5）其他遗址

莫城黄土山遗址，1976年4月发掘出土玉、石、陶器8件，属于良渚文化中晚期；尚湖三条桥遗址，出土玉、石器6件；尚湖良种场遗址，属良渚文化中晚期；朱泾村遗址，属良渚文化中期。常熟地区良渚先民活动频繁，遗迹众多，广布各区域，除上述外，常熟境内发现的新石器时期遗迹还有：原梅李四大队南罗墩、兴隆石墩大队王家坝、杨园和平大队何家桥、福山前进大队12队、白茆七大队芙蓉庄、大义胜利大队枫杨村、唐市西市大队菱形浜、冶塘金鸡墩、张桥六大队谢家塘、藕渠钢管厂、王市孟楼、练塘公社前进大队、西门三条桥等处，同时，在宝岩、城郊丁坝、谢桥新光村等处有征集到的出土文物。

梅李塘桥北罗墩遗址于2001年10月发掘，为一处面积较大的马桥文化遗址，出土了马桥文化时期的陶器约10件，距今约3 500年，填补了常熟地区这一时期考古文化空白。

众多早期文化遗址的发现，尤其是良渚文化遗存之多，有力地说明了常熟是长江流域早期人类活动的重要区域，在江南文化起源中占有重要地位。

（二）吴文化的考古

2023年底至2024年5月，常熟京门影城地块常熟市县衙署东遗址的发掘面积约800平方米，发现遗迹单位227处，包括灰坑64个、水井61口、沟16条、柱坑81个、坑3个，累计出土文物500余件（组）。该遗址自马桥文化时期开始，一直延续至今。[1]该遗址对于研究常熟核心区域3 000年来的城市变迁和居民生活具有非常重要的意义。

钱底巷商周文化遗存，有灰坑、水井等，出土有陶器、原始青瓷、石器和青铜器、猪牙、植物孢粉，是马桥文化的延续和发展。

虞山石室土墩，自沿虞山东岭仲雍墓起，西到小石洞，分布在九公里的山脊线上，发现有200多座石室土墩，历代记载有太公望石室、金鸡墩、玉兔墩、七星墩等各种名称。1982年春，常熟县文管会与苏州博物馆联合发掘了维摩寺东南石室土墩，出土陶瓷器17件，时代在西周至春秋之间。2000年5至8月份，再次发掘了摩旗墩，也被当地人称为吴王点将台，这个石室墩通长达26米，高达8米，是目前江浙地区发掘的最大的石室土墩，出土原始青瓷器、印纹陶器、泥质陶器、夹砂陶器等93件，其中原始青瓷89件，创全国之最，为探讨石室土墩墓的性质和吴文化的深入研究提供了实证。

---

[1] 苏州市考古研究所微信公众号。

(三)汉、魏晋南北朝时期的考古

汉代考古,首提虞山汉墓发掘。1956年7月,虞山边上的三座土坑汉墓出土了陶壶、罐、铜壶、甑、钩、洗、镜、钱币及铁剑、环柄刀、釜等,其中一件铜壶上铸有卧羊,非常罕见,钱币有王莽大泉五十及大布黄千、五铢钱等。"虞山汉墓群"曾经在1956年被列入江苏省第一批省级重点文物保护单位名单,后因城市发展而消失。

其次是1975年4月发现的杨园东汉铁器窖藏,出土了铁制品和陶器,包括土铁叉、刀、矛、铲、钺、镬斗、枪头等铁制品共14件,还有五铢钱、陶虎子等。这是新中国成立后常熟境内集中发现汉代铁器之首,既有生活器具,也有生产工具。1997年10月至1998年6月发掘的西门大街与书院街间的中巷古城区遗址也有重要价值,发现了大量水井和多条古河道、古文化生活堆积层遗迹,出土了西汉完整陶井圈、带"淮一"铭文的铁铲、铁刀等器物数十件,以及汉至唐宋时期的陶瓷残件等。2024年常熟京门影城地块常熟市县衙署东遗址,也有大量汉代器物出土。这些汉代虞乡治及西晋以后海虞县县治中心所在的古城居民区遗址,为研究常熟古代县治的设立和转变、海虞城的发展提供了线索和材料。

2020年10月,在山茶花路26号宅基发现3座汉代墓葬,其中M40的墓葬结构由外侧土圹、内侧椁室和棺木组成,为竖穴土坑墓;出土文物17件,其中铜镜1件,陶瓿4件,陶罐5件,陶壶4件,五铢钱1组。M41为竖穴土坑墓,一椁双棺,出土了珍贵的铜矛1件,上铸有铭文,铜镜2件,陶壶3件,陶罐2件,铜钱4组,还出土了罕见的串珠2组,约9粒,经判断应为汉琉璃珠。M42出土陶壶4件,陶瓿3件,陶罐2件。[1]这3座墓葬具有典型的汉代特征,是近二十年常熟地区出土汉代器物最多的古墓葬。根据当地居民反馈,此地高于周边,应为汉古墓葬群,但大多已经叠压于现代房基之下。另外,在虞山南路狄家祠堂也有汉代土坑墓,并出土陶罐2件。这些考古发现,为我们认识常熟地区的汉代墓葬结构和丧葬风俗提供了珍贵的实物资料。

汉代古墓葬除以上外,还有零星出土,包括:1958年出土的玉剑首;1965年,王庄公社出土4件东汉铜耳杯;1972年,宝岩出土汉代木俑;1976年,白茆窑厂出土汉铜镜;1991年,桃源村出土1批陶麟趾金。亦有一批汉代铜镜、铜戈、铜矛、铜镞等,由文管会和地方政府五六十年代移交,当属早年出土之物。比较重要的属1959年粮食库出土的汉剑珌、汉龟钮军司马印,以及1965年城郊三八大队出土镀金镶玉腰带钩,造型奇巧,玉质细腻,是目前常熟出土最精美的汉代玉器,也是常熟博物馆所藏最早的汉代带钩。

另外值得一提的是,铁琴铜剑楼后人瞿旭初捐赠的一批从秦至汉直到元明的官私铜印479枚、石印58枚、残印27枚以及元宝、绿玉象棋[2]等,是1924年瞿家为避战乱埋在地下的,后由瞿氏家属指认,1976年从铁琴铜剑楼院子中挖出并捐赠国家,其中有相当多的秦、汉印,弥足珍贵。

魏晋南北朝时期,最重要的遗址就是1982年4月石梅小学修建操场时发现的西晋太康三年(282年)墓。该墓由甬道及墓室两部分组成,为刀形砖室券顶墓,甬道中出土了青瓷盂、铜镜、银戒、银镯、银耳环及五铢钱等;墓室中出土了青瓷三角形灶、提梁香薰、三乳丁罐、鸡寮、羊圈、猪圈、铜镜等,后又发现了"太康三年"铭文砖等,共出土各类器物30件。墓主身佩铁刀,应是镇守虞乡的重要军事或行政长官。[3]青瓷自东汉出现,至西晋成熟,这批文物是西晋青瓷标准器,后来其中3件被定为国家一级文物,并于1992年参加了故宫博物院举办的"第二届中国文物精华展"。这个墓葬迄今为止依然是

---

[1] 常熟博物馆编:《常熟文博论丛(第一辑)》,文物出版社,2023年,第123页。
[2] 仲伟行编著:《琴剑流芳》,上海文化出版社,2009年。
[3] 常熟政协文史委员会、常熟日报社编:《口述常熟改革开放(1978—2000)(续)》,古吴轩出版社,2018年,第295页。

常熟出土西晋青瓷完整器最多的古遗址。

其他还有，莫城西晋永嘉六年（312年）墓，1981年7月发掘，出土并征集到青瓷器9件及"永嘉六年"铭文墓砖一块，包括青瓷双耳罐、鸡首壶、网纹碗、辟邪烛座、三足砚、水盂等；1975年11月，发掘了练塘东晋建元二年（344年）墓，征集和出土了青瓷壶、圆形虎子及龙纹画像砖半段以及"建元二年"铭文墓砖一块，这是新中国成立后首次发现的东晋纪年墓葬；1972年大义公社出土的六朝青瓷楼阁纹魂瓶，造型复杂，堪称艺术杰作，作为典型的随葬明器，对了解当时的丧葬风俗很有意义。

（四）唐、五代、宋时期的考古

唐代的考古，70—80年代有福山六大队、董浜大队、何市、练塘红卫大队、望虞河、张桥、唐市、珍门、练塘市河、大义、赵市公社红旗大队、城郊兴福2队、张桥旺泥桥等地，有长沙窑褐斑执壶、白釉唾壶、黄釉瓷、越窑粉盒、铜镜等较多数量的唐代瓷器出土，尤其是1973年梅李1大队出土的越窑暗刻鸳鸯荷花粉盒，纹饰精美，绘画生动，为国家二级文物。

1985年1月与苏州博物馆联合发掘了梅李唐陶吴氏墓，出土陶生肖俑、陶罐、白釉瓷碗及砖刻《唐故陶吴氏墓志铭》；1991年5月，在城北菜园村市无线电厂基建工地发掘了城北唐羊氏夫人墓，出土陶生肖、武士俑6件、越窑青瓷碗1件及砖刻《唐故羊氏夫人墓志铭》一方。

2017—2023年间，在环虞山一带的寺路街、虞山南路宝岩、狄家祠堂、石梅小学等地，零星发现了二十多座唐代砖室墓，出土了不少瓷器和标本。尤其是2020年虞山南路山居湾39号墓葬，为唐中晚期的双鱼形双穴砖室合葬墓，出土了青瓷唾壶、青瓷水盂、唐代瞿府君墓志铭以及"开元通宝"铜钱等文物。墓志铭显示，此地为瞿家祖坟，唐代这里称为瞿宅村。明代此地称为邵家湾，现称山居湾。尽管该墓葬历史上遭受过一定破坏，但是保存相对较好，价值很高，是常熟首次发现的唐代双鱼形墓葬。出土的唐代墓志铭和陶瓷器，对于研究唐代墓葬类型和分期等，具有非常高的史料价值、考古价值和艺术价值。

2021年，在辛庄张桥白鹤滩地块发现了大面积的唐宋古墓葬群，保存相对完好，多有拱券结构和完整棺椁，令人震撼，出土有越窑粉盒、宋代漆盒、兔毫盏、银器等较多文物。2024年在京门影城地块发现的常熟市县衙署东遗址，遗存主要集中在唐宋时期，显现出了数量惊人的水井和灰坑，包括灰坑64个，水井61口，沟16条，柱坑81个，表明此地是古城的核心居住区。文献记载唐武德七年常熟县治由南沙城移治海虞城，[1]这个遗址提供了有力的印证。

除此之外，常熟博物馆相继征集到各个时期、各地出土的唐砖质墓志共约30多方，占苏南地区各县市之冠，为研究唐代中原人口迁徙和江南城市发展提供了史料。

五代时期，有五代吴越国陇西李府君（章）墓志铭，于1979年在梅李出土；五代吴越国彭城（李章妻）金夫人墓志铭，为1979年在梅李出土；五代吴越国彭城钱君义亡妻殷氏夫人墓志铭，为1973年在虞山东北麓出土；五代吴越国故鲁郡邹府君夫人吴郡陆氏墓志铭，为1977年冶塘出土；五代吴越国苏州中吴郡彭城故夫君钱云修墓志铭，在虞山北麓兴福出土。这些墓志铭有利于我们了解那个变幻时代的常熟历史和人文。

宋代考古，首提张桥邑人周绅及妻尤氏等家族合葬墓。1994年5月，在张桥镇南村发现已被破坏的三座古墓，追回和出土了建窑黑釉兔毫盏、影青粉盒、高浮雕瑞兽纹铜镜、漆钵、漆盘、漆盏托、漆盒底及铭文墓砖、石刻墓志等，另外还有楠木棺椁木材一批，入葬时间在北宋元符三年（1100年）。所出

---

[1] 常熟市地方志编纂委员会办公室标校：《重修常昭合志》0079，上海社会科学院出版社，2002年。

的建窑兔毫盏及几件宋代漆器较为珍贵，特别是一件漆盒底上有金粉所书"癸酉苏州传法寺后真吴上牢"12字，对研究这批漆器的确切年代和来源提供了可靠的依据。[1]

1976年1月，藕渠公社在疏浚市河中发现古钱一瓮，共150斤，为汉唐、五代、宋、金代铸钱；1976年色织四厂出土了宋代小银杯；1976年11月，练塘公社在疏浚市河时发现十余口水井，出土了宋代影青瓷碗、陶罐等十余件；1979年12月25日，虞山北麓言子墓旁边的电讯器材厂基建工地发现了南宋咸淳五年赵希镕及其妻周氏的石刻墓志各一方，具有较高的历史研究价值和书法艺术价值；1980年8月，福山茅家山宋墓中出土了金钏一副（十环），上錾有"刘三郎铺"牌记及"己酉"干支年款，重达347克，极为罕见，被央视引用；2008年，常熟文庙在修缮过程中，发现了大量的宋元明清碑刻以及宋代的老地坪，目前已保留并对外展示。2020年10月，在虞山北麓鹤顶上发现了4座宋代墓葬，出土了宋代抄手砚台、铜镜、钱币以及陶瓷器，为我们了解北宋墓葬结构和丧葬风俗提供了实物材料。同时，博物馆还征集到一批本地出土的宋宗室《赵不渗墓志》、宋咸淳三年《卫淇墓志铭》、原慧日寺石柱础一件、宋井圈等，均有重要价值。

值得一提的是，2015年，尚湖建华村南宋名将印应雷墓发掘出土了宋代石兽、石马、石羊、武将等石刻，以及印应雷墓志、瓦当、砖斗拱、砖榫构件等。印应雷为南宋嘉熙二年（1238年）进士，曾抗击蒙古兵入侵，官至静海县开国伯，该墓葬的发掘有助于我们了解宋代名人历史和墓葬及石刻工艺。

（五）元明清时期的考古

元代时间较短，古墓葬主要有：1974年6月15日冶塘大队18队、1976年1月17日唐市公社、1977年1月14日何市公社等地的墓葬，出土了一批元代龙泉窑瓷器，1976年1月谢桥红光山亭子出土的一批枢府窑白釉盖罐等，这批文物填补了常熟博物馆藏元代瓷器的空白。

常熟历史上曾出8个状元、10个宰相、486名进士，以及数量庞大的举人、秀才等，青山埋忠骨，因此虞山脚下明清二代的古墓葬数量极其庞大，尤其是一大批明代官僚和名人墓葬，出土了不少珍贵的金银器、玉器、杂件等文物，是常熟博物馆藏出土文物中的重要组成部分。主要包括：1975年4月21日在西门外邹巷大生窑厂旁抢救性发掘的嘉靖间福建建宁知府张文麟墓，其子张二桁夫妇合葬墓，出土了瓷、玉、银器、墓志铭等文物10多件，其中明代青花翼龙纹方形瓷盖罐，为官搭民烧的精品瓷器；1990年9到10月发掘了明成化进士浙江温州知府陆润及其曾孙嘉靖举人泉州海防同知陆一凤、玄孙万历进士浙江平阳知县陆崇礼等陆氏家族墓7座，共出土浮雕双龙纹铜镜、青花瓷盖罐、石刻墓志等文物近百件。其中陆润夫妇合葬墓所出的镶嵌宝石梵文金挑心、人物楼阁金掩鬓等金器9件，制作极为精美，不可多得，是常熟博物馆等级最高的一批金银器文物。1982年3月15日，西门外二条桥的蒋镛墓，出土银饰、木刻路引等文物10多件，其中木刻路引保存完好，实为江南地区罕见；1989年10月21日，在虞山南麓发掘了明天顺年间工部尚书程宗的父母程景和夫妇合葬墓，出土金银饰品、水晶珠、玛瑙珠、木梳、漆盒、铜镜、竹扇骨等文物数十件，其中元代剔犀如意云纹漆盒极为珍贵，属国家一级文物；1989年11月11日发掘的明代著名藏书家赵用贤的父亲广东参议赵承谦及母张孺人合葬墓，出土了朱砂书木板买地券、锡制祭器、银镯、耳环、发簪、铜镜等文物23件。

除以上外，早年明清时期的考古工作还包括：1959年西门外明代工部尚书程宗墓，出土了精美绝伦的金冠饰、金戒指等10件金器；1959年粮食库出土一批清代玉扳指等精品玉器；1966年2月通江桥出土了珍珠翠银丝冠饰等20多件金银器；1966年3月练塘金星大队邹姓墓出土的清玻璃翠雀梅

---

[1] 周公太主编：《新中国常熟考古资料集成》，广陵书社，2010年，第8页。

牌，鲜翠欲滴，通透无瑕，双面巧雕喜鹊登梅图案，可谓清代翡翠中的稀世珍品；1967年城郊合丰大队出土的清苏武牧羊玉牌，玉质细腻纯净，造型方整，构思巧妙，刻画工艺精湛，是苏工技艺的杰作；1973年3月林场东方红工区出土了清代金钗、金发簪等12件金银器；1975年林场红岩工区出土了数量较多的明清金银器等；1975年12月宝岩寺明墓出土金冠饰、金葫芦耳环等16件套；1976年9月，城东色织四厂基建工地出土了一批金银器皿、饰品，包括金双螭回纹八角杯、梅花双耳回纹环、莲花单耳杯等酒器8件及冠饰、耳环等饰件共30件，造型独特，具有一定的艺术价值；1995年宁州同知王鲁家族墓出土八宝金冠饰、金观音像及多件黄杨木梳等；2003年宝岩明代南京吏部主事丁奉墓出土了3件金器，尤其是一件金镶银金蜂采蜜发簪，造型精美，构思精巧，做工细致，稀世罕见；2003年10月三峰五丈岩明代李杰家族墓，出土白玉带板18块，洁白莹润透明，质如玛瑙，等级规格相当之高。李杰地位显赫，曾修宪宗、孝宗两朝实录，为《大明会典》副总裁，曾任南京吏部、礼部尚书、赠太子太保。

此外，60、70年代半导体厂、向阳林场李佑申墓、何市、林场维摩席墓、1994年陆家山明代陈察母墓、1994年明嘉靖泰和知县缪宣墓、1999年工艺石雕厂明墓、2000年8月宝岩明处州通判沈鼎墓、2004年4月桃源涧福利院工地等，均出土了一批珍贵的金银器和玉器；2000年3月，王庄镇出土西班牙银元19枚；1991年，东张镇出土了一批包括清咸丰年间50两银元在内的银元宝窖藏。

此外，在城乡各处主要是虞山周围，通过发掘出土或征集、收归各类明代白釉、祭蓝及青花瓷盖罐数量达百件以上，为研究明代各个时期的瓷器烧造特征、绘画风格等提供了实物资料。

2017—2024年间，常熟环虞山一带发现明清古墓葬数百座，比较重要的有：2018年张桥明代山东参政、抚州知府王之麟墓，出土了常熟地区最大的2只石马和墓志铭一盒，修正了史料记载的错误；2019年，虞山南路宝岩山居湾发现明监察御史朱铉家族墓，出土墓志5方，空白期青花瓷器5只，惜主墓位于主干道下，实行了原址保护；2019年，虞山南路赵家浜出土了四只嵌宝石金戒指、两个青瓷罐、两个铜镜、两件明晚期万历、天启时期的富贵佳器款青花瓷碗等。2020年的常熟市梅李天字村古墓葬群，为唐代至明清平民聚集的古墓葬群，发掘了72座古墓葬，出土陶器、铜簪、铜钱等遗物260余件；2021年10月至11月，常熟市经开区玄武浜明清古墓葬群，发掘24座古墓葬，出土银簪、铜簪、铜钱等130件组；2021年的渠中路明墓发掘古墓葬2座，出土了19件文物，其中包括梅花形金饰16件；另，2021年3月5日，在寺路街39号民宅，发掘了明海宁县知县沈洄及其夫人陈妙净墓，沈洄曾参与编写《永乐大典》。沈洄墓为明代典型的浇浆墓，棺椁及其形制结构保存非常完好，为研究明初江南地区官吏品级棺椁制度和文化提供了真实案例。该墓出土文物总计有26件，其中有金佛像、楠木发冠、墓志铭、木刻朱砂路引、衣服、枕头、大漆官帽、贴身裤子、靴子等。明代服饰的批量出土尚属首次，2023年已完成修复并移交常熟博物馆，为研究明代早期官服制度和常熟乃至江南地区的服饰文化提供了考古学资料，具有非常高的文物研究价值。明清时期的考古工作非常之多，在此不一一叙说。

四、结　　语

常熟的考古历程，也是常熟博物馆文物收藏的历程，映射的是整个常熟的历史和文脉。在一大批博物馆人的共同努力下，考古工作成就了常熟博物馆丰富而全面的馆藏，充实了这个当之无愧的国家宝库。可以说，是这些文物托起了常熟的历史，讲好常熟的文物故事，我们责无旁贷。

二

考古发现与研究

苏州城墙考古发掘情况（2011年）介绍
——兼谈苏州城始建年代

◎ 王　霞（苏州市考古研究所）

苏州古城最初是土筑城墙，五代后梁龙德二年（922年），在原土城外包砖、石，苏州始有砖城的历史。[1]苏州城唐代有"郛郭填溢楼阁相望"、宋代有"一路城池之最"等记载，南宋绍定二年刻《平江图》，碑上所反映的是最完整的苏州城。元初，"江南凡城池悉命夷堙"，之后重建，经历明、清多次修葺。近现代也随着时代的变迁历经数次损毁与修复，最终于1958年因市政建设需要，大片拆除城墙，巍峨的城墙从人们的视野中几乎消失，仅留下盘门、胥门、金门及数段残城基。70年代后，为配合基建，曾对部分城墙作过数次调查与发掘，在2011年苏州市政协十二届四次会议上，通过了《苏州古城墙的保护及逐步重点恢复》提案，在苏州市政府的关心与支持下，苏州古城墙保护工作迅速启动。又对阊门北码头古城墙、相门至耦园段古城墙、娄门段城墙、姑胥桥以北段城墙、齐门段城墙等城墙进行了集中的考古勘探调查与发掘工作。

2011年，苏州市考古研究所为配合市古城墙修复工程，于5—7月完成了阊门外北码头处及相门至耦园段涉及的古城墙考古勘探调查与发掘工作。依次介绍如下：

一、阊门北码头古城墙

现场还保存有3段古城墙，共155米，从南往北分别编号A、B、C，其中A段长56米、B段长46米、C段长53米。A—B有25米缺口，B—C缺口约180米，调查总长度约360米（图一）。此次共选择了8个点进行发掘，由于8个发掘点分散各处，地层未统一。除现存城墙外，从阊门城门到A段城墙之间，发掘清理出D、E二段古城墙基础，其中E段为水城门北城墙基础。这些考古工作，为我们研究苏州古城积累了一些丰富的实物资料，也使我们对城墙的年代认识进一步加深。

1.发掘情况

（1）号点：位于A—B段城墙之间，紧靠城墙西侧，布一条南北长27米、东西宽3米的探沟，以了解A—B段城墙之间是否还保留城墙基础。根据发掘情况，A—B之间的25米缺口内，城墙基础已全部被后期建设破坏。

---

[1] 曹允源、李根源纂：《民国吴县志》卷十八下《城池》，江苏古籍出版社，1991年。

图一 北码头总图

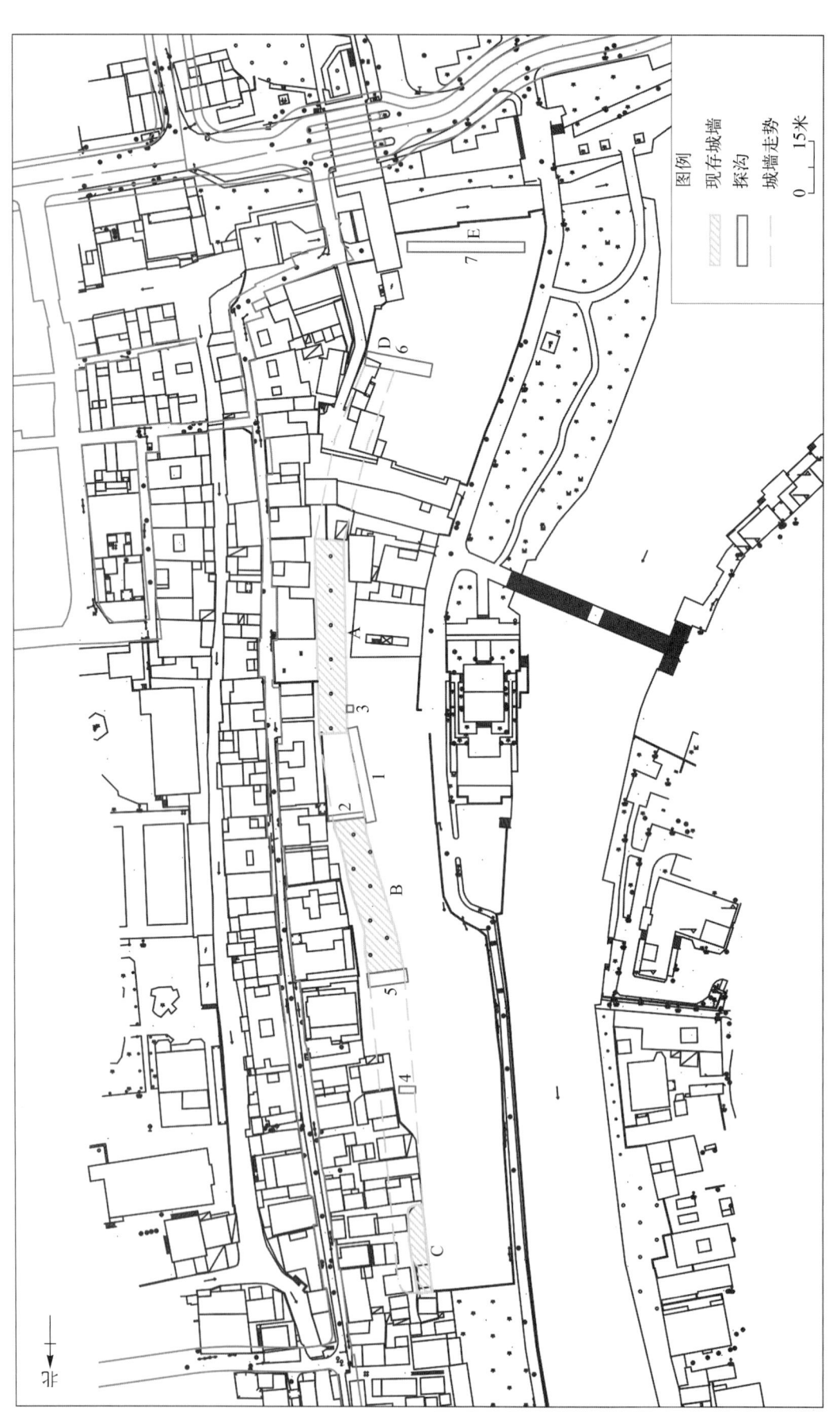

图二 （2）号点阊门北码头城墙B段南端剖面图

（2）号点：位于B段城墙南端，紧贴城墙纵切长12米的剖面，以了解该段城墙基础石下的堆筑情况及年代。从城墙底部二层顶头石以下至生土的堆积情况为：第①层为黄土，含砖块、石灰渣等，出土明代瓷片，为明代堆积层；第②、③、④、⑤层，黄土夹灰土，出土有灰陶片与印纹陶片等，为战国时期；⑤层以下为生土层（图二、图三）。

（3）号点：利用原地质钻探点，横切一段2米左右的剖面，以了解该段城墙基础石下的堆积与年代。城墙三层基础石之下的堆积情况为：第①层为明代层，第②层至第④层出土灰陶片与印纹陶片，为战国时期；④层下为生土层。

图三 北码头B段城墙南端②、③层出土印纹陶片

（4）号点：位于B段与C段城墙之间，距B段城墙北端约50米左右。B与C段城墙之间的城墙大部分被建房破坏。仅揭示出一段城墙条石基础以及基础下的木桩（图四），C14年代测试为战国—汉代，该段基础的揭示为B—C城墙的连接提供了依据。

（5）号点：为B段城墙北端，利用被破坏的城墙铲出剖面，断面高8.40米，宽12米。地层堆积分别

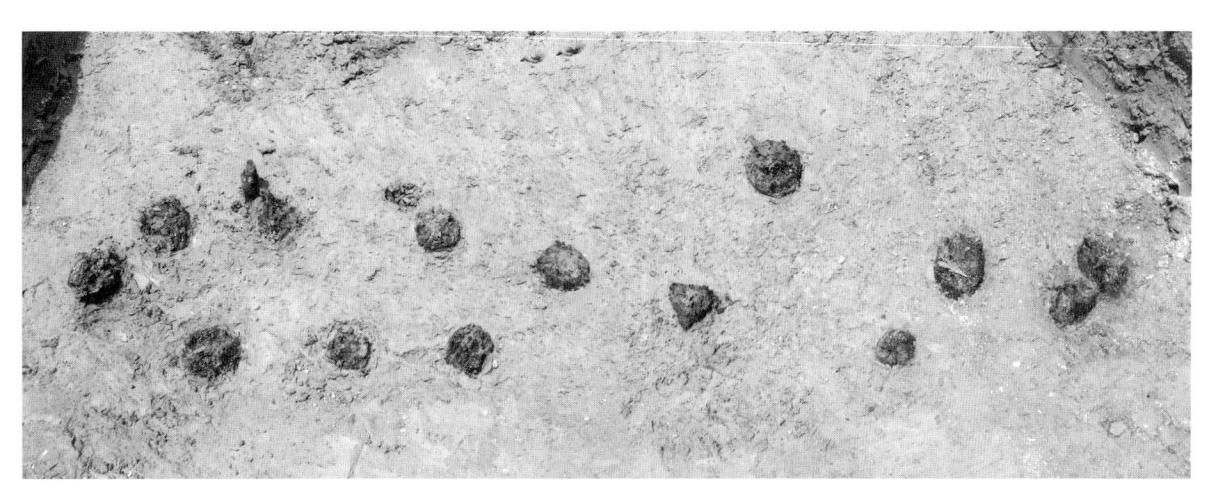

图四 （4）号点北码头B段与C段城墙之间城墙基础下的地钉

为：第①层表土层，第②层灰黄土，含较多砖块、瓦片石灰渣等，出土青花瓷片等，为明清时期的堆筑层；第③、④、⑤层，黄土夹灰土，其中③、④层含砖块、石灰渣等，出土釉陶缸片、越窑、钧窑瓷片，为明代堆筑层；第⑥—⑬层，黄土夹青灰土，经夯筑，出土灰陶罐、豆、盆残片以及原始、印纹陶片等，为战国时期堆筑层；⑬层以下为生土层（图五、图六）。此处发掘点还发现明代时期在早期土墙外加砌条石基础。

图五 （5）号点B段城墙北端剖面

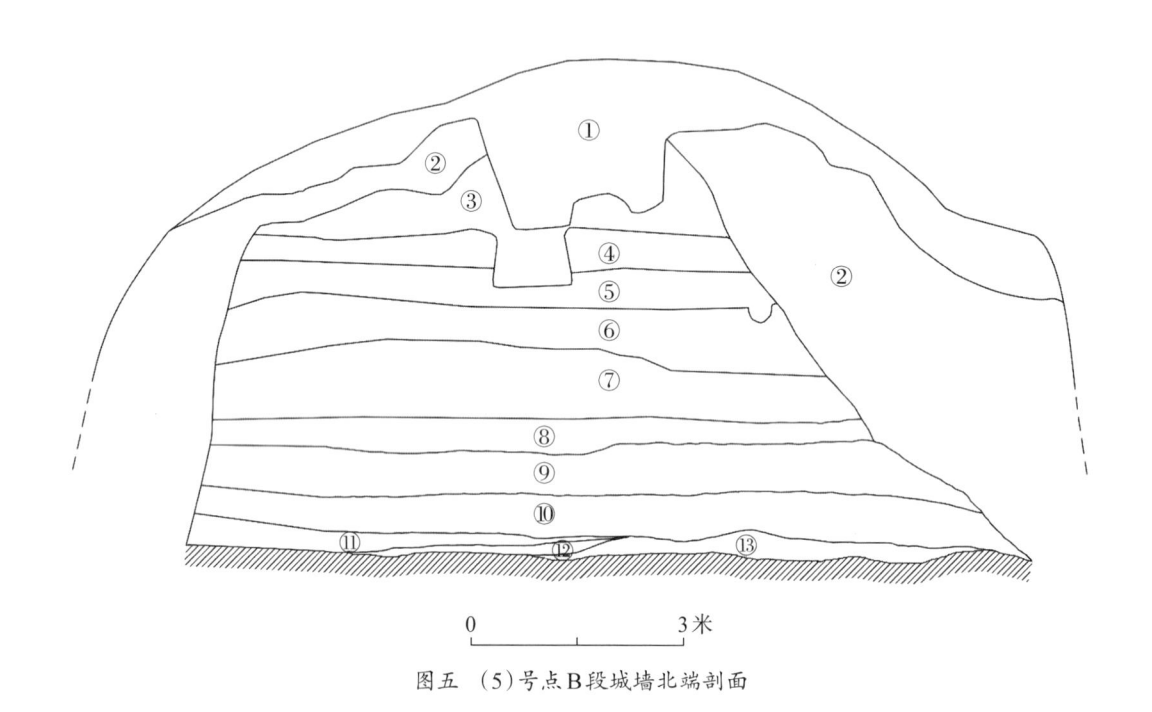

图六 北码头B段城墙北端剖面⑧层出土灰陶罐口片、原始瓷片

（6）号点：在阊门水城门的北侧，水关桥北面小路围墙的西南侧，揭示出了条石堆筑的城墙基础，编号为D段，为连接城门与A段城墙提供了依据。

（7）号点（E）：位于水关桥与聚龙桥段小河的北岸，揭示出了一段保存东西长35米左右、南北宽2—3米左右的水城门北墙基础。对照《平江图》与清代徐杨《姑苏繁华图》，位置完全吻合。

（8）号点：在民国房子东南面，保存有二段明代条石城墙基础，为连接D段与A段城墙提供了依据。

依据A段城墙的剖面情况，城墙两侧上部包砖，包砖下堆砌条石；中央为土墙，土墙上层为明代以后堆筑，下层为汉代至战国时期堆筑。

2. 小结

（1）北码头保存的城墙墙体地面以上为内土筑，混合有砖块、石灰渣，墙体两侧底部堆砌条石或条石上再砌砖；地下堆积（指条石基础以下部分）全部为黄土夹灰土堆筑，并经夯筑。

（2）根据A、B两段城墙的解剖情况，城墙堆筑在生土层上，始于战国，土筑并经夯打；明代在此基础上多次修筑，开始为土筑，土内夹砖块、石灰渣，之后再外加条石基础及砖包土墙，条石基础下打有排列较密的木桩。

（3）在A段城墙的南段还保存有明代的青石基础，以及在D段清理发现的青石基础、E段清理发现的水瓮城北墙基础等，大都为明代建筑，佐证了明代曾经进行过大规模的城墙修筑，这些均与文献记载相吻合。

二、相门至耦园段古城墙

根据园林局提供的图纸，古城墙考古勘探调查位于原第三监狱与振亚丝织厂范围内，南北长约600米，东西位于规划红线范围内宽约50米，为方便叙述，将原第三监狱范围简称为A地块，南北约300米，位于南面；原振亚丝织厂范围简称为B地块，南北约300米，位于北面。

1. 发掘情况

两区范围内，地面已不见城墙痕迹，遂布三条探沟（T1—T3）进行发掘，寻找地下古城墙的基础，由于探沟未连成片，所以地层按各自探沟编号（图七）。

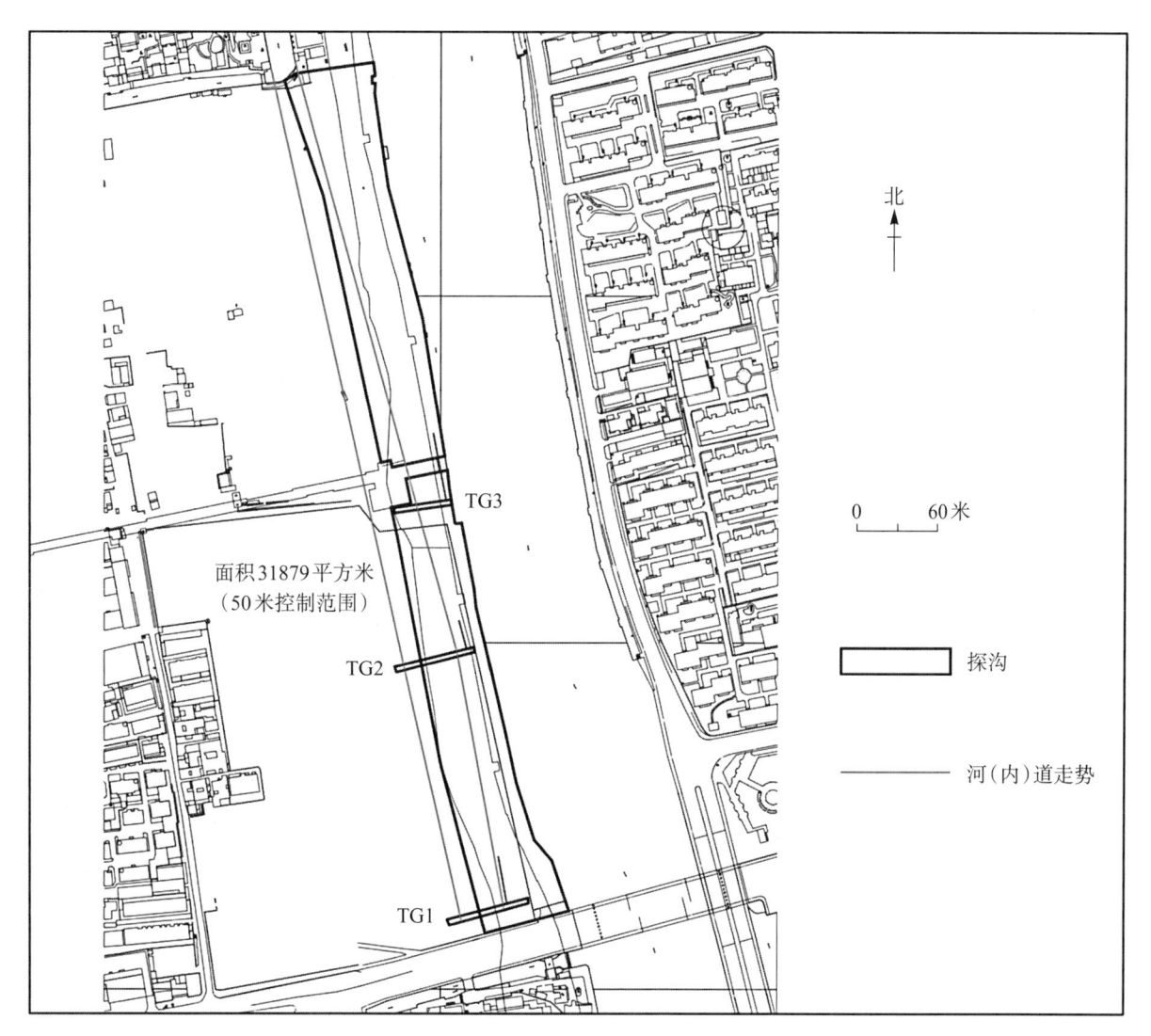

图七　相门至耦园段探沟分布图

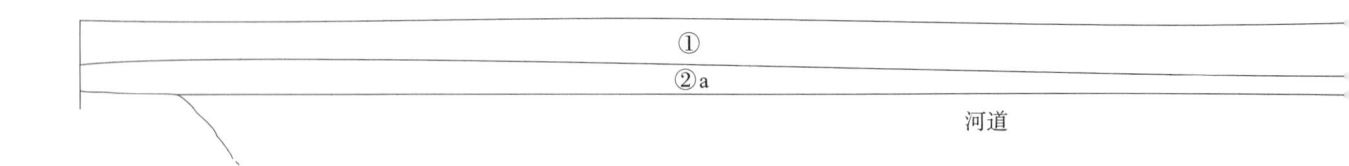

图八　T1地层图

（1）T1位于A地块的中部偏北，东部至围墙，后又向围墙外扩3米至护城河边，为一东西长54米、南北宽3米长探沟。以其北壁剖面为例，地层堆积如下（图八）：

第①层，厚0.2—1.1米，为现代堆积层；

第②a层，灰土夹黄土，厚0.1—0.4米，出土青花瓷片等，为明代文化层；

第②b层，灰土层，厚0.2—0.4米，为明代文化层，仅小范围分布；

第③层，黄灰土，厚0.2—0.6米，出土印纹陶罐残片与泥质灰陶罐残片，为战国文化层；

第④层，灰土层，厚0.1—0.8米，出土灰陶罐口、耳残件，印纹陶罐残片等，为战国文化层；

第⑤层，此剖面未有分布，黄土层，厚0.1—0.3米，出土夹砂陶鼎、灰陶盘、钵、灰陶双耳罐、橙黄陶罐、陶鬲，以及较多灰陶罐口与耳、盆口，还有小方格纹印纹陶罐、原始瓷碗残片等，为战国文化层（图九）。

图九　相门T1⑤出土泥质陶罐口、耳残片

②a、②b层为明代城墙堆积，③—⑤层为战国城墙堆积，在T1内还发现了一条河道，开口在②a层下，河道宽33.1米，东河岸与城墙相距3米左右，河内填有大量砖瓦残件。

（2）T2位于A地块的东南部，东起围墙西1米处，为一东西长55米，南北宽3米长的探沟。以其北壁剖面为例，地层堆积如下（图一〇）：

图一〇　相门T2地层图

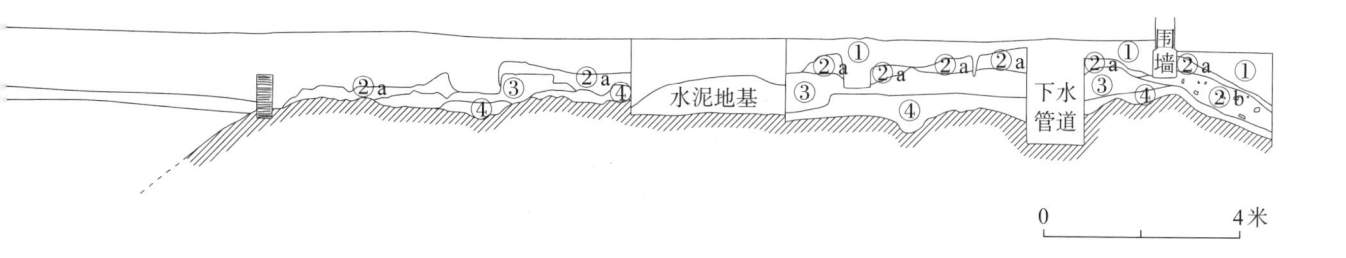

第①层，厚0.6—1米，现代堆积层；

第②层，厚0.5—0.7米，现代建筑基础层；

第③层，青灰土，厚0.2—0.6米，出土釉陶与青花瓷片，为明代文化层；

第④层，深灰土层，厚0.2—0.4米，出土釉陶罐口、越窑青瓷残片等，为明代文化层；

第⑤层，灰褐土层，厚0.4—0.6米，出土青瓷碗、钵瓷片与釉陶片等，为五代文化层（图一一）。

③、④层为明代城墙堆积，⑤层为五代城墙堆积。

在T2内发现一条河道，开口于④层下。河道顺城墙走向，宽40米左右，东部与城墙之间约有3—4米左右的间隔，为河岸即河道与城墙之间的路。河道内皆填满碎瓦、砖块与黑色淤泥，岸边还发现打有石桩。河道内出土了明代龙泉窑碗瓷片、青花碗瓷片以及越窑青瓷高足杯、碗残片，还出土一枚石弹丸。

（3）T3位于B地块，地下城墙基础几乎全被破坏（城墙下有防空洞长277米），仅在T3东端发现一小段城墙。以其北壁剖面为例，地层堆积如下（图一二）：

第①层，厚0.6米，为现代堆积层；

第②层，厚0.2—1.2米，为现代建筑基础层；

第③层，黄灰土，厚0.2—0.35米，出土泥质灰陶、橙黄陶罐残片与印纹陶片，为战国文化层（图一三）；

图一一 相门T2⑤出土唐、五代陶片

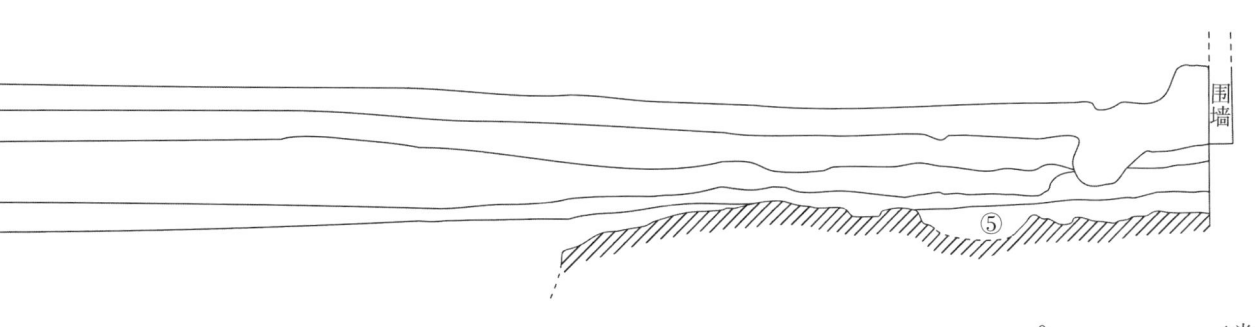

图一二　相门T3地层图

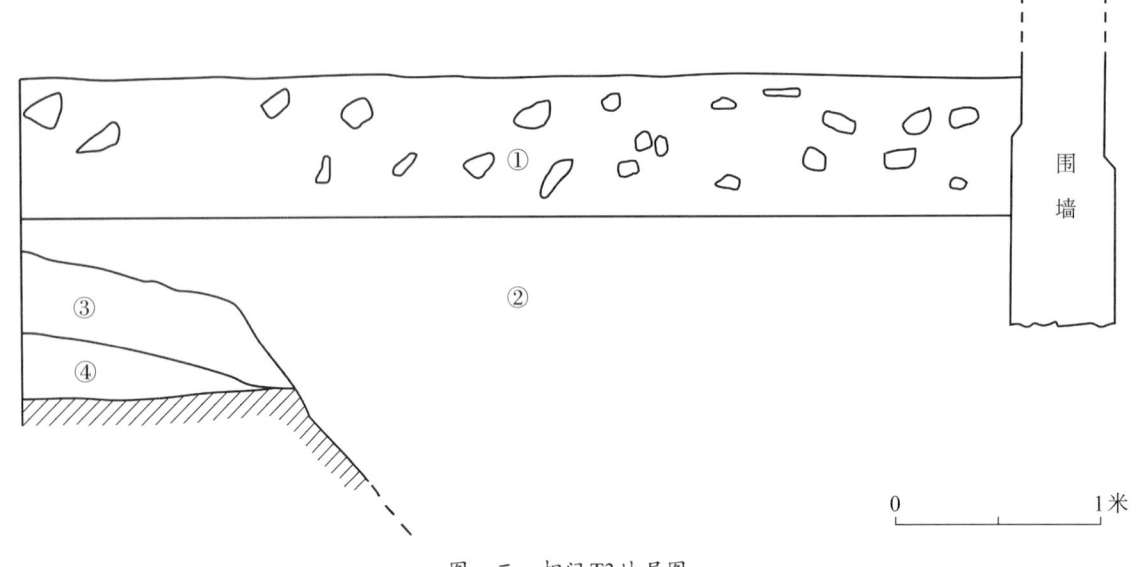

图一三　相门T3③出土战国印纹陶片

第④层，灰土层，厚0.1—0.3米，为战国文化层；第④层下为生土层。

③、④层为战国时期城墙堆积。

2. 小结

（1）城墙堆筑结构与年代

城墙的堆筑结构为土筑，直接堆筑在生土层上。T1、T3地层剖面与出土遗物表明，城墙始筑于战国时期，明代在此基础上扩建，由于后期破坏严重，未发现土墙外条石挡土墙与砖块等城墙建筑材料。T2地层堆积与出土遗物表明，此处最早堆积为唐五代时期，说明在唐五代时期曾经修筑过城墙，之后明代在此基础上再次修筑。

（2）城墙与河道走向及相关尺寸

城墙走向为南北向，仅剩地下基础部分，城墙基础宽15—16米。河道位于城墙的西侧约3—4米处，河道宽33—40米左右。其与目前还保存的位于耦园内的河道，不仅位置一致，宽度也相差无几。

（3）城内河道的废弃年代

依据T1、T2地层堆积，河道开口在明代层下，河道内出土遗物均为明代，以及明代层即第④、③层覆盖（叠压）在河道上等，说明河道始用年代不晚于明代，同时也证明河道在明代时期已经淤塞。

三、苏州城始建年代

对于现苏州城的始建年代，主要有三种观点，一是根据《吴越春秋》《越绝书》等文献材料梳理，认为伍子胥所建的吴国都城位置即现今苏州城，也就是现苏州城始建于春秋晚期；钱公麟先生首先提出了阖闾城不在今苏州城[1]的观点,随后提出现苏州城最早建于汉代;[2]张敏先生则认为现苏州城应初为秦会稽郡。[3]

1. 历年城墙考古发掘资料

(1) 1957年,南京博物院对平门遗址进行了调查,城墙下为新石器时代文化层,城墙可分为三层,下层含几何形印纹陶最多,中层为汉、唐及宋代堆积,上层为明清时期堆积。[4]

(2) 1975—1976年,为配合苏州木材公司基建,对平门大桥西南600米处起,至1 250米止,共650米长的城墙作了调查与发掘,清理墓葬40座,这些墓葬均打破城墙,并通过局部发掘解剖确定该段城墙为六朝之前所堆筑。[5]

(3) 1978年,市政工程在齐门西侧入城河口建筑齐门水泵房的工程中,发现了齐门古水门基础,水门基础排木经碳14测年为距今730±60年,年代为南宋时期。[6]

(4) 1980年,为配合市政工程,在相门桥西南侧修筑水泵房工程时,在入城河口发现了古水门基础,有石门臼、水门槛和板门及水门底部的排木基础。排木经碳14测年为距今2 135±180年,年代为汉代。

(5) 1983年,在葑门二郎巷杨家村南的运河旁,发现了一段保存较完整的古城墙,从葑门大炮台至南门轮船站东约600米左右,土城墙最窄处不足1米。其中,轮船站东城墙内挖有90米长的防空洞。现大炮台一带已建成桂花公园,在大炮台地段的古城墙夯层明显,每层厚6—12厘米。其底宽21.4米、残高3.7米。城墙周边发现有汉至唐代遗物。[7]

(6) 1985年6月,为配合振亚丝织厂汽车库基建工程,对工程涉及的一段城墙作了解剖,城墙底宽25米、残高2.1米。汉代城墙底下发现有战国时期的灰坑。

(7) 1991年6月,为配合新市桥东引桥坡墙体基槽施工,对工程将通过的梅家桥段古城墙进行了抢救性发掘,确定该段城墙为唐代以后修筑。[8]

(8) 1999年4月—6月,苏州市文管会、苏州博物馆为配合苏州市建委、苏州市水环境指挥部实施古胥门周边环境治理工程,对古胥门城墙进行了考古调查及瓮城遗址的抢救性发掘。

(9) 2001年2月中旬—3月上旬,苏州市文管会、苏州博物馆为配合苏州市城区防洪办进行防洪建设及环境绿化改造,再次对胥门瓮城遗址进行发掘清理。[9]确定胥门城门、两翼由青石条和砖块砌筑的墙体基础及瓮城基础为元末明初遗存。

以上两次仅对地面以上的建筑进行了清理,未对地下基础进行发掘。

(10) 2004年10月初—11月底,苏州博物馆对阊门古瓮城遗址进行考古发掘,仅做了清理,未对基础部分进行发掘。[10]

(11) 2005年6月—11月,苏州博物馆受苏州市文物局委托,对位于平门桥西约600米平四路北侧

---

[1] 钱公麟:《春秋时代吴大城位置新考》,《东南文化》1989年4、5期合刊。
[2] 钱公麟:《论苏州城最早建于汉代》,《东南文化》1990年第4期。
[3] 张敏:《吴国都城初探》,《南方文物》2009年第2期。
[4] 南京博物院:《苏州市和吴县新石器时代遗址调查》,《考古》1961年第3期。
[5] 苏州博物馆:《苏州平门城墙的发掘》,《苏州文物资料选编》,1980年。
[6] 苏州博物馆考古组:《苏州发现齐门古水门基础》,《文物》1983年第5期。
[7] (4)和(5)为苏州博物馆考古部内部资料。
[8] 张照根:《苏州市梅家桥古城墙遗址》,《中国考古学年鉴·1992》,文物出版社,1994年,第203页。
[9] 苏州市文物管理委员会、苏州博物馆:《苏州古胥门调查与瓮城遗址发掘报告》,《东南文化》2001年第11期。
[10] 朱伟峰:《苏州古阊门调查与瓮城遗址发掘报告》,《苏州文物考古新发现——苏州考古发掘报告专辑(2001—2006)》,古吴轩出版社,2007年。

的平四路垃圾中转站项目，进行了调查和抢救性发掘。通过发掘，其地层和遗迹关系十分清楚，六朝墓葬打破汉代城墙，汉代城墙打破战国夯土遗存，战国夯土遗存下有战国时期的文化层。[1]

2. 讨论

（1）从历次关于城墙的考古发掘资料看，能关联到东周时期的城墙有平门遗址、平四路垃圾中转站以及本次发掘的阊门外北码头和相门到耦园段古城墙。

平门遗址发掘的资料只介绍了下层含有几何形印纹陶最多，但几何印纹陶在本地区从马桥文化开始至战国一直有使用，从文中所提供的拓片图片分析，年代为西周至战国，但也未交代具体哪几块为平门遗址出土，故难以确定其准确年代。

2005年平四路处垃圾中转站的发掘项目，汉代城墙打破战国夯土遗存，据简报介绍，⑤层和⑥层下分布有密集夯窝，战国夯土遗存应即指⑥层和⑦层，⑦层出土了5件黑皮陶罐，"其矮直颈，肩有双贯耳、底有三乳足的特征明显带有战国的时代风格"，[2]但由于发掘面积受限，对夯土遗存的范围，未予全面揭露。木渎春秋古城址在1983年的试掘中，"城墙全为夯土而起，夯土层中有圆形夯窝，出土了西周至春秋时期的陶片和小件石器等……其建造时代大约为春秋时期"。[3]从筑城墙技术的传承上来推测，此区域的夯土遗存，或为战国城墙遗存。

阊门外北码头处及相门至耦园段古城墙，城墙堆积里的包含物多为战国时期的原始瓷片、印纹硬陶片，虽不能认定城墙的始筑年代即为包含物的年代，但至少能确定，城墙的始建年代上限为战国时期，也进一步证实了近四五十年以来，多位学者提出的现苏州城非春秋晚期吴国都城所在地的观点。[4]

（2）根据文献记载梳理，越灭吴后，此处成为越国都城；然后楚又"尽取故吴地至浙江"，公元前248年，春申君"请封于江东。考烈王许之。春申君因城故吴墟，以自为都邑"，[5]苏州成为楚国的封邑；秦始皇二十五年，"王翦遂定荆江南地；降越君，置会稽郡"，[6]《史记·项羽本纪》载，秦二世元年九月，项籍斩会稽守通于吴中，"籍遂拔剑斩守头。项梁持守头，佩其印绶。……遂举吴中兵。……于是梁为会稽守，籍为裨将，徇下县"。可见苏州秦时为会稽郡郡治所在地。

司马迁南游称"吾适楚，观春申君故城，宫室盛矣哉！"[7]可见，司马迁南游时，春申君治吴时留下的城、宫室俱在。据《越绝书》载，"今太守舍者，春申君所造。后殿屋以为桃夏宫。今宫者，春申君子假君宫也。……春申君所造"，"太守府大殿者，秦始皇刻石所起也。到更始元年，太守许时烧"。[8]《越绝书》的成书年代一般认为是在东汉时期，由此文可知，东汉吴郡太守治所，即由春申君始建，其大殿部分为秦始皇巡视吴地时增建的，应为会稽郡郡治时所扩建。南宋《吴郡志》卷六官宇对黄堂位置的描述，直接引用了《郡国志》："在鸡陂之侧，春申君子假君之殿也。后太守居之，以数失火，涂以雌黄，遂名黄堂，即今太守正厅是也。今天下郡治，皆名黄堂，昉此。"由此可见，东汉以后，由春申君治吴所建宫室之地，也一直为州郡府治所在地。[9]今苏州城基本沿袭了南宋绍定二年所刻绘的平江

---

[1] 王霞、金怡、姚晨辰、周官清：《平四路垃圾中转站抢救性发掘简报》，《苏州文物考古新发现——苏州考古发掘报告专辑（2001—2006）》，古吴轩出版社，2007年。

[2] 同上。

[3] 朱薇君：《苏州市吴城春秋遗址》，《中国考古学年鉴·1985》，文物出版社，1985年，第136页。

[4] 钱公麟：《春秋时代吴大城位置新考》，《东南文化》1989年4、5期合刊；张敏：《吴国都城初探》，《南方文物》2009年第2期。

[5]（汉）司马迁：《史记》卷七十八《春申君列传》，中华书局，1982年，第2394页。

[6]（汉）司马迁：《史记》卷六《秦始皇本纪》，中华书局，1982年，第234页。

[7]（汉）司马迁：《史记》卷七十八《春申君列传》，中华书局，1982年，第2399页。

[8]（东汉）袁康：《越绝书校释》卷二《吴地传》，中华书局，2013年，第39、41页。

[9] 魏嵩山：《春秋吴国迁都苏州所筑城邑考》，《历史教学问题》1991年第4期。

图格局,平江府治位于现苏州城中部偏南,从而也印证了春申君所建宫室大致位于这个位置。

(3)对于苏州城内发现的诸多东周时期的遗存,唐锦琼先生进行过详细分析论述,从可推断时段的葑门、新苏丝织厂及第三监狱等地点,认为是战国早期遗存的可能性更大。[1]

《平江图》中"子城"的范围:南界为苏州城内十梓街,北界为今前梗子巷西段,西界为今锦帆路东侧,东界为今公园路以西。[2] 2022年至2023年,人们对此范围内的金城新村遗址进行了考古发掘,其为一处春秋晚期至汉代的重要生活居住类遗址。还出土了大量密集性叠压堆积的板瓦、筒瓦、瓦当等建筑构件,为历年来苏州城市考古所罕见。大批量高等级建筑构件的集中出土,特别是秦"右"字铭文筒瓦及大量相关建筑构件的发现,为确定秦汉会稽郡治等提供了确切考古证据。[3]

本文仅是由本次考古发掘材料出发,结合历史文献及以往的考古材料,对现苏州城的始建年代作了一个粗略的分析。平四路垃圾中转站、阊门外北码头及耦园段古城墙包含物的年代上限至战国时期,除城墙外,近两年发掘的金城遗址高等级建筑构件的出土,说明城内东周至秦时期,存在着高等级建筑。结合《史记》的成书年代及其内容,推测现苏州城始建于战国时期的可能性应较大,其确证还需要做更多的工作。

[1] 唐锦琼:《苏州城内东周遗存的时代》,《三代考古(四)》,科学出版社,2011年。
[2] 杜瑜:《从宋〈平江图〉看平江府城的规模和布局》,《自然科学史研究》1989年第1期。
[3] 考古发掘新材料,未发表,本文引用内容为发掘领队张志清先生提供。

太仓沙溪钱家巷遗址发掘简报

◎ 苏州市考古研究所

钱家巷遗址位于太仓市沙溪镇钱家巷西北约200米的新北河北侧、纬二路南侧地块内,南距七浦塘约300米(图一)。

图一 钱家巷遗址位置示意图

为配合该地块出让和基本经济建设,2022年10月至12月苏州市考古研究所组织专业队伍对该地块进行了考古调查、勘探,并发现了一批墓葬和灰坑等文物遗存。2023年2月至4月苏州市考古研究所对发现的文物遗存进行了考古发掘,累计发现遗迹32处,可辨有墓葬22座、灰坑7个和灰沟3条(图二),出土文物标本105件(组)。现将遗址发掘情况简报如下。

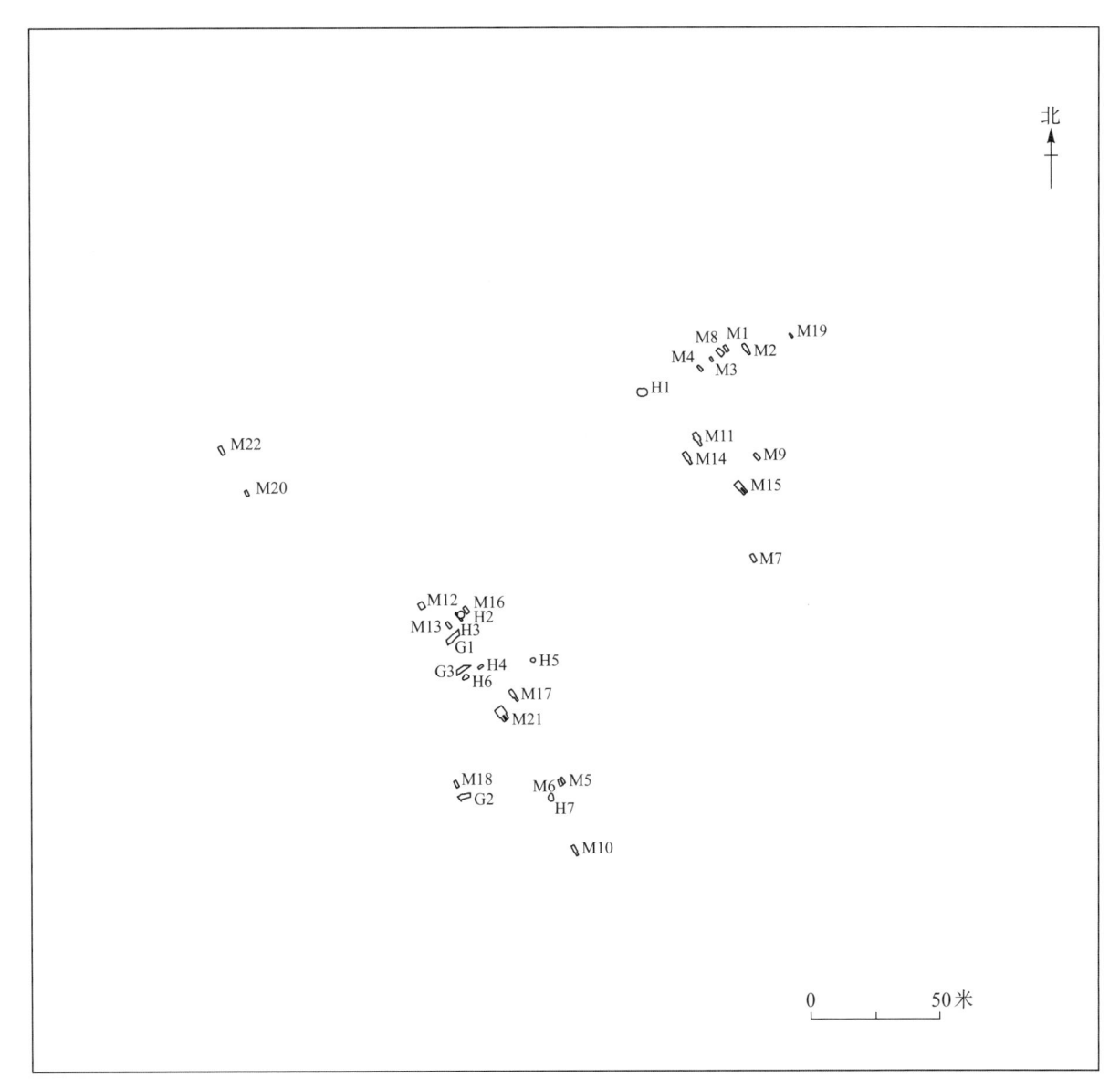

图二 钱家巷遗址遗迹平面分布示意图

一、地层堆积及其遗物

由于近现代生产建设及农耕活动,该地块内地势低洼,积水较多,地层堆积扰乱异常严重,根据前期考古调查、勘探情况,在整个地块内很难找到连续分布的古代文化堆积层,故本次重点围绕已探明的文物遗存进行了有针对性的考古发掘工作,并在相关区域以解剖沟的形式对地块内的堆积做了进一步了解。通过本次发掘,发现该地块内仅可辨别出2—3个地层,其下即为黄色生土,绝大多数地层堆积或凌乱,或薄弱,且鲜有遗物出土。

1. 地层堆积

以虚拟探方E446N312—T0706为例介绍如下。

第①层:灰褐色土,土质较疏松,湿黏,包含大量植物根茎,少量碎砖块及现代垃圾等。厚0.05—

0.15米，近似水平状分布。该层下未发现遗迹现象。研判为近现代耕作及扰乱堆积层。

第②层：黄褐色土，土质较致密，湿黏，包含零星残碎砖块、青瓷片和釉陶片等。厚0.15—0.25米，近似水平状分布。该层下未发现遗迹。研判为唐宋时期堆积层。

第③层：黑褐色土，土质较松软，湿黏，包含少量碎砖块、青瓷片、釉陶片和泥质灰陶片等，可辨器形主要为碗和罐等。厚0.05—0.15米，近似水平状分布。该层下发现有H6和G3。研判为唐代堆积层。

2. 遗物

本次发掘在地层内累计采集和出土铜钱、瓷碗和瓷壶等文物标本33件。其中，①层出土器物可辨有大清铜币、道光通宝、绍圣元宝、开元通宝和青花瓷碗等；②层出土器物可辨有元丰通宝、绍圣元宝、元祐通宝、熙宁元宝和瓷碗等；③层出土器物可辨有开元通宝、瓷碗和瓷壶等（图三）。

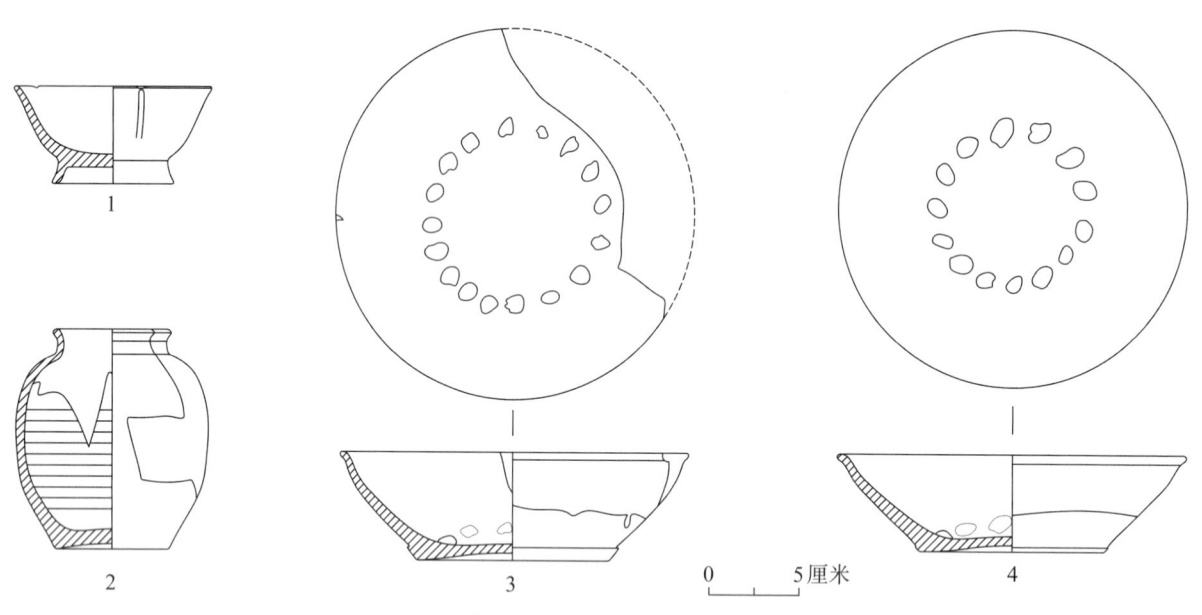

图三　T0706③层出土部分器物（T0706③：1、7、4、11）

二、遗迹及其遗物

1. 墓葬及其遗物

本次累计发掘墓葬22座，出土文物标本32件（组）。墓葬形制结构均被严重扰乱破坏，仅残存墓葬中下部或者底部结构，可辨有21座竖穴土坑砖室墓和1座竖穴土坑墓。这批墓葬以单室墓为主，可辨有19座单室砖室墓，2座双室砖室墓和1座单室土坑墓。砖室平面结构可分为船形、梯形和长方形等。

（1）单室船形墓

M11　平面近似凸字形，总长6.50米，方向152°（图四）。

墓葬内填黄褐色花土，夹杂灰斑，质地松软，湿黏，包含较多碎砖块。现存墓葬结构有墓圹、墓室、耳室、墓门、封门墙和墓道等。竖穴土坑墓圹，南宽北窄，近似直壁，底面较平整，长4.50、宽1.90—2.16、残深约0.50米。墓室位于墓圹内，南宽北窄，两侧长壁中部向外弧凸，青砖错缝垒砌而成，内长3.58、北壁内宽0.70、南端内宽1.25、最大内深约0.23米。东、西、北三壁整体自下向上由三层双列顺

图四　M11平剖视图

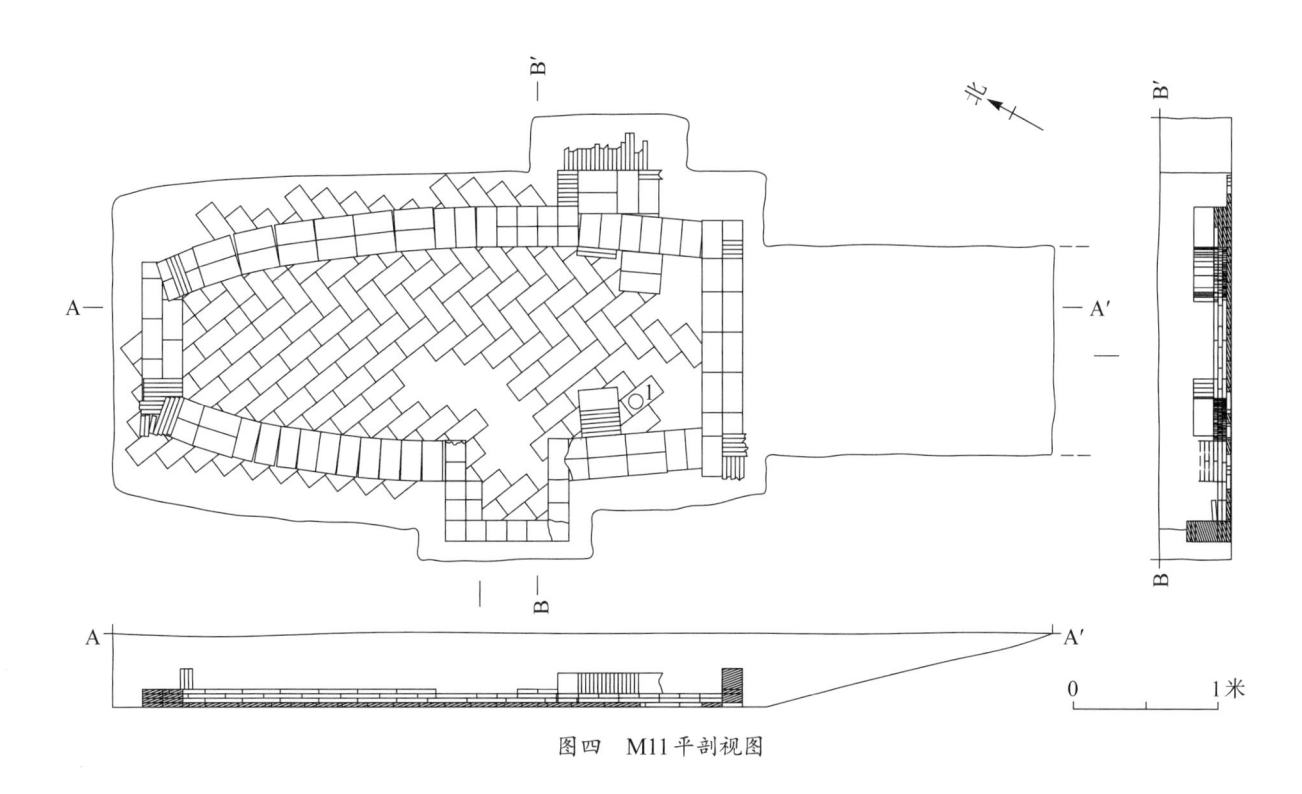

砖、一层丁砖交错垒砌而成，壁厚约0.26米。墓室内壁面整体较规整，外壁面凹凸不平。墓室偏南近墓门处残存有一层规律摆放的侧立丁砖，或为分割墓室前后空间的隔墙残留。耳室位于墓室中南部两侧长壁处，左右各一个。左耳室西、南、北自下而上现存两层半截青砖平铺和一层半截丁砖交错垒砌，底部在墓室铺地砖基础上又纵横交错平铺一层，带西壁厚东西向进深0.54、南北向内宽0.57米。右耳室略小，东、北、南现存一层半截丁砖侧壁，底部结构与左耳室一致，带东壁厚东西向进深约0.52、南北向内宽0.42米。墓室底部有铺地砖，大体从墓底中轴线处呈人字形交错平铺至近墓圹边缘处。墓门位于墓室南端，内宽1.25、进深约0.26米，内有封门墙。封门墙与南壁重合，自下向上可辨残存两层双列顺砖和一层长短不一的半截丁砖，厚约0.26米。墓室用砖长26、宽14、厚3厘米。墓道位于封门墙外南侧，平面近似长方形，土圹结构，呈南高北低斜坡状，残长2.50、宽1.40、最深0.50米。墓室内未发现葬具及墓主骨骸。在墓室底部近西南角处发现1件青瓷盏。

盏　1件，完整，瓷质。M11∶1，敞口微敛，圆唇，斜弧腹，外底向上内凹。内、外底部均可见多个支烧点痕。通体施青釉，外釉不及底。胎质较硬，夹砂，壁面局部有鼓包。口径10.8、底径4.3、高3.6厘米（图五∶1；图六）。

M17　平面近似凸字形，总长5.98米，方向150°（图七）。

墓葬内填灰褐色花土，夹杂黄斑，质地松软、湿黏，包含较多碎砖块。现存墓葬结构有墓圹、墓室和墓道等。墓圹南宽北窄，近似直壁，底面向上微弧，长3.80、宽1.30—1.50、残深0.55米。墓室位于墓圹内，南宽北窄，两侧长壁中部向外微微弧凸，青砖错缝垒砌而成，内长3.16、北壁内宽0.66、南端内宽0.75、腹部最宽0.94、残存内深0.44米。东、西、北三壁整体自下向上由三层单列顺砖、一层长短不一的半截丁砖交错垒砌而成，三壁因外力挤压和自身重力等原因有向内倾斜和向下凹陷的迹象。墓室内壁面整体较规整，外壁面凹凸不平。墓室底部残存有铺地砖，中部较四周略向上弧凸，大体从墓底中轴线处呈人字形交错平铺至近墓圹边缘处。墓室用砖长27、宽13、厚3厘米。墓道位于墓葬南部，平面近似长方形，北端较南端略宽，土圹结构，呈南高北低斜坡状，残长2.18、宽0.82—0.92、残存最深

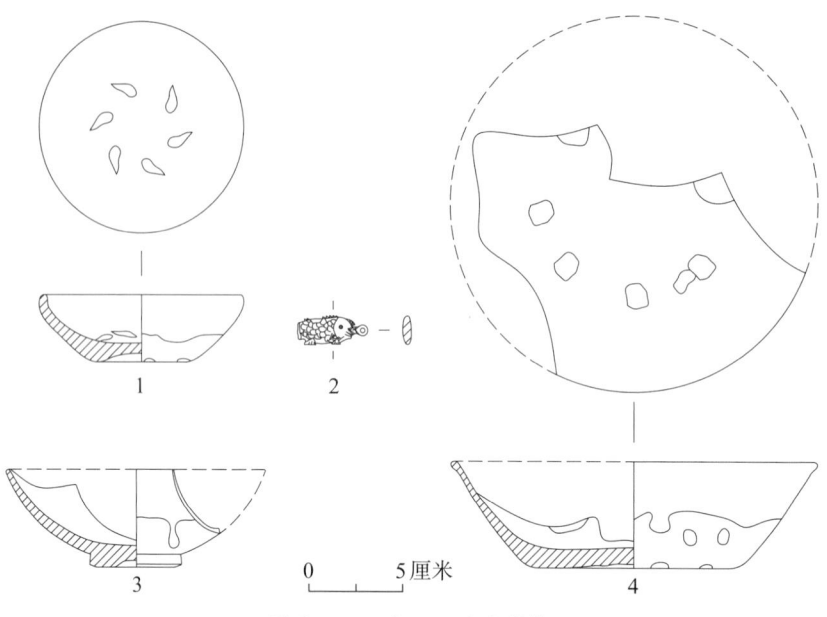

图五　M11和M17出土器物

图六　青瓷盏（M11∶1）

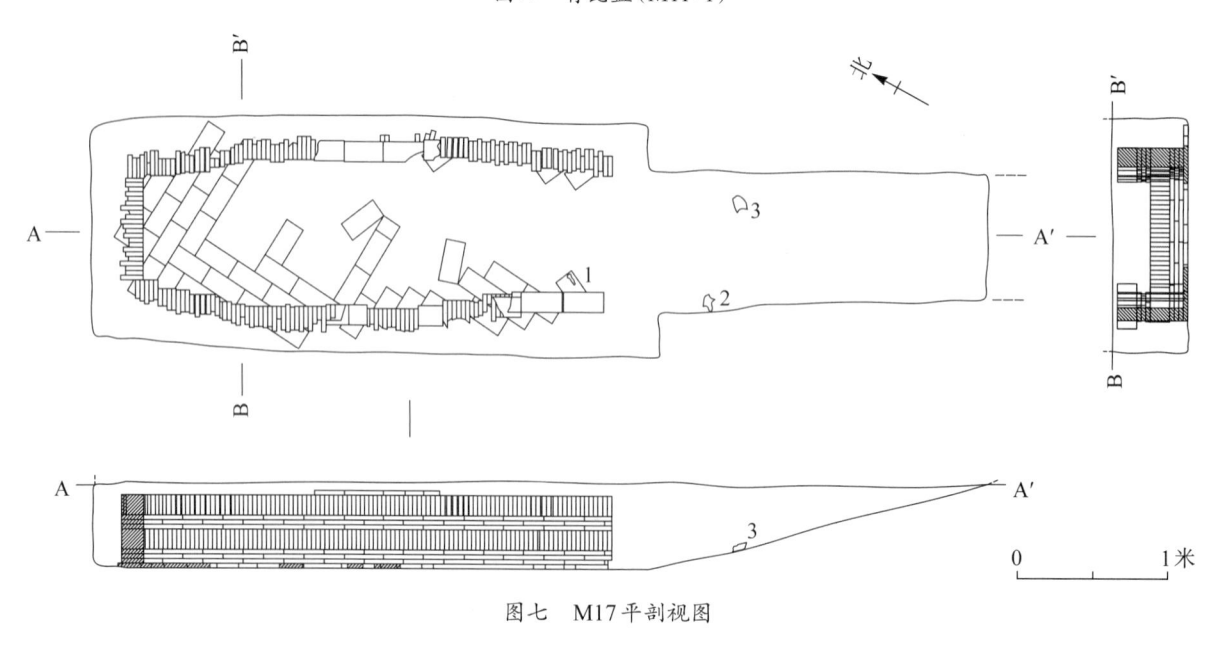

图七　M17平剖视图

0.55米。墓室内未发现葬具及墓主骨骼。在墓室内西南角发现1件鱼形饰件，在墓道近墓门处的填土内发现2件青瓷碗。

饰件　1件，残，疑似骨质。M17:1，鱼形，鱼嘴前有圆形穿环，尾部残缺。残长3.7、最宽1.5、厚0.5厘米（图五：2；图八）。

碗　2件，残，瓷质。M17:2，敞口，圆唇，斜弧腹，圈足，玉璧形底。内外施青釉，外釉不及底，脱釉严重。灰白胎，胎质较硬。复原口径10.6、复原底径4.9、高5厘米（图五：3）。M17:3，敞撇口，圆唇微外卷，斜弧腹，平底内凹。内外底部均可见支烧点痕。内外施酱褐色釉，泛青色，外釉不及底。胎质较硬。复原口径10.3、复原底径10.1、高5.6厘米（图五：4）。

图八　M17:1

（2）单室梯形墓

M1　开口平面近似梯形，方向133°（图九）。

墓葬内填黄褐色花土，夹杂灰斑，质地松软、湿黏，包含大量碎砖块。现存墓葬结构有墓圹和墓室等。墓圹南宽北窄，近似直壁，底面中部微向上弧起，长3.30、宽1.28—1.54、残深0.30米。墓室位于墓圹内，南宽北窄，两侧长壁斜直，由青砖错缝垒砌而成，内长约2.72、北壁内宽0.76、最大内深0.27米，南端残缺，内宽不详。四壁自下向上由三层单列顺砖、一层长短不一的半截丁砖交错垒砌而成，因外力挤压和自身重力等原因有向内倾斜和向下凹陷的迹象。墓室四壁内面均较规整，外壁面凹凸不平。墓室底部可辨有铺地砖四列，中部偏东一列为横向平铺贯通南北，另三列为二横二竖垂直交错平铺，均铺至近墓圹边缘处。墓室用砖长26、宽13、厚3厘米。墓室内未发现葬具及墓主骨骼。在墓室填土

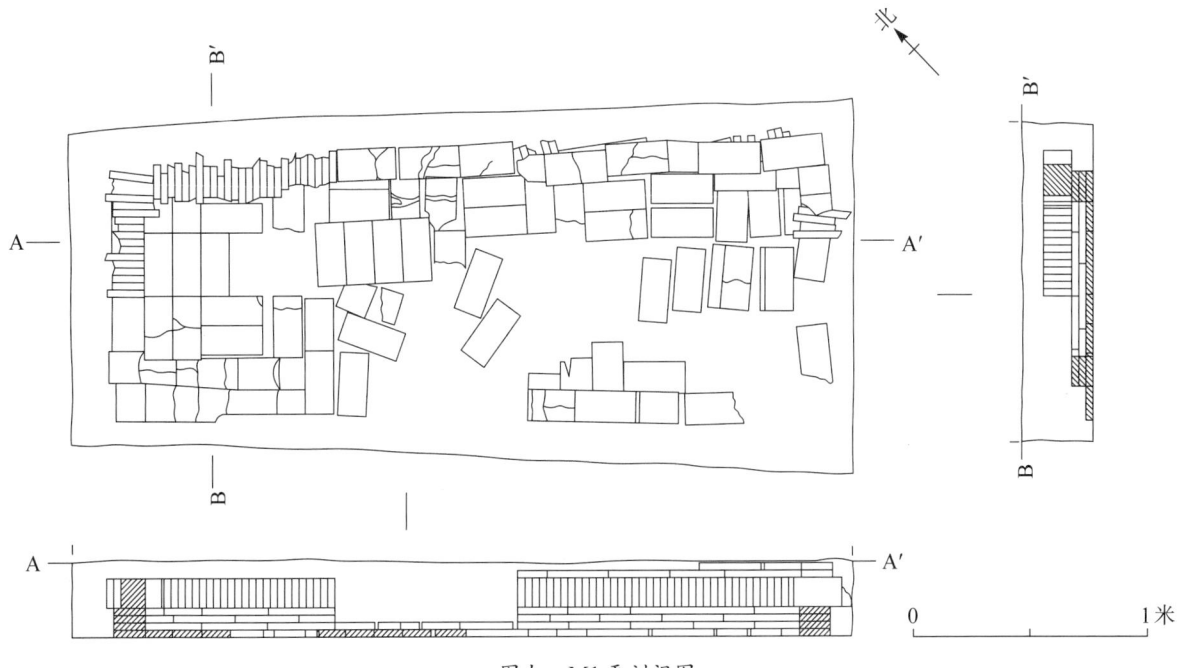

图九　M1平剖视图

内发现1件青瓷碗。

碗 1件，残，瓷质。M1:1，敞撇口，圆唇，斜弧腹，假圈足，平底。内底和足端可见支钉痕。通体施青釉，外釉不及底。复原口径15.9、高4.1、复原底径9.1厘米（图一〇：5）。

M4 开口平面近似梯形，方向140°（图一一）。

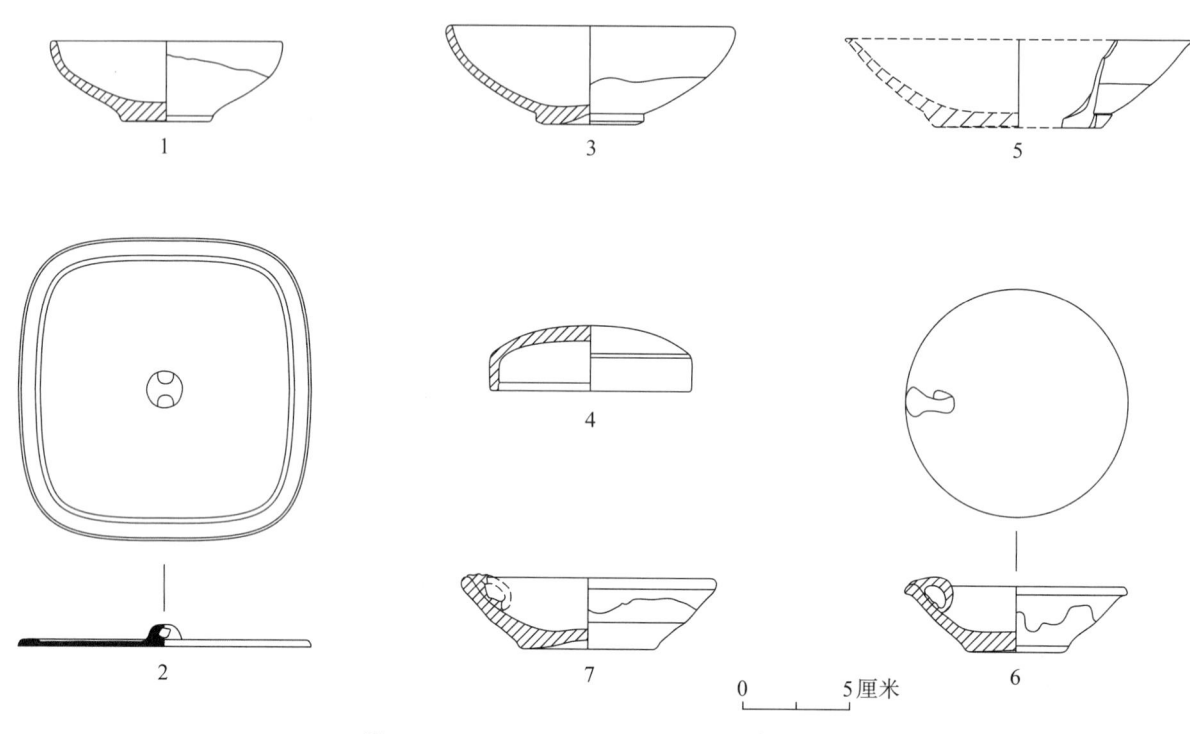

图一〇 M1、M4、M6、M7、M13和M16出土器物

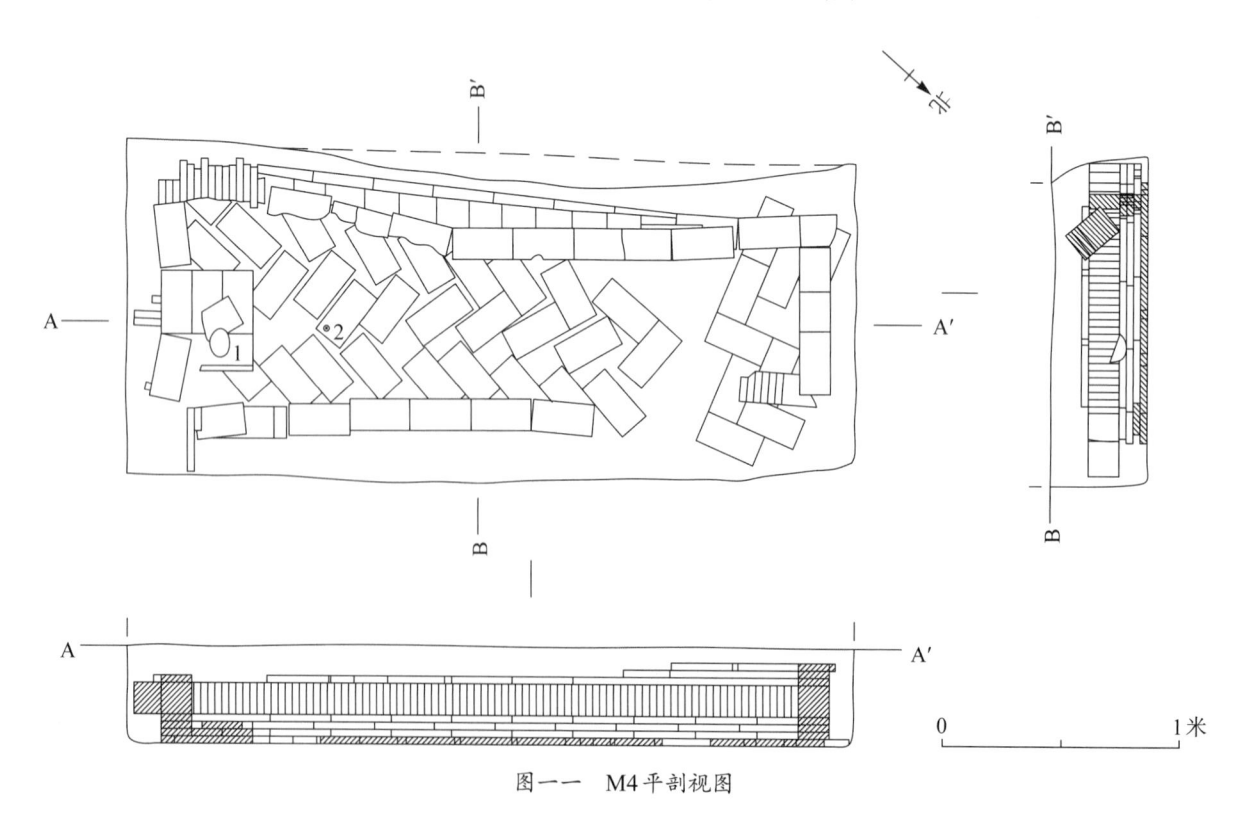

图一一 M4平剖视图

墓葬内填黄褐色花土，夹杂灰斑，质地松软、湿黏，包含大量碎砖块。现存墓葬结构有墓圹和墓室等。墓圹南宽北窄，近似直壁，底面较平整，长3.10、宽1.20—1.38、残深0.27—0.31米。墓室位于墓圹内，南宽北窄，两侧长壁斜直，青砖错缝垒砌而成，内长2.58、北壁内宽0.60、南端内宽0.84、最大内深0.31米。东、西、北三壁整体自下向上由三层单列顺砖、一层长短不一的半截丁砖交错垒砌而成，因外力挤压和自身重力等原因有向内倾斜和向下凹陷的迹象。墓室四壁内面均较规整，外壁面凹凸不平。墓室底部有铺地砖，大体从墓底中轴线处呈多组人字形交错平铺至近墓圹边缘处。在墓室南端正中紧贴南壁内侧有一砖砌台面，东西长0.40、南北宽0.27、高0.06米。墓室用砖长26.5、宽13、厚3厘米。墓室内未发现葬具及墓主骨骼。在墓室南端砖砌台面上发现有1件青瓷盏，在墓室内偏南部居中位置发现了1枚铜钱。

盏　1件，完整，瓷质。M4:1，敞口微敛，圆唇，斜弧腹，饼形圈足。通体施青釉，外釉不及底，脱釉严重。胎质较硬，夹砂。口径10.8、高3.6、底径4.3厘米（图一〇:1；图一二）。

铜钱　1枚，碎裂，锈蚀。M4:2，圆形方孔，可辨钱文为"乾元重宝"，直径2.7厘米。

M6　平面近似梯形，墓圹东部被M5西边框打破并叠压，方向160°（图一三）。

墓葬内填灰褐色花土，夹杂黄褐斑，质地松软、湿黏，包含大量碎砖块。现存墓葬结构有墓圹和墓室等。墓圹南宽北窄，近似直壁，底面较

图一二　青瓷盏（M4:1）

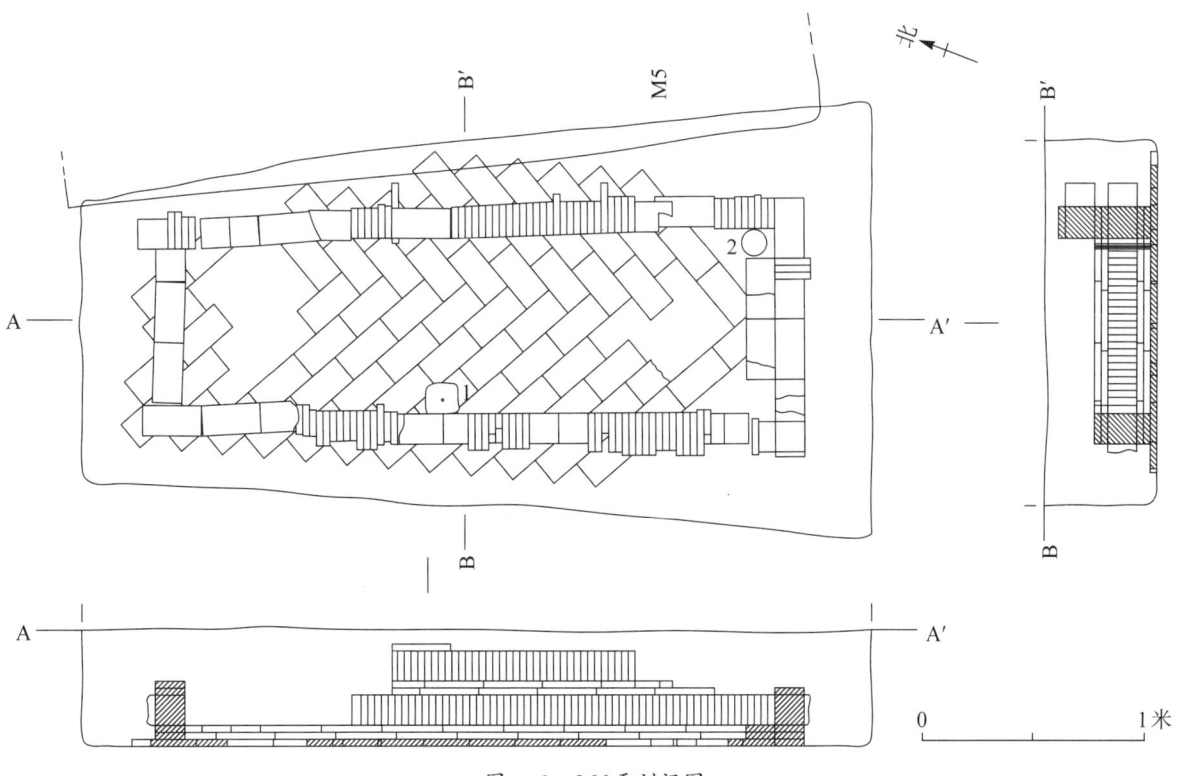

图一三　M6平剖视图

平整，长3.50、宽1.20—1.88、残深0.50米。墓室位于墓圹内，南宽北窄，两侧长壁斜直，青砖错缝垒砌而成，内长26.2、北壁内宽0.68、南端内宽0.82、最大内深0.47米。四壁整体自下向上由两层单列顺砖、一层长短不一的半截丁砖交错垒砌而成，因外力挤压和自身重力等原因有向内倾斜和向下凹陷的迹象。墓室四壁内面均较规整，外壁面凹凸不平。墓室底部有铺地砖，大体从墓底南端中间位置开始呈人字形交错平铺至近墓圹边缘处。在墓室南端正中紧贴南壁内侧有一砖砌台面，现存东西长0.52、南北宽0.13、高0.06米。墓室用砖长26、宽13、厚3厘米。墓室内未发现葬具及墓主骨骼。在墓室内中部西壁下发现有1枚铜镜，在墓室东南角、砖砌台面东侧发现1件青瓷碗。

铜镜　1枚，完整，锈蚀。M6:1，方形圆角，正面微弧，光素。背面正中有一圆座桥形钮，宽缘隆起。最宽13.8、镜厚0.1、缘厚0.3、钮高0.7厘米（图一〇:2；图一四）。

碗　1件，完整，瓷质。M6:2，敞口，圆唇，斜弧腹，圈足，玉璧形底。通体施米黄色釉，外釉不及底，局部脱釉。胎质较硬，略显粗糙。口径13.3、高4.4、底径5厘米（图一〇:3；图一五）。

图一四　铜镜（M6:1）　　　　　图一五　青瓷碗（M6:2）

M7　开口平面近似梯形，方向153°（图一六）。

墓葬内填灰褐色花土，夹杂黄斑，质地松软、湿黏，包含大量碎砖块。现存墓葬结构有墓圹和墓室等。墓圹南宽北窄，近似直壁，底面较平整，长3.80、宽1.72—1.84、残深0.55米。墓室位于墓圹内，南宽北窄，两侧长壁斜直，青砖错缝垒砌而成，内长2.80、北端内宽0.88、南壁内宽0.80、最大内深0.38米。四壁自下向上由三层单列顺砖、一层长短不一的半截丁砖交错垒砌而成，因外力挤压和自身重力等原因有向内倾斜和向下凹陷的迹象。南壁外侧正中加筑一撺顺砖。墓室四壁内面均较规整，外壁面凹凸不平。墓室底部残存有铺地砖，二横二竖垂直交错平铺至近墓圹边缘处。墓室用砖长27、宽13、厚3厘米。墓室内未发现葬具及墓主骨骼。在墓室西南角发现了1件青瓷灯盏。

灯盏　1件，完整，瓷质。M7:1，敞口，厚圆唇，斜弧腹，饼形足。内壁中上部至口沿处附加一钮环。通体施青釉，外釉不及底，脱釉严重。胎质较硬，夹砂，器表粘砂。口径10.4、高3.2、底径4.6厘米（图一〇:6；图一七）。

M16　平面近似梯形，方向155°（图一八）。

墓葬内填灰褐色花土，夹杂黄褐斑，质地松软、湿黏，包含大量碎砖块。现存墓葬结构有墓圹和墓室等。墓圹南宽北窄，近似直壁，底面较平整，长3.60、宽1.40—1.70、残深0.48米。墓室位于墓圹内，南宽北窄，两侧长壁斜直，由青砖错缝垒砌而成，内长2.70、北壁内宽0.72、南端内宽0.82、最大内深

图一六　M7平剖视图

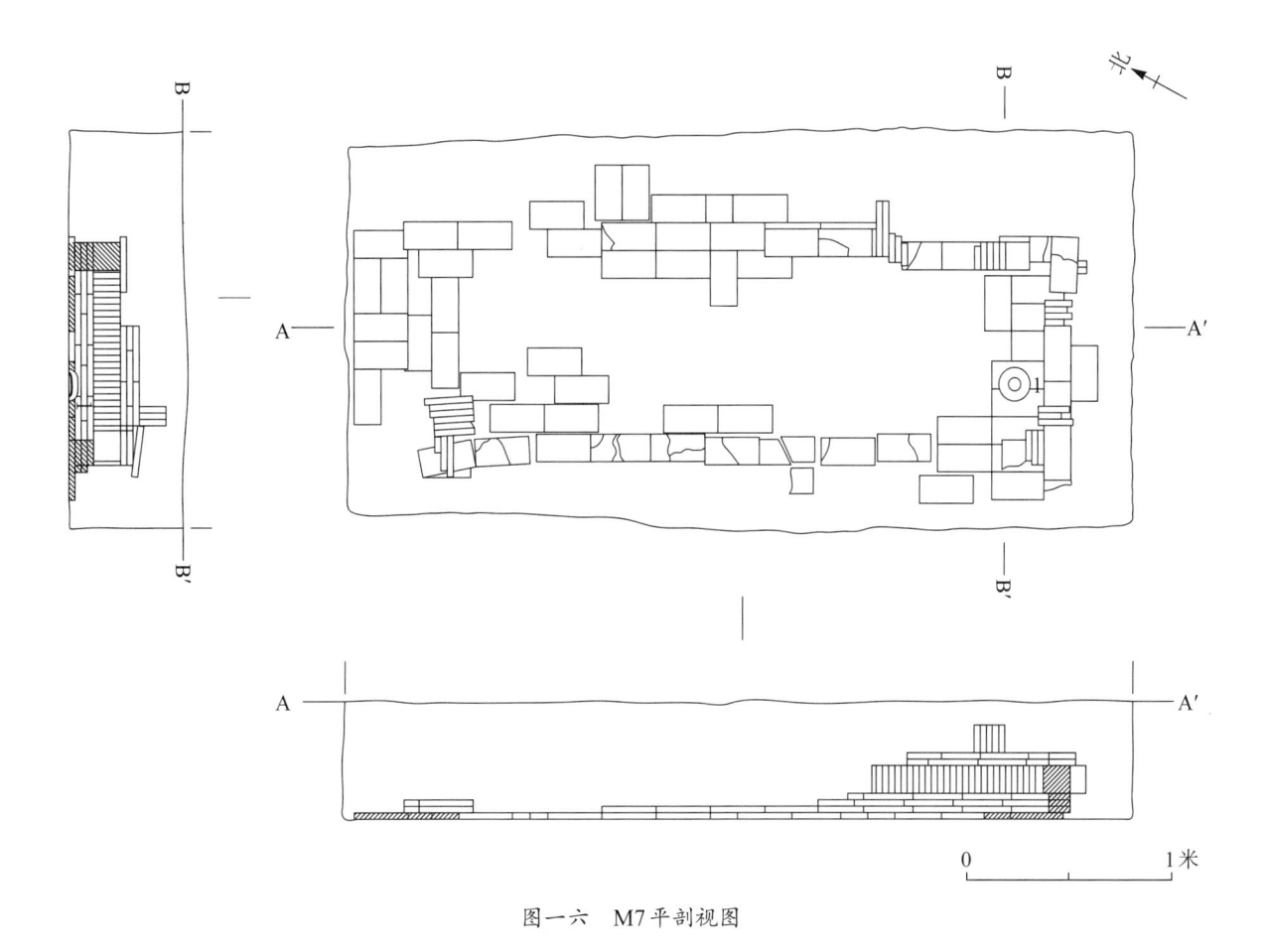

图一七　青瓷灯盏（M7:1）

图一八　M16平剖视图

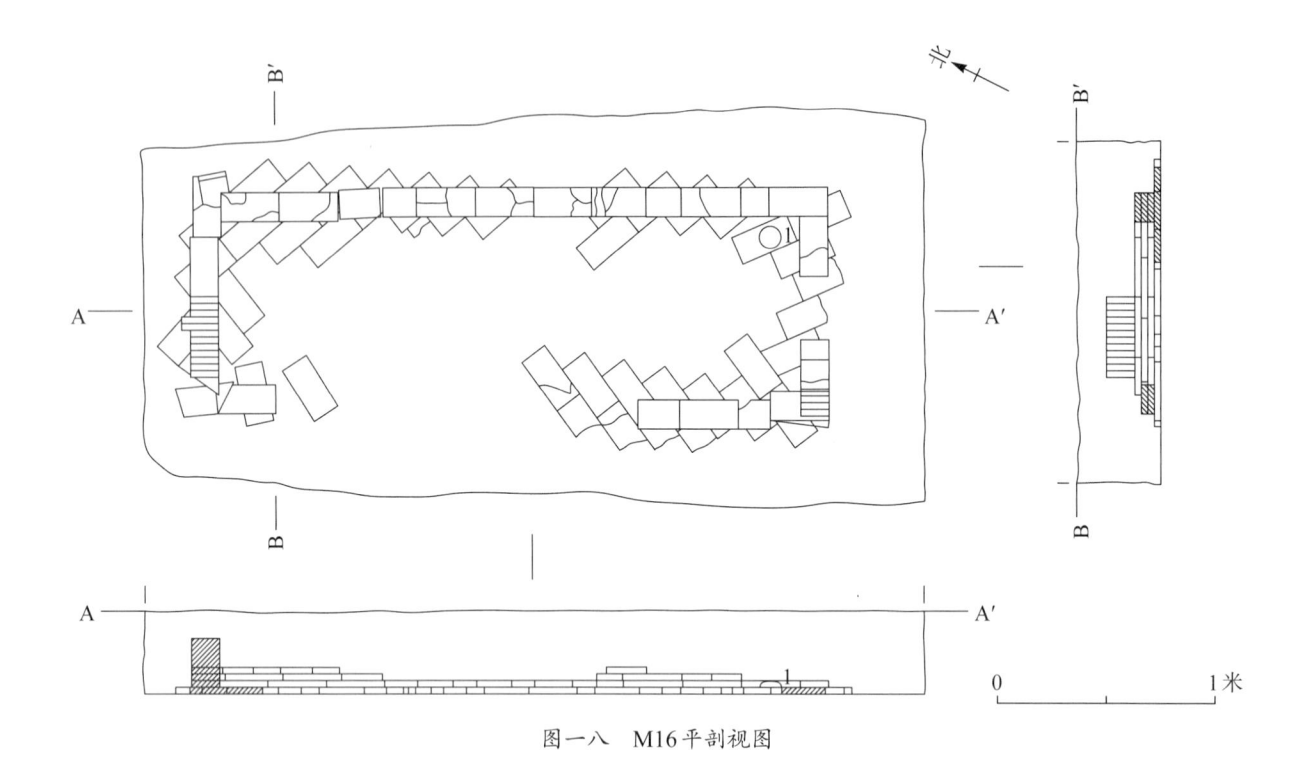

图一九　青瓷粉盒（M16:1）

0.22米。四壁整体自下向上由三层单列顺砖、一层长短不一的半截丁砖交错垒砌而成。墓室四壁内面均较规整，外壁面凹凸不平。墓室底部残存有少许铺地砖，可辨呈人字形交错平铺至近墓圹边缘处。墓室用砖长27、宽13、厚3厘米。墓室内未发现葬具及墓主骨骸。在墓室东南角发现1件青瓷粉盒。

粉盒　1件，完整，瓷质。M16:1，盒失，仅存盒盖。圆形，顶面向上弧凸，圆折肩，直壁，下沿部平整。肩部饰一圈凹弦纹。沿处一圈可见多个支烧点痕。外面通体施青釉，内面无釉。胎质较硬，夹砂。直径9.6、高3厘米（图一〇：4；图一九）。

（3）单室长方形墓

M13　平面近似长方形，方向165°（图二〇）。

墓葬内填灰褐色花土，夹杂黄斑，质地松软、湿黏，包含大量碎砖块。现存墓葬结构有墓圹和墓室等。长方形墓圹，近似直壁，底面较平整，长3.35、宽1.40、残深0.47米。墓室位于墓圹内，近似长方形，四壁均较直，由青砖错缝垒砌而成，内长2.60、北壁内宽0.65、南端内宽0.67、最大残存内深0.44米。四壁自下向上由三层单列顺砖、一层长短不一的半截丁砖、两层单列顺砖交错垒砌而成。墓室四壁内面均较规整，外壁面凹凸不平。墓室底部残存有铺地砖，二横二竖垂直交错平铺至近墓圹边缘处。墓室用砖长26、宽13、厚3厘米。墓室内未发现葬具及墓主骨骸。在墓室东南角发现有1件青瓷灯盏。

图二〇　M13平剖视图

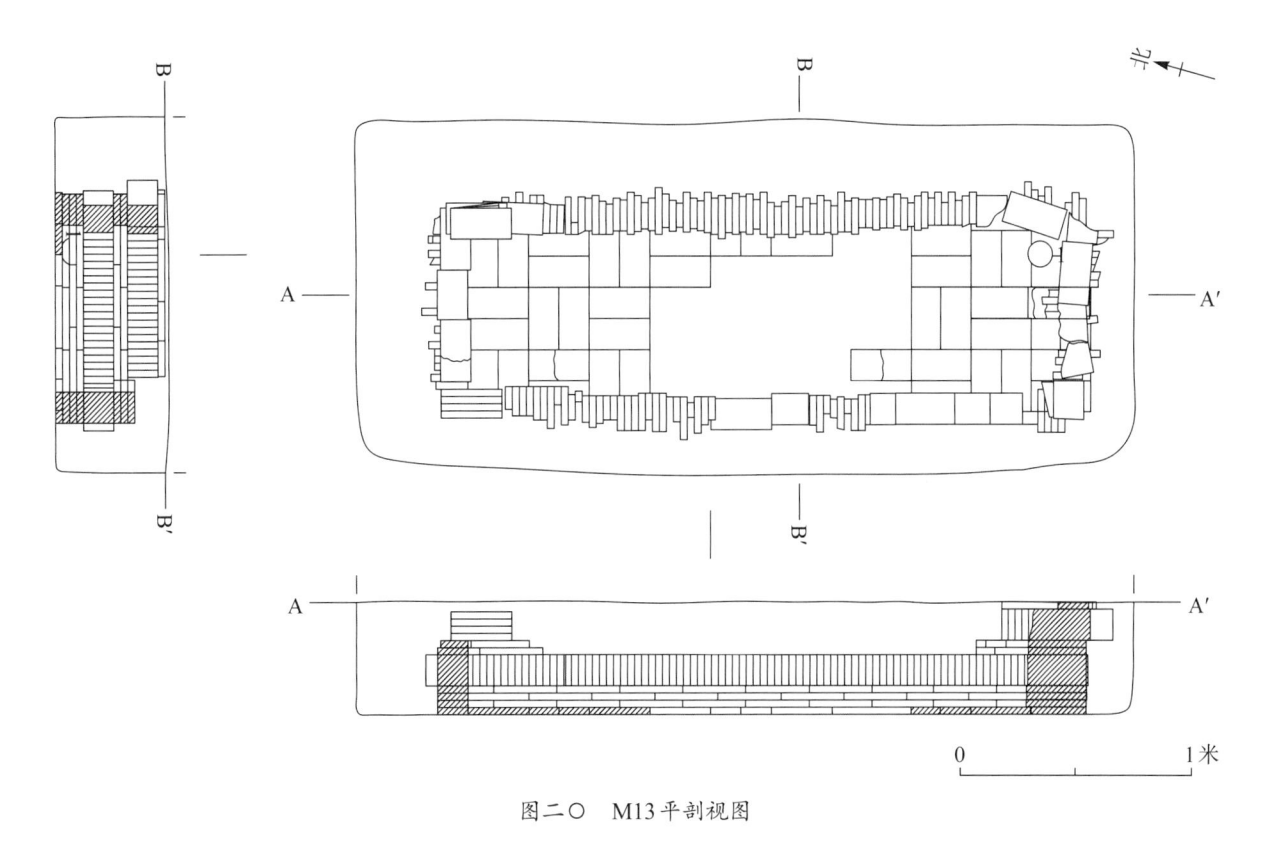

图二一　青瓷灯盏（M13：1）

灯盏　1件，残，瓷质。M13：1，敞口，厚圆唇，斜弧腹，饼形足，外底内凹。内壁中上部至口沿处附加一钮环。通体施青釉，外釉不及底，脱釉严重。胎质较硬，粗糙，器表凹凸不平，粘砂较多。口径11.6、高3.3、底径6.5厘米（图一〇：7；图二一）。

（4）左右双室船形墓

M15　平面近似长方形，总长约6.80米，方向154°（图二二）。

墓葬内填灰褐色花土，夹杂黄斑，质地松软、湿黏，包含大量碎砖块。现存墓葬结构有墓圹、墓室、墓门、封门墙和墓道等。长方形墓圹，近似直壁，底面较平整，长3.70、宽3.00、残深0.75米。墓室

图二二　M15平剖视图

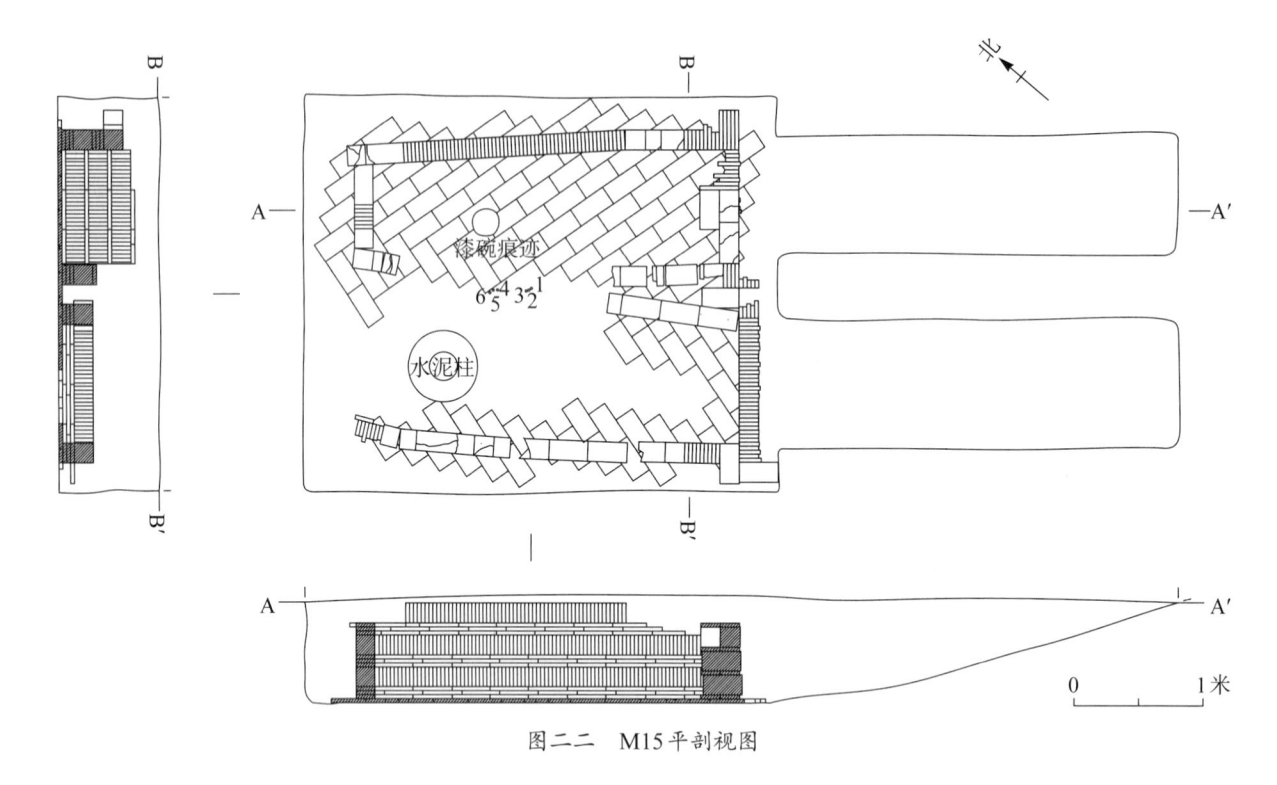

位于墓圹内，左、右并列两墓室，均南宽北窄，东、西两侧长壁向外弧凸，青砖错缝垒砌而成。右墓室结构保存较多，可辨东、西、北三壁自下向上由三层单列顺砖、一层长短不一的半截丁砖交错垒砌，逐层微微内收，因外力挤压和自身重力等原因有向内倾斜和向下凹陷的迹象。墓室内壁面均较规整，外壁面凹凸不平。左墓室残缺较多，推测其结构如同右墓室，南端内宽0.85米。右墓室内长2.73、北壁内宽0.70、南端内宽0.86米。两墓室底部均有铺地砖，大致自墓圹底部中轴线呈人字形垂直交错平铺至墓圹边缘处。墓门均位于墓室南端，左侧墓门内宽0.85米，右侧墓门内宽0.86米。两墓室封门墙均与其南壁重合。左封门墙在墓门外，可辨自下向上由一层长短不一的半截丁砖、一层顺砖交错垒砌，逐层缩窄，厚约0.14米。右封门墙夹在其东、西两壁之间，结构与左封门墙一致，厚0.14—0.30米。两封门墙外壁面均较规整，内壁面凹凸不平。右墓室封门墙内侧居中借助封门墙结构加宽至封门墙两倍，并在第三层丁砖处形成了两个疑似壁龛结构。墓室用砖长30、宽14、厚3厘米。墓道均位于墓葬南端，双墓道，平面均近似长方形，土圹结构，呈南高北低斜坡状，左墓道残长3.10、宽0.96、最深0.75米，右墓道残长3.10、宽0.90、最深0.75米。两墓室内均未发现葬具和墓主骨骸。在两墓室隔墙中部发现6枚铜钱，在右墓室底部偏北处发现1件腐朽漆碗痕迹，另在填土内采集到1枚铜镜。

铜钱　6枚，完整，锈蚀。钱文均为"开元通宝"，大小相仿，直径均约2.4厘米。

铜镜　1枚，残缺，锈蚀。M15:7，椭圆形，残缺一半，正面光素，扁薄，残长2.8、最宽4.2、厚0.1厘米（图二三）。

图二三　M15:7

（5）土坑墓

M19　平面近似长方形，长2.35、宽0.80、残深0.05米，方向148°（图二四）。

墓室内填灰黑色花土，夹杂黄斑，质地松软、湿黏。竖穴土圹，直壁，底面较平整。墓室内未发现明显葬具痕迹。墓室底部正中发现墓主骨骼一具，碎裂、腐朽残缺较严重。在墓主右臂处发现了5枚铜钱，呈南北向一字排列放置。

铜钱　5枚，完整锈蚀。可辨钱文均为"开元通宝"。M19：3，直径2.35厘米。M19：4，直径2.25厘米。M19：5，直径2.45厘米。

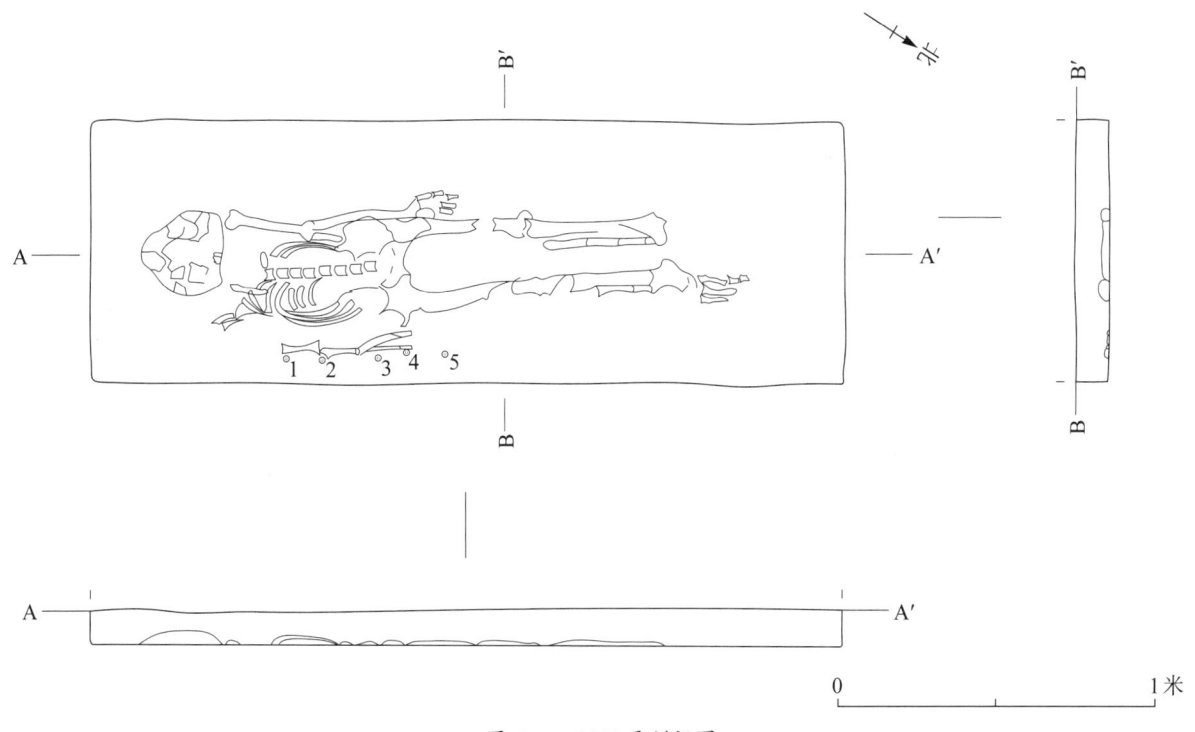

图二四　M19平剖视图

2. 灰坑及其遗物

H1　位于地块东北部，M4西南约20米处。平面近似椭圆形，东西长约4.80、南北宽约3.50、深约1.08米。土圹结构，口大底小，斜弧壁，壁面较规整，近似圜底。其内填黑褐色土，土质较致密，包含有大量残碎陶瓷片，可辨质地有青瓷、泥质灰陶和釉陶等，可辨器形有碗、罐、盒、盆和瓦等。出土可复原文物标本30件，主要为碗、罐和盒等（图二五）。

碗　25件。均为瓷质。H1：3，修复完整。敞口，圆唇，沿微外撇，斜弧腹，平底内凹。素面，内底有支钉痕。灰白胎，胎质较硬。通体施青釉，脱釉严重，外釉不及底。口径19.9、底径10.3、高5.4厘米（图二五：3、图二六）。H1：4，残。敞口，微敛，圆唇，斜弧腹，假圈足，玉璧形底。壁面可见轮制弦纹，内外底有支钉痕。灰白胎，胎质较硬。通体施青釉，脱釉严重，外釉不及底。复原口径12.7、底径8.6、高4.3厘米（图二五：6）。H1：9，残。器身不规则，略有变形。敞口，圆唇，斜弧腹，假圈足，玉璧形底。素面，内外底有支钉痕。灰白胎，胎质较硬。通体施青釉，外釉不及底。复原口径14.6、底径6、高4.2厘米（图二五：4）。H1：11，残。敞口，圆唇，斜腹，圈足，玉璧形底。素面，内外底有支钉痕。灰白胎，胎质较硬。施青釉，脱釉严重，色白。复原口径15.9、底径5.9、高5.1厘米（图二五：7）。

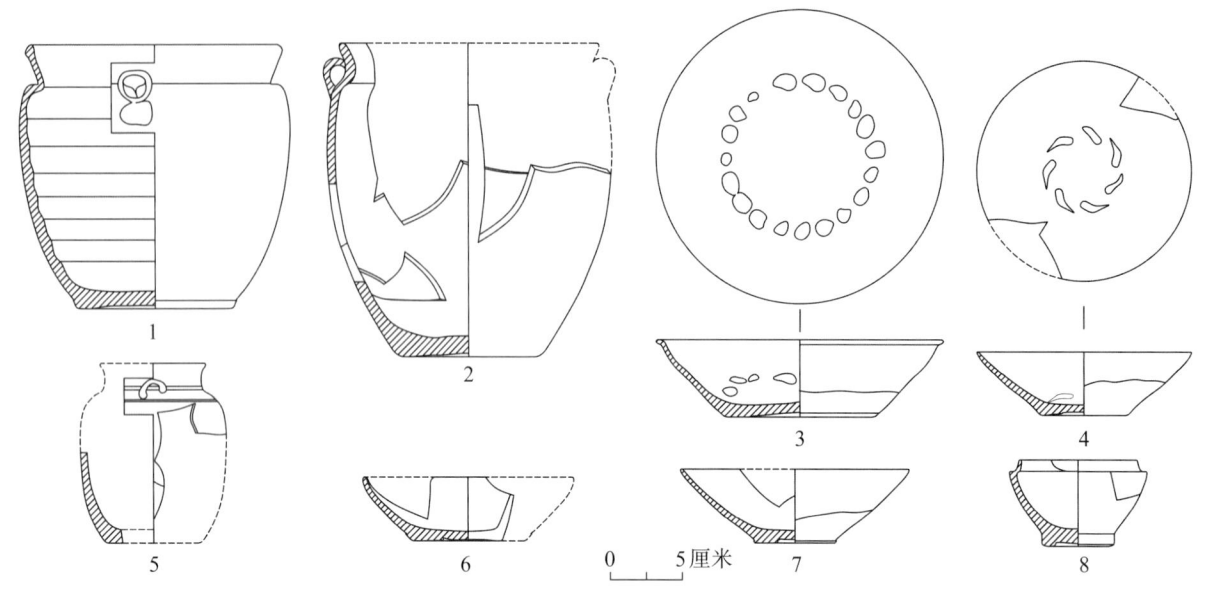

图二五　H1出土部分器物（H1:2、26、3、9、13、4、11、29）

图二六　青瓷碗（H1:3）

图二七　釉陶罐（H1:2）

罐　3件。H1:2，釉陶质，残。微敞口，斜束颈，折肩，弧腹下收，假圈足，外底微向上内凹。肩部贴饰对称圆系，内外壁隐约可见弦纹痕迹，内外底有支钉痕。灰白胎，胎质较硬。施酱褐釉，外釉不及底。口径17.9、高17.85、底径11.3厘米（图二五：1、图二七）。H1:13，釉陶质，残。侈口，束颈，溜肩，弧腹下收，平底。肩部贴饰对称桥形系，肩部饰弦纹。灰褐胎，胎质较硬。施酱褐釉，脱釉严重，外釉不及底。口径7.25、高12.2、底径4.6厘米（图二五：5）。H1:26，釉陶质，残。侈口，束颈，溜肩，弧腹下收，平底内凹。肩部贴饰对称桥形系，肩部系下饰一周凹弦纹。灰白胎，胎质较硬。施酱褐釉，外釉不及底。复原口径13.6、复原底径9.6、高21.4厘米（图二五：2）。

图二八　青瓷盒（H1:29）

盒　1件。H1:29，瓷质，修复完整。失盖。小子口，微敛，尖圆唇，斜束颈，平肩，深斜腹，小圈足。素面，外底有支钉痕。灰白胎，胎质较硬。通体施青釉。口径8.3、底径5.2、高5.8厘米（图二五：8、图二八）。

铜钱　1件。H1∶1,铜质,微残,锈蚀严重。圆形方孔,钱文模糊难辨。直径2.2厘米。

3. 灰沟及其遗物

G3　位于地块西南部。平面近似长条形,发掘最长6.00、宽1.70、残深0.40米。G3为土圹结构,口大底小,斜壁,壁面较规整,近似弧底。其内填灰黑色土,土质疏松,湿黏,包含少量碎砖块、青瓷片、泥质灰陶片和动物骨骸等,可辨器形有碗、罐和钵等。出土可复原文物标本5件,主要为碗和钵等(图二九)。

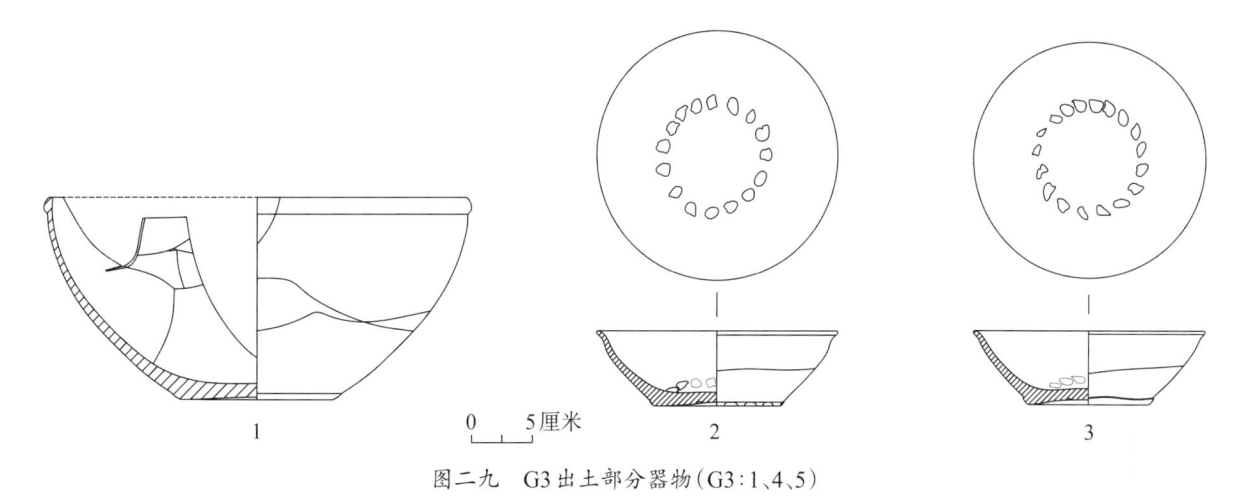

图二九　G3出土部分器物(G3∶1、4、5)

碗　4件。G3∶4,瓷质,口部微残。敞口,圆唇,沿微外撇,斜弧腹,假圈足,平底内凹。素面,内外底有支钉痕。灰白胎,胎质较硬。通体施青釉,脱釉严重,外釉不及底。口径19.9、底径11.2、高5.8厘米(图二九：2、图三〇)。G3∶5,瓷质,修复完整。敞口,圆唇,沿微外撇,斜弧腹,外底不规整,假圈足,外底面有挖足凹痕,微向上内凹。素面,内外底有支钉痕。灰白胎,胎质较硬。通体施青釉,脱釉严重,外釉不及底。口径19.2、底径10.1、高6厘米(图二九：3)。

钵　1件。G3∶1,瓷质,残。敛口,厚圆唇,斜弧腹,外底较平整,微向上内凹。壁面可见轮制弦纹痕迹。砖红胎,胎质较硬。通体施青釉,脱釉严重,外釉不及底,色白。复原口径25、复原底径13.1、高16.1厘米(图二九：1)。

图三〇　青瓷碗(G3∶4)

三、结　　语

本次发掘的重要收获是发现了22座类型多样的唐代墓葬。这批墓葬大都为墓室长度在3米至4.5米之间的中小型墓葬,从整体分布上看,呈现了大分散、小聚集的特点。各种形制交错分布,鲜有打破关系,墓葬朝向较为一致,小范围内排列整齐,体现了一定的规划和布局。但从墓葬数量和排列方式上看,该处墓地的延续时间不会太长,或许在两三代人之间,与我们通常认识的古代以小型家庭或族属为单位的散葬或聚集而葬的特征基本吻合。

钱家巷遗址出土了青瓷碗、盏、灯盏和粉盒，以及铜镜和铜钱等遗物，其中碗类最多，且特征相似，大多为敞口斜腹碗，器身满釉不及底，内外底各有一圈支烧点痕，这与中晚唐越窑青瓷碗的风格一致。此外，M4出土了"乾元重宝"，在表明其年代不早于乾元元年（758年）的同时，也为遗址的具体时代应不早于唐中期提供了参考。

以往苏州地区发现的唐代墓葬主要有砖室墓和土坑墓两类，多为中小型，砖室墓又以船形为主，少量带有耳室和壁龛等，鲜有梯形和长方形等形制。本次发掘形制明确的砖室船形墓有7座，砖室梯形墓有9座，砖室长方形墓有2座，竖穴土坑墓有1座。砖室船形墓有双室墓2座，单室带耳室墓1座，都为竖穴土圹，有墓道，内砌砖室，两侧长壁外弧，后壁不外弧，墓底为人字形铺地砖。砖室梯形墓除4座铺人字形铺地砖、4座铺两横两竖铺地砖和1座无铺地砖外，都为竖穴土圹单室墓，无墓道，内砌砖室，两侧长壁斜直。砖室长方形墓都为竖穴土圹单室墓，无墓道，内砌砖室，四直壁，墓底铺两横两竖铺地砖。这些特征与近年来苏州地区发现的有明确纪年的姑苏区福星小区天宝十四载（755年）M15和贞元十九年（803年）M19、[1]工业园区板桥村贞元六年（790年）M15和元和十年（815年）M10、[2]虎丘宋家坟遗址晚唐墓葬、[3]以及虎丘观景二村西古墓葬贞元八年（792年）M23和大中十四年（860年）M27[4]等等均有较多相似性。M7和M13出土的青瓷灯盏（M7∶1、M13∶1）与无锡胥山湾晚唐吴氏墓葬M3[5]出土的灯盏（M3∶4）形制相似，M6出土的铜镜（M6∶1）与河北邢台中兴大街唐代中期M18[6]出土的铜镜（M18∶3）形制一致。船形墓于六朝时期在长江下游地区出现，发展到晚唐、五代达到鼎盛，墓室的最大宽度处于中部靠前，后壁不外弧，墓壁出现耳室甚至多耳室，墓室铺地砖上层多采用错缝平铺或二横二竖，已少见人字形铺法，[7]由此初步推断钱家巷遗址本次发现的唐墓的主体时代应在唐代中晚期。

太仓北邻长江，东接巨海，多由积沙或浚河聚土成阜，是一座元明以来因漕粮海运而迅速崛起的城市，沙溪镇地处其东北部，旧称沙头。据《沙头里志》记载："沙头，沙之头也。昔犹濒海，在唐宋已有其村，统称涂松市。"因古时成陆较晚和地缘偏僻等原因，加之今日通过正式考古发掘发现的相关文物遗存更是稀少，通常认为太仓地区在元明以前人烟稀少、缺乏市镇。钱家巷遗址的发掘不但肯定了沙溪自唐以来人口集聚、已成村落的事实，也佐证了沙溪古镇1300年的人文历史，同时又丰富了苏州地区唐代中晚期墓葬形制的类型，为进一步研究和认识苏州地区唐代丧葬习俗、墓葬结构演变及相关问题提供了新的实物材料。

项目领队：闻惠芬
执行领队：张志清
发　　掘：张志清　张祥武　周　敏　辛泽宇
　　　　　郭　鸰　田志程　刘金璐
整　　理：张志清　信香伊　周　敏
绘　　图：周　敏
执　　笔：张志清　信香伊

---

[1] 苏州市考古研究所：《江苏苏州姑苏区福星小区两座唐代纪年墓发掘简报》，《东南文化》2020第4期。
[2] 苏州市考古研究所：《江苏苏州工业园区板桥村唐墓ⅠM10、M15发掘简报》，《东南文化》2022年第6期。
[3] 苏州市考古研究所：《苏州虎丘宋家坟遗址唐代墓葬发掘简报》，《东方博物（第八十四辑）》2022年第3期。
[4] 苏州市考古研究所：《2019苏州考古工作年报》，内部资料。
[5] 无锡市文化遗产保护和考古研究所：《江苏无锡胥山湾晚唐吴氏墓葬发掘简报》，《东南文化》2017年第2期。
[6] 邢台市文物管理处：《河北邢台中兴西大街唐墓》，《文物》2008年第1期。
[7] 傅亦民：《论长江下游地区船形砖室墓》，《南方文物》2005年第1期。

苏州昆山张家坟墓葬发掘简报

◎ 苏州市考古研究所

2024年1月初，昆山数光创智科技有限公司数字影像技术项目在建设过程中发现古墓葬（图一），出土墓志1块。经现场调查勘探，墓葬为石灰浇浆墓，墓室上部结构已遭破坏，局部露于地表。随后，苏州市考古研究所对该处墓葬开展抢救性发掘，共发现墓葬4座，出土墓志1合。现将发掘情况简报如下。

一、墓葬地理位置

该处墓葬位于锦溪古镇东南约4千米处，西南距红霞村约1.2千米，西距张家厍村约1.8千米，南

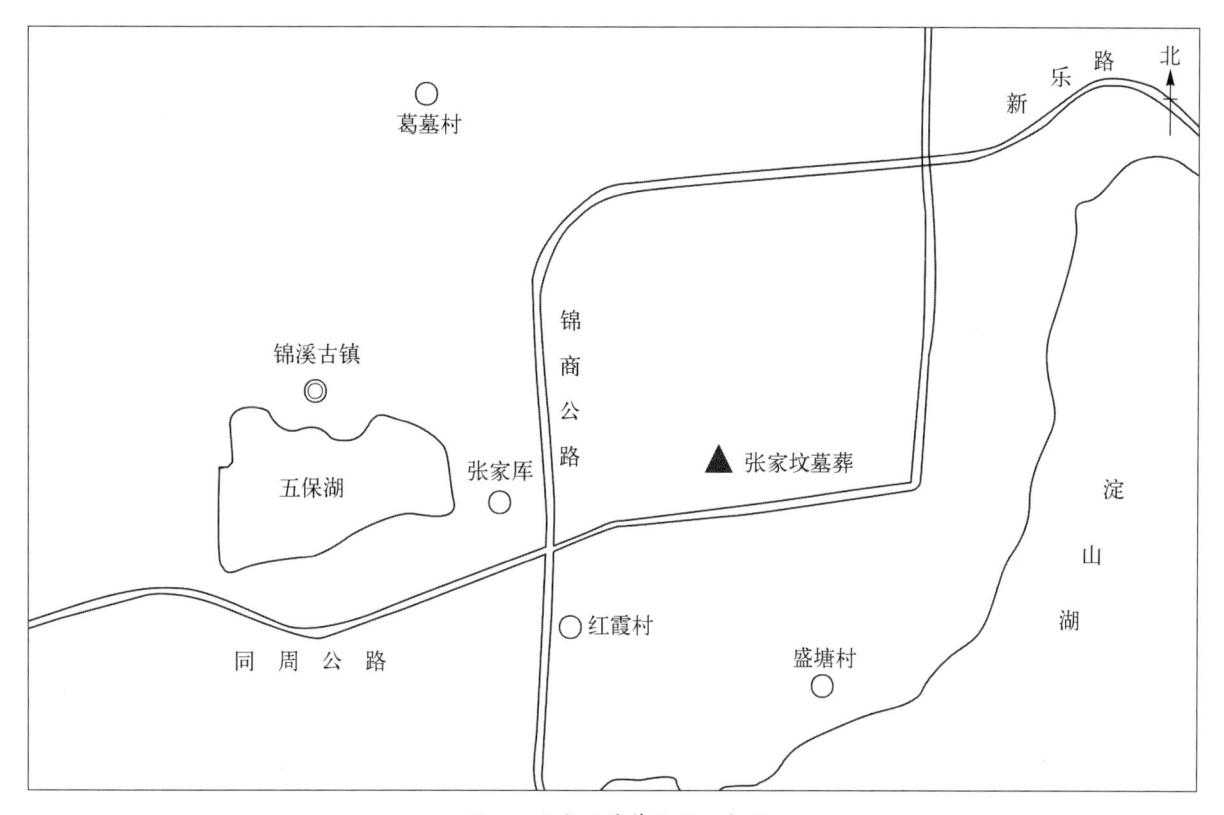

图一　张家坟墓葬位置示意图

滨淀山湖北缘之棋盘荡,地势高敞,视野开阔,地表原有杂树和现代坟,群众俗称"张家坟"。因此,我们将该处墓葬命名为"张家坟墓葬"。

二、墓葬形制

本次发现的4座墓葬(图二),均为石灰浇浆墓,顺序编号为M1—M4,按墓室结构多寡可分为双室、单室两类。其中,M1—M3为双室墓,呈紧密排列的品字形分布,M2居中,M1、M3居于两侧,三者形制尺寸、营造工艺、墓向基本相同;M4为单室墓,形制、工艺、墓向与前者存在一定差别。

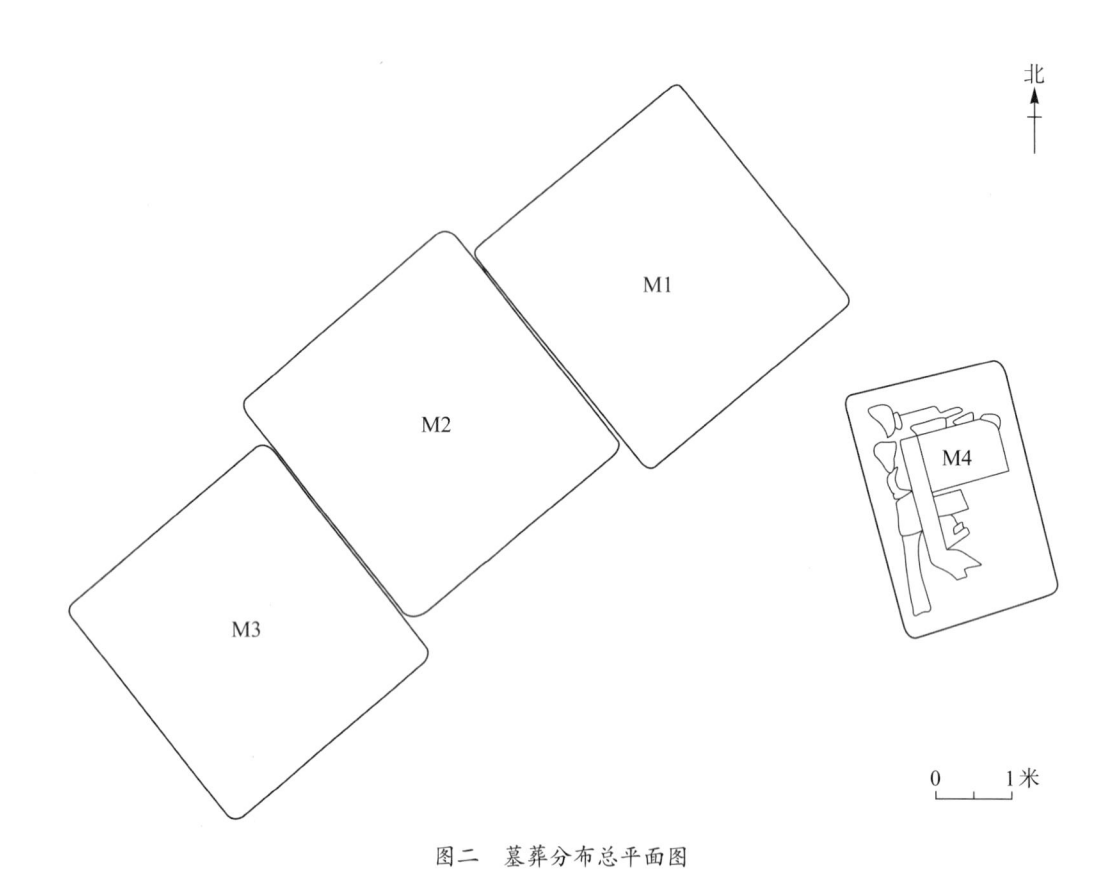

图二 墓葬分布总平面图

M1 双室墓,开口于表土层下,平面近正方形,通长360、宽352、残深82厘米,墓向325°(图三)。顶盖已损,残迹可见为分层浇筑,层厚约4—6厘米,每层表面刻划有菱形格浅槽;墓室部分整体浇筑,中有隔墙,分成两个棺室。墓室内棺木、人骨无存,仅见一圈棺痕。墓室内填疏松灰黄土,多植物根系,夹杂少量青花、青瓷片和现代塑料制品。墓室外南侧0.8米处表土中出土墓志一合(志石在早前建设施工时出土,经确认与发掘中出土的志盖位置相同)。

M2 双室墓,开口于表土层下,平面近正方形,通长366、宽355、残深87厘米,墓向325°(图四)。顶盖已损,残迹可见为分层浇筑,层厚约5厘米,每层表面刻划有菱形格浅槽;墓室部分整体浇筑,墓室中间的隔墙仅留残痕,左侧棺室底部有棺床,棺床上有红漆皮附着和铁棺钉锈蚀痕迹。墓室填灰黄土,疏松,多植物根系,夹杂少量青花瓷片、釉陶器片、现代碎砖。

图三　M1平剖面图

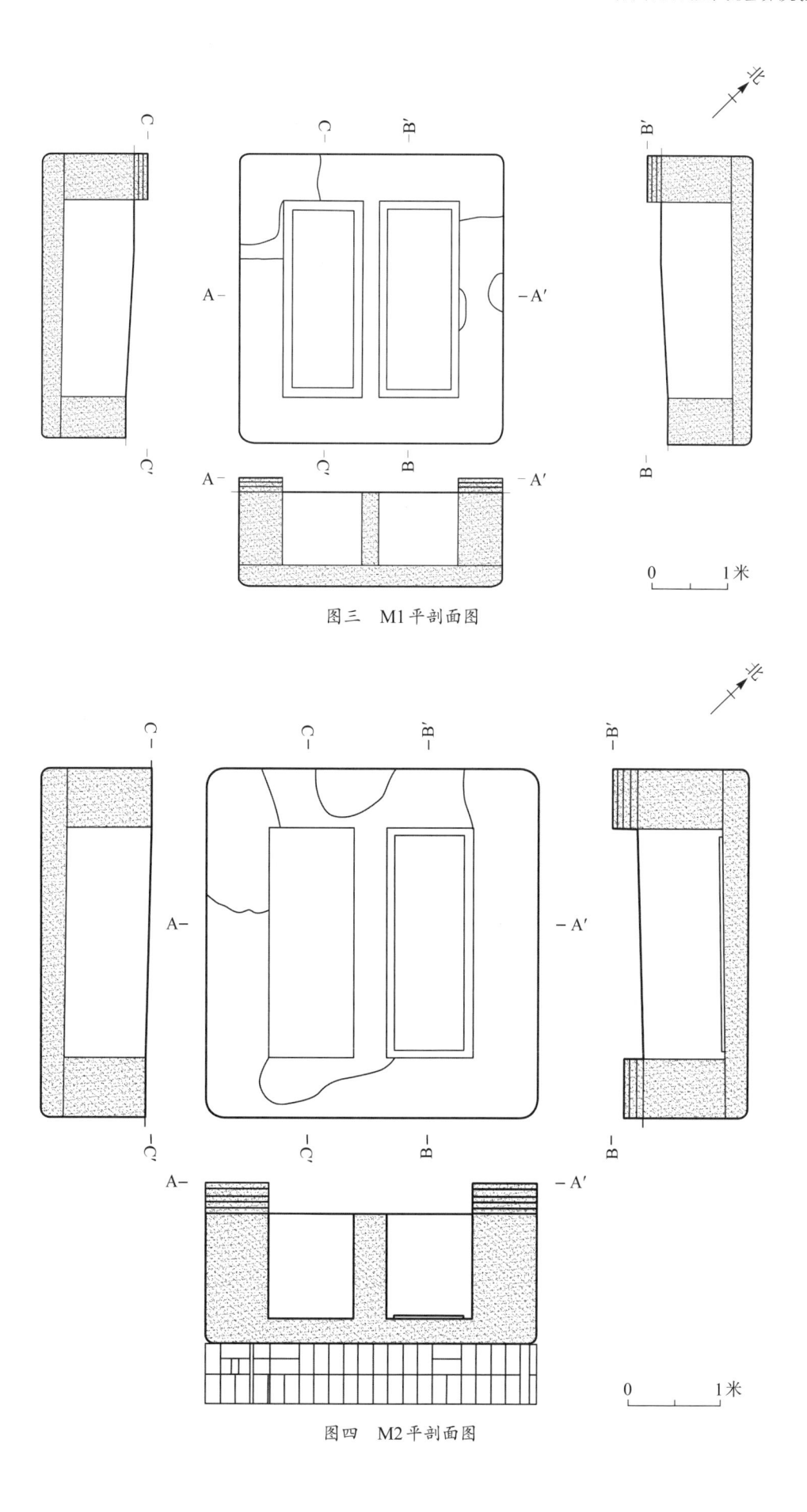

图四　M2平剖面图

M3 双室墓,开口于表土层下,平面近正方形,通长352、宽350、残深82厘米,墓向325°(图五)。顶盖无存,墓室部分由石灰浆整体浇筑而成,中有隔墙,分成两个棺室。墓室内棺木、人骨无存。墓室填灰黑土,疏松,多植物根系,夹杂少量青花瓷片、现代塑料制品。

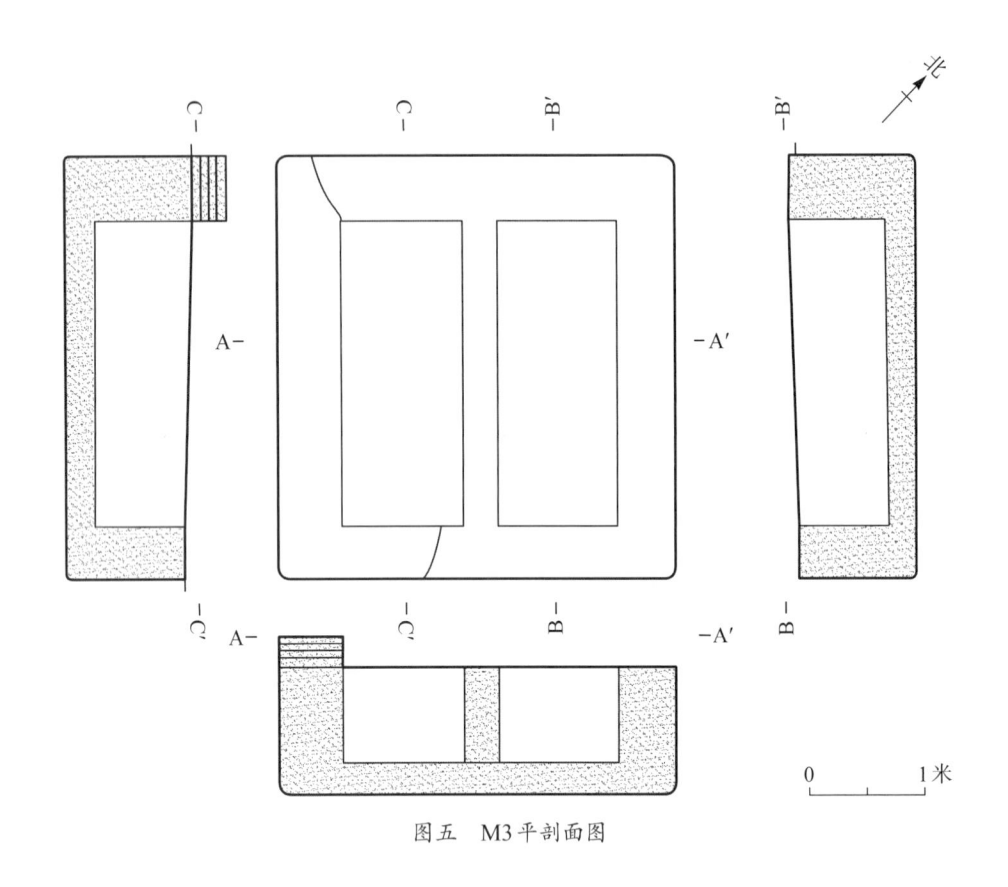

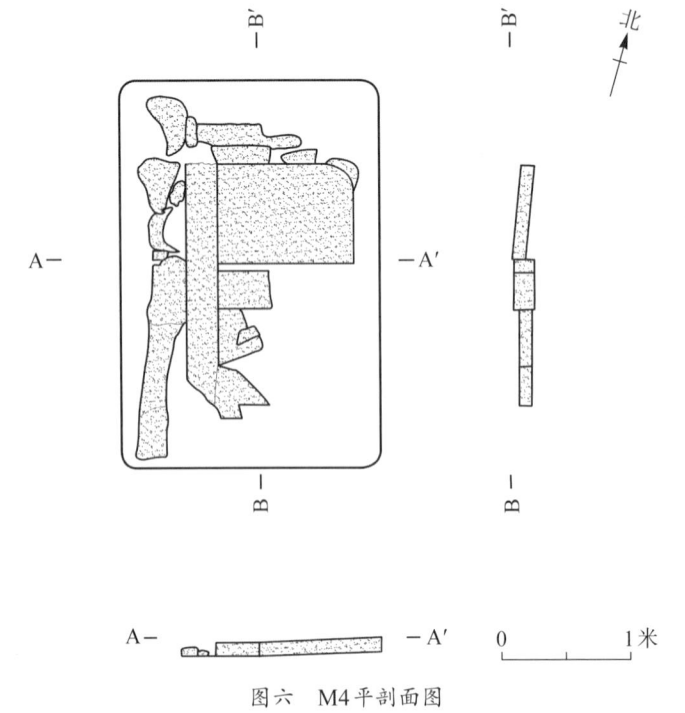

图五 M3平剖面图

M4 单室墓,开口于表土层下,破坏严重,仅存墓底。残长270、宽160、深25厘米,墓向345°(图六)。未见棺木、人骨及随葬品。M4浇浆结构松散,残存已粉碎成块状,迥异于M1—M3。

三、出土墓志

由于墓葬破坏严重,墓室内未发现完整器,仅在M1南侧出土墓志1合。从墓志内容及其与墓葬的位置关系判断,这合墓志属于M1。

墓志 1合(M1∶1)。盖、志形制相同,均正方形,青石质,边缘稍损,边长65、厚12厘米。志盖(图七),自右向左阴刻篆书,纵

图六 M4平剖面图

3行9字:"张元配王孺人墓志铭。"志石(图八),以细线划分字格,自右向左阴刻楷书,纵26行,满行31字,合计651字。志石因风化和出土时刮损,个别文字漫漶,可参照王世贞《弇州山人续稿》传世文本[1]予以补全。现录文标点如下:

张元配王孺人墓志铭/
　赐进士出身资善大夫南京刑部尚书琅琊王世贞撰/
　赐进士出身嘉议大夫礼部右侍郎兼翰林院侍读教习庶吉士高阳韩世/能篆盖/
　通家子张文柱书/
　王孺人者,吾族兄东昌倅罗溪先生之仲女也,母曰刘氏。王于江左为甲族,有/家范,而孺人又能禀承之,以婉嫕端详称,十七而归张君应文。张君者,故福建/按察副使公情之伯子也。按察公兄弟起家进士,俱为大官,然无改于素。而张/君为郡诸生,不能问家人产。按察公见孺人而喜曰:儿得助矣。孺人果能朝夕/强自力,以敬恭事舅姑,以慎接夫子,以严御臧获。张氏之政故嘻嘻,

图七　志盖拓片

图八　志文拓片

---

[1] (明)王世贞:《弇州山人续稿》卷一二四,影印文渊阁《四库全书》本第1283册,台湾商务印书馆,1983年,第730—731页。下文表述为该墓志铭传世文本者均同此,不另注。

自孺人以/严整齐之而始知有法。然亦不纯任法问，体得其情，有所操纵，往往移畏而感/业，亦稍裕。按察公之宦金陵，孺人实偕夫子以从，进而夔夔共妇职也，退未尝/不治于室，女红秩然矣。张君娄试不利，厌去，为古文辞，又好谈葱岭苦县之学，/而最后执兰鞫斥置书籍。孺人皆有以成之，又能相其夫，备二尊人丧葬之礼，/咸可纪也。孺人有二子，长曰厚德，未冠，举乡荐，今尚滞公车而能不废。记胜之/书以裕孺人，然孺人终始絣繃絖也。厚德跪请曰：得非有所不给耶，胡自苦乃/尔？孺人咲曰：若未遽文伯，我何敢慕敬姜，为之不辍。已而感脾疾，卒年仅五十/有六。始孺人之为严也，即张君意亦微难之。既孺人没，而君意其严之不再也。/曰：微吾妻，谁与剂吾，宽诸臧获。亦相向嗟泣曰：已矣，畴与我别勤惰也。厚德与/诸弟衔戚而俟余归，乃奉张君之状来，稽颡请曰：敢徼外王父之灵以蕲不朽/母。余悯而许之。孺人之侍张君，有二丈夫子，长即厚德，娶于章；次重德，娶沈。复/为张君置贰，有二子，谦德，聘郭；慎德，聘徐。女三，一字文从简，余未字。诸孙男八/人，二为厚德出，六为重德出；女十人，为厚德、重德出者各五。孺人生于嘉靖九/年三月十五日，卒于万历十三年十二月十二日，葬在邑五保姑邈字圩先垄/之昭位。铭曰：/女于王而归于张，其唯二氏之良。马士龙镌

四、结　语

本次发掘工作共发现并清理墓葬4座，均已遭到严重破坏，墓室残存下部，墓室内葬具、人骨、随葬品无存。通过初步整理，我们对张家坟墓葬形成了以下几点认识：

1. 墓葬时代

张家坟M1—M3均为浇浆双室墓，呈"品"字形分布，排列紧密。明中、晚期浇浆墓在广大的南方地区极为流行，苏州地区也不乏其例，吴县许裕甫墓、[1]虎丘王锡爵夫妇合葬墓、[2]太仓施贞石夫妇合葬墓、[3]常熟陆润夫妇合葬墓[4]等均属此类。按照昭穆制度进行规划的"品"字形墓葬格局，同样是明代江南家族墓地布局形态的重要类型之一，南京明宪宗孝贞皇后王氏家族墓、[5]常州花园底白氏家族墓、[6]无锡青山湾黄钺家族墓、[7]前房桥明代钱氏家族墓、[8]上海华阳杨氏家族墓、[9]李惠利中学家族墓[10]等均是采用此种模式。

参照何文竞对于明代墓葬的分类研究，[11]张家坟M1—M3在墓葬规格上，长宽均在3.5—3.6米，属中型墓葬，墓主为品官富贵阶层。墓葬内未出土完整随葬品，填土中的仅见的青花瓷片，具备明清时期特征。此外，《张元配王孺人墓志铭》志、盖皆存，保存较好，发现于M1南侧，也符合明代中晚期习

---

[1] 南京博物院：《江苏吴县洞庭山发掘清理明许裕甫墓》，《文物》1977年第3期。
[2] 苏州博物馆：《苏州虎丘王锡爵墓清理纪略》，《文物》1975年第3期。
[3] 吴聿明：《太仓南转村明墓及出土古籍》，《文物》1987年第3期。
[4] 常熟市博物馆：《常熟市虞山明温州知府陆润夫妇合葬墓发掘简报》，《东南文化》2004年第1期。
[5] 邵磊、骆鹏：《明宪宗孝贞皇后王氏家族墓的考古发现与初步研究》，《东南文化》2013年第5期。
[6] 常州市考古研究所：《江苏常州花园底明代白氏家族墓发掘简报》，《东南文化》2014年第6期。
[7] 无锡博物馆：《江苏无锡青山湾明黄钺家族墓》，《考古学集刊（第3集）》，中国社会科学出版社，1983年，第205—217页。
[8] 无锡市文物保护中心等：《无锡前房桥明代钱氏家族墓地》，科学出版社，2021年，第2—7页。
[9] 上海博物馆考古研究部：《上海市松江区华阳明代墓葬群发掘简报》，《上海博物馆集刊（第九期）》，上海书画出版社，2002年，第640—651页。
[10] 何民华：《上海市李惠利中学明代墓群发掘简报》，《东南文化》1999年第6期。
[11] 何文竞：《明代品官墓与平民墓的分区及特点》，《华夏考古》2019年第1期。

惯将墓志埋藏于墓圹南侧（前壁外）的葬俗。[1]因此，该墓志理应属于M1。志文显示，王孺人卒于万历十三年。因此，张家坟M1—M3为明代中晚期仕宦之家的张氏家族墓葬当无疑问。

M4由于破坏较甚，可获信息较少，其墓向、结构、工艺与M1—M3存在一定差别，且处于下位，时代应相对较晚。

2. 墓主身份

M1—M3是营造整齐的家族墓葬，三组双室墓代表了三对合葬夫妻。其中，M2整体尺寸稍大，位置居中并向北侧高敞方向（头端）凸出，处于尊位。M2墓底深入于松软淤泥土层中，因而额外铺砌有青砖地基，相比于M1、M3在建造技术上体现出了探索性。因此，我们认为M2的墓主人是三座墓中的尊长。同样是王世贞撰文的《中宪大夫福建提刑副使少峰张公墓表》[2]记载，张情有三个儿子，长子应文，次子应武，三子应忠。志文中进一步提及，张应文有四子，厚德、重德出自元配王孺人，谦德（即张丑）、慎德出自侧室。如前文所述，M1是张应文和王孺人合葬墓，他们的墓葬在M2左侧，即"先垄之昭位"，正合明代中晚期流行的昭穆制度的布局规范。那么，M2应是张应文的父母张情夫妇的合葬墓，M3则可能是张情次子应武或应忠的夫妇合葬墓。又道光《昆新两县志·冢墓》、[3]光绪《昆新两县续修合志·冢墓》[4]均载："福建副使张情墓在姑邀圩落霞浜。裔孙翰林检讨嘉定籍大受祔。"言明张情墓具体位置，与志文所记"邑五保姑邀字圩先垄"完全相符。同时，这条文献记载也提示我们，与M1—M3差异较大的M4，或即是百余年后卒于清雍正元年（1723年）的"裔孙"张大受[5]祔葬之墓。

除少数情况外，明代官员大都归葬故里。张情官至福建兵备副使，后因病归乡。张应文"屡试不利"，未仕。锦溪镇（明代称"陈墓镇"）作为张氏家族墓葬所在，无疑也是张氏家族的故里。

3. 墓志铭研究

如前所述，《张元配王孺人墓志铭》由明代中晚期苏州太仓籍文坛领袖王世贞撰文，并收录于其《弇州山人续稿》，流传于世。本次发现的实物志文和传世文本在内容上基本一致，验证了张丑家族世系记载的准确性。细校之下，仍可发现很多值得关注的闪光点。

相比于传世文本，实物志文内容上多出了两部分。一是补充了"孺人生于嘉靖九年三月十五日，卒于万历十三年十二月十二日"一句，明确了王孺人的生卒年月日信息，为我们开展进一步研究提供了重要的时间坐标。二是记录了由王世贞撰文、韩世能篆盖、张文柱书丹、马士龙[6]镌刻等参与人员的信息，表明这合墓志是集众家之长的"大作"，借以实现"以蕲不朽母"的良好愿景，也反映出了明代中晚期苏州地区官僚士大夫阶层追求死后"不朽"的精神追求。

此外，对撰文者王世贞的介绍中出现了"资善大夫南京刑部尚书"的官职称谓。据文献记载，王世贞任南京刑部尚书在万历十七年（1589年）六月，[7]而志文显示王孺人卒于万历十三年（1585年）十二月。在王孺人卒后，"厚德与/诸弟衔戚而俟余归，乃奉张君之状来，稽颡请曰：敢徼外王父之灵以蕲不朽/母。余悯而许之"。两个时间点差三年有余。另一方面，王世贞长子王士骐在父亲于万历

---

[1] 墓志埋藏于墓圹南侧的情况在江南地区浇浆墓葬中习见，如无锡黄钺家族墓13合墓志（见前引）、上海沈辅家族墓3合墓志（何继英：《上海明墓》，文物出版社，2009年，第45—54页），均出于墓圹南侧。

[2] （明）王世贞：《弇州山人续稿》卷一二五，影印文渊阁《四库全书》本第1283册，台湾商务印书馆，1983年。第741—743页。

[3] （清）张鸿、来汝缘、王学浩等：《道光昆新两县志》，江苏古籍出版社，1991年，第184页。

[4] （清）吴金澜、汪堃等：《光绪昆新两县续修合志》，江苏古籍出版社，1991年，第236页。

[5] （清）李光祚、顾诒禄：《乾隆长洲县志》，江苏古籍出版社，1991年，第319页；李峰：《苏州通志·人物卷（中）》，苏州大学出版社，2019年，第243页；张慧剑：《明清江苏文人年表》，上海古籍出版社，2008年，第1009页。

[6] （明）张大复著，李子釜点校：《梅花草堂笔谈》，浙江人民美术出版社，2016年，第86页。

[7] （清）张廷玉等：《明史》卷二百八十七《王世贞传》，百衲本二十四史，商务印书馆，1928年；郑利华：《王世贞年谱》，复旦大学出版社，1993年，第336页。

十八年（1590年）十一月去世后，作《明故资政大夫南京刑部尚书赠太子少保先府君凤洲王公行状》一文记述父亲生平，显示王世贞逝后最终获赠的文散官身份为"资政大夫"，较墓志记录的"资善大夫"品阶又高一等。以上信息表明，制作此墓志实物时，王世贞已获南京刑部尚书职，且尚在世。由此，可确定该墓志制作的时间当在1589年6月至1590年11月间。这个时间段，可能便是王孺人丈夫张应文去世并进行合葬的时间，也是制作（或重新制作）这块墓志的契机所在。

在文献考证方面，实物墓志同样具有价值。如实物志文的两处用字，同传世文本有所不同，一是"統"字，传世本作"洸"；二是"圩"，传世本作"玗"。这两处用字在字形、字义上浑然相异，可订正传世文本之误。

张丑家族[1]与同时期苏州的众多著名文人家族渊源深厚，同沈周、文徵明、王世贞、韩世能等家族累世交好，以至"通家姻娅"，这些情况从实物志文中可见一斑。

综上，我们认为张家坟墓葬是明代中晚期苏州官宦家族、书画鉴藏世家张丑家族的墓葬，埋葬有张丑的祖父张情夫妇、父亲张应文夫妇、叔父母，以及后来祔葬的"裔孙"张大受。

张家坟墓葬破坏严重，令人惋惜，但发掘所得仍可为研究明代苏州地方历史、丧葬习俗、知名历史人物等问题提供富有价值的新材料。

项目负责人：张铁军
执 行 领 队：宁振南
发　掘　人：张　鹏　钱法根
拓　　　片：张诗杨
执　　　笔：宁振南　张铁军

---

[1] （明）张丑:《清河书画舫》,上海古籍出版社,2011年；纪学艳:《张丑书画收藏与著录研究》,中国民族摄影艺术出版社,2013年。

江苏常熟邵家湾M60、J1发掘简报

◎ 苏州市考古研究所

2023年12月，苏州市考古研究所对江苏省苏州常熟市经济技术开发区碧溪街道问张路以南、规划经五路以西，东至规划经五路、南至规划望江路、西至空地、北至问张路的地块（图一）进行了考古发掘。因发掘区附近原属邵家湾村，故将墓地命名为"邵家湾古墓葬"。

本次考古发掘主要发现明清时期各类遗迹现象69处，其中包含墓葬68座、水井1口。由于发掘区内现存的大部分墓葬等级不高，且遭到了不同程度的破坏，故出土器物较少。现将其中较为重要的墓葬M60及水井J1作以下介绍。

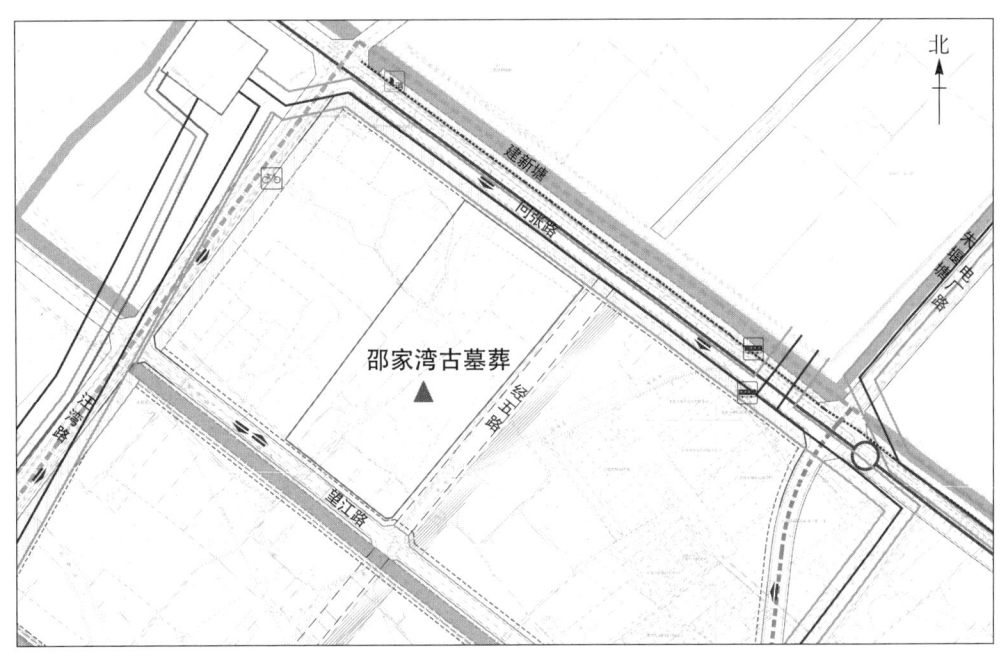

图一 邵家湾古墓葬地理位置示意图

一、M60

M60位于地块北部偏东处。平面近似长方形，近东西向，方向85°。墓室西壁较东壁略窄，墓圹长2.47、宽1.00、深0.70米（图二、图三）。

图二 M60发掘照

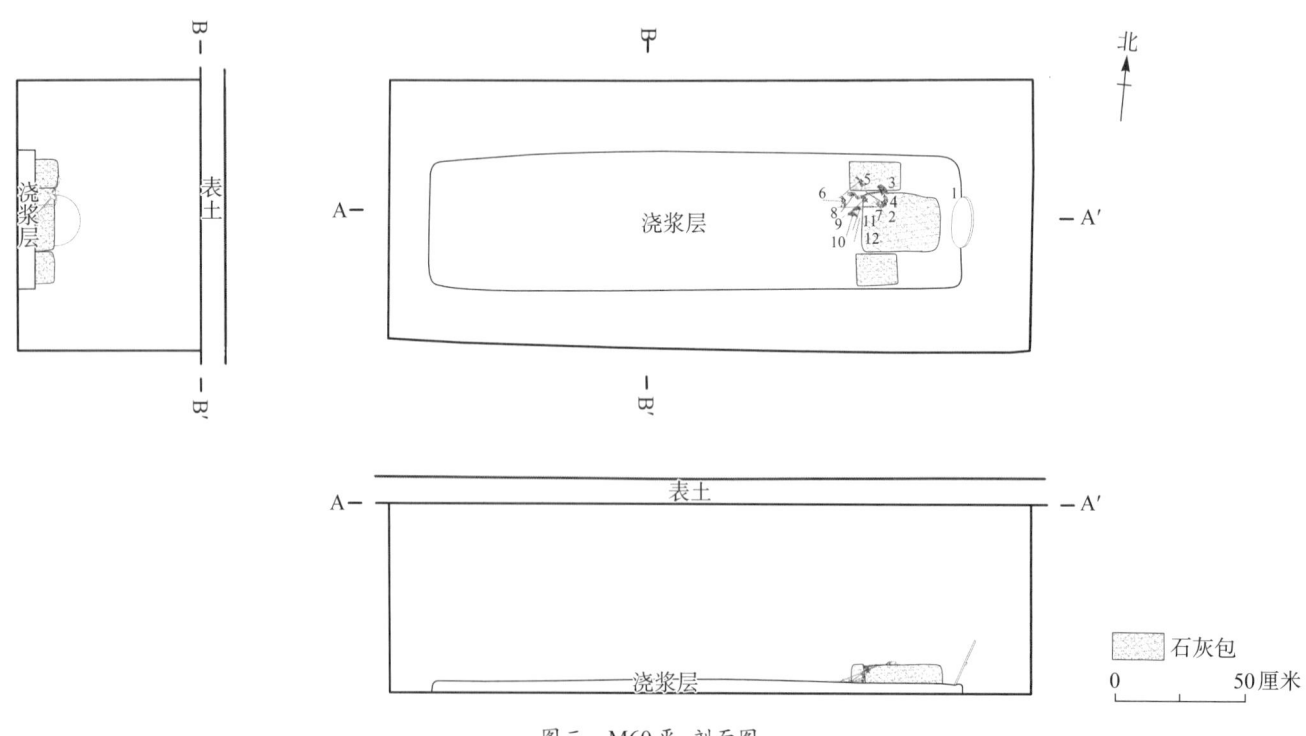

图三 M60平、剖面图
1. 铜镜（M60:1） 2—12. 银簪（M60:2—M60:12）

墓葬开口于表土层下，墓室内填黄灰色花土，土质较疏松，包含少量石灰浇浆颗粒及砂砾、根茎等。墓室外侧为竖穴土圹，直壁，壁面较为规整，平底。墓室内侧发现一单人棺痕迹，棺木已腐朽严重，棺内人骨亦腐朽无存。葬具底部铺垫石灰浇浆层，残长2.04、残宽0.50、厚0.06米。M60共出土随葬器物12件，其中在近东壁的浇浆层边缘处发现铜镜1件（图四、图五），呈斜立状，镜面一侧朝西，即墓主方向；铜镜西侧放置有3个石灰包，初步推测中间较大的石灰包或为墓主枕具，两侧或作为防潮及棺内加固使用，石灰包残长0.22—0.23、残宽0.12—0.24、厚0.07米；在清理中间较大石灰包上部时，发现了银簪11件（图六），初步推测该组银簪应为墓主下葬时佩戴于其头部。

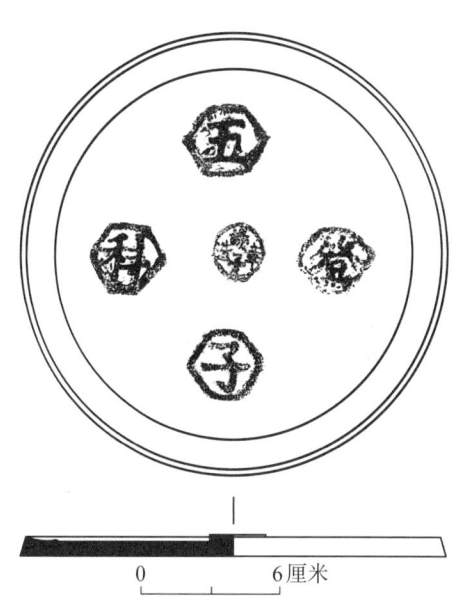

图四　铜镜（M60∶1）

图五　M60出土铜镜（M60∶1）线图及拓本

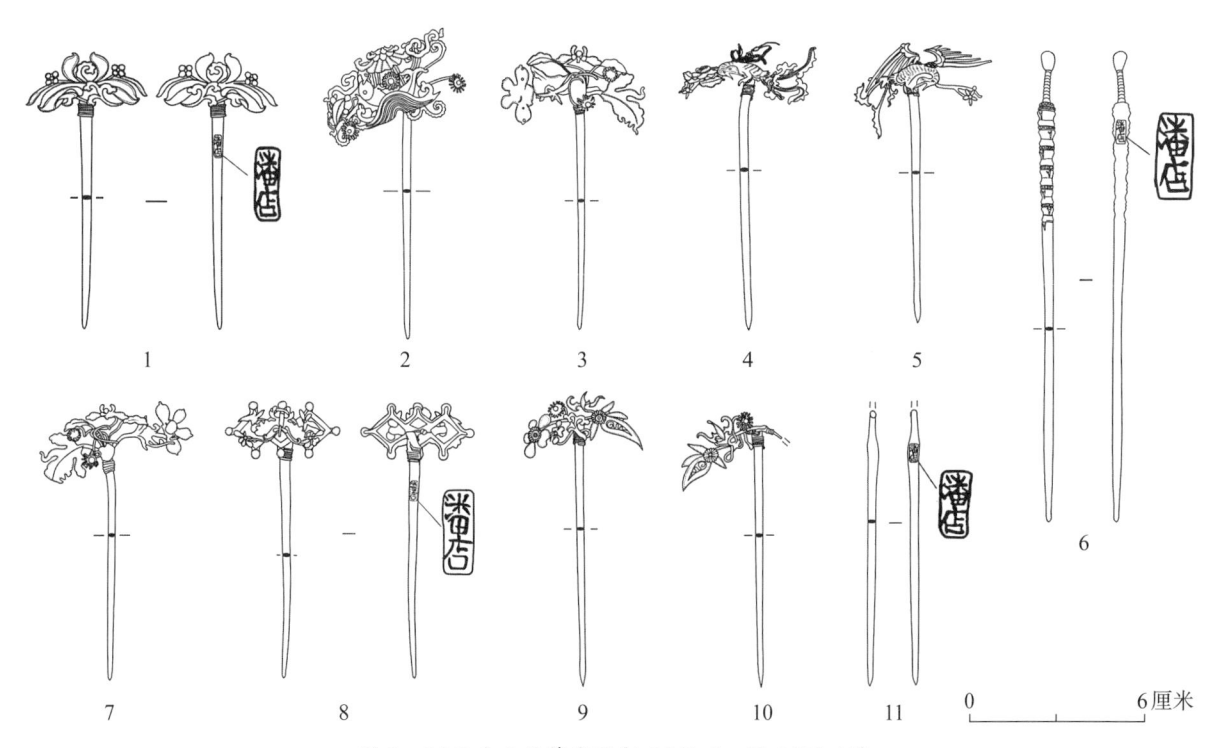

图六　M60出土银簪线图（1. M60∶2—11. M60∶12）

（1）铜镜　1件。

M60:1，铜质。圆形镜体，平顶圆钮。镜背纹样由外缘、单股弦纹及主体纹饰组成，主体纹饰为直读式四字吉语"五子登科"，阳文、楷书，吉语周圈均饰六边形边框。镜钮内铸款识，为直读式四字"杨子章造"，阳文、行楷。通体锈蚀较为严重。直径18.30、缘厚0.80、钮径2.43厘米。

（2）银簪　11件。

M60:2，银质，簪首鎏金。簪首作双层卷云花卉纹，第一层为六瓣花叶纹，左右各饰四叶花纹；第二层饰灵芝纹及小瓣花叶纹。簪首与簪身之间系双股银丝绕焊而成。簪身为长针形，上宽下窄，簪身微隆起。簪背较平整，近簪首处有阳文"潘店"二字戳印。簪首纹饰采用花丝镶嵌工艺制成，纹饰内的原填充物已缺失。簪长8.97、簪首宽4.01、簪厚0.11厘米，重4.4克（图六：1）。

M60:3，银质，簪首鎏金。簪首作鲤鱼跃龙门纹（图七），主体花卉由十八根银丝制成的枝干交错缠绕而成，用于支撑主体纹饰；其中，居中的鲤鱼张口上扬，作仰卧跳跃状；其上为三层荷叶纹屋檐及由四根门柱组成的"龙门"；其下饰水波纹；周身并饰卷云、花卉及叶脉等纹饰。簪首与簪身由双股银丝穿孔缠接而成。簪身为长针形，上宽下窄，簪身微隆起。簪背较平整。簪首纹饰采用花丝镶嵌工艺制成，纹饰内的原填充物已缺失。簪长10.26、簪首宽4.51、簪厚0.11厘米，重6.5克（图六：2）。

图七　银簪（M60:3）局部（彩图图版十一）

M60:4，银质，簪首鎏金。簪首作蝶恋花纹，主体花卉由八根银丝制成的枝干交错缠绕而成，用于支撑花卉与蝴蝶；其中，蝴蝶纹居上，主叶脉纹居右。簪首锈蚀较为严重，亦缺失较多，主体纹饰与簪身之间系双股银丝绕焊而成。簪身为长针形，上宽下窄，簪身微隆起。簪背较平整。簪首纹饰采用花丝镶嵌工艺制成，纹饰内的原填充物已缺失。簪长8.69、簪首宽3.91、簪厚0.10厘米，重4.4克（图六：3）。

M60:5，银质，簪首鎏金。簪首作仙鹤纹，仙鹤张口，并作右向回首状，双翅缺失，其身以阴刻细线纹作为羽毛，一侧还有焊接的折枝花卉纹。簪首与簪身之间系双股银丝绕焊而成。簪身为长针形，上宽下窄，簪身微隆起。簪背较平整。簪首纹饰采用花丝镶嵌工艺制成。簪长9.37、簪首宽4.19、簪厚0.12厘米，重4.5克（图六：4）。

M60:6，银质，簪首鎏金。簪首作仙鹤纹（图八），仙鹤张口，并作左向回首状，双翅开展，其身以阴刻细线纹作为羽毛，一侧还有焊接的折枝花卉纹。簪首与簪身之间系双股银丝绕焊而成。簪身为长针形，上宽下窄，簪身微隆起。簪背较平整。簪首纹饰采用花丝镶嵌工艺制成。簪长9.04、簪首宽4.29、簪厚0.11厘米，重4.4克（图六：5）。

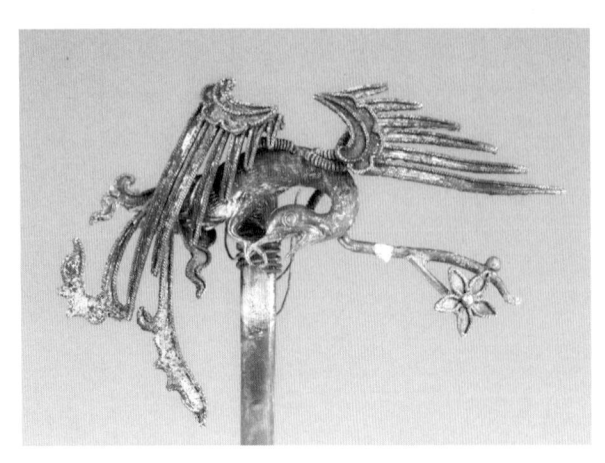

图八　银簪（M60:6）局部（彩图图版十一）

M60∶7，银质，簪首鎏金。簪首作耳勺形，与簪身连接处为十结凸弦纹。簪身为长针形，上宽下窄，簪身微隆起，其上部为六结竹节纹，竹节间以凹弦纹加阴刻圈纹相隔，竹节上以"Y"字形纹饰作为左右交错式点缀。簪背较平整，近簪首处有阳文"潘店"二字戳印。簪长15.25、簪首宽0.55、簪厚0.13厘米，重5.3克（图六∶6）。

M60∶8，银质，簪首鎏金。簪首作蝶恋花纹，主体花卉由十根银丝制成的枝干交错缠绕而成，用于支撑花卉与蝴蝶；其中，蝴蝶纹居上，主叶脉纹居左。簪首锈蚀较为严重，主体纹饰与簪身之间系双股银丝绕焊而成。簪身为长针形，上宽下窄，簪身微隆起。簪背较平整。簪首纹饰采用花丝镶嵌工艺制成，纹饰内的原填充物已缺失。簪长8.91、簪首宽4.35、簪厚0.12厘米，重4.6克（图六∶7）。

M60∶9，银质，簪首鎏金。簪首作双层菱形蝶恋花纹，第一层由三个菱形花纹环扣相接而成，菱形环四角均饰圆圈纹；第二层为一只展翅飞翔的蝴蝶，蝶首朝下。簪首与簪身之间系双股银丝绕焊而成。簪身为长针形，上宽下窄，簪身微隆起。簪背较平整，近簪首处有阳文"潘店"二字戳印。簪首纹饰采用花丝镶嵌工艺制成，纹饰内的原填充物已缺失。簪长8.86、簪首宽3.78、簪厚0.12厘米，重4.7克（图六∶8）。

M60∶10，银质，簪首鎏金。簪首作缠枝花卉纹，主体纹饰由枝干、叶脉、花卉及蝙蝠等纹饰共同组成，叶脉纹在右，左为与之对应的花卉纹。簪首与簪身之间系双股银丝绕焊而成。簪身为长针形，上宽下窄，微隆起。簪背较平整。簪首纹饰采用花丝镶嵌工艺制成，纹饰内的原填充物已缺失。簪长9.37、簪首宽3.77、簪厚0.11厘米，重3.8克（图六∶9）。

M60∶11，银质，簪首鎏金。簪首作缠枝花卉纹，主体纹饰由枝干、叶脉、花卉及蝙蝠等纹饰共同组成，叶脉纹在左，部分纹饰缺失。簪首与簪身之间系双股银丝绕焊而成。簪身为长针形，上宽下窄，微隆起。簪背较平整。簪首纹饰采用花丝镶嵌工艺制成，纹饰内的原填充物已缺失。簪长9.01、簪首残宽3.28、簪厚0.10厘米，重3.2克（图六∶10）。

M60∶12，银质，近簪首处尚存少量鎏金痕。簪首缺失。簪身为长针形，上宽下窄，簪身微隆起。簪背较平整，近簪首处有阳文"潘店"二字戳印。簪残长8.94、簪身上部残宽0.35、簪厚0.11厘米，重2.2克（图六∶11）。

二、J1

J1 位于地块南侧。井口暴露在地表，平面近圆形，土圹砖券结构。土圹直径1.28米，井口外径0.8米，内径0.42米。井体剖面呈锥体状（图九），口部略小于底部。

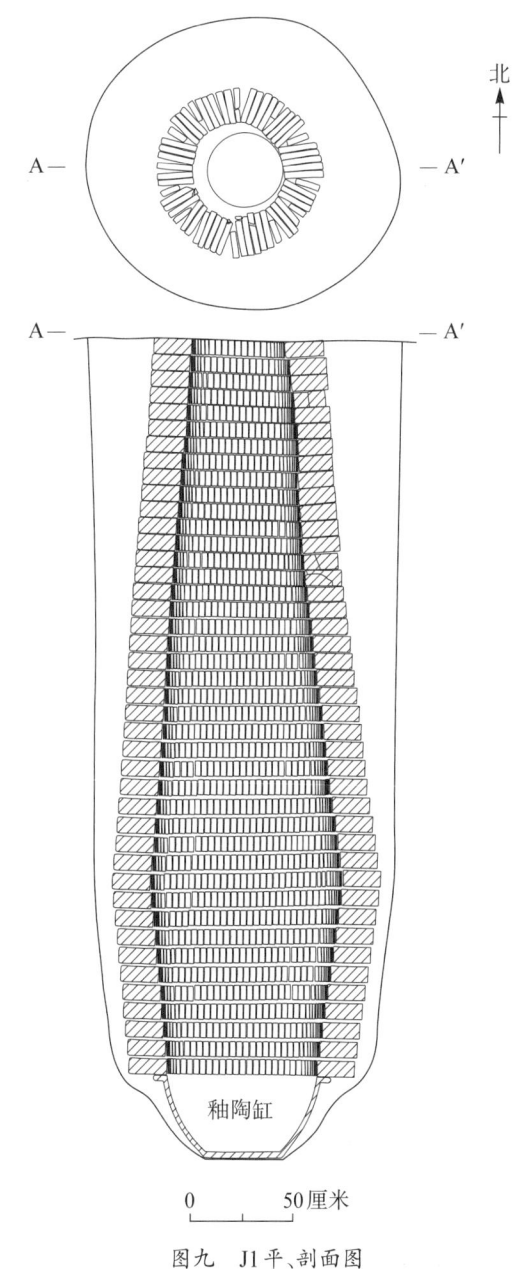

图九　J1平、剖面图

直径为0.74—1.34米不等，总深度为3.42米。水井内仅底部含有少量淤泥，厚度约0.5米。发掘至深度为2.48米时，井体外径1.34、内径0.93米，是为井体最大直径处。至下逐渐内收，深度至3.45米时，为砖砌井体的最底层，其外径1.10、内径0.74米。井底安置有一口釉陶缸，推测为砌筑水井时所预置，釉陶缸外径0.86、内径0.74、高0.36米。井体砌筑层共四十二层，每层均为立面起券砌筑结构，用砖均为长条形青砖，规格基本相同，长17、宽6.8、高2.8厘米。井内未发现相关文物。

三、结　语

邵家湾古墓葬所在的地块紧邻长江，属长江三角洲冲积平原，地形平坦，地势较高，沙土层较厚，成陆时代相对较晚，人类活动痕迹亦不频繁，文化层堆积相对单一。以M60为例，其墓葬形制为竖穴土坑墓，并伴有石灰及浇浆层，丧葬形式较为单一，此类丧葬形制在近邻的其他同时代墓葬中亦呈现趋同化。

根据墓葬的形制结构和出土遗物特征，初步判断M60的主体年代应为清代中期前后，邵家湾墓地的使用时间下限应不晚于清咸丰十年（1860年）太平天国军队攻占苏州时期。近年，常熟地区发掘过多处明清墓葬群，如梅李天字村[1]、经开区玄武浜[2]等，其墓葬形式均较为单一，规格亦较为统一，其时代也基本为清代中期左右，墓主绝大多数为平民阶层。

从M60随葬的成组女性银饰分析，墓主应为一位单人葬女性，其身份可能为较有经济实力的富农阶层，墓葬形制与玄武浜M10、M12[3]较为接近。M60出土的成组银簪不仅制工精巧、纹饰华美，且寓意吉祥，其风格、造型、工艺均较为一致，部分银簪带有"潘店"款识，表明该组银簪可能产自同一所银器作坊。

J1以砖券结构为主体，预埋釉陶缸作为铺底使用的情况较为少见，从水井的功能上考虑，可能为配合农业生产使用的集水井。由于邵家湾古墓葬的性质、内涵较为单一，因此J1的主要使用年代可能稍晚于墓地的使用年代，应为清代晚期至民国时期所建。

总之，常熟经开区邵家湾古墓葬的发现，为探究清代银饰的组合形式、制作工艺和装饰纹样增添了新的实物资料，也为研究苏州地区明清时期墓葬和水井的结构、形制与发展提供了有意义的考古学资料。

附记：

本次发掘项目负责人为张铁军；参与发掘的人员为陈璟、沈浩、钱桂树、王军、张雪冰、刘文钦、吴高鑫、杨尚词、吴晨；摄影由陈璟完成；绘图由刘宏昊、谭诗诗、吴高鑫、杨尚词完成；拓片由陈璟制作完成。

执笔：陈璟、张铁军

---

[1] 苏州市考古研究所、常熟博物馆：《江苏常熟梅李天字村古墓葬发掘简报》，《常熟文博论丛（第一辑）》，文物出版社，2023年，第142—154页。

[2] 苏州市考古研究所、常熟博物馆：《江苏常熟经开区玄武浜古墓葬发掘简报》，《常熟文博论丛（第一辑）》，文物出版社，2023年，第155—167页。

[3] 同上。

古基因组探究南岛语族的起源与扩散历史

◎ 薛家晹　平婉菁　崔　璨　刘思琼　付巧妹*

（中国科学院古脊椎动物与古人类研究所）

自20世纪以来，南岛语族的起源与扩散问题便是国际学界关注和研究的热点。所谓南岛语族，是指使用南岛语系的民族。南岛语系是现在世界上唯一主要分布在岛屿上的一个语系，包括大约1 300种语言，也是世界上分布面积最广的语系之一。[1]而使用这些语言的南岛语族在数量上非常庞大，使用人口超过3亿；他们的分布也非常广泛，从非洲的马达加斯加岛，到南美洲西面的复活节岛，北起台湾岛和夏威夷群岛，南抵新西兰广阔海域内的岛屿。[2]

我国国土位于欧亚大陆东部和太平洋西岸，其东南部地区紧邻海洋，具有绵长的海岸线。沿海岛屿约有5 000余个，在气候上受到东南季风的强烈影响，气候较为暖湿，包括了中亚热带湿润型气候区、南亚热带湿润型气候区与热带湿润型气候区。自史前时代以来，该区域因其独特的地理位置，与太平洋诸岛屿发生了密切的人类基因与文化交流。

近年来，有考古学、人类学、语言学、遗传学等多个领域的学者聚焦于我国东南区域史前人群与早期南岛语族之间的关系，以此讨论南岛语族的起源与扩散问题。历史语言学研究表明台湾原住民的语言是南岛语系最古老的语言分支，台湾是南岛语系最早的起源地之一，由此推测中国大陆东南沿海地区可能是南岛语系的起源地。[3]考古学研究发现台湾地区早期的考古学文化与大陆东南沿海的考古文化之间具有很多共同点，这种密切联系反映出南岛语族的起源地可能在中国东南沿海地区。[4]

有部分现代遗传学研究认为，台湾岛是南岛语族的起源地；[5]还有现代遗传学的部分研究通过南岛语族的线粒体单倍群和台湾地区考古文化中常见木材构树的线粒体单倍群推断，内陆的东亚南方是南岛语族的起源地。[6]这些研究因没有直接、确凿的证据，一直未有定论。

20世纪末，古基因组学技术与研究兴起，研究人员通过直接提取和解析古代人类遗骸或生存遗迹中的古DNA，为揭示过去人类起源、迁徙与演化的历程带来了新的可能。古基因组技术的发展，不断为更大限度地获取早期人类基因组开辟了新的途径，特别是古核基因组捕获技术的开发和不断改良，

---

* 付巧妹为通讯作者，fuqiaomei@ivpp.ac.cn；薛家晹和平婉菁为共同第一作者。

[1] Isdore Dyen. The Austronesian Languages and Proto-Austronesian, *Linguistics in Oceania*, Boston: De Gruyter Mouton, 1971, pp. 5-54.
[2] 张光直：《中国东南海岸考古与南岛语族起源问题》，《南方民族考古》第一辑，1987年。
[3] Robert A Blust. The Proto-Austronesian pronouns and Austronesian subgrouping: A preliminary report, *University of Hawai'i Working Papers in Linguistics*, Vol. 9, 1977, pp. 1-15.
[4] 张光直：《中国东南海岸考古与南岛语族起源问题》，《南方民族考古》第一辑，1987年。
[5] LIPSON M, LOH P R, PATTERSON N, et al. Reconstructing Austronesian population history in Island Southeast Asia, *Nature Communications*, 5, 2014, p. 7.
[6] CHANG C S, LIU H L, MONCADA X, et al. A holistic picture of Austronesian migrations revealed by phylogeography of Pacific paper mulberry, *Proc Natl Acad Sci U S A*, 112, 2015, pp. 13537-13542; KO A M S, CHEN C Y, FU Q M, et al. Early Austronesians: Into and Out Of Taiwan, *American Journal of Human Genetics*, 94, 2014, pp. 426-436.

为我国南方温暖潮湿、酸性土壤环境下保存非常糟糕的人类骨骸样本的古基因组研究带来了新突破，亦为探究南岛语族的起源与扩散历史打开了新的窗口。

为围绕古DNA系统解读南岛语族的族群起源、遗传特征与迁徙扩散的历史，本文将系统梳理本研究团队、德国马克斯·普朗克进化人类学研究所、美国哈佛医学院、复旦大学生命科学学院、厦门大学生命科学学院等国内外研究团队围绕南岛语族起源与演化问题发表的相关古基因组研究，从遗传学角度总结并探讨南岛语族的起源和演化问题。

一、南岛语族的起源问题

古DNA研究为南岛语族的起源问题提供了更为直接、确切的遗传学证据，多个线粒体与核基因组研究支持了有关南岛语族起源于中国东南沿海地区的相关假说。早在2014年，Ko等人针对我国台湾海峡亮岛人的线粒体全基因组研究显示，台湾海峡距今8 000多年的亮岛人属于在南岛语族与台湾原住民中常见的单倍群E。[1]而2021年，Liu等人针对福建和广西古人群的线粒体研究进一步发现，距今12 000年的福建奇和洞人与距今8 300年的台湾亮岛人一样，与现今众多分布于我国台湾岛和太平洋岛屿的南岛语族同属单倍群E，并且处于支系根部位置。[2]该结果展现出现今南岛语族与中国东南沿海地区古人群之间的密切母系遗传联系。

这一发现同样被相关核基因组研究的结果所支持和印证。2020、2021年，Yang、[3]Wang[4]等人相继对东亚南北方万年来的人群古基因组展开分析研究，其样本涵盖了距今12 000—300年间我国东南沿海，大陆的福建、广西地区和台湾海峡的古基因组。基于对这些古人群的主成分分析，且以现代东亚人群作为参考，研究发现我国东南沿海地区的新石器时代人群与早期南岛语族（3 000多年前的瓦努阿图人）及现今的南岛语族因高度的遗传相似性而"聚"在了一起。具体来说，相比现今生活在我国北方和西部的人群（如达斡尔族和藏族）而言，我国东南沿海地区的古人群与南方和中部的人群（如傣族和汉族）有更多的遗传联系；而相比现今南方大陆人群（如傣族）而言，其与现今分布在我国台湾岛上的南岛语族（台湾原住民，如阿美族和泰雅族）有最强的遗传联系。这表明我国东南沿海的新石器时代人群与南岛语族有着紧密的遗传联系，且该联系可追溯到福建距今12 000年的奇和洞人。

不仅如此，2021年，Wang[5]等人对距今3 200至1 100年的台湾汉本遗址及公馆遗址人群的研究，发现了南岛语族和壮侗语系人群、南亚语系人群之间具有相同来源的遗传成分。

此外，对南岛语族祖源成分的解析亦有助于探究南岛语族的起源问题。Yang等人[6]的核基因组研究发现，东亚万年来的人群主要形成了两种携有不同遗传成分的人群——以新石器时代山东人群为代表的东亚古北方人群和以新石器时代福建古人群为代表的东亚古南方人群。从距今8 300年起，南北两地人群的交流与融合就已经开始了；距今4 800—4 200年，南北人群的交流进程呈现强化趋

---

[1] KO A M S, CHEN C Y, FU Q M, et al. Early Austronesians: Into and Out Of Taiwan, *American Journal of Human Genetics*, 94, 2014, pp. 426–436.

[2] LIU Y, WANG T, WU X, et al. Maternal genetic history of southern East Asians over the past 12,000 years, *J Genet Genomics*, 48, 2021, pp. 899–907.

[3] YANG M A, FAN X C, SUN B, et al. Ancient DNA indicates human population shifts and admixture in northern and southern China, *Science*, 369, 2020, p. 282.

[4] WANG T, WANG W, XIE G, et al. Human population history at the crossroads of East and Southeast Asia since 11,000 years ago, *Cell*, 184, 2021, pp. 3829–3841 e3821.

[5] Wang et al. Genomic insights into the formation of human populations in East Asia, *Nature*, 591, 2021, pp. 413–419.

[6] YANG M A, FAN X C, SUN B, et al. Ancient DNA indicates human population shifts and admixture in northern and southern China, *Science*, 369, 2020, p. 282.

势。研究发现,海峡两岸新石器时代晚期人群的遗传成分基本一致,即福建距今4 600—4 200年的溪头村、昙石山人群与台湾海峡距今4 800年的锁港人群遗传成分均相似,主要携有东亚古南方人群成分。到历史时期,我国南北两地人群的交流逐步加深,并呈现出以东亚古北方人群成分为主导的特点。该时期福建、广西和台湾海峡等地的人群,均显示出受到来自古北方人群遗传成分的显著影响。

相较于我国现代南方大陆人群,东亚古南方人群的成分主要在现今南岛语族中被相对更多地保留了下来,这一结果也解释了此前现代遗传学研究对南岛语族的溯源大多只追溯到我国台湾原住民,而非现今南方人群的原因。[1]即使如此,现今南岛语族仍然受到了来自东亚古北方人群成分的影响。根据对现代人群的祖源成分分析,研究发现现今我国以泰雅族、阿美族等为代表的南岛语族中仍携有来自东亚古北方人群的遗传成分,且这一比例要高于新石器时代南方人群中含有的古北方人群成分。[2]在此基础上,Wang等对汉本和公馆遗址人群的研究更进一步表明,这些来自北方人群的遗传成分和黄河流域的古人群并非完全一致,而很可能表明了另一个从北向南影响的遗传成分。[3]

综上所述,南岛语族和我国东南沿海新石器时代人群之间有着密切的遗传联系及相似的祖源成分。随着南北方人群交流的加深,南岛语族与其他南方人群一样均受到了来自北方人群遗传成分的影响。这些结果从遗传学角度支持了南岛语族起源于中国东南沿海地区的观点。

二、南岛语族的迁徙与扩散历史

有关南岛语族的迁移和扩散问题,考古学、语言学等均有一定的研究。考古学者们通过对中国东南地区、东南亚海岛以及太平洋岛屿上的有段石锛进行分类,提出了"南岛语族由亚洲北部到中国大陆,再南下到南洋群岛,最后再由南洋群岛东部向东迁徙到波利尼西亚各岛去"的观点。[4]而对台湾大坌坑文化出土的红衣陶样式的研究,考古学者们发现了其形制同中国东南沿海、东南亚及太平洋岛屿上的拉皮塔文化间的联系,这些证据也暗示了南岛语族的迁徙扩散历程。[5]综合各种考古资料,澳大利亚学者Bellwood提出南岛语族迁徙的"快车模型":[6]距今7 000—5 000年,东南沿海的稻作人群跨越海峡抵达台湾岛;在距今5 000年时非常快速地从中国台湾扩散至菲律宾和关岛地区;4 500年前抵达帝汶;3 200年前到达密克罗尼西亚,进而抵达马里亚纳群岛;2 200年前到达波利尼西亚;1 700—1 600年前扩散至夏威夷和复活节岛;1 200年前到达新西兰。古基因组研究在此基础上进一步补充了南岛语族的迁徙路径和过程细节,为揭示南岛语族迁徙扩散的历史提供了更加科学有力的证据。

1. 线粒体DNA和Y染色体研究

线粒体DNA和Y染色体DNA由于单系遗传的特点,可分别反映母系和父系遗传历史,是研究南岛语族起源与迁徙的重要工具。基于线粒体DNA,Melton等人发现现今南岛语族的单倍群组成与中国华南的壮侗语人群较为接近,并发现了早期南岛语族与中国华南沿海人群的密切关系。[7]其中,最

---

[1] YANG M A, FAN X C, SUN B, et al. Ancient DNA indicates human population shifts and admixture in northern and southern China, *Science*, 369, 2020, p. 282.
[2] YANG M A, FAN X C, SUN B, et al. Ancient DNA indicates human population shifts and admixture in northern and southern China, *Science*, 369, 2020, p. 282.
[3] Wang et al. Genomic insights into the formation of human populations in East Asia, *Nature*, 591, 2021, pp. 413–419.
[4] 林惠祥:《中国东南区新石器文化特征之一:有段石锛》,《考古学报》1958年第3期,第1—23页。
[5] Peter B. *First Islanders-Prehistory and Human Migrationin Island Southeast Asia*, Hoboken: Wiley-Blackwell, 2017, p. 247, 246.
[6] Jared Diamond. Express Train to Polynesia, *Nature*, 336, 1988, pp. 307–308.
[7] T. Melton et al. Polynesian Genetic Affinities with Southeast Asian Populations as Identified by MtDNA Analysis, *American Journal of Human Genetics*, 57, 1995, pp. 403–414.

受关注的是B4a1a支系。B4a1a支系的早期分支出现在中国台湾高山族中,也在大洋洲现今南岛语族中高频出现,现代菲律宾人群主流的B4a1a下游单倍群处于谱系树中承接中国台湾和大洋洲南岛语族的中间位置,这反映了南岛语族B4a1a支系由北向南的扩散过程。Ko等发现南岛语族在约6 000年前传播至台湾北部,后迅速向南扩散,约4 000年前开始向东南亚扩散。[1]

Y染色体研究同样揭示了南岛语族从中国沿海由北向南的扩散过程。在南岛语族和华南沿海人群中均高频出现的Y染色体SNP单倍群,通过构建网络结构图显示,华南壮侗人群位于中心位置,分别与马来人群、中国台湾高山族共享单倍型,而马来人群与中国台湾高山族之间几乎没有共享单倍型。[2]这说明马来人群应当直接起源于壮侗人群,与台湾高山族相互独立。此外,在汉藏语族群中高频出现的O2*单倍群也在中国台湾高山族、壮侗族群和苗瑶族群中有较多出现。其中现代南岛语族主要的父系单倍群O2a2b2-N6可以追溯到华北东部沿海地区,反映了南岛语族O2a2b2-N6群体从中国东部沿海起源并扩散到中国台湾、东南亚和大洋洲地区的过程。[3]

2. 核基因组研究

核基因组研究的开展,为更全面、客观地分析南岛语族的迁移与扩散提供了可能。2016—2018年,Skoglund等人、[4]Lipson等人、[5]Posth[6]等人通过分析距今3 100—2 300年波利尼西亚的瓦努阿图和汤加等地的古代人类核基因组,发现与早期拉皮塔文化有关的远大洋洲人群的祖先,在距今约5 000年前从台湾扩散至菲律宾,经西美拉尼西亚,最后到达远大洋洲。此外,Lipson等人发现东南亚岛屿的南岛语族与台湾岛的南岛语族具有很强的亲缘关系,同时受到了来自大陆中南半岛南亚语人群的遗传影响,这表明可能在南岛语族迁徙之前,东南亚岛屿就有南亚语人群的存在;又或是南岛语人群经由中南半岛走廊而后再扩散至印度尼西亚东部地区。[7]

2018年,范志泉等提出南岛语族是沿着水陆两条路径进行南迁的,一是向东迁徙到台湾,经由菲律宾南下至印度尼西亚,产生了早期的皮拉塔文化,而后如快车模型般快速扩散至远大洋洲,成为波利尼西亚人群的早期祖先;一是向西经由中南半岛、东南亚岛屿走廊南下,迁徙到印度尼西亚东部,在距今2 300年前左右,来自东亚的南岛语族逐渐开始和新几内亚岛的巴布亚人群接触交流,之后也向波利尼西亚扩散与迁徙。[8]

2020年,Yang等人[9]的研究还通过对瓦努阿图人古人群和新石器晚期东亚古南方人进行的核基因组分析,发现了瓦努阿图人古人群可能来源于8 000多年前的东亚南方古人群,从遗传学证据角度支持了南岛语族由东南沿海向台湾岛迁徙的路线,表明早在距今8 300年左右,南岛语族的祖先就开

---

[1] KO A M S, CHEN C Y, FU Q M, et al. Early Austronesians: Into and Out Of Taiwan, *American Journal of Human Genetics*, 94, 2014, pp. 426-436.

[2] Bing Su, et al. Polynesian Origins: Insights from the Y Chromosome, *PNAS*, 97(15), 2000, pp. 8225-8228; Jean A. Trejaut, et al. Traces of Archaic Mitochondrial Lineages Persistin Austronesian-Speaking Formosan Populations, *Plos Biology*, 8(3), 2005, pp. 1362-1372.

[3] Lan-HaiWei, et al. Phylogeography of Y-Chromosome Haplogroup O3a2b2-N6 Reveals Patrilineal Traces of Austronesian Populations on the Eastern Coastal Regions of Asia, *PlosOne*, 4(12), 2017, p. e0175080.

[4] Skoglund P, Posth C, Sirak K, et al. Genomic insights into the peopling of the Southwest Pacific, *Nature*, 538(7626), 2016, p. 510-513.

[5] LIPSON M, SKOGLUND P, SPRIGGS M, et al. Population Turnover in Remote Oceania Shortly after Initial Settlement, *Curr Biol*, 28(7), 2018, pp. 1157-1165 e1157.

[6] POSTH C, NAGELE K, COLLERAN H, et al. Language continuity despite population replacement in Remote Oceania, *Nat Ecol Evol*, 2(4), 2018, p. 731-40.

[7] LIPSON M, SKOGLUND P, SPRIGGS M, et al. Population Turnover in Remote Oceania Shortly after Initial Settlement, *Curr Biol*, 28(7), 2018, pp. 1157-1165 e1157.

[8] 范志泉、邓晓华,王传超:《语言与基因:论南岛语族的起源与扩散》,《学术月刊》2018年第10期,第175—184页。

[9] YANG M A, FAN X C, SUN B, et al. Ancient DNA indicates human population shifts and admixture in northern and southern China, *Science*, 369, 2020, p. 282.

始探索中国东南沿海的近海岛屿,从福建扩散到台湾岛,然后不断向东南亚扩张。东亚古南方人群成分便随着南岛语族的迁徙扩散至东南亚与太平洋西南部的岛屿。2021年,Wang等人[1]的研究进一步表明南岛语族相关的遗传成分,不仅向大洋洲扩散,也对南方内陆如广西地区有所影响。

综上所述,古基因组研究显示南岛语族在太平洋岛屿上的迁徙与扩散过程呈现出了遗传谱系上的差异,但总体来说支持其从大陆东南沿海向外迁徙扩散,经由台湾向东南亚和太平洋岛屿扩散的路线。

三、总结与展望

随着南岛语族相关古基因组学研究的不断开展,古DNA在探究南岛语族的族群演化及其与周边人群的共时和历时关系中发挥着越来越重要的作用。古DNA研究不仅为考古学假说提供了支持和修正,也为南岛语族迁徙扩散的过程细节和关键时间点提供了直接证据。

然而,这些研究虽然为解答南岛语族的起源与演化问题带来了新的理论认识和遗传学证据,南岛语族的迁徙与演化历史仍留有许多亟待探索的未解之谜,其祖源人群是否还可以追溯到其他沿海地区或更内陆的地区?目前,我国东南沿海地区还发现有许多与南岛语族文化相关的重要史前考古遗址,它们覆盖了我国福建其他地区,以及江苏、浙江与广东等地区。这些区域相关遗址的人骨材料仍有待相关的古DNA实验与研究,以便我们更全面、深入地开展南岛语族文化与人群的溯源与扩散研究,也为更细致地追溯南岛语族史前文化及早期人群从我国东南沿海大陆向我国台湾岛及其他太平洋岛屿扩散的时间和路径,及其在不同地区的演化模式和扩散动因提供新的遗传学证据。

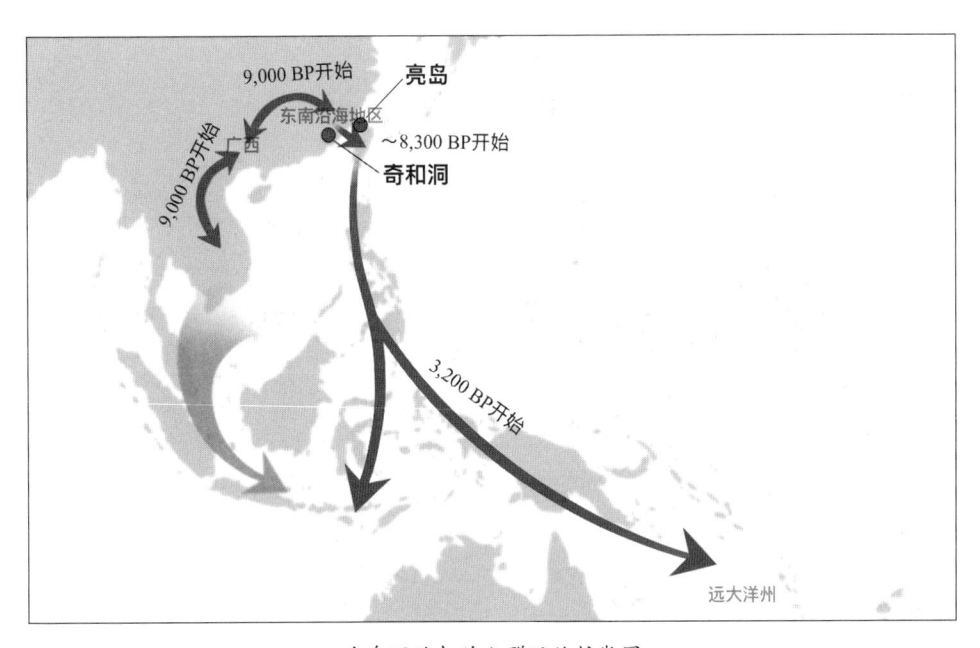

南岛语族相关人群迁徙扩散图

致谢:本研究得到国家杰出青年科学基金项目(41925009)、中国科学院稳定支持基础研究领域青年团队计划项目(YSBR-019)的支持。

---

[1] YANG M A, FAN X C, SUN B, et al. Ancient DNA indicates human population shifts and admixture in northern and southern China, *Science*, 369, 2020, p. 282.

中国磨制石器研究实践与思考

◎ 任 欢 薛理平 陈 虹（浙江大学艺术与考古学院）

广义上的磨制石器包括磨光石器与研磨石器，前者强调在生产过程中经过磨制（光）技术的石器，后者则指示用于研磨这一功能的石器。[1]在金属工具尚未出现且成为主流之前，磨制工具在古人的生产生活中占据着举足轻重的地位，对于认识史前人类生产行为、技术模式、经济活动、人地关系等方面具有重要的意义。

针对磨制石器的研究在国外开展较早，其成果也相对丰富，对中国磨制石器研究起到了较高的指导作用。中国学者对于磨制石器的研究最早始于20世纪30年代，[2]截至2023年12月，中国学者在国内外期刊上发表的磨制石器领域的研究论文已有约140篇，[3]主要涉及命名与分类、原料与产地、生产技术与制作工艺、使用方式与功能这四个方面。

一、中国磨制石器研究史

（一）石器命名与分类研究

分类和定名是磨制石器研究的首要步骤。早期学者对磨制石器的命名与分类主要以形态特征为依据。施昕更将从良渚遗址发现的石器分为斧类、锛类、锤类、戈类、钺类、矛类、刀类、镰类、尖头器、镞类、铲类、砺类共12个类型，每个类型之内又再作进一步细分。[4]1952年，李济先生在《殷虚有刃石器图说》中将刃部所在位置作为主要标准对石器进行分类，将殷墟出土的有刃石刀分为端刃器、边刃器、全刃器三类。他认为，不同的制作方法不仅赋予了器物不同的外貌，还常常引起新形制的产生，[5]开创性地提出了石器制作方法研究对于石器研究的重要性。安志敏将石刀分为两侧带缺口石刀、镰形石刀以及有柄石刀，并对这三类石刀的起源、原料、技术、分类、用途等方面进行了初步探索，他特别指出，可以根据石刀刃部的变化初步推断其用途。[6]从研究内容来说，安的研究已经较为全面，但其中简单地将刃部形态与功能一一对应，可能与现实情况存在一定偏差。1981年，李恒贤对江西地区出

---

[1] [美]乔治·奥德尔著，关莹、陈虹译：《破译史前人类的技术与行为：石制品分析》，生活·读书·新知三联书店，2015年，第106—107页。
[2] 施昕更：《良渚——杭县第二区黑陶文化遗址初步报告》，浙江省教育厅，1938年。
[3] 该数据为笔者在知网、万方、Research Gate等搜索引擎上搜集统计而得。因能力有限，如有疏漏，请海涵。
[4] 同[2]。
[5] 李济：《殷虚有刃石器图说》，《"中研院"历史语言研究所集刊（第23本）》，"中研院"历史语言研究所，1952年，第523—620页。
[6] 安志敏：《中国古代的石刀》，《考古学报》1955年第2期。

土的古代农具提出了定名标准,[1]虽然该文章的分类标准涉及材质、功能、古文献记载等多个角度,但其本质依据依然是外在形态。

1983年,纪仲庆指出,新石器时代石器的分类和命名往往因人而异,缺乏深思熟虑,认为应该从石器外形、历史条件、使用痕迹、出土状况、共存遗物、出土的完整复合体以及力学原理等多个方面去探讨石器的实际用法和用途问题,才能确认比较合适的名称。[2]这一观点以一种系统的视角来看待石器的分类与命名,至今仍有较强的指导意义。随着打制石器分类领域中的"技术类型学"与"动态类型学"理论逐渐被引入磨制石器研究之中,越来越多的学者破除了形态的局限,从连续的技术视角来看待包括成形器在内的所有石制品。1996年,郭晓晖指出,磨制石器的研究在型式学的基础上,还应当重视石器乃至整个遗址的动态发展过程,并加以实验考古、民族志调查以及石器岩性分析,为磨制石器的深入研究指明了方向。[3]2010年,钱益汇指出,石器分类的目的应为考察先民生产水平和生活状况,强调了技术与功能对石器分类的重要性,并认为应该从石器生产系统的角度来进行分类。他以大辛庄遗址出土石器为研究对象,规范了各类石器的具体命名以及各部位的名称,[4]为磨制石器的研究提供了全面而可行的分类依据和术语参考。与此同时,也有不少学者以动态的视角,对某一遗址的所有出土石器进行分类与命名,开展了众多个案研究。[5]

此外,还有部分学者从学科交叉的视角,为磨制石器的分类命名研究引入了新的方法。如2016年,黄可佳以中锋端刃器的分类为例,引入了一种新的量化分类方法,主张在进行磨制石器分类时,根据分类的具体目的选择能够指示分类的变量,在完成数据测量后,通过数据分析的方法来进行石器分类,[6]为石器类型学的研究注入了活力。

总的来说,不同学者所采用的不同分类标准是引起石器分类定名不统一的关键,因此目前在进行石器分类时,描述性的补充仍然是必要的。

(二)石器原料与产地研究

石料资源的开发是石器工业的一部分,也是石器制造的起点,其对于石料开发策略、石器类型、石器数量、石器利用率等问题均具有较大的影响。目前比较常见的办法有岩石学鉴定、田野调查、地球化学分析方法等。

1991年,陶富海对于大崮堆山史前石器制造场遗址的出土石制品类型、石料岩性、工艺特点、地理位置特点开展研究,提出了古人会在此处有选择性地进行石料挑选,采用投击法和楔裂法进行采石,并在采石场进行粗加工后再将石坯运回,[7]较早认识到了岩性与石源地在石器研究中的重要地位。2002—2003年,社科院考古所河南第一工作队以石器原料来源问题为导向,对河南偃师灰嘴遗址进行了发掘,并将石器原料提高至中国早期国家形成时期的重要自然资源来开展研究。[8]依据发掘资料,陈星灿认为该遗址是石铲的专业加工厂,并从石料产地和遗址与周围聚落关系的角度分析了石料来

---

[1] 李恒贤:《江西古农具定名初探》,《农业考古》1981年第2期。
[2] 纪仲庆:《略论古代石器的用途和定名问题》,《南京博物院集刊(第6集)》,1983年,第8—15页。
[3] 郭晓晖:《型式学之外——磨制石器的研究应当加强》,《农业考古》1996年第3期。
[4] 钱益汇:《磨制石器类型学的分类原则与术语界定——以大辛庄商代石器为例》,《考古与文物》2010年第1期。
[5] 钱益汇:《济南大辛庄遗址出土商代石器的生产与使用研究》,山东大学博士学位论文,2005年;崔启龙:《河南舞阳贾湖遗址石制品研究》,中国科学技术大学博士学位论文,2018年;陈虹、孙明利、唐锦琼:《苏州五峰北遗址磨制石器的"操作链"及"生命史"研究》,《考古》2020年第11期。
[6] 黄可佳:《磨制石器的量化分类方法初探——以中锋端刃器的分类为例》,《东方考古》2016年第1期。
[7] 陶富海:《山西襄汾县大崮堆山史前石器制造场新材料及其再研究》,《考古》1991年第1期。
[8] 陈星灿、李永强、刘莉:《2002—2003年河南偃师灰嘴遗址的发掘》,《考古学报》2010年第3期。

源和产品的供应地。[1]这是石器原料与产地研究方面两例相对较早的案例。

在理论分析与方法论探讨层面，相关学者也做出了拓展，为该领域的研究进一步奠定基础。2000年，宋豫秦在对磨制石器进行岩性分析的基础上，集中关注沉积岩这一原料，并根据岩体沉积的特征，探讨古人进行磨制石器生产时对沉积岩特性的利用和其中蕴含的思想观念。[2]2013年，贾昌明围绕磨制石器工业资源的特点、相互关系以及资源研究的立足点和溯源，探讨了磨制石器工业资源的相关研究方法（图一），将石器资源研究看作史前经济研究的重要一环，[3]为石料及产地研究提供了较为全面的指导。2017年，陈虹等人从原料角度探讨了中国磨制石器出现及发展的动因，通过分析各阶段遗址出土的磨制石器原料组成情况，指出史前人类运用分布广、采办成本低、耐用度高的石料制成磨制石器，并选择合适的石料制成不同用途工具的行为是应对气候变化和人口增加的策略性行为，[4]进一步拓宽了石料与产地研究领域的思路。

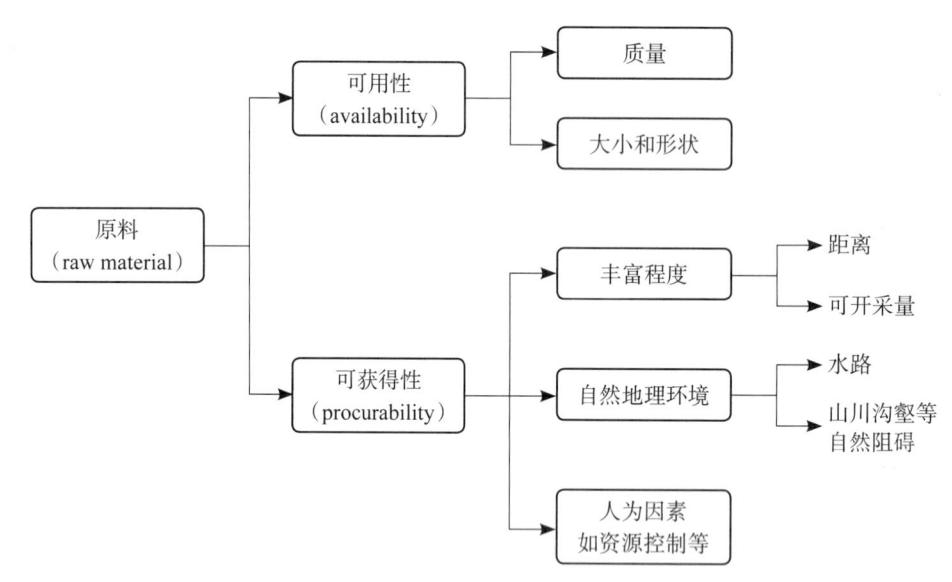

图一 磨制石器工业的资源特点结构图

随着石器石料与产地研究越发受到重视，越来越多的学者将其纳入对新石器时代重要遗址的研究范畴中去，使之成为考古发掘报告中的常规内容。如山东临淄桐林遗址、[5]山东济南大辛庄遗址、[6]安徽潜山薛家岗遗址、[7]河南洛阳二里头遗址、[8]浙江嵊州小黄山遗址、[9]浙江杭州良渚古城遗址、[10]湖北石首走马岭遗址[11]等，将磨制石器的原料开发与流动置于更大的区域范围之中展开讨论。

---

[1] 陈星灿：《从灰嘴发掘看中国早期国家的石器工业》，中国社会科学院考古研究所、瑞典国家遗产委员会考古研究所编：《中国考古学与瑞典考古学——第一届中瑞考古学论坛文集》，科学出版社，2006年，第1—61页。
[2] 宋豫秦：《磨制石器制造的沉积岩利用》，周昆叔、宋豫秦编：《环境考古研究（第二辑）》，科学出版社，2000年，第195页。
[3] 贾昌明：《论磨制石器工业的资源问题》，《南方文物》2013年第2期。
[4] 陈虹、刘吉颖、汪俊：《从原料角度探讨中国磨制石器出现及发展的动因》，《考古》2017年第10期。
[5] 贾昌明：《桐林遗址石制品和石器工业研究》，北京大学硕士学位论文，2008年。
[6] 钱益汇、方辉、于海广等：《大辛庄商代石器原料来源和开发战略分析》，《第四纪研究》2006年第4期。
[7] 庄丽娜：《薛家岗文化石料利用特点及产源初探——兼及石器产地的讨论》，《南方文物》2008年第3期。
[8] 钱益汇、陈国梁、赵海涛：《中国早期国家阶段石料来源与资源选择策略——基于二里头遗址的石料分析》，《考古》2014年第7期。
[9] 何中源、张居中、杨晓勇等：《浙江嵊州小黄山遗址石制品资源域研究》，《第四纪研究》2012年第2期。
[10] 姬翔、王宁远、董传万等：《工程与工具：良渚石记》，浙江大学出版社，2019年。
[11] 贺成坡、李英华、韦璇等：《湖北石首市走马岭遗址石器原料溯源分析》，《四川文物》2021年第6期。

在石料产地确定的前提下,对石器流通与贸易体系的研究也得到了开展。早期学者在研究某一类具体形制的石器时,曾对其在区域内的起源与传播做出过一定的探讨与阐释,如安志敏、[1]林惠祥、[2]傅宪国[3]等人的研究,是该领域内相对较早的尝试。

张弛曾就长江中下游地区的玉石器开展研究,并指出有大溪和北阴阳营—薛家岗两大石器工艺技术系统。通过对两大系统石器的出产地、产品分布区、消费地点石器出土量、消费地点与产地间距等因素的分析,指出两系统内部的产品交换形式以沿途互惠交换为主,[4]该研究是大范围石器生产贸易流通研究的一次较为综合的例证。翟少冬对大崮堆山石器制造场遗址开展调查,并以此与陶寺文化其他遗址的出土石制品进行对比分析,指出大崮堆山石器制造场可能受到陶寺遗址的控制与垄断,是一处向陶寺输送产品的加工场。[5]黄可佳通过对龙山晚期到二里头文化玉石器的生产和流通情况进行研究,探究最初的国家权力对不同种类石制品的分配和交流策略,并指出了差异化竞争策略的存在。[6]

石器流通与贸易体系的研究依赖于石器原料溯源的成功和产地的确认,且往往需要研究者对某一区域的石器情况具有宏观而充分的认识,并具备一定的社会学理论基础。目前国内相关的研究在广度和深度上仍有较大的提升空间。

(三)石器生产技术与制作工艺研究

石器的生产技术和制作工艺一直以来都受到了学者们的关注,相关研究主要采用微痕分析、实验考古等方法。

早期的学者主要通过对石器表面痕迹的肉眼观察进行工序复原。安志敏将石刀的制作复原为四个步骤,分别为磨制前的器形处理、磨制、刃部处理与钻孔。[7]佟柱臣通过观察仰韶文化、龙山文化中的生产工具,将石器制作分为选料、选形、截断、打击、琢、磨、作孔多个步骤,覆盖环节完整,分类细致,是一项针对新石器时代石器制作技术的较为完善的研究。[8]黄渭金对河姆渡遗址的出土石器进行系统研究,分析了河姆渡先民的石器打制技术、磨制技术、线切割技术和钻孔技术、刻划技术,并以石斧和萤石玦为代表进行了制作工序的复原。[9]

实验考古方法也在石器工艺研究领域发挥着巨大的作用。有学者将出土标本与实验结果进行比对,探究石器制作的某一项具体工艺。如东莞博物馆课题组就玉石器的片切割工艺开展实验,[10]李永强、[11]崔天兴[12]等人对钻孔相关工艺进行了实验等。而针对某一特定石器类型的研究也得到了开展,如仰韶时期的石刀、[13]西周时期的石玦[14]等。对某一具体遗址的出土磨制石器进行实验性复原的研

---

[1] 安志敏:《中国古代的石刀》,《考古学报》1955年第2期。
[2] 林惠祥:《中国东南区新石器文化特征之一:有段石锛》,《考古学报》1958年第3期。
[3] 傅宪国:《闽粤港台地区石锛横剖面的初步考察》,《文物》1992年第1期。
[4] 张弛:《大溪、北阴阳营和薛家岗的石、玉器工业》,《考古学研究》2000年第1期。
[5] 翟少东:《大崮堆山石器品制造场开发模式初探》,北京大学硕士学位论文,2004年。
[6] 黄可佳:《贡纳与贸易——早期国家的玉石器生产和流通问题初探》,《早期中国研究》2013年第1期。
[7] 同[1]。
[8] 佟柱臣:《仰韶、龙山工具的工艺研究》,《文物》1978年第11期。
[9] 黄渭金:《河姆渡先民的石器制作》,《东方博物》2004年第4期。
[10] 广东东莞博物馆课题组、黄可佳、张海成:《东莞村头遗址出土玉石器的片切割工艺研究》,《南方文物》2019年第4期。
[11] 李永强:《环玦类石制品扩孔工艺的实验考古研究》,《东南文化》2015年第6期。
[12] 崔天兴、张建:《磨制(玉)石器定孔工艺的实验考古研究》,《华夏考古》2017年第4期。
[13] 邱楠:《陕西蓝田新街遗址出土石刀的实验考古学研究》,《西部考古》2016年第2期。
[14] 孙周勇:《西周制玦作坊生产遗存的分析与研究——周原遗址齐家制玦作坊个案研究之一》,《三代考古》2009年第1期。

究也正不断展开。[1]

近年来，对石器加工作坊的发现和研究为石器生产加工流程的复原提供了更多可能性。如对澎湖七美岛史前石器制造场的调查和研究，将石器的制造程序复原为剥取石核、从石核打剥目的石片、截取素材、打制石坯、修琢石坯、磨制器身或器刃六个步骤。[2]张弛、林春对红花套遗址出土的石制品进行了整理研究，认为当地石制品的制作技术主要为打、琢和磨，并且存在一种特别的加工方式：先磨光被打制的侧面从而形成新的台面，再从这一新台面打击坯体去薄，从而形成棱角方正的石器。此外，他还针对废弃的砾石残次品和石片残次品进行了技术路径复原，[3]为峡江地区新石器时代石器工业区的石器生产模式提供了宝贵资料。陈虹等人采用级差动态分类法，将苏州五峰北遗址出土的磨制石器分为制备类型、制作类型、使用类型和废弃类型，并对石凿进行了技术轨迹分析，完整复原出其可能的生产流程（图二）。[4]

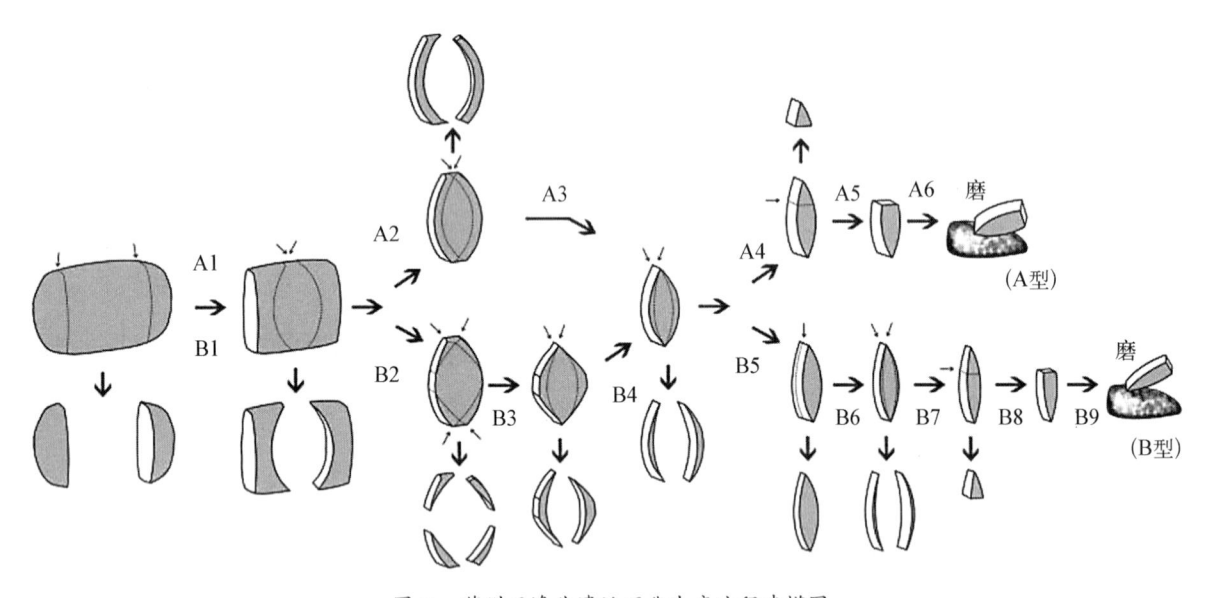

图二 苏州五峰北遗址石凿生产流程建模图

（四）石器使用方式与功能研究

石器使用方式与功能的研究是国内磨制石器研究领域中非常重要的部分，目前认可度较高的方法主要为微痕分析与实验考古，并辅之以残留物分析、民族考古、考古背景分析、力学分析等方法的参考与验证。

早期的石器功能研究主要依据石器的形态，并将其与现代金属器或民族志资料进行对比。如李仰松结合考古发掘标本与民族学材料，针对新石器时代石斧、石锛、石凿、石铲等石器的功能与具体使用方法展开讨论；[5]牟永抗与宋兆麟在分析江浙地区出土的石犁与破土器时，结合四川等地的

---

[1] 吕烈丹：《石器制作工艺的分析与研究》，中国社会科学院考古研究所等编：《桂林甑皮岩》，文物出版社，2003年；翟少冬：《陶寺遗址石制品复制实验与磨制工艺》，《人类学学报》2015年第2期。
[2] 臧振华、洪晓纯：《澎湖七美岛史前石器制造场的发现和初步研究》，《"中研院"历史语言研究所集刊（第72本）》第4部分，"中研院"历史语言研究所，2001年。
[3] 张弛、林春：《红花套遗址新石器时代的石制品研究》，《南方文物》2008年第3期。
[4] 陈虹、孙明利、唐锦琼：《苏州五峰北遗址磨制石器的"操作链"及"生命史"研究》，《考古》2020年第11期。
[5] 李仰松：《中国原始社会生产工具试探》，《考古》1980年第6期。

民族学材料，进一步证明了木石犁是犁耕的早期阶段，以探讨我国犁耕的起源；[1]罗二虎、李飞通过考察贵州东部地区的少数民族村寨，了解了系绳石刀的具体使用方法，为考古出土石刀的功能作出了重要补充。[2]然而，将古代石器与现代金属器进行形态比较的步骤相对简单，且往往缺乏必要的论证；比对民族志资料的方法则往往受到民族学资料数量上的多少及其与考古标本出土地的远近影响。

考古背景分析法具有一定的可信度。如陶寺遗址中常常与木俎同时出土的"V"字形石刀，被研究者判断为厨刀，[3]保存完好的良渚文化带木柄石器为研究装柄石器的装柄和使用方式创造了得天独厚的条件[4]等。然而，能够使用该方法的情境往往可遇不可求，大部分石器的原始使用情境难以完整地保留并呈现在考古学家面前。

力学分析也是研究磨制石器功能的方法之一。1982年，杨鸿勋从力学角度出发，将河姆渡遗址顶部带有磨损痕迹的石锛称为"石扁铲"，指出其用途为将木材表面加工平滑。[5]1987年，季曙行从力学角度入手，对各大小的三角形石器进行了受力分析，以此确定真正可能作为石犁来使用的三角形器的大小与形制，对石犁的组合安装进行了初步探讨。[6]1993年，他结合最新的考古学资料，运用力学分析法和文献梳理法，进一步指出，三角形器应当作为起土工具来使用，可以称为耜或锸，而三角形石刀则可能是砍刀一类的器具，主要可用于屠宰、庖厨以及砍伐树木等。[7]该方法具备可行性，且可信度高，然而它并不能直接解决功能问题，更适合作为辅助的检验手段。

目前，磨制石器功能研究中应用相对广泛的方法为微痕分析与实验考古学的结合。微痕分析最早是由苏联考古学家谢苗诺夫[8]提出并实践的，是指借助显微镜观察石器刃部或表面的细微使用痕迹来判断石器功能的方法。考古学家通过对比考古标本上的使用微痕与石器使用实验痕迹，来破解石器可能的用途与功能。1982年，在微痕分析法尚未引入的情况下，佟柱臣已经开始注意到了石器表面痕迹与使用功能之间的联系。[9]虽然佟使用了一种新颖的方法，但由于没有实验作基础，其并未得出突破性的结论。1997年，朱晓东首次将微痕分析低倍法观察运用到磨制石器的研究领域，对赵宝沟遗址磨制石斧、石耜的制作和功能进行了研究和讨论。[10]自2004年中国科学院古脊椎动物与古人类研究所举办微痕实验分析培训班后，这一方法在国内学界得到了推广，如谢礼晔、[11]钱益汇、[12]王小庆、[13]刘莉、[14]

---

[1] 牟永抗、宋兆麟：《江浙的石犁和破土器——试论我国犁耕的起源》，《农业考古》1981年第2期。
[2] 罗二虎、李飞：《论古代系绳石刀的功能——兼谈民族考古学方法》，《考古学研究》，科学出版社，2013年。
[3] 高炜：《陶寺龙山文化木器的初步研究——兼论北方漆器起源问题》，《中国考古学研究》编委会编：《中国考古学研究——夏鼐先生考古五十年纪念论文集》，文物出版社，1986年。
[4] 赵晔：《良渚文化石器装柄技术探究》，《南方文物》2008年第3期。
[5] 杨鸿勋：《石斧石楔辨——兼及石锛与石扁铲》，《考古与文物》1982年第1期。
[6] 季曙行：《"石犁"辨析》，《农业考古》1987年第2期。
[7] 季曙行：《石质三角形器、三角形石刀用途考——以使用痕迹与力学分析为中心》，《农业考古》1993年第1期。
[8] Semenov S. A. (Translated by Thompson M. W.). *Prehistoric Technology: An Experimental Study of the Oldest Tools and Artifacts from Traces of Manufacture and Wear*, London: Cory, Adams & Mackay, 1964.
[9] 佟柱臣：《仰韶、龙山文化的工具使用痕迹和力学上的研究》，《考古》1982年第6期。
[10] 朱晓东：《赵宝沟聚落遗址石器的微痕观察》，中国社会科学院考古研究所编：《敖汉赵宝沟——新石器时代聚落》，中国大百科全书出版社，1997年。
[11] 谢礼晔：《微痕分析在磨制石器功能研究中的初步尝试——二里头遗址石斧和石刀的微痕分析》，中国社会科学院研究生院硕士学位论文，2005年。
[12] 钱益汇：《济南大辛庄遗址出土商代石器的生产与使用研究》，山东大学博士学位论文，2005年。
[13] 王小庆：《石器使用痕迹显微观察的研究》，文物出版社，2008年。
[14] 刘莉、陈星灿、潘林荣等：《新石器时代长江下游出土的三角形石器是石犁吗？——昆山遗址出土三角形石器微痕分析》，《东南文化》2013年第2期；刘莉、陈星灿、潘林荣等：《破土器、庖厨刀或铡草刀——长江下游新石器时代及早期青铜时代石器分析之二》，《东南文化》2015年第2期。

杨宽、[1]王强、[2]黄建秋、[3]陈虹[4]等人均将其应用至具体遗址出土磨制石器的功能研究之中,推动了中国磨制石器微痕研究的快速发展,此处不再赘述。

近年来,残留物分析的方法也逐渐被应用至这一研究领域。残留物分析的对象主要是磨制石器使用部位残留的植物(淀粉粒和植硅体)和动物类(血渍和油脂)遗存,与微痕分析相结合,来研究石器的使用功能,进而研究人类的食谱、农业的起源、社会结构等问题。[5]国内使用该方法对磨制石器功能开展研究主要在2000年之后,如今也已积累了不少的成功案例,如山西武乡县牛鼻子湾遗址、[6]湖北枣阳雕龙碑遗址、[7]河南舞阳贾湖遗址、[8]河南偃师灰嘴遗址、[9]河南荥阳蒋寨遗址[10]等。两者相互印证,进一步提高了石器功能研究的科学性与可信度。

二、中国磨制石器研究趋势与展望

经过一代代学者的深耕,中国磨制石器研究发展整体向好,研究成果的数量与质量稳步上升,深度与广度不断提高。目前,中国磨制石器研究正表现出以下几个发展趋势:

1. 学科交叉日益加深。随着学科间交流的不断深入,中国磨制石器的研究领域正不断引入其他相关学科的知识,如民族学、地质学、物理力学等,学者们以具体的考古学问题为导向,将其与考古学背景相结合,为磨制石器的研究注入了新的活力。此外,微痕分析、残留物分析、实验考古、地球化学分析等研究方法也逐渐在磨制石器研究领域中得到了应用,并充分展现出有效性,使得中国磨制石器研究更加科学化。

2. 磨制石器研究全面化、综合化。从石器的生命史来看,磨制石器包括制作、(多次)使用、废弃等多个阶段,多面而复杂,因此对磨制石器的研究也应该关注到方方面面。从研究内容来说,目前就磨制石器的研究已经囊括了命名与分类、原料与产地、生产技术与制作工艺、使用方式与功能等,涉及磨制石器的开采、运输、使用、改制、回收废弃等诸多问题;从研究层面来说,小至单个石器,大至某一地区的石器工业面貌,均已成为中国磨制石器研究中的一部分。可以说,当前的磨制石器研究已经逐渐走向全面化与综合化。

---

[1] 杨宽:《内蒙古林西白音长汗遗址出土兴隆洼文化石铲的功能研究》,吉林大学硕士学位论文,2013年;杨宽:《辽西史前磨制石器研究》,吉林大学博士学位论文,2016年。

[2] 王强:《海岱地区史前时期石磨盘、磨棒研究》,科学出版社,2018年。

[3] 黄建秋、黄建康、时萧:《新岗遗址出土石器的初步研究》,常州博物馆编:《常州新岗——新石器时代文化遗址发掘报告》,文物出版社,2012年;黄建秋、雷少、王结华:《鱼山遗址出土石器综合研究》,科学出版社,2021年。

[4] Liu J., Chen H., Wang J., Xue L., Yue G. The function and flexible use of a Neolithic microlithic assemblage from the Huihe dam site, Inner Mongolia: a quantifiable analysis of use-wear evidence, *Archaeological and Anthropological Science*, 12, 2020, p. 83; 陈虹:《鉴微寻踪:旧石器时代石英岩石制品的微痕与功能研究》,浙江大学出版社,2020年;陈虹、孙明利、唐锦琼:《苏州五峰北遗址磨制石器的"操作链"及"生命史"研究》,《考古》2020年第11期; Chen H., Xue L., Chen R., Si H., Jin Y., Tang Y. A functional study of ground stone tools from the Bronze Age site of Dingjiacun in South China: Based on use-wear evidence, *Journal of Archaeological Science: Reports*, 40(A), 2021, p. 103215;陈虹、沈易铭、徐征、司红伟:《江苏丹阳凤凰山遗址磨制石器功能初步研究:基于微痕分析的证据》,《江汉考古》2023年第1期。

[5] 吕烈丹:《考古器物的残余物分析》,《文物》2002年第5期。

[6] 刘莉、陈星灿、石金鸣:《山西武乡县牛鼻子湾石磨盘、磨棒的微痕与残留物分析》,《考古与文物》2014年第3期。

[7] 陶大卫、杨益民、黄卫东等:《雕龙碑遗址出土器物残留淀粉粒分析》,《考古》2009年第9期。

[8] 崔启龙:《河南舞阳贾湖遗址石制品研究》,中国科学技术大学博士学位论文,2018年。

[9] 刘莉、J.LEVIN M、陈星灿等:《河南偃师灰嘴遗址新石器时代和二里头文化时期工具残留物及微痕分析》,《中原文物》2018年第6期。

[10] 姜富胜:《河南荥阳蒋寨遗址石制品初步研究》,山东大学硕士学位论文,2020年。

3. 从打制石器研究中汲取经验。长期以来，打制石器研究相较于磨制石器研究更受到学者们的青睐与重视，目前已经发展出了一套相对完备的知识体系和研究路径。目前，磨制石器研究已经在一定程度上吸收借鉴了打制石器的研究方法，学者们有时依照两者之间的共性问题，将打制石器研究领域中相对成熟的研究方法甚至是结论，部分迁移至磨制石器研究之中。然而值得一提的是，磨制石器与打制石器中的差异也同样不可忽视，简单借鉴固然省时省力，但事先的仔细比对与辩证分析是必不可少的。

然而，与国际水平相比，我国的磨制石器研究仍然有一定的提升空间，为促进其进一步良性发展，我们提出以下几点展望：

1. 摆脱"跟随式"思路，结合中国磨制石器的实际情况开展研究。针对磨制石器的研究在国外开展较早，并已取得大量成果，有诸多值得国内学界学习借鉴之处。然而，一味地跟随模仿他人并不能很好地解决国内磨制石器的相关问题。如国外大量磨制石器的研究成果与磨盘、磨棒等研磨工具相关，然而国内的磨制石器包含大量石刀、石凿、石铲等，其制作包含磨制这一过程，但并非用于研磨，故而在研究思路上与国外的磨制石器有诸多不同。此外，地域性原料的区别也使得两者之间的差异进一步扩大。因此，中国磨制石器研究不能简单地照搬国外磨制石器的研究成果，而是应当注重对原理机制与研究思路的学习借鉴，进一步结合本土材料的特点，进行创新性研究。

2. 提升认知，进一步加强对磨制石器研究的重视程度。作为新石器时代的代表性遗存之一，磨制石器在过去往往并未得到应有的重视。如今，该领域吸引了越来越多的学者参与其中，并为解读考古学问题提供了新的视角，但仍存在以片面的眼光看待磨制石器研究，甚至低估其研究意义的现象。未来，中国考古学者需要进一步提升认知，一方面要意识到包括磨制石器在内的所有遗物对于解读古代社会来说都有价值与意义，不应先入为主，厚此薄彼；另一方面要认可磨制石器研究的综合性，无论是定名、分类、原料，还是技术、功能、意义，都是磨制石器研究的有机组成部分，在研究过程中充分评估考量各种因素的影响。

3. 重视重大课题引领，坚持问题导向。考古学最终的目的在于透物见人，而磨制石器作为一种特定的器物种类，其研究目的归根到底仍然在于解读古代人类社会。研究者应当将磨制石器研究置于重大课题之中，如文明探源、社会发展等等，结合磨制石器本身的考古学背景，整合信息，使之为特定的考古学问题服务，不可只见树木、不见森林，为了研究而研究。

4. 进一步培养人才，壮大磨制石器研究队伍。目前国内专注于磨制石器研究的学者数量仍然较少，许多地方考古所并没有能够专门负责该领域的研究者。这在很大程度上阻碍了中国磨制石器研究的发展。未来，各高校、研究机构等需要扩大对磨制石器研究人才的培养，并注重提升其学科交叉能力与国际化能力，促进磨制石器研究的专业化，为该领域的不断发展提供优质的后备人才。

崧泽文化时期太湖东部的社会发展[*]

◎ 曹　峻（上海大学考古学与博物馆学系）

以苏州、沪西为中心的太湖东部地区，是环太湖史前文化格局中的重要组成部分。从马家浜、崧泽至良渚文化时期，该地区聚落密集、文化发达，是早期文明的孕育、发生和繁盛之地。而在史前文化发展序列中，崧泽文化正处在从马家浜到良渚文明的过渡阶段，处于承上启下的重要环节。探究崧泽时期太湖东部的社会发展状况，不仅是对太湖东部自身史前社会文明发展情况的进一步了解，同时也是对整个环太湖地区文明起源过程的深入和细化。本文拟从居址聚落和墓地两个方面来讨论崧泽文化时期太湖东部的社会发展状况，力图对该地区文明起源与形成的过程有更细致和深刻的认识。

一、聚落的宏观分布与微观内涵

聚落形态是考察史前社会发展与变迁的重要视角。太湖东部的崧泽文化中，经考古调查或发掘的遗址已有数十处，其中以生活居址为主的聚落材料也有了不少积累，这些材料让我们能够从宏观和微观两个层面来考察太湖东部在崧泽文化时期的社会变化特点。

1. 宏观聚落分布

从整个环太湖地区来看，目前发现的崧泽遗址已有百余处。[1]遗址分布图显示（图一），茅山以东、钱塘江以北的环太湖地区大约在两点钟、四点钟和六点钟方向各有1个间隔空间，将崧泽文化遗址划分为北部、东部、东南部和西南部四个区域板块，这与学界一般认识崧泽文化面貌的分区基本吻合，反映出了崧泽文化聚落宏观分布的特点。

而包括苏州、昆山、上海西部等地在内的太湖东部，也是崧泽文化遗址的密集分布带。这里经过发掘和调查的遗址有绰墩、[2]草鞋山、[3]"东湖林语"二期项目、[4]独墅湖、[5]越城、[6]

---

[*] 本文为苏州地域文明探源工程之"东太湖地区文明化进程研究"阶段性成果。
[1] 从目前材料来看，已经发现的崧泽文化遗址中，除少数经过正式发掘可知其具体内涵之外，大部分遗址仅经调查发现或未发表详细资料，其内涵具体包括早、中、晚的哪些阶段还不是很清楚。因此这里从整个崧泽文化时期的角度考察遗址分布的特点。
[2] 苏州市考古研究所：《昆山绰墩遗址》，文物出版社，2011年。
[3] 南京博物院：《江苏吴县草鞋山遗址》，《文物资料丛刊（3）》，文物出版社，1980年；孙明利：《草鞋山遗址崧泽文化墓地的发现及M16出土"碟形器"功能探讨》，《苏州文博论丛》2010年（总第1辑）。
[4] 张铁军等：《"东湖林语"二期项目建设工地古井群的抢救性考古发掘简报》，苏州博物馆编：《苏州文物考古新发现——苏州考古发掘报告专辑（2001—2006）》，古吴轩出版社，2007年。
[5] 朱伟峰：《独墅湖遗址发掘报告》，苏州博物馆编：《苏州文物考古新发现——苏州考古发掘报告专辑（2001—2006）》，古吴轩出版社，2007年。
[6] 南京博物院：《江苏越城遗址的发掘》，《考古》1982年第5期。

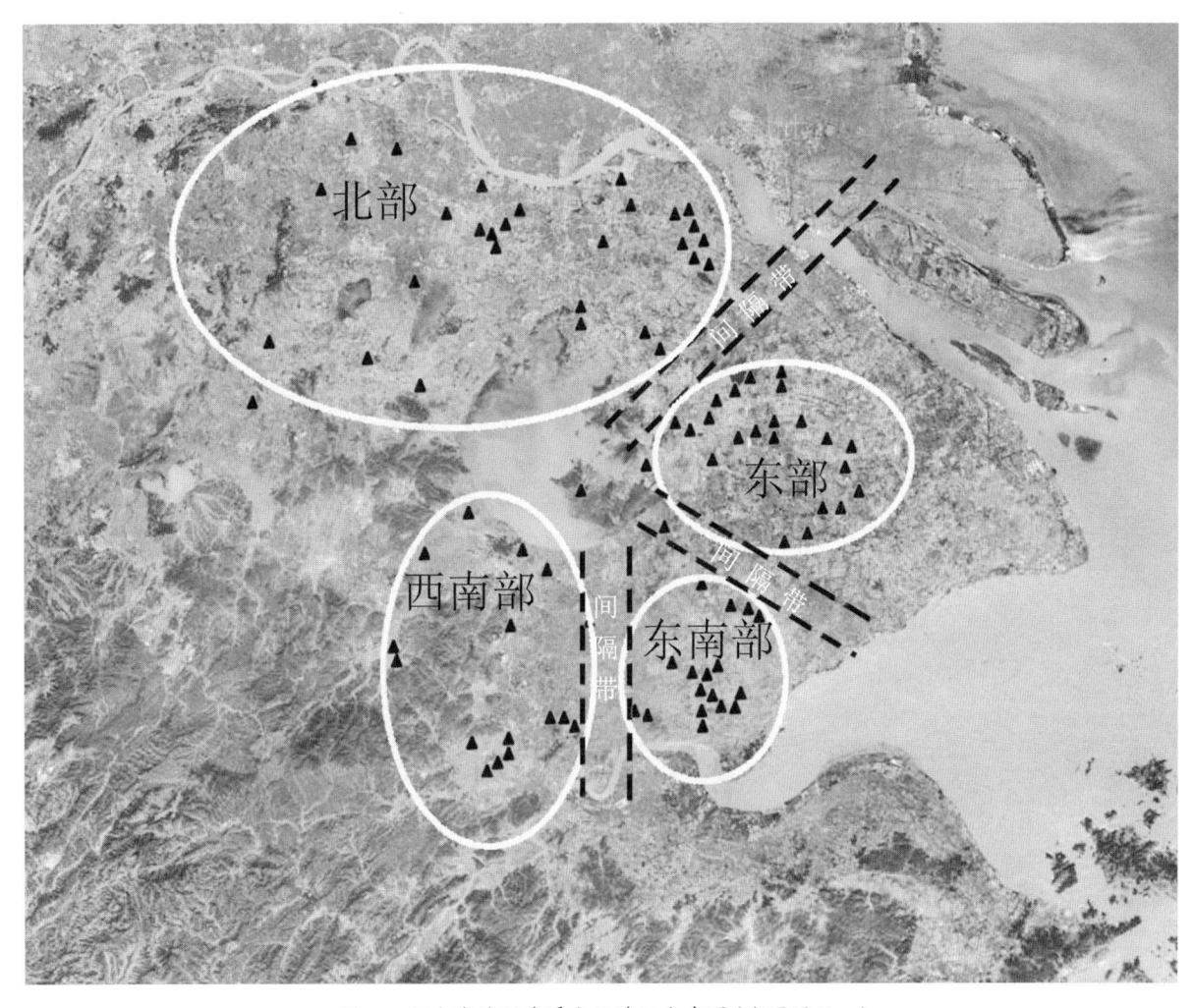

图一　环太湖地区崧泽文化遗址分布图（彩图图版一）

郭新河、[1]徐巷、[2]俞家渡、[3]龙南、[4]同里、[5]澄湖、[6]张陵山、[7]姜里、[8]赵陵山、[9]红峰、[10]

---

[1] 苏州博物馆：《吴县郭新河遗址发掘简报》，《东南文化》2002年第7期。
[2] 姚勤德：《江苏吴县南部地区古遗址调查简报》，《考古》1990年第10期。
[3] 姚勤德：《江苏吴县南部地区古遗址调查简报》，《考古》1990年第10期。
[4] 苏州博物馆、吴江县文物管理委员会：《江苏吴江龙南新石器时代村落遗址第一、二次发掘简报》，《文物》1990年第7期。
[5] 苏州博物馆等：《江苏吴江同里遗址发掘报告》，苏州博物馆编：《苏州文物考古新发现——苏州考古发掘报告专辑（2001—2006）》，古吴轩出版社，2007年。
[6] 丁金龙：《苏州澄湖遗址发掘报告》，苏州博物馆编：《苏州文物考古新发现——苏州考古发掘报告专辑（2001—2006）》，古吴轩出版社，2007年。
[7] 南京博物院：《江苏吴县张陵山遗址发掘简报》，《文物资料丛刊（6）》，文物出版社，1982年；南京博物院、甪直保圣寺文物保管所：《江苏吴县张陵山东山遗址》，《文物》1986年第10期。
[8] 苏州市考古研究所、昆山市文物管理所、昆山市张浦镇文体站：《江苏昆山姜里新石器时代遗址2011年发掘简报》，《文物》2013年第1期。
[9] 南京博物院：《江苏昆山赵陵山遗址第一、二次发掘简报》，《东方文明之光》，海南国际新闻出版中心，1996年；南京博物院：《赵陵山——1990~1995年度发掘报告》，文物出版社，2012年。
[10] 南京博物院：《赵陵山——1990~1995年度发掘报告》，文物出版社，2012年，第7页。

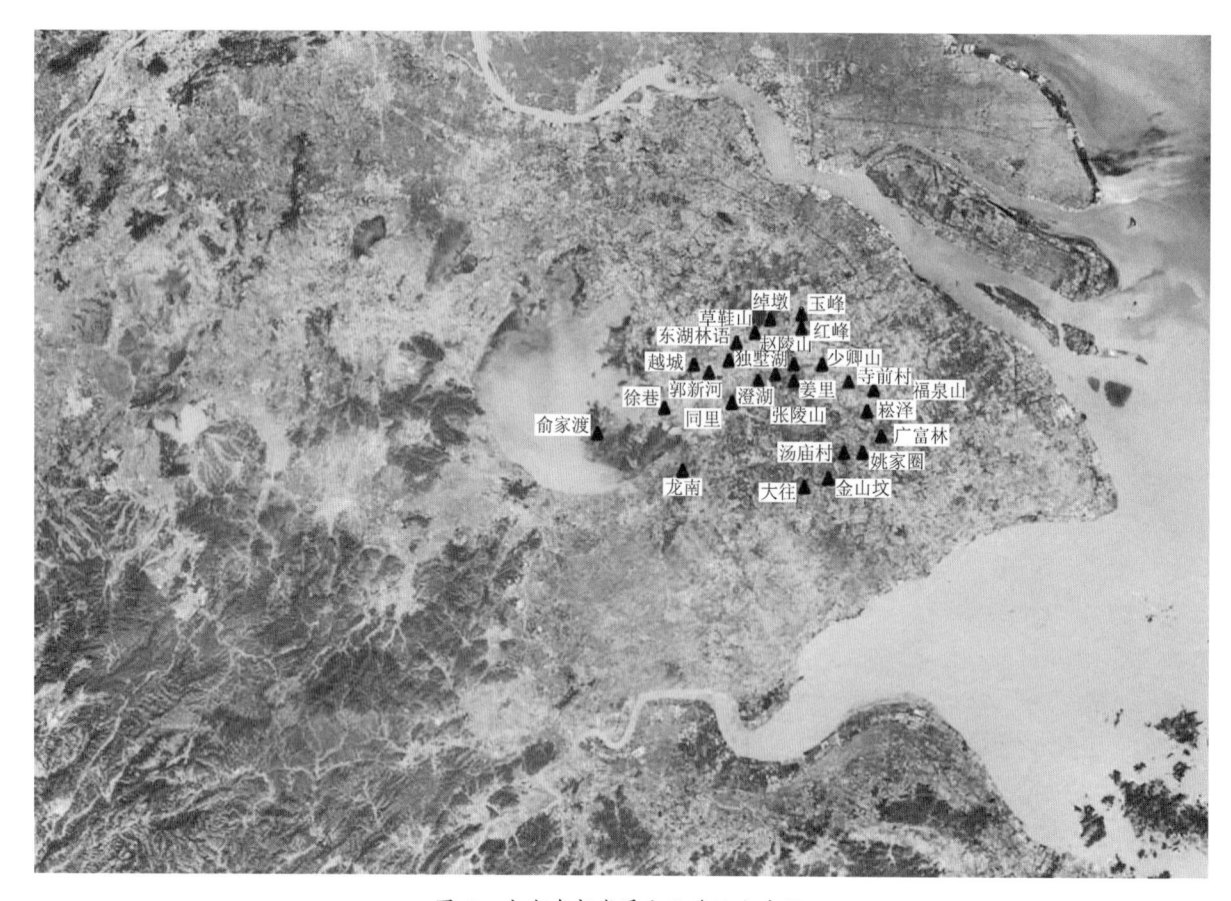

图二　太湖东部崧泽文化遗址分布图

玉峰、[1]少卿山、[2]寺前村、[3]福泉山、[4]崧泽、[5]广富林、[6]姚家圈、[7]汤庙村、[8]金山坟、[9]大往[10]等。从遗址分布看,该区域的西北端有绰墩、草鞋山、"东湖林语"、独墅湖、郭新河、越城、徐巷等遗址大体呈东北—西南向一字排开,前文已提及这条界线以北有一条较宽的空白地带,与太湖北部的遗址间隔开来。或许这一同为东北—西南向的空白地带在崧泽文化时期是潟湖、沼泽等地势低洼区域,不适合先民居住(图二)。

---

[1] 南京博物院:《赵陵山——1990~1995年度发掘报告》,文物出版社,2012年,第6页。
[2] 苏州博物馆、昆山县文管会:《江苏省昆山县少卿山遗址》,《文物》1988年第1期。
[3] 孙维昌:《上海青浦寺前村和果园村遗址试掘》,《南方文物》1998年第1期;上海博物馆考古研究部:《上海青浦区寺前史前遗址的发掘》,《考古》2002年第10期。
[4] 上海市文物管理委员会:《福泉山:新石器时代遗址发掘报告》,文物出版社,2000年。
[5] 上海市文物保管委员会:《崧泽——新石器时代遗址发掘报告》,文物出版社,1987年;上海市文物管理委员会:《1987年上海青浦县崧泽遗址的发掘》,《考古》1992年第3期;上海市文物管理委员会:《1994—1995年上海青浦崧泽遗址的发掘》,《上海博物馆集刊(第八期)》,上海书画出版社,2000年;河南大学历史文化学院、上海博物馆考古部:《上海市青浦区崧泽遗址2014年发掘简报》,《考古》2020年第11期。
[6] 广富林考古队:《2009年广富林遗址发掘又获重要成果》,《中国文物报》2010年4月16日第4版;广富林考古队:《2010年广富林遗址发掘再获丰硕成果》,《中国文物报》2011年5月6日第4版;上海博物馆考古研究部:《2011年广富林遗址发掘又获丰硕成果》,《中国考古学年鉴(2011)》,文物出版社,2012年;广富林考古队:《2012年上海广富林遗址考古获重要成果》,《中国文物报》2013年6月21日第8版。
[7] 上海市文物管理委员会考古部:《上海市松江县姚家圈遗址发掘简报》,《考古》2001年第9期。
[8] 黄宣佩、孙维昌:《上海市松江县汤庙村古遗址调查》,《考古》1963年第1期;上海市文物保管委员会:《上海松江县汤庙村遗址》,《考古》1985年第7期。
[9] 上海市文物保管委员会:《上海青浦县金山坟遗址试掘》,《考古》1989年第7期。
[10] 嘉兴市文化局:《马家浜文化纪事》,《马家浜文化——江南文化之源》,浙江摄影出版社,2004年。

2. 聚落微观内涵

从聚落内部来看，太湖东部的崧泽文化遗址中常见有土台、房址、灰坑、井等生活遗迹。一般认为，崧泽中期开始环太湖各区域普遍出现土台，尤其以东部和东南部发现最早、数量最多，其上建筑房址或埋设墓葬。到了崧泽晚期土台便成为聚落形态的一种特有景观。太湖东部也发现了多个遗址存在崧泽文化时期的土台，如赵陵山、姜里、同里、郭新河等。这些土台一般呈覆斗形，底大顶小，高度1—3米不等，四边均有斜坡、顶面平整。有的土台规模很大，如赵陵山遗址，经过多次堆筑扩建而成，不同阶段形成了不同的台体；土台顶部达6 500平方米。土台上的遗迹有三种情况，一种是不见任何遗迹现象；第二种是仅有墓葬；第三种是土台上发现有房址和墓葬。

土台之外，体现聚落日常生活的遗迹还有居址建筑、灰坑、井甚至水田等，但材料较为零散。其中已发表明确居址遗迹的有姜里和绰墩遗址，还有一些遗址发现有建筑迹象但不是很明确，如崧泽、福泉山等。这些材料虽然不甚全面，我们仍可从中窥探太湖东部崧泽聚落的内涵及其变迁的一些具体情形。

（1）姜里遗址[1]

姜里遗址位于昆山市张浦镇姜里村，包含有马家浜、崧泽、良渚及马桥文化遗存，面积达9万平方米。其中崧泽时期的遗存有土台、房址、墓葬、水田等遗迹，但是很遗憾简报未报道各遗迹的相互位置关系，因此聚落内部布局不太清晰，但可以大体了解土台和房址的结构。

发现崧泽文化中期土台1座，位于发掘区的南区⑥层下，平面呈长方形，北部斜坡状。因仅局部发掘，总体规模不详。土台上发现房址2座，即F3、F4（图三）。其中F3位于土台东部，开口于⑥层下，平面呈长方形，南北长4、东西宽3米，四周为基槽，基槽内分布有柱洞。F4位于土台北部，开口⑥层下，东南部被F3打破，平面呈长方形，发现有4条基槽（Q1—Q4）。其中Q1在北边，东西向，残长9、宽0.12、深0.15米；Q2在西边，南北向与Q1垂直相交，南部被H13打破，残长2.1、宽0.1、深0.15米。Q3和Q4位于Q1与Q2围起来的方形结构内部偏北的位置，且二者一南一北大致呈东西向平行排列，不清楚原始状态如何。从土台和房址的先后关系看，是首先建筑土台，再在其上建筑F4，之后再建F3。

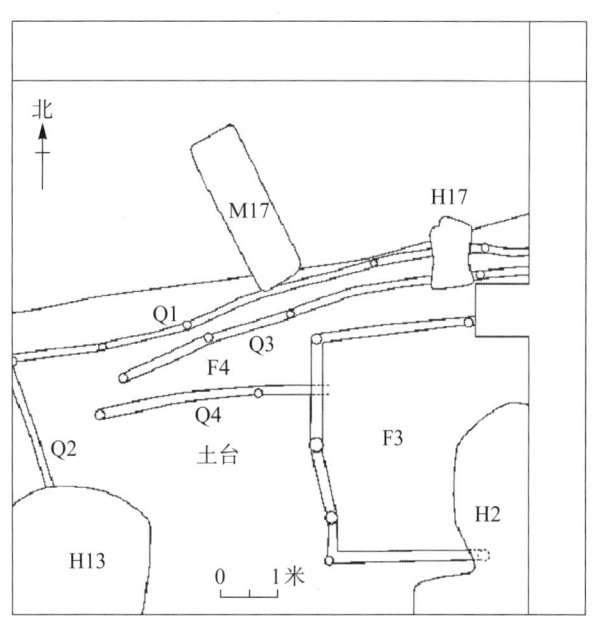

图三　姜里遗址F3、F4平面图

土台的北部发现有水田和池塘遗迹，但简报未发表相对位置关系，也不清楚是否与土台年代相同；与房址同层位的墓葬有18座，报道的仅2座即M10、M23。

（2）绰墩遗址[2]

遗址位于昆山正仪镇北的绰墩山村，地处傀儡湖和阳澄湖之间。遗址中心区域四周环水，总面积约25万平方米。发现崧泽文化房址3座，其中F8压在良渚文化土台之下，情况不明，F4与F14有部分揭露。

---

[1] 苏州市考古研究所、昆山市文物管理所、昆山市张浦镇文体站：《江苏昆山姜里新石器时代遗址2011年发掘简报》，《文物》2013年第1期。
[2] 苏州市考古研究所：《昆山绰墩遗址》，文物出版社，2011年。

F4，位于1区T0603，南部进入T0602，开口在④层下，在探方内仅揭露局部。已揭露部分有墙、柱洞、居住面和灶坑。其中黄土墙一段，位于北部，南北向，长1.35、宽0.65—0.75、厚0.2米。柱洞4个，其中2个在土墙上，东西排列，另两个在居住面上。居住面揭露出了南北长5.6、东西宽4米的黄土面，较硬。另外居住面东南部有一灶坑，近似圆形，直径1米左右，灶面硬结，西侧有草木灰。

F14，大致可分为南北两间，以Q2为分界。南面一间东西长约5、南北宽约4.4米；北间南北长约5、东西宽约5.4米，内有灶坑两个（Z1、Z2）。房屋堆积分为建筑堆积、使用堆积和废弃堆积。

（3）福泉山遗址[1]

遗址位于上海青浦重固镇西侧，包含马家浜、崧泽、良渚、马桥和战国时代遗存。该遗址的崧泽文化遗存报道较为详细，为讨论聚落微观形态提供了重要依据。我们可以根据福泉山这个聚落的结构和形态特征，来观察和推测太湖东部聚落的微观形态及其历时变迁。

福泉山遗址中，属于崧泽文化中期的青灰土层位，包含有建筑遗迹1、墓葬9座，其中墓葬群主体位于建筑的北侧；属于崧泽文化晚期的黑灰土层，包含有位于北部的墓葬、墓葬区东部的红烧土、烧坑、灶膛，以及南部零星的"祭祀遗迹"。除了墓葬之外，这些遗迹现象都很特殊，性质需要稍加讨论。

首先是建筑遗迹，根据报告描述，建筑遗迹发现于T11与T27的青灰土层底部，在一片黑褐色的硬土面上有平铺的小木板，硬土之南有以红烧土粒和介壳末混合堆成的小土台，东侧有一堆红烧土块和木板，西侧还有一片厚约10厘米的灰层，中间夹杂着大量陶片、残骨器和各类动物的碎骨，北部有许多长短不等的树条。发掘者推测这里可能是一处已被拆毁的建筑遗址。我们认为这个推论可以采信，遗迹内有生活用的台面，台面西侧的灰层中有碎陶器、动物碎骨、骨器等，可能是灶坑所在。因此这里应该是当时人们的生活区域。

其次，开口在青灰土层的建筑有遗迹1、墓葬9座，其中建筑迹象北部有墓葬8座、南部1座。从墓葬群的分布看，其西部距T6、T8的西壁尚有一段空白，应该就是墓葬区的西部边界；东部紧挨着黑灰土层的红烧土和灶坑遗迹，报告未报道其下仍有墓葬，应该即墓区的东部边界；其东南部尚有一段断崖，可能有部分墓葬被破坏，但规模应该不会很大。这样，可以认为墓葬揭露的墓葬区大体完整，其规模可能就是当时居住在建筑遗迹上的一个生活单位的规模。

再次是墓葬区东部T10内的红烧土面、灶膛和烧坑遗迹，均位于灰黑土层。其中灶膛开在灰黑土层底部，周围是一片红烧土屑地面，灶膛口呈不规整的圆形，敛口弧壁平底，一端有出灰口，里面充满乌黑的炭灰，灶内壁经长期火烧，已结成一层坚硬的红烧土面，在灶膛近旁还发现了一件残破的角尺形足大陶鼎。报告未对该区域作出判断，我们认为这些遗迹很可能也是生活遗迹，特别是灶膛的性质比较明确，有长期火烧，以及近旁有作为炊器的陶鼎的存在。至于烧坑形状特别，且层位在灰黑土层的上部，应与红烧土面和灶膛不属同一时代。

最后是"祭祀遗迹"2处，发现于灰黑土层墓葬之南[2]20余米的坡面上。其中祭1位于T39探方内，是一片火烧遗留下的草灰面，灰面呈椭圆形，东西向长约8米、宽约5米、厚约0.5厘米，其上洒有介壳末，西南侧并有一件残陶鼎和数块红烧土，西北侧有一堆陶片。祭2的情况大体与祭1相似。发掘者认为这是在墓地近旁进行的燎祭活动遗迹，反映出了良渚文化燎祭起源于崧泽文化。

但是根据这个遗迹的特点，结合相关研究，我们推测这有可能是露天烧陶场所。早在20世纪60至80年代崧泽遗址发掘及资料整理和出版时，发掘者就对发现的几处烧土面，根据带芦苇印痕的红

---

[1] 上海市文物管理委员会：《福泉山：新石器时代遗址发掘报告》，文物出版社，2000年。
[2] 报告未指明其开口层位，暂且认为与灰黑土层墓葬是同时的。

烧土块、炭灰、陶片、无柱洞等迹象,做出了"不像居住遗迹,可能属于平地烧制陶器的窑场遗迹"的判断。[1]最近有学者从民族学、考古学、实验考古学的角度,系统思考了史前平地烧陶在考古遗存上的特点,认为长江下游史前考古遗址中的一些包含有带芦苇印痕的红烧土块、碎陶片、炭灰的浅坑类遗迹,很有可能就是平地烧陶的遗留。[2]而福泉山黑灰土层的这两处"祭祀遗迹"也符合这类平地烧陶遗迹的特征,即有红烧土块、碎陶片、草木灰等,虽然报告并未描述红烧土块的情形,但从烧土块与碎陶片、草木灰并存的情况看,这两处遗迹很有可能就是平地烧陶的遗留。

讨论了不同迹象的性质之后,我们就可以初步勾勒出福泉山遗址在崧泽中晚期的小型聚落分布及变迁过程。从历时角度看,崧泽中期,建筑遗迹之北为墓葬区,个别墓葬零星分布在生活区的南部。崧泽晚期,原建筑遗迹废弃成为向南扩展墓葬区的一部分,而生活区域转移到墓葬区以东,同时在生活区和墓葬区的南部发现了烧陶的生产作业区。

福泉山聚落的重要意义在于给我们提供了一个当时基本生存社会单元规模的样本。

二、墓地所反映的社会发展状况

墓地和墓葬是讨论史前社会发展状况的又一重要视角。太湖东部是崧泽文化的繁盛地带,除了居址聚落遗迹之外,更有为数众多的崧泽文化墓葬,是我们深入了解崧泽社会的重要材料。本区域绝大部分遗址中都有墓葬的发现,而其中以崧泽墓地最具代表性,另外绰墩和福泉山遗址的发表材料也比较丰富,本文以这些材料为主要分析对象。

(一)崧泽遗址

崧泽遗址位于上海青浦崧泽村北,在20世纪60、70年代在假山墩发掘崧泽文化墓葬100座,发掘者将其分为三期,分别相当于崧泽早期偏晚、中期和晚期阶段;[3]1994—1995年又清理出36座墓葬,其中17座可以被分别纳入早年划分的三期,另外19座墓葬为年代最晚的第四期,约相当于崧泽文化末期。[4]因90年代清理的墓葬仅提供了所在探方而未发表具体分布图,本文亦只以探方表示其大概位置并标出数量。下文主要以60、70年代和90年代发掘的两批墓葬以及发掘者的分期为基础,从墓地布局和墓葬随葬品数量、结构等方面讨论遗址不同时期的社会状况。

1. 第一期

该期墓葬10座,其中8座位于发掘区中部,另外在东北的94T1和西部的94T3各有一座墓葬。此时墓葬头向不尽一致,6座为西北向、2座东南向,另有2座为东向。T1、T3和中部发掘区相距较远,表明此时可能已形成3个墓区。位于发掘区中部的8座墓葬分布较为稀疏,未见明显规律和墓群聚集现象(图四)。此时的社会基本单位应该是墓区这一层级的结构。

本阶段共有37件随葬品,包括19件陶器、17件石器和1件骨器,分别占比51.4%、45.9%和2.7%(表一)。陶器中仍能不时见到延续马家浜文化的陶釜,鼎、豆、罐、壶的组合还不稳定,豆最为多见,鼎、壶都少见,基本不见罐;石器有钺、锛、凿3种,还见到了一件骨镞。葬品数量最多的是M21,其8

---
[1] 上海市文物保管委员会:《崧泽——新石器时代遗址发掘报告》,文物出版社,1987年,第9页。
[2] 秦小丽等:《平地堆烧与长江下游地区的陶器烧制技术》,《故宫博物院院刊》2021年第6期。
[3] 上海市文物保管委员会:《崧泽——新石器时代遗址发掘报告》,文物出版社,1987年。
[4] 上海市文物管理委员会:《1994—1995年上海青浦崧泽遗址的发掘》,《上海博物馆集刊(第八期)》,上海书画出版社,2000年。

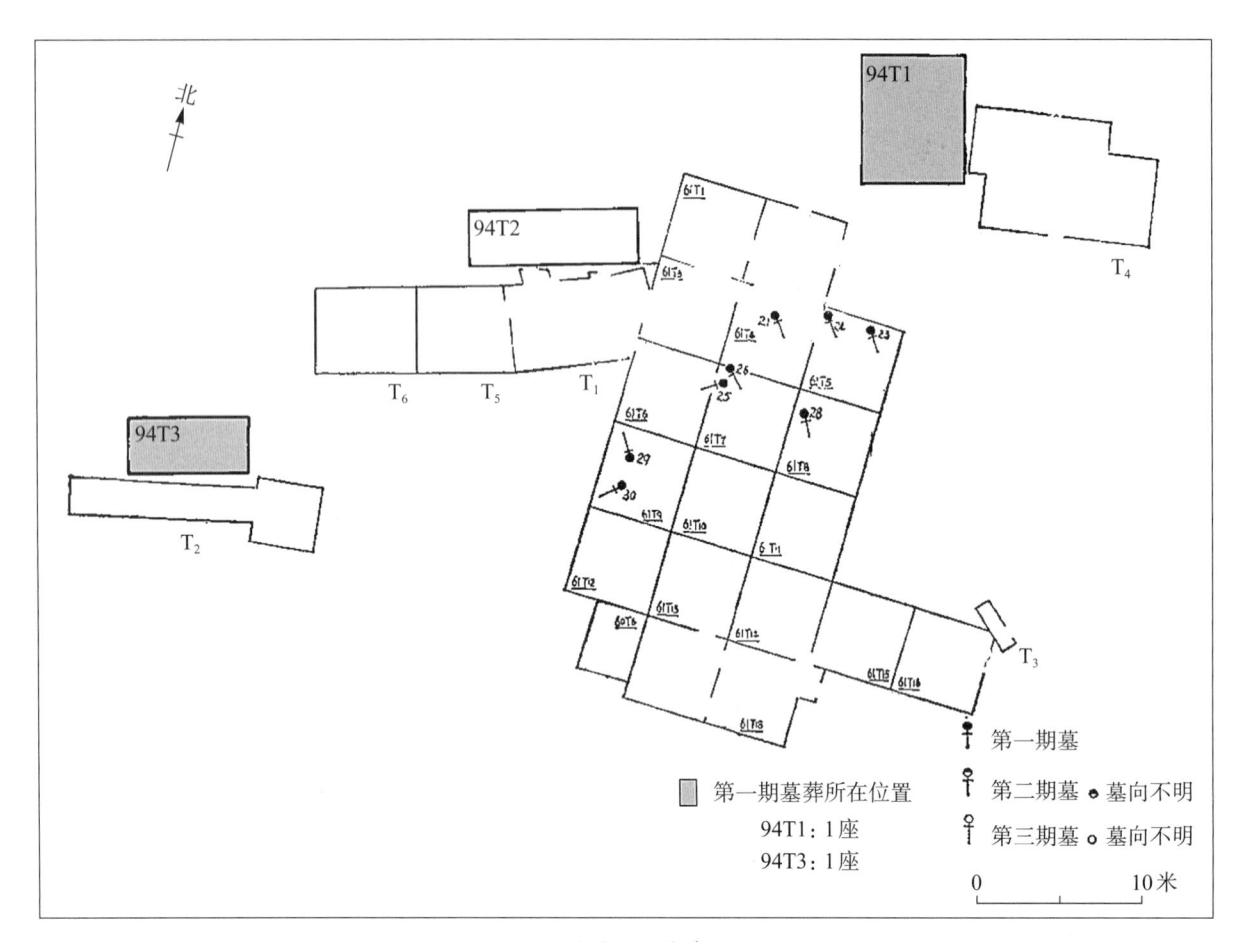

图四　崧泽第一期墓葬分布图

件陶器和9件石器使得葬品总数达到了全墓地最多的17件；而无随葬品的墓葬也有2座，导致本期的变异系数[1]高达1.29。本期出土石钺的墓葬有两座，M21除随葬石钺2件外，还有陶釜1、豆2、壶5、石锛4和凿3，墓主经鉴定为男性；M136位于东北墓区的T1，除随葬石钺1件外，也有陶釜和陶豆，另有少见的骨镞。两座墓葬都出土了陶釜，说明年代应该在本期中属于偏早阶段；而石钺和骨镞的出土，表明墓主人的财富和社会地位都很特殊，男性占据社会上层，其权力可能来源于对财富的占有。

表一　崧泽墓地各期随葬品结构数值表

	陶器		石器		玉器		骨器		总数		墓葬数量	葬品均值	变异系数
	数量	占比	数量	占比	数量	占比	数量	占比	数量	占比			
第一期	19	51.4%	17	45.9%	0	0	1	2.7%	37	100%	10	3.7	1.29
第二期	171	85.9%	13	6.5%	14	7.0%	1	0.5%	199	100%	37	5.4	0.69
第三期	346	93.3%	8	2.2%	16	4.3%	1	0.3%	371	100%	70	5.3	0.71
第四期	37	92.5%	2	5.0%	1	2.5%	0	0	40	100%	19	2.1	0.88

---

[1] 本文使用"变异系数"（Coefficient of Variation）的概念，即在一个墓葬集合中，以各墓葬随葬品数量标准差除以葬品平均值所得到的系数，来表示该墓葬集合中随葬品的分化程度。参见 Shennan, S. *Quantifying Archaeology*, Edinburgh: Edinburgh University Press, 1997；刘莉：《中国新石器时代——迈向早期国家之路》，文物出版社，2007年，第114页。

2. 第二期

该期有37座墓葬，分别位于发掘区的北部、东北角、南部和西部四处，表明存在四个墓区。其中西部和南部墓区位于发掘区边缘，墓葬数量仅有5座；东北墓区有6座墓葬；而北部墓区墓葬数量最多也最为密集。从北部墓区的情况来看，墓区内已形成东、西两个墓群，东部墓群16座，西部9座，且各自聚集紧密，墓群这一级别不仅已经形成，而且取代墓区成了构成社会结构的基本单位（图五）。可以发现，崧泽墓地从第一期到第二期，发生了剧烈的变化。首先表现在墓葬数量，从前期的10座剧增到此期的37座，人口数量扩张了近3倍。其次墓地的布局也发生了显著的改变，前一阶段发掘区中部的墓区已不再使用，而紧邻的北部则成了最主要的埋葬区。再次，墓群的出现显示出此时社会层级增加、社会基本单位更加细化、结构比前期更为复杂。最后，墓葬头向除了极个别为东西向之外，绝大多数均为南偏东，说明墓葬习俗发生了变化，且整个社群都遵循这一习俗，凝聚力增强。众多现象表明，崧泽社会从第一期到第二期，在各个方面都发生了深刻的变化，且这一变化是非常突然、彻底的。

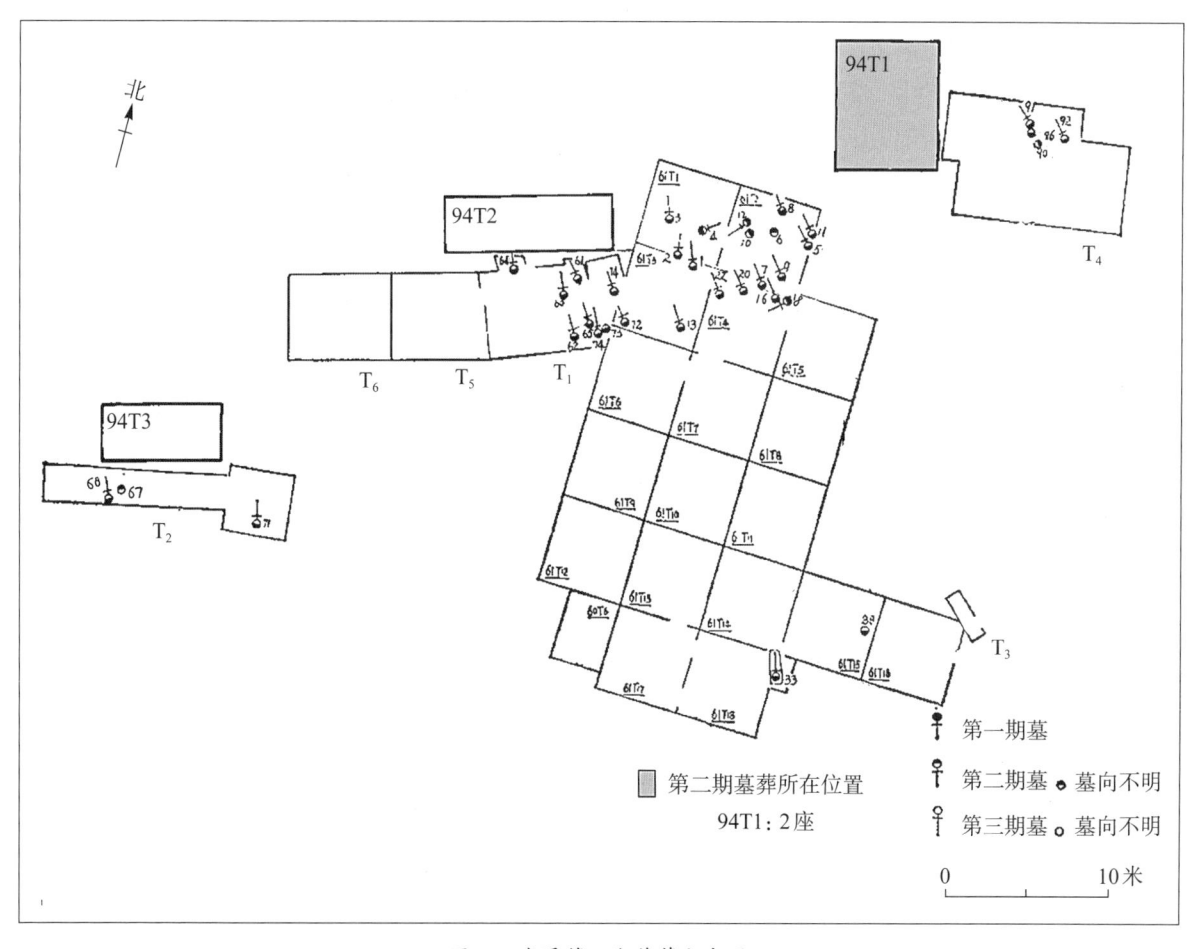

图五　崧泽第二期墓葬分布图

37座墓葬中共有199件随葬品，陶、石、玉器占比分别为85.9%、6.5%和7.0%，相比前一阶段陶器的比例显著上升，而石器的比例则明显下降（表一）。此时鼎、豆、罐、壶的陶器组合趋于稳定，钺、锛、凿仍然是石器的主要种类，玉器璜、玦、璧、镯开始出现，以玉璜最为常见。结合墓区、墓群的单位看，北区因墓葬数量最多、葬品数也最多达127件；但从每座墓葬的随葬品均值来看，则东北墓区8.7件的均值数超过了北区的4.9件。北部墓区中,西部墓群的特点非常显著。该墓群包括M14、M60—62、M64—65、M72—74共9座墓葬,除M73人骨未经鉴定外,其他M14鉴定为男性、M72为儿童,余6座墓葬皆为女性。6座女性墓葬的葬品数均值达9.3件,其中M65和M60的随葬数量达到了整个墓地最多的14和13件。随葬品中,除M74外每座女性墓都出土有一件以上的玉璜。从排布上看,M62、M65、M74、M73、M72大体呈东西向紧密排列在南侧;M64、M60、M61和M14,也略呈东西向排列在北侧,相比其他墓群,北区西群墓葬的排列不仅紧密而且相对有序。这些特点暗示出,以玉璜显示不同社会地位的女性占据社会上层,且这些上层人群可能有专门集中的埋葬区域。

3. 第三期

墓地规模相比前期有了大幅度的增长,主要表现就是墓葬数量从前期的37座增加到了70座,规模上扩张了近一倍。墓地格局总体上延续第二期4个墓区的布局,但不同墓区间有此消彼长的现象(图六)。首先是北部墓区依然分为东、西两个墓群,但是东部墓群急剧衰落,仅余两座墓葬M17和M19;西部墓群11座与前期基本持平,总体位置也基本没有移动。其次是东北墓区,此时墓葬数量有了很大的增长,从前期的仅7座墓葬剧增至27座,而且从其位置来看,9座墓葬位于94T1、18座位于76T4,因此该墓区可能还可以分为东、西两个不同的墓群。同样发生显著变化的还有南部墓区,其墓葬数量和范围也急剧增长,墓葬数量从前期的仅2座发展到本期的23座,并且从位置关系上看可分为东部4座、中部6座、西部10座和西南部3座这4个不同的墓群。与之相比,西部墓区的变化不是很显著,其仅有6座墓葬,规模与前期的3座相比略有增长。四个墓区的墓葬头向除个别为东向之外,绝大

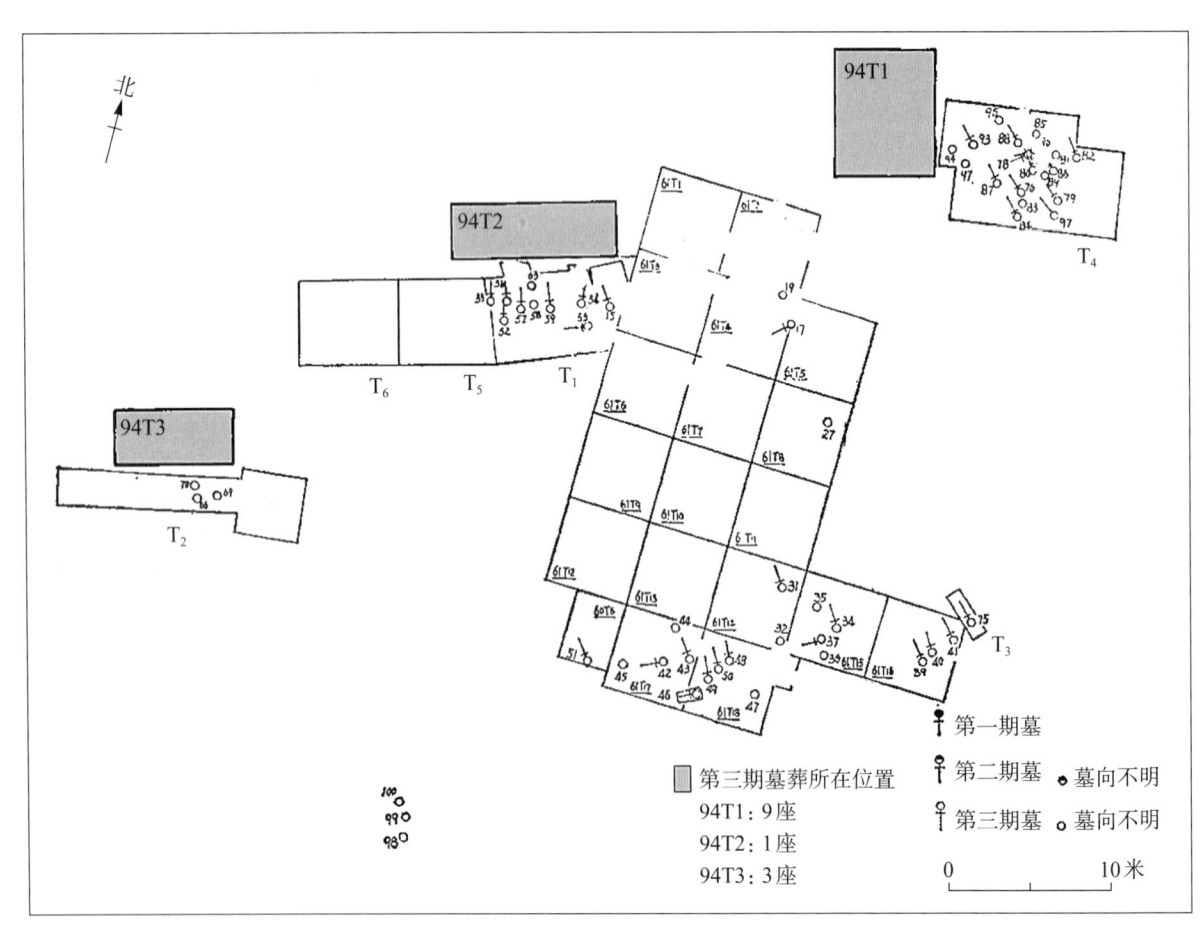

图六 崧泽第三期墓葬分布图

多数仍较统一为东南向,表明此时整个社群依然保持着较强的凝聚力,而墓群在各个墓区普遍出现,则说明墓群这一层级的结构已经成了稳定的社会基本构成单位。值得注意的是,墓群之内的各个墓葬虽然排列紧密,但没有成排布列的现象,这与下文所述的绰墩墓地有所不同。

该期随葬品仍由陶、石、玉和骨器组成。陶器比例进一步上升达93.3%,相应的石、玉器比例下降,各为2.2%和4.3%(表一),各器形种类延续前期,未有太多变化。从葬品均值上看,四个墓区中东北区仍占微弱优势,总体上与前一阶段的数值相比略有减少。该期的石钺数量显著减少,仅M132、M34、M51各1件,分别位于东北和南部墓区。3座墓葬的石钺均未与玉璜、纺轮共出,但人骨未经鉴定。另一方面,玉璜数量为9件,出自8座墓葬,其中M93出土2件玉璜,但墓主鉴定为男性,是比较特别的个案。与前期石钺5件、玉璜10件相比,本阶段高端葬品的数量也略有下降。在墓葬数量增多的情况下,随葬品均值和高端葬品数量均有所减少,暗示着社会发展的衰落趋势和埋葬风俗的转变。

4. 第四期

第四期已经到了崧泽文化末期,整个墓地仅有19座墓葬,分布在94T1和94T2两个探方内。前期中部、南部和西部的墓区都已不存在,仅存东北墓区和北部墓区,且墓葬数量也不多(图七)。随葬品均值进一步下降至各期最低值的2.1件,少见鼎、豆、罐、壶、杯的完整陶器组合,石钺仅2件,不见玉璜出土。社会发展进入衰退期。

5. 讨论

崧泽遗址的史前社会经历了4个发展阶段。第一阶段相当于崧泽文化早期,整个社会由三个社

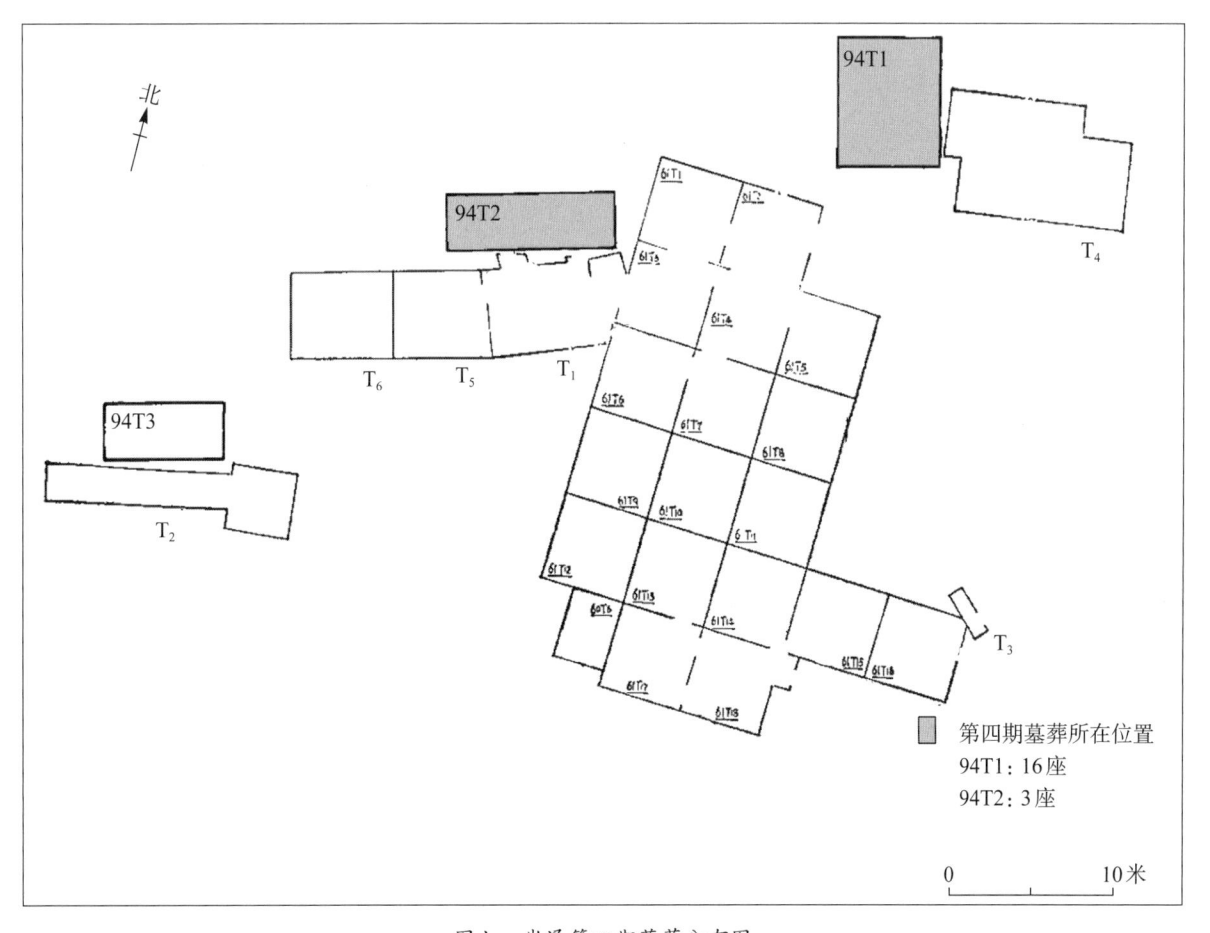

图七 崧泽第四期墓葬分布图

群组成，形成了3个墓区，但各墓区内的墓葬分布未见明显规律、头向也不尽一致，说明社会的凝聚力和结构性还不是非常成熟；随葬品中，陶鼎、豆、罐、壶的典型器物组合尚未稳定，陶器与石器占比相当，未见玉器，葬品均值不高，变异系数所显示的社会分化程度却达到了各期的最高值。第二和第三阶段相当于崧泽文化的中、晚期，是该遗址聚落与社会的繁盛期，聚落人口急速增长，墓区之下出现了墓群结构并渐趋完善和稳定，表明社会层级增加、基本构成单位规模趋小，社会复杂化增强。但就墓群这一层级的结构来说，个别墓群可能是某些特殊身份个体的埋葬区域，比如第二期时北区的西部墓群，可能是上层女性的专属葬区。此外其他墓群看不出性别和葬品方面表现出的独特现象，应该仍然是由血缘或其他某些关系组成的社会基本构成单位。第四阶段相当于崧泽文化末期，此时崧泽聚落表现出了明显的衰落迹象，人口减少、社群规模显著降低；随葬品数量明显下降，许多墓葬一无所有，高端葬品也少见或者不见。

  从崧泽墓地的各期情况来看，从第一期到第二期是社会发展的重要转折期。首先是随葬品中陶器的百分比情况。陶器占比从第一期的51.4%到第二期的85.9%，有一个明显的抬升，此后第三、四期则保持相对平稳的数值（图表一）。陶器是随葬品平均数量变化的主要因素，我们看到葬品均值相应地与陶器占比在前三期基本保持一致，从第一期到二、三期有一个大幅度抬升、持平的过程，但在第四期时下降明显，这应该与第四期时无随葬品墓葬数量的增加有关（表一）。其次看石、玉器的情况。与陶器相反，石器占比从第一期的45.9%急剧下降到第二期的仅6.5%，此后第三期在此程度略有起伏；而玉器从第一期的0%上升到第二期的7.0%，第三、四期又略有下降（图表一）。可见不论是陶器、石器还是玉器，其在随葬品构成比例中的发展特点是从第一期到第二期时有明显的变化，此后三期、四期则保持平稳。这一特点在变异系数的各期发展趋势中也能够观察到。从第一期的1.29到第二期的0.69，变异系数也有一个明显的转折，此后第三期为0.71、第四期为0.88，略有抬升但总体平稳（图表二）。可见，葬品结构和变异系数这两个变量曲线特点的契合，随葬品结构的变化，和显示社会分化程度的变异系数之间，似乎存在着某种联系。这种联系是偶然的巧合，还是存在着某种必然的联系？如果是必然的联系，那么玉石器与社会分化过程的联系，包括玉石资源的寻找、玉石器的制作和使用，在社会分化和复杂化的过程中产生了什么样的作用等等，一系列的问题都需要将来作进一步的思考。

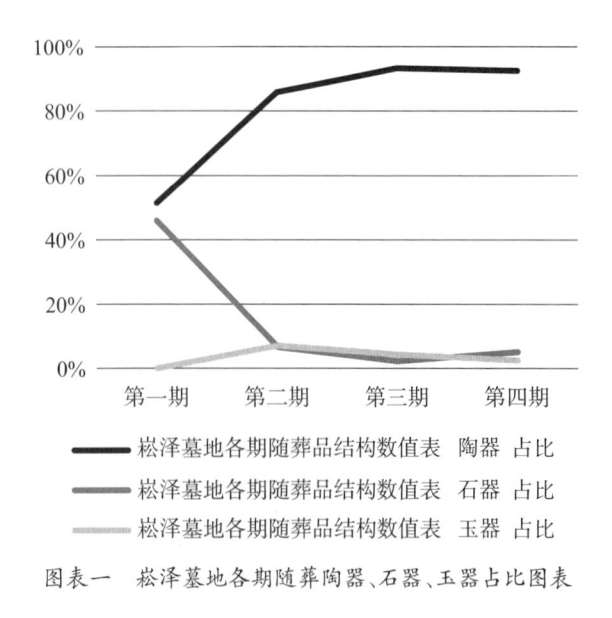

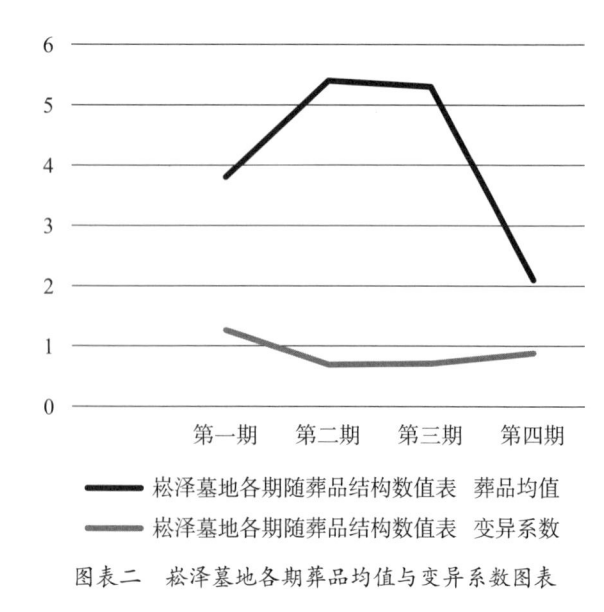

图表一　崧泽墓地各期随葬陶器、石器、玉器占比图表

图表二　崧泽墓地各期葬品均值与变异系数图表

从特殊物品的出土情况看，崧泽墓地共有28座墓葬出土了石钺、玉璜和纺轮，在仅出土石钺的11座墓葬中，人骨经鉴定的3座均为男性；在仅出土玉璜、纺轮或玉璜与纺轮共出的15座墓葬中，经鉴定为女性的有8座，另有2座为幼儿。仅有一座墓葬M134为石钺和玉璜共出；另有一座墓葬仅出土玉璜，却鉴定为男性墓（表二）。可以发现，除两座特例外，其余墓葬的石钺与玉璜或纺轮均不共出，占比高达93%；且多座墓葬的性别鉴定结果支持男性随葬石钺、女性随葬玉璜或纺轮的规律。

表二　崧泽墓地特殊物品出土情况表

崧泽墓葬	葬品总数	石　钺	玉　璜	纺　轮	性　　别
M21	17	2			经鉴定为男性
M67	9	1			
M13	5	1			
M136	5	1			推测为男性
M7	6	1			
M16	2	1			
M34	5	1			
M51	6	1			
M132	9	1			
M118	3	1			
M119	4	1			
M60	13		1		鉴定为女性
M61	9		1		
M62	9		1		
M64	5		1		
M65	14		1		
M91	12		1		
M92	10		1		
M59	13		1		
M9	4		1		鉴定为幼儿
M48	7		1	1	
M47	3		1		推测为女性
M79	6		1		
M97	14		2		
M123	7		1		
M96	3			1	
M134	9	1	1		石钺与玉璜共出
M93	14		2		仅出玉璜，鉴定为男性

(二) 绰墩遗址

绰墩遗址共清理出崧泽文化墓葬38座，其中4座位于发掘Ⅳ区，其余34座位于Ⅰ区。前者未发表平面分布图，但从探方位置看，其距离Ⅰ区墓葬较远，应该属于另一个墓区。也就是说，绰墩墓地至少由Ⅰ区和Ⅳ区两个墓区组成，我们主要讨论位于Ⅰ区的墓区。根据开口层位，Ⅰ区的34座墓葬可以分为③层下和②层下前后两个阶段。

从墓地布局来看，前期的7座墓M33、M35、M29、M30、M31、M32和M38位于墓区东部，后期的27座墓则位于西部，二者紧密相连且基本未有相互交错甚至叠压的现象，表明这两个阶段在时间上衔接紧密。晚期的个别墓葬有叠压打破关系（M12打破M13，M10打破M9和M15），绝大多数墓葬都排列整齐，甚至有明显的两两成对现象（如M16和M8、M17和M26、M11和M12、M24和M27等），因此整个墓地应是有规划形成的（图八）。两阶段墓葬除了个别墓葬为东西向外，大部分均为南北向，并在排列上表现出了较强的有序性和规律性。前期的7座墓葬自北而南可分为北、中、南3个墓群，并大体成东西向排列（图九）；后期27座墓葬也可分为北、中、南三个墓群，亦大体东西向排列（图一〇）。前后两期各自整齐排列的墓群似乎存在对应关系，后期北、中、南三个墓群在位置关系上大体与前期的3个墓群相对应，很可能是具有血缘关系的不同社会单元在不同时期的延续。很明显，后期的墓葬相比前期不仅数量多，而且排列更加紧密和有序，显示出以墓群为单位的社会结构发展得更加成熟和完善。

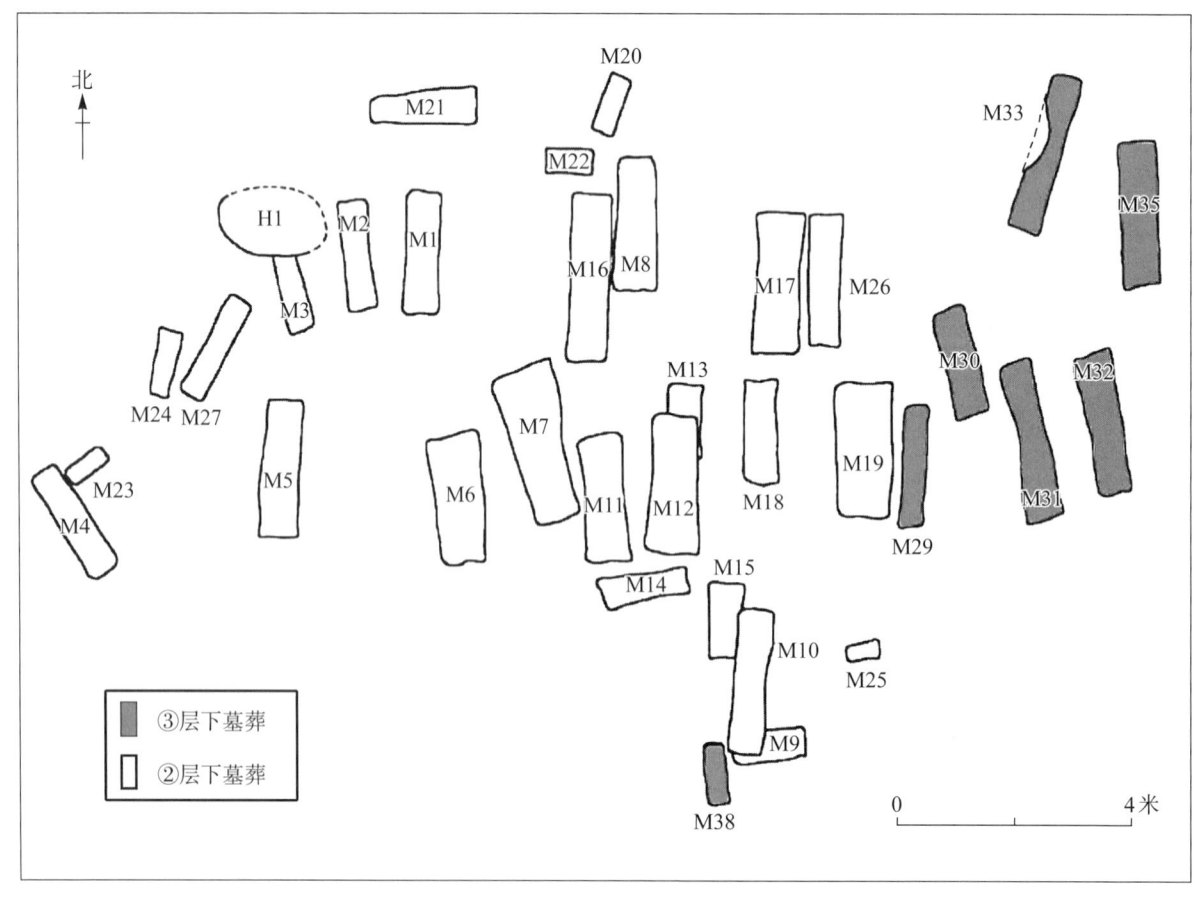

图八　绰墩墓地不同时期墓葬分布图

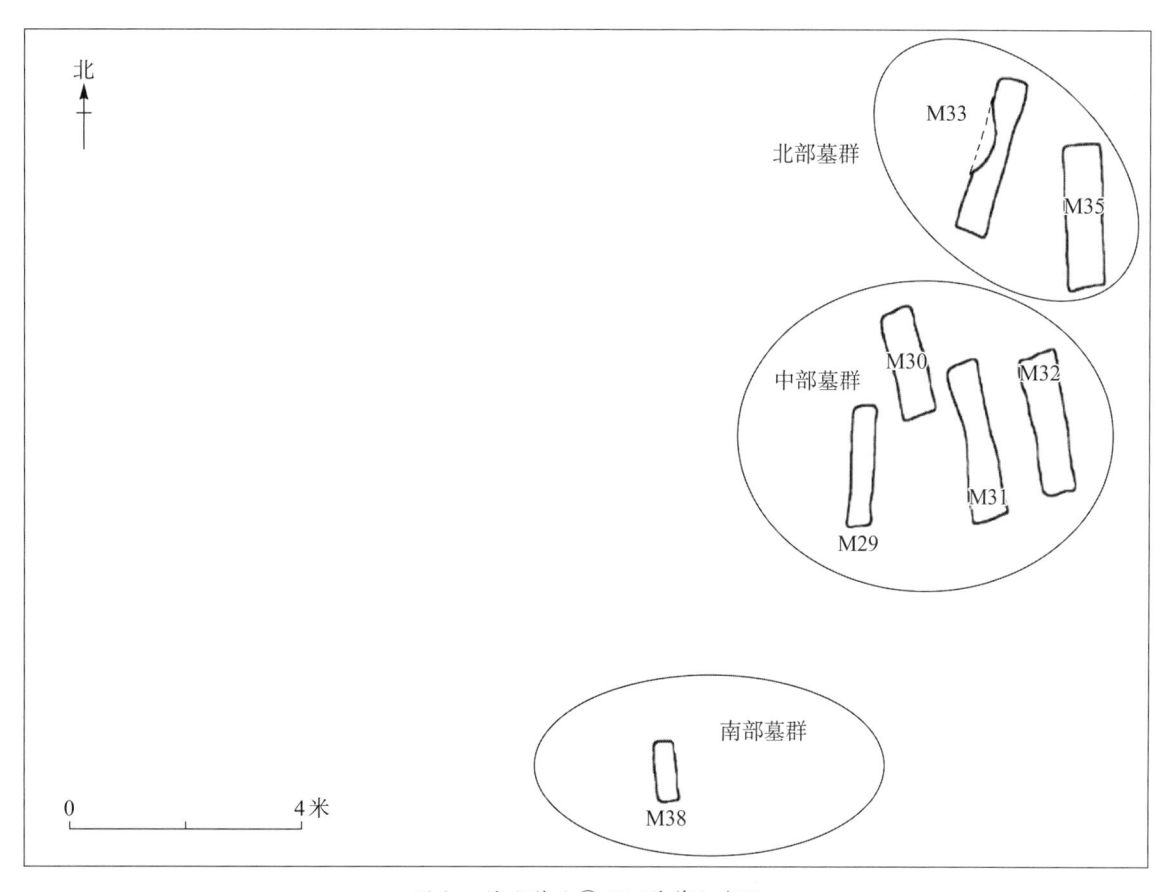

图九 绰墩墓地③层下墓葬分布图

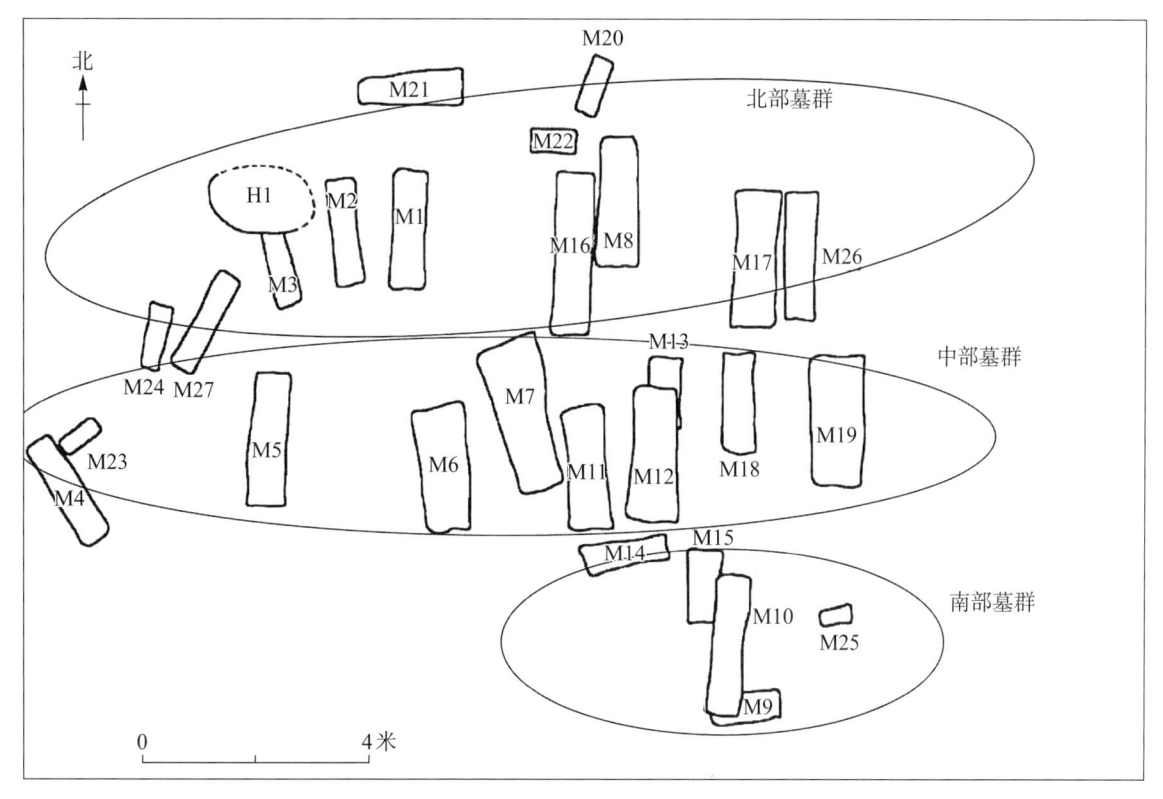

图一〇 绰墩墓地②层下墓葬分布图

从随葬品情况来看，北部墓群只随葬陶器和石器，不见玉器和骨器；南部墓群只随葬陶器和玉器，不见石器和骨器；只有中部墓群同时出有陶器、石器、玉器和骨器，品类齐全。随葬品数量上，中部墓群在第一期时均值8件、第二期时7.3件，均为三个墓群中数量最多（表三）。可见中部墓群占有的社会财富最多，在社会地位上超过了其他两个墓群。

表三　绰墩墓地各墓群葬品平均数表

	北部墓群	中部墓群	南部墓群	总墓地
第一期	6.5	8	0	7.25
第二期	3.9	7.3	4.4	5.26

在特殊物品的随葬情况上，随葬石钺的墓葬有两座比较特殊，即第一期的M32和第二期的M6。M32葬品总数达15件，是整个墓地中随葬品数量最多的一座，出土石钺而未见玉璜、纺轮等，但性别鉴定为女性；M6随葬品总数13件，在第二期中也是数量最多的墓葬，其性别鉴定为男性，却共出石钺与纺轮。假如性别鉴定的结果不误，结合两座墓葬在整个墓地中随葬品最为丰富的情况，而随葬特殊物品突破一般男、女性别的随葬习俗来看，我们推测这两座墓可能具有类似东山村墓地最高等级墓葬的意义，墓主人在整个社群中具有特殊的身份和地位。此外成年墓葬中仅见到玉璜、纺轮、骨簪独出或共出的现象，均为女性墓；另外4座未成年人墓葬，随葬的石钺和玉璜也不共出（表四）。

表四　绰墩墓地特殊物品随葬情况表

墓葬	总数	石钺	玉璜	纺轮	骨簪	性别
M32	15	1				女
M6	13	1		1		男
M5	13			1	1	女
M7	13		1		1	女
M11	9		1			女
M12	7		1			女
M18	6		1	1		女
M19	11		1	1	1	女
M21	4	1				儿童
M24	1	1				儿童
M23	1	1				儿童
M14	4		1			少年

（三）福泉山遗址

福泉山遗址包含有比较丰富的崧泽时期遗存，包括建筑遗迹、灰坑、灶坑、灶膛、墓葬及崧泽文化遗物等。崧泽时期的遗迹包括19座墓葬，依所属层位分为前后两期。

青灰土层(下层)的9座墓葬属于崧泽中期,其中5座墓葬相对集中,位于建筑遗迹的北部,其以南区域则零散分布M23、M22、M27、M110等4座墓葬。从头向上看,集中分布的5座墓均朝正南,其余4座墓有朝东、西向,也有西南向的,并不一致。9座墓葬相互之间虽然距离有远有近,但均距建筑遗迹不远,应该属于关系较为密切的同一个墓群,只是排列较为散乱,规律性不强(图一一)。

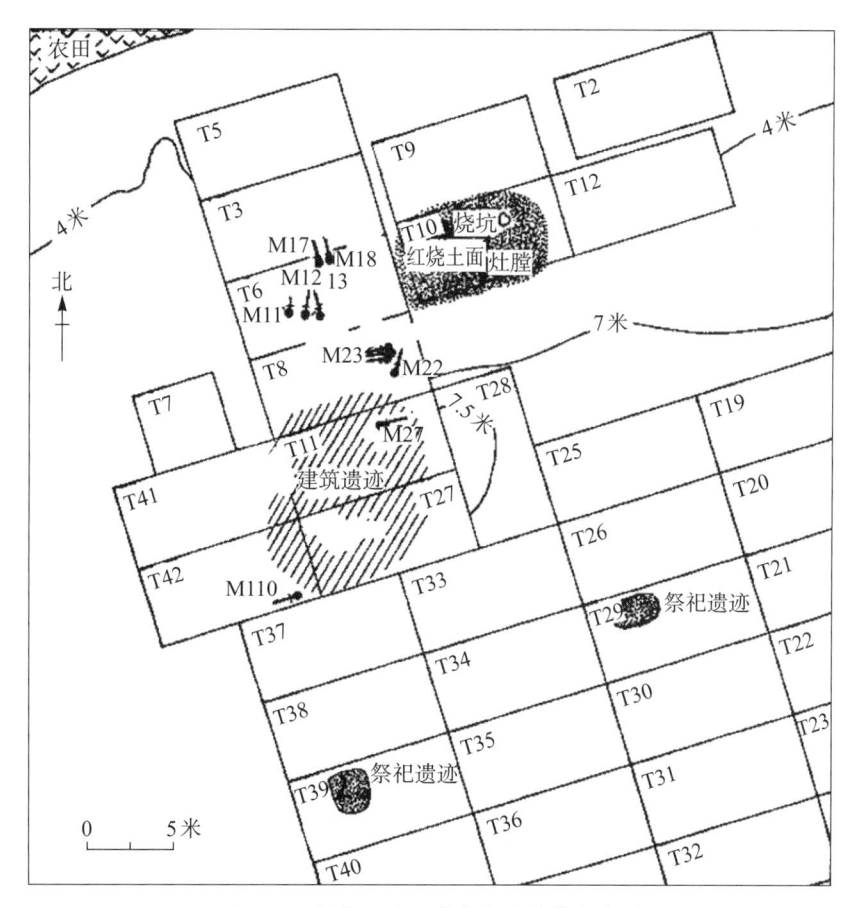

图一一 福泉山遗址青灰土层墓葬分布图

灰黑土层(上层)的10座墓葬属于崧泽晚期,与下层9座墓葬相互交错但未见叠压与打破,可见前后两期的时间间隔不会太长。这一阶段所有的墓葬均为南向,且除了仍有两座墓葬M147、M148位于南部距离较远外,其余8座墓葬均集中位于北部区域(图一二)。说明这一时期人们之间的关系更加紧密,作为社会基本单位的墓群结构更加明确和完善。

福泉山墓地的随葬品普遍较少,最多的M12、M110各有15件随葬品,10件以上的有4座,此外大多数仅有5件以下,无任何随葬品的墓葬也有不少。下层葬品均值为5件,变异系数高达1.3;上层墓葬品均值为3.6,变异系数略有降低为0.87。尽管总体社会财富不多,但社会内部的分化程度却相当严重,且从中期到晚期有一个稍降的变化。这一现象值得注意。

三、崧泽文化时期太湖东部的社会发展状况

上述从居址聚落和墓地两方面的分析,展示了崧泽时期太湖东部社会发展的特点。

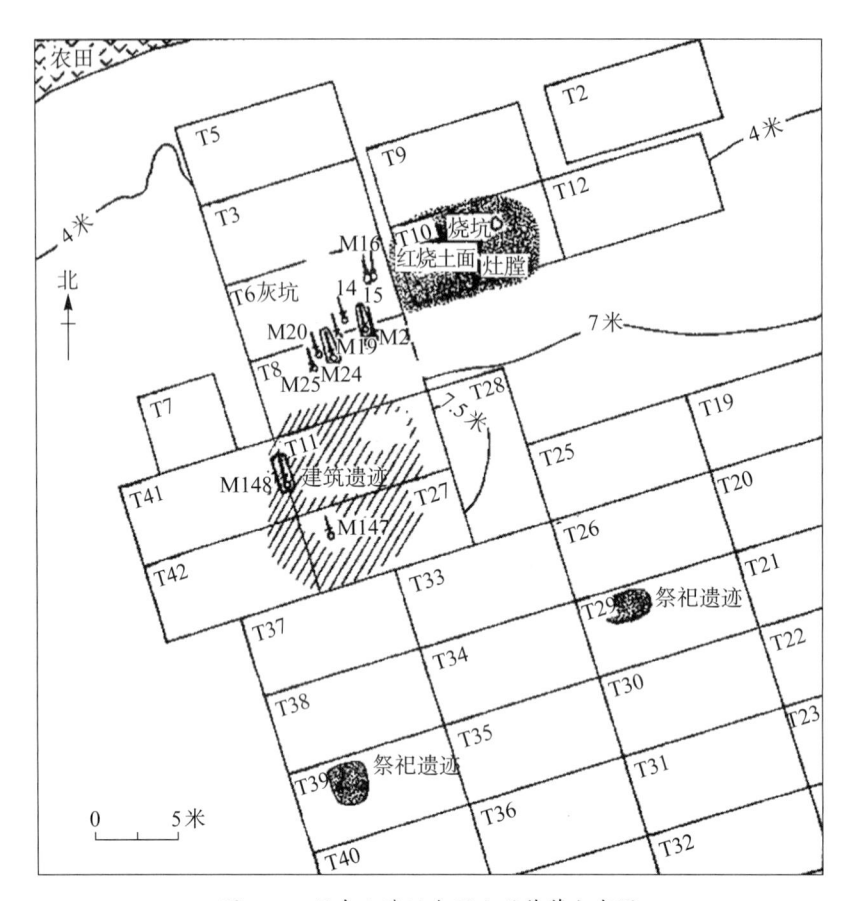

图一二　福泉山遗址灰黑土层墓葬分布图

从聚落形态来看，遗址相对集中地分布在太湖以东区域，其北、南两侧均有东西向的遗址稀疏地带，可能是当时潟湖、沼泽或淡水湿地形成的入海口所造成的分隔地带，恰巧与考古文化内涵上的东部分区相吻合，使得太湖东部成为相对独立的一个社会文化区域，体现了自然环境对文化内涵的影响。聚落微观内涵上，太湖东部从崧泽中期开始就出现了人工堆筑的土台，并盛行于晚期乃至良渚时期，成为显著的聚落景观。土台上常见有居址建筑，包括基槽、柱洞、灶坑等生活遗迹，但普遍规模不大。福泉山遗址体现了一个规模不大的聚落的历时变迁情况，其生活区与墓葬区、生产作业区有着明显的区分，且在不同时期生活区和墓葬区的相对位置有所变化。

在墓地和墓葬内涵上，首先不同墓地在某一时期的人口规模有所不同，大者可达数十座墓葬，如崧泽墓地第二期和第三期；小者仅数座，如福泉山下层墓葬，从中体现出了太湖东部聚落规模的多样性。其次，各墓地的布局显示在普遍出现了墓区之下又分墓群的两重空间结构，暗示了当时社会的结构也有两重构成单元；且随着时间的推进，社会的基本构成单位由墓区发展为墓群，结构层级增加、基本单元规模趋小，显示出社会朝向复杂化的结构发展。再次，从葬品数量和结构来看，崧泽时期的葬品数量比马家浜时期有所增加，社会生产的能力有所提高；而葬品结构仍以陶器为主、石器和玉器较少，玉石器尤其是玉器的制作和使用以及社会功能还没有发展到良渚时期那样显著的程度。最后，社会的分化程度在崧泽时期的不同阶段有着不同的表现。从崧泽墓地来看，第一期的分化程度相对较大，此后日渐减弱并趋向平稳。在这过程中，第一期和第二期之间是显著的转折点，这一转折点同样存在于葬品结构中陶器和玉石器占比的变化。这一现象是否表明葬品结构与社会分化之间存在着某种联系，是需要我们进一步思考和探讨的问题。

祭水观念与崧泽文化彩陶

——江南地区史前彩陶研究之一

◎ 孙明利（苏州博物馆）

祭水观念是一种特殊的水的观念与文化，是人类在对水资源的控制与管理中发展形成的。费克里·哈桑认为在水管理范式里有一种"精神—宗教范式"，[1] 对水的崇拜与祭祀观念也是其中一种。从文献记载来看，我国的祭水观念与行为可以上溯到商周时期，且延续至今。京杭大运河作为南北沟通要道，沿途关于水的信仰众多，其中就有祭水神、海神、河神等信仰。囿于文献记载，史前人类的祭水观念与行为未见实例且尚未进行过相关探讨。笔者在考察江南地区史前彩陶及其图案中，发现该地区的彩陶或与祭水观念、行为有关，一得之见权作抛砖引玉。

一、水管理与祭水观念的产生

水孕育了人类与文明，很多早期文明都出现在容易泛滥的大河附近，比如尼罗河之于古埃及，两河流域之于古巴比伦，印度河之于古印度，黄河之于中国。

人类须臾离不开水，水以各种方式渗入人的生产和生活。我国史前先民逐水而居，修建环壕防御野兽与敌人、开凿水井加强饮水卫生、驯化水稻同样是基于对水的利用，后者直接影响了早期中国的文明化进程，稻作的传播对整个亚洲乃至全世界人类文明和文化格局也产生了深远的影响。文明一方面依赖水的滋养，另一方面也需要对水进行控制和管理，从而更好地为文明服务。五千年前，长江下游的良渚人在山体间的沟谷地带堆筑了高低两组水坝，兼有防洪、用水、灌溉等功能。两千五百年前，吴王夫差开凿邗沟沟通江淮，为了实现其北上开疆拓土的宏图，主要具备交通、运输功能。一千四百年前，隋炀帝先后开通济渠、邗沟、永济渠、江南运河，大运河成为世界上最长的运河。

在对水的控制和管理中，智慧的治水理念、巧妙的工程设计，促进着人类社会的进步发展，也产生了特殊的水的观念与文化，这其中最主要的就是"祭水"——即对水的祭祀行为。《礼记·月令》记载："天子命有司祈祀四海、大川、名源、渊泽、井泉。"[2] 这说明商周时期国家层面已经存在祭水活动

---

[1] ［埃及］费克里·哈桑（Fekri Hassan）:《我们时代的水历史》，郑晓云主编:《水历史与水文明研究（第2辑）》，社会科学文献出版社，2022年。
[2] （清）阮元校刻:《十三经注疏·礼记正义》卷十七，中华书局，2009年，第2994页。

了。国家祭水行为的出现,表明祭水行为已经经过了一段时间的发展,且民间应该也存在祭水行为。

水本身所包含的强大的、变化莫测的自然力量,是水祭祀产生的土壤。人类生命对水的依赖性,降雨的不可预测性,伴随降雨而来的雷电大风及不可预测的洪水,以及直接导致人类生病、溺水、窒息、死亡等潜在的生命威胁,形成了令人既需要又恐惧、崇拜的形象存在,并由此产生了祭祀行为。一些面积广阔的水域,或者深不可测的水域都必然地成为早年人们祭祀的对象。

二、"沉祭"——祭水行为模式

人们根据祭祀对象的不同,会采取不同的祭祀方式。《周礼》《礼记》《仪礼》等较为详细地记载了人类的祭祀行为,一般采取"燎祭祀天、瘗埋祭地、肆献祼享先王"的礼仪制度。

《礼记·祭法》:"燔柴于泰坛。"

《周礼·春官》:"以实柴祀日月星辰。"

《礼记·郊特牲》:"天神在上,非燔柴不足以达之;地示在下,非瘗埋不足以达之。"

史前人类的祭天、祭地、祭祖等行为,在考古中已有相应遗存或遗迹现象发现,也与文献记载基本吻合。新石器时代的红山文化已经形成了天神、地示、人鬼的崇拜体系。[1]在牛河梁遗址第二地点发现的由石柱围成的圆形遗迹——"坛",由直径不同的三个同心圆,逐级升高形成了三个台阶,三重坛所用的石头都是挑选过的六棱石柱,内层石头圈里还摆放了祭祀用的筒形器。三重坛对应春分、秋分和两至,推测为祭天所用。同时发现了祀天神的燎祭遗存、享人鬼(先王)的祼礼遗存、祭地示(地神)的瘗埋遗存。江南地区的良渚文化,普遍发现了大型祭台或祭坛,如瑶山、[2]反山、[3]汇观山、[4]福泉山[5]等,也曾有学者将崧泽文化以来的高台称为祭台,如嘉兴南河浜遗址崧泽文化祭台。[6]

祭水往往采用"沉祭"的方式,文献中有不少关于沉祭的相关记载:

《周礼·大宗伯》:以狸沈祭山川林泽。郑玄注:祭山林曰埋,川泽曰沈。

《淮南子·说山训》:斋戒以沈诸河。高诱注:祀河曰沈。

《尔雅·释天》:祭川曰浮沈。郭璞注:投祭水中,或浮或沈。

《仪礼·觐礼》:祭天燔柴,祭山丘陵升,祭川沉,祭地瘗。

"沉祭"所用沉物似乎没有一定之规,有用牛、羊等牺牲甚至用人用作沉物的。殷墟甲骨卜辞中有"沉牛""沉羊",甚至还有"沉女"卜辞,[7]西门豹治邺[8]的"河伯娶妇"也印证了此类用女人作为沉物进行的"沉祭"。也有用玉器作为沉物的,甲骨卜辞有"沉玉"的记载。也有玉器、金器等与牺

---

[1] 贾笑冰、王轩龙:《"中国文化直根系"的考古学新解——兼谈牛河梁遗址的考古新发现》,《北方文物》2023年第4期。

[2] 浙江省文物考古研究所编著:《瑶山(修订本)》,文物出版社,2021年。

[3] 浙江省文物考古研究所编著:《反山(修订本)》,文物出版社,2022年。

[4] 浙江省文物考古研究所、余杭市文物管理委员会:《浙江余杭汇观山良渚文化祭坛与墓地发掘简报》,《文物》1997年第7期。

[5] 上海市文物管理委员会编:《福泉山——新石器时代遗址发掘报告》,文物出版社,2000年。

[6] 浙江省文物考古研究所著:《南河浜——崧泽文化遗址发掘报告》,文物出版社,2005年。

[7] 王平、顾彬:《甲骨文与殷商人祭》,大象出版社,2007年,第107页。

[8] (汉)司马迁:《史记》卷一百二十六《滑稽列传》,中华书局,1982年。

牲一起作为沉物的。《穆天子传》卷一记有穆王祭祀河伯的描写,祭祀所用物品除宗璧外,还有牛马豕羊。[1]

三、崧泽文化彩陶与祭祀观念

　　崧泽文化是以太湖流域为主要分布中心的新石器时代中晚期文化,是太湖流域史前序列中介于马家浜文化和良渚文化之间的一支文化。它以最早发现此类遗存的上海青浦崧泽遗址为命名地,绝对年代在距今6 000—5 300年之间。崧泽文化在长江下游的文明化进程中具有承前启后的作用,是研究长江下游地区新石器时代由平等社会向不平等社会转变的重要考古资料,研究崧泽文化有助于我们深刻理解长江下游地区文明化道路的进程。

　　崧泽文化时期出土的彩陶不多,目前主要发现于苏州的澄湖、塘北遗址,常州的寺墩遗址,上海的崧泽、福泉山、广富林遗址以及浙江的仙坛庙遗址等。

　　2022年,苏州市考古研究所对塘北遗址进行了考古发掘。[2]此次发掘共发现崧泽文化时期的水井5口,其中13号水井口径为182—212 cm,深240 cm,是五座水井中口径最大、深度最深的一座,出土了4件彩绘陶罐和1件宽把带流壶。彩绘陶罐均保存完好,宽把壶残碎。这4件陶罐器型一致,直口,低领,溜肩,折肩,斜直腹向底逐渐内收,圈足。在黑色底面上绘有红彩。南京大学对彩绘成分做了检测,黑色是碳,红色含铁,没有汞,应该是赤铁矿。

　　2019年,南京博物院、常州市考古研究所对寺墩遗址进行了第六次考古发掘,在一座崧泽文化时期的水井中出土了6件彩绘壶。[3]J1呈圆形,上部呈喇叭口,下部井壁竖直,平底。口径1.9、底径0.8、深5.2米。从这个数据推测,该水井应该也是这一区域内最大最深的一座。井内堆积可分为3层。其中在第③层出土器物19件,其中彩陶壶6件。

　　J1③∶2,黑皮陶。侈口,圆唇,长颈,折腹,矮圈足。通体施彩,底色墨黑,长颈为砖红色,上腹部用砖红色绘制出两组几乎对称的绞索状编织纹饰。口径7.9、最大腹径12.7、底径6.2、通高11.9厘米。

　　J1③∶5,黑皮陶。颈部以上残,圆鼓腹,最大腹径处有两周凹弦纹,矮圈足。通体施彩,底色墨黑,长颈为砖红色,上腹部用砖红色和棕黄色绘制出两组几乎对称的绞索状编织纹饰。最大腹径12.2、底径5.6、残高6.8厘米。

　　J1③∶4,黑皮陶。侈口,圆唇,长颈,折腹,矮圈足。通体施彩,底色墨黑,长颈为砖红色,上腹部用墨黑、砖红和棕黄三色绘制出两只相连的编织纹卷尾鸟形象。口径9.3、最大腹径16.8、底径7、通高17.5厘米(图一)。

图一　寺墩遗址水井出土彩绘陶罐(彩图图版二)

---

[1] 顾实:《穆天子传西征讲疏》,中国书店,1990年,第29—33页。
[2] 苏州市考古研究所:《吴中区塘北遗址考古发掘》,《2022苏州考古工作年报》,内部资料。
[3] 南京博物院、常州市考古研究所:《江苏常州天宁区寺墩遗址2019年度发掘简报》,《东南文化》2022年第5期。

J1③：6，黑皮陶。侈口，圆唇，矮颈，圆鼓腹，矮圈足。通体施彩，底色墨黑，颈部施红彩，上腹部的红彩大部分脱落，根据残余图案推测应该也是绞索状编织纹。口径8.2、最大腹径13.1、底径6.4、通高12.5厘米。

J1③：15，黑皮陶。直口微侈，上腹部呈竹节状，折腹，矮圈足。通体施彩，底色墨黑，颈部施砖红色，上腹部间隔施横向红彩条带，红彩间再以红线竖向相连。口径8.2、最大腹径14.2、底径6.1、通高11.5厘米。

J1③：18，泥质黄陶。侈口，矮颈，上腹部呈竹节状，折腹，矮圈足。口颈部施砖红彩，上腹部间隔施横向红彩条带。口径8、最大腹径13、底径6.1、通高11.6厘米。

井内另出陶罐4件，陶壶7件。彩绘陶壶，器表呈黄、红、黑三色，是用颜料在陶器表面画出来的。南京博物院请中科大做了检测，红色的主要成分是铁矿石，黑色的主要成分是石墨。这一时期遗存的年代区间为5300—4862calBP，大致为崧泽文化晚期或为崧泽—良渚文化过渡期。

2003年，苏州博物馆发掘澄湖遗址，[1]出土了崧泽文化彩绘陶罐4件，1件出土于崧泽时期的灰坑，3件出土于水井中。

H132，圆形，口径0.85、底径0.70、深0.45米。填土灰土，出土漆绘陶罐1件。器物编号为H132：1，黑底红漆。口沿残缺。口径6.5、底径4.6、高11.1、最大腹径10.7厘米。

J19，圆形，口径1.20、底径1.30—1.20、深1.85米。出土器物6件，其中黑陶漆绘罐2件、黑皮陶杯2件、黑皮陶罐1件、残骨器1件。

J19：2灰陶褐色漆绘瓶。口沿残缺，折肩，弧腹下收，圈足。口径9.4、底径7.7、高15.8、最大腹径12.2厘米。

J19：4黑皮陶朱砂红漆绘瓶。直口，折肩，下腹内收，圈足。肩以下至下腹漆绘几何形纹。口径8.7、底径7.5、高17、最大腹径肩12.2厘米（图二）。

J31，圆形，口径1.90—2.00、底径1.20、深1.70米。水井中除发现陶罐、陶片外，还出土了彩绘豆盘1件。发掘者认为是漆绘。

另外，还有三例彩陶出土于墓葬的情况。

2002年，浙江省考古研究所发掘海盐仙坛庙遗址，[2]发现崧泽文化时期的5号墓葬出土了彩绘陶豆1件。

1999年，南京博物院、苏州博物馆联合发掘了绰墩遗址，[3]在崧泽文化墓葬M31发现随葬有彩绘黑皮陶豆1件。M31为长方形竖穴土坑墓，墓长2.53、宽0.62、深0.13米。随葬品共11件，主要为陶器。大多放置在头部，右手边有1件石钺；脚下有1件罐和1件彩绘黑皮陶豆。

M31：10，豆，泥质黑陶加彩绘。勾敛口，折腹，喇叭座。圈座往上饰四层凹弦纹；另饰长方形孔，方孔上下错位排列，每层四

图二　澄湖遗址水井出土彩绘黑皮陶罐（彩图图版二）

---

［1］丁金龙：《苏州澄湖遗址发掘报告》，苏州博物馆编：《苏州文物考古新发现——苏州考古发掘报告专辑（2001—2006）》，古吴轩出版社，2007年。
［2］浙江省文物考古研究所、海盐县博物馆：《海盐仙坛庙遗址的早中期遗存》，浙江省文物考古研究所编：《浙北崧泽文化考古报告集（1996～2014）》，文物出版社，2014年。
［3］苏州市考古研究所：《昆山绰墩遗址》，文物出版社，2011年。

孔,共八孔。口径22.8、底径18.6、通高19.4厘米。

1976年,上海博物馆发掘青浦崧泽遗址,[1]发现了崧泽文化的少量彩绘陶器,M79出土彩绘陶2件,1件为豆,1件为壶。

表一 崧泽文化彩陶出土情况统计表

地 点	位 置						合计	备注
	墓葬	数量	水井	数量	灰坑	数量		
苏州塘北			1	4			4	
常州寺墩			1	6			6	
苏州澄湖			2	3	1	1	4	
海盐仙坛庙	1	1					1	
昆山绰墩	1	1					1	
上海崧泽	1	2					2	
合计	3	4	4	13	1	1	18	

从以上统计来看,崧泽文化彩陶器多出自水井和墓葬中,其中以水井出土为多,且与其他水器相比,均比较完整。出土器物中,彩绘罐、壶类器物一般出土于水井内,而豆则出土于墓葬中。崧泽文化彩陶器均为彩绘,而非经窑烧的彩陶。彩绘材料一种为红褐色矿物质粉料,当年涂绘时可能掺过胶质,保存不好,极易毁损;另一种为生漆,出土后极易起皮翘起。可称之为彩绘陶器。

彩绘陶器的纹样可分三种,一是条带状纹饰,主要绘制在豆上;一种是绞索状编织纹饰,如绰墩H132:1彩绘壶、寺墩J1③:2是斜直的绞索,类似于器物上缠绕固定的绳索;另外一种纹饰则可以视作水波类纹饰。如塘北遗址水井内出土的4件器物,纹饰虽也互相交叉,但纹饰末端显示出了弧线。寺墩J1③:5上的纹饰也是弧形走向,类似水的波浪。发掘者指出J1③:4的纹饰,通体施彩,底色墨黑,长颈为砖红色,上腹部用墨黑、砖红和棕黄三色绘制出两只相连的编织纹卷尾鸟。澄湖水井所出的两件陶壶,J19:2纹饰则呈现出水波的形态,照此观之,J19:4上半部也应是水波,下半部则是圆圈与三角,似乎为一条条首尾相接的鱼。寺墩J1③:4上图案,如果将砖红与棕黄分开观察,则可视为正在水波里"死亡缠绕"的鳄鱼。所以水井内的彩陶纹样还是表现了水、水生物以及取水器的内涵。

据以上不完全统计与分析,崧泽文化时期出土彩陶的来源以墓葬和水井两类为主,且井中所出彩绘陶器以罐为主,而墓葬出土的彩绘陶器多以豆为主。值得一提的是,在崧泽文化之后的良渚文化,其彩陶也大多出自于水井和墓葬当中。2001年,上海博物馆发掘的广富林遗址,[2]在16号良渚时期水井中出土了彩绘陶杯,饰以黄彩与红彩。1987年,福泉山良渚文化墓葬M151出土了彩绘镂孔陶豆。[3]

---

[1] 上海市文物管理委员会:《1987年上海青浦县崧泽遗址的发掘》,《考古》1992年第3期。
[2] 上海博物馆考古研究部:《上海松江区广富林遗址2001～2005年发掘简报》,《考古》2008年第8期。
[3] 上海市文物管理委员会:《福泉山——新石器时代遗址发掘报告》,文物出版社,2000年。

崧泽文化此类彩绘陶罐形制完整、彩绘精美，且只出土于水井和墓葬中，似有特殊用途。我们认为此类彩陶器与史前的祭祀观念有着密切关系，尤其水井内发现的彩绘陶器，应是祀井"沉物"，是祀井活动的法器或者信物。墓葬里的彩陶器很大程度上也应该是作为祭器使用的，在此不再扩展，另作考察。

祀井是春秋战国时期的五祀之一，班固《白虎通》据《月令》谓五祀为门、户、井、灶、中溜，可知在东周时期已经形成了五祀礼仪。有学者根据出土楚简中关于祭祷的记录，发现楚卜筮祭祷简、九店《日书》、睡虎地秦简《日书》、周家台秦简《日书》等仅有祀行的相关记载，楚简中的"五祀"系户、灶、中溜、门、行五种住宅内外的家居小神，诸神至晚在战国早中期就已经形成了相对固定的组合系统。可见从战国早中期到秦代"行"皆列于五祀，"井"取代"行"成为五祀组合当始于汉代，五祀祀井主要盛行于两汉、魏晋时期。[1]

四、崧泽文化晚期或为祭水观念之源起

在长江下游的太湖流域，考古已发现相关的祭祀遗存多处，如祭坛、祭台等遗迹，还发现了火烧等痕迹，或为祭天、祭祖的燎祭现场。在崧泽文化之前，马家浜文化、河姆渡文化等没有发现明确的祭祀类遗迹，而在崧泽文化及之后的良渚文化时期都出现了大量祭坛、祭台等祭祀类遗迹。如海宁达泽庙、[2]青浦崧泽、[3]昆山赵陵山、[4]安吉安乐、[5]南河浜、[6]桐乡普安桥、[7]吴江同里、[8]无锡邱承墩[9]等遗址都先后发现了崧泽文化时期的祭台。这些祭台、祭坛与北方的红山文化祭坛一样，可能都是祭祀天地和先人的场所。祭台在太湖流域的普遍兴起，表明崧泽时期先民对"天、地、人"的祭祀观念已经普遍形成并稳定化。另外，塘北、澄湖、寺墩、绰墩等水井所出彩陶的年代，均属于崧泽文化的晚期，[10]晚于祭坛、祭台的出现，可能表明祭水观念和行为要晚于祭祀天地，在一定程度上表明了崧泽社会晚期祭祀对象的扩大化。目前所发现的祭水行为是针对水井这一比较小但是和人类密切关联的水体的，其他大型水体可能更容易存在祭祀行为，如人类居住区周边的江、河、湖泊等大型水体，只是目前尚没有发现证据。

我们有理由相信，史前文明的产生一定伴随着相对固定的祭祀活动，相对固定的祭祀活动则慢慢形成了不同的人群，主持祭祀的人群可通过此类祭祀活动达到对其他人群的主导与控制。在与整个聚落生活密切相关的水的控制和管理上，崧泽文化晚期已经初步形成了固定的祭水仪式活动，并

---

[1] 郭成磊：《楚简所见"五祀"诸神考论》，《宗教学研究》2019年第3期。
[2] 浙江省文物考古研究所、海宁市博物馆：《海宁达泽庙遗址的发掘》，《浙江省文物考古所学刊》，长征出版社，1997年，第94—112页。
[3] 上海市文物管理委员会：《1994—1995年上海青浦崧泽遗址的发掘》，《上海博物馆集刊（第八期）》，上海书画出版社，2000年。
[4] 南京博物院著：《赵陵山——1990～1995年度发掘报告》，文物出版社，2012年，第19—20页。
[5] 浙江省文物考古研究所、安吉县博物馆：《安吉安乐遗址第一次发掘简报》，浙江省文物考古研究所编：《浙北崧泽文化考古报告集（1996～2014）》，文物出版社，2014年，第1—28页。
[6] 浙江省文物考古研究所编著：《南河浜——崧泽文化遗址发掘报告》，文物出版社，2005年。
[7] 普安桥中日联合考古队：《浙江桐乡普安桥遗址发掘简报》，《文物》1998年第4期，第61—74页。
[8] 苏州博物馆等：《江苏吴江同里遗址发掘报告》，《苏州文物考古新发现——苏州考古发掘报告专辑（2001—2006）》，古吴轩出版社，2007年。
[9] 南京博物院、江苏省考古研究所、无锡市锡山区文物管理委员会：《邱承墩——太湖西北部新石器时代遗址发掘报告》，科学出版社，2010年。
[10] 彭辉：《崧泽文化研究》，南京大学博士学位论文，2020年。

与当时的祭祀活动一起,成为日后一系列礼仪活动的发端,最终形成了"国之大事,在祀与戎"的上层礼仪制度。

祭祀活动的增多与固定是社会复杂化与文明化的外在表现之一。2008年,张家港东山村遗址发现了崧泽文化大墓,发掘者认为中华文明的起源要推进到距今5 800年左右,[1]即崧泽文化早期。李伯谦等人认为崧泽文化时期长江下游已经出现了社会分级,初级王权初露端倪。[2]崧泽文化是长江下游地区人群结构复杂化、社会开始文明化进程的关键时期,考古发现的祭台、祭水等祭祀类遗存的大量出现正体现了这种文明化进程。

---

[1] 周润垦、胡颖芳、钱春峰:《江苏张家港东山村遗址崧泽文化墓地初步研究》,《东南文化》2015年第6期。
[2] 李伯谦:《关于文明形成的判断标准问题》,《中国聚落考古的理论与实践(第一辑)》,科学出版社,2010年。

江南地区出土春秋时期印纹硬陶分期研究*

◎ 郑建明（复旦大学文物与博物馆学系）

江南地区是印纹硬陶的最重要分布区，不仅出现时间早、数量庞大、分布广泛，而且持续时间非常长、序列十分完整：从新石器时代晚期的广富林文化开始，一直持续到东汉时期。坛、罐类主要器型前后演变清晰，时代特征明显，而且主要的纹饰亦有连续的发展演变序列。印纹硬陶与原始瓷一道，构成了江南地区独具特色的文化符号。

本文的江南地区，特指以浙江为中心，包括周边的苏南、皖东南、赣东、闽北地区在内的区域，是先秦时期原始瓷与印纹硬陶的最核心分布区。[1]

春秋时期是印纹硬陶在装饰上由繁趋简的时期，但出土的数量更加庞大、使用更加普遍，而目前对于江南地区出土印纹硬陶的研究主要包含在各土墩墓发掘报告与土墩墓的分期研究中，[2]至今缺乏对该地区这一时段全面而详细的梳理与分期研究。

本文以公开发表并具有较为完整器物组合的土墩墓中出土的印纹硬陶为主要研究对象（不包括素面或刻划纹饰的硬陶），拟对春秋时期江南地区出土的印纹硬陶进行详细的分期。由于本地区的原始瓷研究更为成熟，因此以同时出土原始瓷的土墩墓为优先研究对象。抛砖引玉，恭请方家指正。

一、江南地区出土春秋时期印纹硬陶型式研究

江南地区出土的春秋时期印纹硬陶数量非常庞大，似乎每个墓葬均有出土，是最常见的随葬品，器类主要有坛、罍、罐三种，少量的瓿，偶见鼎与钵类器物。其中的坛、罍、罐造型极其丰富，按口、腹等的差异又可分成不同的器型，许多器物器型庞大、造型复杂，通体拍印几何形纹饰，代表了这一时期陶器制作的最高水平。

1. 坛

按口沿不同分成6型。

---

* 本文为十四五国家重点研发计划项目"中国古代陶瓷烧成技术谱系研究"（2023YFF0905800）阶段性成果。

[1] 本文江南地区的概念与杨楠《江南土墩遗存研究》（民族出版社，1998年）和拙文《江南地区战国原始瓷的发展与越国的兴衰》（《考古学集刊》第21辑）中的地理区域基本相同。

[2] 邹厚本：《江苏南部土墩墓》，《文物资料丛刊（第6辑）》，文物出版社，1982年；刘兴、吴大林：《谈谈镇江地区土墩墓的分期》，《文物资料丛刊（第6辑）》，文物出版社，1982年；陈元甫：《论浙江地区土墩墓分期》，浙江省文物考古研究所编：《纪念浙江省文物考古研究所建所二十周年论文集》，西泠印社，1999年；杨楠：《商周时期江南地区土墩遗存的分区研究》，《考古学报》1999年第1期；杨楠：《江南土墩遗存研究》，民族出版社，1998年；付琳：《江南地区两周时期墓葬研究》，吉林大学博士学位论文，2014年；付琳：《江南地区周代墓葬的分期分区及相关问题》，《考古学报》2019年第3期。

A型： 微侈口，长颈。

三角唇，口微侈，长颈，圆肩，深腹弧收，平底。颈部有弦纹装饰。纹饰以复合纹为主，肩部多为菱形填线纹、席纹，腹部主要为方格纹。席纹与菱形填线纹细密整齐、排列规则；席纹呈直角相交；方格纹呈斜向；另有少量回字纹与曲折纹的组合纹饰。

丹徒南岗山 D3M1∶4，肩部拍印菱形填线纹，腹部通体拍印方格纹。口径15、底径18.6、高34.2厘米（图一，1）。[1]

金坛许家沟 D2M9∶1，肩部拍印细密席纹，腹部拍印方格纹，腹中部方格纹上有一圈席纹。肩部堆贴有纵向扁泥条形耳一对。口径16.8、底径20.4、高41厘米（图一，2）。[2]

句容东边山 D1M14∶16，肩与上腹部有两圈曲折纹，曲折纹之间有一圈回字纹，下腹部通体拍印回字纹。口径15.2、底径19、高39.2厘米（图一，3）。[3]

句容寨花头 D2M5∶8-2，肩与上腹部拍印席纹，下腹部为菱形填线纹。口径22.4、底径23.2、高48.8厘米（图一，4）。[4]

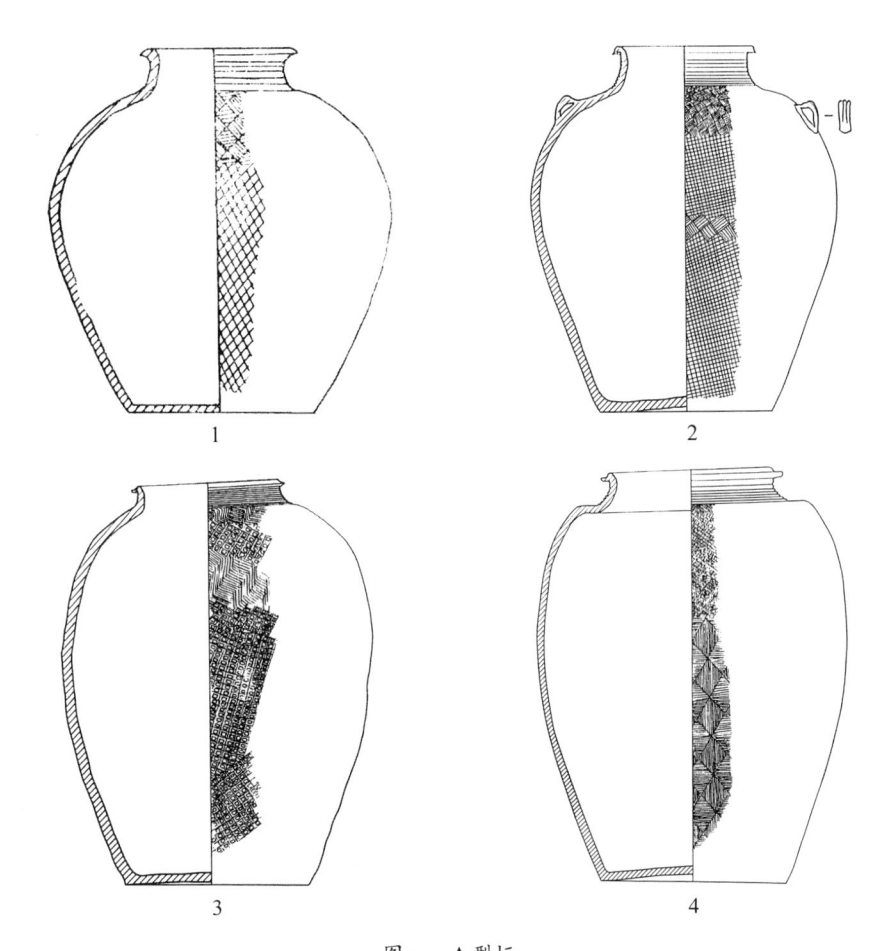

图一　A型坛

1. 丹徒南岗山 D3M1∶4　2. 金坛许家沟 D2M9∶1　3. 句容东边山 D1M14∶16　4. 句容寨花头 D2M5∶8-2

---

[1] 南京博物院：《江苏丹徒南岗山土墩墓》，《考古学报》1993年第2期。
[2] 南京博物院等：《金坛薛埠土墩墓群发掘报告》，文物出版社，2019年。
[3] 南京博物院等：《句容浮山果园土墩墓群发掘报告》，文物出版社，2019年。
[4] 南京博物院等：《句容寨花头土墩墓群发掘报告》，文物出版社，2019年。

B型：大侈口，长颈。

侈口外翻较大，圆肩，深弧腹斜收，平底。颈部有弦纹装饰。

按口径大小可分成2式。

BⅠ式：口径较小。

纹饰以复合纹为主，肩部多为菱形填线纹、席纹，腹部主要为方格纹。席纹与菱形填线纹细密整体、排列规则；席纹呈直角相交；方格纹呈斜向。

丹徒南岗山 D3M1∶1，肩部有水波纹，下腹通体拍印菱形填线纹。肩部有长卷云状堆贴一对。口径15.8、底径20、高38.8厘米（图二，1）。

句容浮山果园 D29M23∶15，肩及上腹部有水波纹，下腹部为叶脉纹。肩及上腹部有长卷云状堆贴一对。口径19.5、底径19.6、高43.9厘米（图二，2）。[1]

金坛许家沟 D2M8∶5，通体拍印方格纹。口径19.2、底径20、高41厘米（图二，3）。

金坛许家沟 D2M8∶8，肩部拍印细密席纹，腹部拍印方格纹。口径26.8、底径24.4、高64厘米（图二，4）。

宜兴潢潼 D3∶10，肩与上腹部拍印网格纹，下腹部为菱形填线纹。口径22、底径18、高38厘米（图二，5）。[2]

句容东边山 D1M8∶8，肩与上腹部拍印斜向交错的叶脉纹，下腹部拍印重回字纹。肩部堆贴三个小乳钉，等距分布。口径22、底径23.6、高39厘米（图二，6）。[3]

金坛茅东林场 D2M3∶35，肩部拍印变体凤鸟纹，下腹部拍印方格纹。口径24.8、底径22.6、高59.2厘米（图二，7）。[4]

金坛茅东林场 D2M4∶7，肩及上腹部有水波纹，下腹部拍印回字纹与叶脉纹相间的复合纹。口径19.6、底径19.6、高46.6厘米（图二，8）。

金坛茅东林场 D2M4∶12，肩及上腹部拍印菱形填线纹，下腹部拍印方格纹。口径21.6、底径25.4、高57.8厘米（图二，9）。

金坛茅东林场 D7M2∶1，肩及上腹部拍印细密的曲折纹，下腹部拍印较大的菱形填线纹。口径22、底径20、高49.8厘米（图三，1）。

金坛许家沟 D2M2∶10，通体拍印细密席纹。口径20、底径17.6、高39.6厘米（图三，2）。[5]

句容寨花头 D1M2∶5，通体拍印菱形填线纹。口径19.8、底径20、高44.6厘米（图三，3）。[6]

句容寨花头 D4M3∶6，肩部拍印纵向叶脉纹、上腹部为回字纹、下腹部为方格纹的复合纹饰。口径18.8、底径20、高41.4厘米（图三，4）。

江阴周庄 D3M1∶1，通体拍印重回字纹。口径22.8、底径21、高48厘米（图三，5）。[7]

镇江连山 M1∶8，上腹部拍印网格纹，肩与下腹部拍印菱形填线纹。口径21.2、底径21.6、高45.9厘米（图三，6）。[8]

---

[1] 镇江市博物馆浮山果园古墓发掘组：《江苏句容浮山果园土墩墓》，《考古》1979年第2期；南京博物院等：《句容浮山果园土墩墓群发掘报告》，文物出版社，2019年。

[2] 南京博物院等：《宜兴潢潼土墩墓群发掘报告》，《东南文化》2006年第6期。

[3] 南京博物院等：《句容浮山果园土墩墓群发掘报告》，文物出版社，2019年。

[4] 南京博物院等：《金坛薛埠土墩墓群发掘报告》，文物出版社，2019年。

[5] 南京博物院等：《金坛薛埠土墩墓群发掘报告》，文物出版社，2019年。

[6] 南京博物院等：《句容寨花头土墩墓群发掘报告》，文物出版社，2019年。

[7] 周庄土墩墓联合考古队：《江苏江阴周庄 JZD3 东周土墩墓》，《文物》2010年第11期。

[8] 镇江博物馆：《江苏镇江大港庄连山春秋墓地发掘简报》，《东南文化》2015年第3期。

图二 BI式坛

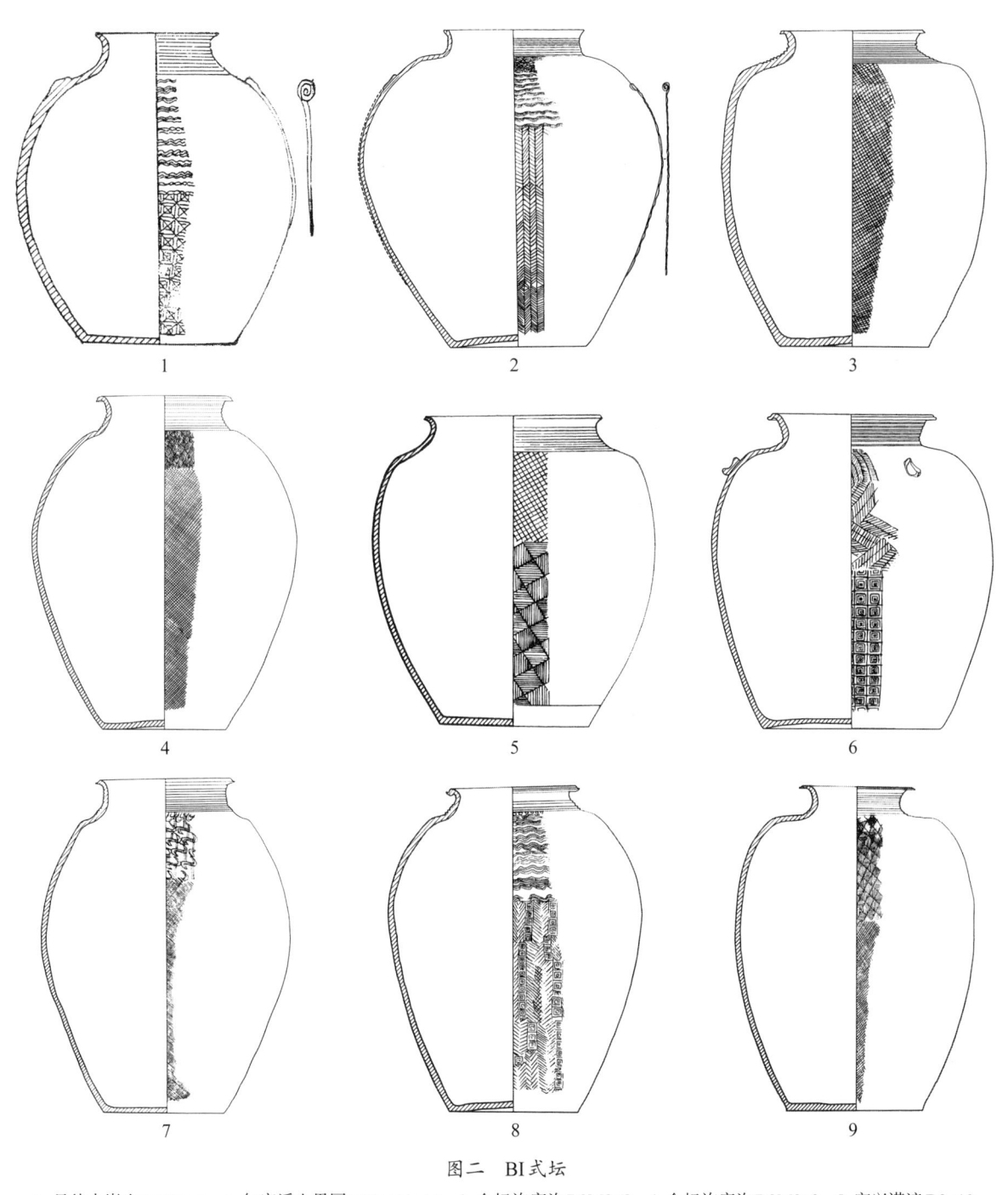

1. 丹徒南岗山 D3M1:1　2. 句容浮山果园 D29M23:15　3. 金坛许家沟 D2M8:8　4. 金坛许家沟 D2M8:8　5. 宜兴潢潼 D3:10　6. 句容东边山 D1M8:8　7. 金坛茅东林场 D2M3:35　8. 金坛茅东林场 D2M4:7　9. 金坛茅东林场 D2M4:12

句容寨花头 D4M7:11，肩及上腹部拍印变形鸟纹，腹中部拍印细密席纹，下腹部拍印方格纹。口径22.8、底径21.6、高43.6厘米（图三，7）。[1]

句容周岗 D2M30:6，肩及上腹部各有两圈曲折纹与回字纹，中下腹部通体拍印回字纹。口径21.6、底径24、高44厘米（图三，8）。

---

[1] 南京博物院等：《句容寨花头土墩墓群发掘报告》，文物出版社，2019年。

图三 BⅠ式坛

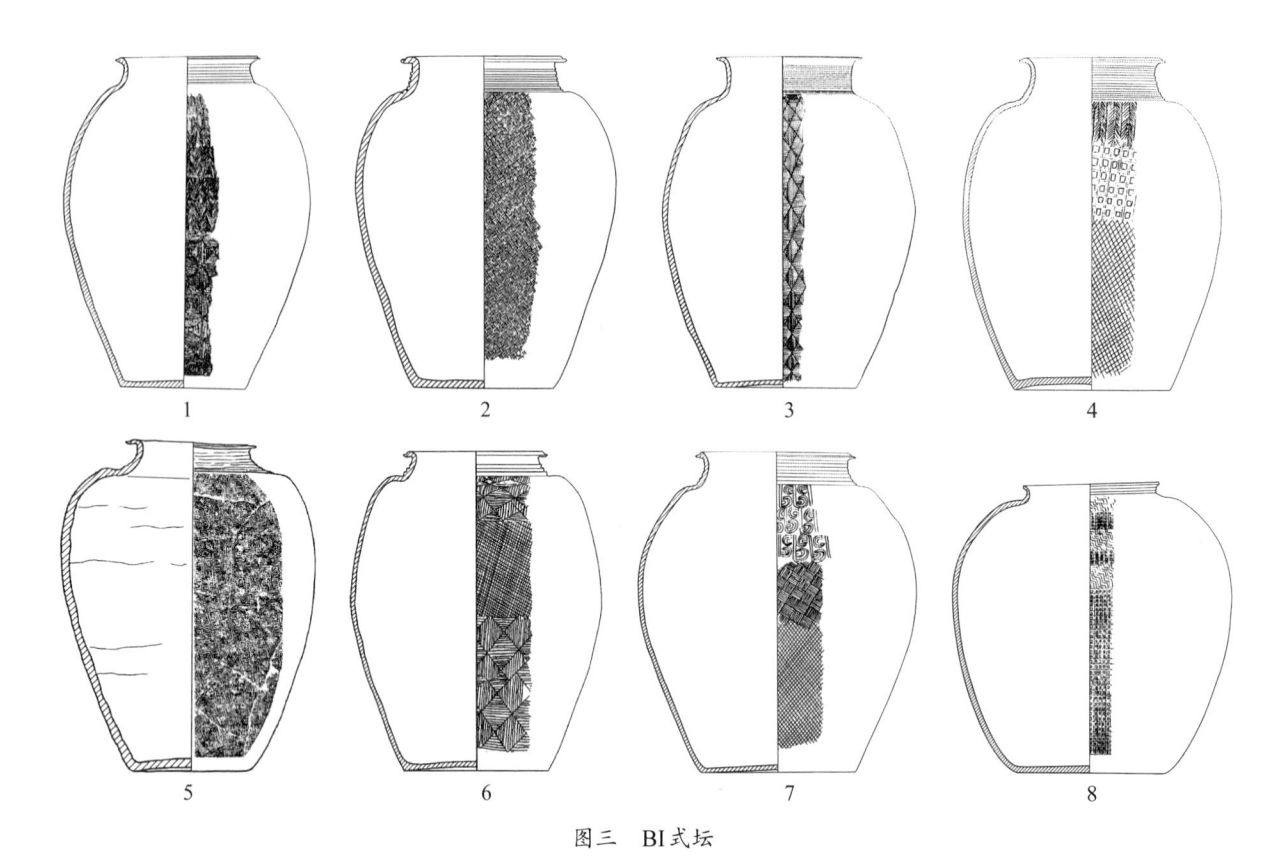

1. 金坛茅东林场 D7M2：1　2. 金坛许家沟 D2M2：10　3. 句容寨花头 D1M2：5　4. 句容寨花头 D4M3：6
5. 江阴周庄 D3M1：1　6. 镇江连山 M1：8　7. 句容寨花头 D4M7：11　8. 句容周岗 D2M30：6

BⅡ式：口径较大。

大侈口，长径，圆肩，深弧腹急收，平底。纹饰上出现米筛纹，以米筛纹与方格纹复合纹饰为主。

萧山柴岭山 D29M1：35，肩近颈处有一圈方格纹，肩及上腹部拍印米筛纹，下腹部拍印方格纹。口径20.7、底径17.7、高35.4厘米（图四，1）。[1]

萧山柴岭山 D37M4：1，肩及上腹拍印米筛纹，下腹饰拍印方格纹。肩部有对称环形耳。口径27.2、腹径38.8、底径19.6、高46.5厘米（图四，2）。

C型：大侈口，束颈。

尖圆唇或方唇，大侈口外撇，束颈，圆肩，深弧腹，大平底。颈有多道弦纹。装饰流行方格纹，亦有回字纹、曲折纹等。

按口沿的不同可分成2式。

CⅠ式：尖唇外卷或微下卷。

句容浮山果园 D29M6：2，肩与上腹部有两圈曲折纹，曲折纹之间为一圈回字纹，下腹部通体拍印回字纹。口径25.8、底径25、高56厘米（图四，3）。

句容浮山果园 D29M25：27，肩与上腹部为两圈方格纹，方格纹之间为一圈回字纹，下腹通体拍印回字纹。口径23.8、底径22.1、高50.7厘米（图四，4）。

句容寨花头 D4M14：20，通体拍印方格纹。口径26、底径25、高53.2厘米（图四，5）。

CⅡ式：尖唇下卷较大。

---

[1] 杭州市文物考古研究所等：《萧山柴岭山土墩墓》，文物出版社，2013年。

图四　BII式、C型坛

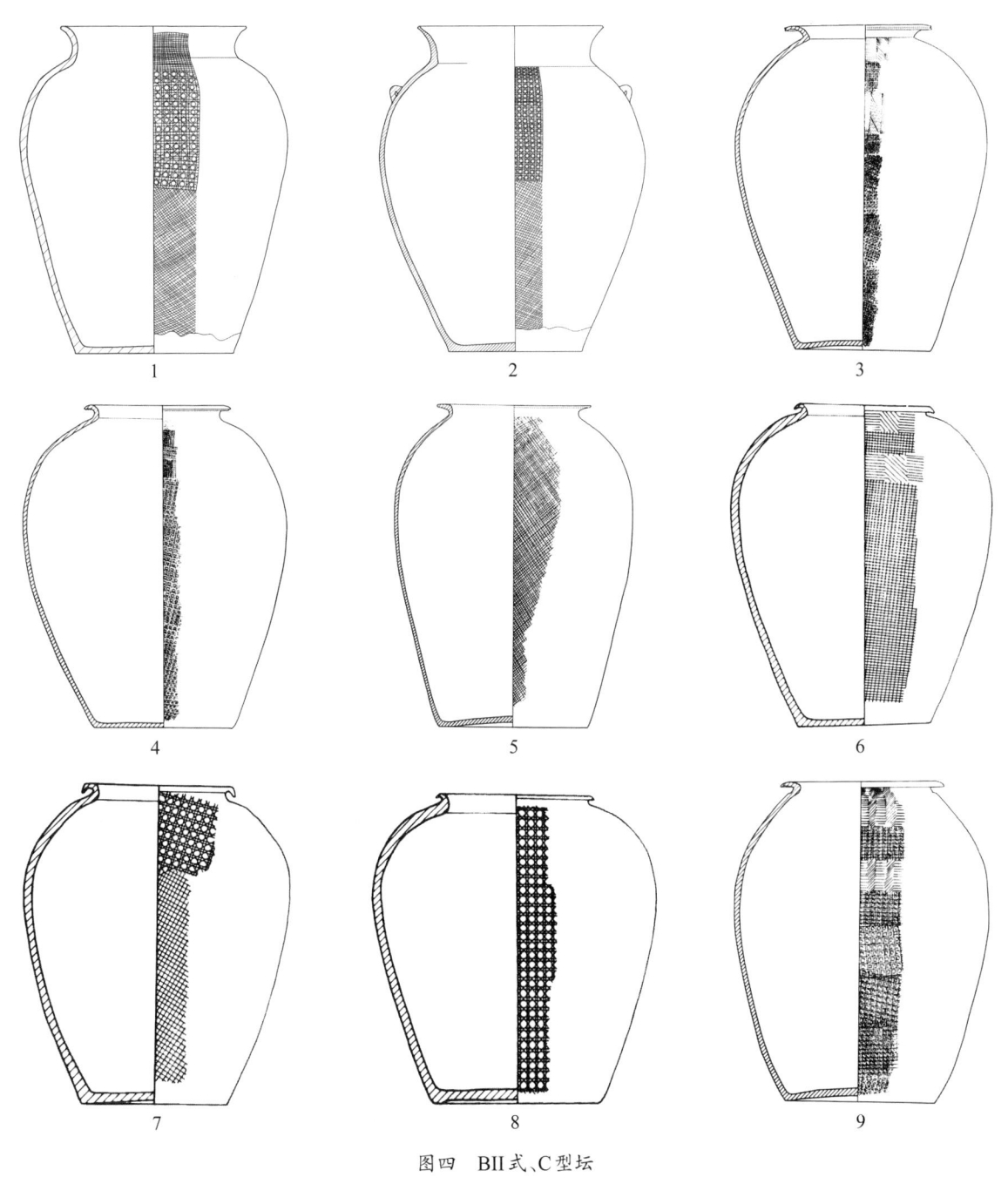

1. BII式（萧山柴岭山 D29M1∶35）　2. BII式（萧山柴岭山 D37M4∶1）　3. CI式（浮山果园 D29M6∶2）
4. CI式（句容浮山果园 D29M25∶27）　5. CI式（句容寨花头 D4M14∶20）　6. CII式（德清独仓山 D5M1∶12）
7. CII式（德清独仓山 D5M1∶11）　8. CII式（德清独仓山 D8M1∶1）　9. CII式（句容寨花头 D2M4∶13-2）

拍印纹饰新出现米筛纹，主要有米筛纹、米筛纹与方格纹、曲折纹与方格纹复合纹饰等。

德清独仓山 D5M1∶11，肩与上腹部拍印米筛纹，下腹部拍印方格纹。口径19.2、底径20、高41厘米（图四,7）。[1]

德清独仓山 D5M1∶12，肩部有两圈曲折纹，曲折纹之间及下腹部拍印方格纹。口径20.4、底径

---

[1] 浙江省文物考古研究所等：《独仓山与南王山——土墩墓发掘报告》，科学出版社，2007年。

20.6、高47.4厘米（图四，6）。

德清独仓山D8M1∶1，通体拍印米筛纹。口径19.4、底径21、高37厘米（图四，8）。

句容寨花头D2M4∶13-2，肩及上腹部有两圈曲折纹，曲折纹之间及下腹部通体拍印回字纹。口径24、底径22、高45.6厘米（图四，9）。

D型：小侈口，束颈。

尖圆唇，口微侈，束颈较短，圆肩，深弧腹斜收，平底。装饰流行米筛纹。

句容浮山果园D29M25∶17，肩部有弦纹，下腹部拍印方格纹。口径15.2、底径16.1、高30.6厘米（图五，1）。

句容浮山果园D29M44∶18，肩部有细弦纹，上腹部为横向细密水波纹，下腹部拍印纵向叶脉纹。上腹部近肩处有绞索状倒"U"形堆贴一对。口径13.8、底径13.4、高23.8厘米（图五，2）。

德清独仓山D8M1∶2，通体拍印米筛纹。口径16、底径18、高35.5厘米（图五，3）。

句容寨花头D2M8∶5，肩及上腹部拍印方格纹，下腹部拍印菱形填线纹。口径20.2、底21.2、高43.2厘米（图五，4）。

句容寨花头D2M13∶19-2，肩与上腹部拍印方格纹，下腹部拍印菱形填线纹。口径23.2、底径23.2、高44厘米（图五，5）。

上虞羊山D1M2D1M2∶8，肩及上腹部拍印米筛纹，下腹部拍印弦纹。口径10.8、底径11.2、高12.4厘米（图五，6）。[1]

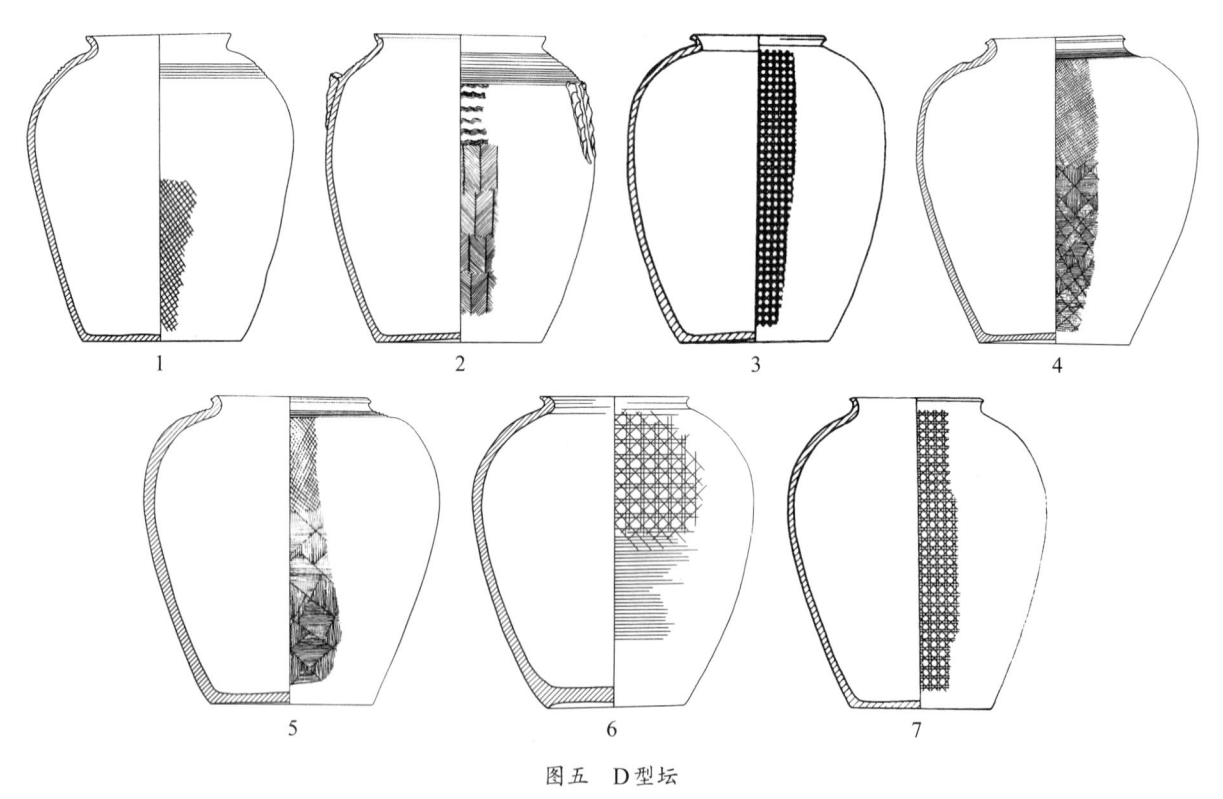

图五　D型坛

1. 句容浮山果园D29M25∶17　2. 句容浮山果园D29M44∶18　3. 德清独仓山D8M1∶2　4. 句容寨花头D2M8∶5
5. 句容寨花头D2M13∶19-2　6. 上虞羊山D1M2D1M2∶8　7. 德清独仓山D9M1∶6

---

[1] 浙江省文物考古研究所等：《上虞羊山古墓群发掘》，浙江省文物考古研究所编：《沪杭甬高速公路考古报告》，文物出版社，2002年。

德清独仓山 D9M1∶6,通体拍印米筛纹。口径17、底径18、高39.4厘米(图五,7)。

E型：盘口,束颈。

尖圆唇略凸起,沿面内弧成小盘口状,折肩,深弧腹,大平底。装饰流行席纹、菱形填线纹与方格纹的组合纹。

句容东边山 D1M1∶10,肩部有弦纹,上腹部拍印细密席纹,下腹部拍印重回字十字交叉纹。上腹近肩处有绞索状的近倒长三角形堆贴。口径21.4、底径19.2、高44厘米(图六,1)。

句容寨花头 D1M2∶1,上腹部有水平的细水波纹,下腹部拍印菱形填线纹,上腹近肩部有绞索状的"V"形堆贴。口径10.8、底径11.6、高22厘米(图六,2)。[1]

句容周岗 D2M30∶8,上腹部有水平的细水波纹,下腹部拍印叶脉纹,上腹近肩部有绞索状的"V"形堆贴。口径14.4、底径14、高27.5厘米(图六,3)。

F型：侈口,短颈。

方唇,侈口,短颈,圆隆肩,深弧腹斜收较急,小平底。颈部有细弦纹。装饰流行米筛纹与麻布纹等。

德清独仓山 D9M1∶7,肩腹部通体拍印米筛纹。口径17、底径18.8、高34厘米(图六,4)。

柴岭山 D27M1∶1,通体拍印细密麻布纹。口径23.4、腹径36、底径17.8、高44.4厘米(图六,5)。

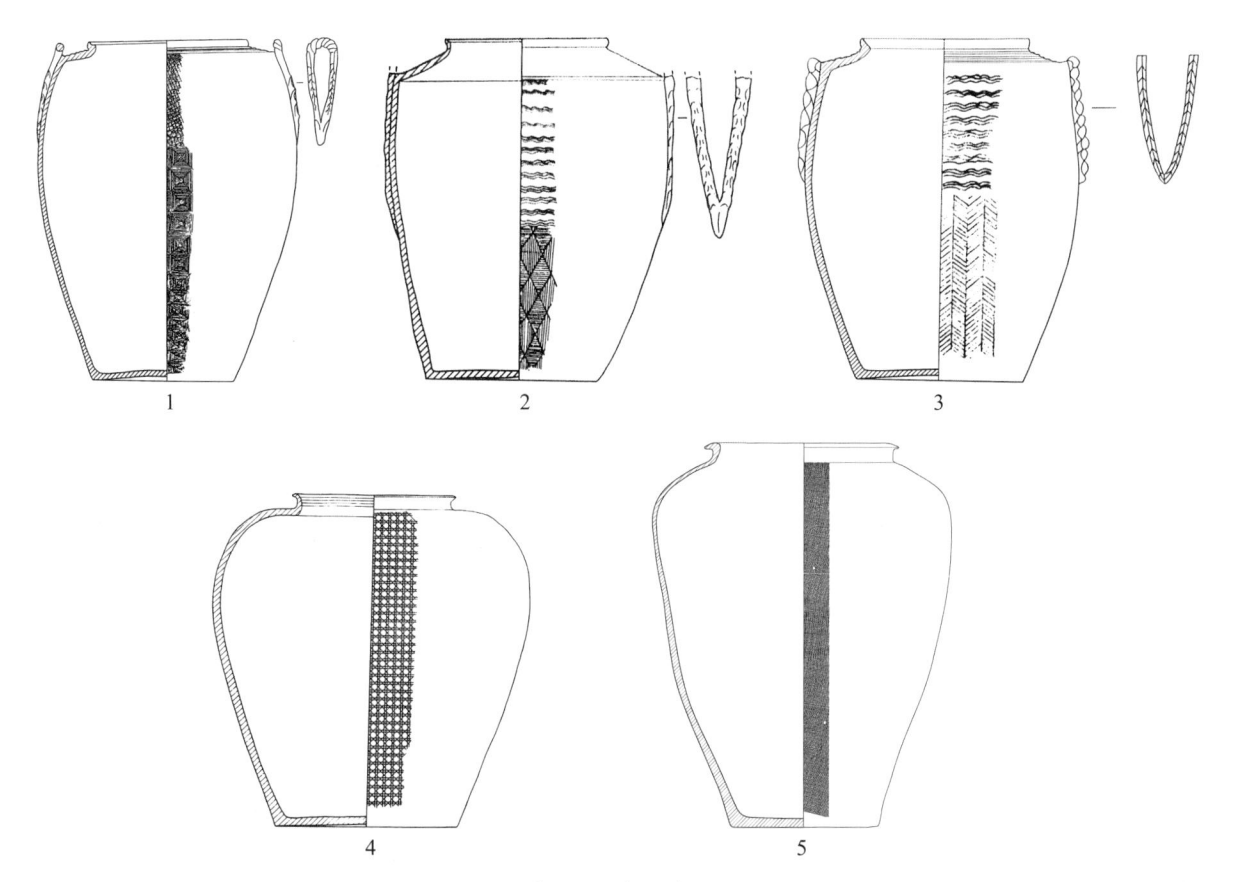

图六　E型、F型坛

1.E型坛(句容东边山 D1M1∶10)　2.E型坛(句容寨花头 D1M2∶1)　3.E型坛(句容周岗 D2M30∶8)
4.F型坛(德清独仓山 D9M1∶7)　5.F型坛(柴岭山 D27M1∶1)

---

[1] 南京博物院等:《句容寨花头土墩墓群发掘报告》,文物出版社,2019年。

2. 罍

按口与腹部不同可分成8型。

A型：侈口，长颈，圆肩，深弧腹。

大侈口，长颈，圆隆肩，深弧腹，大平底。器型较坛为矮胖。长颈部均饰以弦纹，腹部通体拍印纹饰，以复合纹为主，包括席纹与方格纹、叶脉纹与方格纹、方格纹与菱形填线纹等。

句容浮山果园D29M23：4，肩及上腹部拍印曲折纹，下腹部拍印回字纹。肩部堆贴泥条形耳一对。口径12.8、底径16.4、高22厘米（图七，1）。[1]

句容浮山果园D29M23：6，肩及上腹部拍印菱形填线纹，下腹部拍印方格纹。肩部堆贴纵向泥条形耳一对。口径16.8、底16.2、高24.3厘米（图七，2）。

金坛茅东林场D2M3：22，肩及上腹部拍印席纹，下腹部拍印菱形填线纹。口径16.2、底径16、高22.8厘米（图七，3）。[2]

金坛茅东林场D2M4：2，通体拍印叶脉纹。口径15、底径15、高24.8厘米（图七，4）。

句容浮山果园D29M30：9，肩部拍印曲折纹，腹部拍方格纹。肩部堆贴绞索状泥条耳一对。口径17.6、底径14.8、高26.4厘米（图七，5）。

B型：侈口，长颈，圆肩，深鼓腹。

大侈口，长颈，溜肩，腹部圆鼓，最大腹径在腹中部，大平底。颈部有细弦纹。装饰以席纹为主。

宜兴潢潼D3：1，肩与上腹部拍印席纹，下腹部拍印菱形填线纹。口径12.8、底径15.8、高18.1厘米（图七，6）。[3]

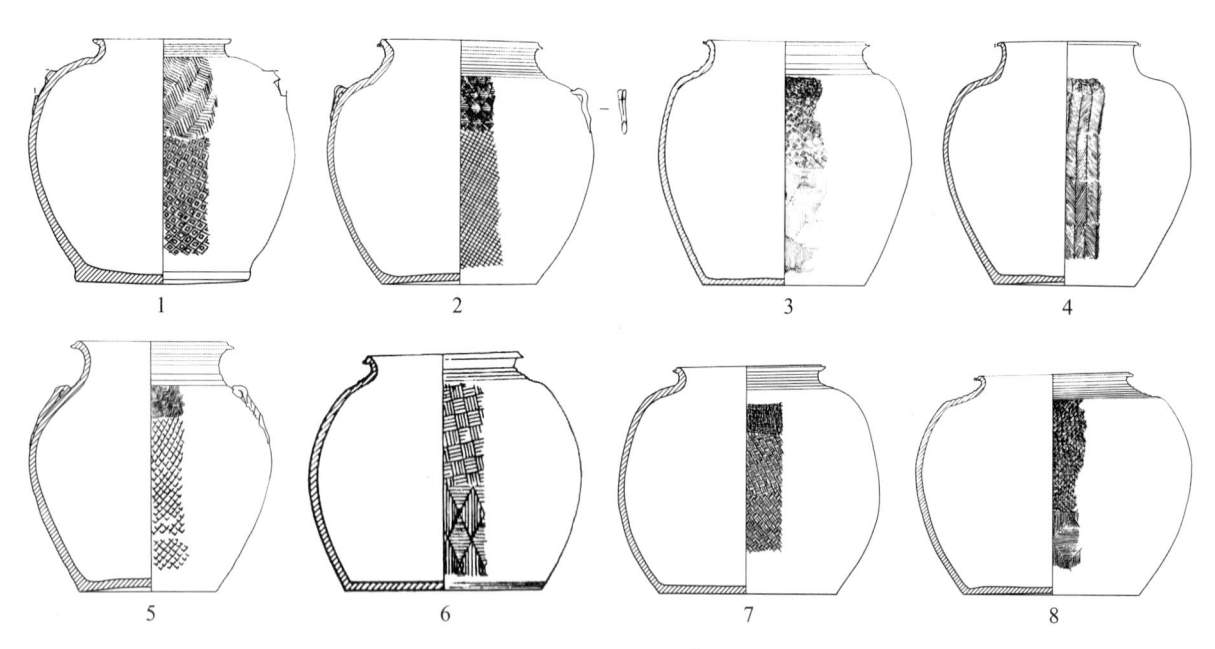

图七　A型、B型罍

1. A型罍（句容浮山果园D29M23：4）　2. A型罍（句容浮山果园D29M23：6）　3. A型罍（金坛茅东林场D2M3：22）
4. A型罍（金坛茅东林场D2M4：2）　5. A型罍（句容浮山果园D29M30：9）　6. B型罍（宜兴潢潼D3：1）
7. B型罍（句容寨花头D2M19：7）　8. B型罍（句容寨花头D2M19：14-1）

---

[1] 镇江市博物馆浮山果园古墓发掘组：《江苏句容浮山果园土墩墓》，《考古》1979年第2期；南京博物院等：《句容浮山果园土墩墓群发掘报告》，文物出版社，2019年。
[2] 南京博物院等：《金坛薛埠土墩墓群发掘报告》，文物出版社，2019年。
[3] 南京博物院等：《宜兴潢潼土墩墓群发掘报告》，《东南文化》2006年第6期。

句容寨花头 D2M19：7，通体拍印席纹。口径12.4、底径14.4、高17.8厘米（图七，7）。

句容寨花头 D2M19：14-1，肩及上腹部拍印席纹，下腹部拍印菱形填线纹。口径19.4、底径21.2、高25.4厘米（图七，8）。

C型：小侈口，短颈，圆隆肩，深弧腹。

小侈口，短颈，肩部圆隆，深弧腹斜收，平底。短颈上有细弦纹。数量极少。装饰主要是方格纹。

宜兴潢潼 D3：13，通体拍印方格纹。口径12.6、底径12.8、高15.2厘米（图八，1）。

D型：小盘口，束颈，深弧腹。

尖唇，束颈，沿面内弧形成小盘口，折肩，深弧腹斜收，平底。装饰包括菱形填线纹、席纹与方格纹的组合纹。

金坛许家沟 D2M5：4，肩部有弦纹，腹部通体拍印菱形填线纹，上腹近肩部有倒"U"形堆贴一对。口径11、底径11.5、高14.1厘米（图八，2）。

句容寨花头 D2M19：13，肩部有弦纹，上腹部拍印席纹，下腹部拍印菱形填线纹。上腹近肩处有3个横向"S"形堆贴。口径17.2、底径20、高26.4厘米（图八，3）。

句容浮山果园 D29M2：24，上腹部拍印席纹，下腹部拍印菱形填线纹。肩部对称贴附4组卷云状和环形泥条堆饰。口径12.8、底径18.2、高24.6厘米（图八，4）。

E型：大侈口，短颈，圆肩，深弧腹。

尖圆唇，短颈，大平底。颈部有弦纹。数量不多。

句容浮山果园 D29M34：23，肩及上腹部拍印叶脉纹，下腹部拍印席纹。口径23.7、底径20.5、高25.6厘米（图八，5）。[1]

F型：大侈口，束颈，圆隆肩，深弧腹。

尖圆唇，肩圆隆，深弧腹斜收，平底。流行米筛纹等。

德清独仓山 D6M1：1，腹部通体拍印米筛纹。口径17.6、底径19.6、高26.2厘米（图八，6）。

G型：小侈口，束颈，圆隆肩，深弧腹。

方唇，折肩，大平底。数量不多。

句容寨花头 D2M25：3，肩部有细弦纹数道，上腹部拍印方格纹，下腹部拍印菱形填线纹。上腹近肩部有绞索状倒"U"形堆贴。口径21、底径19.2、高28.8厘米（图八，7）。

H型：折敛口，平沿，圆肩，深弧腹。

尖圆唇，口折敛形成较宽的沿，沿面上有细弦纹，深弧腹略收，大平底。数量不多。

句容浮山果园 D29M2：9，上腹部拍印席纹，下腹部拍印菱形填线纹。上腹近肩处有三个"Ω"形泥条堆贴，等距分布。口径22、底径20.4、高27.2厘米（图八，8）。

句容浮山果园 D29M29：13，肩及上腹部拍印席纹，下腹部拍印菱形填线纹。口径19、底径21.6、高24.6厘米（图八，9）。

3. 罐

按口与腹部不同可分成9型。

A型：侈口，长颈，较深扁圆鼓腹。

方唇或尖圆唇，大侈口，最大腹径近腹中部。数量不多。

---

[1] 镇江市博物馆浮山果园古墓发掘组：《江苏句容浮山果园土墩墓》，《考古》1979年第2期；南京博物院等：《句容浮山果园土墩墓群发掘报告》，文物出版社，2019年。

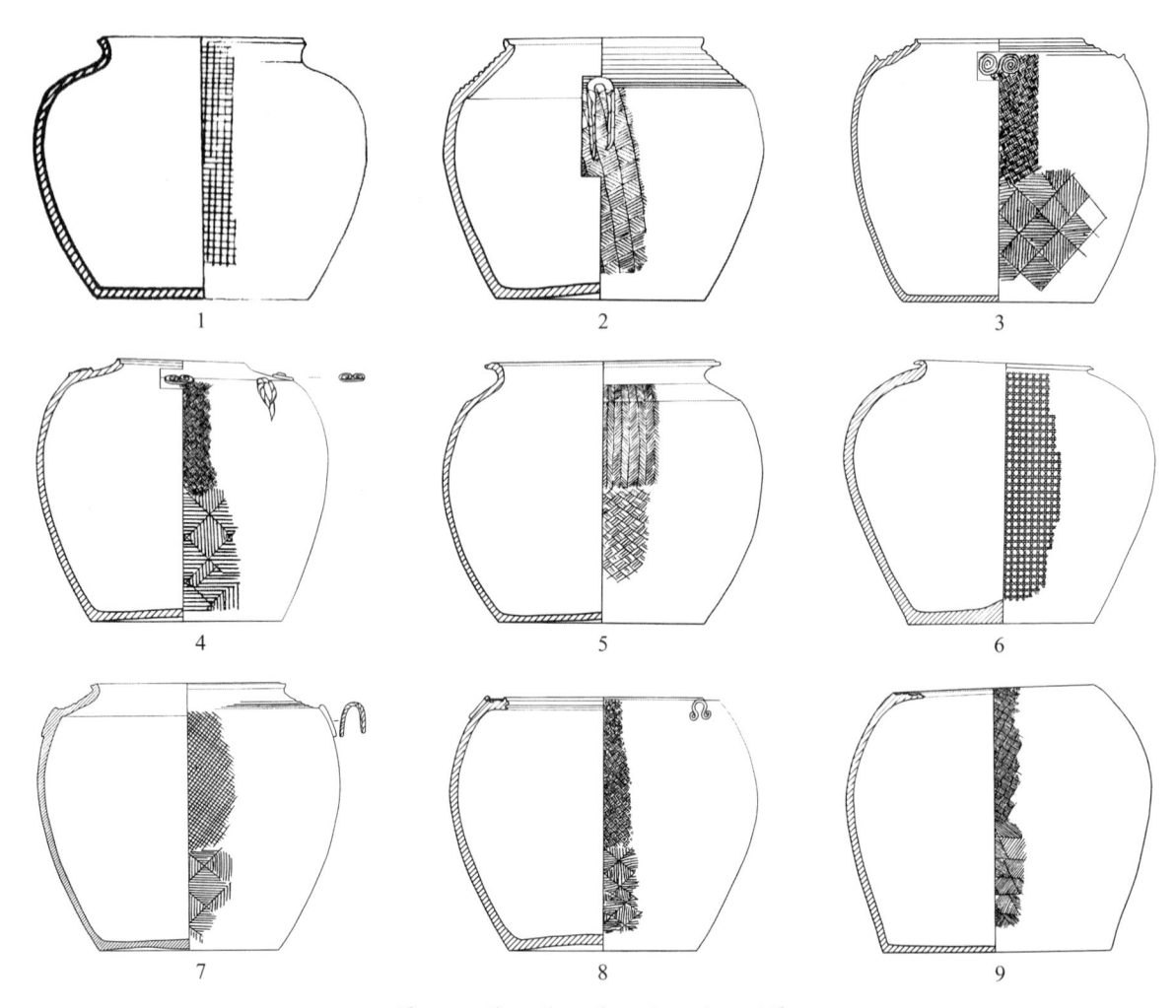

图八　C型、D型、E型、F型、G型、H型罋

1. C型罋（宜兴潢潼 D3:13）　2. D型罋（金坛许家沟 D2M5:4）　3. D型罋（句容寨花头 D2M19:13）
4. D型罋（句容浮山果园 D29M2:24）　5. E型罋（句容浮山果园 D29M34:23）　6. F型罋（德清独仓山 D6M1:1）
7. G型罋（句容寨花头 D2M25:3）　8. H型罋（句容浮山果园 D29M2:9）　9. H型罋（句容浮山果园 D29M29:13）

丹徒南岗山 D1M1:7，通体拍印方格纹，上腹部有纵向泥条形耳一对。口径11.8、底径11.5、高9.7厘米（图九,1）。[1]

金坛连山 D2M1:5，肩与上腹部拍印菱形填线纹，下腹部拍印方格纹。口径11.4、底径12.6、高11.9厘米（图九,2）。[2]

B型：侈口，长颈，圆肩，较深弧腹。

方唇或尖圆唇，大侈口外敞，圆肩，腹深弧而鼓，下腹弧收平底。最大腹径在肩部。颈部常见有密集细弦纹，腹部拍印回字纹、席纹、云雷纹等纹饰，肩部常见双泥条形耳。是最主要的器型。

金坛许家沟 D2M8:9，肩部拍印席纹一圈，腹部通体拍印方格纹。中上腹部有绞索状扉棱一对。口径16.2、底径16、高19.2厘米（图九,3）。

金坛许家沟 D2M8:10，通体拍印方格纹。中上腹部有绞索状扉棱一对。口径17.2、底径18、高

---

[1] 南京博物院：《江苏丹徒南岗山土墩墓》，《考古学报》1993年第2期。
[2] 南京博物院等：《江苏金坛连山土墩墓发掘报告》，《考古学集刊（第10集）》，地质出版社，1996年。

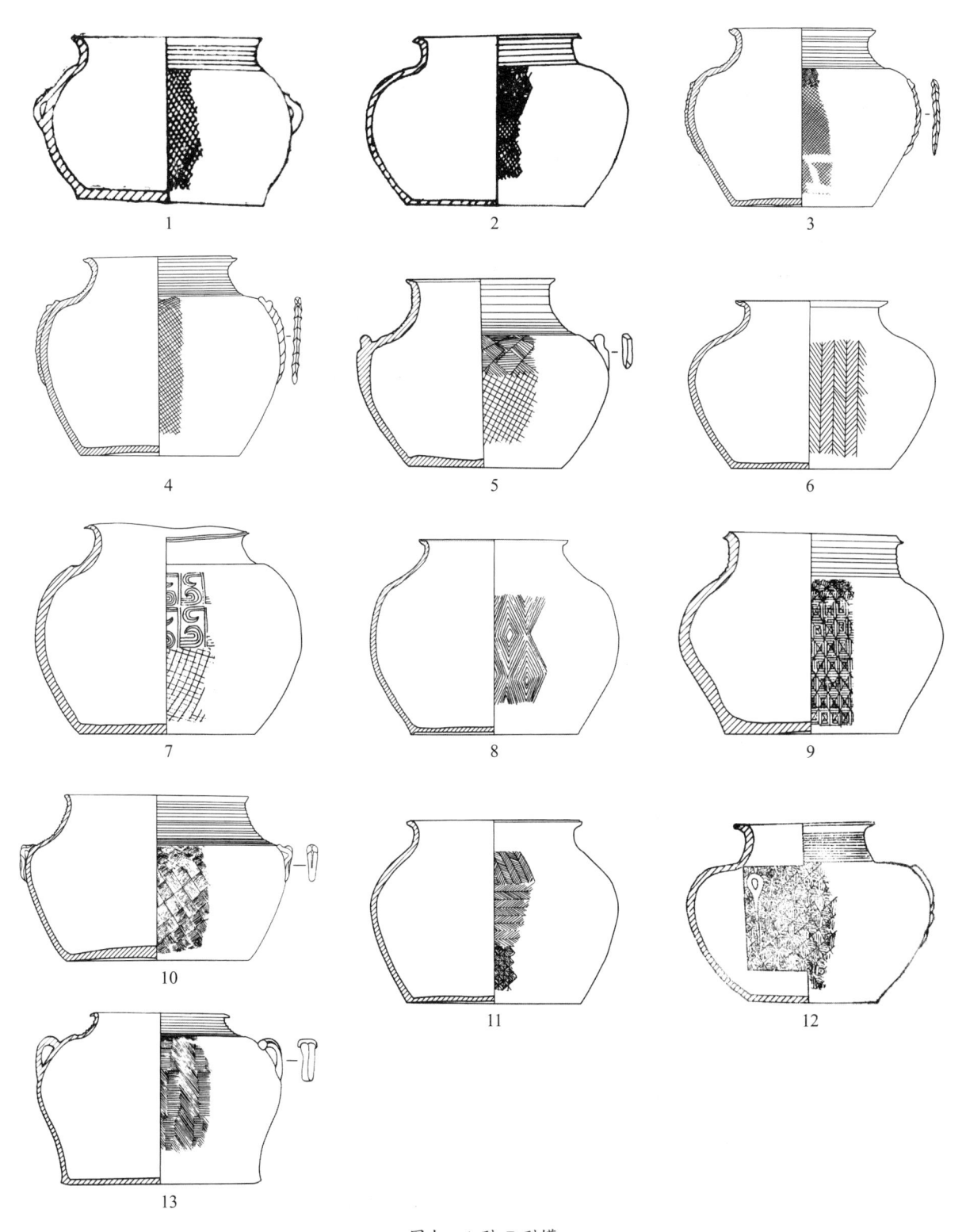

图九 A型、B型罐

1. A型罐（丹徒南岗山 D1M1:7） 2. A型罐（金坛连山 D2M1:5） 3. B型罐（金坛许家沟 D2M8:9）
4. B型罐（金坛许家沟 D2M8:10） 5. B型罐（金坛许家沟 D2M9:12） 6. B型罐（金坛茅东林场 D2M4:6）
7. B型罐（金坛茅东林场 D2M4:21） 8. B型罐（金坛茅东林场 D7M2:8） 9. B型罐（金坛许家沟 D1M4:3）
10. B型罐（句容寨花头 D4M18:3-2） 11. B型罐（句容浮山果园 D29M44:23） 12. B型罐（丹徒南岗山 D5M1:1）
13. B型罐（句容寨花头 D4M15:2-2）

21.7厘米(图九,4)。

金坛许家沟D2M9:12,上腹部拍印菱形填线纹,下腹部为方格纹。上腹近肩部堆贴泥条形耳一对。口径11.8、底径12.8、高14.8厘米(图九,5)。

金坛茅东林场D2M4:6,通体拍印叶脉纹。口径12.8、底径13.4、高13.6厘米(图九,6)。

金坛茅东林场D2M4:21,肩及上腹部拍印变体鸟纹,下腹拍印方格纹。口径12.8、底径13.6、高15.8厘米(图九,7)。

金坛茅东林场D7M2:8,通体拍印重菱形纹。口径10.6、底径12、高13.6厘米(图九,8)。

金坛许家沟D1M4:3,通体拍重回字十字交叉纹。口径12.5、底径12.2、高13.4厘米(图九,9)。[1]

句容寨花头D4M18:3-2,通体拍印席纹,上腹近肩部有纵向泥条形耳一对。口径14.5、底径14.6、高12.7厘米(图九,10)。

句容浮山果园D29M44:23,肩部拍印纵向叶脉纹,上腹部拍印横向叶脉纹,下腹部为重回字十字交叉纹。口径13.8、底径13.9、高13.8厘米(图九,11)。

丹徒南岗山D5M1:1,通体拍印菱形填线纹。肩部堆贴三个环形泥条形耳。口径13.4、底径13、通高16.5厘米(图九,12)。

句容寨花头D4M15:2-2,下腹内弧收,通体拍印曲折纹。肩部有纵向双泥条形耳,耳上端有横向泥条堆贴。口径9.8、底径14.2、高11.6厘米(图九,13)。

C型：侈口,短颈,圆肩,较深弧腹。

腹深弧而鼓,或扁圆鼓腹,下腹弧收平底。腹部有扁圆鼓腹与圆肩深弧腹的不同。最大腹径在肩部。颈部常见有密集细弦纹,装饰主要是方格纹、米筛纹等。

句容寨花头D4M18:7-2,通体拍印曲折纹。口径11.6、底径11.8、高9.2厘米(图一〇,1)。

句容东边山D1M8:24,方唇上有细凹弦纹一道,腹部通体拍印席纹。口径12.2、底径14、高11.8厘米(图一〇,2)。[2]

柴岭山D19M1:10,通体拍印方格纹。口径11.6、底径10.4、高12.9厘米(图一〇,3)。

萧山柴岭山D29M1:28,通体拍印杂乱的方格纹与回字纹。口径13.4、底径9.5、高12.9厘米(图一〇,4)。

萧山柴岭山D29M1:29,通体拍印菱形填线纹,菱形正,接近于重回字十字交叉纹。口径9.5、底径11.7、高11.1厘米(图一〇,5)。

D型：侈口,束颈,圆肩,较深弧腹。

按腹深浅分成3个亚型。

Da型：扁鼓腹。

流行方格纹与米筛纹等。

宜兴潢潼D3:11,扁鼓腹,通体拍印方格纹。口径11.4、底径13.6、高11.2厘米(图一〇,6)。[3]

宜兴潢潼D1:5,扁鼓腹,通体拍印米筛纹。口径13.6、底径14.5、高11.2厘米(图一〇,7)。

萧山柴岭山D29M1:4,通体拍印方格纹,上腹部有横向半环形耳一对。口径11.8、底径9.2、高9.9厘米(图一〇,8)。

德清独仓山D5M1:3,肩近颈部有水波纹,上腹部拍印米筛纹,下腹部为细密方格纹。口径17.6、

---

[1] 南京博物院等:《金坛薛埠土墩墓群发掘报告》,文物出版社,2019年。
[2] 南京博物院等:《句容浮山果园土墩墓群发掘报告》,文物出版社,2019年。
[3] 南京博物院等:《宜兴潢潼土墩墓群发掘报告》,《东南文化》2006年第6期。

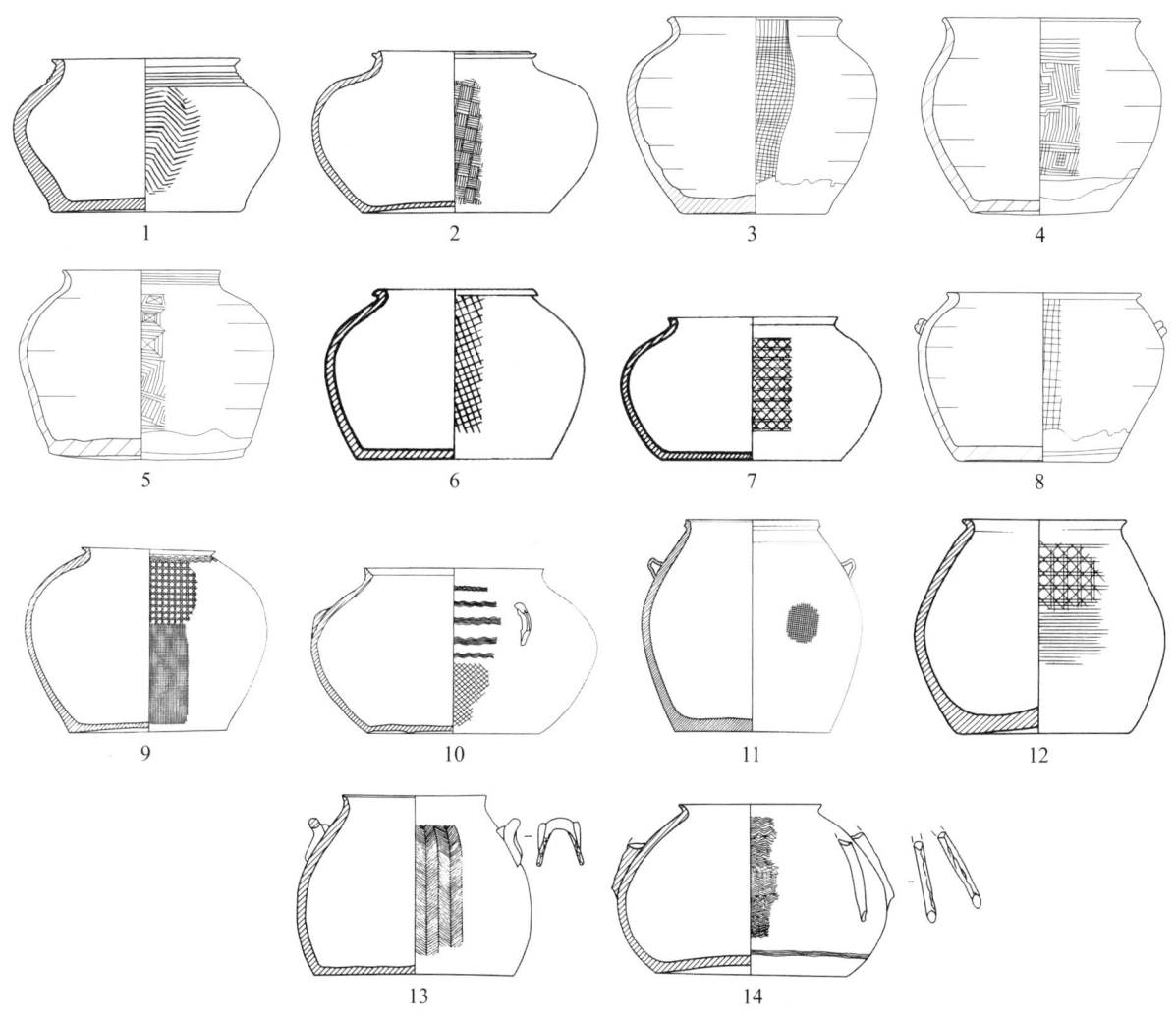

图一〇　C型、D型罐

1. C型罐（句容寨花头 D4M18:7-2）　2. C型罐（句容东边山 D1M8:24）　3. C型罐（柴岭山 D19M1:10）
4. C型罐（萧山柴岭山 D29M1:28）　5. C型罐（萧山柴岭山 D29M1:29）　6. Da型罐（宜兴潢潼 D3:11）
7. Da型罐（宜兴潢潼 D1:5）　8. Da型罐（萧山柴岭山 D29M1:4）　9. Da型罐（德清独仓山 D5M1:3）
10. D型罐（金坛茅东林场 D2M1:3）　11. Db型罐（慈溪缸窑山 M11:1）　12. Dc型罐（上虞羊山 D1M2:8）
13. Dc型罐（金坛茅东林场 D2M2:13）　14. Dc型罐（句容浮山果园 D29M34:21）

底径19.8、高22.4厘米（图一〇,9）。

金坛茅东林场D2M1:3，肩与上腹部有水波纹，下腹部拍印方格纹。肩部有三个纵向等距的小泥条形耳。口径15.6、底径15.2、高14厘米（图一〇,10）。

Db型：橄榄腹。

数量极少。慈溪缸窑山M11:1，橄榄形深腹，通体拍印小方格纹。肩部有小泥耳。口径13.2、底径16、高21厘米（图一〇,11）。[1]

Dc型：垂腹。

数量不多。流行米筛纹。

上虞羊山D1M2:8，垂腹。上腹部拍印米筛纹，下腹部拍印弦纹。口径10.8、底径11.2、高12.4厘

---

[1] 宁波市文物考古研究所等：《浙江慈溪掌起缸窑山墓地发掘报告》，《东南文化》2005年第2期。

米(图一〇,12)。[1]

句容浮山果园D29M34:21,通体拍印水波纹,腹部有泥条堆贴一对。口径11.5、底径16、高13.6厘米(图一〇,14)。

金坛茅东林场D2M2:13,通体拍印叶脉纹。肩部堆贴一对倒"U"形泥条形耳。口径11.8、底径16.4、高14.3厘米(图一〇,13)。

E型:直口,短颈,圆肩,深弧腹。

数量不多。方格纹较为流行。

宜兴潢潼D1:2,通体拍印方格纹。口径12.6、底径15.6、高14厘米(图一一,1)。

慈溪缸窑山M11:10,扁鼓腹,上腹部拍印叶脉纹,下腹部拍印菱形填线纹,肩部有小泥条形堆贴。菱形填线纹排列规则整齐,接近于重回字十字交叉纹。口径8.4、底径12.3、高10厘米(图一一,2)。

萧山柴岭山D29M1:37,通体拍印曲折纹,腹中部有纵向泥条形耳一对。口径7.2、底径10.1、高11.9厘米(图一一,3)。

句容寨花头D2M4:2-2,肩与上腹部拍印席纹,下腹部拍印叶脉纹。口径10、底径10.8、高10.4厘米(图一一,4)。

句容寨花头D2M14:6-2,通体拍印席纹。口径13、底径14.8、高14.3厘米(图一一,5)。

上虞羊山D1M2:6,通体拍印细方格纹。口径12.4、底径13.4、高11厘米(图一一,6)。[2]

萧山柴岭山D27M1:12,通体拍印细方格纹。肩部有横向泥条形耳一对。口径11.5、腹径16.9、底径9.3、高11.5厘米(图一一,7)。

F型:敛口,无颈,圆肩,深弧腹。

大平底。数量不多,流行方格纹、米筛纹等。

宜兴潢潼D1:28,通体拍印方格纹。上腹部有近似长卷云状的堆贴。口径10.6、底径13.2、高15.2厘米(图一一,8)。

萧山柴岭山D29M1:1,肩部拍印水波纹,腹部拍印方格纹。口径7.9、底径10.6、高8.1厘米(图一一,9)。

萧山柴岭山D37M4:8,通体拍印米筛纹。口径9.5、底径11.7、高10厘米(图一一,10)。

德清独仓山D5M1:1,通体拍印米筛纹。口径9.4、底径10.4、高9.5厘米(图一一,11)。

G型:敛口,短颈,圆肩,深弧腹。

数量极少。

宜兴潢潼D2乙:20,肩部拍印曲折纹,腹部拍印回字纹。口径6.6、底径13.5、高11.6厘米(图一二,1)。

句容寨花头D4M14:8-2,颈与肩部有细弦纹,上腹拍印席纹,下腹部拍印菱形填线纹。口径13.2、底径12、高13厘米(图一二,2)。

H型:侈口,长颈,圆肩,扁弧腹或扁鼓腹。

部分器物肩近颈处略内弧,大平底。为主要器型。流行菱形填线纹、席纹、方格纹的各种组合纹饰。

句容寨花头D4M15:2-1,通体拍印大菱形填线纹。口径10.8、底径10.5、高7.4厘米(图一二,3)。

镇江连山M1:6,颈部拍印细弦纹,通体拍印方格纹。口径13.9、底径17.5、高11.4厘米[3]

---

[1] 浙江省文物考古研究所等:《上虞羊山古墓群发掘》,浙江省文物考古研究所编:《沪杭甬高速公路考古报告》,文物出版社,2002年。
[2] 浙江省文物考古研究所等:《上虞羊山古墓群发掘》,浙江省文物考古研究所编:《沪杭甬高速公路考古报告》,文物出版社,2002年。
[3] 镇江博物馆:《江苏镇江大港庄连山春秋墓地发掘简报》,《东南文化》2015年第3期。

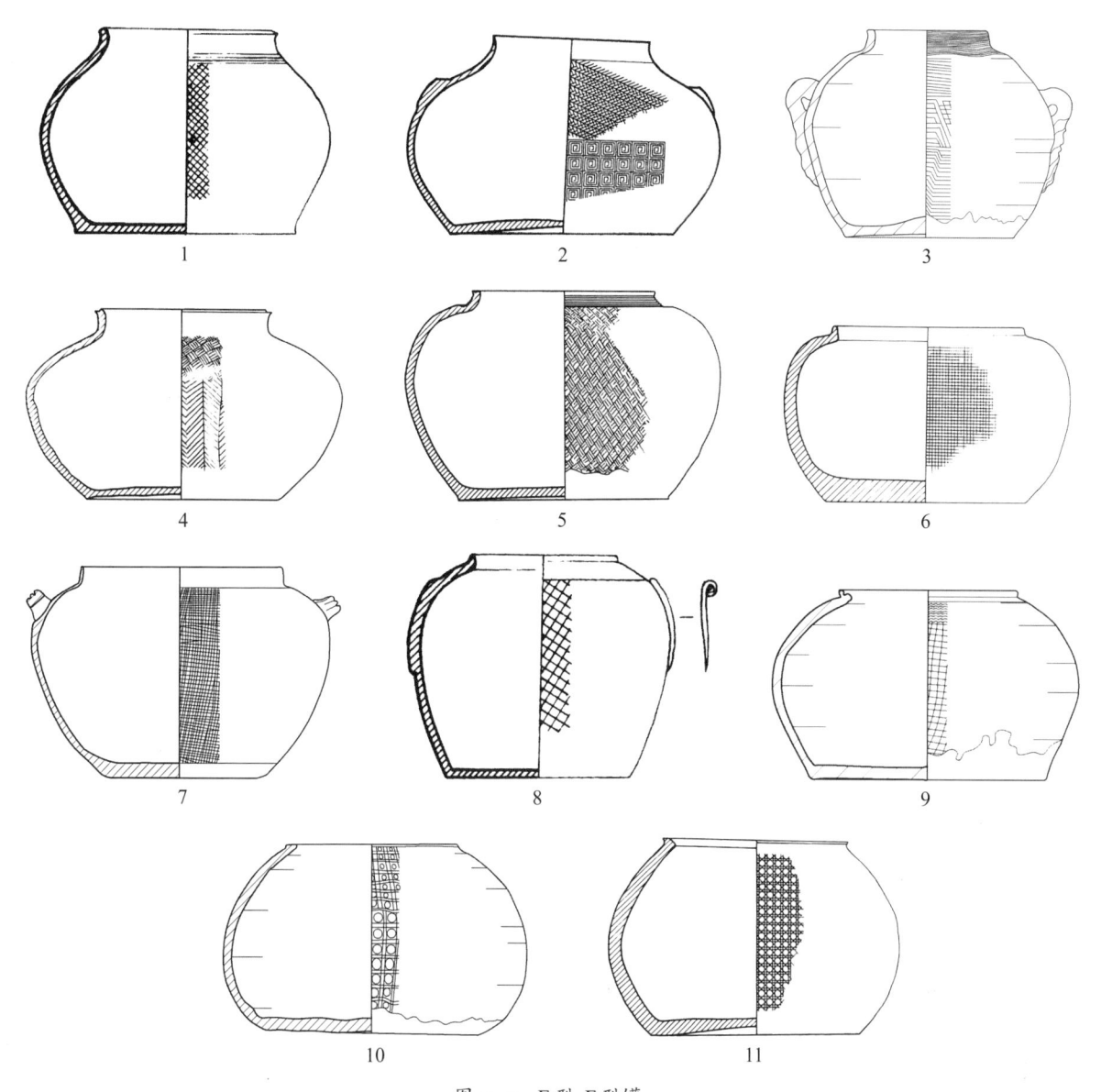

图一一 E型、F型罐

1. E型罐（宜兴潢潼 D1∶2） 2. E型罐（慈溪缸窑山 M11∶10） 3. E型罐（萧山柴岭山 D29M1∶37）
4. E型罐（句容寨花头 D2M4∶2-2） 5. E型罐（句容寨花头 D2M14∶6-2） 6. E型罐（上虞羊山 D1M2∶6）
7. E型罐（萧山柴岭山 D27M1∶12） 8. F型罐（宜兴潢潼 D1∶28） 9. F型罐（萧山柴岭山 D29M1∶1）
10. F型罐（萧山柴岭山 D37M4∶8） 11. F型罐（德清独仓山 D5M1∶1）

（图一二，4）。

句容寨花头 D2M22∶14-2，颈部拍印细弦纹，通体拍印菱形填线纹。口径13.2、底径15.6、高12.7厘米（图一二，5）。[1]

句容周岗 D2M30∶15，通体以细弦纹为主，肩腹部拍印三圈重菱形纹，菱形的重圈较少。口径11、底径12.2、高10.7厘米（图一二，6）。

I型：盘口，束颈，鼓腹。

数量极少。尖圆唇，翻折沿，沿面内弧形成盘口状，束颈，圆鼓腹或深弧腹。

---

[1] 南京博物院等：《句容寨花头土墩墓群发掘报告》，文物出版社，2019年。

图一二　G型、H型、I型罐

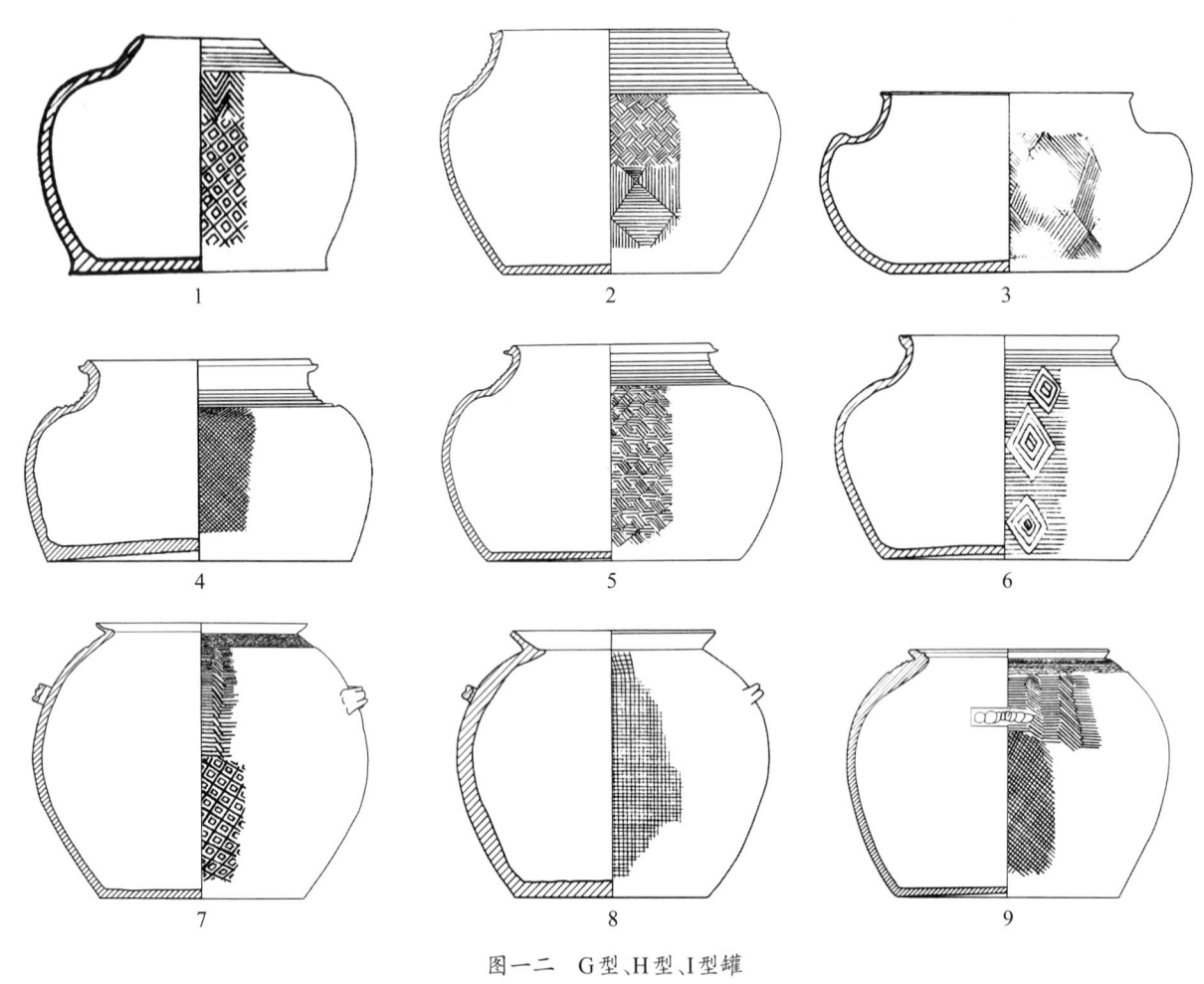

1. G型罐（宜兴潢潼 D2乙：20）　2. G型罐（句容寨花头 D4M14：8-2）　3. H型罐（句容寨花头 D4M15：2-1）
4. G型罐（镇江连山 M1：6）　5. H型罐（句容寨花头 D2M22：14-2）　6. H型罐（句容周岗 D2M30：15）
7. I型罐（句容东边山 D1M4：4）　8. I型罐（金坛茅东林场 D2M2：14）　9. I型罐（句容寨花头 D2M22：14-2）

句容东边山 D1M4：4，肩近颈处有水波纹，上腹部拍印曲折纹，下腹部拍印回字纹，肩部堆贴一对横向泥条形耳。口径 15.2、底径 14.8、高 19.2 厘米（图一二，7）。

金坛茅东林场 D2M2：14，通体拍印方格纹，肩部堆贴一对横向泥条形耳。口径 11、底径 10.2、高 13.8 厘米（图一二，8）。

句容寨花头 D2M22：14-2，肩部为水波纹，上腹部拍印曲折纹，下腹部拍印方格纹，肩部堆贴横向绞索状耳。口径 13.2、底径 15.6、高 12.7 厘米（图一二，9）。

4. 瓿

数量不多。按口部不同可分成 3 型。整体数量均不多。

A型：弧敛口，溜肩，扁鼓腹。

圆唇或尖圆唇，大平底，腹扁鼓，最大腹径在近腹中部。

丹徒南岗山 D7M1：5，圆唇，上腹部有弦纹，下腹部拍印方格纹。腹中部有一对纵向扁泥条形耳。口径 9.5、底径 11.8、高 13.1 厘米（图一三，1）。[1]

---

[1] 南京博物院：《江苏丹徒南岗山土墩墓》，《考古学报》1993 年第 2 期。

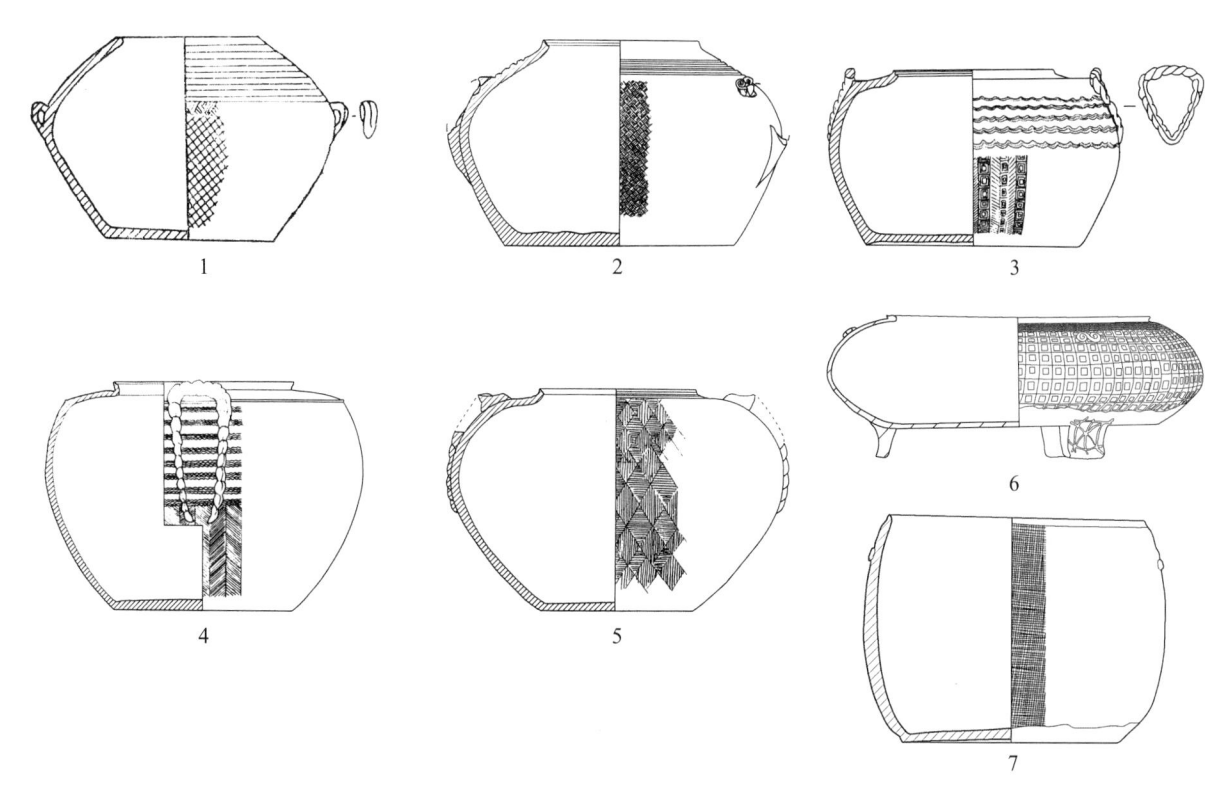

图一三　瓿、鼎、钵

1. 瓿A型（丹徒南岗山D7M1∶5）　2. 瓿A型（句容浮山果园D29M44∶34）　3. 瓿B型（句容东边山D1M3∶3）
4. 瓿C型（句容寨花头D4M5∶6-1）　5. 瓿C型（句容寨花头D4M5∶5）　6. 鼎（萧山柴岭山D29M1∶5）　7. 钵（萧山柴岭山D27M1∶3）

句容浮山果园D29M44∶34，肩部有弦纹，通体拍印细小席纹。腹部堆贴一对纵向泥条形耳，耳上端有横内扣"S"形泥条堆贴。口径11.4、底径16.8、高14.4厘米（图一三，2）。

B型：折敛口，圆隆肩，深弧腹。

句容东边山D1M3∶3，方唇，唇沿上内弧一道，扁鼓腹，大平底。上腹部有水波纹，下腹部拍印重回字纹与斜向短直条纹组合纹。上腹部有一对近似倒三角形的绞索状堆贴。口径12.6、底径16.8、高13.2厘米（图一三，3）。

C型：口微侈，圆隆肩，深弧腹。

句容寨花头D4M5∶6-1，上腹部有水波纹，下腹部拍印叶脉纹。上腹部堆贴绞索状倒"U"形耳。口径14、底径14、高17厘米（图一三，4）。

句容寨花头D4M5∶5，通体拍印菱形填线纹。上腹部有一对扉棱。口径11、底径11、高15厘米（图一三，5）。

5. 鼎

数量极少，仅在萧山柴岭山D29M1发现一件。

萧山柴岭山D29M1∶5，弧敛口，扁鼓腹，大平底，三扁平方形足。肩部有细密水波纹，腹部通体拍印回字纹，足外侧有米字纹。肩部有三个横向"S"形堆贴。口径13、腹径18.5、底径13.8、通高6.8厘米（图一三，6）。

6. 钵

数量极少，在萧山柴岭山D27M1发现三件，器型基本一致：弧敛口，深弧腹略鼓，大平底。通体拍印麻布纹。D27M1∶3，上腹部有一对横向"S"纹堆贴。口径10.2、底径8.5、高8.6厘米（图一三，7）。

二、分期与时代

根据以上土墩墓中出土印纹硬陶的型式研究,江南地区出土春秋时期的印纹硬陶共可分成三组。

第一组主要器型包括A型、BⅠ式、CⅠ式坛,A型、B型、C型、D型罍,A型、B型、C型、Da型、E型、F型、G型、H型罐,A型瓿。以BⅠ式坛、A型罍、B型与H型罐为主。拍印纹饰以席纹、方格纹与菱形填线纹为主,常见席纹与方格纹、席纹与菱形填线纹、方格纹与菱形填线纹等的组合纹饰,西周时期常见的曲折纹与回字纹非常少见,细密水平排列的水波纹取代较粗疏的曲折纹成为重要纹饰之一。

典型墓葬有：丹徒南岗山D1M1、D2M1、D3M1、D5M1、D7M1,句容浮山果园D29M21、D29M23,句容东边山D1M8、D1M9、D1M14,金坛茅东林场D2M3、D2M4、D4M1、D7M2、D7M3、D7M4,金坛许家沟D1M4、D1M7、D2M2、D2M5、D2M6、D2M7、D2M8、D2M9,金坛裕巷D2M2,句容寨花头D1M2、D2M5、D4M3、D4M12、D4M15,金坛连山D1M1、D2M1、D3M1,江阴大松墩,江阴周庄D3M1,宜兴潢潼D1、D2乙、D3,苏州俞墩M3等。

第二组主要器型包括A型、BⅠ式、BⅡ式、CⅠ式、CⅡ式、D型、E型坛,A型、B型、D型、E型、F型、G型、H型罍,A型、B型、C型、Da型、Db型、Dc型、E型、F型、H型、I型罐,A型、B型、C型瓿。坛新出现BⅡ式、CⅡ式、D型与E型,C型罍数量极少,几乎不见,新出现E型、F型、G型、H型罍,罐新出现Db型、Dc型、I型,瓿增加了B型与C型。这一时期是器物种类最为丰富多样的时期。仍旧以BⅠ式坛、A型罍、B型与H型罐为主。纹饰上除方格纹、席纹与菱形填线纹的相互组合纹外,新出现并流行米筛纹。

典型墓葬有：萧山柴岭山D19M1、D29M1、D37M4,德清独仓山D5M1、D6M1、D8M,句容浮山果园D29M2、D29M5、D29M6、D29M10、D29M14、D29M15、D29M16、D29M19、D29M25、D29M26、D29M29、D29M30、D29M34、D29M36、D29M44、D33M1、D33M3,句容东边山D1M1、D1M3、D1M4、D1M6、D1M7、D1M11、D1M13、D1M15,金坛石家山林场D1M1、D2M1、D2M2,金坛许家沟D1M1、D1M2、D1M3、D1M5、D1M6、D2M1、D4M1,金坛裕巷D5M2,句容寨花头D2M1、D2M2、D2M3、D2M4、D2M7、D2M8、D2M12、D2M13、D2M14、D2M16、D2M19、D2M20、D2M22、D2M23、D2M25、D2M26、D2M27、D4M1、D4M2、D4M4、D4M5、D4M7、D4M8、D4M11、D4M14,句容周岗D2M2、D2M3、D2M5、D2M8、D2M12、D2M14、D2M22、D2M29、D2M30,金坛鳖墩M2,镇江连山M1、M2、M3,安吉三官M2,上虞羊山D1M2,慈溪缸窑山M11,苏州俞墩M1,苏州真山D33K2等。

第三组器型有BⅠ式、BⅡ式、CⅡ式、F型坛,A型、F型罍,C型、Da型、Dc型、E型、F型、H型罐,以及鼎与钵。大部分器型消失。A型罍、H型罐是主要的器型。米筛纹、方格等是主要纹饰,但方格纹更加流行,且更加细密,部分开始演变成细密的麻布纹。

典型墓葬包括：萧山柴岭山D1M1、D27M1,德清独仓山D9M1、D9M2,丹徒四脚墩D5M1,丹徒金山,溧水柘塘残墩M2、M4,句容浮山果园D27M3,金坛许家沟D2M3,镇江金山,安吉三官M3,苏州真山D9M1、D16M1、D33K1等。

第一组墓葬共出的原始瓷主要是宽沿、浅弧腹、矮圈足或假圈足碗,时代主要为春秋早期。

第二组墓葬共出的原始瓷主要是窄平沿直腹较浅碗与直口直腹较浅碗,时代主要是春秋中期。

第三组墓葬共出的原始瓷器主要是子母口盅式碗,时代为春秋晚期。

三、相关问题的讨论

春秋时期江南地区出土的印纹硬陶，以中期种类更为丰富多样，而这一时期原始瓷有一个明显的衰落过程，鼎、卣、簋、尊等礼器类器物消失，以碗类小型日用器占绝大多数。这一时期印纹硬陶取代了原始瓷，成为江南地区主要的高质量陶瓷器种类。但伴随着春秋晚期社会的进一步衰退，印纹硬陶也同步衰落，因此春秋晚期是以原始瓷与印纹硬陶为代表的江南地区文化在商周时期发展的一个低谷。

从装饰的纹样来看，整体上呈现出不断简化的趋势，春秋早期复合纹饰更为流行，组合多样，而中期以后通体拍印的方格纹与新出现的米筛纹逐渐成为主流，春秋晚期方格纹则逐渐一统。而且方格纹从早期相对较大演变成晚期细密接近于麻布纹，后者成为战国的流行纹饰。

从纹饰风格上看，春秋时期拍印的几何形纹饰整体显得非常拘谨：细密、规则、排列整齐，且越到晚期越发细密、规矩。拍印几何纹居于西周各种豪放拍印纹饰与战国细密麻布纹之间，具有承上启下的作用。

席纹、菱形填线纹与重回字十字交叉纹之间有清晰的连续演变过程。席纹出现的时间非常早，在夏商时期的印纹硬陶上即极为常见，夏商至西周时期的席纹总体上较为粗大，排列杂乱，相邻两纹饰之间的交叉呈斜角状，西周晚期逐渐向细密整齐演变。春秋早期，席纹的外侧套以一个菱形框，由此形成了一种新的纹饰——菱形填线纹，它与席纹在春秋早、中期广泛共存。春秋晚期菱形填线纹的框变平直，相邻的直线形成方正的回字形闭环，由此出现了一种新的纹饰——重回字十字交叉纹，该纹饰大量流行于战国时期。

另外，春秋早期有少量的曲折纹与回字纹，这是承袭了西周的装饰风格，春秋晚期的细方格纹或麻布纹、重回字十字交叉纹则开了战国流行纹饰的先河，因此春秋时期印纹硬陶的纹饰种类亦明显扮演着承上启下的角色。

表一 春秋不同时期主要墓葬出土印纹硬陶型式统计表

春秋早期器物	春秋中期器物		春秋晚期器物
坛A型	坛A型	罐A型	坛BⅠ式
坛BⅠ式	坛BⅠ式	罐B型	坛BⅡ式
坛CⅠ式	坛BⅡ式	罐C型	坛CⅡ式
罍A型	坛CⅠ式	罐Da型	坛F型
罍B型	坛CⅡ式	罐Db型	罍A型
罍C型	坛D型	罐Dc型	罍F型
罍D型	坛E型	罐E型	罐C型
罐A型	罍A型	罐F型	罐Da型
罐B型	罍B型	罐H型	罐Dc型
罐C型	罍D型	罐I型	罐E型
罐Da型	罍E型	瓿A型	罐F型
罐E型	罍F型	瓿B型	罐H型
罐F型	罍G型	瓿C型	罐I型
罐G型	罍H型		鼎
罐H型			钵
瓿A型			

表二 春秋时期不同阶段出土印纹硬陶主要墓葬统计表

春秋早期器物	春秋中期器物	春秋晚期器物
丹徒南岗山 D1M1、D2M1、D3M1、D5M1、D7M1 句容浮山果园 D29M21、D29M23 句容东边山 D1M8、D1M9、D1M14 金坛茅东林场 D2M3、D2M4、D4M1、D7M2、D7M3、D7M4 金坛许家沟 D1M4、D1M7、D2M2、D2M5、D2M6、D2M7、D2M8、D2M9 金坛裕巷 D2M2 句容寨花头 D1M2、D2M5、D4M3、D4M12、D4M15 金坛连山 D1M1、D2M1、D3M1 江阴大松墩 江阴周庄 D3M1 宜兴潢潼 D1、D2乙、D3 苏州俞墩 M3	萧山柴岭山 D19M1、D29M1、D37M4 德清独仓山 D5M1、D6M1、D8M 句容浮山果园 D29M2、D29M5、D29M6、D29M10、D29M14、D29M15、D29M16、D29M19、D29M25、D29M26、D29M29、D29M30、D29M34、D29M36、D29M44、D33M1、D33M3 句容东边山 D1M1、D1M3、D1M4、D1M6、D1M7、D1M11、D1M13、D1M15 金坛石家山林场 D1M1、D2M1、D2M2 金坛许家沟 D1M1、D1M2、D1M3、D1M5、D1M6、D2M1、D4M1 金坛裕巷 D5M2 句容寨花头 D2M1、D2M2、D2M3、D2M4、D2M7、D2M8、D2M12、D2M13、D2M14、D2M16、D2M19、D2M20、D2M22、D2M23、D2M25、D2M26、D2M27、D4M1、D4M2、D4M4、D4M5、D4M7、D4M8、D4M11、D4M14 句容周岗 D2M2、D2M3、D2M5、D2M8、D2M12、D2M14、D2M22、D2M29、D2M30 金坛鳖墩 M2 镇江连山 M1、M2、M3 安吉三官 M2 上虞羊山 D1M2 慈溪缸窑山 M11 苏州俞墩 M1 苏州真山 D33K2	萧山柴岭山 D1M1、D27M1 德清独仓山 D9M1、D9M2 丹徒四脚墩 D5M1 丹徒金山 溧水柘塘残墩 M2、M4 句容浮山果园 D27M3 金坛许家沟 D2M3 镇江金山 安吉三官 M3 苏州真山 D9M1 苏州真山 D16M1 苏州真山 D33K1

关于苏州商周时期土墩墓若干现象探讨

◎ 丁金龙 王　霞（苏州市考古研究所）

本世纪以来，苏州市考古研究所开展吴文化研究工作，配合工程建设进行抢救性考古发掘，发现了一批商周时期土墩。通过发掘资料的整理与研究，可以确认这些土墩大多分布在苏州西北部山区，年代早至商代，晚到战国时期。按结构可分为石室土墩与土墩墓二类。前者为一墩一室，有军事、祭祀、居住、墓葬等多种用途，本文仅就性质确定为墓葬之土墩展开讨论。后者大多为竖穴墓，有一墩一墓和一墩多墓。从墓葬的形式及出土文物，可判断为苏州两周时期的墓葬区，而且墓葬多数可以确定为吴(越)墓葬，亦有楚墓存在。这些墓葬共处苏州西部山区，成为该地区特有的一种文化现象。在这些文物遗存中，发现了一些现象，值得思考与探讨。

一、一墩多墓、葬式不一现象

（一）俞墩墓地

俞墩又称北俞墩，位于苏州高新区西部的阳山东麓，呈东西偏南走向，西北～东南约125米，东北～西南约100米，高约10米，土墩顶部略平。苏州市考古研究所于2012年3月对该墩进行了抢救性发掘。在土墩内一共发现墓葬7座（M1—M7）、器物群1处（Q1）（图一）。墓葬中均有随葬器物出土，一共有遗物57件。按质地可分为原始瓷、印纹硬陶、夹砂陶、泥质陶、铜器。原始瓷以碗、豆为多，簋、盂较少。印纹硬陶器以罐最多，瓮较少。夹砂陶器有鼎、釜。泥质陶有罐、豆、盒、簋、器盖。铜器有青铜杯形器、小铜块。在这同一墩内埋葬的7座墓葬中，发现有两种类型，即平地掩埋型和挖坑掩埋型，在两种类型的基础上，又可分为五种不同的埋葬方式：竖穴土坑墓（M1、M3和M5）、竖穴岩坑墓（M5和M7）、石床型（M2）、石框型（M4）和无床无框型（Q1）。[1] 分别叙述如下：

1. 平地掩埋型

分无床无框型、石床型和石框型三种结构。

（1）无床无框型（Q1）

Q1被破坏严重，平面上无石床或石框等明显的边界。一组器物大致呈南北向排列，共6件（图二）。原始瓷器4件，器型有罐、碗、盂，Q1发掘时定为器物群，但从整个墓地的墓葬分布以及

---

[1] 苏州市考古研究所：《苏州阳山俞墩土墩墓发掘简报》，《东南文化》2012年第4期。

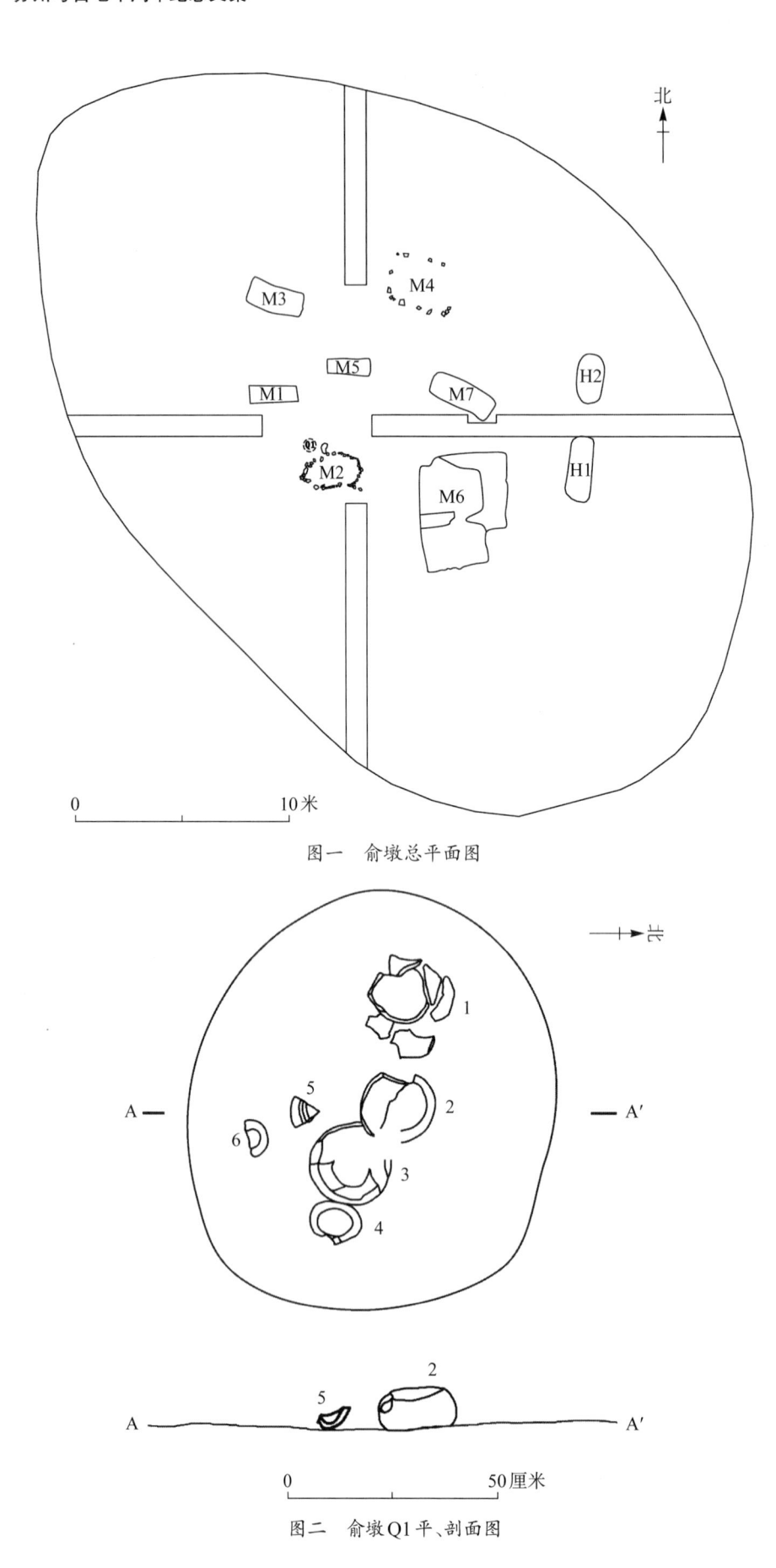

160 | 企致集——苏州考古七十周年纪念文集

图一 俞墩总平面图

图二 俞墩Q1平、剖面图

出土的器物均为春秋时期墓葬常见的随葬品的情况来看,应将其性质改为墓葬。依据器物的特征与纹饰等,时代确定为春秋中期。这类墓底无任何设施的平地掩埋型埋葬方式,应该源于早期葬式。

（2）石床型（M2）

M2位于T3内。开口于第②层下,墓口距地表约0.2—0.4米,为石床型土墩墓,即用石块平铺地面,构成一定平面范围的石质墓床,器物置于石床之上。由于后期的生产建设活动,墓葬开口和石床的平面范围均遭到了破坏,器物也有不同程度的损坏。石床平面大致呈东西向不规则长方形,南北残长2、东西残长约2.75米。方向为115°。出土器物8件,7件器物置于石床的东部,呈南北向一字排列,另有1件夹砂陶器置于现存石床外围的东北部（图三）。陶质分原始瓷、印纹硬陶、泥质陶、夹砂陶。器类以印纹硬陶罐为主,原始瓷器3件均为豆。依据随葬的器形特征与纹饰,时代判断为西周中期。

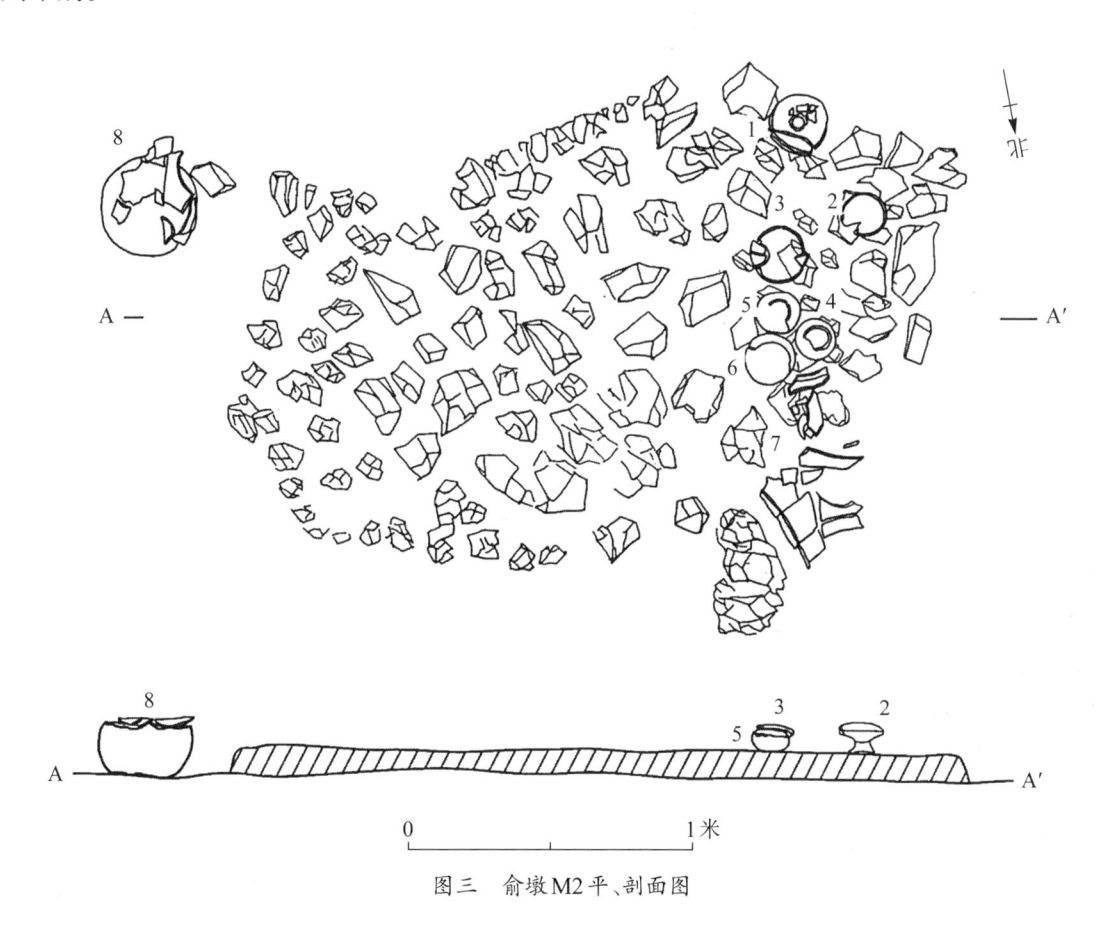

图三 俞墩M2平、剖面图

（3）石框型（M4）

M4位于T1内。开口于第②层下,墓口距地表深约0.2—0.4米,为石框型土墩墓,即在平整过的基岩面上铺设较规整的小块石形成石床,用较大石块垒出墓葬边缘。石床平面大致呈东西向不规则长方形,南北残长2.35、东西残长3.1米。方向为109°。共出土器物5件,有原始瓷器、印纹硬陶器和泥质陶器（图四）。依据随葬器物的特征与纹饰,时代判断为西周中期。

2. 挖坑掩埋型

分岩坑与土坑二种结构。

图四 俞墩M4平、剖面图

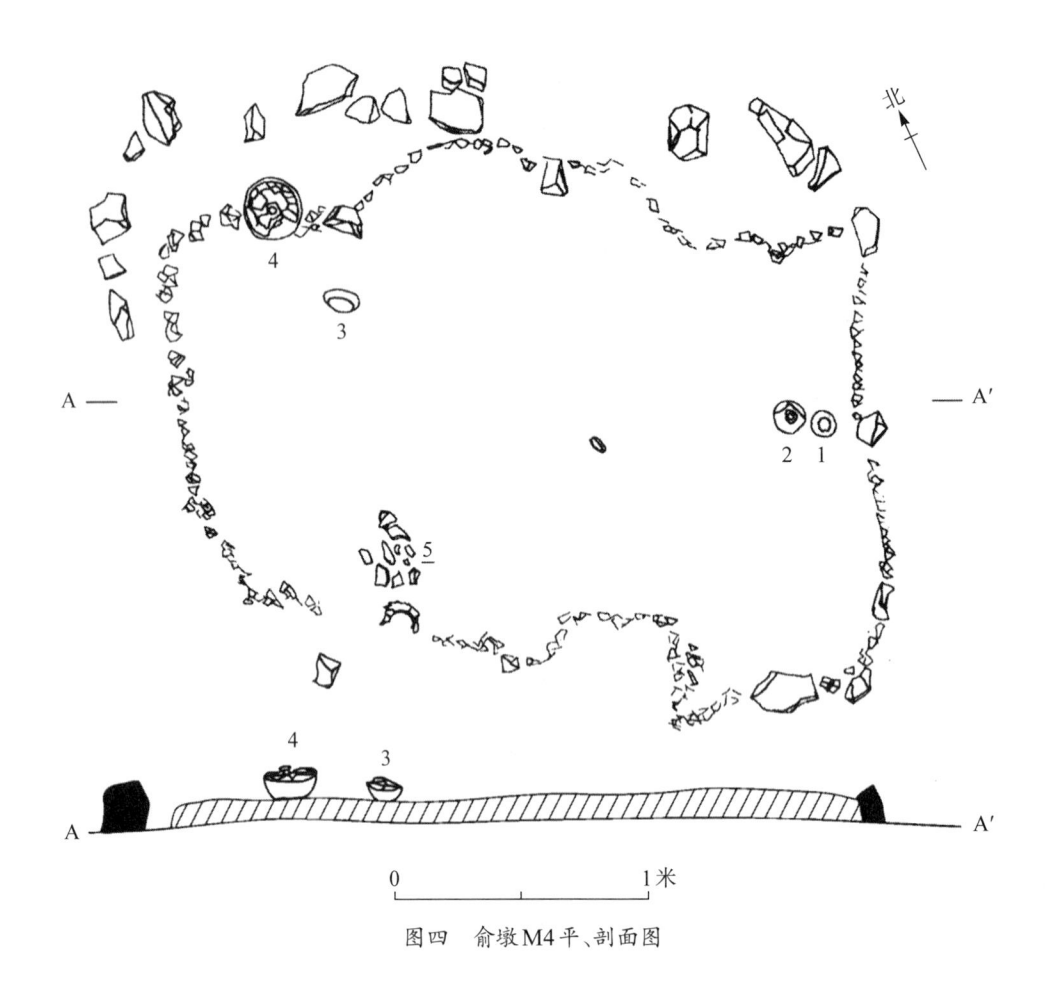

（1）岩坑墓（M6、M7）

M6位于T4内。开口于第②层下，为打破基岩的长方形竖穴岩坑墓。由山体基岩下挖形成，石坑南北总长5.3、东西总宽3.5—4.3、深1.8—2米，墓室中部偏南有一条东西向的石墙将石室空间分成了南北两部分，构成两个相对独立的墓室（图五）。北侧墓室编号M6-1，南侧墓室编号M6-2。石墙厚0.6、长1.7、高约1.7米，石墙下半部分为基岩墙体，上半部分垒砌较大块石。其中M6-1墓口向东扩展约1米。墓室坑壁略斜，未见有明显加工痕迹。M6-1墓口东西长4.3、南北宽2.6—3.6、深1.8米，在距墓底0.6—0.7米处的东面与北面分别凿有宽约1.1和0.8米的二层台。墓底部分东西长约3、南北宽约1.95米。M6-1填土上层为0.6—0.8米的纯净黄土，下层为灰褐色土。墓室近底部出土1件残泥质陶罐，填土中出土残原始瓷1件，基岩二层台上无遗物出土。M6-2墓口东西长3.1、南北宽2—2.2、深2米。墓底东西长1.7、南北宽1.5—2米。墓室北侧的石墙近底部分由于向北开凿而略向外凹。墓坑内上层填0.15—0.3米的纯净黄土，下层为黄灰土。在距墓口约1.1米左右，靠石墙侧发现青铜杯形器2件；在墓底中部紧贴石墙处，出土陶盒、陶豆、陶鼎足等。M6-2墓底有两条南北向打破基岩的凹槽，宽0.15、深0.06—0.1、长约1.55—1.65米。共出土器物5件，有泥质陶和铜器。泥质陶器3件，器型有罐、豆、盒；铜器有杯形器2件。

M7位于土墩中部的T1内。开口于第③层下，为打破基岩的竖穴岩坑墓。墓葬平面大致呈东西向不规则长方形。墓口距地表约0.3—0.5米，长约3、宽约1.08—1.1、深约0.55—0.62米，方向为115°。坑壁略斜，有开凿加工的痕迹。墓葬内填土土质坚硬。出土器物16件，分置三处，大部分器物位于西端，墓室中部偏西放置有两个上下叠压的陶罐，墓葬中部偏南出土一件印纹硬陶瓮（图

图五 俞墩M6平、剖图

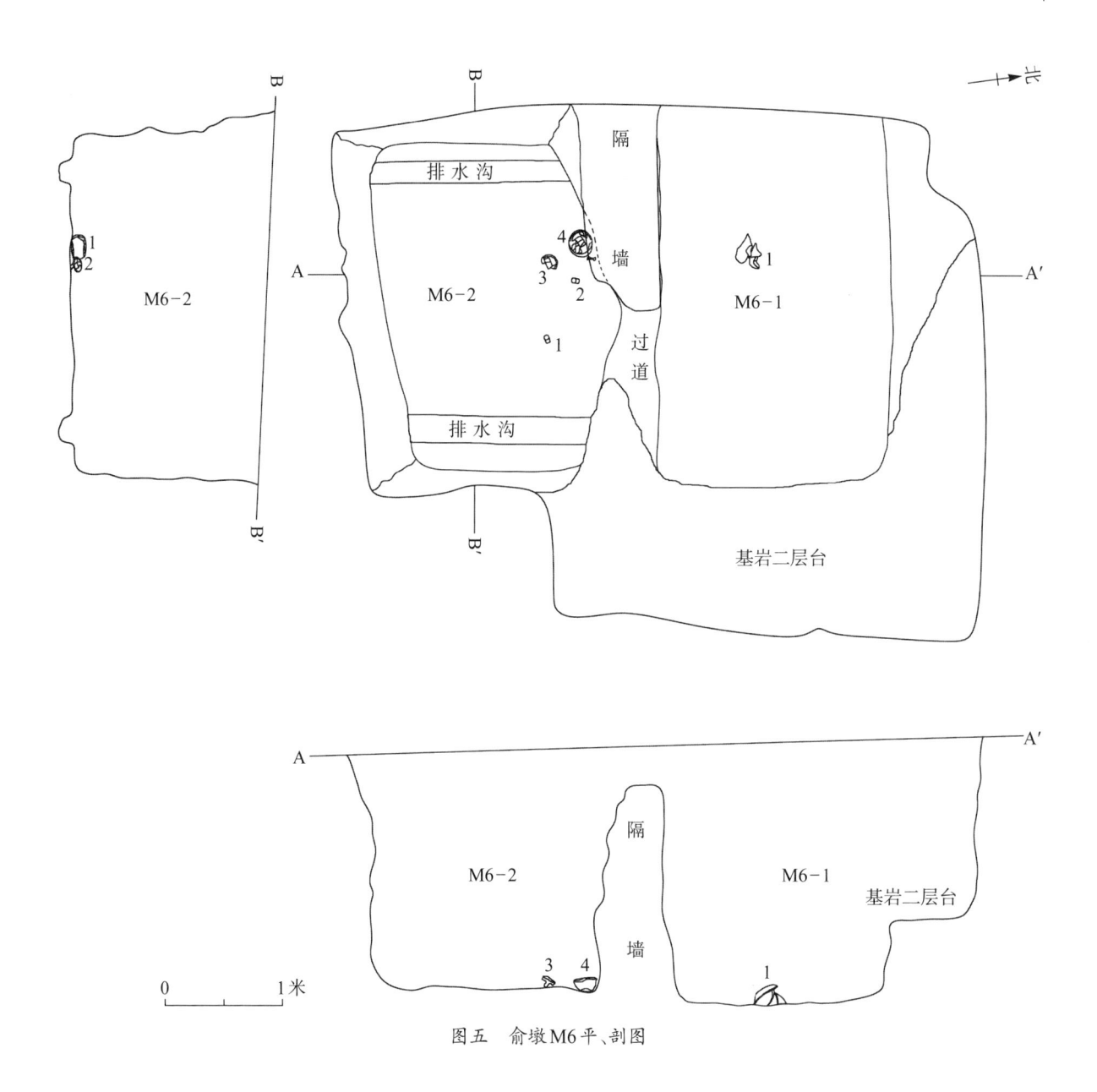

六)。器物按材质分为硬陶、泥质陶、夹砂陶和铜器。印纹硬陶器4件,器型有瓿、罐。其中3件印纹硬陶罐均为平底内凹,与上海马桥发掘出土的泥质陶罐器形时代相近;印纹硬陶罐和印纹硬陶瓿,器身饰变体云雷纹,纹饰错乱叠压,为马桥文化的典型特征,其时代相当于商代晚期。不仅为苏州历史时期中发现的最早文化遗存,也是马桥文化时期发现的最完整、出土遗物最多的墓葬。目前,马桥文化时期的墓葬发现极少,马桥遗址1993—1997年间的四次发掘,总面积2 728平方米,首次发现的马桥墓葬,共有4座,2座为长方形土坑墓,2座没有墓坑,而且有三种不同的埋葬方式,均无随葬品。[1]

(2)土坑墓(M1、M3、M5)

M1位于T2。开口于第②层下,为长方形竖穴土坑墓。墓口距地表约0.3—0.5米。墓口东西长

[1] 上海市文物管理委员会:《马桥1993—1997年发掘报告》,上海书画出版社,2002年。

图六　俞墩M7平、剖面图（2）

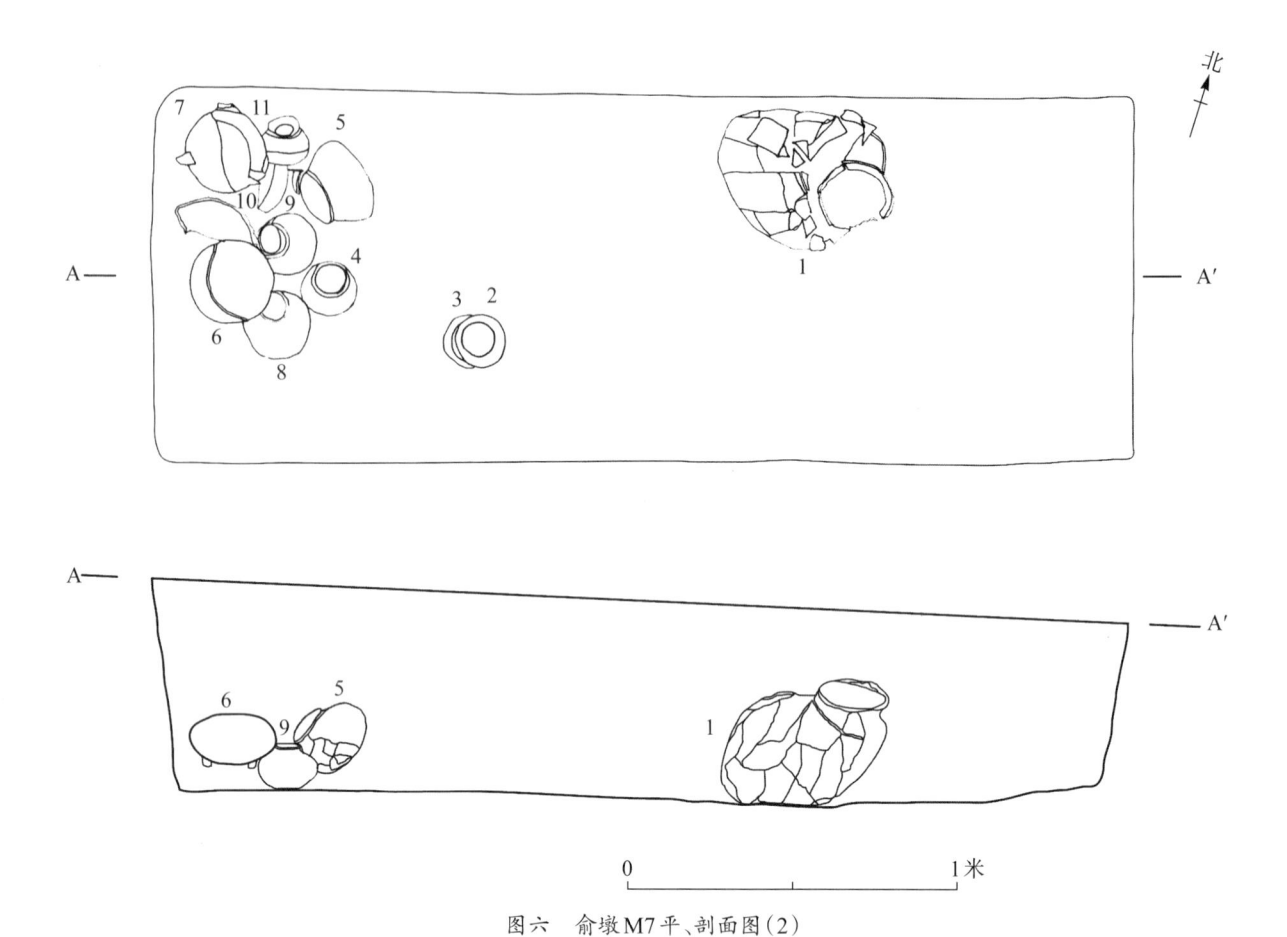

2.26—2.3、南北宽0.7—0.8、残深0.1—0.15米。方向为90°。填土为黄土，略发红褐，质地较疏松。出土器物8件，皆集中在墓室东端。有原始瓷器4件，器型有碗、盂。印纹硬陶4件，器型均为罐。依据随葬器物的特征与纹饰，时代判断为春秋中期。

M3位于T2内。开口于第②层下，为不规则长方形竖穴土坑墓。墓口距地表约0.3—0.5，残深约0.1—0.15米，南北长2.65、东西宽1.06—1.12米。方向为109°。出土器物6件，全部集中在墓室东端。出土器物按质地分有印纹硬陶器和原始瓷器，其中印纹硬陶器1件，器型为罐；原始瓷器5件，器型有碗、碟、豆、篦。依据随葬器物的特征与纹饰，时代判断为春秋中期。

M5位于T2内。开口于第②层下，为竖穴土坑墓。墓葬平面大致呈东西向梯形。墓口距地表深约0.3—0.4米，东西长2.07、宽0.55—0.8、残深0.2—0.25米。方向为93°。器物均已残碎，分布在墓室中部和东部两处位置。墓室东部有数块较大石块，上面散落有大块的印纹陶片。墓葬填土为黑灰土，质地较硬。虽然墓口遭到破坏，但是从墓室内器物呈片状放置两处的情况推测，可能是有意放置，当然也不能排除后期被破坏的可能性。出土器物2件，分别为双耳印纹硬陶罐和印纹硬陶瓮。依据随葬陶器的特征与纹饰，时代判断为西周中期。

（二）小山墓地

小山位于苏州高新区东渚镇西北面，当地俗称小山，也有村民称之为邹公山。小山形似一大冢，海拔27米左右。墩顶平面呈不规则形，南北约25、东西约24米，面积600平方米左右。通过四分法发掘解剖，土墩堆积厚0.8—1米，可分四层：第①层为表土层；第②、③层为东周层；第④层为建筑墓地铺垫的碎石层；第④层下为山体基岩。

小山土墩内一共发现有10座墓葬（M1—M10）（图七）。这批墓葬也存在平地掩埋型和挖坑掩埋型两种类型，平地掩埋型为石框型土墩墓（M2），挖坑掩埋型均为竖穴土坑墓（M1、M3—M10），除M2为石框型土墩墓外，其余均为竖穴土坑墓。分别开口在第①层与第②层下。根据墓葬层位和随葬器物的特征，第②层下，墓葬年代大致为春秋早期～中期；第①层下，墓葬年代为春秋晚期。其中M9、M10开口在第②层下，为春秋早期墓葬。M1、M2、M5—M7均开口在第②层下，为春秋中期偏晚墓葬。M3、M4、M8均开口在第①层下，为春秋晚期墓葬。[1]

据此，小山墓地为春秋早期～晚期的墓地。在这十座墓葬中，M2不仅形制略大，且在其西侧还有两个石块堆砌的坑（K1、K2），其中K1内埋葬器物6件，其中有1件印纹硬陶罐、1件印纹硬陶瓮，3件原始瓷碗以及1件泥质陶盆。春秋时期的小墓一般随葬器物都不多，而此坑内出土的器物，几乎涵盖了小山墓地所有墓葬随葬器物的器类，根据其所处的位置，推测为M2的器物坑或祭祀坑。遗憾的是M2被灰坑H1打破仅剩下墓底，但从M2残存的墓底看，墓壁应全部用石块垒砌，属于石框型土墩

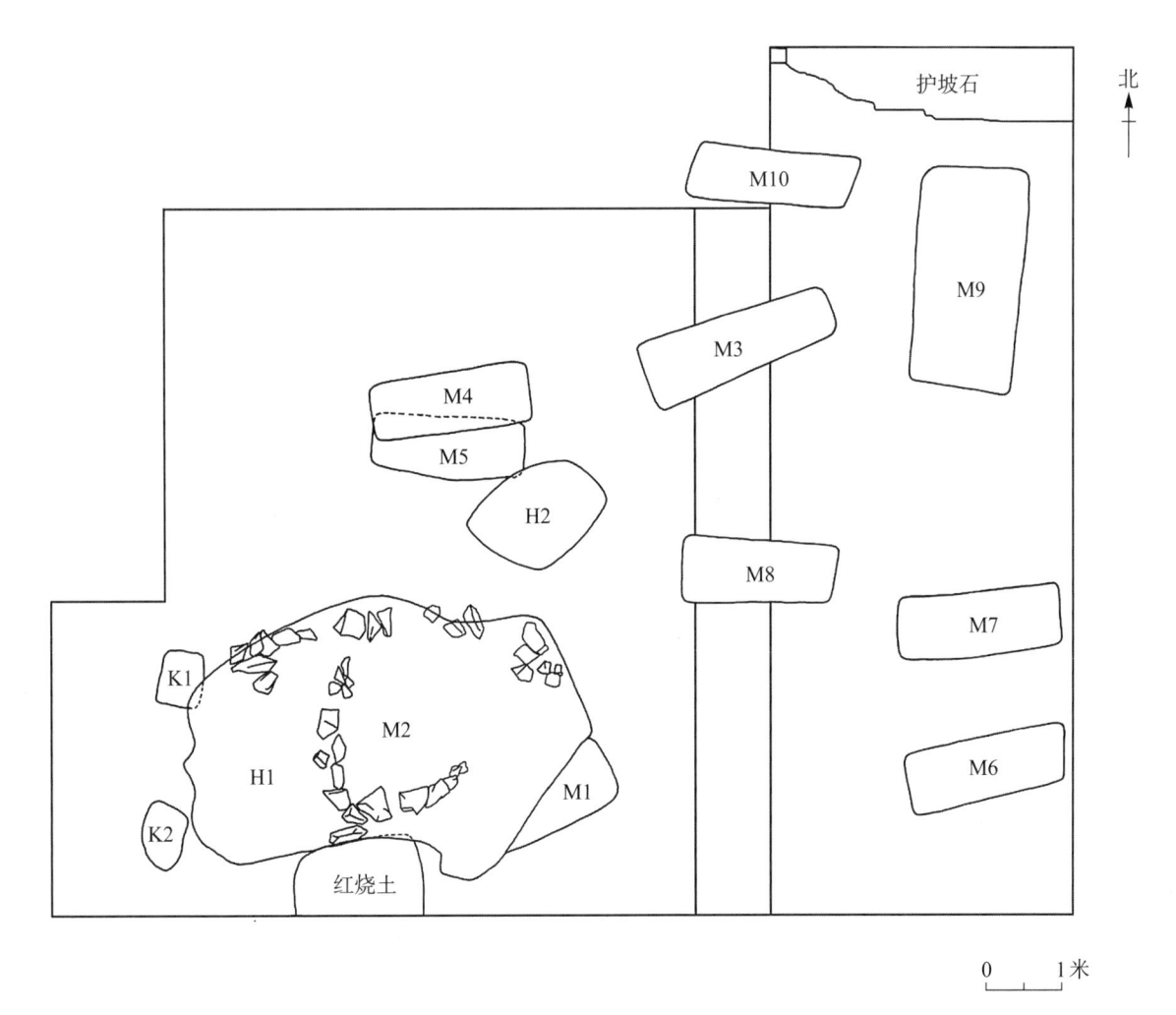

图七　小山墓地遗迹总平面图

---

[1]　丁金龙、王霞：《苏州东渚小山墓地初步研究》，《苏州博物馆建馆五十周年纪念文集》，文物出版社，2009年。

墓。目前整个土墩（小山）由于自然与人为的破坏，显示M2偏离整个墓地的中心，但是，从土墩堆积的地层剖面看小山的走势，墓地应该向南部与西部扩展，因而M2所处的位置大致在原本土墩的中心，应该为小山墓地的主墓。

小山墓地中的春秋早期墓葬M9，随葬器物是被砸碎后散放在墓坑内的，其中一件原始瓷碗被打碎后叠放在一起，这是早期墓葬的埋葬现象。此外，小山墓地的墓葬大部分为竖穴土坑，或土坑墓壁局部放置有石块，其中M2墓坑是用石块砌筑的，这种用石块砌筑的坑壁，常见于西周时期。小山墓地的墓葬时代从春秋早期一直延续到春秋晚期，一些墓葬还保留早期的文化习俗，因而在同一座土墩内出现有不同的埋葬方式。

二、石室墓与石椁墓共存一墩现象

馒首山位于苏州高新区东渚镇西侧的渚头山主峰上，南北走向，全长325米。土墩形如馒头状，故称馒首山。该墩海拔59米，土墩顶部东西7、南北5.4米；底部东西32、南北30米，高5米左右。

2012年，苏州市考古研究所发掘馒首山，土墩内发现了墓葬2座，编号D1M1、D1M2，均为平地掩埋型，分别为石室土墩墓与石椁土墩墓。

D1M1为石室土墩墓，东西向，西面为后壁，东面为通道口，方向79°。通长15.1、底宽2.2—2.7米。石室顶部早期被破坏，两边石墙上的大部分石块，在20世纪七八十年代被村民建房取走，仅残剩墓底三四层石块，高0.5—1.1米左右。石室内共出土遗物32件，其中原始瓷器17件，有豆13件、盂1件、罐3件；印纹硬陶器12件，有罐4件、坛3件、器盖2件、瓮3件；泥质陶器3件，有罐2件、澄滤器1件。

D1M2位于D1M1北面，相隔11米左右，为一石椁型土墩墓，即在山体基岩上用碎石、泥土垫平后，四周用大小不一的石块堆砌成长方形石椁。墓向335°，长5.6、宽3.4—3.5米，两端为弧形，侧边略为平行。中部推测原为棺床位置，东南部有一缺口疑为墓道（图八）。随葬器物40件，均放置在西半部，分南、北两列。主要为印纹硬陶器，共30件，有瓮10件、罐16件、瓿3件、尊1件；其次为原始瓷器，共9件，有豆7件、尊2件；再次为泥质陶器，仅罐1件。

馒首山土墩内的2座墓葬，M1为石室土墩墓，M2为石椁土墩墓。M1曾遭到破坏，共出土器物32件；M2保存完整，共出土器物40件。从器物的形制，纹饰等方面考察，与已发掘的西周墓葬出土器物有诸多的相同和相似性，因此，其年代应属西周。M1、M2出土的器型分别与浙江德清独仓山、湖北随州叶家山西周墓以及江苏丹徒大港母子墩西周墓的出土器物比较，馒首山M1的年代大致可推定为西周中晚期。馒首山M2随葬器物大部分为印纹硬陶器，所饰云雷纹、凸方块纹等均为西周典型纹饰，原始瓷尊、豆等具有西周早期器形特征，其时代为西周早期。[1]

在同一座土墩内出现两种不同形式的西周墓葬，这在苏州地区还是首次发现，为研究西周时期墓葬形制与埋葬习俗提供了新的实物资料。馒首山M2石椁墓为苏州地区发现的吴国最早的墓葬，可视为吴国早期的墓葬形制，而石椁、石室、竖穴三种不同的墓葬形制，一直贯穿两周时期。

---

[1] 苏州市考古研究所、苏州高新区教育文体局：《江苏苏州高新区东渚馒首山土墩墓发掘简报》，《东南文化》2013年第5期。

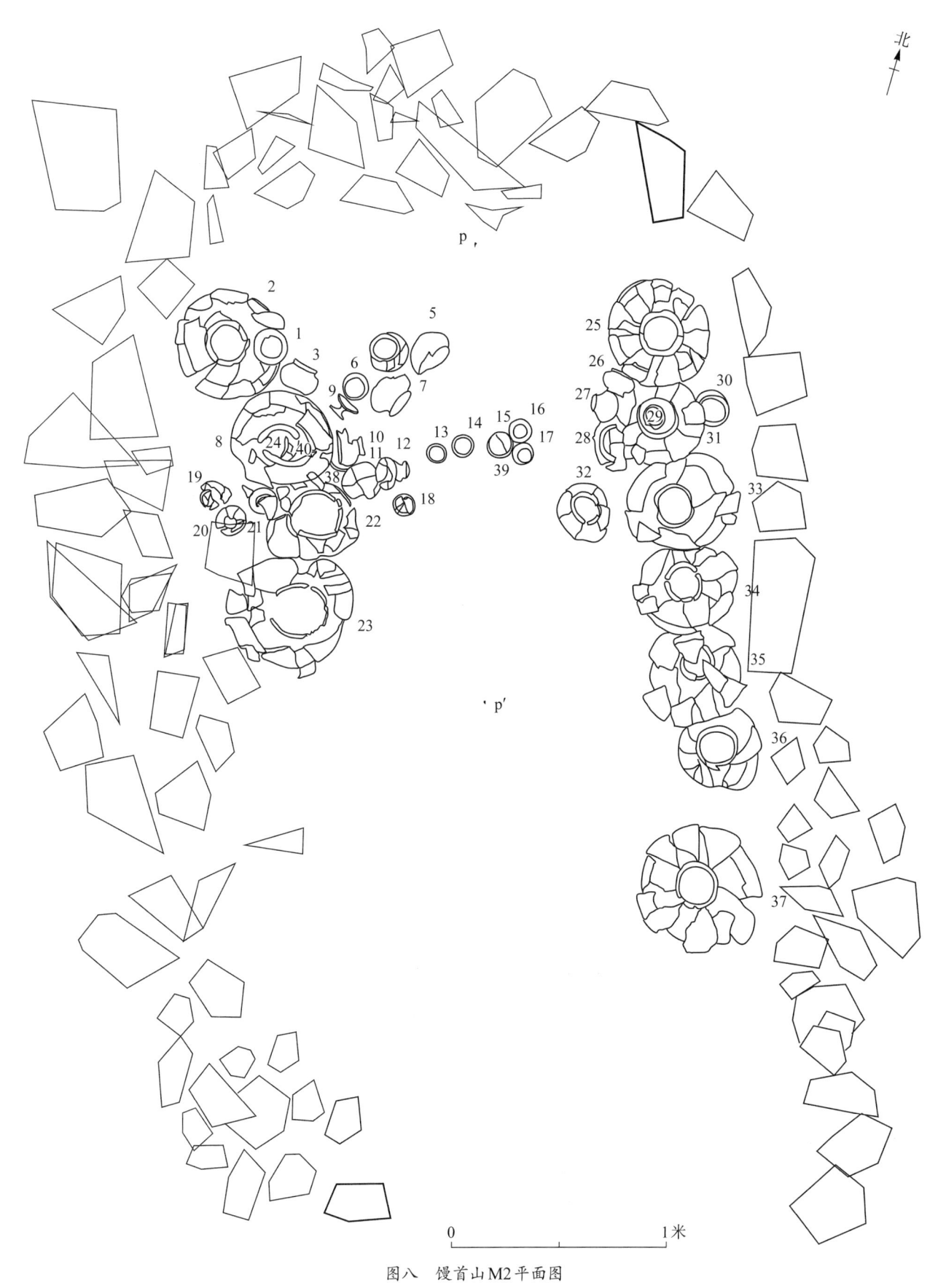

关于苏州商周时期土墩墓若干现象探讨

图八 馒首山M2平面图

1、8、22、23、25、31、33~35、37.印纹硬陶瓮 2、4~7、10、15、17、18、21、26、28、29、32、36、39.印纹硬陶罐
3、16、27.印纹硬陶瓿 9、11、13、14、20、38、40.原始瓷豆 12、19.原始瓷尊 24.泥质陶罐 30.印纹硬陶尊

三、平地土台上堆筑石室现象

石室土墩广泛分布于太湖流域，大都发现在山脊或山坡上。2008年文物普查，在苏州西北部的70余座山脉上，调查发现有土墩300多座，按结构可分石室土墩与土墩墓，而石室土墩一般都分布在山脊上。例如：在上方山上调查发现有19座，均分布在海拔74—163米的山脊上。1972—1986年，苏州博物馆对D2、D6进行了抢救性发掘。[1]此外，常熟虞山经调查发现有石室土墩200多座，2000年，苏州博物馆发掘了常熟虞山西岭上的3座（D1—D3）石室土墩。[2]2007年，发掘了鸡笼山山脊上9座土墩中的3座（D1—D3）石室土墩等。之前（1983年），南京博物院与中山大学联合在五峰山、借尼山上一共发掘了24座石室土墩等。[3]说明石室土墩大都分布在100米左右甚至200米以上的山脊上。

唯有乌墩石室土墩建筑在平地上堆筑的一座原东西长44、南北宽33、高7.6米的土墩上。2012年，苏州市考古研究所为配合当地建设对此墩进行了抢救性发掘。该土墩在20世纪90年代被公路建设取土破坏，发掘时土墩仅剩东西30、南北20米的范围，高7.3米左右。土墩堆积分10层：第①层为表土层；第②层为明清文化层；第③层为唐宋文化层；第④、⑤层为春秋层；第⑥—⑩层为良渚土台1—5层。M1为土墩石室墓，开口在④层下，打破⑤层，开口距地表约0.3—0.5米。石室已经被破坏，东部无封门石墙，顶部坍塌，盖板石无存。石室平面呈东西向长方形，残长7.4、宽2.2—2.3、残高约0.4—0.7米，两侧石墙自下向上斜直内收，横断面呈梯形。

发掘过程中，在墓室西端发现了一处1平方米左右的漆皮痕迹，经化验检测确定为朱砂（辰砂），推测是棺木腐烂后所留遗物，但不见人骨架痕迹。由于石室倒塌，遗物大部分被压碎，共出土器物22件，有原始瓷器、夹砂陶和泥质陶器，分别置于墓室东部、中部和西端。东部有8件原始瓷碗呈梅花形状排列，另有1件原始瓷盘倒扣于中间的瓷碗之上，中部偏东出土泥质陶盆2件，其余器物出土于墓室西端。石室是在原来的土墩上用块石垒筑而成的，同时室内的块石之上铺垫碎石层，再在碎石层上铺设一层较细腻的黄土做墓底。根据出土器物的特征与纹饰，推测M1年代约为春秋中晚期。

四、毁墓与被再次利用现象

毁墓与被再次利用，是指早期墓葬被后期埋墓者破坏，并利用其墓坑埋葬，类似"鸠占鹊巢"。这一现象多发生于战国时期与汉代，常有被破坏的商周时期的墓葬被再次利用，也有同时期的墓葬之间被破坏后再次利用的现象。

1. 真山D33M3

D33位于苏州浒墅关大真山北麓，为一座直径30、高5米左右的土墩。D33内原为一墩一墓，即位于墩中心的D33—M3，墓向为东西向，墓坑是用大小不一的石块四面垒成的"石椁"。其中，北石椁长12.5、宽约2.5米；东石椁长9.4、宽约3.1米；南石椁因西部被现代墓所压，仅揭示长约8.7、宽约2.5米；西石椁因被多座现代墓葬所压，无法发掘。

---

[1] 苏州博物馆：《江苏苏州上方山六号墩的发掘》，《考古》1987年第6期。
[2] 苏州博物馆、常熟博物馆：《江苏常熟市虞山西岭石室土墩的发掘》，《考古》2001年第9期。
[3] 钟志：《南博、中大发掘吴县五峰山石室土墩》，《文博通讯》1983年第6期。

石椁外围东西总长13、南北总宽9.3米;内径东西7.2、南北6米,最高处为1.8米。该墓内被后期墓葬破坏殆尽,墓室内不见葬具印痕及随葬遗物,只是在"石椁"内的西南角与东南角分别发现了2座汉代墓葬M1、M2(图九),说明在汉代或者汉代之前就已被破坏。另外,在北石椁的外围即西北部发现了器物坑D33—K1,以及在东石椁内发现了器物坑D33—K2。D33—K1,东西向,长6.5、宽1.7米,方向100°。器物呈东西向排列。坑口上铺垫碎石层,其上再堆筑有2米左右的封土;D33—K2,坑边界限不清楚。其中K1出土器物48件,有印纹硬陶瓿22件,印纹硬陶罐6件,陶鼎5件,原始瓷盖碗15件。K2出土器物10件,有印纹硬陶瓿2件,罐3件,原始瓷碗5件。K1、K2共计出土器物58件。[1]

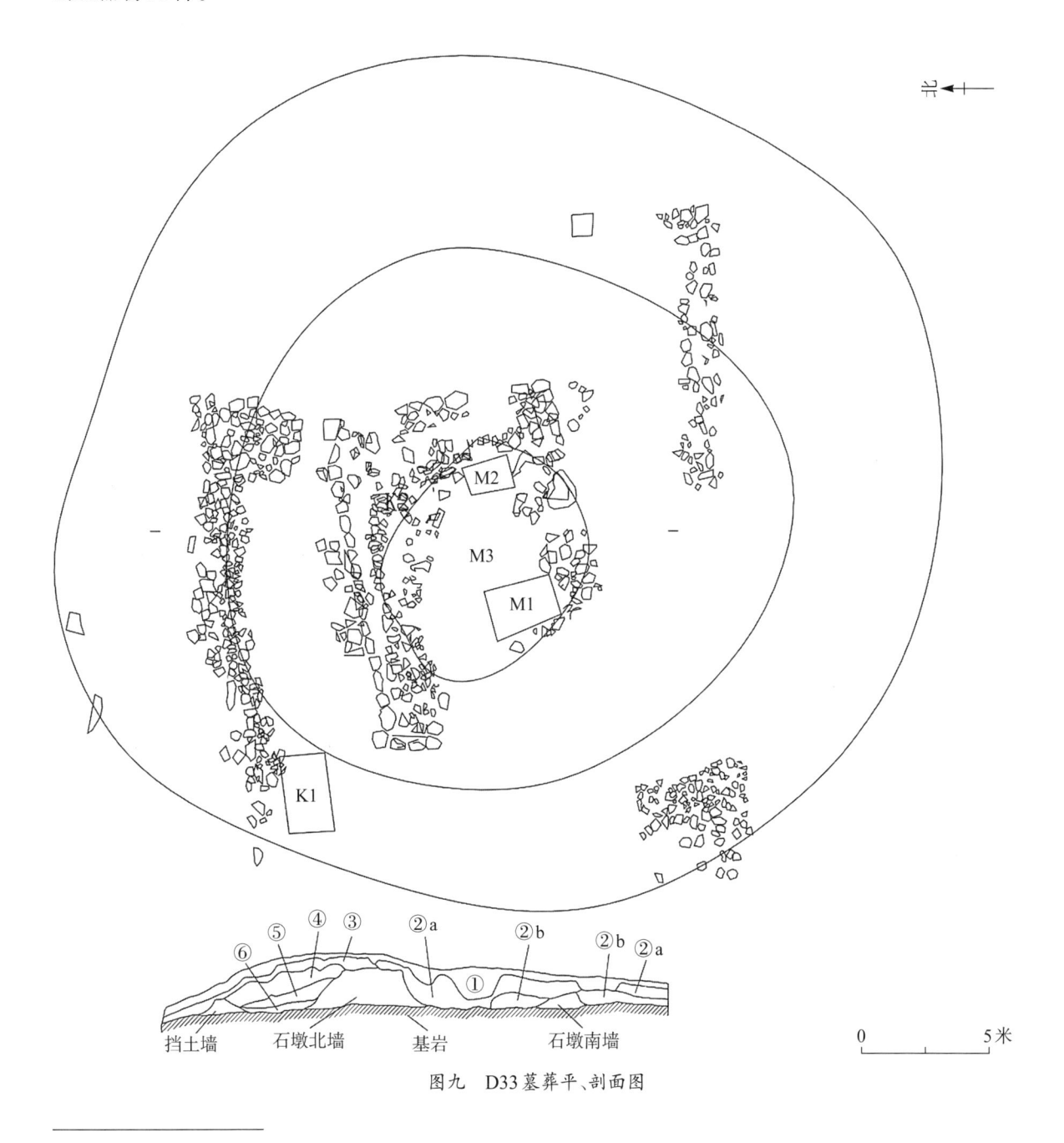

图九 D33墓葬平、剖面图

---

[1] 苏州市考古研究所:《江苏苏州真山土墩墓(D33)发掘简报》,《文物》2016年第5期。

真山调查发现有土墩57座（编号D1—D57），且全部为土墩墓。土墩按大小可分为六个等级，其中D33高约5米，直径在30米以上，为第二等级墓葬。[1]只是墓葬早期被破坏，在D33西北表土层下发现的战国红陶鼎、钫，从器形特征与纹饰判断为楚墓随葬遗物，显然是被后期破坏的楚墓遗留器物。而在D33—M3墓室内发现的M1、M2两座西汉墓葬，分别占据西南角与东南角，致使D33—M3墓室内的遗存被破坏殆尽。明代在此墩上又一次埋葬墓葬。因而，D33—M3历经多次破坏，幸存石椁与器物坑两座（K1、K2），出土了一批遗物，为我们认识墓葬时代与结构提供了实物资料。依据器物坑出土器物的纹饰与特征，D33—M3的时代判断为春秋中晚期。

2. 观音山D1M1

D1位于观音山北端，直径20、高3米，海拔114米。D1M1墓葬结构为由基岩下挖形成墓坑，墓口南北长5.3、东西宽3.7、深2.6米。墓口外围四周用大小不一的石块垒成了南北长12、东西宽10米的"石椁"（图一〇），北部与西部"石椁"堆筑5—6层石块，高1—1.2米左右；南部"石椁"较低，仅堆筑2—3层石块，高约0.4—0.6米。

在墓坑外西北侧发现有器物坑1处（K1），共发现21件器物，这些器物随意堆放在石椁内，除北壁石墙，其余不见有明显的坑边界限。D1M1被多次盗掘破坏：在第②层下即墓葬第一层封土下，发现了一个直径2米左右的盗洞。在墓坑内清理出土了被破坏的残留器物3件，有玉印1件，玉带钩1件，玉珌1件。器物坑K1内共清理出土器物21件（K1:1—21，其中K1:15无法修复），有原始瓷碗、豆9件，印纹陶罐2件，盂1件，泥质陶罐3件，盆1件，纺轮4件，青铜片1件。此外，在盗洞扰土内出土了汉代泥质红陶双耳罐1件，汉代釉陶鼎盖1件。D1内共出土遗物24件（不含盗洞内的2件汉代器物），分玉器、原始瓷、印纹硬陶、泥质陶、铜器等。[2]

D1M1为打破基岩的岩坑墓，这种墓葬形式为长江下游沿太湖周边山区，西周至东周时期的墓葬形式，特别是在东周时期比较常见：除上述D33之外，还有苏州高新区俞墩M6、[3]苏州浒关真山D9M1。[4]其中俞墩共发现7座墓葬（M1—M7），时代包含马桥（商代）、西周、东周。M7为马桥时期墓葬，墓坑由基岩下挖形成，长3、宽1.08—1.1、深0.55—0.62米，为苏州发现的最早的岩坑墓葬。依据D1M1墓坑西北侧器物坑出土的器物，不仅原始瓷碗、豆，印纹硬陶罐，灰陶罐与盆等，均为春秋时期常见的器形，印纹陶的纹饰如席纹、"回"字纹、菱形纹、叶脉纹等，也多为春秋时期流行的纹饰。只是其中1件泥质灰陶双耳罐的时代稍晚，为此，我们把D1M1年代推定在东周。至于墓室底部清理出土被破坏残存的玉印章、玉珌、玉带钩等，其中玉印呈覆斗形，印面单独阴刻贾字，不论是形状还是字体，包括玉珌上的纹饰、玉带钩的形状等，都具有秦汉时期的特点。所以我们推测D1M1在秦汉时期被破坏，并利用了东周时期构筑的岩坑墓穴进行再次埋葬，之后被盗掘，又遭到了现代建造水池的破坏。发掘中，我们在蓄水池底部的盗洞内发现了标有2006年的矿泉水瓶，墓底所残留的玉印、玉带钩、玉剑珌（残缺）等，其中玉剑珌断为三块，两块散乱出土于不同的地方，一块缺失，显然是被人为盗掘所致。此外，在盗洞内还发现了被丢弃的汉代陶罐与一件釉陶鼎盖等，说明D1M1在秦汉时期被破坏并占用，之后遭到盗掘。

2006—2007年，有人利用建造蓄水池之机，再次盗掘了这一座墓葬。[5]

---

[1] 苏州博物馆：《真山东周墓地——吴楚贵族墓地的发掘与研究》，文物出版社，1999年，第一章附表一。
[2] 苏州市考古研究所：《江苏苏州观音山东周石室土墩墓D1M1发掘简报》，《东南文化》2015年第5期。
[3] 苏州市考古研究所：《苏州阳山俞墩土墩墓发掘简报》，《东南文化》2012年第4期。
[4] 苏州博物馆：《江苏苏州浒墅关真山大墓的发掘》，《文物》1996年第2期。
[5] 苏州市考古研究所：《江苏苏州观音山东周石室土墩墓D1M1发掘简报》，《东南文化》2015年第5期。

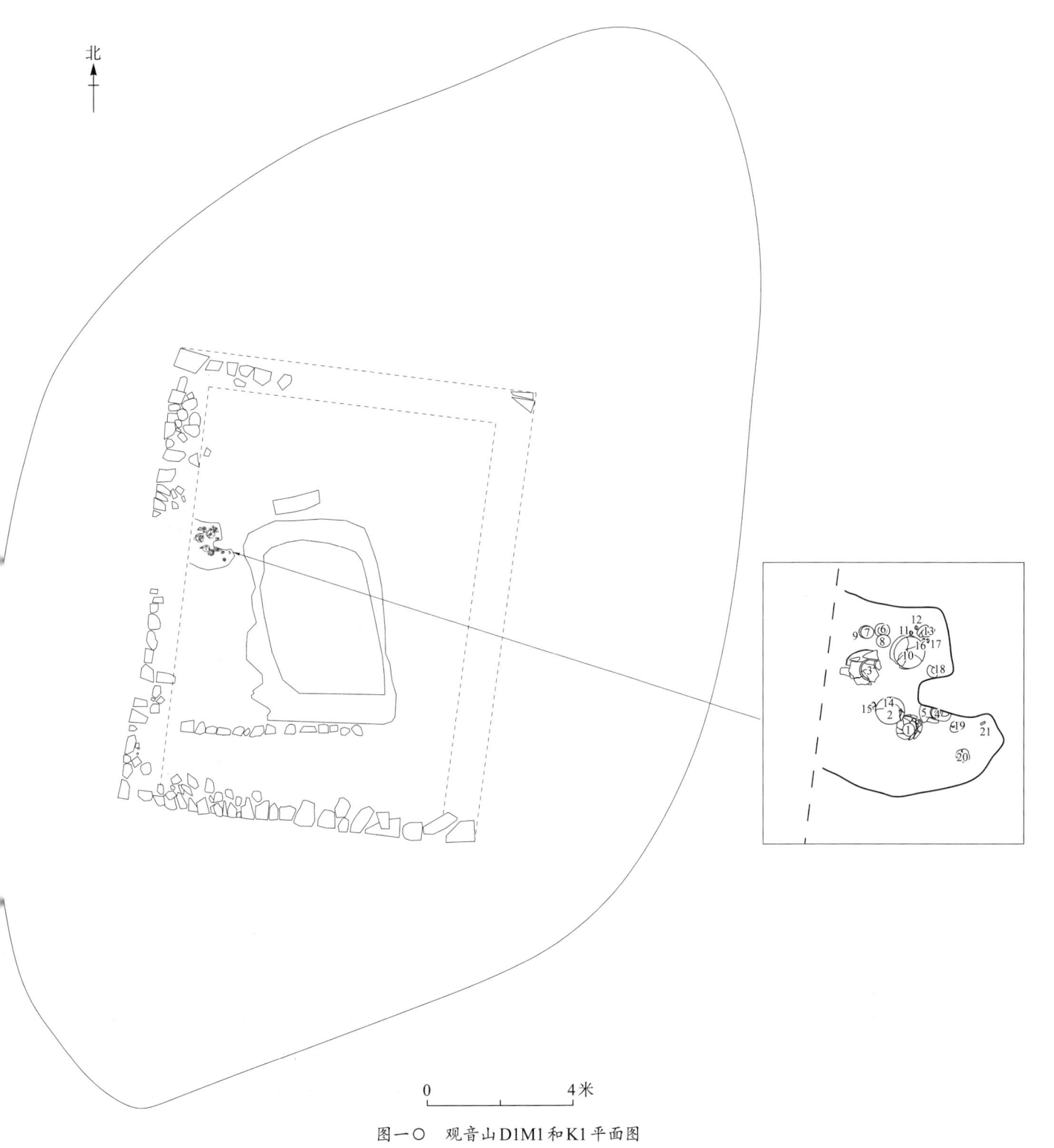

图一〇 观音山 D1M1 和 K1 平面图

1、3. 印纹陶罐　2、5. 泥质陶罐　4、6—9、15、19. 原始瓷碗　10、14. 泥质陶盆　11、12、16、17. 泥质陶纺轮　13. 原始瓷盖碗　18. 印纹陶盂　20. 原始瓷豆　21. 青铜片

3. 俞墩 M6

俞墩共发现墓葬7座，分别为长方形土坑墓，石床型土墩墓，石框型土墩墓与岩坑型竖穴土墩墓。M6为岩坑墓，由山体基岩下挖形成。石室南北总长5.3、东西总宽3.5—4.3、深1.8—2米，墓室中部偏南有一条东西向的石墙将石室空间分成南北两部分，构成了两个相对独立的墓室。北侧墓室编号M6-1，南侧墓室编号M6-2。M6在发掘填土时经仔细观察，未见盗洞，M6-1墓室中部在下降0.3—0.5米时即发现有数块大石块，石块周围填土略显灰白，异于周边的黄土。去掉石块后再向下发掘0.3—0.4米，填土为灰褐色，与M6-2填土明显不同。M6-1在发掘过程中自上而下出土了数片红色印纹陶片，与墓室近底部的残红陶罐纹饰、质地一致，应为同一件器物。M6-2的墓室底部出土的灰陶盒、灰陶豆和泥质陶鼎足、鼎耳，均为典型的楚式陶器，推测M6-2被战国楚人利用春秋墓坑下葬之后，不久又被盗掘。[1]M6-2墓底打破基岩的凹槽，应为重新开挖用于防潮的排水沟，而在M6-1墓底不见类似的排水沟。M6-1填土上层重新开挖的竖穴坑，与M6-2墓底新开挖的排水沟等，都应是战国时期楚人留下的痕迹。

结　语

一墩多墓，在江浙地区的土墩中是一种比较普遍的现象，而且在土墩墓中占了较大比例。苏州俞墩一座墩内7座墓葬，发现有五种不同葬式，这是不多见的现象。不同的葬式应该与墩内墓葬时代的早晚有关。M2、M5分别为石床型土墩墓与土坑墓。土坑墓，本地马家浜时期开始出现，发展到崧泽文化时期，埋葬方式由俯身葬改为仰身葬，一些大墓的土坑内出现了葬具等。而"石床型是土墩墓较早阶段的常见形式，往往是一些一墩多墓的墩内最早的墓葬"，"从迄今发现的材料看，石床型土墩墓最早出现的时间大约在西周早期或更前"。[2]M2、M5时代为西周中期，除了M7为马桥时期，时代在整个土墩内属于早的墓葬。此外，M5在发掘时发现随葬器物均已残碎，且分散在墓室中部和东部，在墓室东部还发现了大块的印纹陶片等。这些现象也发生在苏州同公湾小山墓地的一座春秋早期墓葬（M9）内，随葬器物是被砸碎后散放在墓葬内的，其中一件原始瓷碗打碎后叠放在一起。要说源头，这种现象在马家浜时期已经开始出现，即存在把器物砸碎后放在墓葬人头部位置的习俗，二者是否有继承关系，一时无法证明。不过，在浙江独仓山土墩墓底部，均发现了用印纹硬陶片铺垫的现象。发掘者认为："是两千多年前生活在独仓山一带的人们延续了很长一段时间的特有的一种埋葬习俗。"[3]说明一个地方或者区域的文化传承，包括埋葬习俗等都会一直保留下来，且往往会延续很长一段时间。

俞墩发掘的7座墓葬，时代跨度涵盖了马桥、西周、春秋几个时期，其中M7为竖穴岩坑墓，是马桥文化时期的墓葬。目前发现的马桥文化时期的墓葬极少，上海马桥遗址也仅发现4座，有二次葬、屈体侧身葬、非正常死亡者的埋葬等不同埋葬方式，而且均无随葬品。[4]俞墩M7不仅保存完整，还出土器物16件，其中印纹硬陶有瓮、罐4件，泥质陶器有罐、豆、簋7件，夹砂陶器有鼎、釜3件，另有铜器（铜块）1件。为马桥文化研究提供了新的资料。

---

[1] 苏州市考古研究所：《苏州阳山俞墩土墩墓发掘简报》，《东南文化》2012年第4期。
[2] 陈元甫：《土墩墓若干问题探讨》，《陈元甫考古文集》，文物出版社，2016年，第83—84页。
[3] 浙江省文物考古研究所、德清县博物馆：《独仓山与南王山——土墩墓发掘报告》，科学出版社，2007年，第110页。
[4] 上海市文物管理委员会编著：《马桥1993—1997年发掘报告》，上海书画出版社，2002年，第116—118页。

关于馒首山 M1 为石室土墩墓、M2 为石椁土墩墓，二种完全不同结构的墓葬共存一墩的现象，以往的考古发掘材料也不多见。查阅浙江省的考古发掘材料："在……石室土墩的分布地区，同时也有土墩墓的共存，甚至在同一地点同条山脊山岗上，往往有两类土墩墓错杂分布的现象。"[1] 研究者认为"石室土墩墓出现在西周中期，与石椁型土墩墓出现的时间大体相同"。[2] 只是苏州馒首山 M2 石椁土墩墓为西周早期，M1 石室土墩墓为西周中期。本人认为：从建筑工程量，包括所花人力、财力以及由易到难、由简单到复杂的发展规律等方面考量，应该是由石椁墓发展到石室土墩墓，而且考古材料证明，良渚时期的反山墓地已经出现了棺椁类葬具。同样作为葬具，木椁比石椁更容易制作，应存在木椁—石椁—石室的演变发展过程，但是，不排除在不同地方这几种埋葬方式同时出现的可能性。

关于毁墓与被再次利用现象，苏州自 20 世纪 70 年代以来，已发掘了 10 余座规格稍高的墓葬，时代从西周中期至东周时期，大多数墓葬是配合工程建设项目进行的抢救性发掘，从所发掘的墓葬保存状况看，几乎没有一座保存完好，且大多数在早期已被破坏。上述俞墩 M6，根据墓葬的规模与所处的位置，发掘者认为是吴国贵族墓。由于早期被盗掘，仅残留 2 件"杯形"铜器。依据墓底出土的楚式陶器推测，该墓早在战国中晚期即遭楚人的报复性"毁墓"，利用原墓坑进行再次埋葬后又重新填土和封土，所以墓葬的填土和封土中没有发现盗坑和盗洞。大真山 D9M1 为吴国王墓，墓顶有一条长 18、宽 3—5 米的盗沟，从上一直打到墓底，发掘者认为早期被盗属于政治性盗挖；[3] 还有真山北端的 D33，在汉代之前被盗挖，并被再次利用埋了汉代墓葬。观音山 D1，也是秦汉时期被盗挖，并再次利用，埋葬了当时的墓葬。D33 墓室外发现了两个春秋中晚期的器物坑，观音山墓室外也发现一个东周器物坑。也有些墓葬在不同时期被破坏或盗掘，包括现代建设破坏或人为盗掘。综合各类盗墓现象，大致可归纳为如下几种性质。

第一种"毁墓"是带有政治性质的，由组织集体进行的毁灭性破坏，时间大约在吴国灭亡之后，越国与楚国占领吴国时期。其中真山 D9M1，从墓顶正中表土以下，由第一层封土层，开挖了一条长 18、宽 3—5 米的盗沟，从上一直打到墓底。这完全不是为了盗取文物，而是有组织地进行"毁灭"性的破坏。此外，还有北俞墩 M6、真山 D33、獾墩大墓、阳宝山大墓、观音山 D1M1 等，被破坏的墓葬大多数为吴国墓。而同在一个墓区内的楚墓，大多数没有被破坏，例如小真山 D1M1—M3，以及与真山东西相对的华山 D15M5 楚墓等，都没有发现被盗掘的痕迹。出现这种现象的原因我们只要翻一下文献记载就大致明白了。

《国语·越语上》："夫吴之与越也，仇雠敌战之国也。三江环之，民无所移，有吴则无越，有越则无吴，将不可改于是矣！"《吕氏春秋·知化》："越报吴，残其国，绝其世，灭其社稷，夷其宗庙。"《吴越春秋·夫差内传》："越王曰：'吾将残汝社稷，夷汝宗庙。'吴王默然。"该段文献记载表明：吴越之间为世仇。

《史记·吴太伯世家》："吴兵遂入郢。子胥、伯嚭鞭平王之尸以报父仇。"《史记·伍子胥列传》："及吴兵入郢，伍子胥求昭王。既不得，乃掘楚平王墓，出其尸，鞭之三百，然后已。"《春秋左传》："庚辰，吴入郢，以班处宫。子山处令尹之宫……"杜注："以尊卑班次，处楚王宫室。"《谷梁传》云："君居其君之寝而妻其君之妻，大夫居其大夫之寝，而妻其大夫之妻。"《吴越春秋·阖闾内传》亦谓："阖闾妻昭王夫人，伍胥、孙武、白喜亦妻子常、司马成之妻，以辱楚之君臣也。"（《吴文化资料选辑》第一辑第 33 页）吴楚之间存在辱妻之仇。

---
[1] 陈元甫：《土墩墓若干问题探讨》，《陈元甫考古文集》，文物出版社，2016 年，第 81—82 页。
[2] 陈元甫：《土墩墓若干问题探讨》，《陈元甫考古文集》，文物出版社，2016 年，第 84—85 页。
[3] 苏州博物馆：《江苏苏州浒墅关真山大墓的发掘》，《文物》1996 年第 2 期。

《国语·吴语》:"楚申包胥使于越,越王勾践问焉,曰:'吴国为不道,求残我社稷宗庙,以为平原,弗使血食'。……越王勾践乃召五大夫,曰:'吴为不道,求残吾社稷宗庙,以为平原,不使血食。'"

上述史书记载说明,吴楚之间并不是一般性仇恨,而是辱国、辱妻之仇。为此,当楚国进入吴国时,首先也是毁其宗庙,掘其王墓。吴国灭亡后,王陵有可能遭到了越国和楚国的多次挖掘以报吴国掘楚王陵墓之仇。

第二种为"占墓"性质。由于人口增长,受可利用墓地与经济条件等限制,一些中下阶层人群中的人死后,利用前人的墓葬(地),安葬家人的墓。大致在秦汉时期,特别是汉代时期,厚葬之风达到了最高峰,致使盗墓成风,其中以刘去为代表,在位时大开贵族官僚盗墓之风。文献记载在其封国内"国内冢藏,一皆发掘"。(见晋葛洪《西京杂记》)

西汉末年的战乱,使得中原人士开始向长江下游迁徙,南方得到了进一步开发,经济发展,人口显著增加。据《后汉书·郡国志》所载永和五年的版籍,全国有户933.666 5万,口4 789.241 3万。秦岭淮河以北人口占3/5,以南占2/5。户数超过百万,口数超500万的有豫、荆、扬、益四州,除了豫州外,其余三州均在长江流域,其户数占全国的42.2%,口数占全国的37.26%。南北人口的分布发生了显著变化。与西汉末年人口相比,扬州增加了1/4,苏州隶属扬州,全国属人口密度较高的地区。人类从史前延续下来"生前居住在高地,死后也要埋在高地"的传统习俗,几千年以来,山顶高地与平原堆筑的土台上,都埋葬有先人的墓葬。在盗墓成风的年代里,一部分人盗掘并利用前人的墓葬,为当代人所用。苏州真山D33、观音山D1M1东周墓葬,都被汉代墓葬所占用,可为佐证。

第三种为"盗墓"性质。在"尚古"风靡时期,上层社会、权贵们收藏古玩,一些人为了附庸、攀爬,在权与利的驱使下,去盗掘古墓,致使大量古墓被盗掘破坏。大致从汉代开始,盛于宋代,蓬勃发展于现代。

纵观盗墓历史:由伍子胥"鞭尸平王三百"开始,项羽"以三十万人掘秦始王陵",刘去掘魏襄公、晋灵公陵墓;董卓掘汉武帝茂陵;曹操发梁孝王冢(《水经注疏》);温韬"唐诸陵在境者悉发"(《旧五代史·温韬传》);刘豫盗掘北宋"巩义八陵"。大多数王帝陵墓都被盗掘,更何况吴国,在经历灭国后,先后被仇国越、楚二国统治,吴国王陵早在2 000多年前皆被毁坏殆尽。

本文初稿完成之后,承蒙钱公麟、陈元甫二位先生给予修改意见,在此深表感谢!

新疆哈密盆地青铜时代考古学文化的发展

◎ 佟建一（苏州市考古研究所）

一、前　　言

　　哈密盆地位于新疆东部，天山山脉的东部末端，由天山山脉的巴里坤山、喀尔里克山，南部的觉罗塔格余脉和中部的盆地构成了基本轮廓（图一）。哈密盆地北部为东天山山麓地带，坡度较大，大多为砾石戈壁，草场较少，少量人群在此从事牧业；向南的地势渐渐趋于平缓，逐渐形成了以细粒砂土堆积为主的平原地区，这里由于天山雪水融化，沿河流域水源相对充沛、土地比较肥沃，从事定居农业、人口集中的绿洲往往点缀其中，可分为白杨河流域和哈密河流域两大核心区域，古代遗存也多发现于此；盆地中部以南则多为沙丘戈壁，多为无人区（图二）。

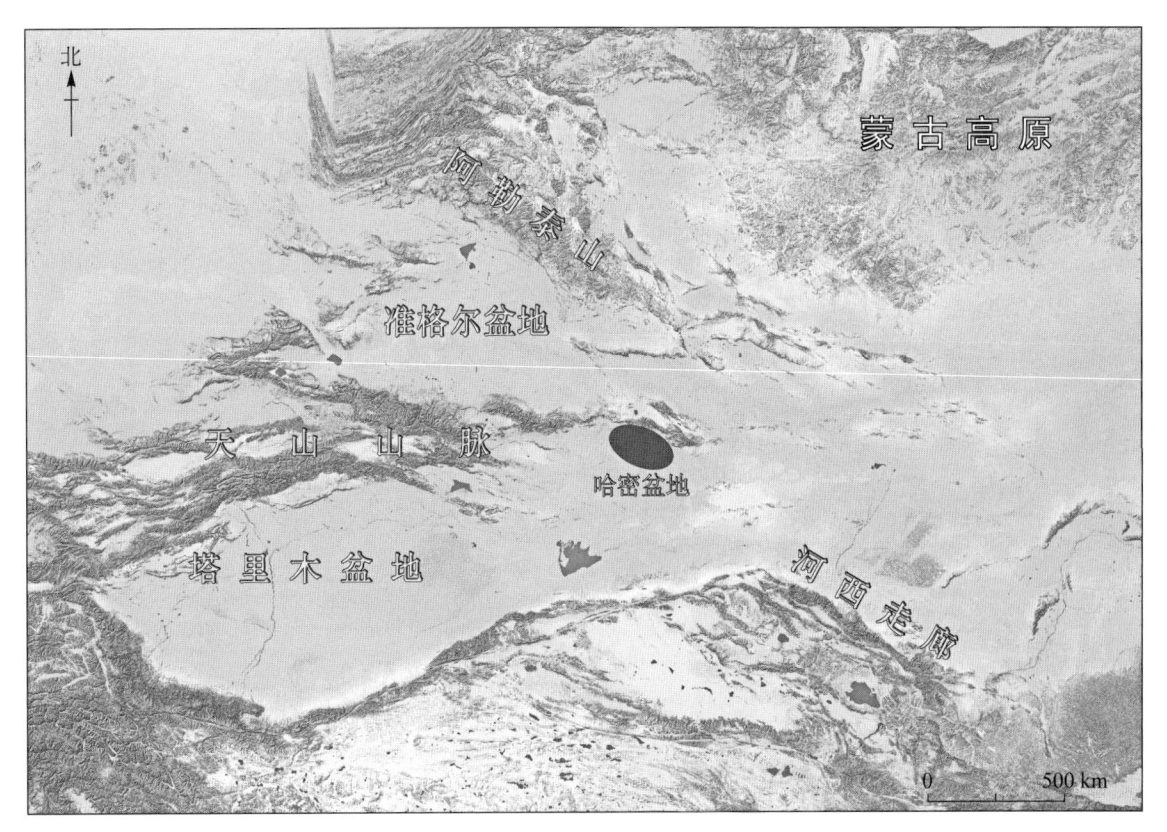

图一　新疆哈密盆地位置图

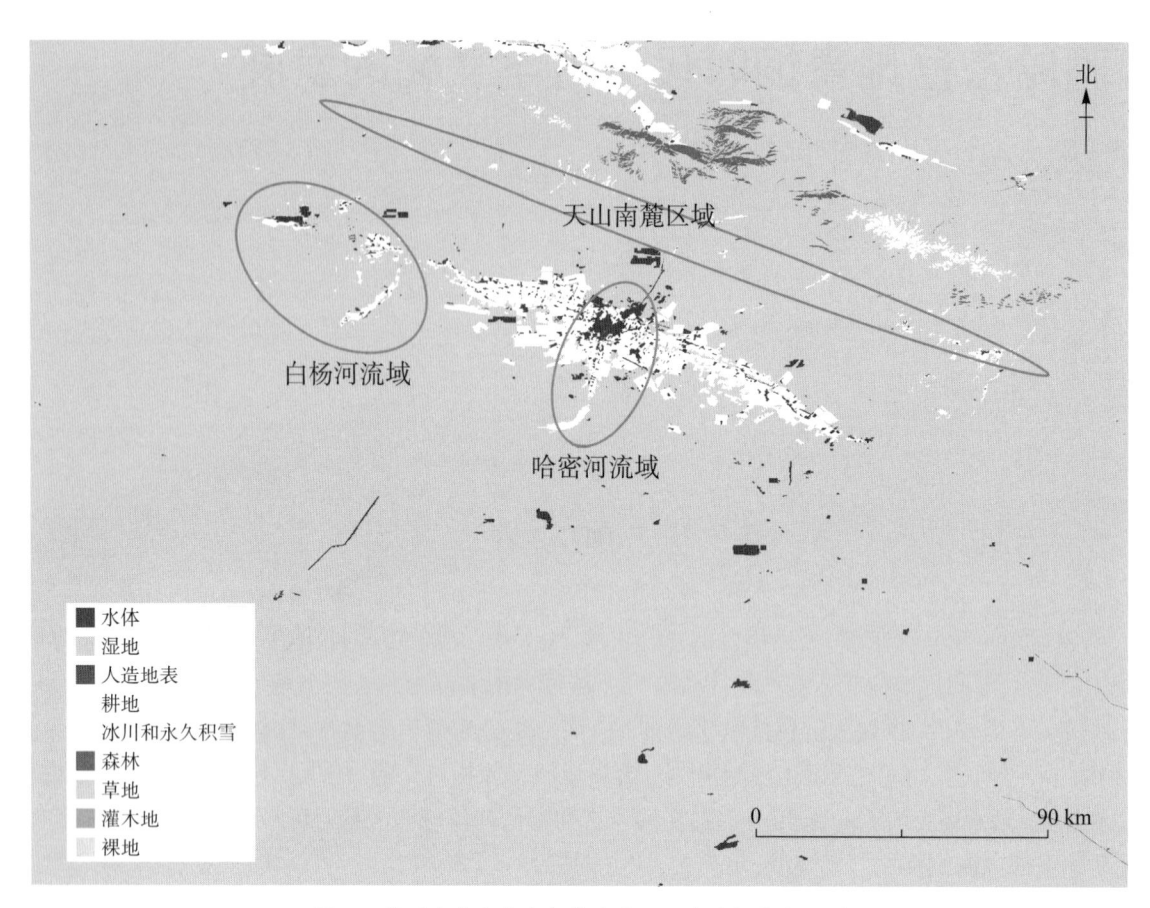

图二　新疆哈密盆地地表覆盖图2020年（彩图图版六）
（自然资源部 & NavInfo 审图号：GS（2023）336号）

新中国成立以来，文物工作者在哈密盆地进行了长期的考古调查与发掘工作，陆续发现了一批重要的文化遗存。考古发现实证哈密盆地自公元前第二千纪初进入青铜时代，一直延续至公元前一千纪初，时间大约为公元前2000—前800年左右，并且部分地区在晚期已进入早期铁器时代。自进入青铜时代，哈密盆地就成了东西方文化交流最活跃的地区之一。这里是连接天山廊道和河西走廊的关键节点和重要通道，是欧亚草原东西部人群最早交汇融合的区域。

不过，受限于许多发掘资料迟迟没有公开发表，关于考古学文化的相关研究仍有不足，考古学文化的确认和类型仍然存在争议，史前文化的序列框架仍然没有梳理清楚等。本文拟重新整理哈密盆地的考古发掘资料，探讨哈密盆地青铜时代考古学文化的分布与特征，建立文化发展序列，阐明其发展过程。

二、考古学文化的确认

80年代以来，随着文物考古工作的推进，一大批青铜时代至早期铁器时代的重要遗址得到了发掘，白杨河流域有五堡墓地，焉不拉克遗址和墓地、艾斯克霞尔遗址、艾斯克霞尔南遗址、亚尔墓地、卡拉亚墓地；哈密河流域有天山北路墓地和萨伊吐尔墓地等；天山南麓地带有柳树沟遗址等。随着资料的披露，各种研究深入开展，学者们逐渐认识到这些遗存所具有的共同特征以及与周边地区文化上的区别，开始将哈密盆地视为一个相对独立的文化区域，先后命名了"焉不拉克文化"[1]和"天山北路文化"，[2]并按分布区域和文化面貌的异同将各遗址划分进两类文化，许多学者对相关的区系类型和分期研究都展开过论述。[3]但是这些遗址大多数是墓地，聚落发掘得极少，并且多数只有简报，有的仅仅发表了消息，给相关研究带来了很大的局限。因此长期以来，仍有学者持相反的意见，认为"焉不拉克文化"和"天山北路文化"两类遗存虽有差异，但共性更多，应属于同一个考古学文化。[4]

要解决目前的学术争论，需要对重要遗址的材料进行全面完整的研究。天山北路墓地位于哈密河流域绿洲腹地，是盆地内目前发掘并整理的时代最早、规模最大的青铜时代墓地，五次发掘共清理了706座墓葬，出土数千件随葬品，包括类型多样的彩陶和大量丰富的铜器、石器和骨器等。对其系统全面的研究，可以为哈密盆地青铜时代考古学文化谱系树立类型学、分期和年代研究标准。近来，随着天山北路墓地考古资料整理以及报告编写工作的完成，更多详尽的资料与研究得以披露。[5]全面、科学的陶器类型学和分期研究表明，天山北路墓地的使用时间在公元前1950—前950年之间，其形成和发展基本历经了哈密盆地完整的青铜时代，可以分为四个发展阶段：

第一阶段为公元前1950—前1700年。发现的墓葬数量最少，主要流行单人葬，存在二次扰乱现象，使用（圆角）长方形竖穴土坑墓穴，不见葬具。人骨葬式呈蜷曲程度较大的侧身屈肢，也有个例为仰身直肢葬。墓葬内流行随葬颈肩双耳罐、筒形罐和单耳杯，彩陶盛行。彩陶制作精良，彩绘纹饰复杂精美，常常在器身上施红褐色或黄褐色陶衣，然后通体绘黑彩，图案常常是由网格纹、菱格纹、棋盘格纹、三角纹、垂带纹、水波纹和几何线条纹等构成的复杂图案。即使是素面陶器，往往也在口沿和肩部盘筑附加堆纹、戳印和刻划。该阶段还流行宽刃翘尖铜刀、直銎铜斧、石箭镞等工具武器，铜耳环、铜牌饰、具柄铜镜、金耳环、串珠、贝蚌饰和骨牌饰等装饰品。

第二阶段为公元前1700—前1400年。这一时期墓葬数量大为增加，人群基本沿袭了上一阶段的埋葬习俗，最大的变化是开始构筑以日晒泥砖为材料的土坯墓椁。随葬遗物方面，陶器中颈肩双耳罐仍是主流，第一阶段流行的陶器开始简化，彩绘和装饰逐渐消失。以卷沿侈口、双大垂耳、垂腹为特点的颈肩双耳罐流行，纹饰多为简化的三角纹、垂带纹、树草纹组合。沿肩耳陶罐也开始少量出现。陶器在形态和彩绘纹样上呈现出融合的趋势。该阶段新发现了铅制装饰品。铜器依然以各种小型装饰品和工具为主，只不过器型种类更为丰富。其他类型的遗物也大都沿袭前期。

第三阶段为公元前1400—前1200年。本阶段发现的墓葬和遗物数量最多，使用土坯墓椁的墓葬占比超过八成。随葬陶器里颈肩耳陶罐数量减少，制作粗糙，而沿肩耳罐的类型和数量剧增，彩陶数量仍然较多。本阶段不同类型陶器的融合演变趋势进一步提升，同时翘耳、竖窄耳和马鞍口等新的特点也出现在了部分沿肩双耳罐上。铜器中也出现了环首刀、锛、凿、镂空铜牌等新种类器物。

第四阶段为公元前1200—前950年。这一阶段墓葬和遗物数量迅速减少，埋葬习俗方面仍然延

---

[1] 张平、艾尔肯·米吉提、田早信等：《新疆哈密焉不拉克墓地》，《考古学报》1989年第3期。
[2] 林梅村：《吐火罗人的起源与迁徙》，《西域研究》2003年第3期。
[3] 李水城：《从考古发现看公元前二千纪东西方文化的碰撞与交流》，《新疆文物》1999年第1期；李水城：《西北与中原早期冶铜业的区域特征及交互作用》，《考古学报》2005年第3期；水涛：《新疆青铜时代诸文化的比较研究》，《中国西北地区青铜时代考古论集》，科学出版社，2001年；韩建业：《新疆的青铜时代和早期铁器时代文化》，文物出版社，2007年；邵会秋：《新疆史前时期文化格局的演进及其与周邻地区文化的关系》，吉林大学博士学位论文，2007年；习通源：《青铜时代至早期铁器时代东天山地区聚落遗址研究》，西北大学博士学位论文，2014年；任瑞波：《西北地区彩陶文化研究》，吉林大学博士学位论文，2016年。
[4] 吕恩国、常喜恩、王炳华：《新疆青铜时代考古文化浅论》，《新疆石器时代与青铜时代》，文物出版社，2008年；任萌：《公元前一千纪东天山地区考古学文化遗存研究》，西北大学博士学位论文，2012年。
[5] 笔者主持了此项整理工作，考古报告已完成，即将出版。

续之前的传统，流行单人侧身屈肢葬和使用土坯墓椁。彩陶和青铜工具的种类和数量都大幅度减少，新发现有铜海贝和铜铃，其他装饰品的主流器类则依然延续之前的阶段。[1]

基于以上认识，本文将以天山北路墓地的分期和年代作为哈密盆地青铜时代的序列标尺，将哈密盆地的青铜时代划分为四个时期，把不同时代的文化遗存置于统一的年代框架之内，与天山北路墓地遗存进行全面的比较分析，阐述它们的差异与共性，探讨哈密盆地青铜时代考古学文化的形成、发展和演变。

三、哈密盆地考古学文化的发展

（一）第一阶段：公元前1950—前1700年

属于这一时期的文化遗存有哈密河流域的天山北路墓地一期遗存和白杨河流域的卡拉亚墓地早期遗存。卡拉亚墓地资料尚未发表，据新闻报道及与同仁交流可知，卡拉亚墓地位于白杨河流域最大绿洲的中部地带，保守估计墓葬数量很有可能达到2 000座，使用时间在距今3 900—3 100年。该墓地也发现了和天山北路墓地一期相似的彩陶，测年数据同样也落在一期范围内。[2]

最新研究表明，哈密盆地青铜时代的第一阶段遗存具有强烈明显的外来文化因素特征。[3]颈肩双耳罐、宽刃铜刀以及大部分青铜装饰品的直接来源为河西走廊的西城驿文化，而筒形罐、铜斧、具柄铜镜和金耳环则表现出了欧亚草原青铜时代文化的风格，有可能是切木尔切克文化和小河文化影响的结果。墓地的排列分布和使用，二次扰乱、侧身屈肢葬和仰身直肢葬的习俗，也可能来源于河西走廊的西城驿文化和更早的马厂文化。[4]体质人类学、遗传学研究的结果，也都表明这一时期甘青地区人群与欧亚草原人群均已进入哈密绿洲盆地，人群相互融合后已具有混血特征。[5]人群的生业形态为种植小麦、粟、黍等作物的绿洲定居农业，兼营畜牧业。[6]

本阶段是哈密盆地青铜时代考古学文化的萌芽和形成期，同时在哈密河和白杨河流域的绿洲腹地出现了中心性质的大型遗址。本阶段遗存的发展特征是东西方两大文化因素的有机融合，而从埋葬习俗和随葬遗物来看，来自东方的河西走廊文化因素更占上风。

（二）第二阶段：公元前1700—前1400年

属于这一时期的遗存主要为哈密河流域的天山北路墓地二期遗存和萨伊吐尔墓地，[7]白杨河流域的卡拉亚墓地。

---

[1] 关于天山北路墓地最新的详细研究，参见以下文献：Jianyi Tong, Jian Ma, Wenying Li, et al. Chronology of the Tianshanbeilu Cemetery in Xinjiang, Northwestern China. *Radiocarbon*, 2021, p. 63；马健、佟建一：《天山北路墓地的发展与甘青地区文化交流》，《考古学研究（十三）》，科学出版社，2022年；佟建一、马健、常喜恩：《新疆天山北路墓地发展阶段研究》，《考古与文物》，待刊。
[2] 哈密融媒：《历史遗址的璀璨星河——伊州区白杨河流域考古新发现》，2021年8月19日，https://new.qq.com/rain/a/20210819A04Q7F00。部分信息来自与新疆文物考古研究所王永强副研究员交流所得，特此感谢。
[3] 有关第一阶段的详细研究可参见：马健、佟建一：《天山北路墓地的发展与甘青地区文化交流》，《考古学研究（十三）》，科学出版社，2022年。
[4] 同上。
[5] 魏东：《青铜时代至早期铁器时代新疆哈密地区古代人群的变迁与交流模式研究》，科学出版社，2017年。
[6] 张全超、常喜恩、刘国瑞：《新疆哈密天山北路墓地出土人骨的稳定同位素分析》，《西域研究》2010年第2期；Tingting Wang, Dong Wei, Xien Chang, et al. Tianshanbeilu and the Isotopic Millet Road: Reviewing the late Neolithic/Bronze Age radiation of human millet consumption from north China to Europe. *National Science Review*, 2017, pp. 1024-1039.
[7] 新疆文物考古研究所：《2013年哈密花园乡萨伊吐尔墓地发掘简报》，《中国国家博物馆馆刊》2014年第9期。

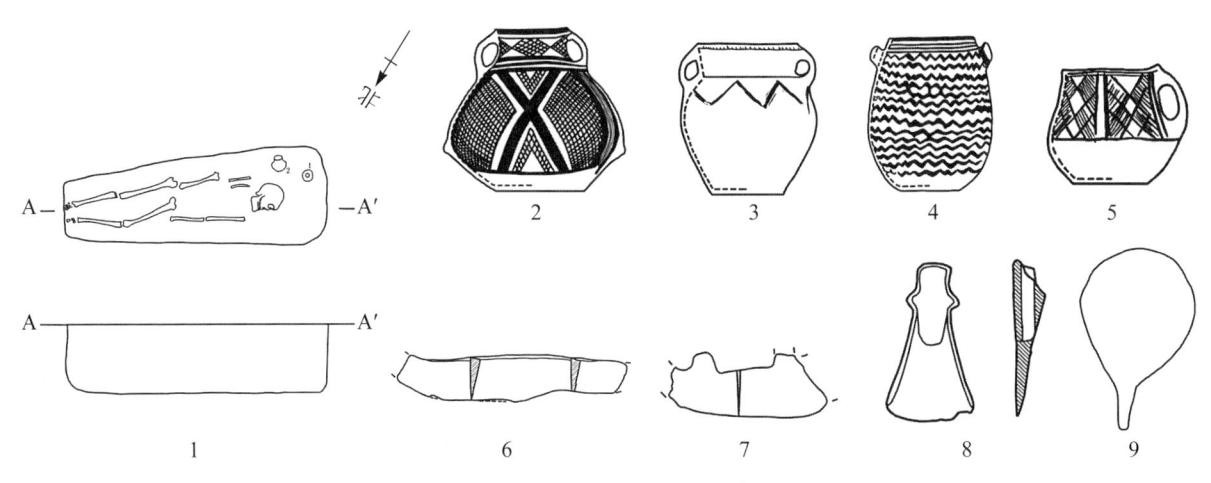

图三　哈密盆地青铜时代第一阶段主要墓葬形制与器物特征
（1. 天M599；2. 天M599∶1；3. 天M599∶2；4. 天M221∶1；5. 天M579∶2；6. 天M325∶5；7. 天M375∶9；8. 天M325∶31；9. 天M36∶2）
＊天指代天山北路墓地

萨伊吐尔墓地位于天山北路墓地以南22公里处的戈壁台地上，2013年抢救性发掘14座墓葬。从规模来看萨伊吐尔墓地可能只是一个分居点。比较墓葬形制、人骨葬式和随葬器物可以发现，萨伊吐尔墓地的文化面貌与天山北路墓地二期较为接近。该墓地流行的单人侧身屈肢葬，与天山北路墓地完全相同，其随葬品都可在天山北路墓地中找到相似器物，陶器摆放位置也几近相同，部分陶器中还留有羊骨，与天山北路墓地相同。不同的是，在萨伊吐尔墓地并未发现有土坯墓椁，而是在墓口处搭建木棚架。不过据天山北路墓地的发掘者回忆，天山北路墓地应该也有类似棚架，只不过由于墓地所处区域水位较高，保存环境较差，加之后来基建破坏严重，因而没有发现。

这一时期的哈密盆地人群仍然与甘青地区的史前文化保持着密切联系。[1]不过随着西城驿文化在河西走廊的衰落以及承继的四坝文化的兴起，受河西走廊文化影响的哈密盆地此时的陶器特征有了新的变化。西城驿文化的典型彩陶消失，取而代之的是简化后的素面陶的流行，且制作愈发粗糙。四坝文化的彩陶传统仍占据主流，也融合了一些西城驿文化的装饰风格。该时期流行的葬俗，包括土坯墓椁的使用等都可追溯到河西走廊的史前文化。随葬器物，特别是陶器和铜器，几乎全都与四坝文化的同类器物相似。筒形罐数量大幅度减少，几乎无彩绘，体型变小，出现了双竖耳或无耳，表明欧亚草原文化对哈密盆地直接影响的衰退。但费昂斯珠、铜短剑、金耳环的发现说明来自欧亚草原中西部的文化因素依然伴随着长途贸易和人群迁徙的方式持续影响着哈密盆地人群。与第一阶段陶器上表现出的全面、典型的外来文化因素风格相比，此时人们对河西走廊的彩陶艺术更多的是选择性接受和创新性融合，这表明哈密盆地区域文化传统正逐步形成与发展。

本阶段是哈密盆地青铜时代考古学文化的发展期，萨伊吐尔墓地的发现说明中心聚落人群已经开始向周边开拓新的定居点。这一时期的哈密盆地吸纳、汇聚了大量河西走廊的四坝文化因素，在上一阶段文化融合的基础上交融创新，逐渐孕育出了本地的文化传统，即实行族葬制，流行单人侧身屈肢葬，使用土坯墓椁和墓口棚架，随葬网格纹、各式三角纹、垂带（线）纹、曲波纹、树草纹等纹饰的彩陶和小型青铜装饰品及工具，以定居的绿洲农业为主，兼营畜牧业。

---

［1］有关第二阶段详细论述参见马健、佟建一：《天山北路墓地的发展与甘青地区文化交流》，《考古学研究（十三）》，科学出版社，2022年。

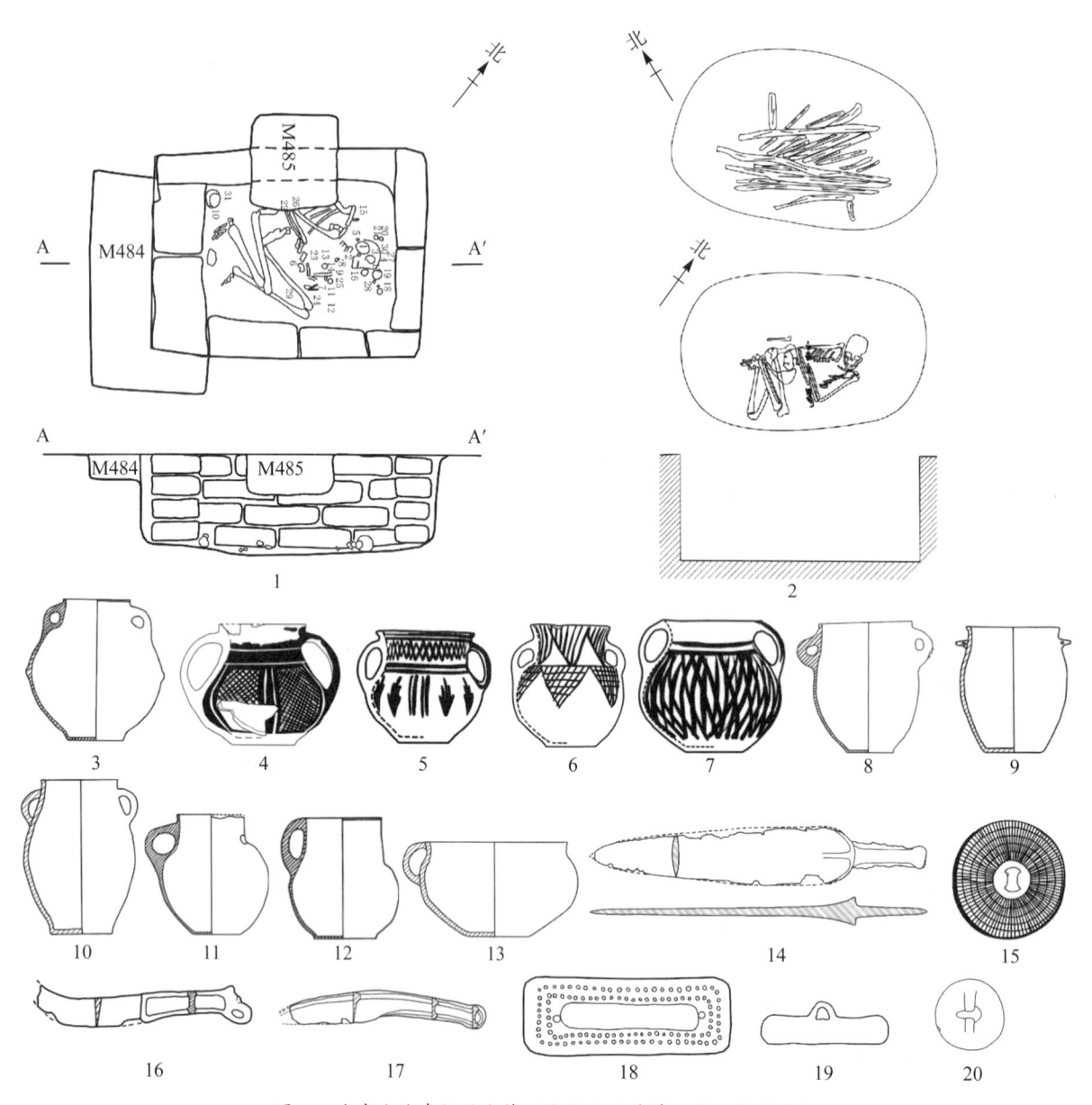

图四 哈密盆地青铜时代第二阶段主要墓葬形制与器物特征
（1. 天M483；2. 萨M10；3. 天M220：1；4. 天M48：1；5. 天M529：1；6. 天M620：5；7. 天M483：31；8. 天M196：1；9. 萨M11：1；10. 萨M4：1；11. 天M29：1；12. 天M217：1；13. 萨M11：2；14. 天M626：2；15. 天M400：5；16. 天M131：3；17. 天M1：1；18. 天M200：2；19. 天M683：8；20. 天M200：1）
*天指代天山北路墓地，萨指代萨伊吐尔墓地

（三）第三阶段：公元前1400—前1200年

属于这一时期的遗存，在哈密河流域有天山北路墓地三期遗存和调查过的腐殖酸厂墓地。而在以西的白杨河流域，则发现有大量相关的文化遗存，主要有焉不拉克墓地、[1] 五堡墓地、[2] 卡拉亚墓

---

[1] 张平、艾尔肯·米吉提、田早信等：《新疆哈密焉不拉克墓地》，《考古学报》1989年第3期。
[2] 新疆文物考古研究所：《新疆哈密五堡墓地151、152号墓葬》，《新疆文物》1992第3期；五堡墓地大部分资料未发表。笔者2017年曾在新疆文物考古研究所参与五堡资料的整理。

地、拉甫乔克墓地、[1]亚尔墓地[2]等。此外,在天山南麓山间地带,还发现有柳树沟遗址。[3]下文主要就已发掘并公布简报的焉不拉克墓地、五堡墓地和柳树沟遗址作分析讨论。

焉不拉克墓地位于哈密三堡的白杨河河旁的土岗上,在天山北路墓地西北约60公里处,1986年正式发掘了76座墓葬,其测年数据一直存在争议,通常认为其属于青铜时代晚期至早期铁器时代。五堡墓地位于焉不拉克墓地以南20公里,1978年、1986年和1991年三次共发掘墓葬114座,年代约在公元前1400—前800年之间。

两者同样实行族葬制,墓圹为竖穴土坑,部分墓口同样搭盖棚木或草席。五堡墓地调查时还发现有地表土坯封堆。葬具以土坯墓椁为主,五堡墓地内还发现有木质尸床。葬式以单人侧身屈肢葬为主,也有合葬墓。随葬品种类丰富,以陶容器和铜器为主,另有石器、木器、骨器、金器、贝蚌、毛织物和铁器等。陶容器的主要器形有单耳杯、单耳罐、钵、腹耳壶、豆和双耳罐等。彩陶纹饰主要有曲线纹、S形纹、三角纹、水波纹、十字双钩纹等黑彩。铜器有铜刀、铜镞、铜锥、铜针、铜镜、铜戒指、铜耳环、铜牌、铜管等。石器主要是砺石和各类装饰珠。木器有人俑、盘、桶等。骨器有骨锥、骨针、骨纺轮等。从体质人类学上来看,两者均为东亚人与欧洲人混血居住。[4]

以往学者们考虑到两者高度的相似性,通常将分布于白杨河流域的以焉不拉克墓地和五堡墓地为代表的这一类遗存归纳、命名为"焉不拉克文化",以示与天山北路墓地有所区分。诚然,"焉不拉克文化"的遗存特征确实与天山北路墓地存在一定的差异,前者更加流行壶、豆、钵和杯,后者流行双耳罐,前者流行的十字双钩纹也不见于后者。不过,在笔者重新梳理了相关材料后,考虑到它们与天山北路墓地的存在时间有重叠,文化上有继承,共存于同一个大区域内,并且在墓地布局、墓葬结构、葬具、葬式、随葬品器类、装饰纹样等绝大部分考古学文化因素方面都表现出了高度相似的特点,笔者认为它们应归入同一考古学文化。流行陶器的差异可以理解为同一文化在不同区域形成的地方类型。

这一时期,除了绿洲区域外,在天山南麓的山间地带也发现有典型遗址。柳树沟遗址位于哈密盆地北侧边缘,东天山南麓西侧的山前坡地上,由墓地和居址构成。2013年清理出墓葬108座,房址2处。遗址主体的年代在公元前1400—前1100年之间。

柳树沟遗址与哈密盆地绿洲腹地的遗存有着许多共性,如墓葬分布、墓葬结构、单人侧身屈肢葬、随葬品的种类和特征等。但也有了一些新的变化,如墓葬地表有石围石堆,葬具使用石椁木椁而不是土坯墓椁,墓葬地面构筑祭祀坑等。这些不同,应该是由于生活生产环境的不同和取材的难易程度而造成的差异,本质上仍是地方类型的不同。

柳树沟遗址与盆地绿洲遗址最大的区别是遗址性质与生业模式的不同。董惟妙的研究表明,柳树沟人群主要依赖牧业经济,食用一定量的农产品,存在狩猎经济。从同位素的角度判断,其农产品来自远距离的交换。[5]柳树沟人群所处的山麓地带与盆地绿洲环境不同,缺乏和远离丰富的水源、耕地和牧场等生存资源,不适宜农业和畜牧业生产,只能进行游牧经济活动。柳树沟遗址应当是该人群

---

[1] 新疆维吾尔自治区文物局:《新疆维吾尔自治区第三次全国文物普查成果集成:哈密地区卷》,科学出版社,2011年。
[2] 新疆文物考古研究所:《新疆哈密五堡墓地151、152号墓葬》,《新疆文物》1992第3期;五堡墓地大部分资料未发表。笔者2017年曾在新疆文物考古研究所参与五堡资料的整理。亚尔资料未发表,更多信息来自与新疆文物考古研究所同仁交流。
[3] 王永强、张杰:《新疆哈密市柳树沟遗址和墓地的考古发掘》,《西域研究》2015年第2期;王远之:《柳树沟遗址研究》,西北大学硕士学位论文,2015年。
[4] 韩康信:《新疆哈密焉不拉克古墓人骨种系成分研究》,《考古学报》1990年第3期;何惠琴、徐永庆:《新疆哈密五堡古代人类颅骨测量的种族研究》,《人类学学报》2002年第2期。
[5] 董惟妙:《青铜至铁器时代哈密盆地居民饮食结构及生业模式》,兰州大学博士学位论文,2016年。

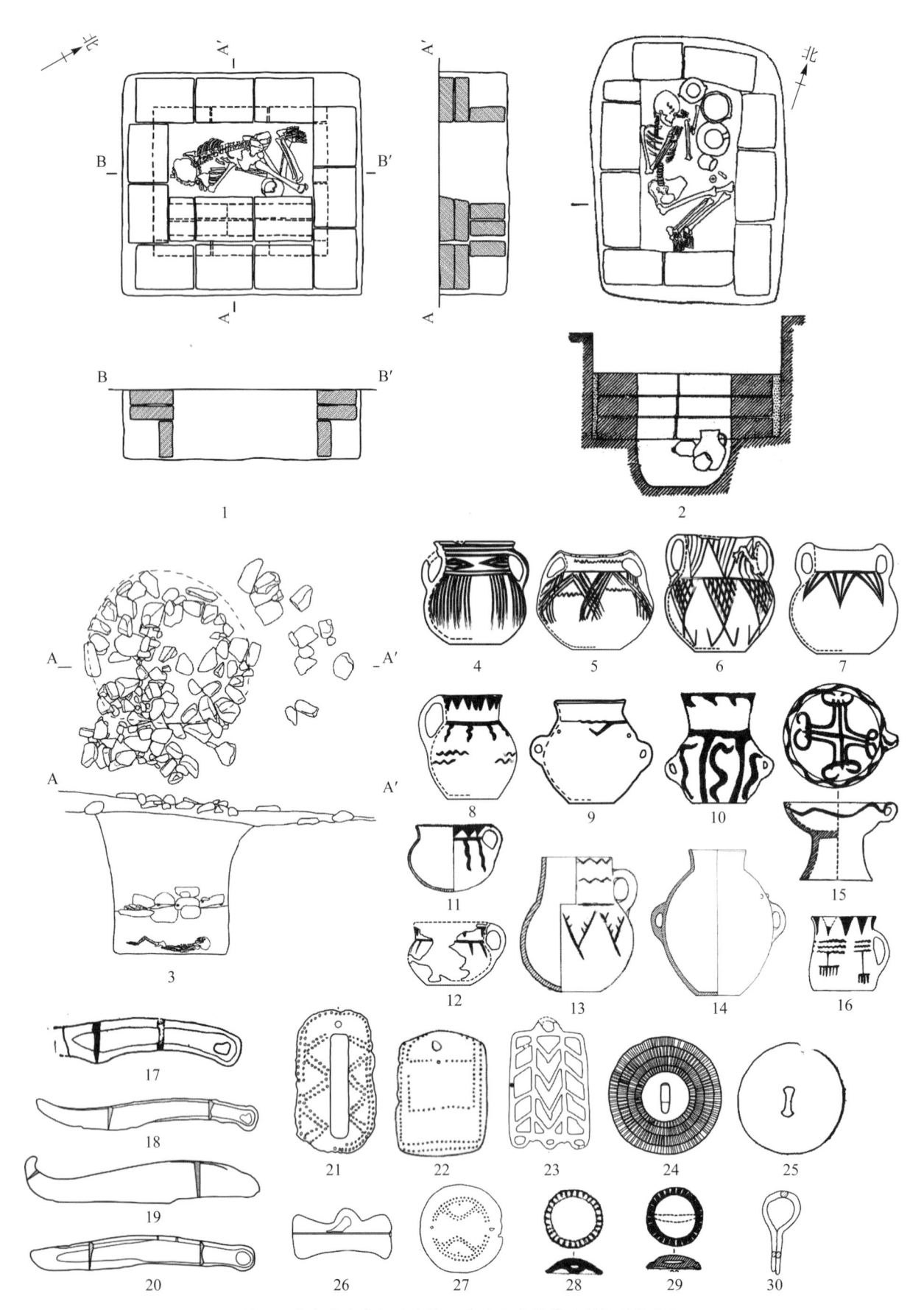

图五 哈密盆地青铜时代第三阶段主要墓葬形制与器物特征

(1. 天M230；2. 焉M31；3. 柳M3；4. 天M580：11；5. 天M698：5；6. 天M597：1；7. 天M555：1；8. 天M472：1；9. 天M252：1；10. 焉M53：1；11. 焉M40：4；12. 天M570：1；13. 柳M66：1；14. 柳M59：1；15. 焉M75：16；16. 焉T3：1；17. 焉M35：2；18. 天M679：4；19. 天M471：1；20. 天M341：22；21. 天M109：8；22. 柳M14：1；23. 天M207：3；24. 天M266：28；25. 焉M64：3；26. 天M640：2；27. 焉M46：1；28. 柳M42：6；29. 焉M68：15；30. 天M16：5)

*天指代天山北路墓地，焉指代焉不拉克墓地，柳指代柳树沟墓地

的冬季定居点。此外,柳树沟遗址位于东天山南北间的交通要道,所处位置地势较高,扼守通道门户,可观察东天山南麓以及山谷通道的情况。因此该遗址还应具有哨所的功能。东天山山麓间分布的像柳树沟这样性质的遗址大大小小还有许多,应分属于新的地方类型。

这一阶段,哈密盆地人群仍然与外界保持着密切的文化交流。四坝文化的影响仍然绵延不绝,但有所减弱。同时,甘青地区的磨沟式陶器、寺洼文化和卡约文化等因素也相继进入盆地。[1] 各类陶器文化因素融合创新,使得这一时期哈密盆地的陶器艺术百花齐放,哈密河流域和白杨河流域交相辉映。五堡墓地发现的木质车轮表明中亚人群的影响力此时仍可到达哈密盆地。而天山北路墓地中发现的高放铅铜器[2]以及殷墟妇好墓中发现的多重圈放射线纹铜镜,[3]说明此时的新疆东部开始与中原殷墟产生了贸易联系。

本阶段是哈密盆地青铜时代考古学文化的成熟期。绿洲附近的遗存数量不断增加,并向北拓展到了天山山麓地带。山麓地带人群因地制宜,以石块和木材代替土坯建筑房屋和墓葬,生业模式也发生了改变,不过仍与绿洲区域的农业人群保持着密切的联系。此时哈密盆地的考古学文化遗存大致可分为三个地方类型:哈密河流域以天山北路墓地为代表的一类,流行罐、杯、壶等,尤以双耳罐为特色;白杨河流域以焉不拉克墓地为代表的一类,流行壶、豆、罐等,多单耳系列;东天山南麓山间以柳树沟遗址为代表的一类,流行以木石结构替代土坯材料,多使用壶、罐、杯等,同样以单耳为主。三者呈有机平衡发展态势,共存于哈密盆地。

(四)第四阶段:公元前1200—前800年

这一时期在哈密河流域仍然有天山北路墓地四期遗存,天山山麓地带有柳树沟遗址晚期遗存。而在白杨河流域,前期的焉不拉克、五堡、卡拉亚、亚尔等人群继续活跃,并持续了很长时间。在他们更南端,晚期新出现了艾斯克霞尔遗址[4]和艾斯克霞尔南遗址。[5]

艾斯克霞尔遗址和艾斯克霞尔南遗址均位于白杨河流域更南端的南湖戈壁荒漠深处,墓地位于沙梁台地上,附近则是在雅丹地貌高台上以土坯砌筑的居址城堡。埋葬习俗与白杨河流域传统较为一致,墓葬主要为竖穴土坑,有些墓口搭棚木铺垫草。艾斯克霞尔南墓地发现了与五堡墓地、亚尔墓地相似的地表土坯墓垣。不同的是艾斯克霞尔南墓地流行合葬,多扰乱葬。由于地理环境因素,艾斯克霞尔墓地和艾斯克霞尔南墓地的遗物保存状况很好,随葬的皮革、毛纺织品和木器大都保存完整。陶器主要有壶、罐、杯、钵和豆等,少量彩陶,纹样主要为三角纹、S形纹和竖条纹等。各类器物与焉不拉克类型均较为一致。

艾斯克霞尔遗址和艾斯克霞尔南遗址与白杨河流域焉不拉克类型的各遗址在埋葬习俗和出土遗物上具有高度的相似性,应属于同一地方类型。西北大学东天山考古队曾在艾斯克霞尔城的城墙土坯中取芦苇做样本进行了碳十四测年,数据显示年代大约在公元前792年至公元前543年,[6]大约相当焉不拉克墓地晚期。艾斯克霞尔南墓地的碳十四测年数据约在公元前7至前6世纪。[7]可见在哈

---

[1] 有关第三阶段与甘青地区的交流论述详见:马健、佟建一:《天山北路墓地的发展与甘青地区文化交流》,《考古学研究(十三)》,科学出版社,2022年。
[2] Liu Cheng, Liu Ruiliang, Zhou Pengcheng, et al. Metallurgy at the Crossroads: New Analyses of Copper-based Objects at Tianshanbeilu, Eastern Xinjiang, China. *Acta Geologica Sinica*, 2020, p. 94.
[3] 中国社会科学院考古研究所:《殷墟妇好墓》,文物出版社,1980年。
[4] 新疆文物考古研究所、哈密地区文物管理所:《新疆哈密市艾斯克霞尔墓地的发掘》,《考古》2002年第6期。
[5] 王永强、党志豪:《新疆哈密五堡艾斯克霞尔南墓地考古新发现》,《西域研究》2011年第2期。
[6] 艾斯克霞尔城测年数据由西北大学马健教授提供,特此感谢。
[7] 王永强:《新疆艾斯克霞尔南墓地箜篌的发现与研究》,《音乐研究》2019年第2期。

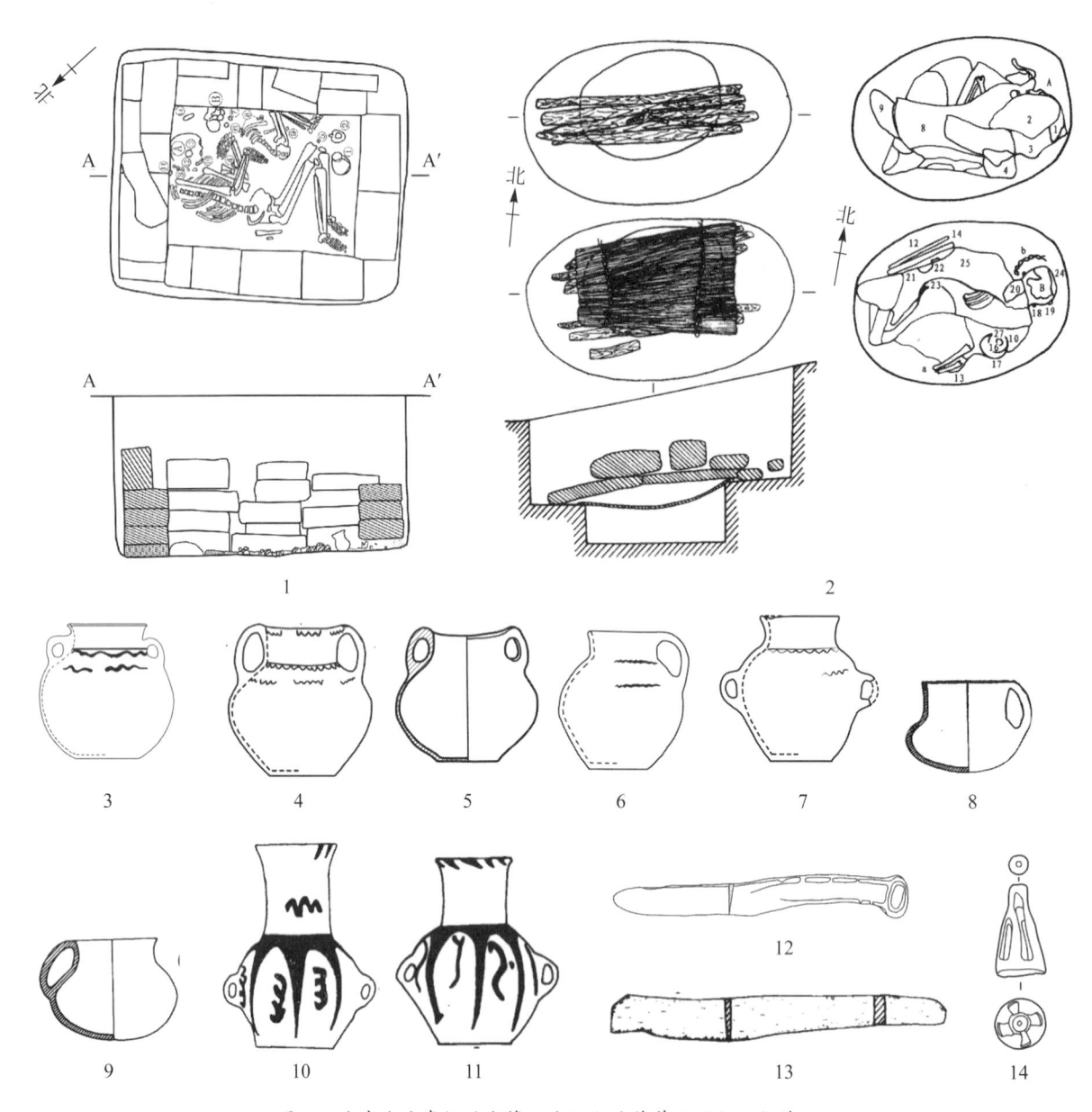

图六 哈密盆地青铜时代第四阶段主要墓葬形制与器物特征
（1. 天M13；2. 艾M2；3. 天M198:11；4. 天M298:1；5. 天M662:2；6. 天M13:12；7. 天M682:1；8. 焉M2:2；9. 艾M1:18；10. 焉M2:3；11. 艾M1:17；12. 天M53:8；13. 艾M1:24；14. 天M361:7）
*天指代天山北路墓地，焉指代焉不拉克墓地，艾指代艾斯克霞尔墓地

密盆地深处，青铜时代的文化传统一直延续到公元前6世纪的早期铁器时代。

这一时期，河西走廊西部继四坝文化之后主要分布着骟马文化遗存，[1]存续时间约在距今2 900—2 100年之间。[2]据最新研究，焉不拉克类型晚期遗存与骟马文化遗存在许多陶、铜器和骨器等遗物上都存在着高度的共性。[3]而近年来发掘的哈密黑山岭遗址也证明了两者之间的交流。黑

---

[1] 李水城：《骟马研究》，《丝绸之路考古（第5辑）》，科学出版社，2022年。
[2] 杨谊时、张山佳、Chris Oldknow等：《河西走廊史前文化年代的完善及其对重新评估人与环境关系的启示》，《中国科学：地球科学》2019年第12期。
[3] 任萌、常晓雯：《从艾斯克霞尔南遗址看焉不拉克的相关问题》，《丝绸之路考古（第8辑）》，科学出版社，2023年。

山岭遗址地处哈密、罗布泊、敦煌的三角地带,紧邻丝绸之路古道,位于哈密市伊州区与巴音郭楞蒙古自治州若羌县交界的无人区,是一处古人开采绿松石的矿冶遗址。该遗址出土的陶器与骟马文化具有一定联系,也采集到了少许有焉不拉克类型风格的彩陶片。[1]这表明此时哈密盆地人群与河西走廊的交流仍未中断,且可能的交流路线为哈密绿洲向南至罗布泊边缘,再沿祁连山山麓进入河西走廊。与此同时,哈密盆地人群与西方的交流联系也日益增加。其西侧吐鲁番盆地的苏贝希文化[2]与焉耆盆地的察吾乎沟口文化,[3]其中的单耳罐、单耳豆、壶及条带纹和网格纹等彩陶艺术风格,以及苏贝希文化洋海墓地中的侧身屈肢葬、木质尸床、环首弧背铜刀、铜铃、木箜篌等,[4]与哈密盆地青铜时代的焉不拉克类型遗存之间存在着许多相似性,这表明天山沿线中西部区域的考古学文化与哈密盆地在青铜时代晚期至早期铁器时代存在着持续性的互动交流。艾斯克霞尔南墓地发现的木箜篌,其源头来自西亚地区,经汉代以前的"丝绸之路"传播到达哈密盆地。[5]

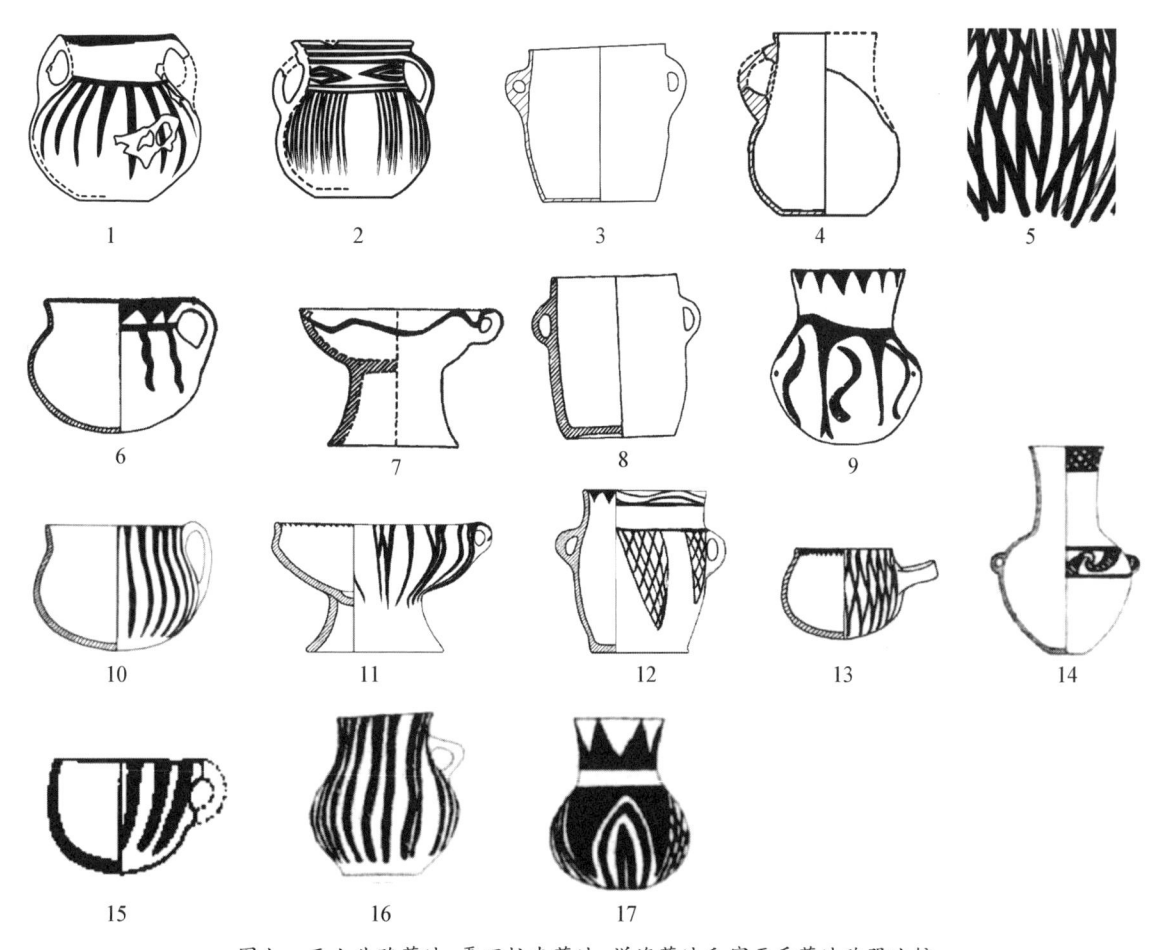

图七 天山北路墓地、焉不拉克墓地、洋海墓地和察吾乎墓地陶器比较

1—5.天山北路墓地(M653、M354、M423、M697、一期二期几何纹);6—9.焉不拉克墓地(M30、M75、M4、M75);
10—14.洋海墓地(ⅠM49、ⅠM169、ⅡM60、ⅡM242、ⅠM194);15—17.察吾乎墓地(二号墓地M223、二号墓地M1、四号墓地M156)

---

[1] 西北大学文化遗产学院、北京科技大学科技史与文化遗产研究院、新疆文物考古研究所:《新疆若羌黑山岭古代绿松石矿业遗址调查简报》,《文物》2020年第8期。
[2] 吐鲁番市文物局、新疆文物考古研究所、吐鲁番学研究院等:《新疆洋海墓地》,文物出版社,2019年。
[3] 新疆文物考古研究所:《新疆察吾乎》,东方出版社,1999年。
[4] 吐鲁番市文物局、新疆文物考古研究所、吐鲁番学研究院等:《新疆洋海墓地》,文物出版社,2019年。
[5] 王永强:《新疆艾斯克霞尔南墓地箜篌的发现与研究》,《音乐研究》2019年第2期。

在哈密盆地青铜时代的第四阶段,有可能存在一次以甘青地区和哈密盆地为代表的东方彩陶文化向西传播的浪潮。这次文化传播浪潮可能对当时天山南北的以苏贝希文化和察吾乎沟口文化为代表的高颈壶文化系统的形成起到了直接推动作用。[1] 任瑞波也认为焉不拉克人群西进吐鲁番盆地和博格达山南北两侧,促成了苏贝希文化的形成,苏贝希文化在发展的过程中,明显形成了西进之势,与焉耆盆地的察吾乎沟口文化融为一体,在晚期甚至一度向西扩展到伊犁河流域。[2]

综上所述,在哈密盆地青铜时代的第四阶段以及早期铁器时代初期,哈密盆地人群仍然沿袭着早期的文化传统,并继续向盆地深处与边缘开拓居住点,聚落规模逐渐变小。绿洲区域仍以定居农业为主,畜牧业比例加重。此时哈密盆地人群与河西走廊人群仍有矿业原料贸易,与西方文化的交流联系也在持续加深,其彩陶文化传统对天山沿线中西部的新兴彩陶文化产生了重要影响。

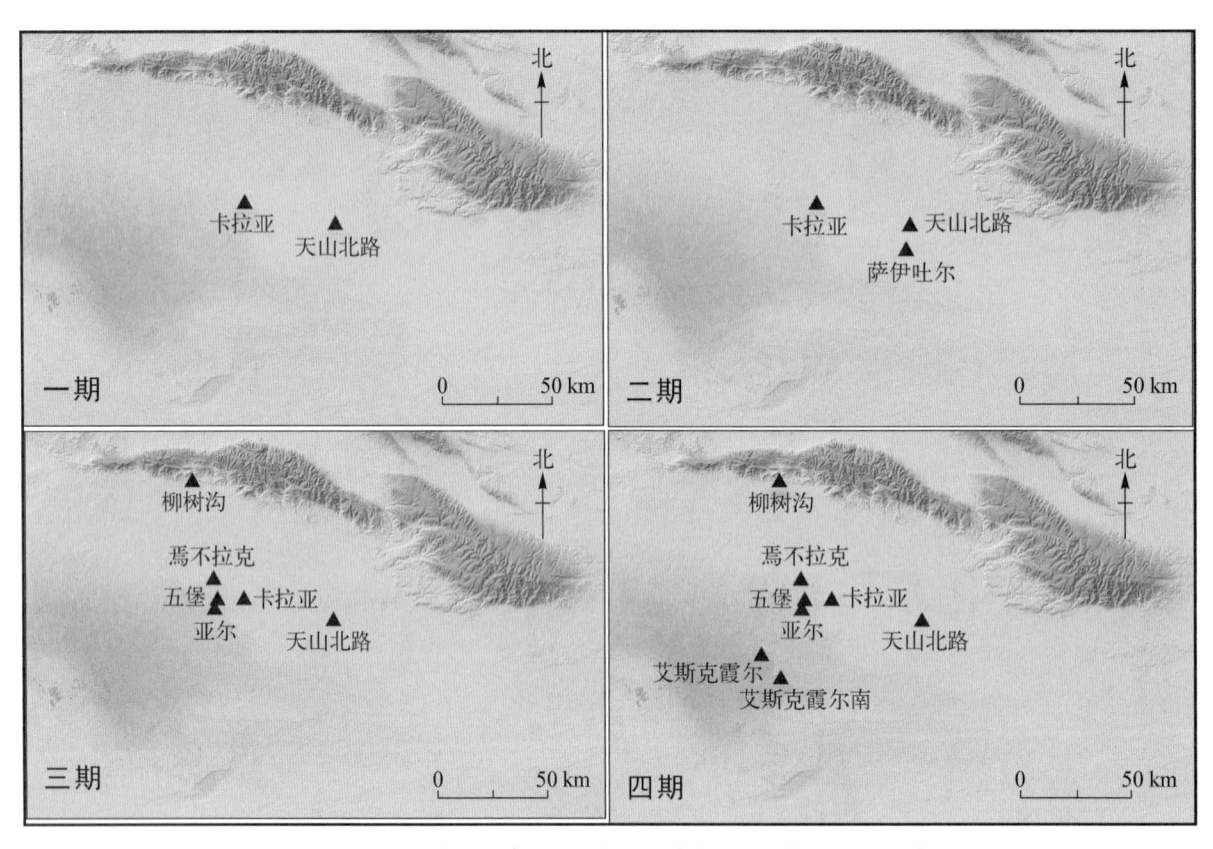

图八　新疆哈密盆地青铜时代各阶段遗存变化图(彩图图版七)

四、结　语

在前人研究的基础上,笔者通过对哈密盆地青铜时代考古资料的全面梳理,认为哈密盆地的青铜时代文化遗存在分布、遗迹面貌和遗物特征上具有较为统一的鲜明特点,应当属于同一个考古学文化,遗存之间的差异可以理解为同一文化在不同区域、不同时代形成的地方类型。根据命名先后原

---

[1] 韩建业:《新疆的青铜时代和早期铁器时代文化》,文物出版社,2007年。
[2] 任瑞波:《西北地区彩陶文化研究》,吉林大学博士学位论文,2016年。

则，可沿用"焉不拉克文化"统称这些遗存。根据遗存特征的异同，该考古学文化可以分为三个地方类型，即天山北路类型、焉不拉克类型和柳树沟类型。哈密盆地的青铜时代大致可分为四个发展阶段，在其形成和发展的过程中，受到了河西走廊及甘青地区文化、欧亚草原西北部文化的深刻影响，并在第二、三阶段逐渐形成了哈密盆地青铜时代文化的本地传统，在第四阶段开始向周边传播。

哈密盆地的青铜时代考古学文化始于公元前1950年左右，完整经历了公元前两千纪东方彩陶文化的西渐浪潮，并从接受者转变为传播者，在早期东西方文化交流中扮演了极其重要的角色。大约自公元前800年之后，哈密盆地全面进入早期铁器时代。公元前500年前后来自北方的新的考古学文化人群进入盆地，对土著人群进行了征服和融合。此后，哈密盆地人群在与天山和阿勒泰山的游牧民族以及东方的河西走廊人群的文化交流中更具活力，这可能为公元前2世纪丝绸之路的开拓打下了重要基础。

略论苏州地区考古学文化景观复原的影响因素

◎ 牛煜龙（苏州市考古研究所） 沙龙滨（宁波大学）

近年来，随着考古学的研究对象、视野、方法等不断发展和变化，考古发掘和研究工作中对古遗址的微地貌、动植物资源、古环境等相关信息的探索和复原成了考古工作越来越重要的一部分。考古工作者在参与配合基建的工作中，见证了传统聚落形态和景观面貌的剧烈变化；对很多大遗址的持续性发掘和综合研究，尤其是在大遗址保护与遗址公园建设的过程中，也需要我们深入思考古遗址的历时性变化和景观复原问题。[1]

景观考古学于20世纪80年代在西方兴起，通过研究遗址空间与地理关系，将现存于地表的由空间和文化及自然物质所构成的景物一起纳入考古研究对象之中。景观考古学的提出，为考古遗址的历时性变化和景观复原提供了理论基础，[2]呼应了时代的需求，拓展了考古研究的视野。

本文以苏州地区考古学文化景观复原为研究对象，详细阐述了本地区考古学文化景观的多样性，分析了环境变化对考古学文化的影响、人类活动对微地貌的改造，在此基础上，对考古学文化景观复原所面临的问题，提出了一些初步的思考与探索。

一、考古学文化景观的多样性

通过多年考古发掘材料的积累，本地区考古遗存总体上呈现出多样性的特点，具体表现在以下几个方面：

一是考古遗存景观形态多样，分布广泛。既有大型城址又有普通遗址或墓地，遗址既有平地型又有墩台型，并且在山地、平原和水体三种地貌形态中都有分布。很多遗址还发现于湖群沼泽地带或者现今的湖底，如苏州高新区的通安农垦场、工业园区的澄湖遗址等。

二是考古学文化和遗存序列完整，延续时间长，本区有苏南唯一且明确的旧石器发现地点，且其历经新石器和历史时期一直延续到现在。

三是这些考古学文化景观的叠加效应明显，不同历史时期的文化元素在同一区域不断累积和融合，在地理空间上相互交织、影响，展现出了文化发展的延续性和变迁性，呈现出复杂而丰富的景象。

---

[1] 郑曦：《景观考古与大遗址保护》，《风景园林》2021年第11期。
[2] 贺云翱：《"景观考古学"为研究人与自然的关系开辟新领域》，《大众考古》2021年第5期。

考古学文化景观是自然景观、水利景观、农业景观与聚落景观相叠加的产物。景观变化是人与环境交互作用的结果,过程非常复杂。环境变化会改变原有生态系统和景观结构的自然基础,社会变化会改变原有人群的组织和结构。[1]不同考古学文化人群选择当时合适的定居点,历经发展变迁与衰亡形成古遗址,有的叠压或深埋地下,有的废弃在地表。经过人为和自然的塑造,形成了现在本地区的考古学文化景观形态。

苏州地区位于长江三角洲南部,是太湖平原的主要组成部分。现在的自然地貌主要为平原、水面和山丘,其面积分别占全区总面积的52.83%、42.52%和2.65%。[2]随着考古学材料的丰富和研究的深入,苏州地区基本建立了2万年以来的考古学文化的发展序列,其大致可以划分为三山岛旧石器文化、马家浜—崧泽—良渚文化和钱山漾—广富林新时器文化,经由马桥文化进入吴越的商周文化。不同考古学文化在遗址分布、聚落中心和文化面貌上呈现出不同特征,经历自然与人为的演化,形成了现今的多样性景观形态。

苏州最早的考古学文化,是位于太湖之中距今约12 000年的三山岛旧石器时代文化,遗址景观是一处洞穴遗存。虽然对于遗址具体的年代还有争议,但它是苏州乃至苏南地区目前已知的唯一旧石器地点是没有疑问的。根据出土动物遗存化石的组合分析,推知当时气候干凉,属于广袤的森林草原环境。地貌环境的演变,使三山岛变为如今面积仅三平方公里的一个湖中小岛。[3]现在太湖的景观(图一)是全新世以来才形成。[4]

进入新石器时代,马家浜—崧泽—良渚文化依次在本区出现。遗址景观形态为之一变,既有高出地面的墩台型遗址,又有平地型遗址。通过对太湖流域遗址的统计研究发现,墩台型遗址数量较少,平地型遗址占绝大多数。[5]墩台型遗址一般规模较大,等级更高,有的还有高台墓地。其中典型的遗

图一　太湖三山岛现今地貌

[1]　张海:《景观考古学——理论、方法与实践》,《南方文物》2010年第4期。
[2]　徐叔鹰:《苏州地区地貌发育与第四纪环境演变》,《铁道师院学报(自然科学版)》1989年第1期。
[3]　刘宝山:《论马家浜文化之前太湖地区的地理埋藏环境》,《华夏考古》2008年第1期。
[4]　景存义:《太湖的形成与演变》,《地理科学》1989年第4期。
[5]　陈中原、洪雪晴等:《太湖地区环境考古》,《地理学报》1997年第2期。

址有草鞋山遗址、越城遗址、广福村遗址、钱底巷遗址、东山村遗址等。例如东山村遗址海拔高约10—12米,高出周围农田约4—6米;发现了本区最早的马家浜文化,距今8 000年至7 000年之间;同时还有崧泽时期的墓地,其中发现了本区最高等级的墓葬。平地型遗址一般规模稍小,如吴江梅堰、大三甪、昆山群星遗址等。

商周时期的遗址本区以前发现较少,最近几年有不少新发现。如吴中区廖里遗址、戈塔浜遗址、姑苏区朱祥巷遗址、吴江虹桥村遗址等,都是几万平方米甚至更大的大型遗址,同新石器遗址一样,有墩台型也有平地型。另外,本区乃至江南地区此时段比较重要的墓葬类遗存土墩墓和石室土墩墓,主要分布在苏州西部山区的山脊或者山坡岗阜地带,有的地方还有石墙遗存,是特定历史时期的一种极具地域色彩的考古学文化景观(图二、三、四)。

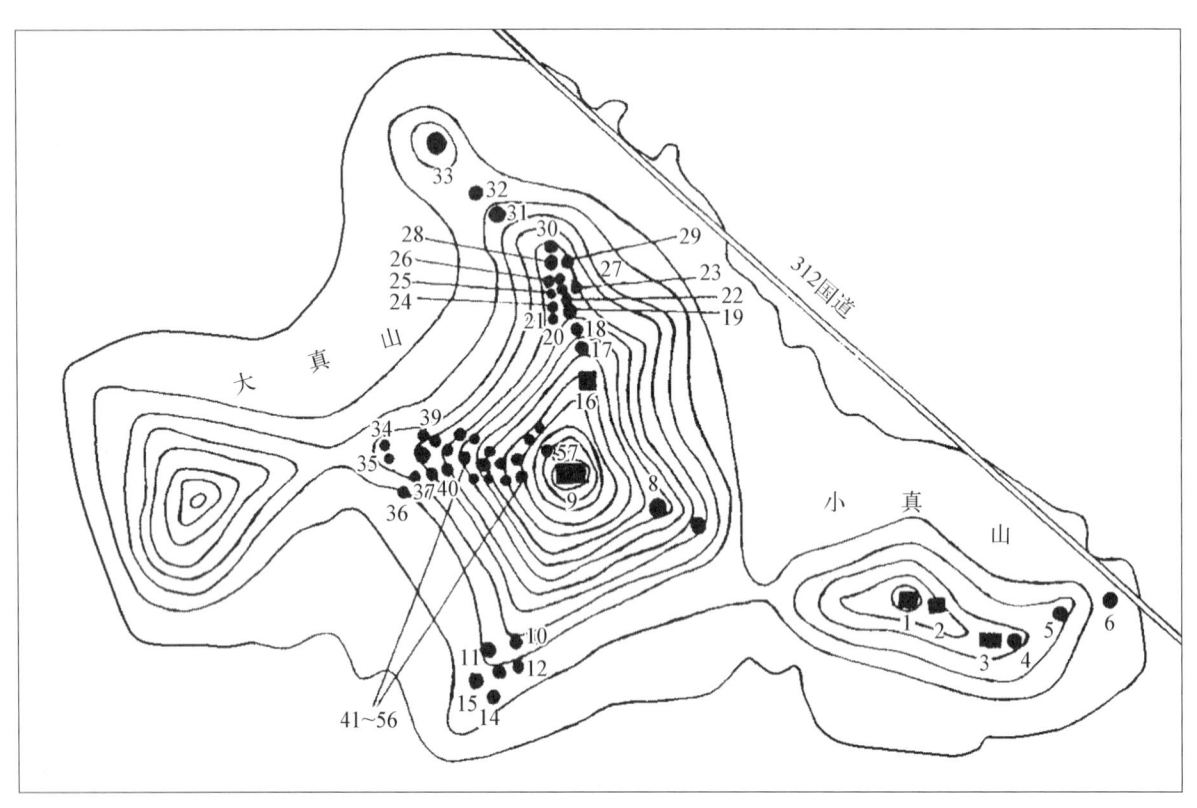

图二　真山墓地土墩分布示意图

图三　苏州商周时期石墙

图四　常熟虞山西岭石室土墩墓

商周—秦汉时期,本区逐渐形成了两个超大型的聚落中心,以城市这种更高级的形态出现,分别为木渎古城和苏州古城。木渎古城(图五)依山为城,南北城墙都构筑在两山的豁口处。苏州古城则选择在平原地带新筑城池。遗存有城墙、城壕、土墩等多种形式。[1]

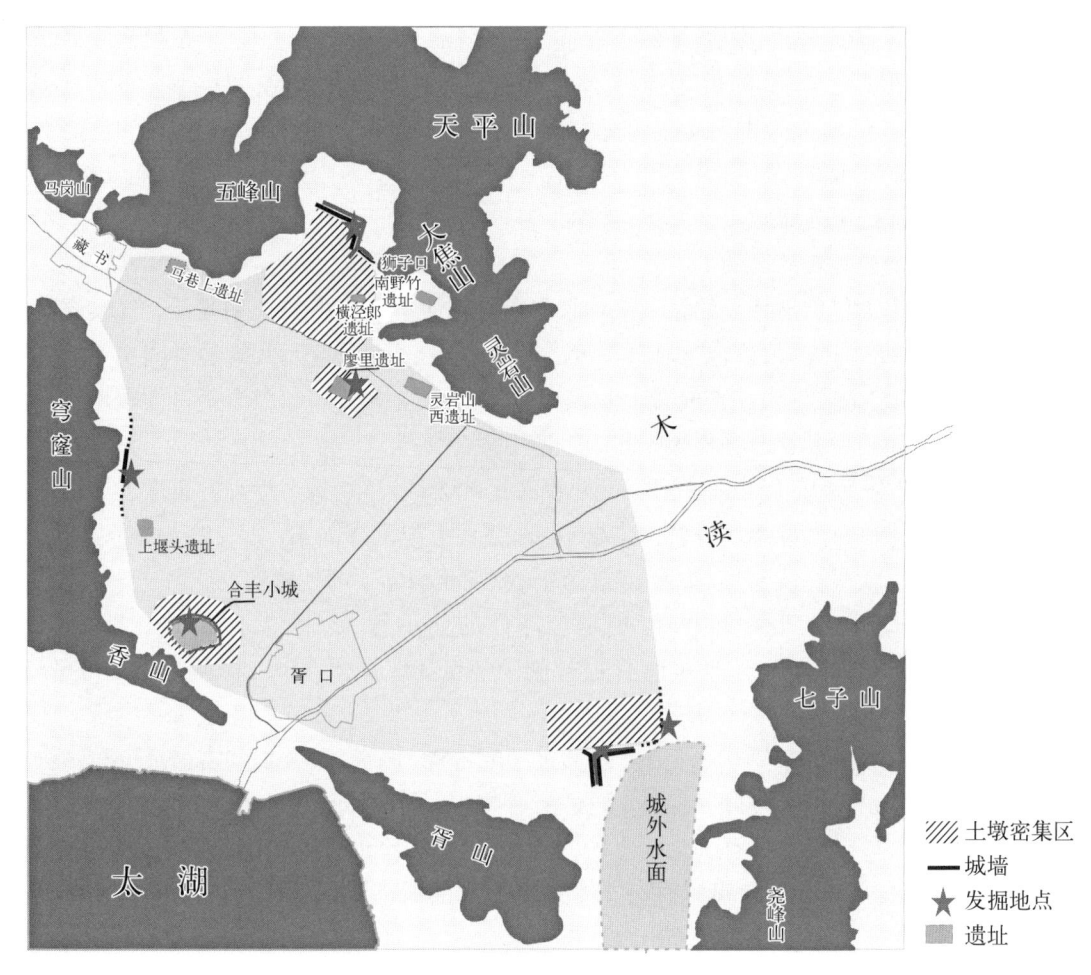

图五 木渎古城聚落形态(彩图图版八)

最晚从秦汉开始,在区域内的平原地带出现了大量高出地面的土墩遗存作为墓地使用,即所谓的"秦汉土墩墓"。[2]其上经常"寄生"或者附加有唐宋、明清时期的墓葬,作为南方地区埋葬的一种特殊形式和文化景观。

三国六朝一直到隋唐,农田水利设施和塘浦圩田系统兴建。到了唐宋环境改变,吴淞江和娄江淤塞改道,湖东湖群形成,很多村庄被淹没在水下。

宋元明时期,市镇网络和路网节点不断出现和扩大,大量桥梁关津塘路等修建(现今苏州地区保留下来的古桥最早始建于宋代),乡村一级的小型聚落不断出现,也形成了新的城镇。新聚落中心的产生与转移,伴随着很多新筑的土墩作为墓地使用。这时期的考古发现多为墓葬,各种形式的砖室墓依托在水网平原上的新筑土墩或者秦汉土墩之上。

---
[1] 唐锦琼、孙明利等:《苏州木渎古城2011—2014年考古报告》,《考古学报》2016年第2期。
[2] 牛煜龙:《从苏州几处墓地看商周土墩墓向秦汉土墩墓的过渡》,《江苏省考古学会论文集(2015~2016)》,上海古籍出版社,2018年。

二、环境变化对考古学文化的影响

有关环境变化和气候变化对考古遗址的影响，前人已经做了很多工作，也产生了很多成果。如自然科学的学者多从"环境决定论"的角度，研究本区海侵的影响范围和年代；社会科学学者多从"社会人群驱动理论"的角度，研究考古学文化变迁的节点，从而形成了不同的研究范式。如良渚文化的衰亡，自然科学学者认为环境的影响因素更为突出；而社会科学学者则认为人类活动导致的人地关系紧张是造成系统紊乱的主要原因。[1]

1. 气候变化对考古学文化的影响

气候是某一区域内大气物理特征的长期平均状态，以冷、暖、干、湿等特征来衡量。气候要素包括光照、气温、降水、风力等。时间尺度包含月、季、年、十年、百年、千年乃至万年。短时间尺度的气候变化和波动会影响降水量，形成洪涝灾害或者干旱，进而影响人类生存环境。如全新世大暖期，7 000年以后本区的史前遗址如雨后春笋般在很短时间内迅速出现。[2]

有学者指出，如果对全新世以来海平面的变化没有正确的认识，新构造运动的幅度就难以正确估计。[3]由于本区沉降的中心位置还有争议，本文的讨论暂不考虑沉降因素，那么近20 000年以来，本区环境变化最主要的因素是气候变化，大尺度剧烈的气候变化引起了海侵海退。

大范围和长时间尺度的气候变化，特别是全球性的如千年或万年尺度的升温降温会影响海平面的变化，造成海侵海退，对地形地貌进行塑造，改变咸淡水环境，影响古文化的分布和兴衰。

遗址分布与海平面变化关系密切。[4]有学者通过埋藏古树、泥炭、贝壳堤和古遗址分布结合全新世气候—海平面波动，分析文明兴衰的时间耦合关系，并提出了环境阈值的存在。[5]

另外，降水也对人类文明发展有着重要影响。降水湿度变化和海水入侵会影响咸淡水环境，而大规模的水稻种植只有淡水环境才可以进行。本地区南部的浙江上山文化已经发现了种植水稻的证据。[6]

关于周期性气候变化是近年来的学术热点。有学者提出了不同尺度周期性气候变化的嵌套理论，从旧石器时代人类起源迁移、新石器时代文化文明演变、历史时期王朝兴衰更替进行阐释，使得环境对人类的影响机理逐渐更加清晰和科学，为研究提供了新的视角和支撑。[7]

考古学者结合新石器时代的中原文化的材料，发现裴李岗文化、仰韶文化、龙山文化的繁盛期分别对应了3次气候温暖期，受气候变化的影响非常明显，呈现出2 000年左右的周期性变化。[8]

苏州的考古学文化，在三山岛的旧石器之后，存在一个几千年的缺环。关于缺环的原因，有学者认为可能是海侵使得古文化层埋于地下，但仍有不同争议，这有待于今后的持续工作。

---

[1] 贺可洋、吕厚远等：《长江三角洲良渚文化衰亡的多指标环境证据》，《中国科学：地球科学》2021年第7期；陈杰：《良渚文明兴衰的生态史观》，《东南文化》2005年第5期。
[2] 史威、徐孝彬：《太湖地区早全新世罕见人类活动的古地理分析》，《江苏教育学院学报（自然科学版）》2011年第2期。
[3] 夏东兴：《全新世高海面何在》，《海洋学报》1981年第4期。
[4] 顾维玮、朱诚：《苏北地区新石器时代考古遗址分布特征及其与环境演变关系的研究》，《地理科学》2005年第2期。
[5] 于世勇、朱诚等：《太湖流域全新世气候海面短期振荡事件及其对新石器文化的影响》，《地理科学》2000年第4期。
[6] 李冰、马春梅、朱诚：《太湖东部平原望孔全新世环境演变地层记录》，《古生物学报》2018年第4期。
[7] 吕厚远等：《周期性气候变化与人类适应》，《人类学学报》2022年第8期。
[8] 韩建业：《论新石器时代中原文化的历史地位》，《江汉考古》2004年第1期，第59—64页。

2. 地形地貌塑造对本区考古遗址生成与分布的影响

自然环境是考古学文化产生的载体,也是景观形态的基底,其变化是一个复杂综合的研究课题。今天人们对周边自然环境变化的认识多限于天气变化、火山爆发、洪涝灾害等突发性的自然现象,而对于相对缓慢的蕴含着更大能量的现象如构造运动、缓慢的地貌塑造等还没有给予足够的重视。[1]

古地貌变迁是自然环境变化的一个重要方面,对考古学文化有着巨大的影响。本区位于苏湖断裂带附近,该断裂带是苏州境内最大的隐伏断裂,由浙江省湖州东侧沿北东30°—40°方向延伸,经过太湖南部、苏州、阳澄湖、上海市崇明岛等。该断裂带属新华夏系构造,因1.5亿年前的晚侏罗纪燕山运动影响而产生,至今仍在活动。一般认为断裂带以东处于沉降中,许多湖群的形成与演变以及古遗址的埋藏与此相关。[2]但对沉降的中心位置似乎还有争议,对沉降速度的估算也不同。也有学者认为沉降作用不明显。[3]故本文的探讨暂不考虑构造运动造成的影响。

近2万年以来,本区地形地貌的塑造仍较为剧烈,深刻影响了古文化遗址的分布与景观。[4]有学者指出,长江下游的太湖平原是我国极不稳定的生态系统之一。反映在自然地貌上,本区的平原、湖荡等一直处在发育和变化之中。就长江三角洲平原而言,其发育过程只有数千年的历史。有学者指出2 000年来三角洲地区增加了7 500平方公里的陆地面积。[5]

古文化遗址的空间分布与海岸线变迁存在关联关系,贝壳沙堤(岗身)的形成对古文化有保护作用。[6]岗身以潮流沉积作用形成发育。有学者指出长江三角洲有9条贝壳沙堤,其形成年代早的距今7 000年,最晚的形成于14世纪。[7]同时,湖泊体系对古文化有阻隔和抑制作用,如太湖的形成与演变,湖泊水体的消亡与扩张等。全新世以来,太湖才呈现出了今日景观。[8]有考古学者认为太湖南北地理环境不尽相同,环境的差异导致太湖流域在文明化进程中出现了南北的差异。[9]马家浜文化时期部分区域在遗址分布上存在空白区,而在崧泽时期遗址群扩大,可能是与水域的进退有关。[10]有的学者认为,全新世以来早于马家浜时期的古遗址存在空白区的原因是有些可能被埋藏于地下。[11]然而,关于水体变迁的成因与机理,太湖的形成过程、形成阶段与最终形成时间等,目前还存在争议。[12]

三、人类活动对微地貌的改造

人类进行的大规模生活生产活动,包括发展农业、营建各种不同等级的聚落以及兴修水利工程

---

[1] 刘嘉麟、吕厚远等:《人类生存与环境演变》,《第四纪研究》1998年第1期。
[2] 景存义:《太湖地区全新世以来古地理环境的演变》,《地理科学》1985年第3期;潘凤英、石尚群等:《全新世以来苏南地区的古地理演变》,《地理研究》1984年第3期。
[3] 陈中原、洪雪晴等:《太湖地区环境考古》,《地理学报》1997年第2期。
[4] 陈中原、洪雪晴等:《太湖地区环境考古》,《地理学报》1997年第2期。
[5] 陈吉余、虞志英等:《长江三角洲的地貌发育》,《地理学报》1959年第3期。
[6] 于世勇、朱诚等:《太湖流域全新世气候海面短期振荡事件及其对新石器文化的影响》,《地理科学》2000年第4期。
[7] 朱诚、程鹏:《长江三角洲及苏北沿海地区7000年以来海岸线演变规律分析》,《地理科学》1996年第3期;陈中原、洪雪晴等:《太湖地区环境考古》,《地理学报》1997年第2期。
[8] 陈义华:《江苏太湖第四纪沉积环境》,《江苏地质》2000年第2期。
[9] 张敏:《俯瞰太湖:太湖北部文明化进程的宏观研究》,《东南文化》2023年第1期。
[10] 赵东升:《环太湖古文化演进与水域变迁关系初论》,《南方文物》2016年第3期。
[11] 刘宝山:《论马家浜文化之前太湖地区的地理埋藏环境》,《华夏考古》2008年第1期。
[12] 韩有松、孟广兰等:《太湖平原第四纪古地理环境演变若干问题的讨论》,《海洋地质与第四纪地质》1987年第1期。

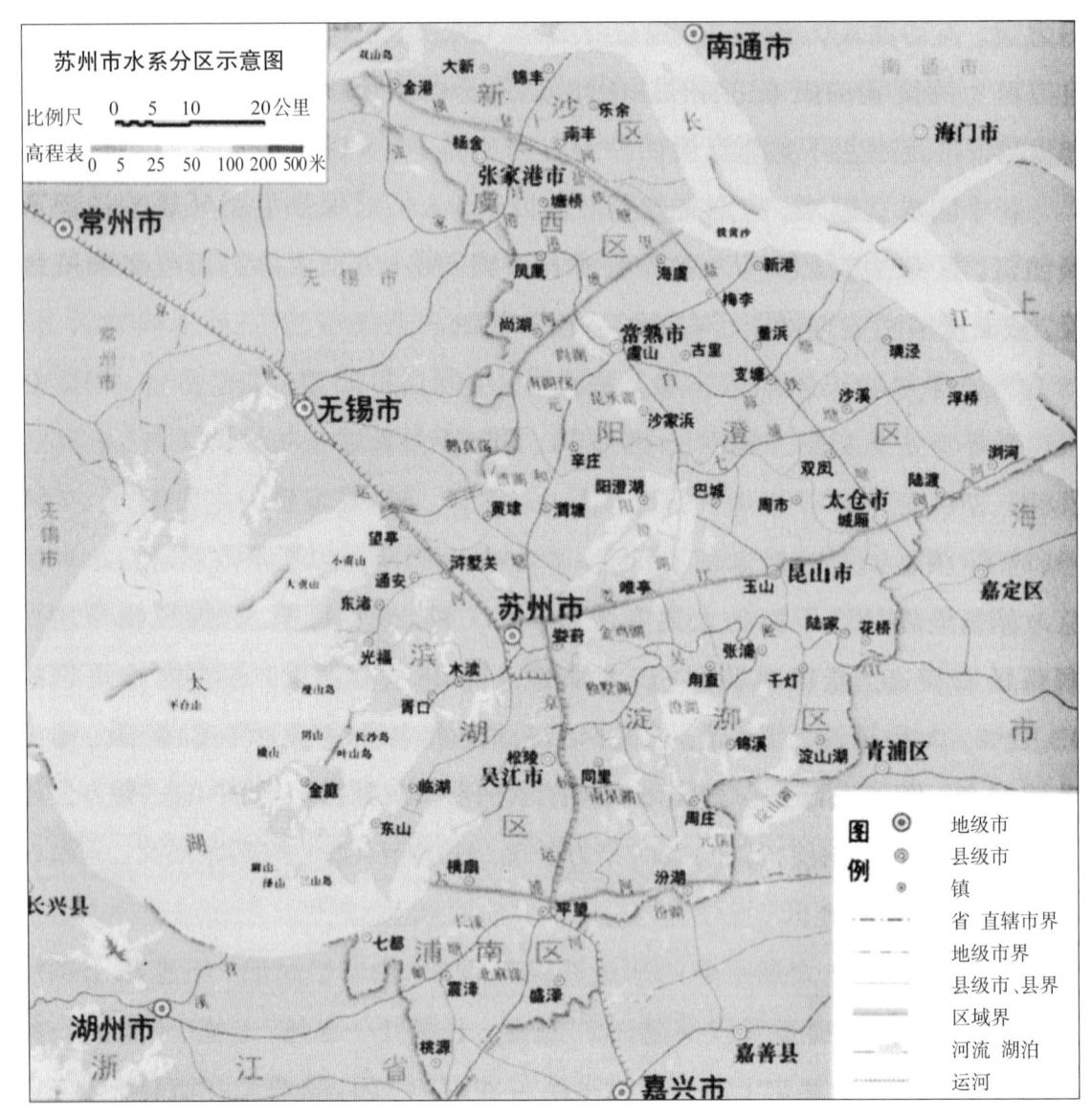

图六　苏州现今水系分区图

等,这些活动也伴随着自然对人类的反馈,甚至最终使地表地貌和文化景观发生了改变。

有学者指出,对长江三角洲平原微地貌有重要影响的是人类活动。人类对森林的破坏导致径流不断增强,从而加速了长江三角洲的发育。另外,生产活动改变了水系圩堤,海塘修筑影响到了江岸海岸地貌的发育和变迁。[1]

从考古的角度看,史前时代,人类的改造能力有限,以适应环境为主。古遗址(古人类定居点)的分布和面积总体来看比较有限。虽有远距离的交流网,但没有或较少能组织起大型大规模的水利或其他系统性的工程营建。

进入历史时期,春秋吴越楚先后控制本地。这时期的生产力有所提高,有不少农田水利的记载。

---

[1] 陈吉余、虞志英等:《长江三角洲的地貌发育》,《地理学报》1959年第3期。

如《越绝书》有关田猎之长洲苑、种稻之"摇王城"的记载。另外亭台馆榭、宫池苑囿也大量见诸史籍，位于山顶上的土墩墓与石室土墩墓不惜成本，工程量浩大。传说与文献中记载本区也出现了跨区域的运河，如经过无锡常州沟通长江的运河，以及胥江、一箭河等。

秦汉时期中原王朝的中央政府直接控制本地，先进的农业技术和管理经验交流更多，汉武帝采用民族融合政策大举迁关东移民至会稽等郡，使得人口增加，对于江南经济文化的开发起到了重要的作用。[1]

最新考古材料显示，秦代会稽郡当在现在苏州古城位置营建。平地构筑新城，新的政治中心成为聚落中心，如此宏大的工程体现了大一统王朝的决心与力量。此时对外交通更加便利，新修的诸多陵道与旧有的运河并行。

汉末孙坚父子建立东吴，大量人口南下；晋代永嘉之乱，人口南迁侨置州郡；唐代天宝年间又有安史之乱，"天下衣冠士庶，避地东吴"。至此南北方人口较为均衡。宋代的靖康之乱，使得南方人口超过北方，经济重心也转移至南方。[2]

本地区在此时浅碟形盆地的形态已经非常典型，元代的任仁发曾说："浙西之地，低于天下，而苏州又低于浙西。"三面受江海侵袭，区域地下水位高，集水量大，上承流域洪水过境，下受江海潮流倒灌。[3]

经过军屯与民屯的共同努力，本区发展出了纵横河网的塘浦圩田系统，是本区此时最具代表性的农田水利系统和文化景观。该系统在中唐已经成型，五代吴越较为成熟。[4]北宋郏亶的《水利书》中称旧时苏州境内有塘浦二百余条，五里为一纵浦，十里为一横浦。[5]

历史时期海平面仍有波动，海平面的波动导致潮涌，向内河回溯，影响了防洪防汛和农业生产，唐代开始三角洲上出现了局部的海塘。唐代还筑成了长达153公里的吴江塘路，进一步束窄太湖向东的排水通道。塘浦圩田在吴越国时达到成熟形态。[6]

唐宋大量兴修水利，吴淞江和娄江淤塞改道，湖东湖群形成，很多村庄淹没在水下。宋代湖群扩大的主要原因，谭其骧、陈吉余等认为是长江中下游的大规模开发，造成水土流失加剧、环境失衡的人为因素为主，[7]也有学者有不同的看法。[8]

五代以后塘浦体系崩溃，泾浜体系发展，大圩解体，变为小圩。在此基础上桑基鱼塘的农业生态开始发育，在明清时期成为成熟的生态系统和景观现象。[9]但此时围湖造田，竭尽地力，造成了人地矛盾的突出，资源与环境的承载力空前紧张。[10]有学者认为宋代本地的人际关系还较平衡，到明清时期就已经衰退了。[11]清代鱼鳞图册显示出了平原农田开发的状貌。

新中国成立后尤其是1958年以后经过大规模水利建设，新的河网化改变并重塑了旧有的水系，

---

[1] 跃进:《江南的开发及其文学的发轫》,《文学遗产》2007年第3期。
[2] 张冠梓:《试论古代人口南迁浪潮与中国文明的整合》,《内蒙古社会科学》1994年第4期。
[3] 汪家伦:《古代太湖地区的洪涝特征及治理方略的探讨》,《农业考古》1985年第1期。
[4] 缪启愉:《太湖地区塘浦圩田的形成和发展》,《中国农史》1982年第1期。
[5] 褚绍唐:《历史时期太湖流域主要水系的变迁》,《复旦学报(社会科学版)》1980年第1期。
[6] 黄锡之:《论太湖地区塘浦圩田的成因与变迁》,《铁道师院学报(自然科学版)》1995年第1期。
[7] 谭其骧:《上海市大陆部分的海陆变迁和开发过程》,《考古》1973年第1期。
[8] 陈健梅:《从环境史看历史时期太湖流域人地关系》,《历史地理(第三十一辑)》,上海人民出版社,2015年。
[9] 顾兴国、刘某承等:《太湖南岸桑基鱼塘的起源与演变》,《丝绸》2018年第7期。
[10] 孙竞昊、卢俊俊:《江南区域环境史研究的若干重要问题检讨和省思》,《重庆大学学报(社会科学版)》2021年第2期；谢湜:《11世纪太湖地区农田水利格局的形成》,《中山大学学报》2010年第5期。
[11] 王建革:《水文、稻作、景观与江南生态文明的历史经验》,《思想战线》2017年第1期。

图七　昆山周庄明代墓地（2017年发掘）

图八　常熟清代海塘遗存

是其又一次因人类生产遭到的彻底改变。[1]以池塘湖群水荡和低地平原为基本地貌，运河水渠堤坝为水利系统，稻作农田与桑基生态为农业景观，河流塘路桥梁关津等交通系统连接市镇。改革开放之前，这一基本形态改观不大，也是烟雨江南文化意象的代表景观。

---

[1] 陈吉余、虞志英等：《长江三角洲的地貌发育》，《地理学报》1959年第3期。

四、考古学文化景观复原所面临的问题

本地区的考古学文化景观展现出丰富的多样性,通过深入分析,可以看出环境变化对考古学文化产生了深远影响,包括气候变化、生态变迁等因素影响了文化的发展和演变。同时,人类活动对微地貌的改造,如农业开垦、居住建设、兴修水利等也在一定程度上改变了地表地貌和文化景观。近年来人口结构迅速变化,城市空间快速扩张,城市化建设和新农村建设使得本区城乡界限逐步消失,给传统地域景观带来了剧烈冲击。2013年全国城镇化工作会议提出,"让城市融入大自然,让居民望得见山,看得见水,记得住乡愁"就是国家层面试图从制度和文化上对这一剧变做出的呼应与补偿。在考古学文化景观复原中面临以下一些问题:

图九 昆山朱墓墩遗址及周边地貌卫星照片(2013年)

1. 景观复原的地貌信息不完整

改革开放以前,本地的农业生态景观为田种稻、地栽桑、山种茶、水荡养鱼虾,考古遗址就隐藏和分布在这些景观之中。但我们利用现在的地形图或者卫星图复原古遗址的空间研究,很多关键信息是不完整的。例如,遗址点发现的不充分、地形地貌复原的缺失,都影响着我们复原的遗址分布图的科学性。墩台型的遗址比较容易发现,而平地型的遗址并不容易发现,有的遗址还在现在地表以下的不同深度,有的甚至在河湖等水下。[1] 笔者曾发掘的昆山群星新石器时代遗址,是一处平地型遗址,遗址周边在发掘前为农田,在新中国成立后的历史文物普查中均未被发现,在配合地方建设的勘探工

---

[1] 谭其骧:《太湖以东及东太湖地区历史地理调查考察简报》,《长水集(下)》,人民出版社,1987年。

作中才得以发现。遗址核心区9 000平方米,复原遗址面积约5万平方米,是可以追溯到良渚早期的一处中型聚落,周边有草鞋山、黄泥山等遗址,属于湖东遗址群的一部分。照此复原周边遗址群的关系,存在明显的缺环与偏差。

2. 景观考古学科交叉不够深入

景观考古学是一门交叉学科,也是一门新兴学科,目前的研究缺乏成熟的理论,也缺乏系统的数据。究其原因是研究者学科背景和学术兴趣的差异,可能会对互相学科领域的关注不够深入。比如对地形地貌及环境变迁相关研究的进展关注不够。此外,学科自身特点导致关注重点有所差异,相关的研究成果与研究结论也并不统一,这些都影响了研究的深入。

以本区为例,除了认识地貌发育的复杂过程,以便把不同时期的考古学文化遗址纳入相应的时空框架中去,还要借助城市考古概念中关于景观复原的一套系统的理论方法,包括古籍、地方志等文字资料的收集,历史地图、历史影像所叠加的地理信息系统,同时对遗址点进行严格准确的地层发掘及测绘。

探讨不同时期地质地貌的初步形态和重要影响因素,借助景观学、地质学、地理学、生态学等相关学科,关注自然(地理圈、生物圈)与文化(人类活动)格局的形成和互动过程,进而加强对过去一定历史时期内区域性的地貌复原、地表植被重建、文化网络模拟,更全面客观地复原古遗址的分布状况,是进一步深入研究的基础,也是现在考古工作的薄弱点和难点。

3. 景观复原的研究方法不够全面

现代地域景观是自然地貌、水利系统、农业系统、聚落系统等方面叠加的产物。考古学文化景观需要通过考古发掘剥离呈现出来,对景观的复原在方法上可以采用"剥洋葱"式的回溯,对于附加在考古遗存之上的不同影响因素层层剥离。而传统研究方法缺乏对遗迹之间、聚落之间或遗址之间承载人类活动的复杂地表空间要素的充分关注。[1]

2万年以来,苏州部分地区的地形地貌还处在变化和发育之中,地貌的变迁对景观重塑仍意义重大。海侵海退和湖群扩张与收缩都会造成陆地与水体的变迁,同时也使有的地方在考古学意义上所谓的"生土"之下仍可能有文化层的出现。[2]如吴江梅堰袁家埭和团结村大三瑾等遗址都埋藏在泥炭层之下,指示着当时水体的扩张。还有现在的澄湖遗址经考古发掘,已经明确为一处崧泽时期延续到宋代的大型聚落。"阳澄湖,秦时乃阳城县也。"有地方志记载,明万历十七年、乾隆五十五年,阳澄湖大旱,可见石碑、棺木、马路等显露其中。[3]

五、结　语

总体来看,苏州地区的考古学文化景观展现出了多样性的特点,不同考古学文化在遗址分布、聚落中心和文化面貌上呈现出不同特征,经历自然与人为的演化,形成了现今的景观形态,在考古研究中存在景观复原的地貌信息不完整、景观考古学科交叉不够深入、景观复原的研究方法不够全面等问题。

通过其他学科的研究方法和视野,对考古学研究对象进行重新认识和解读,是多学科的魅力所在。比如,叠加地质学与地理学的视角来看,在人类文明的初始阶段,考古学文化的区域类型范围大

---

[1] 张海:《景观考古学——理论、方法与实践》,《南方文物》2010年第4期。
[2] 贺可洋、吕厚远等:《长江三角洲良渚文化衰亡的多指标环境证据》,《中国科学:地球科学》2021年第7期。
[3] 倪华、吉磊:《从古文化遗址看阳澄湖地区环境变迁与湖群形成》,《湖泊科学》1997年第1期。

概率取决于地表的区域单元,区域单元是由地质的长期历史演化形成的,区域边界往往是地质板块或微板块的界线,是地理环境的突变带或各种自然资源与物质能量的分界线,也是资源与灾害显著的位势梯度带。叠加地貌形态的研究,有助于理解考古学文化景观形态的基底,也有助于理解考古区系类型的边界范围。

考古学为人居环境学、生态学、环境史学等学科提供了基础材料。同时,考古学文化景观与地域景观、乡土景观、文化景观等概念相互关联,它们在概念范畴与内涵意义上存在着部分重叠。[1]从史前时期、历史时期到解放后,经历了大规模的水利建设;改革开放后,工业化与城市化进程以及新农村建设蓬勃开展,对景观的改造愈发猛烈。时至今日,很多古地名消隐,农业时期的遗存已经成为现代社会的点缀。从景观考古学视角出发,于景观复原时综合考量地貌改变与环境变迁,搭建古今的桥梁,让自然与文化脉络延续不断,使后人得以透过复原的景观,触摸到岁月的纹理,感知古人的智慧与情怀,进而让古老文明在现代语境中重绽光彩,为厚植文化自信写下生动注脚。

---

[1] 游晓蕾、郭巍:《场所与乡愁——风景园林视野中的乡土景观研究方法探析》,《城市发展研究》2015年第4期。

三

文物与文献研究

说阖闾城

◎ 程　义（苏州市考古研究所）

阖闾城在不同时期、不同场景中有着不同的意义，这本是研究古代史地的基本常识，但随着岁月的推移，加之地方学者的有意误导和曲解，再加上旅游从业者的演绎，本来指代很清晰的一个词，竟然出现了诸多解释。这些不同的解释对于专业研究者而言，本不值得一辩，但却给普通民众造成了很多困惑和不解。因草撰此文，将其中缘由给大家作一解释，并对一些难点问题做些探讨，以期稍解民众之惑。

一、吴都姑苏的兴废

阖闾是春秋晚期吴国的国王，因为重用伍子胥等人，取得了西伐强楚的胜利，并在伍子胥的建议下，营建了吴国新都姑苏城（在后期文献中也称"吴大城""阖闾城"），即所谓的"相土作城"，一时兴盛至极。但是随着吴越之战吴国的失利，越军竟然可以"焚其姑苏，徙其大舟"，最终越军围困吴都三年之后，夫差被俘自杀，越占据吴国旧都姑苏。勾践平吴之后，楚国势力随即进入长江下游，即"楚东侵，广地至泗上"。所以，越国并未在姑苏久留，而是北上争霸，并将都城迁往琅琊（今连云港临沂青岛一带）。吴国旧都姑苏远处长江之南，经过吴越大战的破坏，楚人未必会进行大规模营建和修复。等到越王翳再次将都城迁回姑苏后，此时越国内外交困，恐已无力大肆营建都城。楚威王时，楚大败越，杀越王无疆，越国灭亡，楚尽取吴越旧地至浙江。楚考烈王时，封令尹春申君黄歇于吴墟。吴墟，即吴国都城之废墟。最终楚为秦所灭，于吴越旧地置会稽郡，并设立吴县，从此，吴越旧地进入中央郡县制体系。

二、阖闾城形制的构建

经过秦汉大一统王朝的努力经营，吴越地区逐渐接受中原文化，成为帝国版图的一部分。东汉末年，北方人群大举进入江南，带动了江南地方文化水平的迅速提升。文化水平的提升使得地方意识开始觉醒，江南文人开始构建自己的地方史，这时吴越就成了主要的素材之一。因为阖闾和勾践是两位最著名的国王，所以《吴越春秋》《越绝书》《吴地记》之类的书籍即以他们为原型，进行了演绎和创作。正是在这样的背景下，会稽郡治所本是吴越旧事发生的主要场所，自然也就成了构拟的重点之一。在《左传》《国语》乃至《史记》这些早期文献中毫无踪迹的伍子胥"相土作城"之类事件,还有城市形状、城门数量等在《吴越春秋》《越绝书》等文献中却被描述得非常完备!

东汉《吴越春秋·阖闾内传》载:"子胥乃使相土尝水,象天法地,造筑大城。周回四十七里,陆门八,以象天八风,水门八,以法地八聪。筑小城,周十里,陆门三,不开东面者,欲以绝越明也。立阊门者,以象天门通阊阖风也。立蛇门者,以象地户也。阖闾欲西破楚,楚在西北,故立阊门以通天气,因复名之破楚门。欲东并大越,越在东南,故立蛇门以制敌国。吴在辰,其位龙也,故小城南门上反羽为两鲵鱙以象龙角。越在巳地,其位蛇也,故南大门上有木蛇,北向首内,示越属于吴也。"[1]

《越绝书·越绝外传记吴地传》载:"阖庐之时,大霸,筑吴越城。城中有小城二。……吴大城,周四十七里二百一十步二尺。陆门八,其二有楼。水门八。南面十里四十二步五尺,西面七里百一十二步三尺,北面八里二百二十六步三尺,东面十一里七十九步一尺。阖庐所造也。吴郭周六十八里六十步。吴小城,周十二里。其下广二丈七尺,高四丈七尺。门三,皆有楼,其二增水门二,其一有楼,一增柴路。……伍子胥城,周九里二百七十步。小城东西从武里,面从小城北。"[2]

唐末五代《吴地记》:"阖闾城,周敬王六年伍子胥筑,大城周回四十五(别本作四十二)里三十步。小城八里六百(别本作二百)六十步。陆门八,以象天之八风;水门八,以象地之八卦。"[3]

从目前残存的三部文献,以及唐人注释《史记》的取材来看,经过汉魏六朝江南文人的努力构建,淹没已久的吴国旧都形象已经非常完备:"阖闾时期修建""伍子胥设计""周回四十余里""大小城""八个城门"……此后的文献,尤其是地方志书可能均是在此基础上的再创作。

三、文献中两类阖闾城

经过文献检索,早期文献并无"阖闾城"一词,宋代《吴郡图经续记》《吴郡志》,以及《太平寰宇记》《元丰九域志》等地志均沿用《汉书·地理志》的记载,"吴县,吴王阖闾所都"或"阖闾城,今郡城也"。《太平寰宇记》还特别指出,"今按阖闾城,周回三十里,水陆十有二门"。[4]从周长和城门设置看,显然这个阖闾城就是平江图所绘之平江城,也就是现在的苏州古城。

宋以前文献对阖闾城的记载几乎一致,但在宋代及以后的地方志中出现了另一类阖闾城,即阖闾时期修筑的城堡,也被称为"阖闾城"。例如宋《太平寰宇记》卷一一三:"隋开皇元年,普不得到任,其五百户仍住仲谋故城。其年,使人韦焜以五百户取东界江州废永兴县,号阖闾城。"[5]

再如《至元嘉禾志》卷十四"阖闾城,《寰宇记》(实为御览)云袁崧(山松)城东三十里夹江又有二城相对,阖闾所筑备越处",这两个小城在北宋朱长文《吴郡图经续记》中也有记载,到元代始有"阖闾城"之名。

再如元末明初《无锡县志》卷三"阖闾城在州西富安乡相去四十五里,《越绝书》云伍员取利浦及黄渎土筑阖闾城,《吴地记》云阖闾城周敬王六年伍员伐楚还,运润州利湖土筑之,不足,又取吴地黄渎土为大小二城,当阖闾伐楚回,故因号之。若以越绝书利渎为证,恐非。吴之大城,自姑苏至润州

---

[1] (东汉)赵晔:《吴越春秋》,江苏古籍出版社,1999年,第31页。
[2] 李步嘉:《越绝书校释》,中华书局,2013年,第31—32页。
[3] (唐)陆广微:《吴地记》,江苏古籍出版社,1986年,第14—15页。
[4] (宋)乐史:《太平寰宇记》,中华书局,2007年,第1819页。
[5] (宋)乐史:《太平寰宇记》,中华书局,2007年,第2305页。

四百余里，其取土不应如是之远。今按阖闾大城在姑苏，即今之平江是也，小城在州制西北富安乡间埂，其地边湖，其城犹在"。

此外清初之《湖广通志》卷七，兴国州有"阖闾山州南九十里，《郡县志》世传伍子胥屯兵处有阖闾城"。

也就说阖闾城是北宋初年编撰地方志时才出现的词汇，并且特指阖闾之都城，元明时期地方志逐渐将阖闾时期所筑之城也称之为"阖闾城"。从前引文献我们可以发现，所谓阖闾城，实际有两类：阖闾时期的都城和阖闾时期修建之城。关于阖闾城的各种分歧即源于对这一现象的忽视或有意无视。

四、考古发现的两个"阖闾城"

文献中的两种阖闾城本来泾渭分明，并无异议，但最近在无锡和苏州各发现一处春秋时期古城，且相继获得年度"中国十大考古发现"，并均有学者认为是"吴都阖闾城"，使这一问题更加复杂化。先将相关发现和观点简单介绍如下：

1. 无锡阖闾城：阖闾城遗址是1956年公布的江苏省第一批文物保护单位，遗址位于无锡市和常州市交界处。遗址现存东城和西城两个小城，两城共一隔墙，两座小城的北墙已不存，南垣和隔墙皆保存较好。东西长约1 000米，南北最宽处约500米，原保护范围约0.5平方公里。2007—2008年，以第三次全国文物普查为契机，对阖闾城遗址进行了为期一年半的考古调查和勘探。调查范围包括东城、西城、阖闾大城、闾江水系、胥山和胥山湾。勘探发现并确认了春秋晚期的城墙、城内的高台建筑、陆门和水门；阖闾大城长2 100米，宽1 400米，面积2.94平方公里。发现了宽34米的春秋晚期墙基和水门遗迹。同时采用物探对考古勘探的结果进行叠加验证，对城壕、水门和城内水道情况进行了探测和推测。阖闾城遗址的大城、东城、西城和高台建筑的年代均为春秋晚期。阖闾大城的发现，完整地复原了文献中伍子胥造筑的阖闾城。根据阖闾城遗址的等级规模、年代布局和历史文献，发掘者初步推断阖闾城遗址为吴王阖闾的都城。[1]这一观点迅速被无锡方面大肆宣传，并写入相关标识。该遗址入选2008年度"十大考古发现"，并在2013年入选第七批全国重点文物保护单位。

2. 苏州木渎古城：2000年苏州博物馆考古部通过考古调查，在灵岩山侧发现了大量的长条形土墩和长方形土墩，总长绵延数千米，并初步判断其为一处古代大型遗址。2001年春，对3处长条形土墩进行了试掘解剖，根据土墩结构和出土印纹陶片的时代，初步推测其为春秋晚期城墙。以上这些成果为进一步探索吴都所在提供了重要线索。2009年秋至2010年秋，考古队在苏州西部山区进行了大规模的考古调查和发掘工作。考古调查和发掘表明，木渎古城址呈不规则状，城墙大致沿盆地边缘分布。其中，南北两道城墙之间相距约6 728米，城墙外侧均有护城河等水面遗存，古河道穿过城墙上的水门连通城内外。城内有小城1座，城内尚存的235处土墩包含有东周时期的大型建筑基址。结合城址周边分布的大量两周时期聚落、墓葬、严山玉器窖藏等遗存，可以初步认定木渎古城是一座春秋晚期具有都邑性质的城址，规模大，等级高。在十大考古评选中，专家认为木渎古城的发现解开了苏州一带东周时期大量不同等级墓葬、遗址和高等级玉器窖藏所构成的聚落群的核心遗址在哪里的谜题，为春秋时期吴国都城的探索提供了至关重要的考古学证据。[2]该遗址入选2010年"十大考古发现"。

---
[1] 张敏：《阖闾城遗址的考古调查及其保护设想》，《江汉考古》2008年第4期。
[2] 社会科学院考古研究所、苏州市考古研究所：《江苏苏州市木渎春秋城址》，《考古》2011年第7期。

关于木渎（灵岩）古城的性质，1989年钱公麟先生首次提出阖闾所建吴国国都吴大城不在今苏州市区，而是在西南郊木渎一带的山间盆地。[1]2006年陆雪梅等人再次强调，木渎古城是阖闾时期的吴国都城，现在的苏州古城形成于汉代。[2]张敏认为根据考古调查和发掘，木渎古城应该是文献里的姑苏城。姑苏城的年代最早为春秋晚期；现存的姑苏城应为楚威王灭越后的越国都城遗存。姑苏城的平面布局与《越绝书》《吴越春秋》记载的吴城、吴大城相去甚远，周边的历史地名也不相符，显然姑苏城与《越绝书》《吴越春秋》所云吴王阖闾的都城无关。姑苏城先后为吴王夫差和越王句践的都城，因近姑苏山、姑苏（胥）台而名姑苏，姑苏古音近同句吴。[3]

五、基本认识

1989—2008年，短短二十年时间，忽然冒出来苏州古城阖闾城、无锡阖闾城、木渎阖闾城三个"吴都阖闾城"。对此吴恩培先生称为"三都并峙"局面。[4]文献记载和常识告诉我们，吴国阖闾时期既没有、也不可能，更无必要同时建立三个"吴都"。那么这些所谓的"吴都阖闾城"哪一个才是真正的吴国都城呢？

首先看无锡阖闾城，在元末明初《无锡县志》中记载"吴地黄渎土为大小二城，当阖闾伐楚回，故因号之"，亦即阖闾时期所建之城，而特意指出"今按阖闾大城在姑苏，即今之平江是也"。张敏先生将其判定为"吴都阖闾城"，和先秦文献里的"吴墟"明显不合。经过春秋晚期吴越战争的破坏，再加之越北徙琅琊，吴都到战国晚期春申君治吴之时已是一片废墟，何得到宋元之际"其城犹在"？因此张敏先生所谓的无锡阖闾城"城址的地理位置、年代、规模和布局等，与历史文献相互印证"只是和《无锡县志》所谓"故因号之（阖闾城）"相符而已。如果无锡阖闾城就是吴都阖闾城，也就是春申君黄歇治吴时的采邑，那么为什么到了秦汉时期会稽郡城要迁到现在的苏州古城？所以无锡阖闾城无论是从地理位置、历史记载还是城市建设的逻辑来看都不可能是"吴都阖闾城"。

再看苏州古城，既有历史文献的支撑，也有大量相关的地名证据，似乎就是"吴都阖闾城"。但是，其和无锡阖闾城遇到同样的困难是如何解释"吴墟"的问题。这不得不使人怀疑《吴越春秋》所描述的"周回四十七（二）里"的古城是不是"吴都阖闾城"的外郭？姑苏城城墙的周长，数字上有从四十多里到三十多里的变化，这一方面是因为尺度实际长短的变化，另一方面城墙也存在着兴废盈缩的变化，平四路城墙上曾经发现过六朝和晚唐墓葬就是很好的证据。经过折算，文献中的古城周长和现在苏州城的周长比较接近，城门名称和位置也基本相同。也就是说春秋晚期吴国都城经过近千年的发展，几乎没有扩大和变化！这显然是不可能的！只有一种可能，《吴越春秋》所描述的就是当时作者所见的会稽郡城！因为《吴越春秋》《越绝书》根据《隋书·经籍志》评论"其属辞比事，皆不与《春秋》《史记》《汉书》相似，盖率尔而作，非史策之正也"。现代学者也认为这两部书为历史散文或小说家言。二书作者可能并未认真考证他当时所见的吴郡郡城是否真是吴国都城阖闾城的原貌。因此，我们认为吴郡郡城和吴都地点是重合的，只是面积大小不一样而已，到秦汉时期，吴都阖闾城遗址已经被后期城址所叠压。正是因为吴都阖闾城并没有后来的会稽郡城那么大，所以在历次调查

---

[1] 钱公麟：《春秋时代吴大城位置新考》，《东南文化》1989年第4、5期。
[2] 陆雪梅、钱公麟：《春秋时代吴大城位置再考——灵岩古城与苏州城》，《东南文化》2006年第5期。
[3] 张敏：《吴国都城初探》，《南方文物》2009年第2期。
[4] 吴恩培：《春秋"吴都"之争与苏州古城的历史地位》，《社会科学文摘》2016年第4期。

或发掘过的城墙基础中,发现的春秋战国遗存较少。但这仅仅只能说明现存城墙晚于春秋战国,甚至这一点推论都不可靠。因为吴都阖闾城是伍子胥相土作城,选新址而建,城墙基础里没有春秋晚期遗物也很正常。更何况,吴都阖闾城的面积和秦汉会稽郡城相比,应该非常小。假如阖闾城的城墙和会稽郡城的城墙不在一个位置上,以晚期城墙的包含物来看,自然不会得出早期城址的时代。苏州古城内有一些东周遗存,钱公麟、[1]唐锦琼[2]等人已经做过一些梳理,最近我们又在大公园北侧的金城新村做了小面积发掘。该地块春秋战国地层厚达三到四米,并且出土了原始青瓷、骨质剑珌。这显示出古城核心区域在春秋战国时期确实有人长期在此活动,且在地层中发现有非常明显的灰烬层,这也许就是"焚其姑苏"的遗迹。但要证实吴都姑苏所在地仍需要在古城范围内做大量的工作,文献指示阊门、春申君庙、古吴路等区域是需要重点关注的地方。

如果现在的苏州古城就是吴都阖闾城的所在地,那么木渎古城又作何解释?姑苏城就是吴国都城,根据对苏州博物馆余眛剑铭文"攻吴王姑雠余眛"中"姑雠"一词的考释,结合诸樊兵器铭文中所谓的"姑发"一词综合考虑,我们认为"姑雠=姑发=姑苏",亦即姑苏是吴国王室类似姓氏之类的专有名词,进而将吴国都城也称为"姑苏"。[3]阖闾城只是后人的对阖闾时期吴国都城的称呼,并不是当时的称呼。但是木渎古城确实也是一座"具有都邑性质的古城",它的性质,我们觉得极有可能是"寿梦卒,诸樊南徙吴"时的遗留。木渎古城不是张敏所谓的阖闾所都"姑苏城",而是诸樊所都"姑苏城"。[4]从诸樊到阖闾,共计四王四十一年,这一期是吴国频繁和楚国争夺淮河流域的时期,并无太多的精力营建都城,所以只能利用自然山脉,仅仅在山口处加筑城墙和城门。因为吴国地处江淮流域,政治制度明显落后于北方中原,仍然保留有浓厚的原始部落制度的残留,所以在木渎古城中保留有诸多小城,以容纳不同的人群。根据木渎古城的考古资料,它非常符合诸樊之后阖闾之前这一段吴国都城的性质。

因为木渎古城所在地虽然群山环抱,易守难攻,但对于一心想北上争霸的阖闾而言,就过于狭小了,且容易受到擅长水战的越军的进攻,所以在伍子胥的鼓动下,阖闾将都城迁出西部山区,而在东部平原新建都城,即后代所谓的阖闾城、吴大城。

简而言之,阖闾城是宋元时期对阖闾时期古城址的称呼,它有两种性质,"一种是阖闾所都之城,一种是阖闾所建之城"。无锡阖闾城即为阖闾所建之城,姑苏城即为阖闾所都之城。木渎古城极有可能是诸樊南徙吴之后到阖闾徙都之前吴国的都城姑苏城所在。

---

[1] 钱公麟:《春秋时代吴大城位置新考》,《东南文化》1989年4—5期合刊。
[2] 唐锦琼:《苏州城内东周遗存的时代》,《三代考古(四)》,科学出版社,2011年。
[3] 程义:《姑苏新考——以新出青铜剑铭文为中心》,载《兵与礼——苏州博物馆新入藏吴王余眛剑研讨会论文集》,文物出版社,2015年。
[4] 张维明:《吴王阖闾都城考——关于苏州木渎春秋古城遗址的讨论》,《苏州科技学院学报》2010年第5期。

安徽博物院藏铸客鼎腹部、足铭文"䓊"字小考

◎ 沈 浩（苏州市考古研究所）

安徽博物院藏铸客鼎除口沿的长铭外，还有另外两处铭刻，一般将铭文释为"安邦"，在其足漩涡纹饰的上部与鼎的腹部，其中足部的铭文公布较早，见于《铭文选》，后又有摹本公布，崔恒升曾摹录两处铭文，[1]不过摹本略有不确，二处铭文的照片、拓本、旧摹本如下：

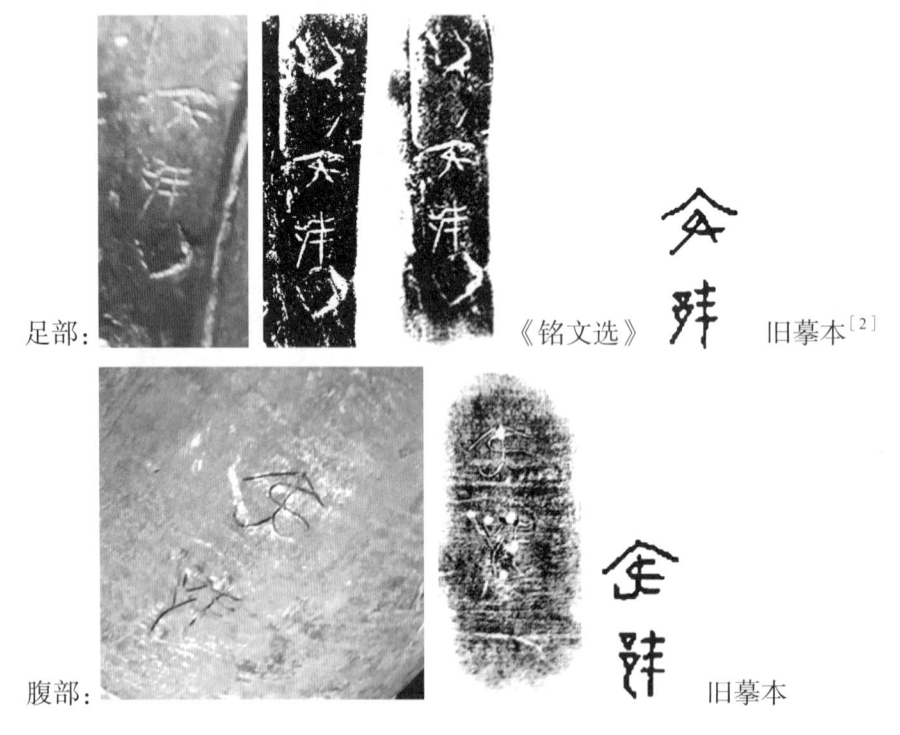

足部： 《铭文选》 旧摹本[2]

腹部： 旧摹本

下一字释为"邦"应该没有任何问题，过去因为《铭文选》拓本不甚清晰，李零曾怀疑为"隹"，现在看来还是应该释为"邦"字无疑。䓊李国梁、刘彬徽等将其释为"安"其实并不可信，楚文字的"安"字一般为：

郭店老子甲22号简 郭店老子甲25号简 郭店老子丙1号 郭店缁衣8号简 上博孔子诗论3号简 上博孔子诗论3号 上博缁衣21号简 上博性情论23号简 上博性情论38号

---
[1] 崔恒升：《安徽出土金文订补》，黄山书社，1998年，第10—11页。
[2] 按，《安徽出土金文订补》并未注明两处铭文的具体位置，《铭图》1981注明两处位置有误，今根据实物考察与《铭文选》改正。

简 [图]上博民之父母3号简 [图]上博民之父母4号简 [图]包山文书117号简 [图]包山文书180号简 [图]包山文书181号简

陈剑先生解释"安"字指出：

> 其所从的"女"像一个敛手跪坐之人的股、胫之间多加了一笔形。我认为，这一笔的意图是要表示跪坐时股、胫相接触，亦即将臀部放在脚后跟上。【编按：裘锡圭先生向我指出，此说似过于绝对。跪坐人形的股、胫之间加上的一笔，也未尝不可以理解为表示某种藉垫物。股胫间加藉垫物自可跪坐得更加"安稳"。】这种坐姿，古人称为"安坐"。"女"字字形表示的这个意义及其引申义，保存在了"安"字中。[1]

字形上[图]与其说是从女，不如认为是"大"形上缠绕了曲线，与其颇为相似的为"冞(夭)"或从"夭"之字：

[图]郭店唐虞之道11号简 [图]帛乙5.23 [图]帛乙6.5 [图]帛乙10.16
[图]上博子羔12号简 [图]上博容成氏16号简 [图]上博柬大王泊旱2号简 [图]包山文书173号简

但从字形上"冞(夭)"并不相同，"冞(夭)"末笔并不穿过右侧，笔者怀疑这个字，为"夷"字。

[图]17027 [图]新甲骨文编 [图]甲骨文字编
[图]、[图]《文物》2009.02何簋 [图]集成4179 小臣守簋 [图]集成4180小臣守簋(盖) [图]集成4181小臣守簋盖 [图]集成2805南宫柳鼎
[图]陕集成2285 [图]集成2498鄩子鼎 [图]集成4545鄩子簠 [图]集成2644 庶季之伯归鼎 [图]集成2645 庶季之伯归鼎 [图]彊集成10298 吴王光鉴 [图][2]集成10299 吴王光鉴
[图]包山文书28号简 [图]包山文书65号简 [图]九店56号墓43号简 [图]九店56号墓44号简 [图]包山文书58号简 [图]包山文书88号简 [图]包山文书85号简 [图]包山文书109号简 [图]包山文书109号简 [图]包山文书121号简 [图]包山文书118号简 [图]包山文书118号简

一般认为，"夷"为从矢从"𠃌"，𠃌像缴形，与其相似，从缴形的形体变化如"弔""弟"字，本身缴缠绕两圈，但后期写法往往省略为一圈：

弔：[图]集成2053弔鼎 [图]集成2822此鼎 [图]集成10133薛侯盘 [图]4596齐陈曼簠 [图]清华简耆夜2号简

---

[1] 陈剑：《说"安"字》，《甲骨金文考释论集》，线装书局，2007年，第117页。
[2] [图]字一般隶定为"彊"，我们认为左部"弓"形，准确并非单纯的"弓"形或者"尸"。虽然从辞例上用为"彝"，宽泛讲将其视为左右皆声也未尝不可。我们认为"弓"形或者"尸"实际是表示器物器壁的"皿"或者"鬲"的省体。类似如"羹"字：[图]清华赤鹄1、2号简。

弟：▢集成2553应公鼎 ▢郭店六德13号简 ▢郭店六德28号简 ▢郭店唐虞之道5号简 ▢郭店唐虞之道23号简 ▢郭店唐虞之道23号简

"夷邦"并非有特殊含义的语句，实际与鼎口沿的铭文性质一样，均属于"物勒工名"，参考战国器物铭文的一般性质，我们认为此处的"夷邦"当是此件器物的使用地或者存放地。我们猜测"夷邦"即楚国王室墓地所在"夷陵"，《史记·楚世家》："二十一年，秦将白起遂拔我郢，烧先王墓夷陵。楚襄王兵散，遂不复战，东北保于陈城。"《集解》引徐广曰："年表云拔郢，烧夷陵。"《索隐》："夷陵，陵名，后为县，属南郡。"《正义》引《括地志》云："峡州夷陵县是也。在荆州西。应劭云夷山在西北。"

而文献中又有"邦器"一称，《周礼·夏官·小子》："衅邦器，及军器。"郑注："邦器，谓礼乐之器及祭器之属。"众所周知，安徽博物院藏铸客鼎出于安徽寿春李三孤堆大墓，此墓中的出土器物早晚不一，内容十分复杂，挪用了大量的祭器与宫廷食器。而从其硕大的器形与重量而言，此件器物本身显然不是用于殉葬的冥器，口沿铭文为：

铸客为集▢、造▢、鸣腋▢为之。[1]

"集▢、造▢、鸣腋▢"，从包山简"集胆鸣腋"来看，"鸣腋"是负责膳食的机构应该并没有什么问题，认定此器为宗庙祭器是合适的。而此件器物可能为"夷"地宗庙所藏器物，被带至寿春而又被当成陪葬，埋于地下。

下面略谈一下口沿部分铭文的变化：

程鹏万先生已经指出"腋"字的变化，[2]并且复原了"腋"字，目前从照片上来看是可信的：

▢铭文选二674 ▢集成2480 ▢复原 ▢龙游余氏寒柯堂拓本[3]

修复的过程导致铭文"腋"字中间的一大块缺失，同时由于填补导致右侧的一笔几乎消失，可谓修补拙劣，不仅如此，铭文"集▢"两字之间有缺失，当为焊接所致：

▢铭文选 ▢集成2480 ▢龙游余氏寒柯堂拓本

---

[1] ▢字不识，有多种释法。这里不进行讨论。
[2] 程鹏万：《释朱家集铸客大鼎铭文中的"鸣腋"》，《江汉考古》2008年第1期。
[3] 程鹏万：《〈金石书画〉著录的龙游余氏寒柯堂藏朱家集青铜器铭文拓本》，《出土文献与物质文化：第五届出土文献青年学者论坛会议论文》，吉林长春，2016年，第148页。

筝或琴

——从出土实物谈先秦时期筝类乐器相关问题

◎ 高　超（苏州吴文化博物馆）

吴文化博物馆常设展"考古探吴中"厅展出有一张1991年出土于苏州吴县市长桥村国防园战国墓的先秦时期弹拨乐器，该乐器具有明确出土地点和断代依据，是我国目前发现的为数不多的先秦时期弹拨乐器实物，具有重要的研究价值（图一）。一直以来这件乐器都被称作"古琴"（下文为示区别，称"长桥琴"），但是其与考古发现的先秦时期琴类乐器形制并不相同，随着研究的不断深入，学界普遍认为其为乐器筝的早期形态。

图一　吴文化博物馆展出的"长桥琴"（作者自摄）

一、先秦时期同类乐器的发现

先秦时期发现与"长桥琴"形制相似的器物数量较少，其中仅江西贵溪崖墓群二、三号墓出土有两件（图二，1、2）；[1]江苏吴县（今苏州市吴中区）长桥镇长桥村战国墓（图二，3）[2]以及江西樟树国字山越国贵族墓（图二，4）[3]各出土一件。

上述四件乐器的外形基本相似，皆为窄长形，面板一端为弧形，弧度较小，中部挖出浅槽。长度虽然有所不同，但都为一米以上，其中出土于贵溪仙水岩二号墓的长为167.3厘米，宽为16.5—18.2厘米；三号墓的则长为174厘米，宽17.8—21厘米；"长桥琴"的长为135.4厘米，最宽处约为18厘米；国字山战国墓出土的木筝长度最长，达到了223.5厘米，宽为20—25.5厘米。上述乐器的弦孔有12孔和13孔两种，其中长桥村战国墓为12弦孔（图三，3），其余皆为13弦孔（图三，1、2、4），推测是因为乐器

---

[1]《中国音乐文物大系》总编辑部编：《中国音乐文物大系Ⅱ：江西卷·续河南卷》，大象出版社，2009年，第59—63页。
[2] 苏州博物馆：《苏州市长桥新塘战国墓地的发掘》，《考古》1994年第6期。
[3] 江西省文物考古研究院、中国社会科学院考古研究所、樟树市博物馆国字山考古队：《江西樟树市国字山战国墓》，《考古》2022年第7期。

图二　先秦时期出土的筝类乐器

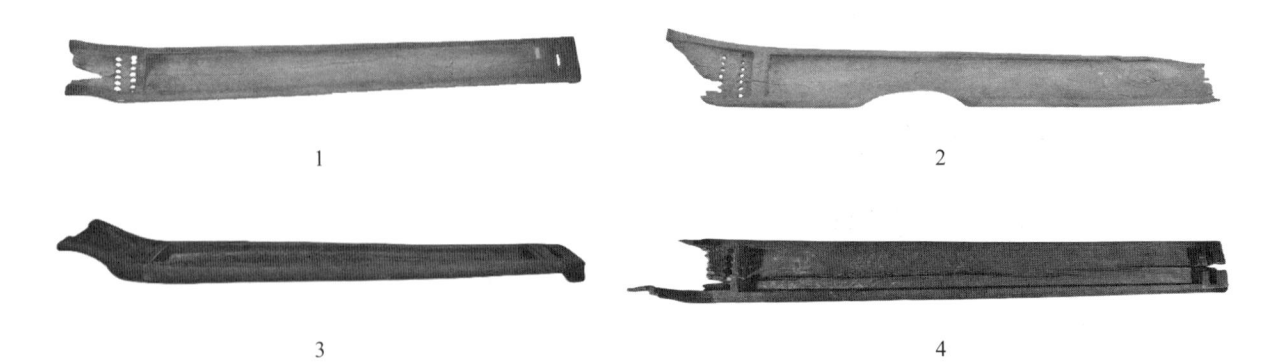

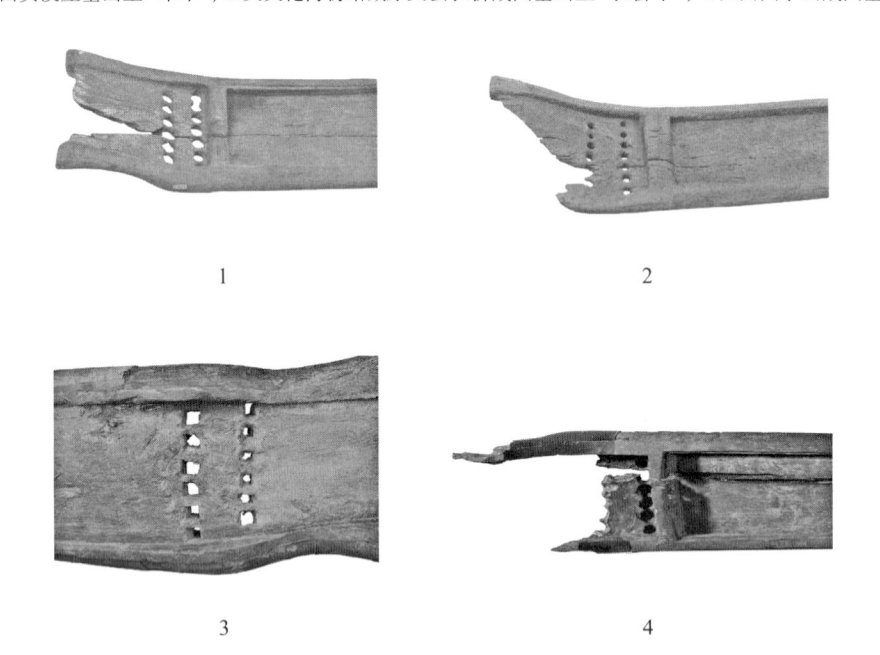

1、2.江西贵溪崖墓出土"木琴"；3.吴文化博物馆藏原吴县长桥战国墓出土"长桥琴"；4.江西国字山战国墓出土木筝

图三　先秦筝类乐器的弦孔排列

1、2.江西贵溪崖墓"木琴"弦孔分布；3.吴文化博物馆"长桥琴"弦孔分布；4.江西国字山木筝的弦孔分布

的宽度有限，故弦孔皆采用上下交错排列分布的形式（国字山墓的发掘报告中虽没有明确弦孔的排列情况，但从器物照片中可以清晰观察到弦孔上下两排交错排列的情况），由此可以推断上述器物应属同一类乐器。

除上述实物外，现收藏于浙江省博物馆，出土于浙江绍兴的M306战国墓中的伎乐铜屋也出现了疑似为此类乐器的形象（图四）。[1] 该铜屋表现的是一场生动的音乐场景，屋内两排跪坐着六位乐人，皆呈束发裸身状。其中二人双手相交于小腹，推测应该是两名歌伎；剩余四人都是作演奏乐器状。前排靠东一人面向西，面前放置有一面悬鼓，右手执槌作击鼓状；前排靠西两人面向南，双手皆放置于小腹前，推测应该是在进行演唱；后排靠东一人捧笙吹奏；中间一人面南而坐，膝上置一长条形乐器，右手执一小棍，正作击弦状；与其错落的靠西一人同样面南而坐，膝上同样放置着一长条形乐器，

---

[1] 浙江省文物管理委员会等：《绍兴306号战国墓发掘简报》，《文物》1984年第1期；王屹峰：《绍兴306号墓出土的伎乐铜屋再探》，《东方博物》2009年第3期。

图四　伎乐铜屋

乐器首部置于乐人的双腿上,尾部则放置于地面,弹奏之人右手弹弦,左手按弦,[1]通过对比发现这件长条形乐器在外形上与上述乐器颇为相似。

二、筝还是琴

贵溪2、3号墓的"木琴"和"长桥琴"出土时皆被称为"木琴",国字山墓葬的发掘简报中则将该类乐器称为木筝。[2]关于上述乐器究竟是筝还是琴,目前学界基本认为其为筝类乐器的早期形态。[3]笔者认同这一看法,认为这类乐器为筝而不是琴主要是基于以下三个原因:

第一,该类器物与已发现的先秦时期琴类乐器在外形上具有显著区别。已出土的先秦时期琴实物主要有郭家庙86号墓出土的一张七弦琴、[4]随县曾侯乙墓出土的十弦琴(图五,1)、[5]荆门郭店1号楚墓出土的七弦琴、[6]湖北枣阳九连墩1号墓出土的编号为M1:851(图五,2)和M1:852的两张十弦

---

[1] 金隐村:《伎乐铜屋音乐场景初探》,《首都博物馆论丛》2021年总第35期;周纪来:《中国筝形制通考》,上海音乐学院硕士学位论文,2005年。
[2] 考古出土先秦时期以"木筝"命名的乐器较少,除国字山战国筝外,还有湖北枝江县姚家港二号楚墓中出土的一件乐器,该器出土时由木架支撑,但器身残破,仅见残片,器身装饰从残迹上看极其讲究,表面局部有圆卷纹,每排5个共30个圆圈装饰。有配套使用的木架,但仅剩一个较完整,呈凸形,两端呈弯月形,中间呈凸字形,均插入弯形架内。如姚家港二号楚墓出土乐器可以确定为筝的话,是目前已经发现的先秦时期筝搭配筝架使用的唯一实例。但受资料所限,该器的形制、尺寸等信息并不清楚,故并不能辨别其属性,本文将不将其归于同类器物进行探讨,资料出自湖北省宜昌地区博物馆:《湖北枝江县姚家港楚墓发掘报告》,《考古》1988年第2期。
[3] 笔者搜集的资料中除一些早期发掘资料及个别博物馆所出图录外,大部分资料都将该类乐器归于筝进行研究和讨论。
[4] 湖北省博物馆:《华章重现——曾世家文物》,文物出版社,2021年,第235页。
[5] 随县擂鼓堆一号墓考古发掘队:《湖北随县曾侯乙墓发掘简报》,《文物》1979年第7期。
[6] 湖北省荆门市博物馆:《荆门郭店一号楚墓》,《文物》1997年第7期。

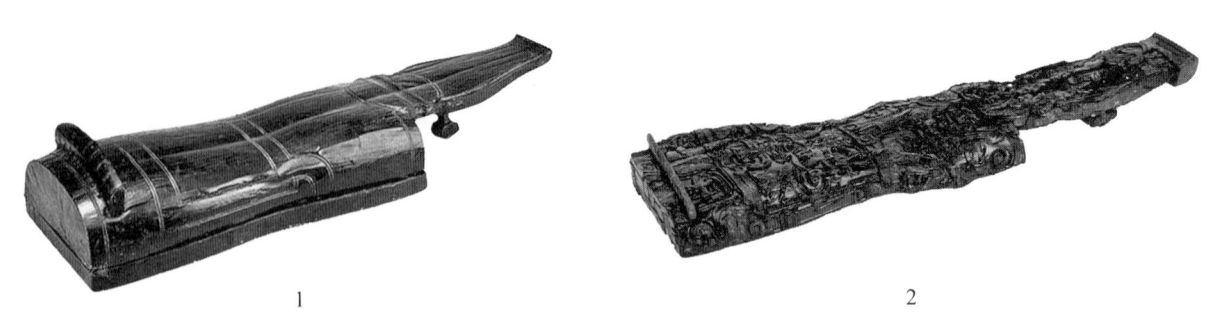

图五　先秦古琴
1. 曾侯乙墓出土十弦琴；2. 湖北枣阳九连墩1号墓出土十弦琴

琴以及一个疑似五弦琴的琴轸、[1]长沙市五里牌3号墓出土的十弦古琴[2]等，这些琴的形制基本相同，皆是一种带长尾的"半箱式"造型，长度也都较短，最长的为郭家庙86号墓琴，也仅为91厘米，这显然与以"长桥琴"为代表的乐器窄且长、一端为弧形的器身形制有着显著区别。

第二，琴和筝作为两种不同的弹拨乐器，区别不仅表现在外形、音色、弹奏方式上，最显著区别在于柱码的有无。筝张弦必用柱码，柱码的存在可以使得筝弦的振动传递到面板上，进而带动音箱腔内空气的共振，从而发出声音。而以"长桥琴"为代表的乐器器身两端未见有类似岳山（乐器部件名，琴额用以架弦的横木。参见《律吕正义后编·乐器考·琴》）的痕迹，若无柱码一类的物品将其弦支撑起来，根本无法产生共振传导发音，因此该类乐器应该存在柱码类物品，从而在弹奏时，可以让弦的振动通过柱码传递到面板上，经过音箱（即器身上的长方形槽形结构，加以覆盖面板，目的是使音箱内空气能够进行更好的共振）再将振动反射，进而发出洪亮且悦耳的声音。

李科友曾在《贵溪崖墓出土的古代乐器》一文中记载贵溪崖墓在发掘过程中曾出土过一件高3.3、长7.5、厚1.8厘米，有四个不规整的孔眼，疑似为筝码的木质"刀形柱"（图六）。[3]如果这一记载可靠，说明这类乐器的确存在柱码，只不过多数情况下因朽坏而没有被保存下来罢了。且伎乐铜屋中靠西侧的乐人在进行乐器演奏时采用的是左手按弦、右手拨弦方式进行演奏（图七），[4]说明该乐器也应该是存在柱码一类的物品，因为只有装置有类似柱码类物品的琴弦，为了弹奏更多的音色才需要使用左手按弦。

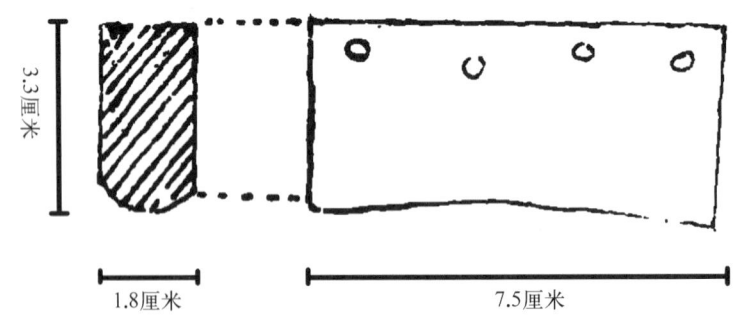

图六　贵溪崖墓出土疑似为筝柱物品

---

[1] 湖北省考古研究所、襄阳市考古研究所：《湖北枣阳九连墩M1乐器清理简报》，《中原文物》2019年第2期。
[2] 长沙市文物工作队：《长沙市五里牌战国木椁墓》，《湖南考古辑刊（第1辑）》，岳麓书社，1982年。
[3] 李科友：《贵溪崖墓出土的古代乐器》，《江西历史文物》1987年第1期。
[4] 王屹峰：《绍兴306号墓出土的伎乐铜屋再探》，《东方博物》2009年第32期；李纯一：《中国上古出土乐器综论》，文物出版社，1996年，第460页；周幼涛：《一件研究百越文化的重要实物——绍M306∶13铜屋模型考辨》，《文史知识》1993年第11期。

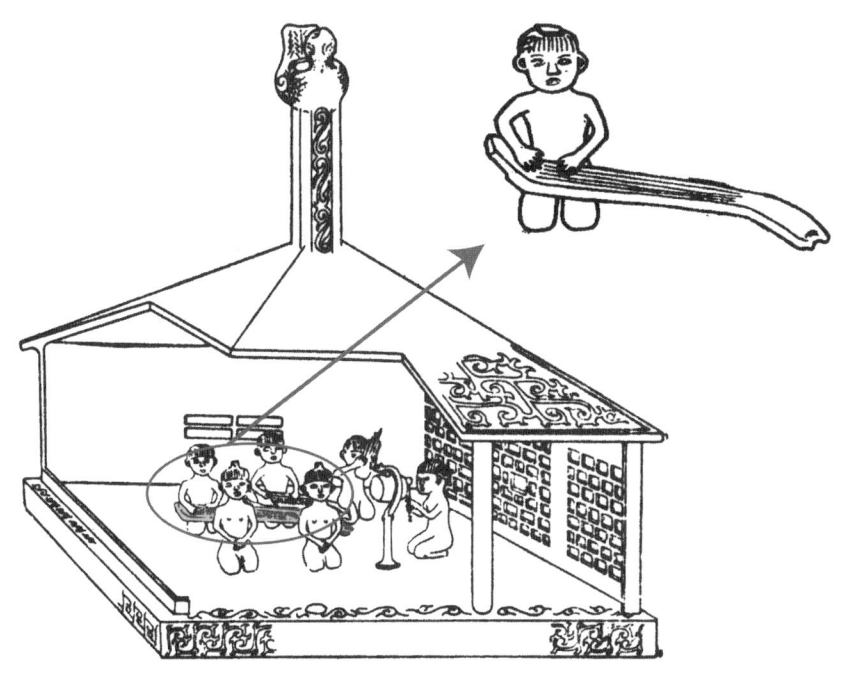

图七　伎乐铜屋中筝和乐人弹筝形象

第三，此类乐器也不可能是瑟类乐器。瑟作为一种弹奏板箱体弦鸣乐器，[1]是目前考古发现占比最多的弦乐器。从考古资料看，瑟在先秦时期的形制已经基本统一，不同地区出土的瑟差别并不大，皆为一种长方形箱体式乐器，区别主要体现在瑟的大小以及枘、弦的数量上。从实物来看，瑟与以"长桥琴"为代表的乐器形制存在着很大不同，故不能将之归于同一类乐器。不仅如此，江西樟树国字山越国贵族墓中同出一张长90.5、宽23、高5厘米的3枘23弦瑟（图八），器身通体髹黑漆，除面板中间和底面外，其余遍饰蟠螭纹、蟠虺纹、草叶纹等纹饰，[2]其与同墓出土的木筝形制明显不同，进一步证明了该种乐器并不是乐器瑟。

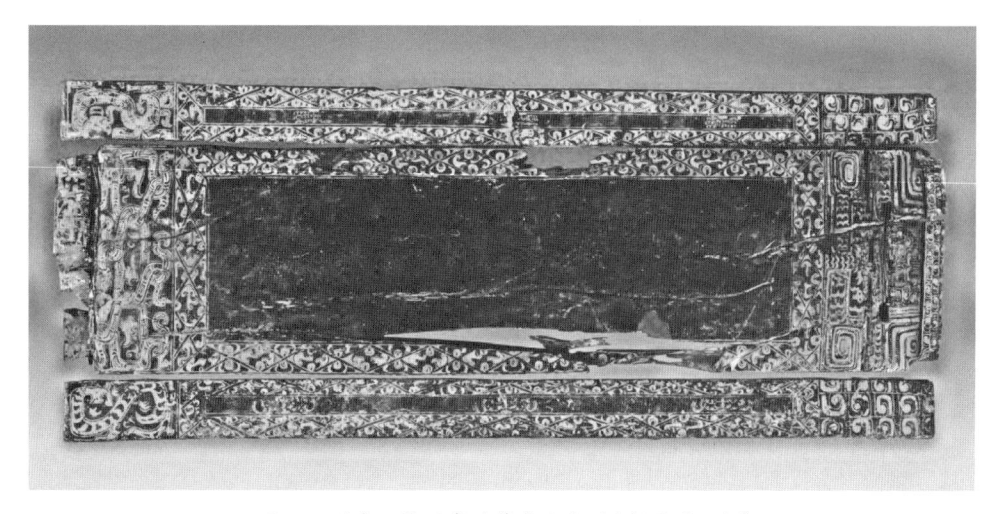

图八　国字山越国贵族墓出土漆瑟（彩图图版九）

---

[1] 李纯一：《中国上古出土乐器综论》，文物出版社，1996年，第425页。
[2] 江西省文物考古研究院、中国社会科学院考古研究所、樟树市博物馆国字山考古队：《江西樟树市国字山战国墓》，《考古》2022年第7期。

三、先秦时期筝的相关问题

（一）筝名由来

乐器的命名一般是依据形制材料、发声或者演奏手法等，作为我国传统民族乐器，筝的名称由来一直都众说纷纭，目前主要有以下两种看法。

1."以音命名"说

"以音命名"说最早见于许慎的《说文解字》："筝，鼓弦竹身乐也，从竹，争声。"[1]后刘熙在编纂的《释名》一书中也记载"筝，施弦高急，筝筝然也"。[2]《说文解字》被视为中国最早的系统分析汉字字形和考究字源的语文辞书，《释名》则是权威的训诂学著作，二者对筝名由来的解释都是因其发出铮铮的响声，故由此得名。

2."因争得名"说

因为"筝"字由"竹"和"争"两部分构成，也有人认为筝的名称是因争夺之意演化而来。加之"筝形如瑟"，[3]遂出现如"父子争瑟""兄弟争瑟""姐妹争瑟"等产生筝的传奇故事。如宋人丁度等在奉诏修订的《集韵》中记载："筝，《说文》鼓弦竹身乐也，一说秦人薄义，父子争瑟而分之，因以为名。"[4]南宋曾三异在其所撰笔记小说《同话录·古筝》中记载："筝，秦乐也，乃琴之流。古瑟五十弦，自黄帝令素女鼓瑟，帝悲不止，破之，自后瑟至二十五弦。秦人鼓瑟，兄弟争之，又破为二。筝之名自此始。"[5]以及日本17世纪的宫廷乐师冈昌名在其所著《乐道类集》中写道："秦女姊妹争瑟，引破终为两片……秦皇奇之，立号为筝。或云：秦有绋无义者，以一瑟传二女，二女争引破，终为二器，故号筝。"[6]上述文献都认为筝由分瑟而来，只不过故事的主角不同而已。

对比筝名由来的两种观点，因争夺而得筝名的说法可信度并不高，一件乐器是由无数个部件构成的复杂整体，各种部件缺一不可，简单使用外力将其一破为二，中部的音箱直接被破坏，其音律、音调都会遭到破坏，显然不可能成为一种新的乐器。故该观点更可能是后世因筝的形制及"筝"字中含"争"推测而来，在传播过程中为了让观点更具说服力，附加一些生动有趣的故事而已。而筝因弦紧音高，声音响亮且急促，类似铮铮响，加之弦乐器的鼻祖多被认为是挑竹皮丝为弦的竹制乐器，后在演化中才"易竹以木"，[7]因此"以音命名"说法既符合弦乐器多因音命名的现实情况，也完全符合筝作为清脆声音的象声词被用作乐器名的汉族人的语言习惯，因此这一说法更具可信性。

（二）筝的起源地问题

关于早期的筝起源问题，主要有秦地说和越地说两种。其中秦地一说多为从文献资料出发，该说最早出自《史记·李斯列传》中的《李斯谏逐客书》，李斯劝谏秦始皇收回驱逐客卿命令时曾说道：

---

[1]（汉）许慎：《说文解字》卷五，中华书局，2012年，第99页。
[2]（汉）刘熙著，任继昉、刘江涛译注：《释名》，中华书局，2021年，第481页。
[3]（汉）应劭撰，王利器注：《风俗通义校注》卷六，中华书局，1981年，第311页。
[4]（宋）丁度等编：《宋刻集韵》卷四，中华书局，1989年，第68页。
[5]（元）陶宗仪纂：《说郛》卷二十三《同话录》，宛委山堂藏版。很多学者在文章中引用该文献时往往误将这一文献记载成出自唐代赵磷所撰的《因话录》中，在此有必要进行说明。
[6] 杨隐：《中国音乐史》，学艺出版社，1980年，第65页。
[7][日]林谦三：《东亚乐器考》，上海书店出版社，2013年，第145页。

"夫击瓮叩缶，弹筝博髀，而歌呼呜呜快耳目者，真秦之声也；《郑》《卫》《桑间》《昭》《虞》《武》《象》者，异国之乐也。今弃击瓮叩缶而就《郑》《卫》，退弹筝而取《昭》《虞》，若是者何也？快意当前，适观而已矣。"[1]后世记载中认为"筝起源于秦"多依据此文献，故而筝也被称为"秦筝"。

但《史记》中记载的更多是筝在秦地的使用情况，并没有涉及筝产生的时间和地点等信息，因此并不能证明筝发源于秦地。且至少在春秋战国时期，筝已经在秦国以外的地域流行，如西汉刘向在其所编辑的《楚辞·九叹·愍命》篇中就有"破伯牙之号钟兮，挟人筝而弹纬"[2]之句，说明筝当时已经在楚地流行。但目前在秦地甚至长江以北都未曾有先秦时期筝的出土，筝起源于秦地的说法一直以来都只是见于文献中，相反在潮湿不便于有机质保存的南方却间有发现，不得不让我们反思筝源于秦地这一说法的正确性。

越地说则是基于考古材料出发。从已发现的先秦时期筝类乐器看，其出土数量较少，且都位于长江以南，范围多集中于今天的江苏、浙江和江西地区，即传统的吴越文化主要区域，这应该不是偶然，而且出土墓葬也显示出其与南方越人有着密切关系。如发现"木琴"的贵溪崖墓群2号墓中，四号棺的男性死者旁发现一束两头较齐整、长约5厘米的头发，推测可能为墓主生前剪断，死后放入棺内随葬，这样的葬俗反映的正是南方越人"断发文身"的风俗。[3]国字山战国墓内椁室周围包裹多层木皮的葬俗，以及出土的跽坐人形铜镦、原始瓷和几何硬纹陶、越式鼎、铜镇等都具有突出的越文化属性，同时出土的两件有铭铜戈（戟）表明器主为越王勾践的玄孙翳和他的一个儿子不（？）寿。[4]"长桥琴"的墓葬资料虽不详，但同时期、同区域的新塘战国墓地却具有浓厚的越文化因素，《苏州市长桥新塘战国墓地的发掘》简报中则认为这些墓葬皆是越国灭吴国后在越国统治时期的墓葬。[5]绍兴306号战国墓通过其所在地点及出土文物也被推断为战国初期的越国贵族墓。[6]由此可以看出，显著的越文化特征是已出土的先秦时期筝类乐器的共有特征。但是否可以就此将筝的起源地归于越地或认为是南方越族人创造了筝呢？很显然目前的资料不足以下这样的定论。笔者认为先秦时期筝的外形与后世古筝仍然有着很大的区别，但从出土资料看，这一时期筝的形制已经较统一，可以推断并非是筝的初创阶段。

上述两种关于筝的起源看法的证据都不够充分，并不能完全解决筝的起源地问题。筝作为一种复杂的弦乐器，不应该也不可能是一次成型，越来越多的学者认为筝应是在一种较为简单的乐器上逐渐演化而来的，秦地说和越地说可能是筝在演变过程中的两个流派，是"流"而非"源"。相信随着更多实物的出现，其起源和发展问题也会越来越清晰。

（三）先秦时期筝的音箱、首尾与摆放问题

对于先秦时期筝的音箱、首尾与摆放问题，学界多有讨论。程应林及李科友通过对贵溪崖墓出土筝的研究，认为平整面为筝的正面，凹面为筝的背面，凹面通过镶嵌共鸣板形成筝的音箱，鱼尾状处应为首部，凸起木块为尾部，演奏时将鱼尾处向下着地，筝体向上拱起，尾部凸起的木块朝上。[7]而黄成

---

[1]（汉）司马迁撰，韩兆琦评注：《史记》第2册《李斯列传》，岳麓书社，2019年，第1214页。
[2]（宋）洪兴祖补注：《楚辞补注》，中华书局，1983年，第251页。
[3] 徐智范：《从崖墓文物看越族文化》，《广西民族研究》1989年第2期。
[4] 江西省文物考古研究院、中国社会科学院考古研究所、樟树市博物馆国字山考古队：《江西樟树市国字山战国墓》，《考古》2022年第7期。
[5] 苏州博物馆：《苏州市长桥新塘战国墓地的发掘》，《考古》1994年第6期。
[6] 浙江省文物管理委员会等：《绍兴306号战国墓发掘简报》，《文物》1984年第1期。
[7] 程应林、刘诗中：《江西贵溪崖墓发掘简报》，《江西历史文物》1980年第4期；李科友：《贵溪崖墓出土的古代乐器》，《江西历史文物》1987年第1期。

元则认为鱼尾状向上翘起部分为筝首,凸起的弧形横梁部位为筝尾,采用的是凹面向上、凸起横梁着地的方式进行摆放演奏。[1]中国艺术研究院的王子初教授在《中国音乐考古学》一书中认为呈品字形凸起的部位则为筝首,似船尾状部分为筝尾,首尾间的凹槽为音箱,凹槽如船舱面为筝面,平如船底面则为筝背。[2]黄敬刚则在所著《中国先秦音乐文物考古与研究》一书中同样认为筝的凹槽部位为音箱,凹槽面为筝面,似船底的一面则为筝背,但认为呈品字形的部位是筝的首部,似船尾之状向上翘起部分为筝尾。[3]

对比前人关于先秦时期筝的研究发现,凹槽处为筝音箱的认识是共识。自古以来拨弦乐器所用的材质就有"面桐底梓"之说,拨弦乐器的底板是为了纳音振鸣,因此需选用坚实类木材,如"长桥琴"底板即为硬质楸枫类,贵溪崖墓则选用为梓木。面板则是为了让弦与音箱产生更好的共振(又被称为共鸣板),因此多使用材质较为疏松的桐木。为了产生不同的音效,故采用不同的材质。虽然在先秦时期筝的出土资料中保存下来的皆为筝的木底板,而未见共鸣板,但并非表明其不存在。以"长桥琴"为例,其中间腔体部分能明显看到可以放置一块木板的长方形浅槽,槽口内沿有子口,应该是用来镶嵌面板的地方,只不过由于使用的为疏松易朽坏的木材,其未被保存下来(图九)。材质的不同,是目前考古发现先秦时期筝皆为木底板,而未见音箱面板保存下来的重要原因。

考古出土的先秦筝除国字山木筝出土于椁室内,其余三件皆放置于棺盖上,但出土时放置的正反方向现无考古资料进行说明。假设采用的是凹面向下、平面向上进行摆放,则筝的音箱部分位于整个底板的下方,共鸣板不能通过柱码与弦接触,无疑会影响弦与共鸣板发生关联,进而影响筝的发声。因此,只可能采用凹面向上、平面向下进行放置演奏。

关于筝的首尾问题,则在伎乐铜屋中的乐人弹筝形象就有表现。与现代古筝演奏时搭配筝架使用的方式不同,伎乐铜屋中靠西的乐人在进行乐器演奏时采用的是类似跪坐的方式,直接将船尾状向

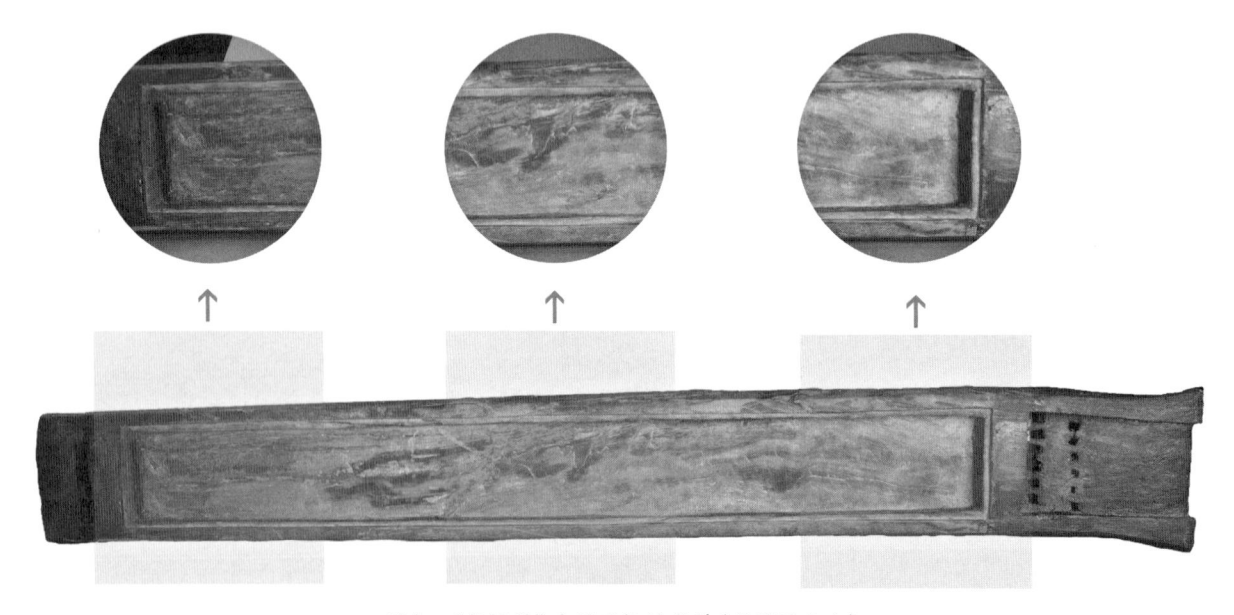

图九 "长桥琴"安置面板的浅槽(彩图图版十)

---

[1] 黄成元:《公元前500年的古筝——贵溪崖墓出土乐器考》,《中国音乐》1987年第3期;刘诗中、徐智范、程应林:《贵溪崖墓所反映的武夷山地区古越族的族俗及文化特征》,《文物》1980年第11期。
[2] 王子初:《中国音乐考古学》,福建教育出版社,2004年,第242—246页。
[3] 黄敬刚:《中国先秦音乐文物考古与研究》,人民出版社,2017年,第310页。

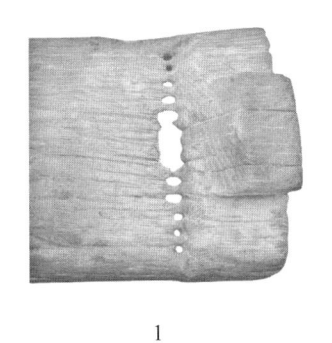

图一〇 "山"字形凸起木块
1. 贵溪2号崖墓"木琴"尾部凸起；2. 吴文化博物馆"长桥琴"尾部凸起

上翘起部分放置于双腿上，另一端则放置在地面上，然后左手按弦，右手拨弦进行演奏，由此可见船尾或鱼尾状部分其实为筝的首部，另一端则为筝尾，而在"长桥琴"和贵溪2号崖墓出土木筝的背面一端所发现的凸起木块（图一〇），推测应是演奏时将筝尾放置在地面，起到抬高筝尾的作用。

四、筝与俗乐的兴起

春秋战国之际，社会正处于大变革时期，旧的奴隶制正在逐渐解体，新的封建制度社会关系也在逐渐形成，这种社会现象表现在音乐上就是西周时期礼乐制度被破坏，以金石、钟鼓为代表的雅乐日渐没落，人们对来自民间的抒情俗乐产生了更多需求。相较于雅乐的正统性以及"教民平好恶而反人道之正"的教化人心作用，俗乐则完全以娱乐为目的，是为了满足人"口腹耳目之欲"的音乐。[1]俗乐因其新鲜活泼的特征，相较于已经僵化的传统雅乐具有更大的艺术感染力，更能满足人们日益增长的欲望需求，因此更具传播性，作为俗乐代表乐器的筝，正是在这一背景下产生并流行开来。

筝是代表下层社会的俗乐，体现的是民间风格，这一现象基本贯穿于筝的早期历史。因其轻松活泼的节奏，多在轻松愉快的宴飨娱乐场合出现。《史记》中记载李斯上书劝谏秦始皇收回驱逐客卿命令时说道"夫击瓮叩缶，弹筝搏髀，而歌呼呜呜快耳目者，真秦之声也"，说明在战国晚期，以筝为代表且充满平民气息的俗乐在秦国民间生活中的普遍。桓宽在《盐铁论》中提到"古者，土鼓块枹，击木拊石，以尽其欢。及其后，卿大夫有管磬，士有琴瑟。往者，民间酒会，各以党俗，弹筝鼓缶而已"。[2]则突出了筝与管磬、琴瑟使用的等级分别，认为筝和击缶为伍，是民间酒会所用的组合乐器。

在绍兴坡塘狮子山306号墓越国贵族墓葬中出土的伎乐铜屋同样表现的是一场宴饮演出的场景，当然能使用如此规模的乐队进行演奏，不可能是下层平民阶层，说明以筝为代表的俗乐已经不仅流行于下层社会中，而且逐渐影响到了上层社会。《孟子·梁惠王下》中梁惠王就承认："寡人非能好先王之乐也，直好世俗之乐耳。"[3]《礼记·乐记》中魏文侯则更加坦率地说："吾端冕而听古乐，则惟恐卧，听郑、卫之音，则不知倦。"[4]正是说明这一时期诸侯国的国君也多纵情声色，喜爱俗乐。

---

[1] 胡平生、张萌译注：《礼记》，中华书局，2022年，第717页。
[2] （汉）桓宽：《盐铁论》卷六，中华书局，1992年，第353页。
[3] 方勇译注：《孟子》，中华书局，2015年，第21页。
[4] 胡平生、张萌译注：《礼记》，中华书局，2022年，第742页。

这一时期,俗乐不仅在北方蓬勃发展,就连南方也呈现出俗乐兴盛的局面。《吕氏春秋·遇合》中记载:"客有以吹籁见越王者,羽、角、宫、徵、商不缪,越王不善;为野音,而反善之。"[1]这里的野音其实就是区别于"先王之乐""古乐"等雅乐的俗乐,说明当时的俗乐已经在南方的越国地区流行,就连越王勾践都十分擅长。俗乐影响越国上层社会的现象同样反映在筝的出土实物资料中,作为迄今江西地区考古发掘规模最大的东周墓葬,其墓主具有较高的身份地位,与越国王室密切相关的国字山战国墓的椁室内不仅出土有木筝,而且伴有一张精美的漆瑟出土,[2]这反映的正是越国上层社会对筝、瑟等俗乐的喜爱,他们将之作为珍贵的随葬品进行随葬,以便死后能够继续享用这些乐器所弹奏的美妙"俗声"。

虽然这一时期以筝为代表的俗乐被当时的上层社会所喜爱,但筝的社会功能其实并不突出,地位也不高,仅是作为组合乐器中的一种使用,多数情况下也只是作为当时的伎乐人持有的乐器。战国时期,高等级的越人墓葬多流行以原始瓷或硬陶仿制乐器进行随葬的传统。据统计,无锡鸿山越国贵族墓中出土的原始瓷、陶乐器就达400件左右,[3]这些原始瓷乐器是对当时青铜乐器的严格模仿,反映了战国时期越国贵族真实的用乐实践。但从目前的考古资料来看,这一地区的先秦时期墓葬中却未见模仿筝等弹拨乐器的原始瓷或硬陶类乐器,可旁证先秦时期筝等弹拨乐器的地位在这一地区其实并不高,或许仅是一种享乐的"工具"罢了。

结　　语

筝作为我国重要的弹拨乐器,在整个乐器发展史上占有重要地位。但目前学术界关于早期筝的研究资料较少,研究的重心多集中于历史文献的研究与解读,导致这一现状的原因一方面是早期筝的文献资料较模糊,但更多是因为筝实物资料的匮乏和缺失,对发掘出土的筝类乐器类型难以判断,从而导致对其产生的时间、地点等诸多问题并没有清晰完整的认识。春秋战国是中国古代音乐文化转型的重要时期,雅乐衰、俗乐兴是这一时期音乐文化的显著特点,筝作为当时俗乐的代表乐器,对于研究这一时期的音乐制度的改变具有重要意义。相信随着越来越多先秦时期筝类乐器的发现,以及对先秦时期筝类乐器研究的不断深入,关于筝的早期发展情况会越来越清晰。

---

[1] (汉)高诱注,(清)毕沅校,徐小蛮标点:《吕氏春秋》,上海古籍出版社,2014年,第299页。
[2] 江西省文物考古研究院、中国社会科学院考古研究所、樟树市博物馆国字山考古队:《江西樟树市国字山战国墓》,《考古》2022年第7期。
[3] 南京博物院、江苏省考古研究所、无锡市惠山区文物管理委员会编著:《鸿山越墓发掘报告》,文物出版社,2007年,第12—170页。

山西太原郭行墓壁画浅析

◎ 朱书玉（苏州市考古研究所）

郭行墓发掘简报[1]中介绍其墓墓室四壁和墓顶、棺床、甬道、壁龛、墓门都有壁画，这些壁画都是先涂抹白灰面，后在白灰面上直接作画，绘画时先用墨线起稿，绘出轮廓，然后进行填色。下面将该墓壁画分墓门、甬道、墓室、棺床四部分进行简单介绍：

1. 在墓门起券部位下部东西壁台壁外侧绘有云纹：上部绘有阁楼式建筑图案。

2. 甬道东、西两壁都绘有壁画，东壁壁画由南向北分别是鞍马图、彩绘门、男侍图；西壁壁画由南向北分别是牛车图、彩绘门、侍女图。

3. 墓室内四壁都绘有壁画，墓室南壁、东西两壁南半部分，用红色颜料绘出建筑图案，墓壁东南角、西南角各绘有一根角柱，柱头有一斗三升斗拱。北壁和东西两壁北半部分绘有屏风式壁画，共8扇，北壁4扇，东、西两壁各2扇。东、西两壁南半部分绘制演乐图，南壁在甬道门两侧绘侍卫图。

一、墓葬壁画宏观结构

从壁画绘制的位置和背景来看，可以分为两个大的层次。绘制在甬道的壁画没有代表室内建筑结构的梁枋，呈现的是室外的情景。而在墓室中从南壁起就有梁枋、人字拱等结构与北侧的屏风相接，表现的应该是室内场景。继续细分的话，室外场景可以根据图像的大小比例分为两个部分，即东西两壁南部的鞍马和牛车及中部的彩绘门是一组图像，侍者和侍女又是一组独立的图像，该墓凭借着甬道中间的壁龛绘制门，这两个彩绘门和墓门处绘制的门楼形状不同，在壁龛的两边绘制了两扇开启的高于壁龛的门，给人一种要从这里进入或者已经敞开门迎接的暗示，门南侧所绘制的牛车和马的高度正好能从门洞中进入，且所绘制的鞍马图和牛车图上所表现的马、牵马侍者、牛、赶牛车胡人、妇人都是呈现迈步向北部行走的状态。在甬道北侧站立的男女侍者身高已经超过门洞，显然和彩绘门并不是一体的，他们二位接近墓室门，从屈身站立的姿态来看，呈现的是在门口迎接的状态，看似不是一体的，但是又和前面的牛车、鞍马相连，两位侍者均是向南站立，也就是并不是面向甬道而是面向牛车、马，展现出了一个完整的动线，墓主夫妇的灵魂在车马的接引下通过门楼到达死后的居址，门前早已有人在指引迎接（图一）。

---

[1] 山西省考古研究院、太原市文物考古研究所：《山西太原唐代郭行墓发掘简报》，《考古与文物》2020年第5期。

西侧　　　　　　　　　　　　　　　东侧

图一　郭行墓甬道壁画示意图

进入室内（图二）之后，也可以分为两部分，墓室南半部分绘制有角柱、梁枋、人字栱结构，墓室北半部分没有这些结构，仅仅用红色线条将画面作以分割，这些处理似乎也是暗示这两部分的不同——南半部分绘制的是墓主夫妇死后服侍宴饮的侍者、侍女，而北半部分的画面仅仅是屏风。同样把墓室划分为两个功能区域，也就是宴乐和休息区域。同时，墓室东西两壁南端所绘制的侍女图八个人物中，有七个人物面向北侧棺床的位置，只有一个手持"T"形杖的侍女面向南，仿佛是在对后面的侍女说话。比较其他墓葬中的侍女图（图三），在1987年发掘的太原南郊唐代壁画墓[1]侍女图中，也有手持"T"形杖的侍女，该侍女后面并没有跟着其他侍女，但依然作回头状。并且在太原南郊金胜村第四号墓[2]中，同样绘有手持"T"形杖和手持拂尘的侍女，在该墓中手持"T"字形杖的侍女没有回头，而是手持拂尘的侍女回头，因此此处"回头"并不是一个定式范本。这些回头的侍女都有伸出食指和中指作剪刀状的手势，与郭行墓甬道侍者、侍女的手势相同，如果这些手势代表的是指引、迎接之意，我们可以想象，她所指引的就是刚刚进入墓室的墓主人的灵魂。

总的来说，郭行墓甬道和墓室壁画可以分为室外和室内两个空间，在这两个空间中又可以细分为四个主题的画面，也就是归来图、迎接图、宴乐图、屏风画。这些壁画从大小比例及内容上看，都有不搭的地方，但是却形成了一套完整的流程——可以想象，当墓主夫妇的灵魂乘牛车、骑马从生前的世

西壁　　　　　　　北壁　　　　　　　东壁　　　　　　　南壁

图二　郭行墓墓室壁画示意图

---

[1] 山西省考古研究所：《太原市南郊唐代壁画墓清理简报》，《文物》1988年第12期，第50—59页。
[2] 山西省文物管理委员会：《太原南郊金胜村唐墓》，《考古》1959年第9期，第473—476页。

东壁　　　　　　　　　　　　　　太原南郊唐代壁画墓侍女

西壁　　　　　　　　　　　　　　太原南郊金胜村第四号墓侍女

图三　郭行墓演乐图及手持"T"形杖侍女（彩图图版十二）

界向死后的世界进发的时候，一路上穿越几道门，到达最终的归宿，无论走到哪里，都有人迎接、回过头来指引，也不会觉得有什么可怕的了。

二、各主题画面元素含义

当我们细看每个主题下壁画的时候，在了解每幅壁画含义的基础上，又可以从中得出有关墓主、画工的信息以及其中包含的生死观。

（一）树下人物屏风

山西太原地区很多墓葬的屏风式壁画中都使用了树和人物的组合，这并非是郭行墓的独创，比如金胜村的几座唐墓、温神智墓等墓葬。通过比较这些画面可以看出郭行墓的树下人物屏风画和太原金胜村第四号墓[1]在内容和绘画手法上非常相似：

---

[1] 山西省文物管理委员会：《太原南郊金胜村唐墓》，《考古》1959年第9期，第473—476页。

1. 两墓西壁南扇所绘制的树下人物图都是右手拈花作嗅状,面对树向南(图四)。

图四　西壁南扇树下人物图
(其中左图为太原金胜村第四号墓,右图为郭行墓,下同)

2. 西壁北扇人物左臂屈于胸前,右臂上举,右手伸出食指和中指向上指(图五)。

图五　西壁北扇树下人物图

3. 北壁西扇都是绘松树,树下人物左手掩面,作哭泣状,面对树向东(图六)。
4. 北壁中部偏西树下人物右手持杯,左手上指,面对树向东,树间有彩云一朵,两幅壁画所绘的树间云气相同,都是团云,从手指处有丝状的云气和团云相接(图七)。

图六　北壁西扇树下人物图

图七　北壁中部偏西树下人物图

5. 北壁中部偏东都是绘负荆图。从人物脸型上看不太一样，太原金胜村第四号墓所绘的脸型较为圆润，郭行墓中所绘的脸型棱角分明。从动作上看，金胜村第四号墓中的人物左手藏于袖中，但是郭行墓中的人物左手仿佛在拉着衣领处或捆柴的绳子。不过从细节的处理上看，二者还是有很多相同之处，尤其是树的画法，树突和树冠的整体走势都大体一致（图八）。

6. 北壁东端人物右手掩面哭泣，在树下都绘有笋（图九）。

7. 东壁北扇树下人物图右手持物，左手伸出食指和中指两根手指，所持器物不太相同，郭行墓人物手持环首状物，金胜村第四号墓树下人物手持斧状物（图一〇）。

图八　北壁中部偏东树下人物图

图九　北壁东端树下人物图

8. 两墓东壁南扇的树下人物图动作不太一样,金胜村第四号墓中的人物是站在树下作思索状,郭行墓中的树下人物是面对碎瓦砾且右手伸出食指和中指。但是这两个树下人物形象也并不是没有出现过——太原南郊唐代壁画墓的东壁南侧屏风绘制的就是郭行墓中东壁南扇的树下人物形象,而西壁南扇的屏风人物和金胜村第四号墓相似,都是呈思索状(图一一)。

通过上面的对比可以发现郭行墓和金胜村第四号墓两墓中的树下人物图在整体构图上非常相似,都是人物在树下一侧,并不对树进行遮挡。从一些细节处理上看,两墓中的人物整体体态都较丰腴,所戴的冠饰都是梁冠和莲花冠交替,衣纹的处理和上色也近乎一样。从树木上看,树干都是呈弯

图一〇 东壁北扇树下人物图

金胜村第四号墓　　　太原南郊壁画墓　　　郭行墓　　　太原南郊壁画墓

图一一 东壁南扇树下人物图及其相似图像

曲状，喜欢绘制树洞、树瘤等。可见两墓应该是使用同一底本绘制的。太原地区的唐墓中壁画树下人物屏风非常流行，且这些树下人物屏风图明显有不止一个底本，比如温神智墓[1]和金胜村第六号唐代壁画墓[2]树下人物图的构图都是在两边绘制土丘，人物绘制在画面中间。比较温神智墓和金胜村第六号唐代壁画墓内容相似的画面，可以看到在负荆图中，两墓中所绘的人物都是将斧背在肩上、挑着柴，和郭行墓中的人物动作明显不同；另外在有可能表示墓葬的小土丘图中，两墓所绘制的人物都是双手捧物，朝向土丘行走，和太原南郊唐代壁画墓所绘制的人物在墓前掩面哭泣的形象又有不同（图一二）。比较来看，温神智墓和金胜村第六号唐代壁画墓两墓的一些画面内容不同，但在构图和人物动作上极为相似且与其他墓葬有着明显不同，这两个墓的树下人物图可能也来自同一个底本。虽然

---

[1] 太原市文物考古研究所：《山西太原晋源镇三座唐壁画墓》，《文物》2010年第7期，第33—45页。
[2] 山西省文物管理委员会：《太原市金胜村第六号唐代壁画墓》，《文物》1959年第8期，第19—22+2页。

| 金胜村第六号墓 | 金胜村第六号墓 | 金胜村第六号墓 |

| 温神智墓 | 温神智墓 | 温神智墓 |

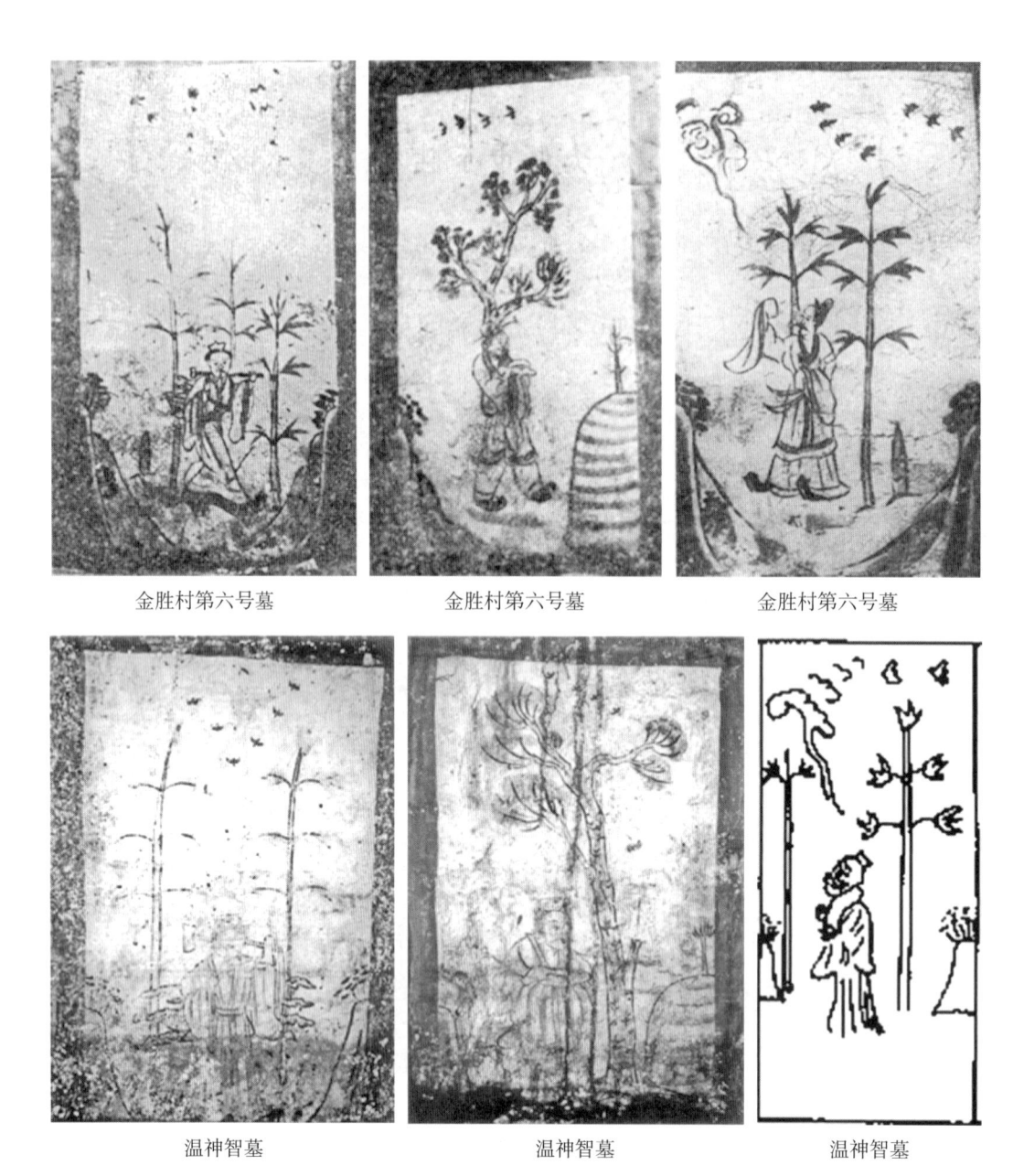

图一二　太原市金胜村第六号唐代壁画墓和温神智墓相同内容的树下人物图像

郭行墓的人物屏风画的绘制可能存在底本，但是可以看出郭行墓中的树下人物图有自己的特色，很多都绘制了燕子，这些燕子有的在屏风上端的天空中飞，有的在半空中向上飞，有的停留在树枝上。这些燕子使画面更加层次分明，也更加灵动，好像画工在模板之外要进行炫技一样。

学界已经对树下人物图的含义进行过很多考释，出现了孝子、高士、道教人物等多种说法。最新的研究是赵伟教授释读赫连山墓的"树下老人"图像，认为其所描绘的是逝者死后魂魄即将分离，然后通过向道教法师学习，得到拘魂制魄的法术，结珠固灌灵根，最终证得仙桃飞升的故事。[1] 赫连山墓每幅"树下老人"图都包含有两人，且两人之间存在互动和联系，因此在释读时非常有故事性和连

---

[1] 赵伟：《山西太原赫连山墓"树下老人"图试读》，收入贺西林：《汉唐陵墓视觉文化研究》，高等教育出版社，2021年，第243—258页。

续性，但是郭行墓包括太原很多墓葬的树下人物图都只含有一个人物，故事性和连续性较差。尽管如此，依然可以看出其中包含较多的道教元素，最直观的就是人物头戴莲花冠冠饰。画面元素的单调，增加了解释的难度，我们可以先从简单鲜明的画面要素入手。在郭行墓树下人物图中，很多人物都有伸出左手或右手食指和中指的动作，经过赵伟教授的研究，这一动作应该是道教中的手诀，而左手伸出两根手指呈剪刀状应该是金刀诀，宋代道经《上清天心正法》中有详细描述："左大指箔四指根，直二三指。"[1]右手伸出两根手指呈剪刀状应该是剑诀，同样在《上清天心正法》中描述其样式为："右手大指掐四指根，直二三指。"[2]和郭行墓中图像上所看到的手势相同。

另外在树下人物图中经常出现负荆人物形象，通常将其释读为曾子孝义的故事，但是在道教中也有很多砍柴得道的故事，比如《太平广记》卷四二[3]中引唐代卢肇《逸史》的故事：

> 黄尊师居茅山，道术精妙。有贩薪者，于岩洞间得古书十数纸，自谓仙书，因诣黄君，恳请师事。黄君纳其书，不语，日遣斫柴五十束，稍迟并数不足，呵骂及篓击之，亦无怨色。一日，见两道士于山石上棋，看之不觉日暮，遂空返。黄君大怒骂叱，杖二十，问其故。乃具言之。曰："深山无人，何处得有棋道士？果是谩语。"遂叩头曰："实，明日便捉来。"及去，又见棋次，乃佯前看，因而擒捉。二道士并局腾于空中上高树。唯得棋子数枚。道士笑谓曰："传语仙师，从与受却法箓。"因以棋子归，悉言其事。黄公大笑，乃遣沐浴，尽传法箓。受讫辞去，不知其终。

可见在道教故事中，砍柴与磨炼心性、修仙得道有密切的联系。

当然我们也并不能否认砍柴人物可能为孝子曾子，因为与其同样在北壁的一幅屏风图中所绘制的是面对竹笋哭泣的人物形象，竹笋这一意象较为鲜明地指向了孟宗哭竹的故事。《古孝子传》记载，孟宗的继母喜欢吃笋，让孟宗在冬天寻找竹笋，孟宗在竹林中痛哭，竹笋就在冬天长出来了。既然在砍柴人物旁边绘制的是孝子，那么砍柴人物可能也是孝子形象。作为中国本土产生的宗教，道教在产生之初就充分吸收了墨家、阴阳家、儒家的思想，也把神仙思想和神仙方术与忠孝思想相结合。《太上大道玉清经》就这样说教："第一戒者，不得违戾父母师长，反逆不孝。"并且严厉地说"不孝父母师长者，死入地狱，万劫不出。纵生人中，……受人凌刺，常居卑贱"。[4]可见道教将孝道思想与修仙相结合，认为恪守孝道、敬师孝亲是飞升成仙的必要条件。因此在这里绘制孝子故事并不和树下人物图整体的道教氛围相悖，反而是度脱飞升的重要条件。

郭行墓中的树下人物图和很多太原其他墓葬中的树下人物图相同，画面元素都较为单一，只有人物和树，不具备赫连山墓中两个人物的互动，因此在释读时难免会有不同的联想和想象。但是从整体氛围、冠饰和占比非常大的人物手势来看，其与唐朝盛行的道教文化脱不开干系。这些画面所反映的核心可能和赫连山墓相同，都是对磨炼心性、修炼法术、得道升仙的过程的描述，对升仙后永享快乐的向往。

（二）宴乐图

在郭行墓东、西两壁南半部分分别绘制了四名侍女（图一三、图一四）。东壁侍女北侧第一位面

---

[1] （宋）邓有功：《上清天心正法》，收入《正统道藏》第318—319册，洞玄部方法类，卷六，上海涵芬楼影印，1924年。
[2] 同上。
[3] （宋）李昉等编：《太平广记》卷四十二，明隆庆版。
[4] 李远国：《道教的孝道思想》，《文史杂志》2002年第5期，第85—86页。《太上大道玉清经》卷一《本起品》，收入《正统道藏》第1022—1025册，正一部，上海涵芬楼影印，1924年。

图一三　东壁南端宴乐图　　　　　　　　　图一四　西壁南端宴乐图

朝南，上身穿淡红色敞口窄袖襦裙，围有红色帔子，下身穿黄黑色间色裙，足穿高头履，可以看见右手持有"T"形杖。跟在她身后的第二位，面朝北，上身外罩白色高领敞口长袍，内穿红色条纹衫，系黑色腰带，下身穿红色条纹小口袴，足穿小头鞋，左手横抱曲项四弦琵琶，右手拿拨子。其身后第三位，面朝北，身穿黄色圆领窄袖长袍，系黑色腰带，下身穿小口袴，脚上穿小头鞋，双手持竖笛。第四位，面向北，身体微屈，身穿白色圆领窄袖长袍，下身穿黄色小口袴，脚穿小头鞋，双手捧黑色托盘，托盘上是圈足杯。西壁和东壁人物的穿着和发式基本一致，只是人物均面朝北，第一位侍女右手持拂尘。从两壁中手持乐器和酒杯的侍女来看，这两幅表现的是墓主人宴乐享乐的场景，那么手持"T"形杖和手持拂尘的侍女应该也和宴会的主题相关。

手持"T"形杖人物在山西太原地区不是孤例，在太原市金胜村第六号唐代壁画墓、[1]太原市金胜村第四号唐代壁画墓、[2]太原市金胜村337号唐代壁画墓[3]以及太原市南郊唐代壁画墓[4]中都有这样的侍女形象。这些墓中持"T"形杖的侍女或单个出现，或者后面跟着端杯盘的侍女。仅从这些孤立零星的侍女图也无法解释这些侍女的工作，但是在新城公主墓（图一五）[5]和长乐公主墓（图一六）[6]这些绘制较多侍女持物形象的大墓中也都有持"T"形杖的侍女形象存在。

据学者的考释，[7]唐代皇室非常注重书画技能和书画鉴赏，太宗贞观年间和武则天年间对宫廷书画进行了两次装裱，为宫廷贵族鉴赏书画奠定了坚实的物质基础。并且从文献和诗来看，唐代已经出现了挂轴。"隋唐之际，受非衣或幡旗形制的影响，将屏风框架里的画拆下装裱就产生了挂轴，这是不成问题的。"[8]在新城公主墓壁画中也出现了手持或手捧卷轴的侍女、侍者。欣赏这些卷轴的方式在文献中也有记载，在《松窗杂录》中记载"因命内巨轴悬于东庑下"，[9]以及《论鉴识收藏购求阅玩》中记载"大卷轴宜造一架，观则悬之"，[10]也就是在观画时根据画幅大小既可以让人用"T"形杖悬挑

---

[1] 山西省文物管理委员会：《太原市金胜村第六号唐代壁画墓》，《文物》1959年第8期，第19—22+2页。
[2] 山西省文物管理委员会：《太原南郊金胜村唐墓》，《考古》1959年第9期，第473—476页。
[3] 山西省考古研究所、太原市文物管理委员会：《太原金胜村337号唐代壁画墓》，《文物》1990年第12期，第11—15页。
[4] 山西省考古研究所：《太原市南郊唐代壁画墓清理简报》，《文物》1988年第12期，第50—59页。
[5] 陕西省考古研究所、陕西历史博物馆：《唐昭陵新城长公主墓发掘简报》，《考古与文物》1997年第3期，第3—29页。
[6] 昭陵博物馆：《唐昭陵长乐公主墓》，《文博》1988年第3期，第10—30页。
[7] 张维慎：《论唐墓壁画中侍女所持"丁"字形杖的用途》，《文博》2017年第2期，第49—58页。
[8] 张维慎：《论唐墓壁画中侍女所持"丁"字形杖的用途》，《文博》2017年第2期，第49—58页。
[9] （唐）李濬撰：《松窗杂录》，中华书局，2019年。
[10] （唐）张彦远撰：《历代名画记》卷二，浙江人民美术出版社，2011年。

图一五　新城长公主墓持"T"形杖侍女　　　　图一六　长乐公主墓持"T"形杖侍女

立轴直接展示在大家面前，也可以用"T"形杖悬挑立轴书画挂在架子上来展示，当然也可以让侍女用"T"形杖把立轴书画悬挑起来挂在庑殿横梁上来展示。也就是说欣赏这些立轴的时候要配合"T"形杖的使用。在宴会上观画的雅事和"T"形杖作为观画的象征性物件在文章和诗词中也有体现。王定保在《唐摭言》中描述曲江盛会的情景时有"人置被袋，例以图障、酒器、钱绢实其中，逢花即饮"。[1]这些图障应该就是卷轴一类。李商隐在《病中闻河东公营置酒口占寄上》诗中写道："锁门金了鸟，屏障玉鸦叉。舞妙从兼楚，歌能莫杂巴。"这里的玉鸦叉所指的应该就是"T"形杖，"鸦"与"丫"同音，诗人使用了乌鸦的鸦。可见观画和与观画相关的"T"形杖经常出现在宴会场景中。

手持拂尘的侍女形象也并不鲜见，在上面所提及的墓葬中除太原金胜村第六号唐墓壁画中没有出现外，其余的墓中均有这样的形象，且与持"T"形杖的侍女东西对称。在李寿墓石椁内部的线刻侍女图中也有手持拂尘的侍女，孙机先生考证认为这一侍女的形象可能也和乐舞有关，在《乐府杂录》中记载舞狮子的狮子郎"执红拂子"，《东京梦华录》中也有"参军色执竹竿、拂子，念致语口号，诸杂剧色打和"。当然这已经是对北宋的记载，能否反映唐代也是用拂子对乐舞进行指挥并不清楚。[2]

"T"形杖和拂尘究竟是不是宴会上的用品，它们要怎样用于宴会？在太原地区发现的壁画中还无法看出，因为这些墓葬里两者都是单独出现的，没有捧画轴的人，也没有舞伎，如果这两位侍女真的是起到上面所说的作用，那么说明这两种形象可能已经成为唐代宴会的代表，太原的低等级官吏墓葬自然无法和长安皇亲国戚、高级官吏相比，无法绘制大型的乐舞图和众多捧物的侍女，只能选择其中最有代表意义的形象进行绘制，"T"形杖和拂尘就成了代表，甚至在有些墓中独立出现，代表宴会的进行。

（三）四神图和星象图

在前面的介绍中并没有对墓室顶部的图像进行介绍，该墓墓顶四壁分别绘制了四神图和星象图（图一七），这是唐墓中经常出现的图像，但是太原地区几座墓葬中的星象图与西安地区墓顶完全绘制星象图又有不同。太原地区墓葬星象图的上方还有帷帐，想象当我们躺在棺床上，视觉中心不是四神也不是星空，而是这些帐幔，让我们觉得并不身处在开放的空间中，而是在一个封闭的空间里，这个封闭空间就像棺床外的椁一样，像是皇亲国戚才能使用的石椁的放大版，在李寿石椁内侧也绘制有侍女和星象。

[1]（五代）王定保：《唐摭言》第三卷"散序"，国家图书馆藏清善本CBM0480。
[2] 孙机：《唐李寿石椁线刻〈侍女图〉〈乐舞图〉散记（上）》，《文物》1996年第5期。

图一七 郭行墓墓顶壁画(彩图图版十三)

三、总　结

　　无论是绘制帐幔，还是整个墓葬壁画的画面安排都给人很安心舒适的感觉，从甬道牛车旁侍女怀中抱着宠物小狗，到一路上接引的人，让人感觉墓主追求的不是灵魂的自由，而是可以更舒适地走向死亡，走向终点。

　　然而仅仅做这样的总结，又让人觉得过于简单，不难看出墓室内壁画画面依然会给人相当割裂的感觉：在墓室南半部分绘制的是或衣着华丽，或手持乐器、酒器的侍女；在北半部绘制的却是修仙得道的树下人物屏风，隐逸修炼和宴会享乐形成了鲜明的对比，这似乎也反映了道教中的人生观。道教认为道士修仙求道必须践行禁欲主义生活，过禁欲主义的修道生活就要求修仙者必须隐逸在山林之中，与纷纷扰扰的世俗红尘相隔绝。但是另一方面道教人士对于神仙世界、神仙形象的描绘都是极富奢华，神仙们过着声色犬马的享乐生活。也就是说，道教中要求的禁欲主义修道生活并不是目的，而是成仙之后物质、肉身上的享受。[1]如果说树下人物屏风所反映的是清净山林中的隐逸修炼之人成仙的过程，那么侍女所代表的可能就是墓主人所向往的成仙后的享乐生活。而屏风终究只是屏风，甚至在包括郭行墓的很多太原墓葬屏风画中，并没有像赫连山墓那样相对完整、连续地绘制出修炼的过程，因为这些并不是他们所真正重视的，他们真正希望得到的是墓室南半部分所绘制的成仙之后宴饮享乐的生活。

---

[1] 程群：《道教生死观研究》，四川大学博士学位论文，2007年。

张家港黄泗浦遗址保护利用实践与思考

◎ 田　笛　朱　滢（张家港博物馆）

一、大遗址保护背景

目前我国大遗址面临着巨大的威胁和破坏，除来自自然环境的侵蚀，更主要的是来自人为因素的破坏，比如城乡建设、农业活动、工业生产、不合理的旅游开发利用等对大遗址造成极大的、不可逆转的破坏。因此，大遗址保护工作迫在眉睫、亟待展开。

我国大遗址保护近年来取得了突出的成绩，理论研究逐步完善，全国各地文物部门也对大遗址保护与开发利用实践作出多种尝试。近年国家先后出台了《国家考古遗址公园管理办法》《关于加强大遗址考古工作的指导意见》《大遗址保护利用"十四五"专项规划》等，各地也陆续出台了相关条例，同时大遗址保护课题受到众多业内专家学者的关注。如国家文物局原副局长关强指出，各地要提高认识，准确把握大遗址工作定位，科学确定遗址展示利用规模、管理运用模式，因地制宜、量力而行推进保护利用；针对中国东南地区的大遗址保护工作，南京博物院名誉院长龚良提出要尊重大遗址保护中的民生要求，在实施大遗址保护利用的过程中，在保护其历史真实性的同时，力求将其与生态环境相融合、与休闲绿地相结合、与旅游经济相契合、与民生要求相吻合。

二、黄泗浦遗址概况

黄泗浦遗址是首批"江苏大遗址"之一，张家港市十分重视该遗址的保护利用与发展工作。遗址位于张家港市杨舍镇与塘桥镇交界处，紧邻古长江南岸，现北距长江约14公里，西离张家港市区约3公里。该遗址于2008年全国文物普查中被发现，因黄泗浦河纵贯遗址核心区域，故名黄泗浦遗址。

2008年12月至2019年12月，南京博物院联合苏州市考古研究所、张家港市文物局和张家港博物馆组成联合考古队先后对遗址进行了7次抢救性考古发掘，揭露了众多南朝至明清时期，尤其是唐宋时期的遗存，发现有房址、河道、仓廒、水井、灶址、灰坑等遗迹，出土了大量的瓷器、陶器、铜器、铁器、木器、骨器等生产生活器物和标本。[1]

---

[1] 南京博物院、苏州市考古研究所、张家港市文物局：《江海滔滔留胜迹　瓷陶层层书青史——张家港黄泗浦遗址发掘的收获和意义》，《中国文物报》2019年12月20日。

图一　黄泗浦遗址航拍图

遗址内发现的唐宋时期遗存和出土的大量生活用品体现了港口集镇的繁华景象；来自全国诸多窑口的瓷器见证了黄泗浦遗址是一处重要的贸易集散地，是海上丝绸之路的重要节点；唐代寺院建筑基址和佛教相关遗物的发现为研究鉴真东渡这一重大历史事件提供了新的考古学资料。因其重要

图二　黄泗浦遗址临时文物库房

价值和意义,该遗址获得了诸多荣誉,其中有两项尤令人瞩目：2013年5月,黄泗浦遗址被公布为全国重点文物保护单位；2019年3月,入选"2018年度全国十大考古新发现"。

三、黄泗浦遗址保护利用实践

(一)夯实考古基础研究工作

考古研究工作是遗址保护的前提和基础,目前,黄泗浦遗址的考古报告还在编写中,经过系统的考古发掘工作、多次专家论证会和学术课题的研究,对于遗址的相关阐释,已有了阶段性的收获。经过多年的考古发掘和整理工作,发掘人员围绕黄泗浦遗址的发现与研究发表过若干篇学术文章,成为阐释遗址的部分基础性资料。在考古发掘的不同阶段,发掘单位多次组织召开专家论证会,诸位专家学者都给予遗址高度评价,并从遗址内涵、文物研究、多学科合作、遗址保护与展示等方面提出了意见和建议。

发掘单位与高校合作,开展了多学科课题合作项目,形成了一系列研究成果,主要有《黄泗浦遗址发掘区域三维信息记录及遗址整体区域》图录报告、《黄泗浦遗址考古成果多媒体制作和展示》、《黄泗浦遗址历史文献梳理和研究》、《张家港黄泗浦遗址瓷器窑口及来源分析报告》和《黄泗浦遗址水利和港口功能发展演变过程研究》等。其中遗址相关文献资料主要有《唐大和上东征传》《入唐求法巡礼行记》《吴郡志》《常熟县志》《重修常昭合志》等。

图三　黄泗浦遗址考古成果论证会

(二)前期遗址保护工作情况

早在2013年,张家港市文物局委托中国中建设计集团有限公司编制了《江苏省张家港市黄泗浦遗址保护规划》,后该规划得到国家文物局批复。2018年,原张家港市文化广电新闻出版局(文物局)与大地建筑事务所(国际)签订《黄泗浦考古遗址公园整体规划》合同,正式开始推进考古遗址公园的建设。2020年,张家港市文物局召开黄泗浦遗址东部发掘区保护工程专家咨询会,计划对遗址东区建设临时性保护措施，以便黄泗浦遗址的后续规划建设。同时，中国文化遗产研究院编制完成《黄泗浦遗址海上丝绸之路保护与申遗总体方案》。

（三）探索"博物馆+遗址"展教新模式

2013年，张家港博物馆推出了"黄泗浦遗址考古成果展"，吸引了众多市民朋友前来参观。此后张家港博物馆创新展览形式，围绕黄泗浦遗址出土精品文物，推出"长江文明物语——长江文明与海上丝绸之路特展""千年黄泗浦——张家港黄泗浦遗址考古成果展""考古里的长江文明""考古里的长江文明——新时代新发现"等展览活动，收到了很好的社会反响。2023年，更是推出了"江海万里行——黄泗浦遗址精品文物展"，精选黄泗浦遗址出土精品文物百余件，致力于让更多的人欣赏到精美的文物，了解遗址背后的故事，提振地区文化自信。

关于教育活动方面，张家港博物馆创新活动形式，围绕黄泗浦遗址开展点茶工艺体验、文物主题锡剧演出、匠心新艺传统手工体验、"解谜"黄泗浦等活动，开发了"文物小精灵，奇遇黄泗浦"研学线路，还策划了一场"物予市集"游园会（一个融合国风音乐、唐宋生活体验、博物馆文创、潮流打卡等内容，以"物予茶舍"为主题的古风市集）。这些活动寓教于乐，让观众在充满悬念的剧本闯关以及趣味问答、对话文物等活动中，自主地展开沉浸式学习。

（四）馆校合作弘扬优秀历史文化

2020年9月30日，教育部与国家文物局联合印发《关于利用博物馆资源开展中小学教育教学的意见》，《意见》提出从推动博物馆教育资源开发应用、建立馆校合作长效机制、拓展博物馆教育方式

图四　江海万里行——黄泗浦遗址精品文物展（彩图图版十四）

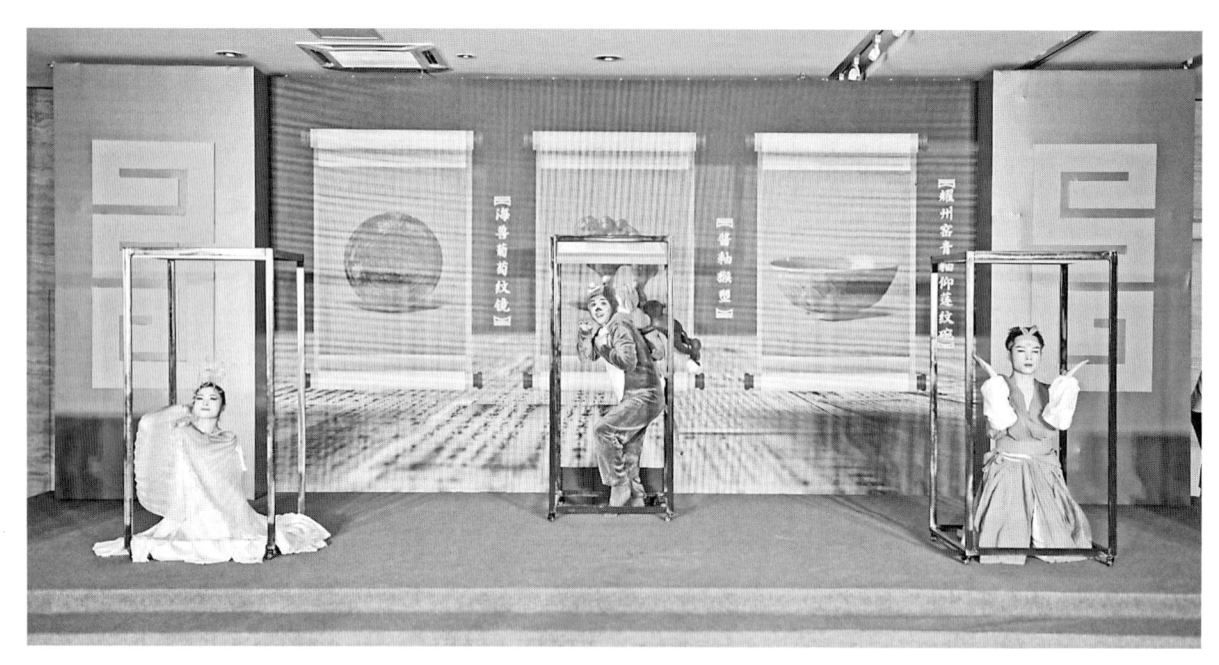

图五 文物主题锡剧演出

途径等方面最大限度发挥好博物馆的青少年教育功能,让博物馆教育在中小学课堂落地开花。

在馆校合作教学项目上,梁丰小学联盟曾推出了项目化课程"千年黄泗浦",张家港博物馆为其提供技术支持,该课程荣获国际LUMA Start教育奖。随后张家港博物馆与中小学合作,共同开展考古遗址相关课程和教材资源的设计与开发,推出了一系列文博考古课程与项目成果性读本《穿越黄泗浦》。该读本主要面向青少年群体,以黄泗浦遗址为主线,融合绘本内容,编入相关动手操作和思考题目等"体验式学习"课程,在青少年群体中更好宣传本地特色历史文化,入选苏州市社科普及惠民扶持项目。

(五)媒体宣传扩大遗址知名度

2020年9月28日,习近平总书记在中共中央政治局第二十三次集体学习时强调,要高度重视考古工作,努力建设中国特色、中国风格、中国气派的考古学,更好认识

图六 《穿越黄泗浦》教育读本

源远流长、博大精深的中华文明,为弘扬中华优秀传统文化、增强文化自信提供坚强支撑。近几年,考古学得到了更多重视,社会公众对良渚、三星堆、海昏侯等遗址的关注度非常高,公共考古已经不仅是学科文化的大众普及,更在社会发展中起到了至关重要的作用。

黄泗浦遗址入选"全国十大考古新发现"后,各级媒体围绕黄泗浦遗址进行报道,其中仅纪录片类别就有央视拍摄的《千年黄泗浦》《追寻黄泗浦遗址》《中国影像方志:张家港篇》和《苏从何处来丨苏州地域文明探源:黄泗浦遗址》系列等,其他方式如报刊传媒、新闻报道、抖音直播、视频

号、小红书推介等更是层出不穷。这些媒体宣传扩大了遗址的知名度，有利于遗址的后续开发与利用。

四、文旅融合助力遗址开发展示

（一）文旅融合规划遗址公园建设

目前国内关于遗址保护方案多有几种形式，包括建成遗址公园、遗址博物馆或将遗址区与风景区、森林公园、现代农业等相结合。这些形式都需要考虑遗址周边的实际情况，尤其是城市总体规划和当地的文化旅游资源。

《张家港市城市总体规划》提及，张家港市规划为"一主、一副、一园"的空间结构，"一主"为杨舍主城区，"一副"为塘桥副城区，"一园"为黄泗浦文化生态园。已建好的黄泗浦文化生态园位于杨舍主城区与塘桥副城区之间，通过对黄泗浦文化生态园的打造，将杨舍主城区与塘桥副城区进行有机缝合。黄泗浦遗址紧邻黄泗浦文化生态园，距离市区仅3公里，东临张家港高铁站，西接张家港市区万达购物广场，在城市规划中起到关键作用，完全可以避免园区荒废、利用不佳等情况。周边还有金村、鹿苑、东渡苑等旅游资源，可以为将来的黄泗浦考古遗址公园吸引充足的游客。

从观众的角度看，考古遗址公园展示设施、公园环境及其陈列展览，应当集旅游休闲、增加历史文物知识、培养兴趣情操等于一体。黄泗浦遗址自身文化特点显著，出土文物有体现唐宋市井生活的石权、钱币、骰子、梳子、骨柄牙刷和粉盒等，以及反映海丝文化的众多窑口精品瓷器，还有青釉莲花纹钵、石天王像、石佛像背光等佛教相关文物，根据遗址内涵，引入专业团队进行开发后，完全可以打造成唐宋风韵的特色景点。

2023年10月，"江海奇幻游——长江文明与海上丝绸之路"展览在黄泗浦文化生态公园开幕，"折叠黄泗浦"元宇宙同步上线，这也是首次在黄泗浦遗址周边推出的开放式展览，为今后考古遗址公园的开发模式、观众流量、影响力及收益等方面均提供了参考。目前，黄泗浦遗址已建成保护性大棚并形成了较完善的保护措施，与黄泗浦文化生态园北门以小路连接，未来将形成黄泗浦考古遗址公园、

图七　黄泗浦遗址保护设施现状

东渡苑、黄泗浦文化生态园休闲园区，打造张家港地区文化旅游新品牌。

（二）文化科技赋能遗址可持续发展

文化数字化及相应开发是如今的整体趋势，遗址的后续开发利用也要整合多方资源，提升遗址的可看性与多样性。首先，文创产品是提升遗址"生命力"的重要载体，不仅要进行实物产品的研发，也可以通过售卖场景实现互动体验式娱乐，黄泗浦遗址的一些典型文物就可以进行研发，如酱釉猴塑、海兽葡萄纹镜等。文创的核心是提高产品的文化内涵和竞争力，形成独具特色的文化标识。

其次，要积极推动文化数字化，鼓励相关企业积极研发黄泗浦文化虚拟产品，如与黄泗浦相关的三维数字孪生场景，就是先解构唐宋历史资源，围绕黄泗浦开发典型场景和故事剧本，拍成XR数字影片，随着数字资源的IP化，赋能数字文化产业园，最终达到文化和科技的融合发展，形成可复制的文化开发之路。

五、结　　语

大遗址是文化遗产重要的构成部分，是我们祖国历史发展长河中不可或缺的洪流，是提高民族品位、素质及自信心，凝聚民族情感，增进民族亲和力，鼓舞我们自觉奋进，实现中华民族伟大复兴"中国梦"的用之不尽的文脉。黄泗浦遗址地理位置优越、文化内涵深厚、历史价值珍贵、社会影响力巨大。目前黄泗浦考古遗址公园正在规划建设中，张家港市也会在保护好遗址的基础上，合理利用、丰富业态、活化功能，实现保护与利用的统一，充分发挥遗址的文化展示和文化传承价值。

参考文献：

[1] 龚良：《中国东南地区大遗址保护的可行性方法——以江苏为例》，《东南文化》2009年第1期。
[2] 龚良：《尊重大遗址保护中的民生要求——以中国东南地区的江苏为例》，《东南文化》2009年第2期。
[3] 龚良：《大遗址保护重在和谐共生》，《东南文化》2009年第3期。
[4] 单霁翔：《让大遗址保护助推经济社会发展》，《中国文化遗产》2009年第4期。
[5] 郑育林：《遗址公园：大遗址保护与城市建设的有效结合》，《中国文化遗产》2009年第4期。
[6] 南京博物院、张家港博物馆：《江苏张家港黄泗浦遗址》，《中国文物报》2012年2月10日。
[7] 高伟：《鉴真第六次东渡和黄泗浦遗址》，《中国文化遗产》2012年2月10日。
[8] 南京博物院、苏州市考古研究所、张家港市文物局：《江海滔滔留胜迹　瓷陶层层书青史——张家港黄泗浦遗址发掘的收获和意义》，《中国文物报》2019年12月20日。

元代太仓的海外贸易史迹

◎ 徐　超（太仓博物馆）

太仓前横娄江，东接巨海，"旧本墟落，居民鲜少"。[1]元至元十九年（1282年），宣慰使朱清、张瑄以太仓为始发港，开通了海运漕粮的新路线，成为南粮北运的生命线，终元一代，路线有更，起点不易。朱、张二人奉命督漕，兼市海蕃："招徕蕃舶，屯聚粮艘，不数年间，凑集成市，番汉间处，闽广混居。"[2]凭借漕运始发港之利，太仓一跃而成为东南地区新兴的外贸港口，"官第甲于东南，税家漕户，番商贾客，云集阛阓；粮艘商舶，高樯大桅，集如林木；琳宫梵宇，朱门大宅，不可胜记"。[3]太仓的崛起直接促使元廷于延祐元年（1314年）徙昆山州治于此，至至正十七年（1357年）止，凡四十四年。州治之设，进一步扩大了太仓港的影响，"凡高丽、琉球诸夷，往来市易，谓之六国码头"。[4]至正二年（1342年），庆元等处市舶分司[5]设立，表明元末太仓港的对外贸易已极具规模，需要专门的政府机构对其进行管理。至正十年（1350年）、十一年（1351年），日本高僧龙山德见及东陵永玙分别在太仓搭船启航，返回日本博多港。[6]耐人寻味的是，东陵永玙的驻锡地恰在庆元天宁寺[7]（在今浙江宁波），其未就近在庆元港上船而选择远赴太仓，至少证明元末太仓赴日本博多的贸易航线已十分成熟。

太仓港的繁荣在元末达到了顶峰，但好景不长，战乱不久就对其造成了毁灭性的破坏。"至正十二年（1352年），海贼方国珍率浙东海岛贫民千余，操舟突入刘家港劫掠。时民不知兵，罹于烽火者十万余户"。[8]至正十六年（1356年），张士诚据吴，太仓附焉，"方国珍以舟师大破张氏军，太仓千门万户俱成瓦砾丘墟"。[9]张士诚为防方国珍侵扰，"塞至和塘尾以障海潮，开九曲河仅通太仓东门，于是半泾、陈泾、古塘等港俱塞，涨以为平陆田畴。无潮汐之利，市民无贩海之资矣"。[10]至此，太仓不复昔日之景，结束了其作为元朝漕运、外贸大港的历史。这一萧条景象直至明初"郑和下西洋"才被彻底扭转。

元代太仓的海外贸易借漕运之机而崛起，至元末规模日隆而又骤然衰落，这段大起大落的历史虽历时七十余年，但流传至今的文献记载并不算多，可资考证的史迹、遗存就更是零散，为便于研讨，现分类介绍于下。

---

[1]（元）杨譓：《至正昆山郡志》卷一"风俗"，成文出版社，1983年，第2607页。
[2]（元）杨譓：《至正昆山郡志》卷一"风俗"，成文出版社，1983年，第2607页。
[3]（明）陈伸：《太仓事迹考》，载周煜编：《娄水文征》卷七，清道光十二年刻本，第15页。
[4]（明）张采：《崇祯太仓州志》卷一"沿革"，明崇祯十五年刻本。
[5]（明）张采：《崇祯太仓州志》卷十五"琐缀"，明崇祯十五年刻本。
[6] 江静：《元代中日通商考略》，王勇主编：《中日关系史料与研究（第一辑）》，北京图书馆出版社，2002年，第121页。
[7] 江静：《元代中日通商考略》，王勇主编：《中日关系史料与研究（第一辑）》，北京图书馆出版社，2002年，第121页。
[8]（明）张采：《崇祯太仓州志》"旧序"，明崇祯十五年刻本。
[9]（明）陈伸：《太仓事迹考》，载周煜编：《娄水文征》卷七，清道光十二年刻本，第15页。
[10]（明）陈伸：《太仓事迹考》，载周煜编：《娄水文征》卷七，清道光十二年刻本，第17页。

一、港 区

元代太仓港有两大港区,一是城区南部的南关,一是城东入海口的刘家港,它们都是"六国码头"的组成部分。从性质上来看,南关是过渡、中转港,刘家港为始发、归舶港。

(一)南关

南关,即张泾关,俗称"南码头",在今太仓科教新城南郊,地处盐铁塘西、娄江南岸,是元代航海船只在太仓城区内的唯一停泊港:"凡海船之市易往来者,必由刘家河泊州之张泾关。"[1] 南关"外通琉球、日本等六国",故"谓之六国码头"。[2]

(二)刘家港

刘家港在今太仓浏河镇,东距太仓城区30余公里,娄江与长江于此交汇入海,是元代太仓港区最重要的码头:"清、瑄因通海外番舶,凡高丽、琉球诸夷,往来市易,谓之六国码头。"[3] 元代经娄江入太仓城的漕粮、货物均须东运至此方能正式出海起航,文献所记元代太仓港口之兴旺大都指刘家港。

二、桥 梁

太仓地处江南水乡,河流纵横、水道密集,元代开通漕运、发展外贸以后,人口剧增,兴修桥梁成为交通要务。据学者统计,明代弘治年间太仓城内的25座桥梁中,有20座建于元代,表明"太仓城内的民用市政建设在元代已基本完成"。[4] 时至今日,太仓仍有五座元代石桥存世,分别为跨于致和塘上的海门第一桥(1330年建)、安福桥(1329年建)、兴福桥(1334年建)以及南郊新丰村的众安桥(1334年建)、金鸡桥。这五座石桥的建造年代接近,正值太仓漕运、外贸蓬勃发展之时,官方、私人在短时间内集中建造如此多的桥梁,足见当时交通发达、贸易繁荣的盛况。

三、庙 宇

元代太仓庙宇众多,佛、道两教均极兴盛,其中直接因海运而建的有三处,均为道教宫观。

(一)灵慈宫

鉴于太仓海运漕粮始发港的重要地位,元廷在太仓城内、外修建了两座奉祀海神天妃(即妈祖)

---

[1] (明)张寅:《嘉靖太仓新志》卷三,明崇祯二年刻本。
[2] (明)张寅:《嘉靖太仓新志》卷一,明崇祯二年刻本。
[3] (明)张采:《崇祯太仓州志》卷一"沿革",明崇祯十五年刻本。
[4] 王秀丽:《元代海运与太仓城市发展》,文集编委会:《庆贺邱树森教授七十华诞史学论文集》,华夏文化艺术出版社,2007年,第13页。

图一 位于今太仓市浏河镇的灵慈宫,现名天妃宫

的庙宇——灵慈宫。每年春夏之际,还要派遣特使前往献祭,祈求航海顺利进行。这两处灵慈宫,一在今浏河镇庙前街老浏河的北岸,至元二十三年(1286年)建,[1]明初郑和下西洋前亦多次在此祭祀妈祖,后历毁历修,现存为清代建筑(图一)。另一处在城内周泾桥北,至元二十九年(1292年)海道万户朱旭建,[2]此处建筑今已无存。

(二) 东岳庙

东岳庙,在太仓致和塘南岸、樊村泾东北,大德初年朱清建,[3]明弘治年间朝廷毁淫祀,遂改为城隍庙,[4]今建筑均已无存。东岳庙为祭祀东岳泰山而建,传泰山能"出云为雨,且其雨及天下"。[5]朱清在海运干道致和塘旁建此庙,显然是为了祈求风调雨顺,确保海运无忧。

四、市舶司

市舶司,为宋元时期管理对外贸易的政府专门机构,负责外贸物品的核验、抽解诸事。至正二年(1342年),元廷在致和塘岸、武陵桥北设置"庆元等处市舶分司",[6]强化了对太仓一地海外贸易的管理,同时起到了为庆元港分流的作用,促使太仓港的吞吐能力进一步提升。据《嘉庆直隶太仓州志》所附城图,武陵桥北在明清时期为镇海卫,[7]即今太仓城厢小学一带。

---

[1] (清)金端表:《刘河镇记略》卷一,清道光稿本。
[2] (清)王昶:《嘉庆直隶太仓州志》卷四"营建上",清嘉庆七年刻本。
[3] (元)郑东:《重修东岳庙记》,载顾沅辑:《吴郡文编》卷八六,上海古籍出版社,2011年,第238页。
[4] (明)陆容:《新建太仓城隍庙碑记》,载桑悦纂:《弘治太仓志》卷十上。
[5] (元)郑东:《重修东岳庙记》,载顾沅辑:《吴郡文编》卷八六,上海古籍出版社,2011年,第238页。
[6] (明)张采:《崇祯太仓州志》卷十五"琐缀",明崇祯十五年刻本。
[7] (清)王昶:《嘉庆直隶太仓州志》卷二,清嘉庆七年刻本。

五、樊村泾元代遗址

樊村泾元代遗址位于太仓老城区东港街与新华东路交叉口南、致和塘南岸,为2016年1月樊泾河北延沟通工程施工时发现(图二)。苏州市考古研究所联合太仓博物馆对遗址范围进行了考古调查、勘探,已探明遗址范围30 000余平方米。截至2018年7月,考古队对涉及经济建设的遗址区域进行了长达两年半的考古发掘,发掘总面积近15 000平方米,发现房址、道路、河道、水井、灶台等各类遗迹474处,发掘出土以元代中晚期龙泉窑青瓷为主的各类遗物150余吨,其中可复原的器物标本不低于50 000件,主要器形有碗、盘、炉、高足杯、瓶、盏、罐、洗等40余类。初步推断,这是元朝时期一处极具规模的瓷器中转贸易集散地,用以存储、中转准备运销海内外的龙泉窑青瓷。[1]樊村泾遗址的发现从实物角度证明了太仓是元代海上丝绸之路的重要港口之一。

查阅太仓古地图、古文献,元代的樊村泾地理位置优越,西邻庆元等处市舶分司(直线距离约1千米),东邻出海必经之"海门第一桥"(直线距离约200米),隔桥南北相望有奉祀海神的东岳庙和灵慈宫(图三)。外贸商贾将龙泉青瓷运抵樊村泾后,可以就近完成存储、报关、祈福、中转、输出等诸多事宜,集多重便利于一身。[2]

樊村泾元代遗址出土的元代龙泉窑青瓷数量巨大,且有同类器聚集堆放、叠压垒摞的现象,器物表面均无明显使用痕迹,与韩国20世纪70年代打捞出水的新安沉船所装载的元代龙泉青瓷在规模、

图二 樊村泾元代遗址发掘区域全景(彩图图版十五)

---

[1] 太仓博物馆编:《大元瓷仓——太仓樊村泾元代遗址出土文物展》,2018年10月。
[2] 苏州市考古研究所、太仓博物馆编:《大元·仓:太仓樊村泾元代遗址出土瓷器精粹》,上海古籍出版社,2018年,第7页。

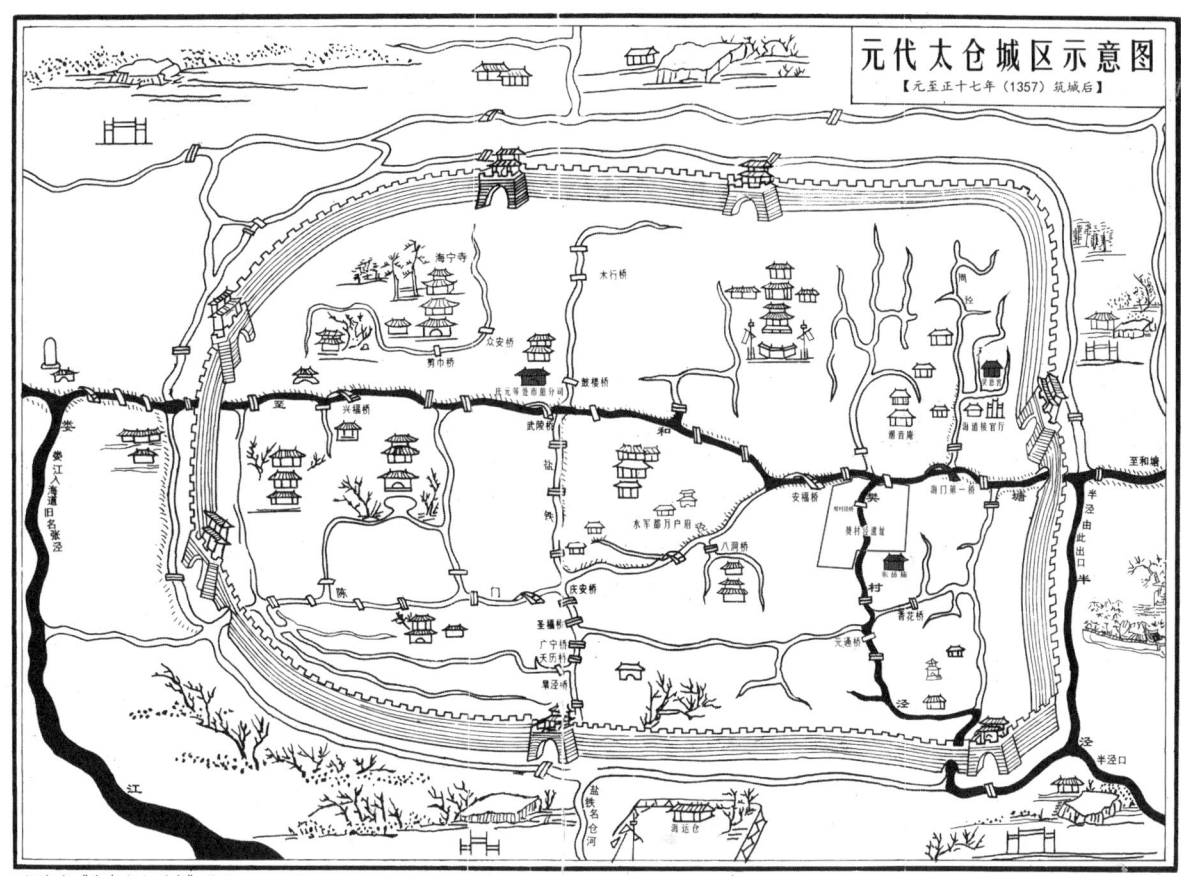

图三　元代樊村泾地理位置示意图
（笔者据嘉庆《直隶太仓州志》所附城图改绘）

器类、器型方面高度类似，表明樊村泾出土品中有相当批量可能为外销商品瓷。此外，国际学界一般认为新安沉船的目的地是日本博多港。[1]而前文已述及，至少在元末，太仓港与日本博多港就已频繁交通，这就从考古及文献两方面进一步提示了太仓是新安沉船始发港的可能性。

表一　樊村泾元代遗址出土与新安沉船出水龙泉青瓷对比表

	樊村泾元代遗址出土	新安沉船出水
环耳瓶		

---

[1]　[日]森达也：《宋元外销瓷的窑口与输出港口》，《考古与文物》2016年第6期，第60页。

续 表

	樊村泾元代遗址出土	新安沉船出水
高足杯		
三足香炉		
大罐		
敛口钵		
盏托		

续 表

	樊村泾元代遗址出土	新安沉船出水
花盆		
折沿洗		
鱼形砚滴		
三足小香炉		
三足洗		

六、船 舶 遗 物

(一) 海船舵杆

1989年11月，在太仓城内卖秧桥以南200米盐铁塘东岸筑驳岸挖土时，于3.5米多深处出土古代海船大舵一件（图四）。该舵连杆全长6.05米，舵叶部分残长4.05米，舵杆径约30厘米，上有两个长方形孔和四处铁箍。在舵周围同时出土有宋代、元代瓷器碎片，以此推断船舵很有可能为元代遗物。[1]该舵杆现收藏于太仓市博物馆。

(二) 半泾湾沉船

图四 出土舵杆

1993年2月，在太仓城东半泾湾水利建设中，开挖老半泾河至4米以下处出土了古船一艘（图五），当时由太仓博物馆组织了抢救性发掘，出土船全长19.5米，宽4.6米，共有13个舱，船型为平底沙船。出土时船头及船尾部分残损，伴随出土有零星的宋元青瓷片和明代青花瓷片。经中国船史研究会会长、上海交通大学辛元欧教授等专家实地考察和鉴定，认为：该船为元末明初漕运所用的平底沙船。根据出土品推测原船全长至少约25米，宽约4.5—5米。惜因当时文物保护技术条件有限，该船出土不久后即风化损坏。同月，在古沉船出土点附近又出土了古船棕绳一根（图六），出土层次与古沉船相同，棕绳残长31米，径约12厘米。该棕绳现由太仓市博物馆收藏。

图五 半泾沉船出土现场　　图六 古船缆绳出土现场

(三) 万丰沉船

2014年5月27日，太仓半泾河万丰段河道疏浚拓宽时，在主河道外侧发现了一条木质古船（图七）。

---

[1] 顿贺、政定荣、沈鲁民：《江苏太仓出土的古舵的研究》，《武汉水运工程学院学报》1993年第1期。

图七　万丰沉船出土现场

江苏省考古研究所联合太仓博物馆对古船遗址进行了考古发掘与清理。古船实测残长17.4、宽4.8米。船体平面略呈柳叶形，前端横剖面呈V形，后端横剖面呈U形，共11个隔舱、双桅，属江浙近海货船。专家依据船型、结合历史文献，推测古船的废弃年代应不晚于元代。古船现已搬迁至太仓博物馆地下中庭进行修复展示。

(四) 铁釜

太仓人民公园内现藏有一件大铁釜（图八），口径178厘米，底径164厘米，高87厘米，边宽7厘米，由生铁浇筑而成。明代朱国祯所著《涌幢小品》曾记："铁釜，在北门外苏州造船厂，今移在太仓海宁寺，相传通番船煮篾縴用者。"[1]太仓海宁寺旧址即在今太仓人民公园内，园内现仍立有元代赵孟𫖯书撰之《昆山州重建海宁禅寺碑》可为佐证，朱国祯所指即应为此大铁釜无疑。太仓历史上"通番"最为鼎盛的时段莫过于元代及明初，此铁釜实乃这一时期太仓海运及造船业发达的实物见证。

图八　铁釜

七、碑　　刻

《昆山州重建海宁禅寺碑》（图九），元延祐二年（1315年）立，高148厘米，宽70厘米，元代著名

---

[1]（明）朱国祯：《涌幢小品》，上海古籍出版社，2012年，第80页。

书法家赵孟頫撰并书,现藏于太仓人民公园碑廊。[1]碑文记述了海宁禅寺的兴建、沿革过程,并有两处涉及元代太仓海运事迹的文字:(1)"大德初,海水涨溢,东起崇明、西及真州。时朱左丞清以万户佩虎符于海上,遂请额于朝以压之,因仍其名赐焉",表明海宁寺之名乃因朱清祈求海运安宁而改;(2)"上都国师亦取道兹境,将附市舶往阇婆国觅藏,时驻锡焉",当时的市舶司还设在上海,但主要码头则是太仓刘家港,[2]"上都国师"取道太仓、暂时驻锡海宁寺是为了在此搭商舶前往阇婆国(今属印度尼西亚爪哇),可见太仓与东南亚的贸易路线在元初即已开通。

综上所述,太仓作为元代朝廷海运漕粮的始发港以及对外贸易的"六国码头",留下了为数不少的文物遗存,这些珍贵的遗迹、遗物勾勒出了六百多年前太仓海外贸易的繁荣景象,也为我们进一步探究元代太仓航海史提供了有用的线索。

图九 《昆山州重建海宁禅寺碑》

---

[1] 太仓博物馆编:《太仓历代碑刻》,文物出版社,2016年,第6页。
[2] 陈高华:《元代的海外贸易》,《历史研究》1978年第3期,第70页。

《吴江进士题名录》残碑考释

◎ 陆青松（吴江博物馆）

残碑现藏于苏州市吴江区文庙。根据内容，碑文可以分为碑序和题名录两部分。碑刻的上半部为碑序，已残缺不全，碑名无存。碑刻的下半部分为科举题名录，收录的是建文二年（1400年）庚辰科至弘治九年（1496年）丙辰科的吴江籍进士，内容保存相对完整。故根据碑刻的内容，将其命名为《吴江进士题名录》。

碑序由明代天顺朝吏部尚书李贤撰写，吴江人凌信书写，江西南昌府人王叔安篆。碑序后列有立碑时，时任吴江县丞、主簿、教谕和训导等部分官员的名单。题名录则以每科殿试的时间为序，每科大体分为三行：第一行为年号、干支纪年和当科状元姓名，第二行为甲次，第三行为名次、人名，部分人名有简单介绍。如当科有多位吴江人进士及第，则在第四行以后，按照体例，依次列出名次和姓名。

碑文虽有残缺，但通过相关记载，可以对部分残缺碑文进行复原和释读。同时，碑文所涉及的相关历史信息，不仅可以印证相关记载，亦可补充地方志文献记载。本文拟结合相关文献，对碑文相关史实进行考释，并对题名录中的进士履历进行校补。最后在此基础上，对碑文的写作时间和立碑时间进行探讨。

为行文方便，先将残碑拓片文字抄录如下（因残损无法准确统计字数时，缺字用"……"表示；漫漶和无法辨识之字用"□"表示；通过相关古籍和史实比勘，可识"□"中之字者，则在"□"中加入可识之字）：

一、录　　文

……[知]制诰南阳李贤撰/
……同邑凌信书/
……[礼][部]郎中豫章王叔安篆/
……观其取士，由秀士而升为选士，/……造士而升为进士，然后论定/……不由此制。唐宋以来，复重进/……豪杰之士，未有不登进士之科/……宇宙之间者，率皆进士出身也。/……伦造予官舍，告曰："伦，苏州吴江/……之人而登进士第者，有七人焉。/……察御史出宰吾邑，作兴学校，欲以/……予请记，敢望惠焉，幸甚！"予惟今之/……之才不能得也。然十室之邑，必有/……之天下名郡，人才之盛，未有过于苏/……秀于他郡，而清淑之气钟。夫人才所/……范文正公建立学校，举胡安定为师，/……盛矣，今殆五百年，风行俗化，习尚/……[建]事业者，诜诜济济，后先争光，愈出愈/……山川所钟而亦未必不赖。夫前人振作/……固以进士为重，盖亦勉励后学以继前/……诸当奋志力学，咸期登名于是石，不可/……也。盖人事尽则天理得，尚勿馁其志焉。/……日/
……[县]丞　梁和　孙璞/

……主簿　李顼　刘旺　　典史　邹琮/
……教谕　危俊　训导　陈用贞　　　立石/

洪武庚辰胡靖榜进士

第三甲

第五十四名　萧潭

永乐戊戌李骐榜进士

第三甲

第四十二名　姚华

宣德癸丑曹鼐榜进士

第二甲

第十二名　范琮　字祯彦，同里人，任兵部主事，升南京吏部郎中，仕至广东左参议。

正统己未施槃榜进士

第三甲

第一名　莫震　字霆威,范隅乡绮川人,历任嘉鱼、海盐二县知县,升建宁府通判。

正统戊辰彭时榜进士

第二甲

第七名　梅伦　字彦常,范隅乡瓠溪人,任刑部主事,升员外郎,升郎中。

景泰辛未柯潜榜进士

第二甲

第二十七名　盛昶　字允高,阊关人,任监察御史,改罗江县知县。

天顺庚辰王一夔榜进士

第三甲

第六十五名　盛侅　字汝愚,阊关人,昶从叔。

成化己丑张升榜进士

第三甲

第七十四名　黄著　字诚夫

成化乙未谢迁榜进士

第二甲

第三十四名　吴洪　字禹畴。

成化辛丑王华榜进士

第二甲

第九名　赵宽　字粟夫,省元。

成化丁未费宏榜进士

第二甲

第十六名　叶绅

第九十九名　吴鋆　鲁昂

弘治庚戌钱福榜进士

第三甲

第一百九名　王哲

弘治癸丑毛澄榜进士

第二甲

第二十一名　曹镤

弘治丙辰朱希周榜进士

第二甲

第四十二名　汝泰

二、碑序署名者考

碑序由吏部尚书李贤撰，吴江人凌信书，江西南昌人王叔安篆。

李贤（1409—1467），字原德，河南南阳府邓州（今河南省南阳市邓县）人。宣德八年（1433年）癸丑科进士，授吏部验封司主事，擢吏部考功司郎中，改文选司郎中，晋兵部右侍郎，转户部右侍郎，再改吏部右侍郎，后兼翰林学士入直文渊阁，升吏部尚书。天顺五年（1461年）加太子太保。明英宗病重时，召李贤委以托孤重任。宪宗即位，晋升少保、吏部尚书兼华盖殿大学士知经筵事。唐代翰林学士加知制诰，起草诏令。李贤以吏部尚书兼翰林学士，入内阁参与机务。故根据古制，李贤署有"知制诰"一职。

凌信，"字尚义，直隶吴江县人，正统初修《宣庙实录》。信以能书给，史馆书成，升中书舍人，升尚宝司丞，累官至太常寺少卿"[1]。

王叔安，秀才，江西南昌府人，历任内阁书办中书舍人、礼部员外郎、礼部郎中。《万历新修南昌府志》卷十七《选举》载："王叔安，仲舒侄，以善书继入秘阁，特精隶书，著有成书，官至郎中。"[2]《明英宗实录》相关记载与之相印证。《明英宗实录》卷一百二十六："秀才吴希纯、王叔安、董玙，俱授中书舍人于内阁书办。"[3]卷二百一十五："升中书舍人吴希纯为吏部员外郎，王叔安为礼部员外郎。"[4]卷二百七十七："升太仆寺卿夏衡为太常寺卿，……礼部员外郎王叔安为本部郎中。"[5]"豫章"，"南昌府"旧称。碑序所任"郎中"，当为"礼部郎中"。

三、碑序相关内容考释

"……观其取士，由秀士而升为选士，/……造士而升为进士，然后论定/……"碑文虽残，但通过相关文献比对，此段记述的是西周的选士制度，为中国古代典籍中记载的最早的人才选拔制度。此项制度，《礼记·王制》记载最详："命乡论秀士，升之司徒曰选士，司徒论选士之秀者而升之学，曰俊士。升于司徒者，不征于乡，升于学者不征于司徒，曰造士。乐正崇四术，立四教，顺先王《诗》《书》《礼》《乐》以造士。春秋教以《礼》《乐》，冬夏教以《诗》《书》。……大乐正论造士之秀者，以告于王，而升诸司马，曰进士。司马辨论官材，论进士之贤者以告于王，而定其论。论定然后官之，任官然后爵之，位定然后禄之。"[6]这套选士制度的基本程序是：乡大夫负责荐举乡里有德行道艺的优秀之士——"秀士"，申报至司徒，称之为"选士"；"选士"经司徒考定其中俊秀者，荐举入学，使之学有所成，成为"造士"；"造士"经由主管教育的大乐正考定，选其优秀者，称之为"进士"；"进士"经过"司马"的审选、考察之后，给予官职、爵位和俸禄。

"伦造予官舍，告曰……幸甚"，为李贤撰写碑序的缘起。这里的"伦"疑为正统十三年（1448年）

---

[1]《明宪宗实录》卷九十五"成化七年九月戊戌"，"中研院"历史语言研究所校印，1962年，第1828页。
[2]（明）范涞修，章潢纂：《万历新修南昌府志》，书目文献出版社，1990年，第321页。
[3]《明英宗实录》卷一百二十六"正统十年二月辛酉"，"中研院"历史语言研究所校印，1962年，第2520页。
[4]《明英宗实录》卷二百一十五"景泰三年夏四月壬辰"，"中研院"历史语言研究所校印，1962年，第4640页。
[5]《明英宗实录》卷二百七十七"天顺元年夏四月庚子"，"中研院"历史语言研究所校印，1962年，第5904页。
[6] 陈澔：《礼记集说》，上海古籍出版社，1987年，第75—76页。

进士、吴江人梅伦,时任刑部郎中。根据《古穰集》卷五记载,李贤曾撰天顺四年癸酉科的《进士题名录》,此后又撰写了天顺八年甲申科的《进士题名记》。基于李贤的地位和经历,请李贤为吴江进士题名碑作序,当是最合适的人选。

"登进士第者,有七人焉",指的是从建文二年(1400年)庚辰科到天顺四年(1460年)癸酉科进士及第的七位吴江进士:萧潭、姚华、范琮、莫震、梅伦、盛昶和盛俢。

然通过查考相关科举文献,1400—1460年这一时间段,有八位吴江籍士子考中进士。除上述七位之外,还有正统七年(1442年)壬戌科进士——徐正。徐正,字尔中,正统七年(1442年)壬戌科刘俨榜进士,三甲第二十五名,授刑科给事中;景泰六年(1455年),徐正建议将软禁太上皇(即明英宗)的南宫加高围墙,并将门锁用铁汁灌死,前皇储沂王(即明宪宗朱见深)应搬迁到所封地沂州,以绝人望。代宗不悦,将其调云南临安卫经历,因不行,下锦衣卫狱后谪辽宁铁岭卫。英宗复辟后,押解至京,被凌迟处死。作为两朝皇帝都不待见之人,受到当时政治环境的影响,序文和下文的题名录中,自然不能提及"徐正"此人。

"……察御史出宰吾邑,作兴学校",指天顺二年(1458年),监察御史章亮左迁吴江县知县之后,[1]于天顺五年(1461年)为吴江县学增建教谕、训导的办公处所和宿舍之事,"天顺五年,知县章亮建廨宇"。[2]章亮,景泰二年(1451年)辛未科进士,字文焕,浙江杭州府仁和人。通过文献查考,章亮左迁之前,任湖广道监察御史。[3]

"……范文正公建立学校,举胡安定为师……",前后文残,内容与元代郑元祐的《吴县儒学门铭并序》相关记载大致相同:"天下郡县学莫盛于宋,然其始亦由于吴中,盖范文正公以宅建学,延胡安定为师,文教自此兴焉。"[4]论述的当是苏州地区文教兴盛、进士辈出的原因。胡安定,指北宋理学先驱、思想家和教育家胡瑗。胡瑗,字翼之,泰州如皋(今江苏省如皋县)人,世称安定先生,提倡"以仁义礼乐为学",讲求"明体达用",开宋代理学之先声。先后主持苏、湖两州州学,创"经义""治事"两斋,依据学生的才能、兴趣志向施教。"经义"主要学习六经;"治事"又分为治民、讲武、堰水(水利)和历算等科,成为高等学校分系分科的开端。

"诸当奋志力学,咸期登名于是石,不可/……也。盖人事尽而天理得,尚勿馁其志焉",为立碑的宗旨,即刊载进士及第的本地士子,激励后学者。

四、题名录所录吴江进士校释

题名录存在吴江部分进士信息不全、与文献记载不一致的地方。今据科举文献和相关古籍,对题名录中的进士科第信息和履历进行校释和补充。

萧　潭　字孟明,一作孟南。建文二年(1400年)庚辰科胡靖榜进士,三甲第五十四名。授四川夔州府建始县知县。洪武庚辰榜,应为建文二年庚辰榜。明成祖朱棣在靖难之役成功后,废除建文年号,改建文四年(1402年)为洪武三十五年,明神宗万历二十三年(1595年)下诏恢复建文年号。所

---

[1] (明)莫旦纂:《弘治吴江志》卷十一《来宦》,"章亮,……天顺二年由御史左迁",台湾学生书局,1987年,第407页。
[2] (明)曹一麟修,徐师曾纂:《嘉靖吴江县志》,台湾学生书局,1987年,第349页。
[3] (明)何出光:《兰台法鉴录》卷九《景泰朝》,"章亮,……景泰二年由行人选湖广道御史、巡盐福建,升南昌府知府,卒",《北京图书馆古籍珍本丛书(第16册)》,书目文献出版社,1988年,第235页。
[4] (元)郑元祐:《侨吴集》卷七,《景印文渊阁四库全书(第1216册)》,台北商务印书馆,1975年,第493页。

以，永乐初年至万历二十三年，建文朝发生的事情，均用洪武年号来纪年，故"建文庚辰榜"，碑文作"洪武庚辰榜"。

姚　华　字彦文，永乐十六年戊戌科（1418年）李骐榜进士。选翰林院庶吉士，散馆后授知县。进士名次，碑文作"第三甲第四十二名"，《明清进士题名碑录索引》则作"三甲五十八名"。[1]

范　琮　字祯彦，宣德八年（1433年）癸丑科曹鼐榜进士，二甲第十二名。历任工部都水司主事、兵部武库司主事、南京吏部验封司郎中、广东布政使司左参议。

莫　震　字霆威，又作廷威。正统四年（1439年）己未科施槃榜进士，三甲第一名。正统四年（1439年）己未科会试，第九十七名。正统三年（1438年）应天府乡试五十五名，治尚书，吴江县学生，军籍。历官湖广武昌府嘉鱼县知县、浙江嘉兴府海盐县知县、福建建宁府通判署理邵武府同知，仕至福建延平府同知。

梅　伦　字彦常，正统十三年（1448年）戊辰科彭时榜进士，二甲第七名。历官刑部山东司主事、刑部山东司员外郎署理郎中事、南京刑部四川司郎中，调南京刑部广东司郎中，仕至湖广布政司左参议分守下荆南道。

盛　昶　字允高，景泰二年（1451年）辛未科柯潜榜进士，二甲第二十七名。景泰元年（1450年）应天府庚午科乡试举人，第四十七名。治易，军籍。历任河南道监察御史，辽东、广东巡按，后被贬为福建福州府古田县典史。英宗复辟后，诏为四川成都府绵州罗江县知县，后擢四川叙州府知府，致仕。"阊关"，"吴县"的代称。其户籍为吴县，乡贯为吴江县，故碑文作"阊关"。

盛　侒　字汝愚，盛昶从叔。天顺四年（1460年）庚辰科王一夔榜进士，三甲第六十五名。卒于授官之前。其户籍为吴县，乡贯为吴江县。故碑文作"阊关"。

黄　著　字诚夫。成化五年（1469年）己丑科张升榜进士，三甲第七十四名。授浙江绍兴府新昌县知县，擢云南道监察御史。进士名次，碑文仅刻甲次"第三甲"，今据《明清进士题名碑录索引》，进士名次作"第七十四名"。[2]

吴　洪　字禹畴。成化十一年（1475年）乙未科谢迁榜进士，二甲第三十四名。授南京刑部广东司主事，擢员外郎，晋南京刑部浙江司郎中，后历官贵州按察司副使、广东按察司副使、福建按察使、太仆寺卿、工部右侍郎管理易州山厂、南京刑部尚书等职。

赵　宽　字栗夫，成化十七年（1481年）辛丑科王华榜进士，三甲第八十二名。授刑部主事，历官刑部郎中、浙江按察司副使提调学校、广东按察使。省元，"会元"的别称，赵宽为成化十七年（1481年）辛丑科会试会元。

叶　绅　字廷缙，成化二十三年（1487年）丁未科费宏榜进士，二甲第十六名。授户科给事中，丁忧，服阕补吏科给事中，历官礼科左给事中、尚宝司少卿。

吴　鋆　字汝砺，成化二十三年（1487年）丁未科费宏榜进士，二甲第一百零一名。历官太仆寺卿、兵部武库司员外郎、兵部郎中。进士名次，碑文作"第九十九名"，《明清进士题名碑录索引》则作"一百一名"。[3]

鲁　昂　字廷瞻，成化二十三年（1487年）丁未科费宏榜进士，三甲第十六名。授兵科给事中，升兵科右给事中、兵科左给事中、户部都给事中，后谪湖广武昌府蒲圻县知县。进士名次，碑文未记载，

---

[1]　朱保炯、谢沛霖编：《明清进士题名碑录索引》，上海古籍出版社，1980年，第1383页。
[2]　朱保炯、谢沛霖编：《明清进士题名碑录索引》，上海古籍出版社，1980年，第1557页。
[3]　朱保炯、谢沛霖编：《明清进士题名碑录索引》，上海古籍出版社，1980年，第859页。

今据《明清进士题名碑录索引》作"三甲十六名"。[1]

王　哲　字思德,又作师德。弘治三年(1490年)庚戌科钱福榜进士,三甲第一百一十名。授江西道监察御史,丁忧,服阕,补广东道监察御史,历官山东按察司副使整饬临清兵备、广东按察使、南京都察院右佥都御史提督操江、江西巡抚。名次,碑文作"第一百九名",《明清进士题名碑录索引》则作"一百一十名"。[2]

曹　镁　字良金,弘治六年(1493年)癸丑科毛澄榜进士,二甲第四十一名。选翰林院庶吉士,散官后授刑部主事,晋刑部员外郎,迁山东东昌府通判,擢福建兴化府同知,仕至湖广按察司佥事。

汝　泰　字符吉,又字其通。弘治九年(1496年)丙辰科朱希周榜进士,二甲第四十二名。弘治九年(1496年)丙辰科会试,第一百一十三名。弘治二年(1489年)应天府己酉科乡试举人,第一百一十名。治诗经,监生、吴江县学生,民籍。历南京吏部考功司主事,晋南京兵部郎中,正德三年(1508年)任湖广永州府知府。

通过查考科举文献,题名录漏刻一人:盛应期,字斯征。弘治六年(1493年)癸丑科毛澄榜进士,三甲第六十五名。授工部都水司主事,降云南府安宁州驿丞,后升云南府安宁州禄丰县知县,擢四川顺庆府通判,历官湖广武昌府同知、湖广长沙府同知、云南按察司佥事分巡金沧洱海诸道、云南按察司副使、河南按察使、山东右布政使、四川巡抚、江西巡抚、两广总督并兼理巡抚、工部侍郎,仕至河道总督。

五、碑序写作时间和立碑时间考

通过碑序所提进士人数和章亮"建廨宇"的时间推断,碑序的写作时间当不早于天顺五年(1461年),其写作时间下限不晚于立碑时间。

碑序之后列有立碑时,时任吴江县丞、主簿、教谕和训导等部分官员名单,通过这些官员的任职时间,可以推知立碑的时间。由于碑残缺,仅存部分立碑人的姓名:县丞梁和、孙璞,主簿李顼、刘旺,典史邹琮,教谕危俊,训导陈用贞等。梁和,江西泰和人,天顺四年(1460年)任吴江县丞。[3]李顼,天顺四年(1460年)任主簿。[4]危俊,福建光泽人,正统九年福建甲子科乡试举人,天顺三年(1459年)至成化三年(1467年)任吴江县学教谕。[5]陈用贞,广东东莞人,天顺二年(1458年)至成化二年(1466年)任吴江县学训导。[6]孙璞、刘旺、邹琮,苏州和吴江历代地方志则未见记载。

综合以上记载,可知碑序的写作时间和立碑时间,均不早于天顺五年(1461年),不晚于成化二年(1466年)。根据碑文内容,则可以推知题名录至少经过两次以上的刻写才完成:建文二年(1400年)庚辰科至天顺四年(1460年)庚辰科的进士名录当为第一次刻写,成化五年(1469年)以后至弘治九年(1496年)为后来刻写。至于其刻写的频次,弘治九年(1496年)一次刻写完成,抑或一科一刻,抑或几科一刻,待考。

---

[1] 朱保炯、谢沛霖编:《明清进士题名碑录索引》,上海古籍出版社,1980年,第936页。
[2] 朱保炯、谢沛霖编:《明清进士题名碑录索引》,上海古籍出版社,1980年,第300页。
[3] (明)莫旦纂:《弘治吴江志》,台湾学生书局,1987年,第410页。
[4] (清)陈荚缵等:《乾隆吴江县志》,《中国地方志集成·江苏府县志辑(第20册)》,江苏古籍出版社,1991年,第40页。
[5] (明)莫旦纂:《弘治吴江志》,台湾学生书局,1987年,第416页。
[6] (明)莫旦纂:《弘治吴江志》卷十一《来宦》"训导","陈用贞,字善成,东莞人,天顺二年任",台湾学生书局,1987年,第418页。(清)孙胤光修,李逢祥纂:《康熙长乐县志》卷三《秩官志》,"儒学教谕"载"陈用贞,东莞人,成化二年任",《中国地方志集成·广东府县志辑(第23册)》,上海书店出版社,2013年,第90页。

取水明月　鉴照千秋
——昆山博物馆藏历代铜镜撷珍

◎ 金坤萍（昆山博物馆）

铜镜是中国古代人们用以照面饰容的生活用具，与人们的日常生活密切相关。现已发表的考古资料显示，我国最早的铜镜出土于齐家文化，距今已有4 000多年的历史，直至清中晚期玻璃镜普及才逐渐淡出人们的生活。铜镜既是重要的生活用具，也是精美的工艺品，正面平滑光亮用来照容，背面多铸有各种题材的纹饰图案或文字，体现了不同时代的文化面貌、思想观念和审美取向，具有较高的文物和艺术价值，是我们研究不同历史时期社会生活与文化情况的重要实物资料之一。

昆山博物馆2014年征集了80余面铜镜，成为馆藏文物的重要门类之一，并于2023年8月精心策划了"取水明月　鉴照千秋——馆藏铜镜展"。这些铜镜上迄春秋战国，下止于清代，时代连缀、品种题材丰富多样、整体品相优良，在流行时段、形制、纹饰演变及铭文等方面值得深入研究探讨。本文从中择取23面代表性铜镜结合各时代特征予以分析研究，争取进一步认识中国古代铜镜的发展、演变及延续，领略不同时代铜镜铸造的成就。

一、春秋战国时期

春秋战国时期是中国铜镜发展的第一个鼎盛时期。社会生产力得到了迅速发展，文化艺术也出现了空前的繁荣，此时的铜镜表现出数量大、装饰精美、精致轻巧等时代特色。纹饰风格多追求精致细密，以繁复为美，铸造工艺上也多有创新，加入了焊接技术，并已熟练掌握镂空、鎏金、错金银等高端复杂的工艺，进而达到了前所未有的极致水准。代表：连弧纹镜、山字纹镜、蟠螭纹镜等。

春秋透雕龙纹镜（图一）

直径7.3厘米，圆形镜，夹层，小环钮，圆钮座。三条透雕龙纹环绕钮座同向排列，衔尾而

图一　春秋透雕龙纹镜（彩图图版十六）

接。龙头瞋目张口，橄榄型眼，龙首顶端长有两角，一短一长，长角弯曲卷起似云纹。龙身蜷曲，龙身弯曲处勾连云纹与钮座相接，外区饰勾连云纹。缘较宽平，饰环带纹。透雕镜的特点在于其复杂的制作工艺，镜面和镜背是分别铸造的，然后将它们嵌合在一起。镜背通常采用镂空的设计，展现出繁缛细腻的花纹。这种铜镜在春秋晚期出现，战国中晚期仍然流行，但在战国之后逐渐消失。

战国四山镜（图二）

直径15.7厘米，圆形，三弦钮，方钮座。外环一周凹面带方格。此镜主题纹饰为四个"山"字纹与细腻缜密的羽状地纹组成的复合纹路，是此时期铜镜艺术的经典组合样式，极具特色。在地纹之上，内有一凹面方格的四角向外伸出四组连贯式的花瓣，每组两瓣，将镜背分为四区，每区均匀分布一个"山"字，字形微微向左倾斜，"山"字中间一竖顶住边缘，其余两竖向内转折呈锐角形状。在各个"山"字左胁处有一片花瓣纹，全境共有十二个花瓣纹。素卷缘。

图二 战国四山镜（彩图图版十六）

"山"字纹铜镜兴盛于战国时期，除四山镜之外，还有三山镜、五山镜、六山镜。以山字形作为铜镜主题饰纹，在学术界有不同解释。清代梁廷枏在《藤花亭镜谱》中言："刻四山形以象四岳，此代形以字。"他认为，四山是四岳的象征。孔祥星、刘一曼在《中国古代铜镜》一书中认为装饰纹样的"山"字应和文字"山"是不等同的。他们认为可能是青铜器勾连雷纹的演变。

战国蟠螭菱纹镜（图三）

圆形，三弦钮，云雷纹圆钮座，外围短斜线纹及凹面形环带各一周。主纹为三蟠螭、三蟠禽，地纹为涡纹与碎点纹组合的细密云雷纹。蟠螭张口吐舌作回首反顾状，螭的身躯向右旋转，过头后往左延伸，尾部伸向镜缘。螭一足踏于镜缘，一足伸至钮座外圈。从螭头顶部向后伸出一角呈菱形纹。螭禽斑眼，勾喙，也作回顾状。禽的身躯长似枝蔓，腹部压于菱形角尖之下。三螭三禽之间有枝蔓相连。素卷缘。

图三 战国蟠螭菱纹镜

二、两汉时期

两汉时期是铜镜发展历史长河中的一个重要阶段，随着农业经济的发展和铁器的广泛应用，手工业生产规模和水平都有了很大发展，铜镜铸造技术和工艺水平达到了一个高峰。从汉代墓葬中出土的铜镜数量和工艺上，可以看出此时的铜镜不仅种类繁多，且在制作形式和艺术表现手段上都有了很大发展，出现了新的图像布局形式、纹饰以及铭文，纹饰与当时的社会思想紧密结合，使得此时期的铜镜艺术上升到了很高的地位。镜面铭文开始大量出现并逐渐成为重要的装饰组成部分，是汉代铜镜创新的重要标志。代表：博局（规矩）镜、连弧镜、昭明镜、日光镜、多乳神兽镜、画像镜等。

博局对称连叠草叶镜（图四）

直径13.8厘米，圆形，伏兽钮，钮外方格。方格四角外各一枚乳钉纹，方格四边中心点处向外伸出一个双线T形纹与L形纹相对，方格四角与V形纹相对夹乳钉纹，此为博局纹（又名规矩纹），T形纹与乳钉纹之间各间一字，八字连读为"置酒高堂，投博至明"。博局纹将主纹区分成四方八区，T形纹两端转折各伸出一组二叠式草叶纹，对称于L纹两侧，V形纹内角伸出一细弦纹，相对一组L纹内伸出单层草叶纹，另一组伸出一枝叶瓣纹，L纹下压一蟠螭纹。内向十六连弧纹缘。

图四　博局对称连叠草叶镜

星云纹镜（图五）

又称百乳镜。直径10.9厘米，圆形，连峰钮，星云纹钮座。钮座外有内向十六连弧纹。两周短线纹圈带之间为四枚圆座大乳钉，间饰五枚小乳钉，小乳钉间以弧线相连。因"其形状似天文星象，故有星云之名"。内向十六连弧纹缘。

清白连弧铭文镜（图六）

直径15.6厘米，圆形，圆钮，并蒂连珠纹钮座。座外一周凸弦纹，围以内向八连弧纹，形成弧形八角星形，各连弧间有两组不同的图案。两周短斜线纹之间配铭文："洁清白而事君，志污之合明，彼玄锡之泽，恐⸹而⸹疏日忘，怀美之穷而，承可不忘之，绝而忘之。"素缘。

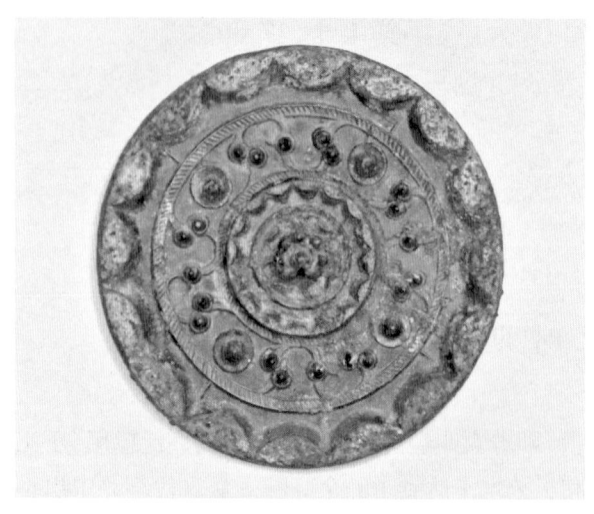

图五　星云纹镜

图六　清白连弧铭文镜

连弧铭带镜流行于西汉中晚期，多为圆钮，钮外一周饰连弧纹，其外为铭文带，文字之间有的以特殊的符号加以间隔。此镜器型厚重、铸造精良、文字优美，是连弧铭带镜中较好的作品。

尚方八乳神兽规矩铭文镜（图七）

直径18.5厘米，圆形，半球形钮，柿蒂钮座，钮座外为双线凹面界格，格内十二小乳钉与十二地支纹相间分布。古人以镜钮代表天的中心，钮座外的方格代表大地，圆形的镜子表示天，即天圆地方。双线方格框外均匀分布着8枚乳钉，双线方框与单弦纹间，夹有四组"T、L、V"规矩纹，方格各边中心点外为"T"形纹，"T"形纹两边各饰一乳钉纹，"T"形纹与"L"形纹相对置，方格四角与"V"形纹相对置。双线方框外每边的"T"纹左右各铸一单线神兽纹。"TLV"纹之间分布有8只形态各异的飞禽神兽，寓意祥瑞、避邪。"TLV"纹外为一周铭文："尚方作竟真大好，上有山人不知老，渴饮玉泉饥食枣，浮游天下敖四海，寿如金石为国保，乐未央贵富昌。"铭文外接栉齿纹环带，镜缘较宽，饰两圈锯齿纹间一圈双线波折纹。

图七　尚方八乳神兽规矩铭文镜

重列式神人神兽铭文镜（图八）

直径14.8厘米，圆形，大圆钮，圆钮座。镜背主题纹饰为横列五层的高浮雕神人神兽纹饰，自上而下为：第一层一神人端坐于座上，气度不凡，周身仙气缭绕，两侧分置瑞兽与千秋万岁鸟；第二层中间端坐一神人，另有两位神人左右相对，三人似在倾心交谈，两侧置龙虎瑞兽，身躯修长，身尾延伸至第三、四层，鬃毛飞扬，气势磅礴；第三层中心为镜钮，两侧各坐两位神人；第四层位于镜钮下方，两神人侧面相对，两侧饰瑞兽；第五层一神人居中，二神兽分居左右。主区外一周双弦纹，其外饰铭文一周："太囗丙（或庚）午，吾作明竟（镜），幽涑（炼）三商，周（雕）刻无极，配像［万］姜（疆），统德序道，祇灵是兴，富贵安宁，曾（增）年益寿，子孙番（蕃）昌，其师命长。"勾连云纹窄缘。此镜镜体厚重，端庄大气，纹饰繁缛细致，神人神兽错落有致，形态逼真，具有极高的审美价值。

图八　重列式神人神兽铭文镜

神仙思想自先秦时期孕育产生，发展至两汉时期呈鼎盛之势，对长生不老及美好生活的追求，使得神仙思想在汉代风靡一时，出现了大量将对神仙的崇拜具象化的神兽镜。此类铜镜主要有重列式、环绕式、区段式等多种形式，以神像神兽为主要纹饰，衬以装饰花纹和铭文，铜质精良，纹饰精美，而且铭文开始大量出现于镜上，是汉代铸镜工艺最高的镜类之一。

西王母车马镜（图九）

直径22.3厘米，圆形，半球形钮，圆钮座。钮座外有一周连珠纹，主题纹饰主纹区由四个乳钉分为四区，主题纹饰为高浮雕神人车马。相对两区为西王母人物像，头戴冠饰，双手置于胸前，两侧分别有两位羽人作跪坐叩拜状，另外两个区域为三驾马车向前飞驰，骏马矫健有力，奔腾并列的四肢和绷紧的缰绳生动地表现出了奔驰的动感。精致的车身和华丽的车盖雕刻入微。镜缘饰两圈三角锯齿纹，内有一圈栉齿纹。

这类画像镜以升仙思想为表现主题。汉代盛行崇拜西王母。西王母，最早见于《山海经》，职掌"司天之厉及五残"，即属凶神。汉《淮南子》把西王母美化成"执掌不死之神的吉祥神"。汉哀帝建平四年（公元前3年）"京师郡国民聚会里巷仟佰，设祭张博具，歌舞祠西王母"（《汉书·五行志》）。

图九　西王母车马镜

四乳神兽镜（图一○）

直径17.7厘米，圆形，半球钮，圆钮座。座外饰一周凸面圈带，圈内间隔配置五组斜短线纹和椭圆圈纹，外围双线方框，方框四角内各一字，合为：长宜子孙。主纹为四乳四兽相间环绕，四乳与方格四角相对，二朱雀相对，龙、虎相对。外区铭文一周："尚方作竟真大巧，上有山人不老，渴饮玉泉饥食枣。"铭文带外围栉齿纹带、三角锯齿纹及S形云纹缘。

多乳禽兽镜是东汉时期常见的品类。这类铜镜在纹饰的主区平均布置一周乳钉，乳钉的数量通常为四至七枚不等，间以四神、羽人、瑞兽、禽鸟等。

图一○　四乳神兽镜

三、隋唐时期

隋唐时期为铜镜发展史上的鼎盛时期。这一时期的铜镜比汉镜厚实，多呈银白色。造型上出现了菱花、葵花、亚字形等形式。纹饰上流行绚丽的花草植物纹和自由活泼的鸾、雀、蝶、龙、瑞兽等动物纹。布局上以对称或同向配置构图居多。工艺上出现金银平脱、贴金银、螺钿镜等特种工艺。代表：葵花形镜、瑞兽葡萄镜、花鸟纹镜、花卉镜、三乐镜等。

瑞兽葡萄镜（图一一）

直径14.1厘米，圆形，伏兽钮。镜背纹饰被一周凸弦纹分为内、外二区。内区葡萄枝蔓叶果实缠绕，果实饱满。六瑞兽采用高浮雕的装饰手法，姿态各异，或俯、或仰、或奔跑、或蹲卧，嬉戏攀援旋绕于枝蔓丛中。外区葡萄枝蔓交错排列，不同形态的禽鸟、蜂蝶、蜻蜓环绕其中。镜缘高卷饰云纹。

关于瑞兽与葡萄组合纹饰的来源，1959年新疆民丰考古发掘出土了东汉时期人兽葡萄纹和走兽葡萄纹的丝织品，表明早在东汉时期，这种融合中外文化的装饰风格就已经出现。随着东西方经济文化交流日益频密，来自西域的葡萄在中原地区广泛种植，成了重要的经济作物，瑞兽与葡萄的组合纹饰便成为唐镜中常见的题材。葡萄有硕果累累之意，取子孙后代繁荣昌盛、生活富足美满的寓意，是人们对太平盛世和美好生活的向往与追求。

图一一　瑞兽葡萄镜

瑞兽鸾鸟镜（图一二）

直径15.2厘米，圆形，半球形钮，花瓣纹钮座。座外围一周连珠纹。四兽双鸾同向环绕奔驰，形态各异，有的回首顾盼，有的瞋目张口，有的俯身低首，兽间以草叶纹和云气纹补空。兽外一锯齿纹带，外区铭文："光流素月，质禀玄精，澄空鉴水，照回凝清，终古永固，莹此心灵。"铭文外饰锯齿纹一圈。点线纹缘。

双鹤镜（图一三）

直径21.6厘米，圆形，圆钮。钮左右各立一仙鹤，振翅翘尾，右侧一脚立地，一脚抬起，回首顾望，左侧双脚站立，直视前方。钮上方一株二叶折枝花，花蕊耸起，其上方左右各缀以大朵祥云纹，钮下方有三株瑞草。素缘。此镜工艺精湛、雕刻细腻，仙鹤、祥云、瑞草寓意长寿吉祥，表达了当时人们对美好生活的向往，是唐中期典型的铜镜纹样。

图一二　瑞兽鸾鸟镜　　　　　　　　图一三　双鹤镜

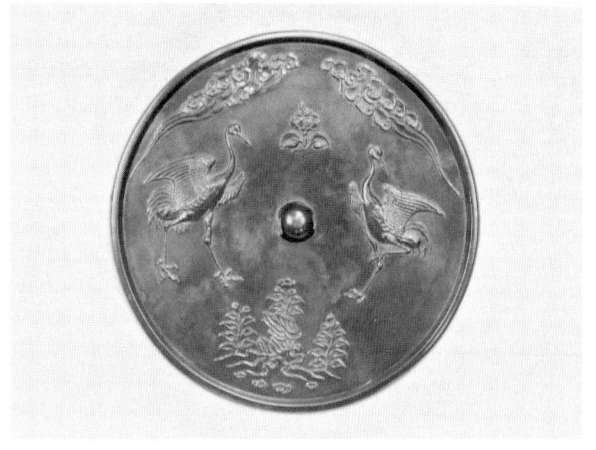

双雀双兽透腿镜（图一四）

直径12.6厘米，八出葵花形，内切圆形，圆钮。双雀双兽相间同向环钮，两两相间一株四叶折枝花含苞待放。鸳鸯口衔花枝，双兽一只天马、一只仙鹿，皆口衔绶带上飘。边缘分别配置两两对称的花枝、蜂蝶。此镜背面纹饰极富动感，刻画的动物肌肉线条清晰饱满，充满生机活力。镜中天马、仙鹿、鸳鸯等腿部均为镂空设计，称之为"透腿"，为铜镜装饰的一大特色工艺，造型更加立体，展现了高超的铸造工艺水平。

唐代人对鸾鸟、神兽衔绶带的图样尤为喜爱，诗句中的"千秋题作字，长寿带为铭"认为"寿"与"绶"谐音，长绶带寓意"长寿"。镜中雀鸟神兽相随相逐，寓意着美好与幸福，表现了唐人对吉祥、幸福、长寿的生活追求。

双鸾瑞兽花鸟镜（图一五）

直径23厘米，八出葵花形，圆钮。内切圆形，钮左右各立一鸾鸟，振翅翘尾，翩翩起舞。钮上有一奔驰的瑞兽，体态似马有角，备鞍，口衔葡萄枝蔓。钮下饰一株葡萄枝蔓果实，一鹦鹉展翅立于葡萄上觅食。边缘为两两对称的四种纹饰：葵花纹、如意云头纹、二叶一苞折枝花纹、方胜纹，两枚葵花纹中分别饰"千""秋"二字。

唐玄宗时期君臣间在"千秋节"相互赠镜，有祈求长寿之意。唐玄宗于开元十七年（公元729年）定其诞辰为"千秋节"，曾作《千秋节赐群臣镜》诗："铸得千秋镜，光生百炼金。分将赐群后，遇象见清心。台上冰花澈，窗中月影临。更衔长绶带，留意感人深。"

四鸟绕花枝镜（图一六）

直径12.3厘米，八瓣菱花形，圆钮。钮四周双雀、两雁与四花枝相间环绕，双雀展翅飞翔，拖着长尾，两雁双脚站立，一只羽翼未开，伸头垂尾，一只振翅翘尾，回首顾望。四鸟间有形状稍异的两组折枝花，一组两花苞未开，一组两花朵盛开。边缘为八弧内饰流云纹。

图一四　双雀双兽透腿镜

图一五　双鸾瑞兽花鸟镜

图一六　四鸟绕花枝镜

此类花鸟镜的主题纹饰由禽鸟和花枝组成,禽鸟有鸳鸯、雀、鹊、凫雁等,花枝多为带叶和苞的折枝花。以禽鸟环绕花枝为主纹饰,是唐代铜镜装饰纹样的代表之一。

缠枝宝相花镜(图一七)

直径20.8厘米,八出葵花形,圆钮,莲花瓣钮座。外围以菱花形花瓣并伸出八片叶瓣。钮座外枝叶连接环绕成圈,八片枝叶由枝蔓分别向外伸出八朵重瓣花卉,花卉分两种造型相间排列,一种花朵满开,花瓣呈桃形,中心花蕊耸起,另一种花朵初绽,露出点点花蕊,花瓣舒卷。宝相花镜是唐代比较流行的一种,宝相花有吉祥美满之意,是佛教文化中常见的纹样。

三乐镜(图一八)

直径12.9厘米,八出葵花形,圆钮。钮座上方有一横长方形框,内有铭文九字,分三行书,自左至右为:"孔夫子问曰答荣启奇。"钮左侧一人头戴冠,着宽袖长袍,左手抬起前指,右手执杖。右侧一人戴冠着裘,左手执琴,头部微侧。钮下一株杨柳,枝叶下垂。镜钮两侧分别为孔子与荣启期。此图纹典故出于《列子·天瑞》记载:"孔子游于泰山,见荣启期行乎郕之野,鹿裘带索,鼓琴而歌。孔子问曰:'先生所以乐,何也?'对曰:'吾乐甚多,天生万物,唯人为贵,而吾得为人,是一乐也。男女之别,男尊女卑,故以男为贵,吾既得为男矣,是二乐也。人生有不见日月,不免襁褓者,吾既已行年九十矣,是三乐也。'"

图一七　缠枝宝相花镜

图一八　三乐镜

四、宋元辽金时期

宋元辽金时期铜镜风格为之一变,由奢华厚重转为朴拙纤巧,宋镜较为轻薄,纹饰刻画较浅,少有盛唐时期的高浮雕。同时也有创新,增加了铅、锌含量,颜色呈黄中闪红。钮部变小,钮座边缘围以连珠纹。更加注重实用性,带柄镜大量使用,出现商标号配名镜,以湖州镜最为知名,神仙人物故事题材增多,出现了较多的异形镜。代表:故事镜、带柄镜、湖州镜、吉祥语镜等。

仙人鹤鹿同春镜(图一九)

直径18.5厘米,八出棱边形,桥型钮。镜缘右侧饰一棵大树,枝叶繁茂横生至镜上部。树下坐一仙人,旁站立一侍者,手中托盘,盘中有物。镜缘左侧山石中隐现出一扇门,一只仙鹤从打开的山门中

图一九　仙人鹤鹿同春镜

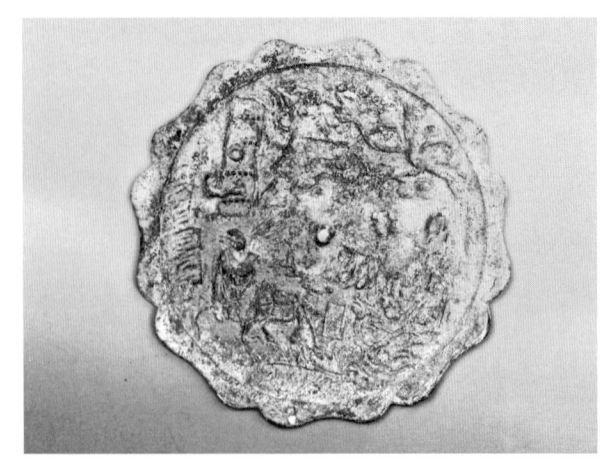

图二〇　辽单龙镜

探出头来。山门下亦站立一侍者，手中持瓶，瓶口香烟袅袅。钮下方两侍者之间，一头仙鹿款款而行，鹿脚下流水潺潺。

辽单龙镜（图二〇）

又叫盘龙纹镜。直径27.1厘米，圆形，圆钮。一龙躬身绕钮，身躯修长，龙身龙尾几乎盘绕成一个圆形。龙口对着镜钮大张作吞珠状，四肢伸张舞爪，一后肢压在龙尾上，素缘。

金双龙镜（图二一）

直径12.9厘米，圆形，圆钮。两条龙绕钮首尾相接，相互追逐。两龙卷曲姿势略有不同，但都龙首对着镜钮，龙口微张，龙颈弯曲，一龙前肢伸肢舞爪，身躯作轻度弧形，尾部向背部卷曲，另一龙呈C字形曲线，一后肢向上伸直，尾部缠绕后肢。空白处点缀卷云纹。素缘。

图二一　金双龙镜

五、明清时期

中国古代铜镜发展史在明清时期接近了尾声。明代铜镜造型较为单一，构图偏于简洁疏朗，以八宝纹和杂宝人物纹最具代表性，素面镜和铭文镜较多，铭文镜多为"状元及第""五子登科""长命富贵"等吉语，表达了实用主义的社会心态。清代铜镜承袭明代，乏善可陈，民间也有部分精良之作，喜生贵子群仙纹镜体形硕大，物象丰富。代表：八宝镜、吉祥语铭文镜、双鱼纹镜等。

杂宝人物镜（图二二）

直径15.4厘米，圆形，银锭钮。纹饰由上至下排列，最上层饰一驾祥云仙者，右侧一展翅仙鹤，银

图二二　杂宝人物镜　　　　　　　　　图二三　百寿团圆镜

锭钮上为画卷,钮两侧各立一人相对,左右边缘山石上斜生出两株茂密枝叶。钮下一只仙鹤单脚立于石上,作回首顾盼状。仙鹤两侧饰方胜、犀牛角等宝物。素宽平缘。杂宝仙人象征着吉祥如意、财亨洪福、平安长寿。

百寿团圆镜（图二三）

直径18.7厘米,圆形,圆形平顶钮,钮上铸铭:黄家自造。钮座四角外延饰凸起的四个方框,框内嵌四大字铭:百寿团圆。间以四位姿态各异的驾祥云仙者。双线素凹圈缘。

参考文献：

[1] 孔祥星、刘一曼:《中国古代铜镜》,文物出版社,1984年。
[2] 孔祥星、刘一曼:《中国铜镜图典》,文物出版社,1997年。
[3] 河北省文物研究所:《历代铜镜纹饰》,河北美术出版社,1996年。
[4] 常智奇:《中国铜镜美学发展史》,陕西师范大学出版社,2000年。
[5] 李新城:《东汉铜镜铭文的整理与研究》,华东师范大学博士学位论文,2006年。
[6] 杨昔慷:《海兽葡萄镜的初步研究》,西北大学硕士学位论文,2010年。
[7] 张从军:《战国两汉铜镜图像解读》,《东方考古(第8集)》,科学出版社,2011年。

中国古建筑四出抱厦外观小考

◎ 信香伊（苏州市考古研究所）

一、何为"四出抱厦"

"抱厦"在《中国古建筑名词图解辞典》的解释为："古建筑中建筑主体的附属部分，向外突出，但在结构上与主体建筑相连接，平面呈'凸'字形，民间称'龟头屋'。此种手法丰富了建筑空间与外部造型，在唐宋建筑中较为普遍，直至明清时期，'抱厦'仍很流行。在位置上，通常有以下几个特点：一、附属于主体建筑，并位于主体建筑的正面；二、位于群体建筑的中轴线上；三、在结构上与主体建筑相连；四、平面上形成凸字形。常见为山面向外和与主体建筑平行两种布局，现存最早的实物，为河北正定北宋时期的隆兴寺摩尼殿。"[1]

除了实物外，古代文学作品对"抱厦"也有描述，例如《红楼梦》第三回："王夫人忙携了黛玉出后房门，由后廊往西。出了角门，是一条南北甬路，南边是倒座三间小小抱厦厅，北边立着一个粉油大影壁，后有一个半大门，小小一所房室。"[2]第七回："却将迎春、探春、惜春三人移到王夫人这边房后三间抱厦内居住。"[3]由此可见，抱厦作为附属建筑，也会用于会客或作为书房。

陈从周先生说"宋称龟头屋，即今之抱厦也"。[4]周必大的《思陵录》中对宋高宗赵构永思陵也有"侧堂二座，各三间，龟头一间"[5]等关于龟头屋的记载。

而四出抱厦则是指，由建筑的四面呈"十"字形出抱厦的做法，抱厦顶一般为悬山式或歇山式。

二、四出抱厦的两种样式

根据建筑的功能和体量大小不同，四出抱厦从外观上大致可以分为两种类型。

一种是殿堂、厅堂建筑采用的类型，其平面为方形四出抱厦（图一）。此种多是为了扩展主体建筑的空间，或者增加其功能而设置的抱厦。

---

[1] 李剑平编著：《中国古建筑名词图解辞典》，山西科学技术出版社，2011年，第112—113页。
[2] （清）曹雪芹：《红楼梦》，南京大学出版社，2014年，第15页。
[3] （清）曹雪芹：《红楼梦》，南京大学出版社，2014年，第37页。
[4] 陈从周著：《梓室余墨——陈从周随笔》，生活·读书·新知三联书店，1999年，第424页。
[5] 顾宏义、李文整理标校：《宋代日记丛编3》，上海书店出版社，2013年，第1126页。

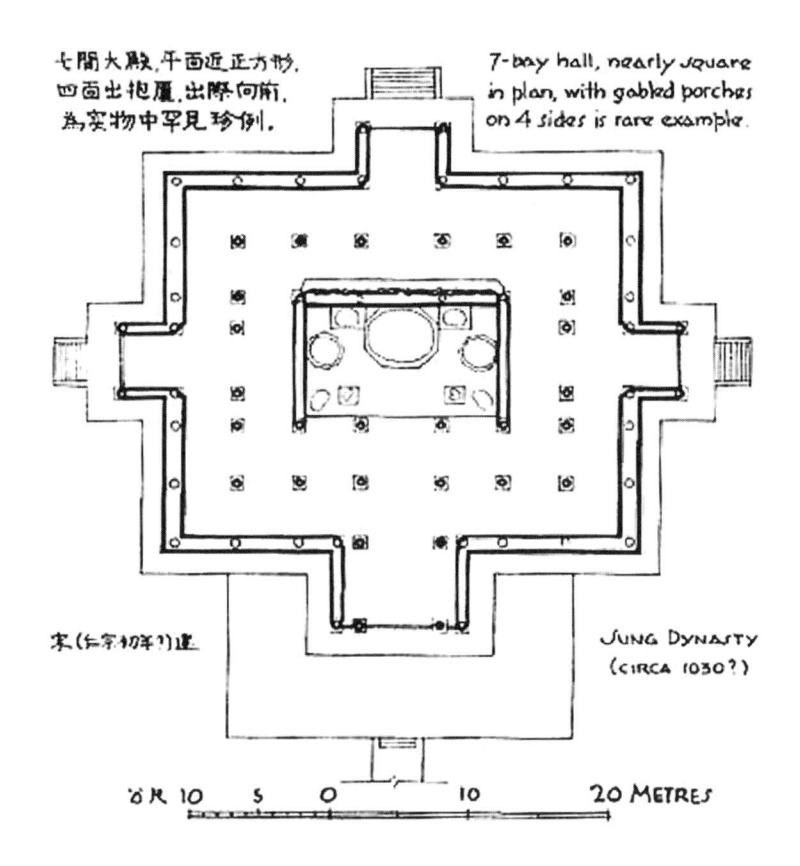

图一 摩尼殿平面图（梁思成绘）[1]

建于北宋皇祐四年（1052年）的隆兴寺摩尼殿便是此类殿堂的代表。此殿为礼佛的殿堂建筑，整个大殿全部以墙围绕，采用重檐歇山顶。四出抱厦以歇山山面向前作为大殿入口，因而殿内幽暗，营造出深沉凝重的氛围。对于此殿采用四出抱厦的原因，《中国古代建筑史》（五卷本）一书中给出的解释是拓展空间："宋代佛殿柱网排列齐整，不作减柱移柱，似乎偏于保守，或许是追求结构体系的完美。对于佛殿内部空间的扩大，采用四出抱厦一类的方法加以弥补。"[2]实际上，从平面图（图一）可以看出，抱厦面积相对主殿来说很小，并不能起到明显的扩大作用，因而推测，采用此种布局，除了空间上的拓展和作为入口的功能以外，也一定程度上反映了审美的要求，使得建筑看起来"富有趣致"。[3]据说龟头屋在两宋曾经风行一时，摩尼殿也并非孤例，对于宋代采用四出抱厦的建筑，当时人称为"龟首四出"。例如《齐州景灵岩记》中描述灵岩寺的佛殿"景祐中，主僧琼环者，即众堂东架殿两层，龟首四出，南向安观音像，文楣藻栱，颇极精丽"，[4]应该是类似于摩尼殿的建筑，可惜此殿清末毁于火灾，今不得见。

另有相较殿堂规模稍小的厅堂，采用四出抱厦，这种建筑形式见于《圆明园四十景图咏》中的

---

[1] 梁思成著：《中国建筑史》，生活·读书·新知三联书店，2011年，第145页。
[2] 郭黛姮编著：《中国古代建筑史·第3卷·宋、辽、金、西夏建筑》，中国建筑工业出版社，2009年，第276页。
[3] 梁思成著：《中国建筑史》，生活·读书·新知三联书店，2011年，第144页。
[4] 曾枣庄、刘琳主编，四川大学古籍整理研究所编：《全宋文》第24册，巴蜀书社，1992年，第414页。

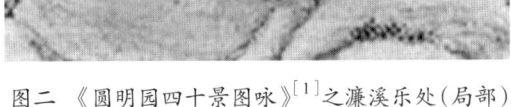

图二 《圆明园四十景图咏》[1]之濂溪乐处(局部) 　　图三 《圆明园四十景图咏》之万方安和(局部)

"濂溪乐处"(图二)"万方安和"(图三),抱厦可以作为过渡空间。清代的抱厦厅多"用进深浅、开间少(小)与厅平行构筑的卷棚建筑"。[2]可能是为了配合整个建筑富丽精致的风格,圆明园这两处四出抱厦的建筑,抱厦采用了卷棚式的歇山顶,坡面向外,可见四出抱厦虽然是以歇山式或悬山式为主,但具体的造型和细节有很多变化,山面坡面的方向、抱厦脊的样式都比较丰富。

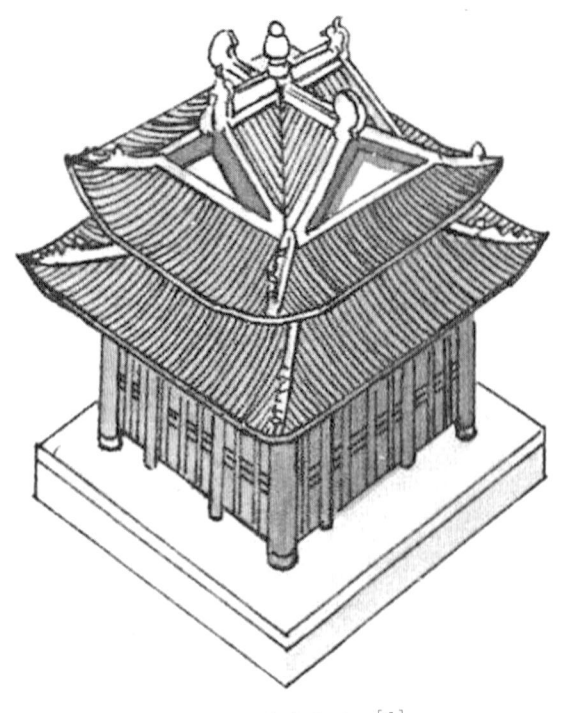

另一种是楼阁、民居采用的类型,称为"十字脊顶"(图四)。建筑百科辞典中释义为"两个屋脊垂直相交成十字的屋顶。多采用歇山式,外观庄重而华丽。多用于大型风景建筑,如宋画古黄鹤楼及金明池图中的圆形水殿"。[3]十字脊顶受梁架结构限制,所搭建的空间较小,所以不适用于殿堂、厅堂,加之抱厦四出,视野开阔,一般用于楼阁,作为观景或者防御,宋画中最为常见的四出抱厦也是这种,如画中的古黄鹤楼(图五)。

始建于明代永乐年间的紫禁城角楼,就是此种类型的楼阁实物代表。位于紫禁城东南的角楼"是目前全国唯一尚存的最大最早的城垣角楼建筑",[4]其屋顶有三层,最顶层是十字交叉歇山式大脊,中层是不对称的四出抱厦,向城垣外的两抱厦为山面向外,进深小,与城垣平行的两抱厦坡面向外,进深大,底层为一圈半坡顶。

除了楼阁等景观建筑,古代民居也有采用十字

图四 十字脊式屋顶[5]

---

[1] 《圆明园四十景图咏》是乾隆年间由宫廷画师绘制的圆明园实景图,现藏于法国巴黎国家图书馆。
[2] 张家骥著:《简明中国建筑论》,江苏人民出版社,2012年,第72页。
[3] 李国豪等主编:《中国土木建筑百科辞典:建筑》,中国建筑工业出版社出版,1999年,第305页。
[4] 曲小月主编:《老北京——皇都风貌》,北京燕山出版社,2008年,第62页。
[5] 王其钧著:《中国建筑图解词典》,机械工业出版社,2007年,第8页。

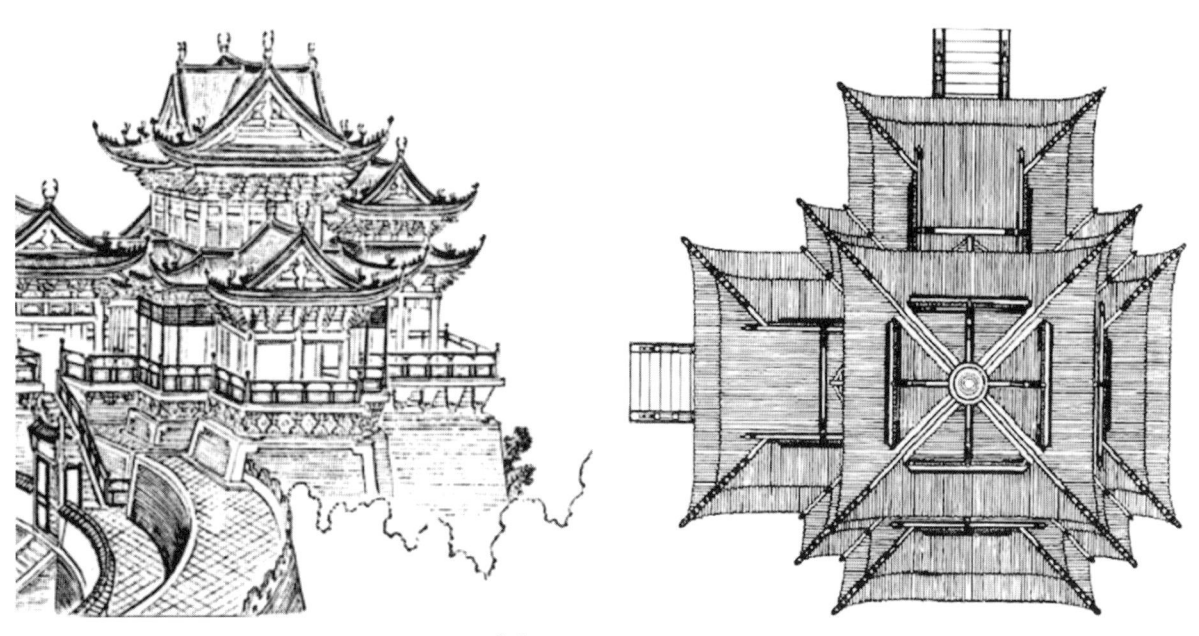

图五　宋 佚名《黄鹤楼图》(傅伯星临摹)[1]　　　　　图六　紫禁城角楼平面图

图七　清明上河图中的民居

脊的例子，比如《清明上河图》中的民居（图七）。用于民居的十字脊不同于景观建筑中的十字脊，景观建筑是为了追求错落精美的外观及四面开阔的视野，而民居采用十字脊更像是狭窄处不同方向的房屋被迫相交时，不得不采取的搭建方法，所以民居中的十字脊房屋，大多存在不对称的情况，山面也会做得相对随意粗糙。

三、宋以来的四出抱厦建筑实例

隋唐到两宋，中国的建筑风格有了明显变化。尤其是高等级官式建筑的风格，从雄壮渐趋灵巧。就现有的实物资料看，四出抱厦的做法最早出现于宋代，相应的壁画材料也是此时才出现，"宋代佛殿喜用九脊顶，较为活泼。如正定隆兴寺摩尼殿和榆林第三窟西夏壁画所绘佛殿，皆作重檐九脊，且四面出一龟头屋。据考，敦煌壁画在宋以前未出现过重檐屋顶的佛殿，更无四出抱厦做法"。[2]

---

[1] 傅伯星著：《宋画中的南宋建筑》，西泠印社出版社，2011年，第176页。
[2] 郭黛姮编著：《中国古代建筑史·第3卷·宋、辽、金、西夏建筑》，中国建筑工业出版社，2009年，第276页。

图八 榆林窟第3窟南壁壁画 观无量寿经变[1]（高鹏、吴荣鉴 临摹）（彩图图版十七）

榆林窟第3窟绘于西夏时期，图中两侧为二层楼阁，一层为中间厅堂，四面出抱厦，抱厦为歇山式，山面向外。壁画中建筑形象的第一层与摩尼殿（图九）类似。

元代十字脊的建筑形式仍十分流行，"文献所知的大都城宫苑中，十字脊式殿阁也较为多见。如兴庆宫后的延华阁，为一座五开间见方的重檐十字脊殿阁"。[2]现存的元代建筑有临汾东羊村后土庙戏台（图一一），建于至正五年（1345年），坐南朝北，三面封闭，歇山式十字脊顶。

---

[1] 此图也被看做是西方净土变。
[2] 王贵祥：《元代城市和宫苑概况》，《中国文物学会传统建筑园林委员会第十一届学术研讨会论文集》，1998年，第11页。

中国古建筑四出抱厦外观小考 | 273

图九　摩尼殿外观[1]

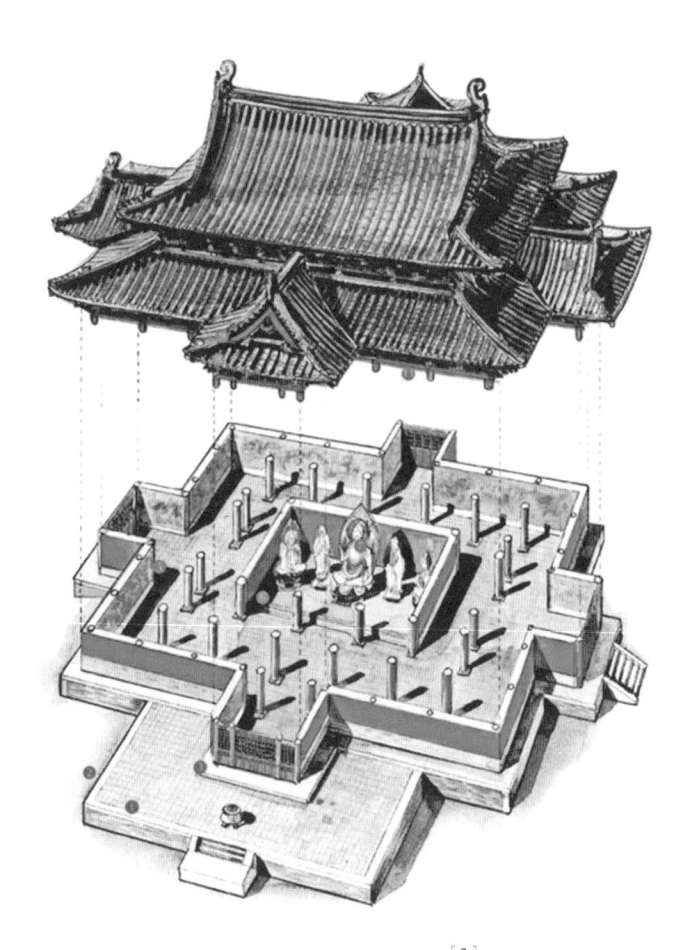

图一〇　摩尼殿剖视图[2]

---

[1] 王其钧著:《中国建筑图解词典》,机械工业出版社,2007年,第4页。
[2] 李乾朗著:《穿墙透壁——剖视中国经典古建筑》,广西师范大学出版社,2009年,第53页。

图一一　临汾东羊村后土庙戏台外观

明代初期有些建筑承袭了宋元旧制,始建于明洪武七年(1374年)的光岳楼(图一二),造型上承袭宋元风格,是宋元向明清风格过渡的代表性楼阁建筑,其下部为砖石墩台,上建四层楼阁,歇山十字脊顶。到永乐年间,此类建筑的风格与前代差异日趋明显,例如建于此时期的紫禁城角楼(图一三),二层檐有四出歇山抱厦。再如正德年间的飞云楼(图一四),二三层均有四出抱厦。虽然同为十字脊顶楼阁建筑,但角楼与飞云楼相较明初的光岳楼,造型明显更为玲珑,外观也更为精巧,不复雄壮之气。

图一二　山东聊城光岳楼

图一三　紫禁城角楼

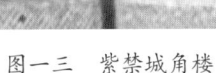

图一四　山西万荣飞云楼外观

清代的四出抱厦建筑檐角起翘大，造型上更加活泼，宫苑中常常采用。圆明园中除了有上文提到的采用四出抱厦的单体建筑，还有类似角楼的采用十字脊顶的附属建筑（图一五）。宫廷之外，民间的建筑也有各种实例，例如建于乾隆年间的山东聊城山陕会馆钟鼓楼（图一六），清代同治九年（1870年）重建的山西万荣后土祠的秋风楼（图一七）。

民国时，中国的传统建筑艺术进入了复兴阶段，各地修建了一批利用西方建筑技术与中国传统殿阁外观相结合的复古建筑，南京大学的北大楼就是其中之一，其采用中国传统建筑样式，塔楼上冠十字脊歇山顶，成了南京大学的标志性建筑。到现在，四出抱厦仍然在一些仿古建筑中被采用，例如南京的阅江楼，楼顶为十字脊；武汉的黄鹤楼，底层和顶层为坡面向外的四出抱厦；苏州桃花坞重建的

图一五　《圆明园四十景图咏》之方壶胜境（局部）

图一六　山东聊城山陕会馆鼓楼

图一七　山西万荣后土祠秋风楼

图一八　南京大学北大楼（局部）

图一九　苏州桃花坞文昌阁

文昌阁，三层均为四出抱厦，阁顶十字脊。所以就目前的资料看，自宋代以来，四出抱厦一直在各类功能不同的建筑中被采用，并且随着时代的变化风格有所不同，但宋代之前是否已有四出抱厦，仍有待进一步考证。

从正谊书院看清末苏州地区新学的兴起

——兼谈苏州可园二期建筑性质

◎ 车亚风（苏州市考古研究所）

《改建正谊书院记》石碑，现立于苏州可园的东部回廊内。该碑为青石质，平面呈长方形，高196、宽81、厚10厘米，石碑上部篆书阴刻"改建正谊书院记"。碑文楷书阴刻，竖24行，满行45字，全文计929字，共有三个字迹不清不可认（图一）。现录文标点并考释如下（/表示另行）。

一、石 碑 录 文[1]

改建正谊书院记/
　　事有创自晚近而于三代圣人之法适合者，今书院是也。书院之名始于唐明皇丽正书院，盖六馆之属与今书院异。/宋元时辄因先贤遗迹思而祠之，请于朝设官主教事，如苏州之学道、文正、和靖、鹤山皆是。盖祠堂之属与今书院同/而异。今书院之法，实即三代乡学、宋元郡县学之法，何以言之？《学记》：家有塾、党有庠、遂[2]有序。注：古者仕焉而已者，归教/于闾里，朝夕坐于门，疏引书传说，大夫为父师，士为少师。新谷已入，余子皆入学，上老平明坐于右塾，庶[3]老坐于左塾，/中年考校注乡遂大夫，间岁则考学者之德行道艺。非即今师课官课之法乎？
　　史称胡安定教授苏湖，立经义、治事两/斋，又称范文正守郡立学，延安定为师考。是时天下未有学，茌教事者以礼聘不以选授。迨后文正《天章阁十事》之疏/既上，始命郡县皆立学，取安定学法为太学法，著为令，至于今不废，非即今延山长选内课之法乎？穆堂李氏不深考，/乃谓后世立学，未尝聚弟子员于学宫，散而无纪，疏而不亲，课无与为程，业无与为考，不如书院以聚处讲贯而学业/易成。不知古来之学，本无不聚，后世名存实废之学始不然，而书院则转存古学之法，然所习仅制举、文字，犹无当也。/务令究心经史有用之学，无失文昭遗意，斯于古学法有合焉。

---

[1]（清）冯桂芬《显志堂稿》卷三也收录有《改建正谊书院记》一文，与可园藏《改建正谊书院记》碑文内容略有不同，本文以可园碑文为准。
[2]《显志堂稿·改建正谊书院记》载为"术"。《礼记正义·学记》载："术，当为遂，声之误也……周礼：二十五家为间，同共一巷，巷首有门，门边有塾……五百家为党……于党中立学，教间中所升者也……万二千五百家为遂……于遂中立学，教党学所升者也……党属于乡，遂在远郊之外。"
[3] 此处碑文漫漶不清，《显志堂稿·改建正谊书院记》载为"庶"。

图一 《改建正谊书院记》碑文

予平吴之次年,建复紫阳书院,课四书文试帖如旧制,/其明年,将复正谊书院旧制,与紫阳同。以肄业人众,故分之。今人数不及半,分之则弥少。因念江宁有惜阴书舍,杭州/有诂经精舍,广州有学海堂,苏州独无。岁庚申,当事议建沧浪讲舍,延宫允冯先生为之师。落成,课有日而寇至,都人/士惜之。予遂因正谊旧名,而改课经解古学。檄所司筹白金万二千金,以万金置田,以岁租为修脯、膏火资,余购屋庀/家具,属郡绅顾观察、文彬理董发敛之事,仍延宫允主是席,损益惜阴旧章,又参用湖南岳麓、城南等各书院式,招诸/生之隽若而〈干〉人宿院肄业,以年较长者一人为斋长。

庶与安定学法合,即与宋元郡县学法合,以渐几乎三代上乡学/之法亦无不合。夫天下之有学,自文正发其端,而苏郡实为权舆,又焉知正谊之法不从此风行海内? 如响斯应,家知/朴学,士尽通经,益以广我/圣清典学右文之盛,亦将以正谊为权舆乎?

予于文正无能为役,而适与其事,亦云厚幸。又考正谊书院创于吾乡汪/稼门先生抚吴时,是岁嘉庆九年甲子,先生以皖[1]南人监临江南乡试。今甲子一周,大难已去,/文运重新。予亦以苏抚充监临改建是院,贞元循环之理有如之巧者,可异也夫/

诰授建威将军、赐进士出身、太子少保、江苏巡抚、一等肃毅伯、赏穿[2]黄马褂、赏戴双翎合肥李鸿章撰/

诰授奉政大夫、赐进士及第、詹事府右春坊右中允、五品顶戴、郡人冯桂芬书并篆额/

吴郡程芝庭镌

从碑文可知,该碑篆于清同治三年(1864年),主要记载了清政府恢复在苏州的统治之后,对被太平天国运动破坏的正谊书院进行重建的历史背景及教学内容的改革等情况。冯桂芬被时任江苏巡抚李鸿章任命主持重建正谊书院,他看到了"所习仅制举、文字"的弊端,推崇"经史有用之学","损益惜阴旧章,又参用湖南岳麓、城南等书院之式",掀起了一阵清末教育改革之风。

关于正谊书院的具体历史沿革,碑文记载与相关史料完全吻合,列举如下:

"正谊书院,在府学东、沧浪亭后。嘉庆十年(1805年),两江总督铁保、江苏巡抚汪志伊建……以白云精舍及可园地为基址而颜之曰正谊,夫谊者义也,官正其谊则治期探本,士正其谊则志在立身。"(同治《苏州府志·学校一》)

"咸丰十年(1860年),(正谊书院)毁于兵,克复后巡抚李鸿章购中由吉巷民居改建。"(同治《苏州府志·学校一》)

"(同治)十二年(1873年)巡抚张树声重建旧地,奏颁御书正谊明道额。"(同治《苏州府志·学校一》)

"光绪二十九年(1903年),(正谊书院)改为府中学堂。"(民国《吴县志·书院》)

"进入民国后,取消府制……同时(1912年),位于沧浪亭北的苏州府中学堂被撤销,学生并入县立一中。"(《苏州教育志·中学教育》)

由此可知,正谊书院于1805年在苏州可园内建立,1860年因太平天国运动而被毁,1865年以中由吉巷民房权充书院,1873年原址重建,1903年被改为苏州府中学堂(图二)。至此,前后共存在了近一百年的正谊书院正式退出了历史舞台。

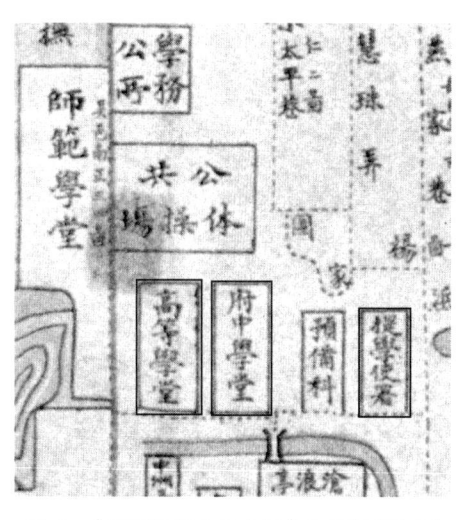

图二 《苏州巡警分区全图》局部(1908年)

二、清末苏州新学的兴起

(一) 背景

如果说第一次鸦片战争的一声炮响,打碎了中国人的迷梦,警醒了林则徐、魏源等少数人,那么第

---
[1] 此处碑文漫漶不清,《显志堂稿·改建正谊书院记》载为"皖人"。
[2] 此处碑文漫漶不清,疑为"穿"。

二次鸦片战争的失败和《北京条约》的签订,则极大地震撼了清朝统治者和士绅阶层,他们普遍感到第二次鸦片战争"创巨痛深",意识到"即日夜图维,业已不及"的危机感,深感过去安于不知,已使江河日下的局面。[1]

当时社会由于认识到西方武器的先进,形成了要求学习西方以求"自强御侮"的社会思潮。在中国固有的农业文明与西方工业文明的较量中,中国的传统教育产生了危机。如何解决教育危机、维护封建统治秩序,成了清政府和文人学子、京官疆臣面临的重大课题。

于是,中国的近代科学教育便在洋务运动期间艰难起步。虽然"洋务教育"新旧杂糅、弊病丛生,但毕竟开了以学习西方近代科学文化为主要内容的新教育的先河,推动了中国近代教育的新陈代谢。[2]

(二) 冯桂芬与正谊书院

冯桂芬在1861年完成的《校邠庐抗议》中总结中国有"五不如夷":"船坚炮利不如夷,人无弃才不如夷,地无遗利不如夷,君民不隔不如夷,名实必符不如夷。"明确提出"变科举""采西学""自强攘夷"学习西方的思想等建议。他的"以中国之伦常名教为原本,辅以诸国富强之术"主张,最早反映了洋务运动"中体西用"的指导思想,[3]为"西学"教育的合理性进行了有效论证,由此实施的留学教育和举办新式学堂等措施,改变了单一的传统教育结构,打开了僵化的封建教育体制的缺口,促进了人们思想的解放与近代化。

而冯桂芬教育改革思想的形成与正谊书院息息相关。道光八年(1828年),年正弱冠的冯桂芬进入正谊书院读书,时任山长为著名大儒朱珔。江苏巡抚林则徐在《正谊书院课选》序文中称赞朱珔"于士能以身教,又研精朴学,务以经义与诸生切劘,故被先生之教者,咸知治经为先,而不仅以帖括家言随时俯仰",朱珔执教正谊书院时还"立身行己,规行矩步,道范俨然",[4]对书院生徒产生了较大影响,冯桂芬对这位老师的人品、文章也极其钦佩。

冯桂芬在正谊书院读书时,还曾受到江苏巡抚林则徐的赏识。道光十二年(1832年)二月,林则徐任江苏巡抚;同年六月,林则徐到正谊书院考课,首拔冯桂芬,对之欣赏有加;八月,冯桂芬中举,拜林则徐为师,并助其校书,成为林则徐的得意门生。林则徐以经世务实享誉于当时,以禁烟抗英流芳于后世,他的经世思想对冯桂芬后来的经世致用思想产生了重要影响。[5]

1864年秋,冯桂芬返回苏州主持正谊书院讲席,着手改革教学内容,除"制举、文字"外,更注重运用"有用之学",扩大授课内容,提倡经世之学,深入学习和借鉴西方教育制度,认为"正谊之法""从此风行海内"亦不无可能。他在《改建正谊书院记》中写道:"不知古来之学,本无不聚,后世名存实废之,学始不然,而书院则转存古学之法,然所习仅制举、文字,犹无当也。务令究心经史有用之学,无失文昭遗意,斯于古学法有合焉。"正反映了冯桂芬改建正谊书院的指导思想在于倡导经世致用之学。

冯桂芬以正谊书院肄业生的身份担任正谊书院山长,"士林尤为推重"。而他也不负众望,在其掌院三年期间,"殚力经世之学",并重刻段氏《说文解字注》,极力推崇经世思想,倡导经世致用之学,培

---

[1] 中国史学会主编:《洋务运动(二)》,上海人民出版社,1961年,第31页。
[2] 白俊:《清末民初新学在沈阳的兴起与发展》,吉林大学硕士学位论文,2008年,第4页。
[3] 徐启彤:《冯桂芬教育思想述论》,《苏州大学学报(哲学社会科学版)》1997年第3期。
[4] (清)冯桂芬:《朱兰坡宫赞师七十寿序》,《显志堂稿》卷二,朝华出版社,2018年,第277页。
[5] 王坤:《清代苏州书院研究》,苏州大学硕士学位论文,2008年,第71页。

养了众多人材,如吴大澂、叶昌炽、陆润庠、王颂蔚、管礼耕等等,[1]对近代吴地书院的学风产生了重要影响,"对洋务教育的创建和发展,对近代教育的兴起起了重要的导向作用"。[2]

可以说,正谊书院不仅是冯桂芬教育改革思想的启蒙地,还是其"中体西用"思想成熟后最重要的一块实践地,对我国近代教育的产生、发展有着深远的影响,冯桂芬也因此被称为"中国近代史上提出全面系统变法思想的、力主在多方面向西方学习的、注意消解变法之古今中西矛盾的、具有开拓意义的、务实、深刻、影响深远的大思想家"。[3]

(三) 苏州新学的发展

正谊书院作为最早设立于可园的官办书院,从1805年建立到1903年被改为苏州府中学堂,再到1912年被撤销,其间经历了清末民初苏州地区新式学校的兴起和发展。笔者初步统计,这一时期仅设立于可园地区的各式新学先后不下数十所(图三),其中还包括了苏州第一所官立大学——中西学堂、苏州第一所官立中学——苏州府中学堂、我国近代第一所省立小学——江苏师范学堂附属两等小学堂。举例如下:

> 在光绪二十八年(1902年)清政府颁布《钦定学堂章程》之前,新式学校已开始在苏州出现:光绪二十六年(1900年),苏州第一所官办新式学堂——中西学堂即在可园内成立(1904年改为江苏高等学堂)。光绪二十九年(1903年),正谊书院被改为苏州府中学堂,这是苏州第一所官立中学。
>
> 光绪三十年(1904年)一月颁布的《奏定学堂章程》,对近代中国学校制度在组织与形式上都影响甚大,清末民初的新学教育制度主要以此为据。光绪三十一年(1905年)八月,光绪帝下诏"立停科举,以广学校",标志着科举制度至此寿终正寝,从此各式新学便如雨后春笋般涌现。当年,江苏省即在苏州可园之北成立学务公所(后改为学款处),主要负责汇集原书院学田的租典息以及宾兴公所(民政福利机构)项下的公款,用于办公立学堂;同年11月,在可园北侧的公共体操场东成立了江苏师范学堂附属两等小学堂,这是我国近代第一所省立小学。
>
> 光绪三十二年(1906年),在可园东侧的原近山林行台设立江苏提学使署,主官为提学使,主要负责全省的教育行政事务,考核所属职员,管理全省各级学堂,聘用外国教员等事宜,还要与布政使一起筹划全省教育经费。
>
> 光绪三十四年(1908年),可园内成立了官立存古学堂,还有迁入原学款处的公立高等小学堂。
>
> 宣统三年(1911年)正月,由三元坊旧学务公所改设成立官立中等工业学堂。

可园因此成了苏州地区一块重要的教育热土,见证着苏州新学发端与整合的变迁全程,担负着诸多仁人志士探索救国救民道路的理想与信念,苏州的近代教育也走在了全国前列,而这一切都离不开冯桂芬在正谊书院所倡导的教育改革之功。

---

[1] 王坤:《清代苏州书院研究》,苏州大学硕士学位论文,2008年,第74—75页。
[2] 徐启彤:《冯桂芬教育思想述论》,《苏州大学学报(哲学社会科学版)》1997年第3期。
[3] 熊月之:《冯桂芬评传》,南京大学出版社,2004年,第14页。

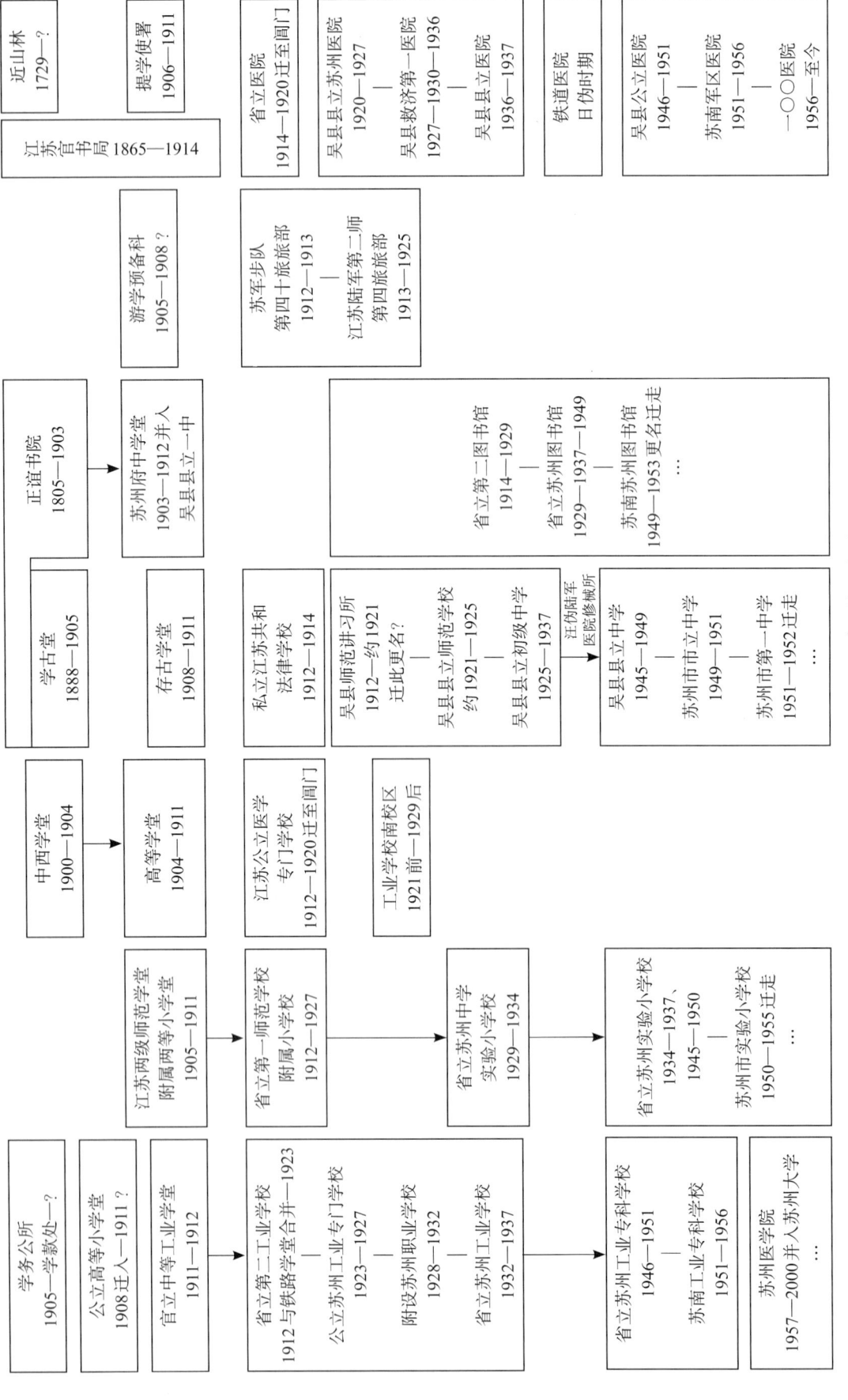

图三 苏州可园地区新学发展演变图

三、可园二期建筑性质

新中国成立至今，可园共经历三次大的修复，分别是1963年、1993年由苏州医学院组织的两次修复，以及2014年开始的第三次修复。在第三次修复之前，由于长期不对外开放，外界对可园了解甚微。第三次修复分两期进行，一期先期启动可园东部花园部分的修缮工程，二期主要修复西部住宅部分（图四）。

2018年4月，可园二期区域作为正谊书院的常设展区正式对外开放。曾有学者指出，可园二期修复工程所在的老宅应为江苏提学使署旧址。[1]

那么可园二期建筑在历史上是否曾为江苏提学使署？笔者查阅相关资料后，认为该观点仍有待商榷。1908年出版的《苏州巡警分区全图》清晰地标明了提学使署位于"府中学堂"和"游学预备科"的东侧、慧珠弄东南部、沧浪亭东北部（图二），即现在的一〇〇医院所在地。

民国《吴县志·公署二》载"提学使署……由近山林行台改建"，而诸多苏州古城地图均显示近山林行台位于正谊书院和可园的东部、沧浪亭的东北部（图五）。《沧浪区志》"城址官署"卷也明确记载："提学使司在沧浪亭东北……江苏提学使司设于近山林巡抚行辕。辛亥革命后废除。原址先后被用作江苏省立医院、吴县公立医院、江苏省军区中心医院，1956年后为解放军一〇〇医院。已无衙门遗迹。"由此可知，现一〇〇医院即为原提学使署旧址所在地。

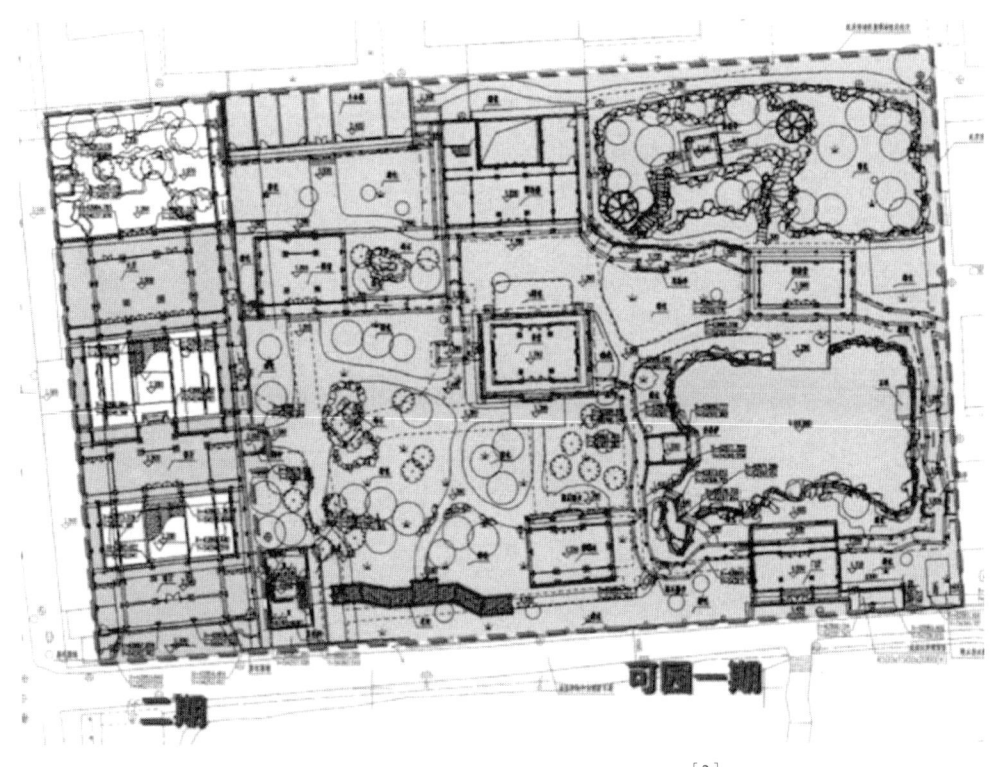

图四　可园一期和二期修复工程范围图[2]

---

[1] 张维明：《清末江苏提学使署旧址》，《江苏地方志》2016年第5期。
[2] 刘露：《苏州宅院类建筑遗产修复工程真实性保护机制研究——以可园为例》，苏州科技大学硕士学位论文，2018年，第53页。

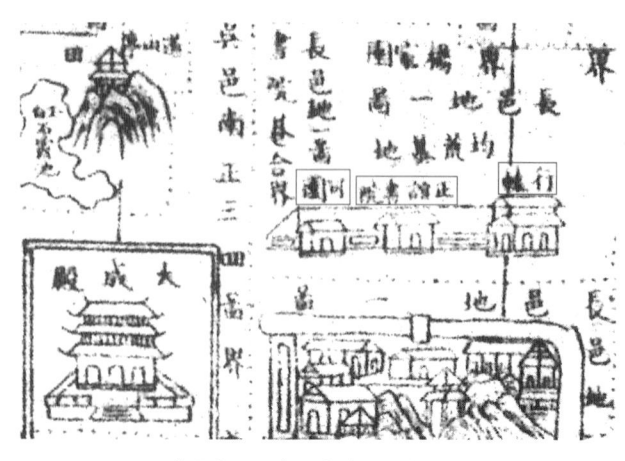

图五 《苏城全图》局部（1896年—1906年）

既然可园二期不是江苏提学使署所在地，那这片建筑究竟为何性质？

（一）从文献资料来看

关于可园二期建筑，民间一直流传着沈家祠堂的故事，即这里是清乾隆年间沈德潜的祠堂。光绪二十二年（1896年）诸可宝所撰《学古堂日记》载"冬合楼右之沈文悫祠址继为斋舍三成，成五楹……讲堂五楹于斋舍之南，而规模始完美"。民国《吴县志·名宦三·吴履刚传》也记载"（学古）堂西斋舍，为沈文悫德潜故宅，为辟室设位"。乾隆《长洲县志》中的插图《沧浪亭图》也清晰地注明了沧浪亭对岸西北角为"沈宫傅坊"、东北角为近山林（图六）。

上述文字表明可园二期原为沈德潜住宅及其祠堂。乾隆四十三年（1778年），因受"一柱楼"诗案株连，沈德潜被夺官罢祠、削谥仆碑，此处由此荒芜。光绪十四年（1888年）在此修建学古堂，北部建为斋舍，南部为讲堂，均面阔五间。巧合的是，可园二期建筑的第二进、第三进保存较完整，皆面阔五间，中间三间施斗拱；门厅原本也是面阔五间，在第三次修复开始前，门厅西侧曾被拆除一间，面阔

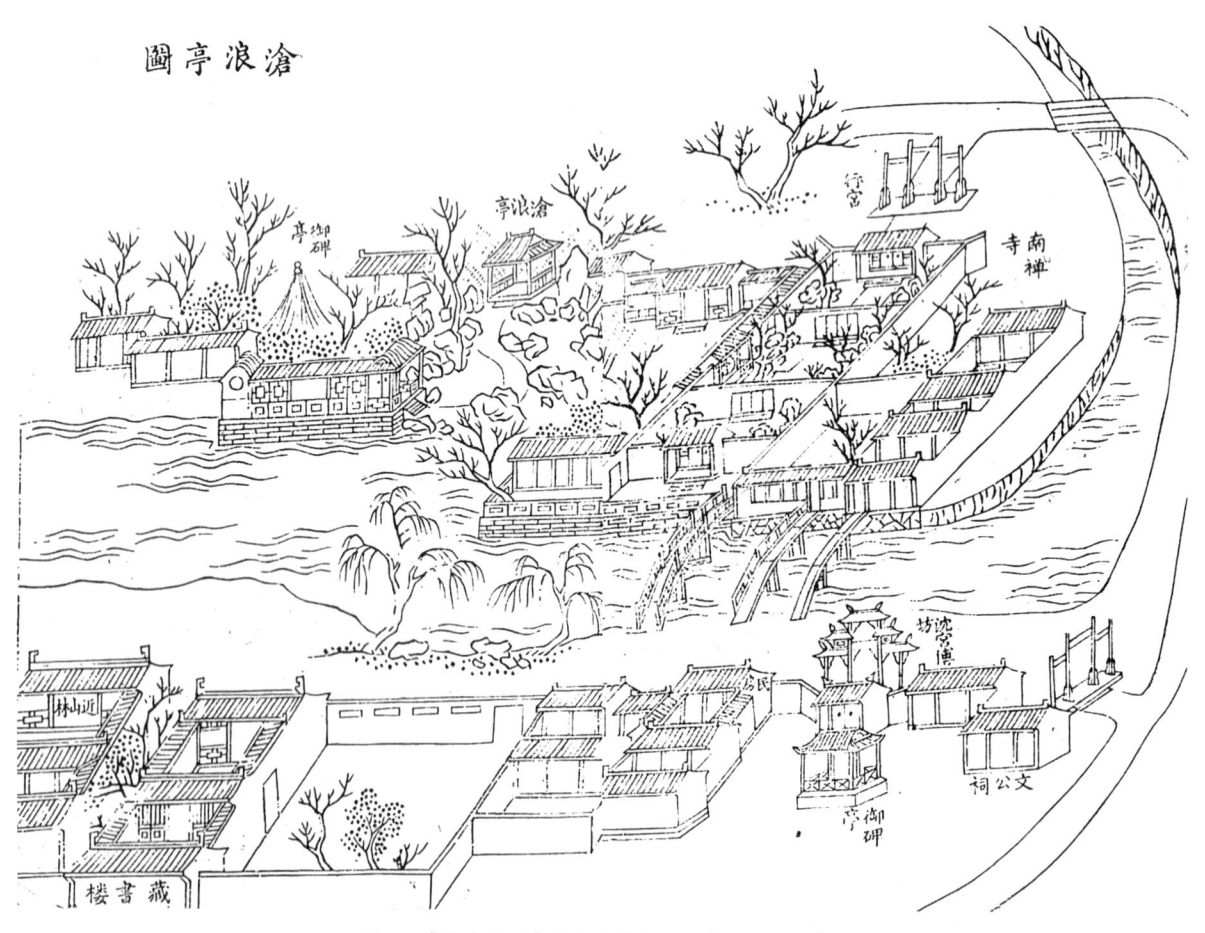

图六 《沧浪亭图》局部（引自乾隆《长洲县志》）

仅存四间,中间三间施斗拱。[1]

光绪二十六年(1900年)于可园创办的中西学堂,是苏州第一所官办新式学堂(图七)。民国《吴县志·学堂》记载中西学堂位于"沧浪亭北可园",然未说明详细方位。但《苏州巡警分区全图》上却明确标注了由中西学堂改名而来的高等学堂,位于苏州府中学堂的西部、中州三贤祠的正北部、沧浪亭的西北部(图二),也就是现在可园二期的位置。或许正是由于可园二期有着讲堂的教育基础,才选择此地建立中西学堂。

(二) 从建筑形态来看

现可园二期的建筑大门外观与中西学堂大门虽略有差异,但整体外形特征基本一致(图七、图八),面阔也均为五间,差异之处当是后期修复、改建所致。

通过对比分析1961年和1987年的图纸,发现1963年的修复对西部建筑的前厅进行了扩建,初建了入口的八字墙,并对其大厅南部进行加建。从1987年和2015年的图纸对比中发现,1993年的修复主要是对院落的东西两侧以及轿厅和大厅后部进行加建,包括对西侧八字墙重新砌筑[2](图九)。

图七 中西学堂大门(门口挂有"学堂重地 闲人免进"的牌子,引自苏州市地方志编纂委员会办公室网站)

图八 可园二期大门(第三次大修前)[3]

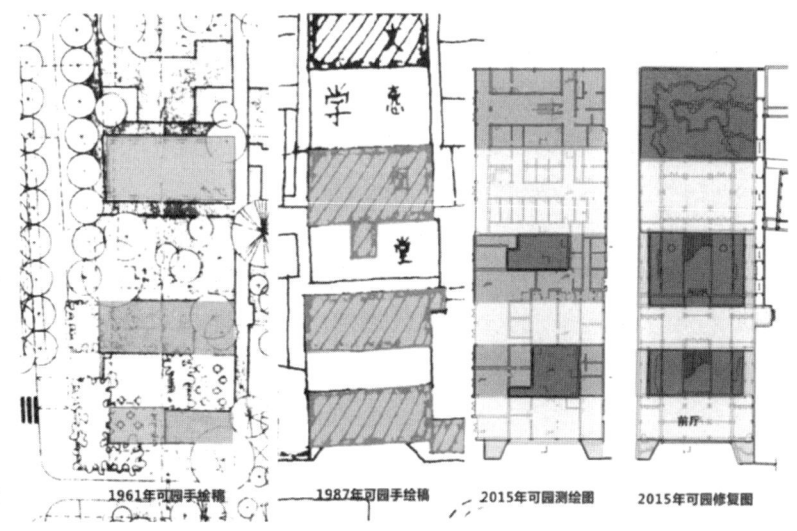

图九 可园二期建筑平面布局演变图[4]

---

[1] 张维明:《清末江苏提学使署旧址》,《江苏地方志》2016年第5期。
[2] 刘露:《苏州宅院类建筑遗产修复工程真实性保护机制研究——以可园为例》,苏州科技大学硕士学位论文,2018年,第53页。
[3] 张维明:《清末江苏提学使署旧址》,《江苏地方志》2016年第5期。
[4] 刘露:《苏州宅院类建筑遗产修复工程真实性保护机制研究——以可园为例》,苏州科技大学硕士学位论文,2018年,第53页。

门厅南立面

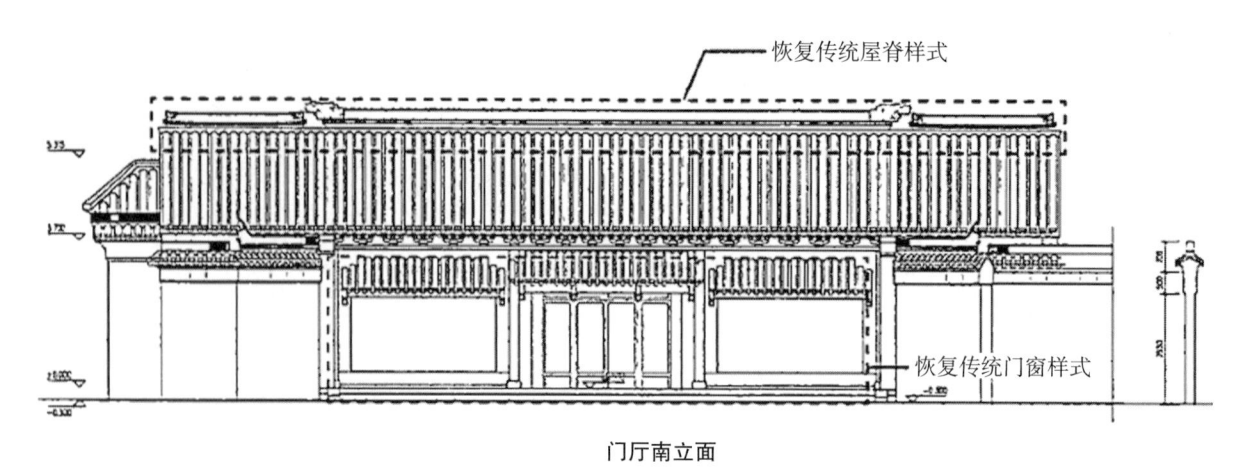

图一〇　可园二期建筑门窗立面修复方案[1]

后期的多次修复及加建导致现在可园二期建筑的外观与清末时有所差异,但从建筑结构来看(图一〇),通过比较中西学堂与可园二期建筑,发现无论是建筑立面外观还是屋檐样式等,二者均基本保持一致,即二者应为同一处建筑。

至此,再结合相关史料,可园二期现存建筑的性质基本明确:1888年学古堂建立之后北部为斋舍、南部为讲堂,1900年成为中西学堂,1912年之后,先后为江苏公立医学专门学校、第二工业学校南校区所在地。新中国成立后,可园在1957年划归苏州医学院使用,2000年又随着苏州医学院一起并入苏州大学,2012年通过地块置换划归苏州市园林和绿化管理局管理,2018年修复后作为正谊书院的陈列展厅对外开放至今。

四、结　语

苏州,历史悠久、文化灿烂,是江南地区的文化中心、闻名全国的状元之乡,这一成就的取得与苏州书院高质量的教学密不可分。苏州古城历来为苏州地区的教育核心区,正谊书院所在的可园地区又创造了苏州新学教育发展史中的诸项第一,成为苏州新学的重要诞生地,和与其一街之隔的文庙地区共同构成了苏州古城的南部教育重心。

不管是北宋以来的苏州府学、紫阳书院、正谊书院等旧式学府,还是近代的诸多新式学校、图书馆,以及当代的苏州中学、苏州医学院等现代学府,正是这些在可园和文庙区域如雨后春笋般相继出现的、与教育息息相关的机构,在发展变化中不断传承着苏州的千年文脉、延续着姑苏的世代繁华。

---

[1] 刘露:《苏州宅院类建筑遗产修复工程真实性保护机制研究——以可园为例》,苏州科技大学硕士学位论文,2018年,第53页。

四

工艺与科技考古

试论苏作艺术在宋代的形成
——基于苏州出土文物初探

◎ 张云林（苏州市考古研究所）

苏州传统工艺美术文化积淀深厚，兼具民族神韵和地域特色，历来是我国重要的工艺美术生产基地，在全国享有很高的知名度和影响力。刻于公元1229年的宋《平江图》碑，是当今世界所能公开见到最早的城市平面图。平江古城的城市化人文聚集，使苏作工艺逐渐满足于文人雅士的某种审美情感需求，苏州手工业开始逐渐变得发达，突出表现为行业增多、分工趋细、产品质量提高等，促使苏作的工艺使用价值和收藏价值日益增加，构筑起独特艺术的文化符号。

一、苏作之名

"苏作"一词，在《中国文物大辞典》曰："苏作，中国明清家具工艺流派，指苏州地区制作的家具。"[1]在《中国民间美术词典》里这样解释："苏作，明代苏州地区木器家具制作业的简称。"[2]这实是狭义上的"苏作"定义，即"苏作"就是苏式家具或细硬木明式家具的代名词。

查究有关史籍，可梳理出一系列"吴韵"转"苏风"的现象，即原来多以"吴"字当头的逐渐转化为"苏"字头，如"吴铸"转为"苏造"，"吴装"转为"苏裱"，"吴扇"转为"苏扇"等，同时相继出现了"苏样""苏意""苏作""苏工""苏式"等一系列称呼，折射出苏作造物风格在以文化人、以文育人、以文怡人的理念主导下产生的一种文化精神的质的飞跃，跨江越河，京辇之下引领着造物风格的时尚潮流。

明崇祯《吴县志》中列举了当地出产的各类珍玩，包括"珠宝花、翠花、玉器、水晶器、玛瑙器、雄黄雕器、香雕器、玳瑁器、象牙器、烧料器、金扇"等，可见苏州工艺品类繁多。明末《陶庵梦忆》卷一也说："吴中绝技，陆子冈之治玉，鲍天成之治犀，周柱之治嵌镶，赵良璧之治梳，朱碧山之治金银，马勋、荷叶李之治扇，张寄修之治琴，范昆白之治三弦子，俱可上下百年，保无敌手。其良工苦心，亦技艺之能事。至其厚薄深浅，浓淡疏密，适与后世赏鉴家之心力、目力针芥相投，是岂工匠之所能办乎？盖技也而进乎道矣。"

---

[1] 中国文物学会专家委员会：《中国文物大辞典》，中央翻译出版社，2008年，第103页。
[2] 张道一：《中国民间美术辞典》，江苏美术出版社，2001年，第128页。

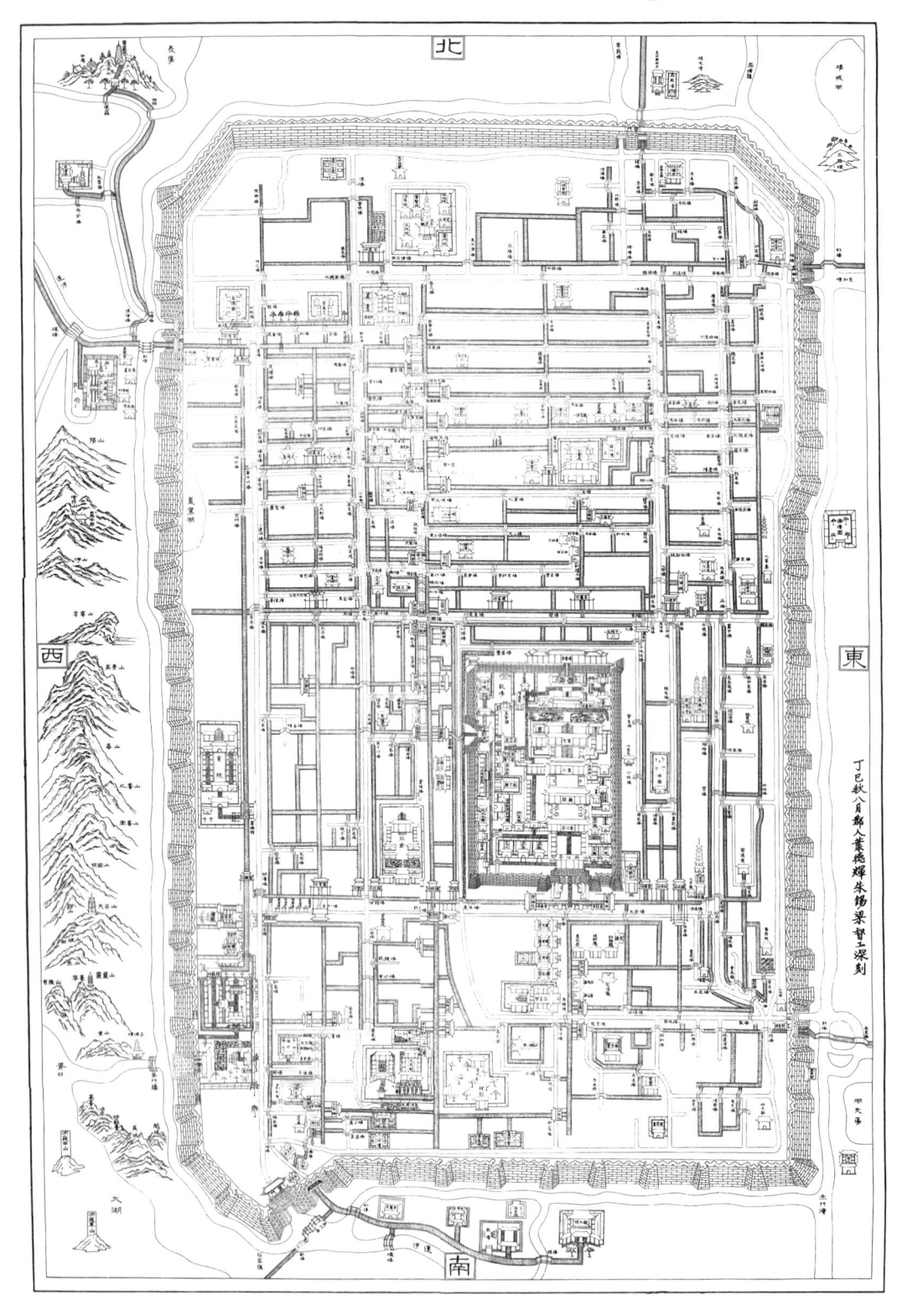

图一 宋《平江图》

清代浙江巡抚纳兰常安所著《受宜堂宦游笔记》第四卷记载,"苏州专诸巷,琢玉、雕金、镂木、刓竹、与夫髹漆、装潢、像生、针绣,咸类聚而列肆焉,其曰鬼工者,以显微镜烛之,方施刀错。其曰水盘者,以砂水涤滤,泯其痕纹。凡金银琉璃绮彩锦绣之属,无不极其精巧,概之曰苏作"。[1]

"苏作"一词可归结为苏州传统手工艺所体现的一种人文特征。自宋以后,历经元代和明初,至明代中晚期,随着苏州成为重要的经济文化中心,吴地雅俗合流的文化特征也逐渐成熟,众多门类的手工艺品逐步确立了市场引领地位,产生了具有全国范围的影响力,后人常将此传统手工艺的文化特征归结为"苏作""苏式"或"苏派"。它是文人意识世俗化的产物,也是文人文化与工匠文化高度融合的产物,更是江南文化、江南手工艺的典范,其背后更是有着强大的人文和人才支撑,具有鲜明而独特的地域文化印记。

二、宋代出土苏作工艺

(一)苏州瑞光寺塔出土苏作

于1978年在苏州瑞光寺塔第三层天宫中发现,存放在两重木函之中,黑色外木函正面有两行白漆楷书"瑞兴院第三层塔内真珠舍利宝幢"。内涵四壁彩绘"四大天王",内壁墨书"都勾当方允升妻孙氏十娘"等题铭和"大中祥符六年四月十八日记"等题记,证之为北宋遗物。[2]

宝幢主体用楠木构成,分为须弥座、幢殿、塔刹三部分。须弥座包括牙脚八棱台座、宝山与大海等主要部分。牙脚正面贴有形态各异的堆漆狻猊,八棱台束腰壶门孔上装饰有金银丝如意花饰。大海周边雕出八朵描金祥云,中央突起透雕山柱,柱上盘绕一条鎏金银丝串珠编织而成的九头蟠龙,龙脊和龙皮大框用鎏金粗丝制成,龙齿、发、耳、角及龙的麟、爪由极细的三股合一的辫丝制成,龙身穿珍珠米珠多达上万颗。幢殿由殿基、殿柱、殿外护法八天、八棱经幢、幢顶鎏金银龛、殿顶、漆木龛、华盖等部分组成。华盖硬枢以鎏金粗银丝制成,周边缀有红、蓝、白等各色宝珠,盖面饰有八条串珠天龙。塔刹为宝幢的上层部分,由银棒和包金箔木柱相接而成,刹顶为水晶摩尼宝珠,宝珠两侧以银丝挽出火焰造型,意为"瑞光普照"。

真珠舍利宝幢造型之优美、选材之名贵、工艺之精巧举世罕见。制作者根据佛教中所说的世间"七宝",选取名贵的水晶、玛瑙、琥珀、珍珠、檀香木、金、银等材料,运用了玉石雕刻、金银丝编制、金银皮雕刻、檀香木雕刻、水晶雕、堆漆、描金、贴金箔、穿珠、古彩绘等十多种特种工艺技法精心制作,可谓巧夺天工,精美绝世。

图二 北宋·真珠舍利宝幢(苏州瑞光寺塔第三层天宫出土)(彩图图版十八)

---

[1] 复旦大学历史系:《复旦史学集刊·第5辑:变化中的明清江南社会与文化》,复旦大学出版社,2016年,第49页。
[2] 苏州博物馆:《虎丘云岩寺塔瑞光寺塔文物》,文物出版社,2006年,第77页。

宝幢上装饰大小均匀的米珠达4万颗；十七尊木雕的神像更见功力，每尊佛像高仅10厘米，雕刻难度极大。这件精美绝伦、无与伦比的宝幢，其造型体现出了北宋时期苏州工艺美术的繁荣和精美程度，作为一件实物依据，它不仅能够用来研究我国的佛教史，同时还能用来研究我国佛教工艺史、美学史，从这件宝幢可以窥探出北宋时期的苏州工艺技艺已达到了如此登峰造极的程度，审美水准的超凡脱俗、文化内涵的博文广识，也从侧面印证了北宋时期吴人高度的审美水准和丰富的文化内涵。

同时在苏州瑞光塔发现的一件北宋嵌螺钿经箱，经箱系木胎，通体髹黑漆，黑漆的盒身四周嵌满彩色的螺钿纹饰，错落有致的花纹纹饰，颜色鲜艳，华丽精美。在瑞光塔出土的宋代大中祥符年间的真珠舍利宝幢就运用了髹漆、描金、雕漆等工艺。比如在须弥座上有描金牡丹、宝相花图案漆雕包角。宝幢底座主部八面是描金牡丹图案，每一面都有两个漆雕供养人。须弥山的周边均为木质描金勾栏、海浪及升起的八朵描金祥云。在幢殿顶之上又置有堆漆描金宝相花纹木龛，龛内盛放金雕细颈宝瓶。

漆器，作为中国工艺美术史上一支极为重要的集实用与装饰为一体的用具，已有四千多年的历史，良渚文化时期就有漆绘陶杯。春秋时期髹漆工艺业已成熟，在吴县洞庭山消夏湾出土的青铜剑剑鞘就是用髹漆制成的。像葑门外天宝墩、觅渡桥两处的汉墓中就有大量的漆棺、漆碗、漆盘、漆案、漆耳环等。器物风格从唐的螺钿镶嵌、金银平脱发展到单一的素髹、异色素髹、雕漆剔红等漆艺制品。苏州漆器在宋代不再是前朝贵族的用具，而是已经深入民间，这在《东京梦华录》《梦粱录》中均有记载，正是这种平民化特征，决定了漆器在宋代出现了全新的价值定位，伴随着苏州文人的参与而出现趣味性，制作器物在造型上与瓷器靠拢，且更加注重自然态，致使素髹在宋代日益成为风尚。

2023年6月至12月，苏州市考古研究所由项目领队张铁军、执行领队沈浩发掘的吴中区南章遗址，其中发现了5座宋墓，均出土有漆器随葬品，东组M40为竖穴土坑木椁墓，椁室内出土买地券1方，朱书"庆历四年"，墓棺内发现有1件较完整的漆纱冠，以及漆碗、漆盒、木箸、木梳等十余件随葬品，其中漆碗有"丁丑张上牢"的题名，通体髹漆，上有彩绘。更是印证了宋代时苏州漆器工艺已在民间广泛使用，且图案花式甚为雅致精细。

图三　北宋·嵌螺钿经箱（苏州瑞光寺塔第三层天宫出土）（彩图图版十九）

图四　北宋·葵口漆盘（苏州市吴中区南章遗址宋墓出土）

图五　北宋·八瓣花口漆碗（苏州市吴中区南章遗址宋墓出土）

（二）苏州虎丘塔出土苏作

中国的刺绣工艺在秦汉时期便已达到了较高水平，是历史上"丝绸之路"运输的重要商品之一。纵观我国刺绣艺术的发展历史，自古以来按地域、民族的不同，逐渐形成了风格迥异的艺术绣品。苏绣的发展，离不开苏州经济和文化的支撑。其最早可追溯至春秋时期，据《说苑》记载，在春秋时期，"晋平公使叔向聘吴，吴人饰舟以送之，左五百人，右五百人，有绣衣而豹裘者，有锦衣而狐裘者"。可知两千多年前的春秋时期，吴地就已将刺绣用于服饰。

北宋崇宁年间，朝廷在苏州设玉器造作局，所产玉器专供宫廷享用；北宋末年，在靖康之难的战火硝烟下，宋室南渡，百姓南迁，使得南方迅速成长为新的政治、经济和文化中心。发源于黄河中下游的丝织业，也随着北方战乱以及气候的变化南迁，长江流域接纳了北方的大量移民，他们带来的先进的生产技术有力地推动了南方丝织业的发展，长江流域出现了集中连片的丝织业地区，加之随着南宋政治重心的南移，太湖流域的丝织业变得尤为发达，极大地提升了苏绣和缂丝工艺的技艺水准。《宋书·孔季恭传》载："荆城跨南楚之富，扬部有全吴之沃……丝绵布帛之饶覆衣天下。"

宋元两代开始，苏州的经济文化得到了长足发展，而宋代正是苏绣发展的重要时期。在宋代《平江图》碑上已有滚绣坊、线绣坊、锦绣坊、绣衣坊等店铺，这一时期文人画开始成为刺绣的创作蓝本。1956年3月在苏州虎丘塔出土的北宋建隆二年（961年）宋残裹经绢绣袱，[1]为现存最早的"苏绣"标本。罗地染作粟壳色，绣以米黄偏金色泽的莲花，花心以淡绿色的莲实缀以米色莲蕊，一花呈盛开状，一花为侧态，姿态写实。花外缠以绕枝、茨叶状的叶瓣，以米绿色晕线绣制，色彩雅致秀丽，针法严谨庄重。刺绣经袱虽为残片，针迹不甚工整，但可以看出当时已能运用接针、斜缠、细针、抢针等多种针法，实为难能可贵，这对于研究古代工艺和苏州的刺绣历史及其发展具有重要意义。

图六　北宋·残裹经绢绣袱（苏州虎丘云岩寺塔第二层出土）（彩图图版二十）

明人张应文所撰《清秘藏》对宋代刺绣评价极高，"宋人之绣，针线细密，用线一二丝，用针如发细者为之。设色精妙，光彩射目"。宋代以后，苏州刺绣之技十分兴盛，工艺也日臻成熟。农村"家家养蚕，户户刺绣"，城内还出现了绣线巷、滚绣坊、锦绣坊、绣花弄等坊巷（宋《平江图》碑），可见苏州刺绣之兴盛。当时不仅有以刺绣为生者，而且富家闺秀也往往以此消遣时日、陶冶性情。此后，所谓"闺阁绣""民间绣""宫廷绣"的名称也由此区别开来。

苏绣的发展，与苏州经济和文化相辅相成。自宋以后，历经元代和明初，至明代中晚期，随着苏州成为重要的经济文化中心，吴地雅俗合流的文化特征也逐渐成熟，众多门类的手工艺品逐步确立了引领市场的标杆地位，产生了面向全国范围的影响力，品种数更是多达三千多种。至明清两朝，苏州的发展水平达到历史巅峰，成为全国著名的经济文化中心。清代苏州形成了"绣市"，清末刺绣艺术大师沈寿以"中学为本、西学为用"，汲取西洋油画的光与影、明与暗的绘画理念，革新中国传统刺绣针法和色线用法，"仿真绣"自成一派。当今苏绣继往开来，绣法形式多样，南通的"仿真绣"、无锡的"精微绣"、常州的"乱针绣"等各具特色；扬州刺绣则以仿古绣、写意绣为主要特色，与苏州刺绣各有千秋，同属苏绣范畴。同时苏州地区刺绣也在取长补短，汲取"湘绣""粤绣""蜀绣"之所长，已成为

---

[1]　苏州博物馆：《虎丘云岩寺塔瑞光寺塔文物》，文物出版社，2006年，第62页。

事实上的江苏刺绣最具代表性绣种,所谓"苏绣"广义上已然成为江苏刺绣的代名词。

三、探讨当下"新苏作",凸显"江南文化"品牌

纵观五千年的历史演进,江南地域文化经历了吴越文化到江南文化,最终成为多元一体的中华文化不可或缺的重要组成部分。两千多年的古城遗址延续着繁华,苏作工艺根植地域文化,其发展在各个历史时段有所不同,前后递嬗,苏州的能工巧匠利用地域和人文优势,不断汲取外地技艺、先进文化等,苏作工艺在其发展的过程中,不断吸纳、利用并融合外来技艺。

近年来,苏作工艺发展呈现出了独特的韧性和强劲的动力,在当前高质量推进长三角一体化战略的大背景下凸显"苏作"概念,并不断进行探索,力求传统与现代的完美结合,将传统中式元素融入现代时尚风格之中,使其更符合现代的消费潮流与审美趋向,全力塑造"江南文化"品牌。

1978年,住在苏州南门的三个小孩子在瑞光塔掏鸟窝时偶然发现的"真珠舍利宝幢",后由原苏州工艺美术研究所与苏州博物馆签订研究复制真珠舍利宝幢的协议。其作为苏州瑞光寺塔出土的五代北宋时期的文物,是一件综合工艺品,包括真珠舍利宝幢、彩绘内木函、嵌螺钿经箱,涉及金银丝编制、金银皮雕刻、檀香木立雕、水晶雕刻、漆雕、螺钿镶嵌、描金、穿珠、料器、漆线坯、古彩绘等十多种工艺技艺,有的已经失传,且物品有损坏、残缺不全部分。在苏州博物馆的鼎力协助下,由原苏州工艺美术研究所张良正、周天民组织招贤纳士,借调集中各工种的能工巧匠21人,以14个月的时间,7 000多个工时,首先复制成第一件,前后四年共复制了3件,其中两套幸存在苏州博物馆。此次复制项目切实挖掘和继承了传统工艺美术,在锻炼和培养技艺力量上产生了很好的效果。比如抢救了早已失传的苏州金银丝空心编制工艺、漆线坯工艺;挖掘了金银皮雕刻、穿珠工艺;继承和发扬了富有唐代风格的苏州传统立雕工艺;大大提高了描金、镶嵌等工艺技艺水准。

图七　北宋·残裹经绢绣被(中国工艺美术大师李娥英复制)(彩图图版二十一)

原苏州刺绣研究所李娥英老师尝试复制宋残裹经绢绣被时,在原件已完全褪色、破损的情况下,最终复制成功。这表明复制文物古绣也是苏绣具有代表性的技艺优势。复制古代皇家绣品,苏州刺绣更是独占鳌头。

21世纪以来,苏作艺术面临着如何融入当代生活的重大命题。苏作艺人不断探索"艺术生活化,生活艺术化",使两者在交替中升华;而生活方式和消费观念发生巨大改变所产生的新美学、新品位,要求苏作从业者倾听时代召唤,跳出保守窠臼,以开放为前提,汇集更为广阔的创意来源,开发出具有时代气息的艺术品和实用品。如今的苏作艺术紧随时代,积极拓展着新的生存发展空间,将传统工艺与现代艺术、现代科技相结合,积极开拓新材料、新工艺和新题材,作品的艺术风格和精神内涵均呈现出前所未有的新格局和新气象,体现出了兼容并包、日新月异、百舸争流的面貌特征。

"新苏作"所呈现出的全新概念,不仅是在产品上,更体现在工艺上,也不必局限于苏州,"新苏作"应该成为一种思维方式、表达方式和生活方式。"新苏作"应根植于苏州丰厚的文化底蕴,面向全球,以设计为引擎推动苏州文旅乃至人文经济的发展,构筑创新设计高地,带动区域产业优化升级。

苏州博物馆藏真珠舍利宝幢金属工艺初考

◎ 金　怡（苏州博物馆）

苏州博物馆藏真珠舍利宝幢是1978年4月在瑞光塔第三层天宫中发现的，宝幢造型之优美、选材之名贵、工艺之精巧都是举世罕见的，是苏博的镇馆之宝，也是国家文物局2013年发布第三批《禁止出国（境）展览文物目录》之一。之前因条件所限，对宝幢的工艺了解不深，近期我们组成研究组，对工艺进一步深入研究，有了新的发现。

一、截金与描金

研究人员一直认为，宝幢通体的金色线条，都是描金工艺。"描金，一名泥金画漆，即纯金花文也。朱地、黑质共宜焉。其文以山水、翎毛、花果、人物故事等；而细钩为阳，疏理为阴，或黑里，或彩金像。"[1]沈福文的《漆工资料》具体介绍了描金漆装饰的制作过程："将打磨完的素胎涂漆，再髹涂红色漆或黑漆，这层漆叫上涂漆。干燥打磨平滑后……推光达到光亮后，用半透明漆调彩漆。薄描花纹在漆器面上，然后放入温室，待漆将要干燥时，用丝棉球着最细的金粉或银粉，刷在花纹上，花纹则成为金银色。"[2]这种方法制成的漆器有金碧辉煌的效果。但我们用高倍放大镜仔细观察，发现遍布宝幢的金色线条，有一段一段的剥落痕迹，与描金工艺"一笔合成"的特点有着明显区别。

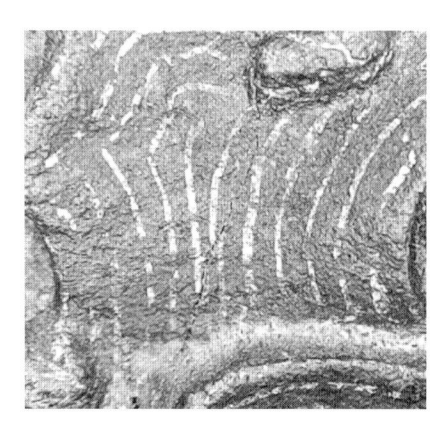

图一　高清照相机下，有一段一段的剥落痕迹

敦煌研究院的老师们来馆观摩宝幢后，一致认为，其与莫高窟172窟北壁的《观无量寿经变》菩萨膝盖部的纹饰如出一辙。这就是截金工艺，此技艺在中国已近失传，但从唐代传至日本以后，被有序地保存了下来，并得到了应用。

截金工艺，在北齐的佛像上就出现过，多用于佛像的装饰，使其更庄严肃穆。截金主要使用金箔、银箔以及白金箔，因为银箔容易随岁月变黑，所以现代用白金箔来替代银箔，下面讲讲大概的工艺流程。

---

[1]（明）黄成著，（明）杨明注：《髹饰录》，上海古籍出版社，2022年。
[2]　沈福文：《漆工资料》，《文物参考资料》1957年第7期。

图二　莫高窟172窟北壁《观无量寿经变》中的菩萨（彩图图版二十二）

图三　《观无量寿经变》中菩萨膝盖局部

（1）热熔金箔

为了增加金箔的厚度，通过表层加热使多层金箔熔为一体，足够厚度的原材料增加了金银箔的韧性，在小心移动和弯曲、贴合作业时不易破碎。通常需要热熔四至六层金箔，做直线、冲出各种小花片需要四至五层，曲线需要六层。以蜡纸、箔夹小心取箔，透过半透明的纸面将多层金箔叠合放置在一起，外部蒙上蜡纸和报纸后，将预热的电熨斗垂直压置在纸面上，逐渐升温使金箔熔合。这一过程中，熨斗不可来回移动，而应垂直施压。温度需控制得当：过低，金银箔将不能很好地熔合；过高，则会使熔合的金银箔发脆，需要高超的经验技巧方能得心应手。

（2）切金箔

切箔的工艺，除了使用鹿皮台或牛皮台切割金银箔线外，其他在切割垫板上使用美工刀、花型冲的切割工艺，也需要在金银箔上蒙上一层蜡纸来操作。切箔时，使用箔夹将金箔放置在垫台上，使用竹刀将热熔后的厚箔切割为长条形。金银线的使用需求是最多的，因此各种不同粗细的线条，都要利用皮台的韧性以竹刀小心地切取，首尾的粗细必须一致，越细的线条，切割精度越难以掌握，需要高度的耐心与专注。切箔完成后，将各种形状的线条与小片分类放置在无静电的纸面上。

（3）熔胶贴金

截金使用的黏合剂多是动物胶，用小锅将动物胶熔化。贴箔需要使用的工具主要是两支毛笔。通常用来挑起和牵引箔丝、箔片的一支毛笔略沾湿水后，将箔丝一头粘起并环绕笔尖一圈。另一支笔则蘸吸动物胶后，顺着设计好的图案纹样涂胶，并挑起箔丝的另一头贴饰在涂过胶的纹样部位，并在纹样线条的尽头轻压箔丝，引箔的毛笔提起，使箔丝被切断，完成一个线条的制作。[1]这是一项极度

---

[1] 刘显波、李文茜：《浅谈截金工艺技法》，《大众文艺》2018年第23期。

需要耐心的工艺。

宝幢上有金线一段一段地剥落，是被黏合的金箔，由于年代久远，有一段一段脱落、弯折的痕迹。

真珠舍利宝幢复制品，由于当时研究不够深入，采用的是描金工艺，与真品的截金工艺差距还是很明显的。

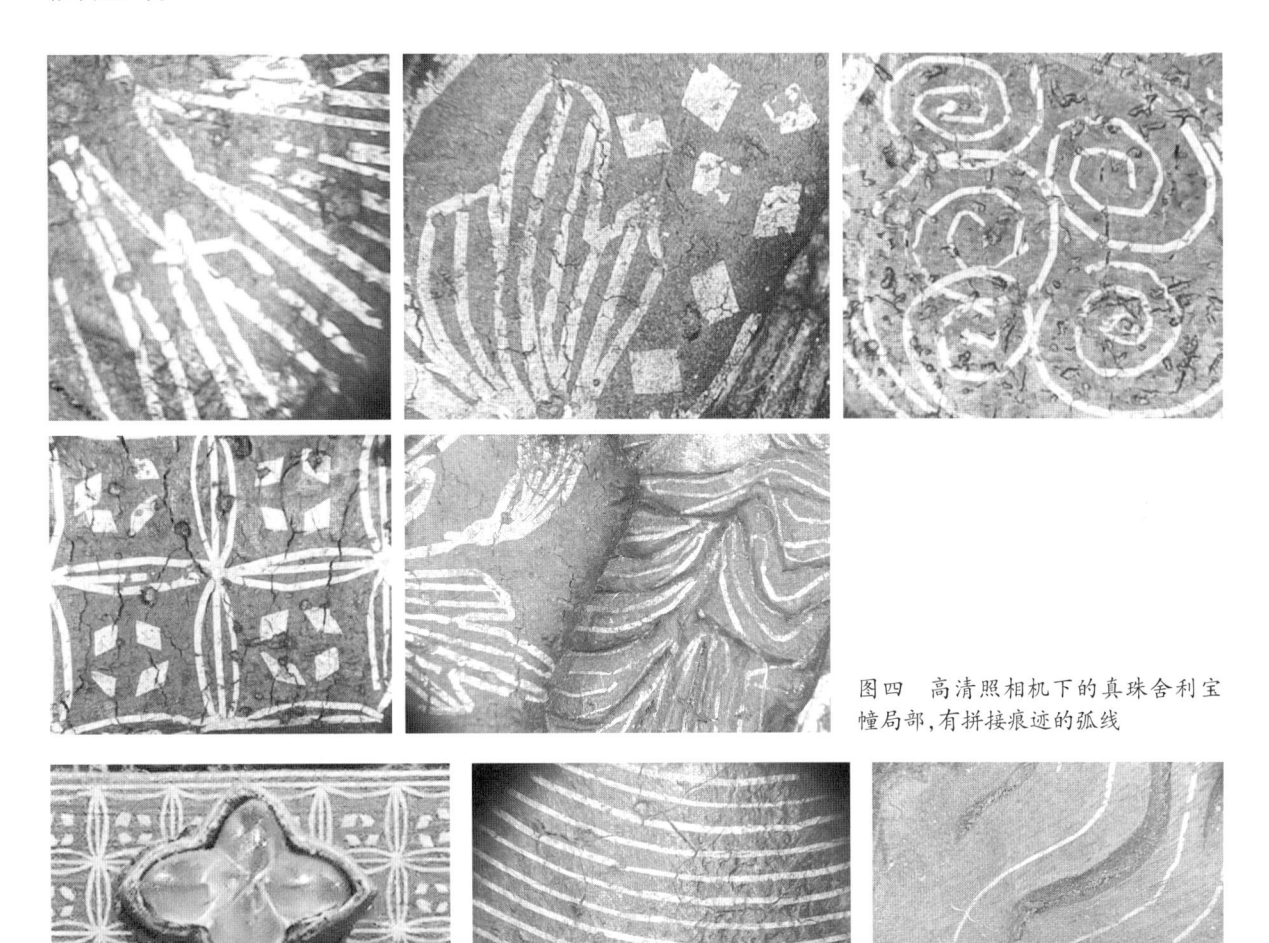

图四　高清照相机下的真珠舍利宝幢局部，有拼接痕迹的弧线

图五　真珠舍利宝幢复制品局部（彩图图版二十三）　　图六　宝幢局部（截金工艺，粗细一致）　　图七　宝幢局部（金箔条尾部，用描金工艺收尾）（彩图图版二十三）

二、錾刻与抬錾

之前对金宝瓶、银皮龛的研究，是采用挑花、金雕及铸造工艺。特别是宝瓶的制作，之前认为是浇筑工艺，只要模具制作精良，灌入熔化后的金水冷却即可完成粗胚，但在最近的高倍相机拍摄和研究下，我们发现这些文物都是采用了传统工艺——抬錾錾刻。

錾刻，是传统的金银器制作工艺。利用金、银、铜等金属材料的延展性，通过锤薄金银并进行雕刻，有着丰富的浮雕效果和纹饰。明陈铎散曲〔双调〕《雁儿落带过得胜令》咏银匠句云"铁锤儿不住

图八 金宝瓶（彩图图版二十三）　　　　　图九 缠枝纹鎏金银皮奁（彩图图版二十三）

敲，胶板儿终常抱。会分钑手艺精，惯厢嵌工夫到"，[1]是对宋元以来金银器制作工艺"锤"或"打"一项最为形象的概括。"铁锤儿不住敲"，指打造胎型；"胶板儿终常抱"，包括了锤錾纹样，便是细金工艺所说的"錾刻"，[2]也就是近年金银器研究中常说的"锤鍱"；而"会分钑手艺精"，则即现代细金工艺的"花活錾"，亦即宋元之"镂花""钑镂"。宋戴侗的《六书故》释"镂"曰"刻之穿透为镂"；释"钑"曰"细鏒金银为文也"，即此。所谓"钑"，指白金，即银。[3]

1956年在苏州虎丘云岩寺塔第二层发现的宋鎏金镂花包边楠木经箱，底座四周镂空雕如意头的木框镶边上横凿一行小字："建隆二年男弟子孙仁郎镂，原生安乐国为僧。"底部有墨书文字："弟子言细招舍净财造此函盛金字法华经。弟子孙仁遇舍金银并手工装。弟子孙仁郎舍手工镂花。辛酉岁建隆二年十二月十七日丙午□宝塔□。"箱后铰链作茧形，上面有双钩凿"孙仁□"三字。这只经箱大体完整，镂金工艺精妙，箱上记镂艺人姓名，更属可贵。

宋代时期，金银器制作工艺的核心部分仍在现代金银器手工制作中延续。赵振茂的《金银铜器的传统修复技术》[4]中有"赤金器的一般制作方法"一节，以下就节选一二并概括之：

赤金器的一般制作方法可以概括为五个字，即打、炮、收、錾、轧。1）打，便是打制金片，亦即把金砖、金条、金元宝等加工打薄成制作金器所需金片（或金叶）；2）炮，根据器形需要用炮锤把金片锤鼓；3）收，用乓锤在大铁棍上将已经炮锤为鼓腹的金片收成所需要的器形；4）錾，在金器表面錾刻纹样；5）轧，用轧子把金器轧亮，亦即抛光。

抬凿，是苏州传统金属手工艺的一种叫法，唐宋时期尤其盛行。现代人对此不熟悉。通俗地讲，就是在金属薄皮子反面抬凿子。抬是指将一头上翘的铁棒伸入小口器物内，敲击后端，利用杠杆原理将金属壳朝外抬起，使正面凸起。凿是由外向内，用各种凿具向内加工，在正面凿出大致的轮廓，再用工具对凸起的轮廓进行凿刻，正反两面来回反复地抬凿和凿刻，使金属表面浮出美丽的图案，局部浮雕用焊接聚合成立体雕塑。因为内部空腔不好把握，一般会在内部灌錾花胶，以利于精细加工，这实

---

[1]（明）陈铎：《陈铎散曲》，上海古籍出版社，1989年，第83页。
[2] 董凤钰：《传统錾刻工艺》，《中国文物报》2003年10月24日。
[3] 扬之水著：《奢华之色——宋元明金银器研究》，中华书局，2010年，第222页。
[4] 赵振茂：《金银铜器的传统修复技术》，《故宫博物院院刊》1994年第3期，第69—71页。

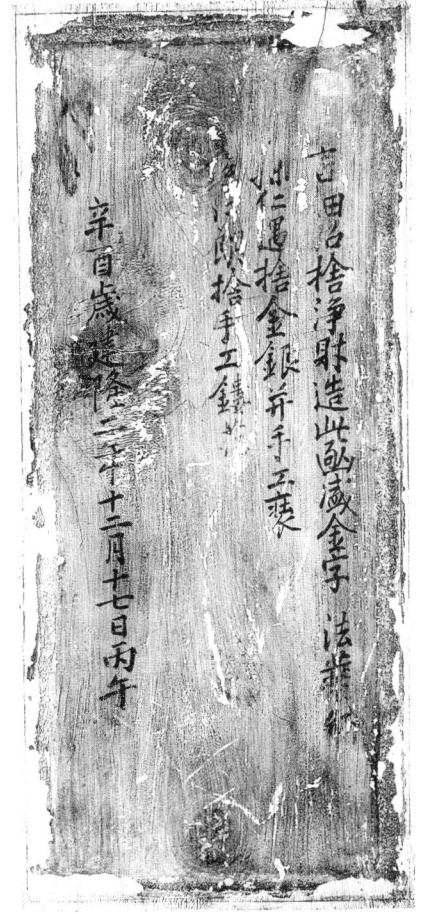

苏州博物馆藏真珠舍利宝幢金属工艺初考 | 299

图一〇

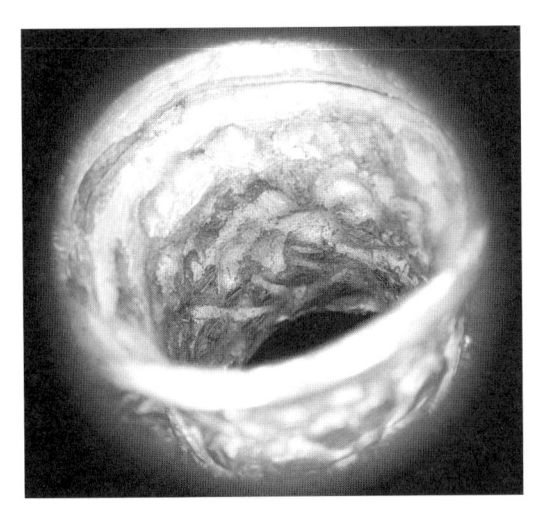

图一一 金宝瓶瓶口内部的抬錾錾刻痕迹

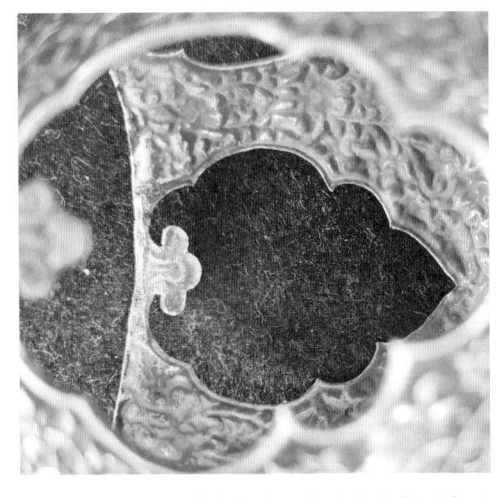

图一二 缠枝纹鎏金银皮小龛内部的錾刻痕迹（彩图图版二十三）

图一三 宝瓶瓶身细节图（彩图图版二十三）

图一四 宝瓶瓶盖细节图

际上也是传统锤鍱工艺的延续。[1]

三、铸造与錾刻

通过对小银狮的高清拍摄，可以看到一银狮后腿有明显的银丝，应该是先依样制作铜模，然后用铜模翻出锡模，再用锡模制出银器的粗型。[2] 因为银质地较软，所以工匠为了更好地塑形，先放入锡模中，用高温熔化后的银水浇筑，冷却后脱模，有了银丝的加固，银狮的后腿能够牢固成型，再对银狮正面凿出毛发、脚掌、眼鼻、神态等细节，使银狮整体生动活泼、威武傲气。

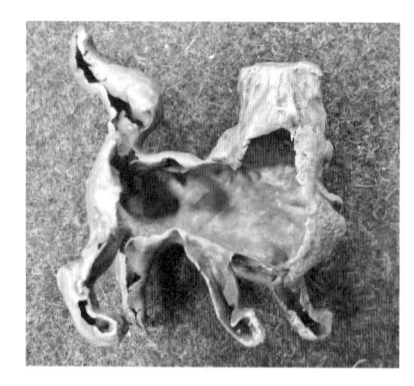

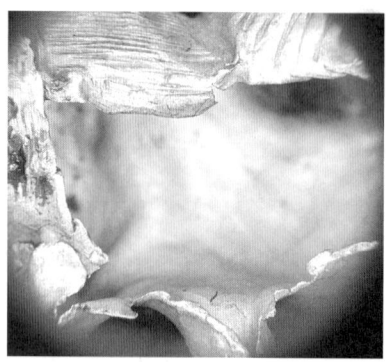

图一五

图一六 银狮背面　　图一七 高清相机下的银狮背面局部　　图一八 银狮后腿内的银丝

---

[1] 程义著：《学步集——吴文化器物与文献研究》，上海古籍出版社，2023年，第201页。
[2] 扬之水著：《奢华之色——宋元明金银器研究》，中华书局，2010年，第220页。

四、花丝和累丝

金银的延展性较好,除能被制成薄片外,还能延展成金银丝,把金银条变成金银丝的方法即拉拔法。

拉拔法是指将金条通过拉拔的方式穿过金属锥形孔。进入一侧的孔径较宽,而拔出的一侧较窄,故金条直径在拉拔后会减小,长度则变得更长。在多个不同孔径的锥形中由粗至细依次拉拔,金条便逐渐变细变长,终成细丝。这也是现代工匠广泛采用的制丝法。[1]

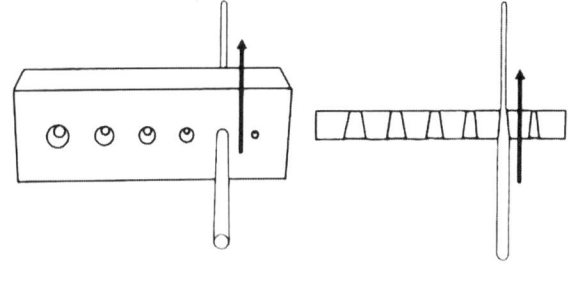

图一九 拉拔法示意图

由拉拔技术"生产"出来的金银丝,发展出花丝和累丝两种工艺。这两种工艺技术的出现,对金银器的制作工艺起到了重要的影响。

花丝:一种多用于制作首饰和器物装饰的精细工艺。利用金银细丝,通过弯曲、编织、缠绕等手法,创造出各种图案和造型,制作出非常细致和复杂的图案,因其精湛的工艺和独特的美感而受到人们的喜爱。

累丝:也称为"花作"或"花纹",金工制作的传统工艺,是把金银丝编成辫股或各种网状组织,焊接于器物之上。累丝工艺的特点在于其精巧性和装饰性,能够使器物表面呈现出丰富的纹理和层次感。特别是立体的累丝工艺,制作难度较大,通常需要先经过"堆灰"的处理,以增加作品的立体感和层次感。

花丝和累丝,最善于丰富器物的立体和平面造型,通过金银丝的堆垒和弯曲,形成繁复至极的纹饰、疏密有致的布局,图案的空隙处也留下了大量的遐想空间。在审美上,这两种工艺改变了金器的光线明暗,通过虚实折透的视觉改变,使金银饰品看上去不再那么刺眼逼人,而是变得柔和轻盈,精光内敛,更宜于镶嵌工艺衬托宝石的光彩魅力。同时,花丝和累丝工艺在用材上也是大为节省,金银线的堆垒极大地减少了黄金白银的用量,从而被广泛使用。

整个宝幢,九头蟠龙、殿顶、宝花璎珞幡铎、刹柱、华盖、天龙、刹幡流苏、银链等多处配件,都使用了花丝和累丝的工艺。

其中最让人惊叹的,当属九头蟠龙(图二〇)。

九头蟠龙,通体是鎏金银丝,大部分采用累丝工艺并穿插少量花丝工艺。蟠龙由不同粗细的银丝制成,测量后大致为 1.2 mm、0.25 mm 和 0.15 mm 三种规格。应该是先用草或者草木粉末塑造出龙身、龙头、龙腿等基本形状;再用 0.25 mm 的银丝编成辫股,按照之前塑造的形象在外层编织龙身、九个龙头和龙腿,接着按照龙头、龙身、龙腿的次序逐个编在一起,再编入银质龙爪,之间用 0.15 mm 的银丝连接,完成大致轮廓的编织后,接着用 1.2 mm 的银丝在背部做出戟刺的效果进行弯曲,使整个龙身看上去具有威武雄壮、猛龙出海的霸气。

整条龙编制结束后,用火烧掉内撑有机物。据说这种灰龙工艺在民间现在还有使用,这种工艺可以在编制时保持空腔的大小和形状,并避免编丝缠绕。在龙腹部收口处,工匠添加织物,作美观、掩饰

---

[1] 童宇:《从四种基础工艺看中国古代金工的发展》,《黄金为尚——历史·交流·工艺》,江苏凤凰美术出版社,2020年,第57页。

图二〇　九头蟠龙(彩图图版二十四)

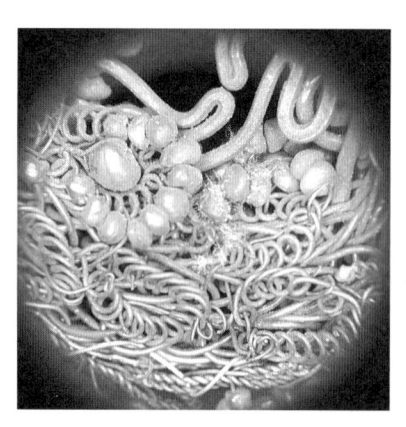

图二一　高清摄像机下的,3种不同规格的银丝清晰可见

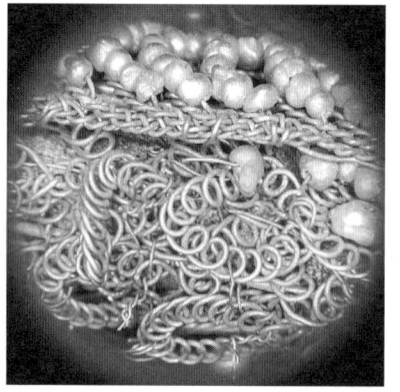

图二二　用银丝穿成的珍珠串,覆于龙身表面

图二三　九头蟠龙,龙爪细节图

图二四　龙腹上的一层磁青纸,外加用银丝珍珠作为龙鳞

图二五　殿顶、宝花璎珞幡铎（彩图图版二十五）

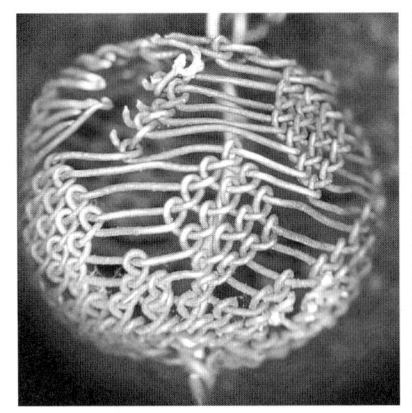

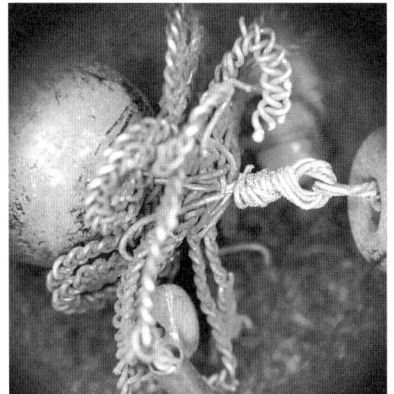

图二六　宝花璎珞幡铎，累丝和花丝工艺

之用，之后再外用银丝穿上2—3 mm的珍珠，绑扎在龙腹部。其他部件的制作采用了剪裁、錾刻、包镶和焊接等常见工艺。身甲或是用银丝缠绕木棒，做出弹簧状，再压扁，然后绕成鳞片状。最后的蟠龙外层用银丝小米珍珠在背脊、四肢等处点缀。

真珠舍利宝幢，是一座北宋时期的工艺宝库，除了本文粗略列举的金属工艺外，其还包括木作、漆作、宝石镶嵌等多种工艺。它充分体现了苏州工艺美术的繁荣和精美，同时也可见北宋时期吴人高度的审美水准、丰富的文化内涵和对美好生活的向往。

唐宋茶事衍变初探*
——以考古资料为视角

◎ 赵慧群（上海城建职业学院）

作为农业传统国家，中国先民对植物的认知并不局限于食物，对其药理的探究亦成为中华文明的特色之一，典型代表为茶叶，文献载"神农尝百草，日遇七十二毒，得茶而解之"，[1]考古实证浙江杭州萧山跨湖桥遗址出土有山茶种子，[2]余姚田螺山遗址出土十余个植物根系，经科学检测分析，确认其为人工种植茶树根，[3]这些资料表明茶树种植在中国起源最早可追溯至6 000多年前的新石器时期，且用作药物，可见早期茶事是药食同源。文献和考古资料虽可能表明汉代即有饮茶文化和茶具，如汉辞赋家王褒在《僮约》中提到的"烹茶尽具，酺已盖藏"、汉晋之际考古出土的带把铜鐎斗，但皆不足以佐证此时已有专用饮茶器具从日常饮食器具中分离出来。直至陆羽《茶经》问世，从茶树特征与品类、采茶工具、采茶时节与焙制、备茶器具、煮茶工具、煮茶方法、饮茶方式、茶事之史、茶之产地、茶具组合之境、茶图之书写张挂等十个方面，将茶单独剥离，形成了独树一帜的茶文化，从中可以窥探有唐一代的茶事特色。及至宋代，茶叶种植区域进一步向北推进，茶叶产量也不断提高，饮茶在宋代变得更加普遍，王安石《议茶法》[4]所言"夫茶之为民用，等于米盐，不可一日以无"，足见茶文化此时已为人们日常生活的组成部分。文章通过考察唐宋之际考古出土的壁画和实物资料，并结合部分传世图像，对该时期出土茶具及组合进行了梳理，讨论分析其组合特征与茶事关系，并分析衍变背景，以期展示唐宋之际的茶文化特点与社会风俗流变。

一、唐宋茶具及饮茶方式考古和图像实证

唐宋之际中国的饮茶习俗衍变从考古出土的茶具实物及其组合、墓室壁画及绘图等图像资料中均可窥端倪。

---

* 本文为上海城建职业学院重点项目"陶瓷生产利用、文化构成、生计模式与社会变迁：西周至战国时期长江南段的宣芜平原"（项目批准号cjky202503）阶段性成果。
[1] 陈元龙：《格致镜原》，上海古籍出版社，1987年。
[2] 浙江省文物考古研究所：《萧山博物馆·跨湖桥》，文物出版社，2004年，第365页。
[3] 孙国平、郑云飞、中村慎一、铃木三男：《田螺山遗址出土山茶属植物遗存——六千年前中国已开始人工种茶的重要证据》，余姚市茶文化促进会：《田螺山遗址出土山茶属植物遗存研究成果资料汇编》，2016年，第28—29页。
[4] 陈彬蕃、余悦、关博文：《中国茶文化经典》，光明日报出版社，1999年，第105页。

（一）唐五代茶具考古实物和图像资料

唐五代的茶具考古资料基本以唐代为主，在唐代出土的大量器物中，与茶具相关的考古资料有一些发现，其中明确反映唐人饮茶风俗器具组合的著名考古实证为1987年法门寺地宫[1]出土的一组茶具。孙机先生[2]通过考证，对各个茶具功用进行了详述：鎏金银结条笼子与鎏金银镂孔笼子为盛茶饼之物（图一）；鎏金银茶碾为将饼茶碾成茶末之器（图二）；鎏金银茶罗即将碾碎的茶末过筛之具（图三）；鎏金银盐台用以盛放盐，唐代煎茶、点茶或有加盐习俗（图四）；鎏金银茶匙用于点茶"调膏"和"击拂"（图五）；带托玻璃茶碗用于点茶，因有盏托可耐沸水冲注（图六）。

表一　法门寺地宫出土唐代茶具组合[3]（彩图图版二十六）

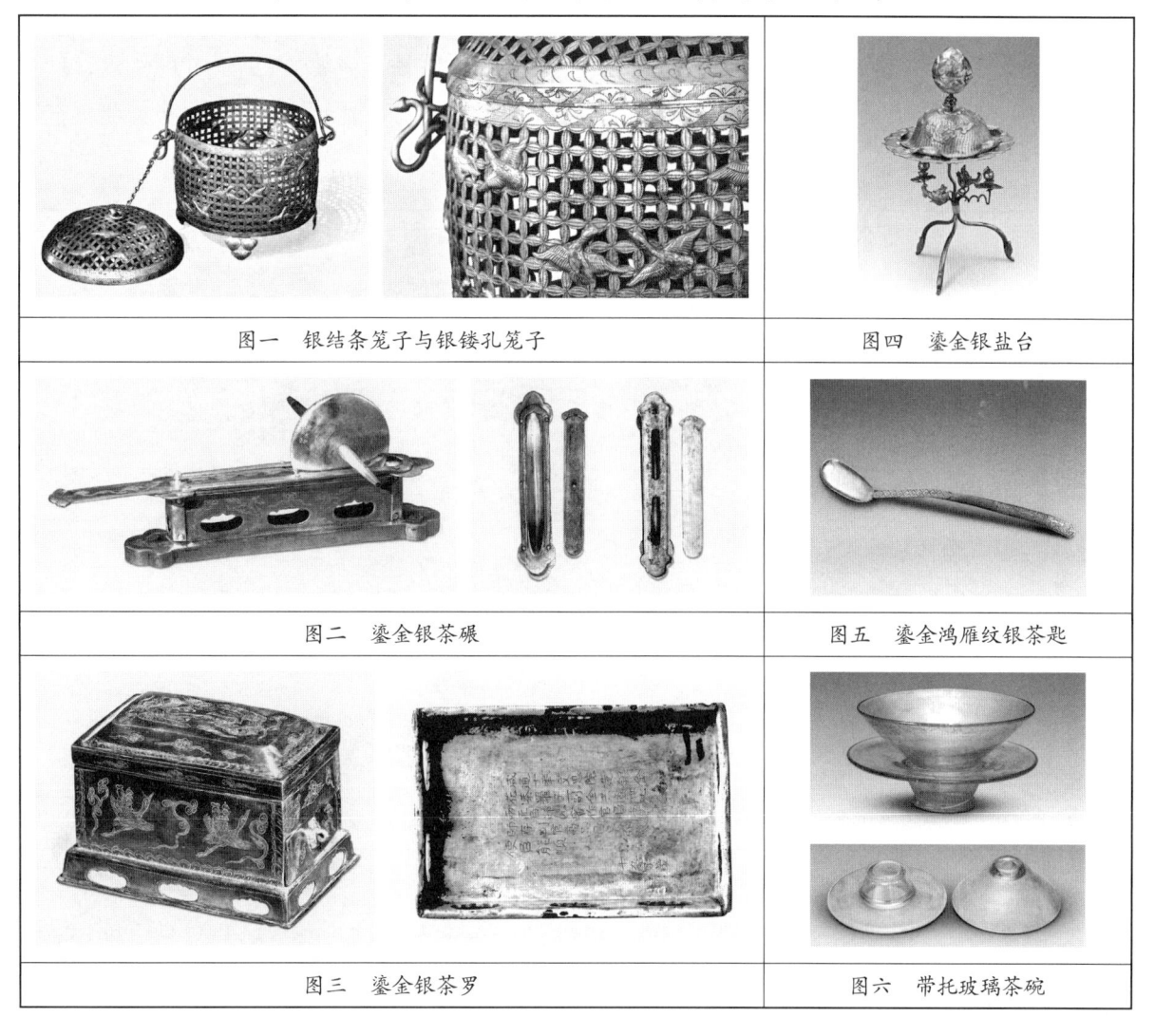

图一　银结条笼子与银镂孔笼子	图四　鎏金银盐台
图二　鎏金银茶碾	图五　鎏金鸿雁纹银茶匙
图三　鎏金银茶罗	图六　带托玻璃茶碗

法门寺地宫出土的茶具组合较为完备地展示了唐代饮茶方式中"储茶""备茶""冲茶"的全过程，特别是与备茶、冲茶相关的器具——茶碾、茶匙、带托玻璃茶碗，成为饮茶的标志性器具，为此在探讨唐宋饮

---

[1] 陕西省法门寺考古队：《扶风法门寺塔唐代地宫发掘简报》，《文物》1988年第10期，第1—26页。
[2] 孙机：《法门寺出土文物中的茶具》，《文物》1988年第10期，第34—36页。
[3] 图一至图六出自陕西省考古研究院、法门寺博物馆、宝鸡市文物局、扶风县博物馆：《法门寺考古发掘报告（下）》，文物出版社，2007年，彩图版。

茶风俗衍变的过程中,围绕与此类茶具功能相若的器物如炉、壶、瓶等进行分析,可梳理出流变的特征。

在备茶过程中将茶饼处理成茶末之碾及其组合所用的煎茶、点茶器物,唐宋出土的实例亦不少见,唐代中晚期巩义市东区天玺尚城M234[1]出土的茶具组合包括茶碾、煎茶炉、调茶盂和勺、盛水执壶及茶盘(图七——一一)。台湾自然科学博物馆[2]收藏的茶具组合甚至还包括了煎茶所用之炉、罐(壶)(图一二)。此外涧磁村唐墓[3]、偃师崔防墓[4]、三门峡水工厂唐墓[5]、洛阳白居易宅[6]、西安唐西明寺[7]遗址均有瓷、石类茶碾出土(图一三——七),尽管在发掘报告中有些被称为药碾,但该类器物主要是将物体磨碎,因此其功能应为多元的,用于碾茶也是贴合实际。

擂钵或称碾钵、研钵,和茶碾功能相似,亦为研磨茶末之器,但比茶碾更为便利、实用、使用范围更广。从唐代窑址出土的资料来看,擂钵出现于盛唐晚期,中晚唐普遍应用,宋代流行。黄堡窑[8]唐代前期的地层中就发现了茶碾、擂钵、擂头、执壶、盏托等茶具(图一八——二二),及至唐代晚期的长沙窑,[9]烧制的茶具产品非常多,除大量典型器执壶外,还有横錾壶(点茶用)、碾钵、碾臼、擂头、盏托、带"茶椀"字样碗及茶碾(图二三——二九)。此外西安韦曲韩家湾唐墓、[10]876年六安椿

表二 唐代出土及馆藏茶具与组合

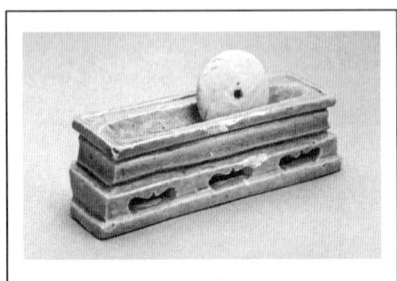 图七 茶碾(天玺尚城唐墓)	图八 风炉(天玺尚城唐墓)	 图九 盂及勺(天玺尚城唐墓)
 图一〇 执壶(天玺尚城唐墓)	 图一一 茶盘组合(天玺尚城唐墓)	

---

[1] 河南省文物考古研究院、巩义市文物考古研究所:《巩义市东区天玺尚城唐墓M234出土发掘简报》,《中原文物》2016年第2期,图一一六。
[2] 邢建洛:《洛阳唐代墓葬出土的茶具综论》,《洛阳考古》2016年第4期,第73页。
[3] 张柏、曹凯主编:《中国出土瓷器全集3(河北)》,科学出版社,2008年,第35页。
[4] 中国社会科学院考古研究所:《偃师杏园唐墓》,科学出版社,2001年,第197页;图片来源见邢建洛:《洛阳唐代墓葬出土的茶具综论》,《洛阳考古》2016年第4期,第73页。
[5] 三门峡市文物工作队:《三门峡水工厂唐墓的发掘》,《华夏考古》1993年第4期,第72—75页。
[6] 中国社会科学院考古研究所洛阳唐城队:《洛阳唐东都履道坊白居易故居发掘简报》,《考古》1994年第8期,第692—701页;彩图来源见高义夫:《北方唐墓出土瓷器的考古学研究》,吉林大学博士学位论文,2019年,第214页。
[7] 葛天:《唐长安西明寺石茶碾考》,《农业考古》2018年第2期,第54页。
[8] 陕西省考古研究所:《唐代黄堡窑址(下册)》,文物出版社,1992年,图版62、81、73、74、54、26、40。
[9] 长沙窑课题组编:《长沙窑》,紫禁城出版社,1996年,彩图176、79、231、236、248。
[10] 陕西省考古研究院:《西安韦曲韩家湾村两座唐代壁画墓发掘简报》,《文博》2017年第5期,第13页。

续 表

图一二 茶具组合（台湾）	图一三 茶碾（涧磁村）	图一四 茶碾（崔防墓）
图一五 茶碾（三门峡）	图一六 茶碾（白居易宅）	图一七 茶碾（西明寺）
3. Ⅰ式残茶碾槽 ⅠT18③:14 4. Ⅱ式残茶碾槽 ⅡT3③:4、ⅡT3⑤:42 图一八 茶碾（黄堡窑唐代）	1. Ⅰb式擂钵 ⅢH34:5 2. Ⅳb式擂钵 ⅡZ8:6 图一九 擂钵（黄堡窑唐代）	图二○ 擂具（黄堡窑唐代）
1. Ⅱc式执壶 ⅡZ5:4　2. Ⅱc式执壶 ⅡZ4:115　3. Ⅳ式执壶 ⅣT19③:16　4. Ⅵ式残执壶 ⅡT13③:34　5. Ⅶa式执壶 ⅡZ5:5　6. Ⅶa式执壶 ⅡZ2-5:11　3. Ⅶb式执壶 ⅡZ2-3:31　4. Ⅶd式执壶 ⅠT11②:93　1. Ⅱa式执壶 ⅡT3③:10　2. Ⅲb式执壶 ⅠT13③:20　4. Ⅴ式执壶 ⅠT13③:21　5. Ⅵa式执壶 ⅣT10⑤:78　6. Ⅵb式执壶 ⅡT13⑤:2　3. Ⅳ式执壶 ⅠT18③:9 图二一 执壶（黄堡窑唐代）		1. Ⅲ式盏托 ⅠT11②:9　2. Ⅴ式盏托 ⅠH16:4 3. Ⅰ式盏托 ⅡT7②:14　4. Ⅱ式盏托 ⅠT13③:8 图二二 盏托（黄堡窑唐代）
图二三 执壶（长沙窑）	图二四 横鋬壶（长沙窑）	

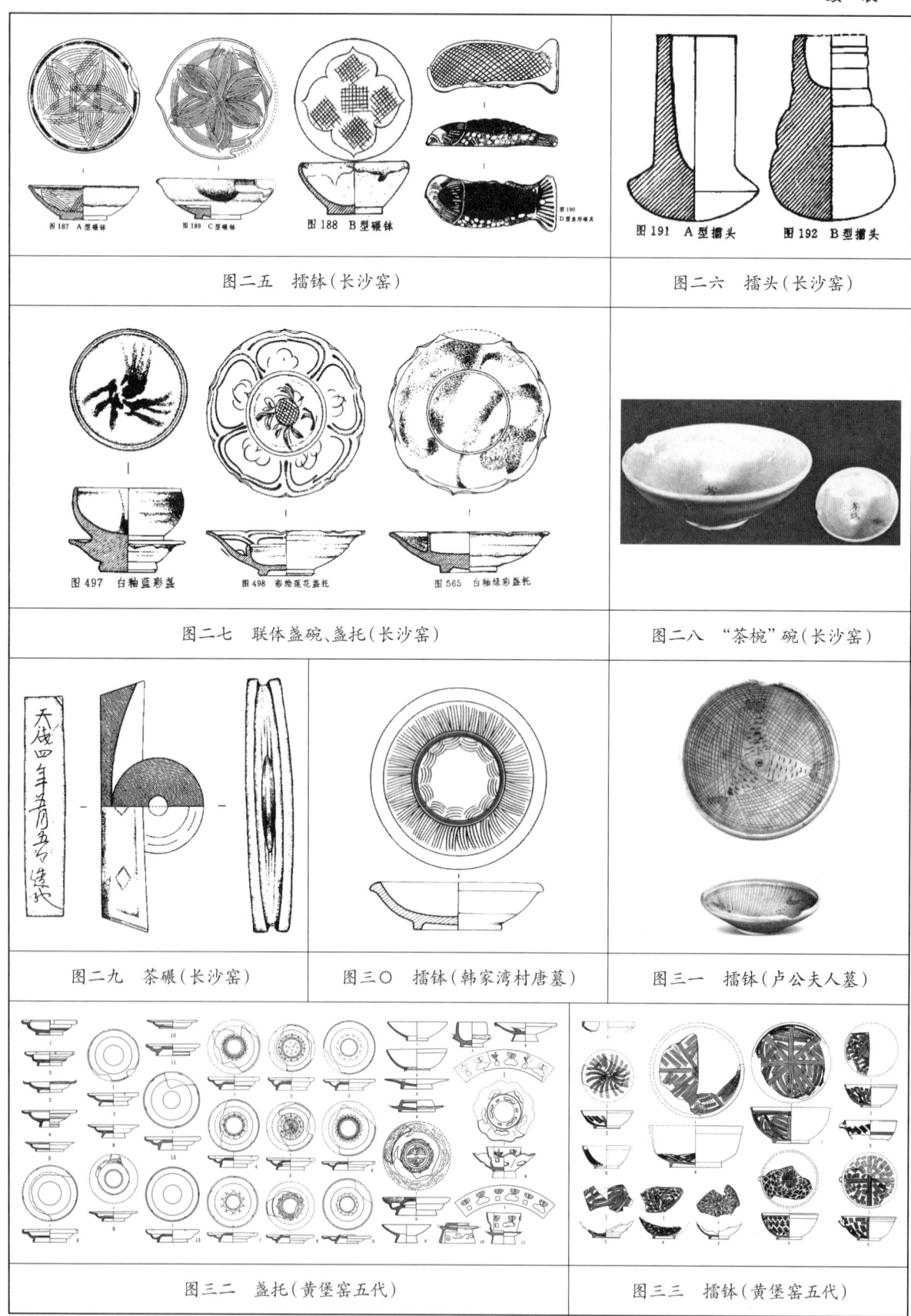

续表

图二五 擂钵（长沙窑）	图二六 擂头（长沙窑）
图二七 联体盖碗、盖托（长沙窑）	图二八 "茶椀"碗（长沙窑）
图二九 茶碾（长沙窑）	图三〇 擂钵（韩家湾村唐墓）	图三一 擂钵（卢公夫人墓）
图三二 盖托（黄堡窑五代）	图三三 擂钵（黄堡窑五代）

树乡卢公夫人墓[1]等亦有擂钵出土(图三〇—三一),黄堡窑五代地层[2]中出土的盏托数量激增,有继承唐代盏托形制者,也有新出形制,与辽宋相似,擂钵数量也多于唐代地层(图三二—三三)。

从唐代茶具及其组合实物来看,笼子可存放茶饼,盐台为冲茶备料储物,炉、壶为煎茶、点茶加热及盛放茶汁之器,而茶碾、擂钵、擂头、罗为将饼茶处理成茶末的备茶工具,茶匙为茶末处理、冲茶器具,茶盏则为冲茶完成后供人饮茶之器。与唐以前"生煮羹饮"和一器多用、功能难辨的茶器相比,唐代茶具及其组合特征更为鲜明,并能完备地展示出唐代沿袭前代"淹茶""煮茶"以及新创的"煎茶"和"点茶"方式。

虽然唐五代有着非常丰富的图像资料,如敦煌壁画、墓室壁画,也有少量唐五代绘画作品传世,其中有宴饮场景,但未见明确涉及饮茶的相关主题,即便在《韩熙载夜宴图》[3]中有带盏碗、温碗及执壶(图三四),或为酒具,或为茶具,也难以明确定性。因此与考古或馆藏茶具实证相比,唐五代能表达饮茶方式的相关图像资料几乎难觅其踪。

(二)辽宋茶具图像及考古实物资料

1. 辽宋茶具图像资料

辽宋之际能明确反映饮茶习俗的图像资料比较丰富,出土壁画中表达茶文化场景者有建隆元年(960年)山东大学千佛山北宋墓[4]东壁中部所绘桌椅图,上置一把注壶和一套带盏托(图三五)。北宋绍圣四年(1097年)河南登封黑山沟村北李守贵墓[5]西南壁画的桌面摆放着叠置盏托,一女人一手捧茶罐,另一手持凤首茶匙向带托盏内添茶,表现点茶场景(图三六)。北宋元符二年(1099年)河南禹州白沙赵大翁墓[6]西壁所绘虽定名为夫妇对坐图,实为奉茶图,男女主人间的方桌上设一带碗注子、两带托盏,左侧侍女捧罐,右侧男侍持渣斗(图三七)。陕西韩城盘乐村218号北宋墓[7]北壁下层的医药图中,左下角为备茶场景,一男侍蹲坐持擂头在擂钵中臼茶,红衣男侍蹲坐持圆形罗筛茶末,侍女手捧带托盏奉茶(图三八)。

此外,辽大安三年(1087年)内蒙古巴林右旗辽庆陵陪葬墓耶律弘世墓[8]西耳室甬道的北侧,一汉装男侍手端一盏托及茶盏(图三九)。内蒙古巴林左旗查干哈达苏木阿鲁召嘎查滴水壶辽墓[9]南壁,图中间一男侍正持汤瓶往带托盏中点茶(图四〇)。河北宣化辽大安九年(1093年)出土了一批墓室壁画材料,其中张文藻墓室[10]童嬉图,或称备茶图,绘有茶碾、煮茶风炉及执壶,桌上放置一套注碗、注壶以及盏托(图四一)。张匡正墓[11]为正在备茶的场景,一人碾茶,一人吹风炉火,一人正在斟茶执壶,两侍女各端盏托及盏,桌上放置着可能用于装水之瓶、执壶、茶匙、茶笼、茶钳等器物(图四二),比张文藻墓室壁画更为具体地再现了辽人的饮茶习俗。天庆元年(1111年)韩师训墓[12]亦有被命名为备茶图的壁画,与张文藻、张匡正墓室的壁画相比,特征并不明显,能观察到与饮茶相关的为祭案所置执壶、带托盏(图四三)。天庆六年(1116年)张世卿[13]墓中的两幅备茶图与韩师训墓室壁画相似,案桌

---

[1] 马起来:《唐邢窑白釉三鱼纹研盘》,《收藏》2012年第4期,第71页。
[2] 陕西省考古研究所:《五代黄堡窑址》,文物出版社,1997年,第44—49、144—145页。
[3] 袁杰主编:《故宫博物院藏品大系:绘画编1·晋隋唐五代》,紫禁城出版社,2008年,第240页。
[4] 徐光冀主编:《中国出土壁画全集(04)山东》,科学出版社,2012年,第76页。
[5] 郑州市文物考古研究所、登封市文物局:《河南登封黑山沟宋代壁画墓》,《文物》2001年第10期,第60—66页,图一备宴图。
[6] 徐光冀主编:《中国出土壁画全集(05)河南》,科学出版社,2012年,第143页。
[7] 徐光冀主编:《中国出土壁画全集(07)陕西(下)》,科学出版社,2012年,第419页。
[8] 徐光冀主编:《中国出土壁画全集(03)内蒙古》,科学出版社,2012年,第109页。
[9] 徐光冀主编:《中国出土壁画全集(03)内蒙古》,科学出版社,2012年,第137页。
[10] 徐光冀主编:《中国出土壁画全集(01)河北》,科学出版社,2012年,第141页。
[11] 徐光冀主编:《中国出土壁画全集(01)河北》,科学出版社,2012年,第142页。
[12] 徐光冀主编:《中国出土壁画全集(01)河北》,科学出版社,2012年,第161页。
[13] 徐光冀主编:《中国出土壁画全集(01)河北》,科学出版社,2012年,第170、175页。

所放为汤瓶、盏托及盏(图四四)。此类备茶图在天庆七年(1117年)张世古墓[1]中亦可看见,不过该壁画多了炉火中烧汤瓶的细节(图四五)。

除壁画资料外,这一时期也有表达饮茶方式的绘画作品传世。辽宁省博物馆藏宋代佚名绘绢本设色《萧翼赚兰亭图》,[2]表现的也是宋人的生活场景,画面左下侧为煎茶场景,一老一小两僮仆正专注地备茶,老仆坐于蒲团之上,右手持箸,左手持茶铫,双目注视着风炉上正在煎煮的茶汤。右边的小童前方置一矮几,一手持带托盏,一手持布擦矮几,几上放置一黑漆盏托,配一白色茶盏(图四六)。宋画中也有不少描绘碾茶的场景,现藏于日本京都大德寺的《五百罗汉图》[3]即为其中之一,画面左上角一童子提汤瓶接泉水,左下角一小鬼奋力碾茶,其旁一花口浅盘上置茶筅、茶匙、罗等备茶器具,另一小鬼正持扇生风炉(图四七)。辽宁省博物馆藏北宋张激所绘《白莲社图卷》(局部)第五景[4]描绘了雅集中三位童仆司火烹茶的场景(图四八)。台北故宫博物院藏宋徽宗赵佶的《文会图》[5]中亦有备茶图景,最下方描绘的是童仆们在候汤点茶的情景。左侧炉上放置有两汤瓶(执壶造型),一侍者在候汤,正中方桌上摞叠盏托、带托盏、茶罐,又一侍者正从罐中取茶末调膏(图四九—五〇)。

台北故宫博物院藏南宋刘松年的《撵茶图》,[6]左半部为宋人备茶、点茶的场景,左下角一人坐矮几用石磨磨茶,其上一人在方桌上用汤瓶往大盆里点茶,其旁置一风炉加热茶铫,桌上摞置四盏托(图五一)。南宋号为"审安老人"者著有《茶具图赞》一书,[7]图文并茂地列举了不同质地、形状与用途之茶具十二种,又用拟人化手法,每种各赐以姓氏、官称与名、字、号,合称"十二先生"(图五二),有助于更加具象地了解宋代的茶具造型和名称。

从墓葬壁画和传世绘画作品资料来看,辽代备茶图中有使用茶碾加工茶末、其旁配有风炉加热汤瓶的场景,同时也出现了从茶罐取茶、点茶以及奉茶的画面。宋代茶事图景中使用茶碾加工茶末场景的少见,新出现了使用石磨、擂钵和擂头加工的场景,以从罐中取茶点茶、奉汤茶场景最为典型。由此

表三　唐宋之际饮茶主题与茶具图像资料

图三四　执壶与带盖碗（《韩熙载夜宴图》）	图三五　桌椅图（千佛山北宋墓）	图三六　点茶图（北宋李守贵墓）

---

[1] 徐光冀主编:《中国出土壁画全集(01)河北》,科学出版社,2012年,第184页。
[2] 马宝杰、胡小罕主编:《宋画全集(第三卷第一册)》,浙江大学出版社,2010年,第186页《萧翼赚兰亭图》。
[3] 郭丹英:《碾破香无限　飞起绿尘埃——宋代茶臼、茶碾及茶磨散记》,《收藏家》2016年第12期,第45页。
[4] 马宝杰、胡小罕主编:《宋画全集(第三卷第一册)》,浙江大学出版社,2010年,第90页《白莲社图》。
[5] 中国古代书画鉴定组编:《中国绘画全集(第2卷·五代宋辽金Ⅰ)》,浙江人民出版社、文物出版社,1999年,第152页,宋徽宗赵佶《文会图》轴。
[6] 郭丹英、沈国琴:《文献、图像、考古视野下的历代茶器演变》,《中国非物质文化遗产》2023年第4期,第96—113页。
[7] 丁以寿:《〈茶具图赞〉疏解》,《农业考古》2009年第2期,第99—103页。

续 表

图三七 夫妇对坐图（北宋赵大翁墓）	图三八 医药图（北宋盘乐村218号墓）	图三九 奉茶图（辽耶律弘世墓）
图四〇 点茶图摹本（滴水壶辽墓）	图四一 童嬉图（辽张文藻墓）	图四二 备茶图（辽张匡正墓）
图四三 备茶图（辽韩师训墓）	图四四 备茶图（辽张世卿墓）	
图四五 备茶图（辽张世古墓）	图四六 《萧翼赚兰亭图》（宋 佚名 辽宁省博物馆藏）	

续表

图四七 《五百罗汉图》 （宋 日本京都大德寺藏）	图四八 《白莲社图卷》局部 （北宋 张激 辽宁省博物馆藏）

图四九 《文会图》 （宋 赵佶 台北故宫博物院）	图五〇 《文会图》备茶局部 （宋 赵佶 台北故宫博物院）	图五一 《撵茶图》局部 （南宋 刘松年 台北故宫博物院藏）

图1 韦鸿胪　　图2 木待制　　图3 金法曹　　图4 石转运　　图5 胡员外　　图6 罗枢密

图7 宗从事　　图8 漆雕秘阁　　图9 陶宝文　　图10 汤提点　　图11 竺副帅　　图12 司职方

图五二 《茶具图赞》
（南宋 审安老人）

可见辽宋茶具图像反映的茶事主体环节依然是围绕煮茶、点茶、茶末处理进行的。

2. 辽宋茶具考古实物资料

辽宋时期茶具的出土实物数量庞大，结合前述图像资料，盏托、盏（碗、杯）、执壶等大量出土，特别是瓷质茶具在这个时期极其盛行。因执壶亦有酒壶的功能，因此用作汤瓶的执壶，可参考图像资料综合鉴别。

目前能反映辽代成组茶具特征的为德妃伊氏墓[1]出土的一套器具，包括残铁釜、执壶、龙纹盒、青瓷盏、台盏、花口尊、葵口银盏托、茶匙、渣斗，经分析为成套茶具（表四：图五三—六〇）。德妃伊氏原为后唐皇帝李存勖之妃，在后唐、后晋生活，后跟随耶律德光来到辽地，于942年去世，此时尚属后晋，

表四　辽德妃伊氏墓出土茶具组合（彩图图版二十七）

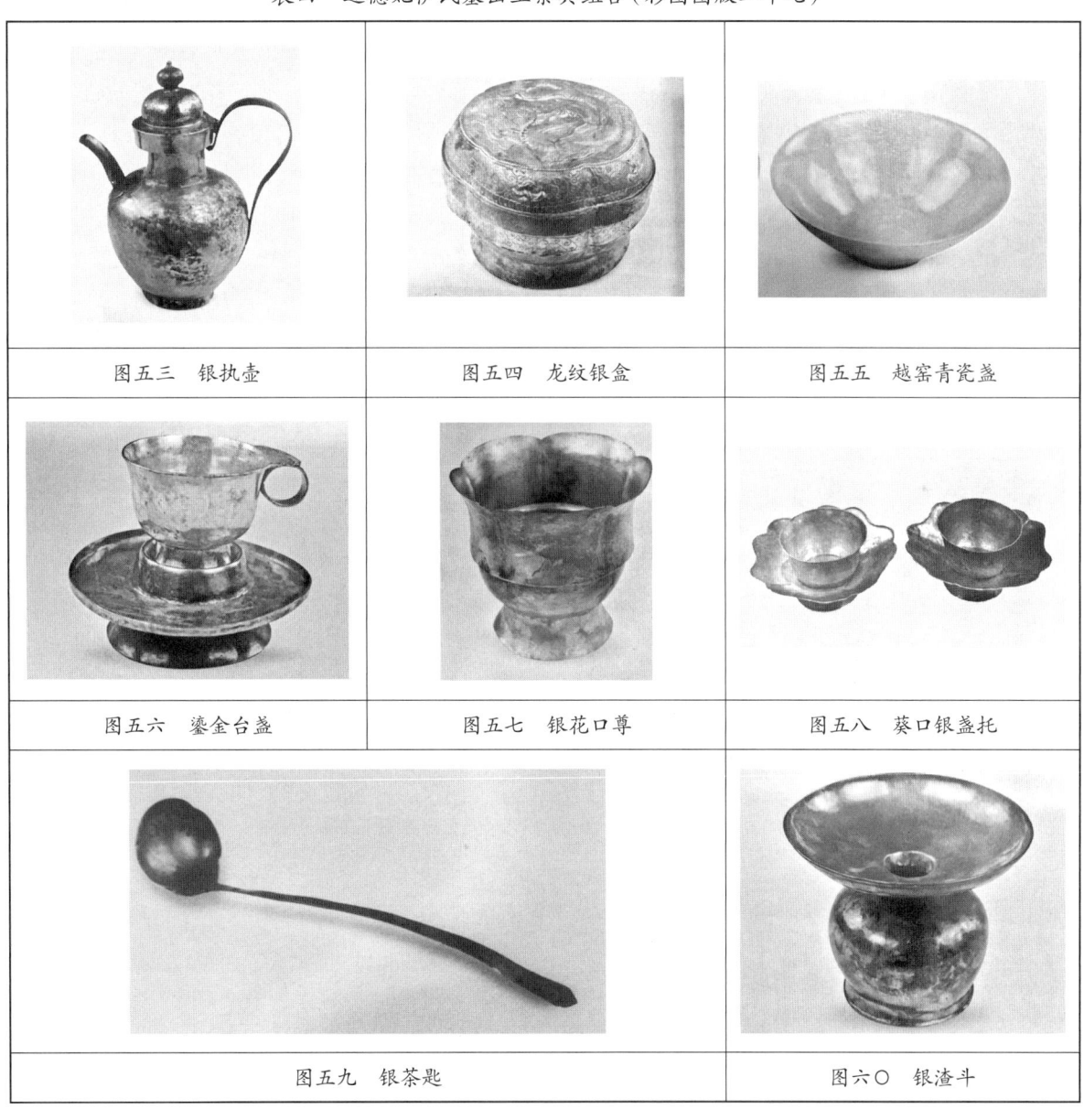

图五三　银执壶	图五四　龙纹银盒	图五五　越窑青瓷盏
图五六　鎏金台盏	图五七　银花口尊	图五八　葵口银盏托
图五九　银茶匙		图六〇　银渣斗

---

[1] 赤峰市博物馆、巴林左旗辽上京博物馆、巴林左旗文物管理所：《内蒙古巴林左旗盘羊沟辽代墓葬》，《考古》2016年第3期，第30—44页。

北宋尚未建立,其虽居辽地,饮茶方式仍受晚唐影响,从中亦可折射出辽代墓葬茶事壁画与唐代饮茶方式的相似特征。与唐代较多茶具成组实物出土的情况不同之处在于,上述辽宋金多件成组出土的茶具实物并不多见,能表达茶事的主体多为两至三类茶具组合或单件器物,如盏托、盏、执壶、渣斗、盖罐、茶匙等,均在此时期大流行。辽代品官贵族墓中有大量这些器类不同组合方式的茶具出土,常见组合为盖罐(茶末罐)、执壶、盏托或带托盏、渣斗、茶匙之间的组合。耶律羽之墓[1]中出土的茶具品级很高,含白瓷盖罐、铁质执壶、金花银渣斗、银勺(图六一)。韩佚墓[2]出土的莲花形带托盏、白瓷渣斗、白瓷莲纹罐为瓷质点茶器具(图六二)。辽宁朝阳耿氏3号墓[3]出土的铁执壶、瓷盏托和青瓷渣斗亦为少量类型的茶具组合(图六三)。辽宁阜新辽代平原公主墓与梯子庙4号墓[4]出土的茶具组合包括铁茶碾、铁杵臼、陶擂钵、青白瓷花口盏、青白瓷花形盏托(图六四),前三者全套磨茶末组合为辽宋之际出土实物最全,其他墓葬未见。此同类组合亦见于河北平泉县小吉沟墓[5]出土的瓷质茶具组合(图六五)。内蒙古多伦县小王力沟辽墓为辽圣宗贵妃萧氏及其家族成员墓,[6]出土的茶具组合品级也非常高,如银扣青瓷盏托、鎏金银扣青瓷盏托、青瓷盏、银茶匙及筷、白瓷盖罐,前三者为萧贵妃墓葬所出(图六六)。辽宁朝阳前窗户村契丹贵族妇女墓[7]中出土的也是花形带托盏和渣斗陶瓷茶具组合(图六七)。陈国公主及驸马合葬墓[8]中出土的银罐、银盏托、银渣斗和银茶匙,也是高品级的茶具组合(图六八)。应历九年(公元959年)辽宁赤峰县大营子M1[9]出土了白瓷执壶、白瓷罐、银茶匙、银盏托(图六九)。辽西州刺史、监察御史常遵化墓[10]出土的茶具组合为陶罐、陶盏托、陶渣斗(图七〇),为辽代品官中随葬茶具最简陋者,可能这一批器物并非其生前用品,而是专门陪葬所用的明器。辽宁义县清河门辽萧慎微祖墓[11]群中出土的瓷质茶具组合为执壶、盖罐、盏托、盏及渣斗(图七一),数量较多,

表五 辽代出土茶具组合考古实物资料

图六一 盖罐、执壶、渣斗、茶匙(辽耶律羽之墓)

---

[1] 内蒙古文物考古研究所、赤峰市博物馆、阿鲁科尔沁旗文物管理所:《辽耶律羽之墓发掘简报》,《文物》1996年第1期,第4—32页。
[2] 北京市文物工作队:《辽韩佚墓发掘报告》,《考古学报》1984年第3期,第361—380页,图版17、23。
[3] 朝阳博物馆、朝阳市城区博物馆:《辽宁朝阳市姑营子辽代耿氏家族3、4号墓发掘简报》,《考古》2011年第8期,第31—45页。
[4] 辽宁省文物考古研究所、阜新市考古队:《辽宁阜新县辽代平原公主墓与梯子庙4号墓》,《考古》2011年第8期,第46—65页。
[5] 平泉县文保所、承德地区文化局:《河北平泉县小吉沟辽墓》,《文物》1982年第7期,第50—53页。
[6] 内蒙古文物考古研究所、锡林郭勒盟文物保护管理站、多伦县文物局:《内蒙古多伦县小王力沟辽代墓葬》,《考古》2016年第10期,第55—80页。
[7] 靳枫毅:《辽宁朝阳前窗户村辽墓》,《文物》1980年第12期,第17—29页。
[8] 内蒙古文物考古研究所:《辽陈国公主驸马合葬墓发掘简报》,《文物》1987年第11期,第4—24页。
[9] 郑绍宗:《赤峰县大营子辽墓发掘报告》,《考古学报》1956年第3期,第1—26页。
[10] 刘桂馨:《辽代常遵化墓出土的围棋子》,《文物》1997年第11期,第62—66页。
[11] 李文信:《义县清河门辽墓发掘报告》,《考古学报》1954年第2期,第163—202页。

唐宋茶事衍变初探——以考古资料为视角 | 315

续 表

图六二 盖罐、带托盏、渣斗（辽韩佚墓）
图六三 执壶、盖托、渣斗（耿氏3号辽墓）
图六四 茶碾、杵臼、擂钵、花口盏、花型盏托（辽平原公主墓与梯子庙4号墓）
图六五 注壶、盏托、渣斗（小吉沟辽墓）
图六六 盖罐、盏托、盏、银茶匙、银筷（小王力沟辽墓）

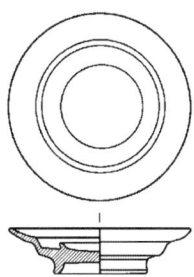

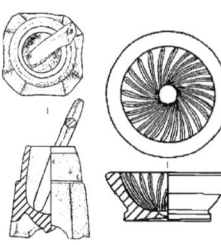

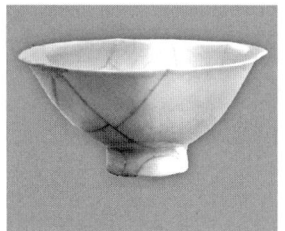

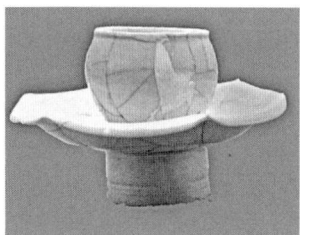

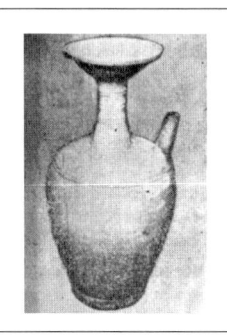

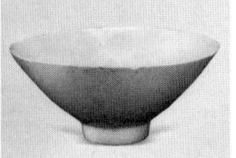

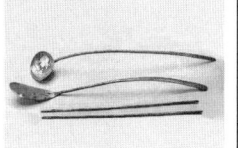

续 表

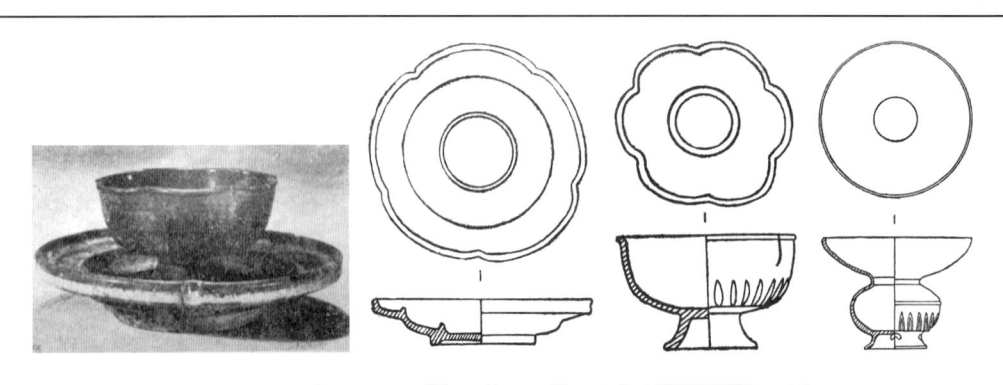

图六七　绿釉花口盏托、绿釉花口杯、绿釉渣斗（辽宁契丹贵族妇女墓）

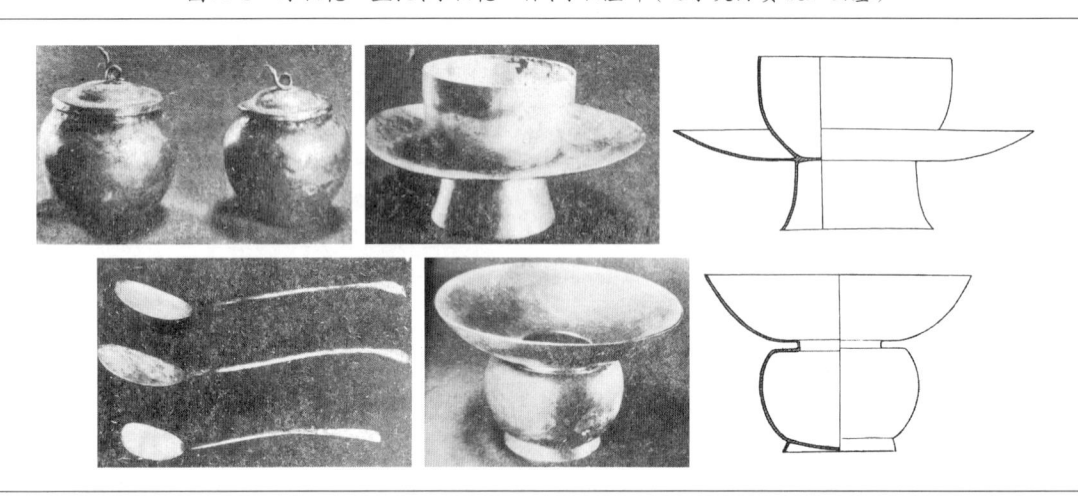

图六八　银罐、银盏托、银渣斗和银茶匙（陈国公主及驸马合葬墓）

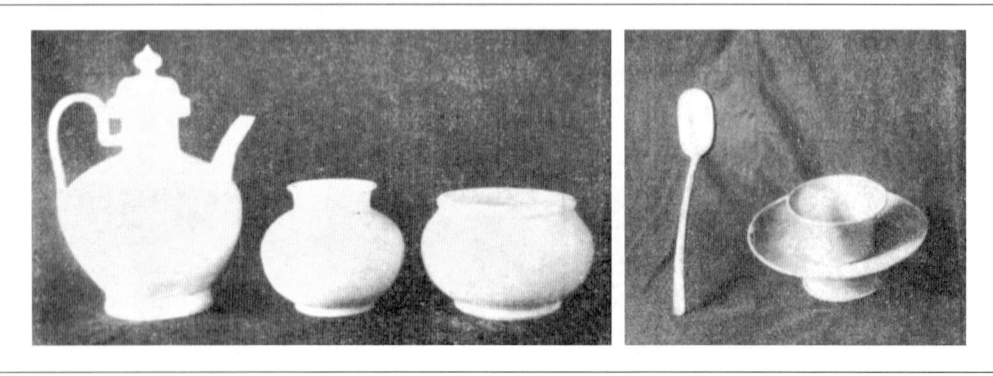

图六九　执壶、罐、茶匙、盏托（辽赤峰县大营子M1）

图七〇　罐、盏托、渣斗（辽常遵化墓）

续 表

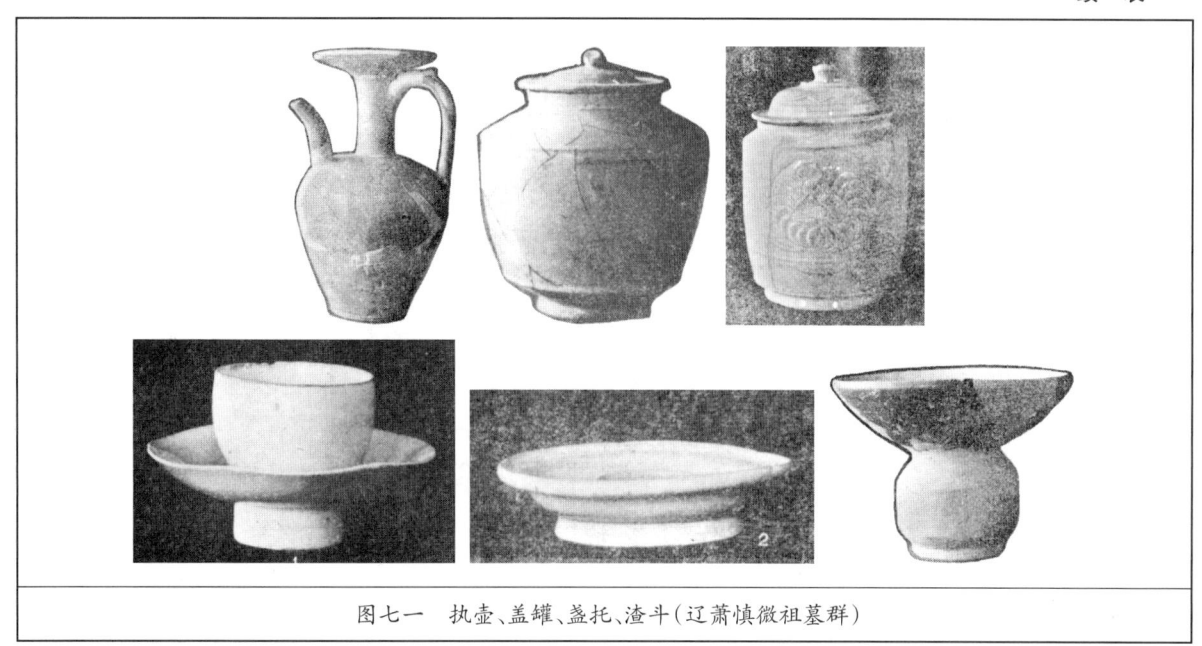

图七一　执壶、盖罐、盏托、渣斗（辽萧慎微祖墓群）

有定窑白瓷、汝窑青瓷、景德镇青白瓷，质量上乘。

与北方地区辽代墓葬的不同之处在于，南方宋代墓葬极少有类似北方墓葬那样的高规格金银器或组件明确的茶具套装出土，目前能反映宋代成组茶具特征的为福建邵武市黄涣墓，[1]出土器物涵盖茶笼、茶末盒、茶末瓶、茶匙及碟、茶瓶、渣斗、盏托、盏、托盘10件茶具组合（表六：图七二—八〇），材质包括银器、漆器和瓷器。其余宋代墓葬基本以单类或两至三类器物组合为主，以金银器随葬的案例很少。安徽六安花石咀夫妇合葬墓[2]的随葬品组合中M1男主人为盏托及银杯、银勺（报告无图）、渣斗（报告无图），M2女主人为人物凸花银杯与托盘、银渣斗（图八一）。江苏淮安嘉祐五年（1060年）的壁画墓[3]被盗掘，残存器物中有均为漆质直口桶腹罐、花口碗、盏托组合（图八二）。江苏洪泽长山村宋代壁画墓[4]出土的花口碗（盏）、渣斗为影青瓷质（图八三）。浙江义乌宋代窖藏[5]出土的40余件银器中茶具有执壶、盏托及盏（图八四）。四川彭州南宋金银器窖藏[6]中出土金银器共343件，数量与器类均极为丰富，其中茶具组合包括盏托、渣斗（图八五）。浙江兰溪南宋墓[7]出土的为银执壶与银渣斗残件（图八六）。福州茶园山南宋许峻墓[8]出土的茶具组合为银盖罐、银执壶、银盏托和银渣斗（图八七），银盏托在四川绵阳宋代窖藏[9]也有出土（图八八）。此外各个窑址的宋代地层中也出土了茶具产品，黄堡窑第二期文化宋代中期地层（耀州窑）[10]出土有中空式假圈足青釉盏托（图八九）；出土

---

[1] 陈邵龙：《邵武市黄涣墓出土宋代茶具研究》，《福建文博》2014年第3期，第34—34页。
[2] 安徽六安县文物工作组：《安徽六安县花石咀古墓清理简报》，《考古》1986年第10期，第916—921页，图版7、8。
[3] 江苏省文物管理委员会、南京博物院：《江苏淮安宋代壁画墓》，《文物》1960年第8、9期，第43—51页。
[4] 淮安市文物考古研究所、洪泽湖博物馆：《江苏洪泽长山村宋代壁画墓发掘简报》，《东南文化》2020年第2期，彩插10。
[5] 朱俊琴：《义乌柳青乡游览亭村宋代窖藏银器研究》，《东方博物》2013年第4期，第43—46页。
[6] 谢涛：《四川地区宋代金银器研究》，成都市文物考古研究所《成都考古研究（下）》，科学出版社，2009年，第594页。
[7] 兰溪市博物馆：《浙江兰溪市南宋墓》，《考古》1991年第7期，第670—672页，图版8。
[8] 福建省博物馆：《福州茶园山南宋许峻墓》，《文物》1995年第10期，第24—26页。
[9] 唐光孝、任银、都云昆：《四川绵阳宋代窖藏银器撷英》，《文物天地》2019年第6期，第61页。
[10] 陕西省考古研究所：《陕西铜川耀州窑》，科学出版社，1965年，第23页。

表六　福建邵武市黄涣墓出土宋代茶具组合

图七二　银茶笼	图七三　银茶末盒	图七四　银茶末瓶
图七五　银茶匙及碟	图七六　银瓶	图七七　银渣斗
图七八　扣银漆盏托	图七九　扣银描金漆盏	图八〇　漆质茶托盘

茶具类型及数量多的为河北观台磁州窑址北宋至金代地层,[1]涵盖了各类形制的盖罐、执壶、擂钵、盏托、渣斗等茶具(图九〇)。河南宝丰清凉寺汝窑窑址[2]宋金地层中出土有黑釉罐、擂钵、粉青釉莲瓣盏托等茶具(图九一)。陕西西安马腾空北宋墓[3]中出土的瓷质茶具包括青釉盏托、青釉盏及青釉渣斗(图九二)。陕西蓝田吕氏家族墓[4]M2出土了石茶碾、M6出土了青釉渣斗、M14与M16出土了黑釉盏托及白釉盏(图九三)。四川成都杜甫草堂唐五代及宋代地层中出土的石臼[5](图九四)、邛崃市平乐镇冶铁遗址宋代地层中出土的研磨器[6](图九五)、南街唐宋遗址晚唐至宋代地层出土的研磨器[7]

---

[1] 北京大学考古学系、河北省文物研究所、邯郸地区文物保管所:《观台磁州窑址》,文物出版社,1997年。
[2] 河南省文物研究所:《宝丰清凉寺汝窑址的调查与试掘》,《文物》1989年第11期,第1—14页。
[3] 陕西省考古研究院:《陕西西安马腾空北宋墓发掘简报》,《考古与文物》2021年第3期,第51页。
[4] 陕西省考古研究院:《陕西蓝田县五里头北宋吕氏家族墓地》,《考古》2010年第8期,第46—52页。
[5] 成都市文物考古研究所、成都杜甫草堂博物馆:《成都杜甫草堂唐—宋遗址发掘报告》,《成都考古发现(2002)》,2004年,第252页。
[6] 成都市文物考古研究所、邛崃市文物保护管理所:《邛崃市平乐镇冶铁遗址调查与试掘简报》,《四川文物》2008年第1期,第22页。
[7] 成都市文物考古研究所、邛崃市文物保护管理所:《成都邛崃市南街唐宋遗址发掘简报》,《成都考古发现(2000)》,2002年,第332页。

表七　辽宋之际考古出土茶具及组合

图八一　盏托及杯、渣斗（宋六安花石咀夫妇合葬墓）

图八二　漆罐、漆花口碗、漆盏托（淮安宋代壁画墓）

图八三　影青花口碗、影青渣斗（洪泽长山村宋代壁画墓）

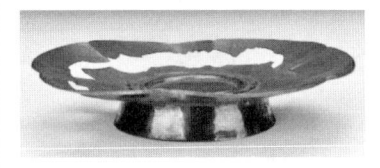

图八四　银执壶、银盏托、银莲瓣口盏（浙江义乌宋代窖藏）

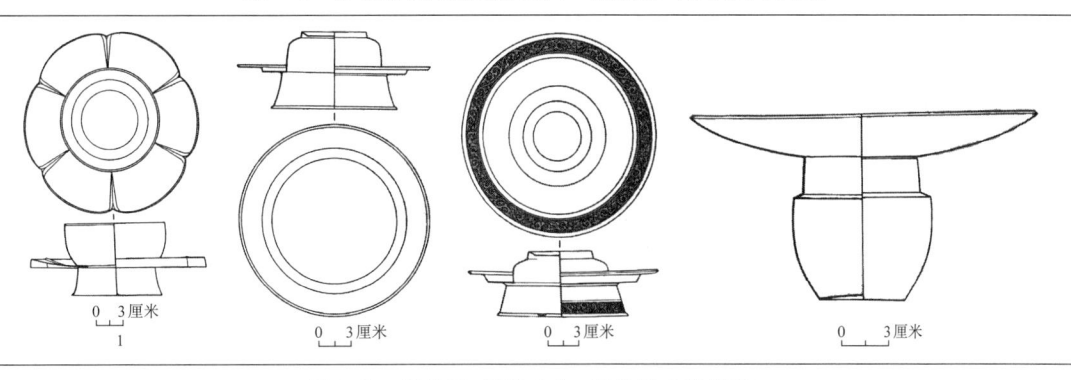

图八五　银盏托、银渣斗（四川彭州南宋窖藏）

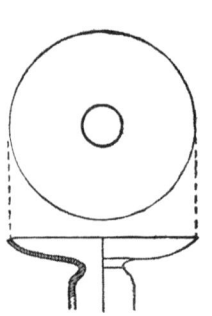

图八六　银执壶、银渣斗（浙江兰溪南宋墓）	

图八七　银盖罐、银执壶、银盖托、银渣斗（福州南宋许峻墓）		

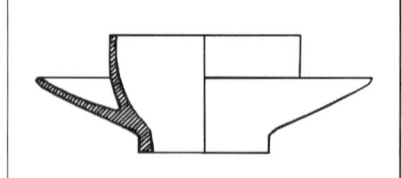

图八八　银盖托（四川绵阳宋代窖藏）	图八九　盖托（耀州窑宋代地层）

筒腹罐和鼓腹罐	执壶	擂钵

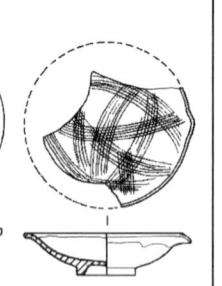

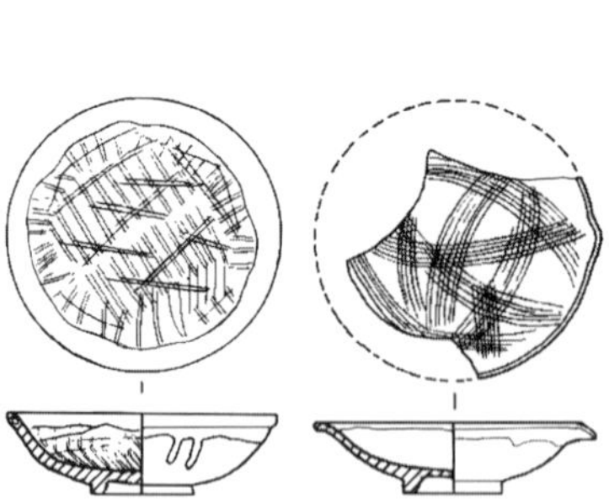

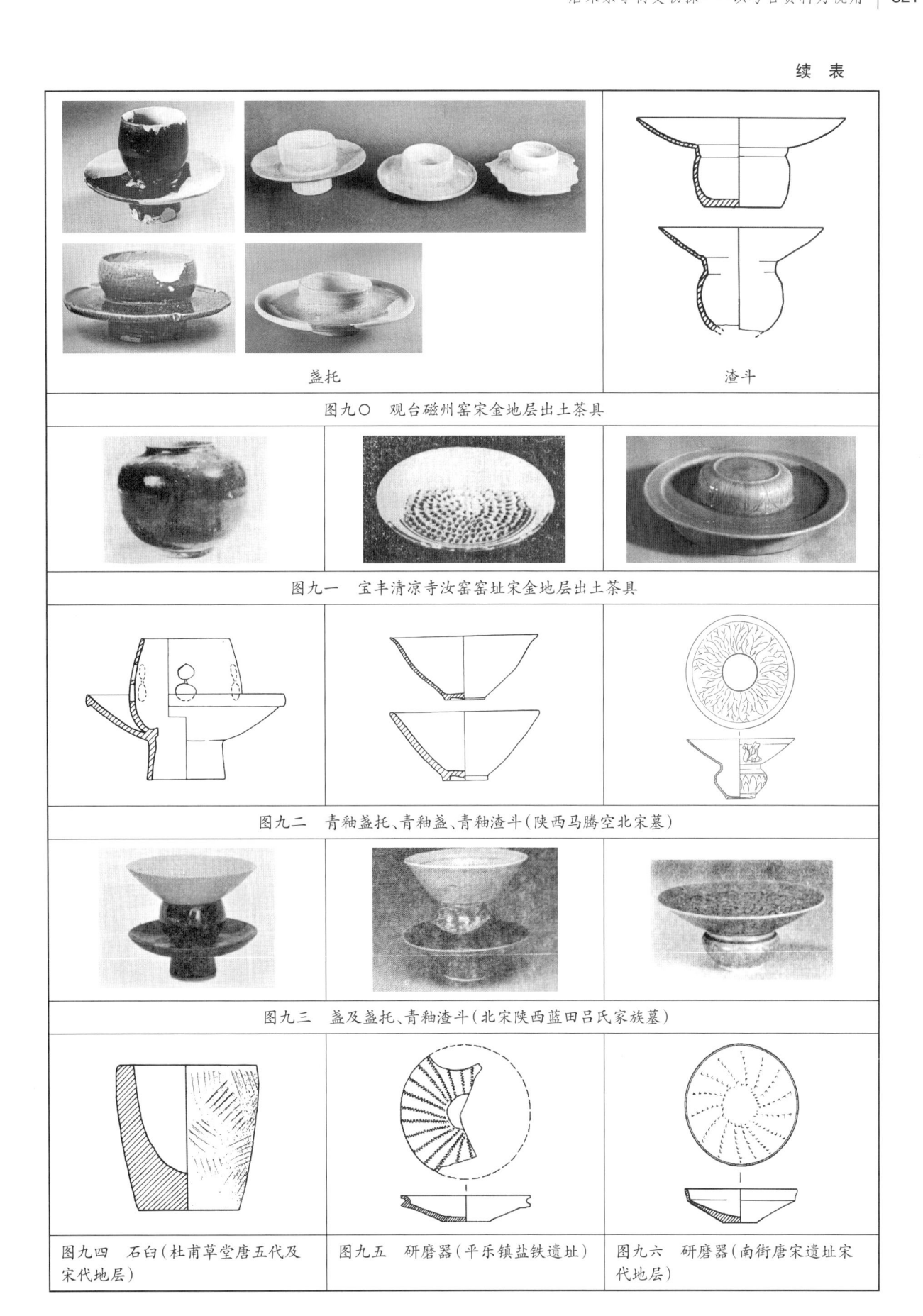

续表

| 盏托 | 渣斗 |

图九〇　观台磁州窑宋金地层出土茶具

图九一　宝丰清凉寺汝窑窑址宋金地层出土茶具

图九二　青釉盏托、青釉盏、青釉渣斗（陕西马腾空北宋墓）

图九三　盏及盏托、青釉渣斗（北宋陕西蓝田吕氏家族墓）

| 图九四　石臼（杜甫草堂唐五代及宋代地层） | 图九五　研磨器（平乐镇盐铁遗址） | 图九六　研磨器（南街唐宋遗址宋代地层） |

（图九六）均为碾茶末器具。

从辽代品官及贵族墓出土的茶具实物来看，盖罐、执壶、盏托、盏及渣斗几乎为最常见组合，具有鲜明的点茶器物特征，与辽代同期壁画所表达的不一致之处在于，用于加工茶末的器具如茶碾、杵臼、擂钵及擂头、风炉基本不见。

宋代墓葬、窑址、遗址、窖藏出土的茶具实物组合类型与北方辽金时期相比种类不够丰富，盏托、盏及渣斗与辽金相似，为最常见组合，但执壶、盖罐较少，臼、研磨器类的磨茶器物比北方数量多，特别是盏托、斗笠盏极其流行。

二、唐宋以降饮茶方式衍变

唐代饮茶方式涵盖延续唐以前一直流行的"痷茶""煮茶"、陆羽《茶经》所记"煎茶"以及唐末盛行之"点茶"四种类型，[1]陆羽《茶经·六之饮》载"饮有粗茶、散茶、末茶、饼茶者，乃斫、乃熬、乃炀、乃舂，贮于瓶缶之中，以汤沃焉，谓之痷茶"，此段文字表明无论粗茶、散茶、末茶、饼茶，无论何种冲泡方式，均要先将茶放入煮茶瓶或缶中，倒入水浸泡，这一方式称为"痷茶"。[2]煮茶也是承袭了前代的饮茶方式，其步骤如下：首先弄碎茶饼，将其放置于火上炙烤，待茶叶变干、变红后将其磨碎，倒进瓷瓶，然后在锅中加盐、橘皮、大枣、姜、葱等佐料烧开后，将茶末倒入水中，跟佐料一起煮，最后茶末、茶汤一起饮用。

唐代不仅饮茶之风日盛，对茶叶的加工制作和饮茶方式也由粗变精，日渐提升、完善，愈发讲究。文献所载陆羽《茶经》即为其例，他整理归纳了煮茶法并加以创新，提出煎茶法，可从唐时曾任衢州刺史赵璘在《因话录》中所记陆羽"性嗜茶，始创煎茶法"[3]得以窥见。陆羽《茶经》所记的唐人制茶流程主要包括采、蒸、捣、拍、焙、炙、碾、罗、煮等工序和方法。[4]煎茶法原料为茶饼，需预先备茶，即通过炙（烘干茶饼，称之为"炙茶"）、碾（茶饼冷却后打碎碾成粉末状）、罗（用罗将茶细筛成待烹茶末）三道工序，将茶饼处理成细末颗粒状茶末。其次为备水，将水煮沸，首次沸腾后可加盐调味，亦可不加。最后为煎茶，即在水二次沸腾时舀出一瓢后再搅拌水中心，倒入茶末，水沸溅沫之际倒入舀出之水，使其不沸，形成泡沫后饮用。

唐代末年点茶盛行，和痷茶一样原料均为茶末，冲调方式与痷茶相比更为精细。痷茶是将茶末放进瓶缶中，加入开水浸泡后，倒入茶碗连茶饮用，点茶则是将茶末放入盏中，加入瓶中沸水先调和成膏体状，该过程称为"调膏"，其后再加瓶中沸水搅拌，茶末上浮，形成粥面，该过程称为"击拂"，然后再饮用。与痷茶相较，"点茶"增加了"调膏"和"击拂"两个环节，使其成为具有技艺性的饮茶方式。唐末苏廙在《十六汤品》[5]中提到了点茶的方法，"茶已就膏，宜以造化成其形。若手颤臂弹，惟恐其深，瓶嘴之端，若存若亡，汤不顺通，故茶不匀粹。是犹人之百脉，气血断续，欲寿奚苟，恶毙宜逃"。点茶至宋代乃家居常事，更为流行，其法不加盐。蔡襄在《茶录》[6]中就说明点茶要诀，"凡欲点茶，先须熁盏令热，冷则茶不浮"。因点茶过程所呈现的艺术性和技巧性，极易产生饮茶游戏，宋人称其斗茶或

---

[1] 金珍淑：《关于陆羽〈茶经〉中饮茶观点的研究》，浙江大学博士学位论文，2005年，第44页。
[2] 陈星怡：《唐—清瓷质茶具的演变规律》，景德镇陶瓷大学硕士学位论文，2018年，第21页。
[3] 阮浩耕：《宋代地域类茶书四种》，《茶之文史百题》，浙江摄影出版社，2001年，第34页。
[4] 禚振西：《陆羽〈茶经〉与耀州窑之煎茶器具（上）》，《收藏界》2014年第1期，第58—59页。
[5] 金珍淑：《关于陆羽〈茶经〉中饮茶观点的研究》，浙江大学博士学位论文，2005年，第96页。
[6] 陈星怡：《唐—清瓷质茶具的演变规律》，景德镇陶瓷大学硕士学位论文，2018年，第42页。

茗战,为一种品茶比赛方式,通过观其色、闻其香、品其味等方式来评定茶品优劣。

及至元代,由于蒙人以肉食为主,茶作为一种止渴消食的饮料,依然盛行。元代茶制虽沿袭两宋,但饮茶方式和文化内涵出现了新的变化:元代上层社会仍用茶末点茶冲泡,但受蒙古族奶茶影响,烹煮时添加各种辅料,形成加料饮品,常添之物为酥油。此时民间一改宋人巨资靡费制作团茶之风,流行散茶,以沸水直接冲泡芽茶饮汁的方法,冲泡简便,又经济实惠,因此这种瀹泡法开始流行。元末明初之际,朱元璋下令"罢造龙团,惟采芽茶以进",[1]宋元斗茶之风消散,饮茶主流趋于简化,散茶瀹泡法则成为明代及今的主流饮茶方式。

三、唐宋茶事衍变背景分析

唐代开始实行榷茶、贡茶制度,并对茶叶征税,《封氏闻见记》提及当时北方邹、齐、沧、棣等州及京邑一带茶叶消费兴盛,城市中道路旁均为煎茶售卖的店铺,[2]通过上述饮茶方式衍变的介绍,可以获知唐代不仅包含延续前代的"痷茶"、"煮茶"之习,还在此基础上衍生出了的"煎茶"和"点茶"之变。《茶经·六之饮》[3]提到"饮有粗茶、散茶、末茶、饼茶",可见茶之形态有饼茶、散茶、末茶,从相关文献、诗文辞赋的记载中可知,末茶应为饼茶磨碎后之态,由此可见,唐代的茶叶形态为饼茶和散茶,从大量的煎茶文献中可以见得团饼茶及其加工而成的末茶为主流形态,团饼茶及散茶或熬、或冲、或点,均为汁叶同食。因此从茶叶形态和饮茶方式来看,所用茶具表现出了强烈特征。唐出土茶具组合实物、与唐五代一脉相承的辽代茶事壁画均表现出了与之极为贴合的特征。唐代出土的茶具组合类型最全,与《茶经·四之器》相印证的器具比较多,如风炉、茶碾、茶罐、盐台、罗合、鍑、盏托、盏、执壶(汤瓶)、茶钥、茶托盘等,但组合器物有所不同,《茶经·九之略》篇提及在野寺山园、松间石上、泉涧之旁、少于五人小聚、城邑聚会等不同场景下,《茶经·四之器》所列茶具均有不同的应景组合。而茶具中有部分为处理茶末的工具,备茶和冲茶器物也适应于煮茶、煎茶和点茶方式而制,执壶用于炉上加热煮茶或点茶之汤瓶,茶碾、石臼、擂钵及擂具为将茶加工成末的研磨器,盖罐或盖盒为盛放茶末之具,渣斗则为煮茶时盛放熟水之盂,茶匙为取茶末之器,盏托及盏或碗为盛茶饮茶之物,唐代茶具与组合非常全面地展示了唐代的茶俗,特别是煮茶和煎茶茶事过程及特征明显,皆因唐代以饼茶为主,煮茶及煎茶为主流的饮茶方式。

及至宋代,茶叶种植区域进一步向北推进,茶叶产量也不断提高,饮茶在宋代变得更加普遍,王安石《议茶法》[4]所言"夫茶之为民用,等于米盐,不可一日以无"。欧阳修《归田录》[5]中言及"腊茶出于剑建,草茶盛于两浙",可见当时茶叶主要分腊茶和草茶两类,腊茶又叫片茶,为饼状,而草茶为散茶。宋代散茶比唐代更为流行,但饮用方式仍和唐代一致,研磨成末,承袭了唐五代煎茶与点茶的饮用方式。宋人激发出点茶游戏特点,开创了斗茶之俗,因而点茶在两宋极其流行,宋徽宗赵佶甚至独创了"七汤点茶法"。[6]蔡襄在《茶录·论茶器》[7]中说明了北宋初期的茶具类型,即茶焙、茶笼、砧

---

[1] 陈彬蕃、余悦、关博文:《中国茶文化经典》,光明日报出版社,1999年,第453页。
[2] 严杰译注:《唐五代笔记小说选译》,巴蜀书社,1990年,第31—35页。
[3] 阮浩耕、沈冬梅、于良子点校注释:《中国古代茶叶全书》,浙江摄影出版社,1999年,第8页。
[4] 陈彬蕃、余悦、关博文:《中国茶文化经典》,光明日报出版社,1999年,第105页。
[5] 阮浩耕、沈冬梅、于良子点校注释:《中国古代茶叶全书》,浙江摄影出版社,1999年,第560页。
[6] 阮浩耕、沈冬梅、于良子点校注释:《中国古代茶叶全书》,浙江摄影出版社,1999年,第92页。
[7] 阮浩耕、沈冬梅、于良子点校注释:《中国古代茶叶全书》,浙江摄影出版社,1999年,第36—37页。

椎、茶钤、茶碾、茶罗、茶盏、茶匙、汤瓶9种，这些器物基本沿袭唐五代，但类型减少，煮茶所用的风炉、盐台、鍑未有提及。从两宋考古出土的茶具实证来看，风炉、盐台、鍑基本不见，用于研磨茶末之茶碾仍继续使用，但数量减少，大量出现了擂钵研磨器，执壶型汤瓶、渣斗也沿袭了唐五代之风继续流行，但形制略有变化，执壶器体变矮流部变长，便于点茶时冲汤，渣斗敞口与器腹相接处的颈部直径变大。这一时期盏托及盏或碗、杯的流行程度远胜唐五代，为遗址、墓葬、窑址之最常见的出土茶具。有宋一代关于盏托的文献甚多，北宋司马光的《书仪》、释道原的《景德传灯录》均有关于茶盏托、盏托的记载，"主人主妇帅执事者诣祭所，于每位设蔬果各于卓子南端，酒盏、匕箸、茶盏托、酱楪……""师乃令点茶，童子点茶来，师啜讫，过盏托与童子"，南宋陈骙在《南宋馆阁录》卷二中介绍南宋秘书省署的建筑与布局时有"次一间为翰林司。内藏汤瓶、茶盏托之属"的记载。[1] 从中可见，盏托极其常用且用于点茶，同时也与汤瓶组合使用。两宋之际壁画及出土茶具即为其浓厚的点茶及斗茶社会风尚的反映。

辽代受宋代文化的影响，饮茶风尚也在上层贵族中流行起来，出土的壁画多见茶和酒相辅的主题。茶器形制与宋代大同小异，也以汤瓶、茶盏、茶筅、茶匙、茶磨为主。从辽代壁画和贵族品官墓出土的茶具组合来看，辽代茶事虽与宋代相似，但茶具类型及其组合相较两宋品类更多、组合更为复杂，在早期受唐五代影响更甚，出土茶具特征及其组合更多地展示了唐煮茶、煎茶之风。从茶树产地来看，茶为南方嘉木，辽代地理环境及气候无法栽培茶叶，其茶叶多通过与五代和北宋贸易交流、互相馈赠而来。饼茶在中原为高档茶，是贸易及交流的佳品，因此辽代贵族所得多为饼茶，《辽史·礼志》所载契丹上层社会流行一种"团茶"，可能为饼茶的一种特殊形制，宋张舜民的《画墁录》[2] 记有"有贵公子使辽，广贮团茶，自尔北人非团茶不纳也，非小团茶不贵也"。由此可见，辽代壁画及出土茶具与组合所呈现的特点更多地展示了彼时所用饼茶及煮茶、煎茶的饮茶习俗。

四、结　论

综上所述，通过梳理唐宋之际考古出土的墓葬壁画、茶具实物资料，我们得以管窥唐宋茶具、饮茶方式、茶文化习俗等茶事的衍变特征，特别是将考古出土的图像资料与实物特征进行综合梳理，并结合文献记载，钩沉出其规律性的衍变特征，能够更客观、生动地揭示出唐宋之际的社会面貌和风俗。

---

[1] 满泽阳：《茶盏托起源考》，《装饰》2016年第12期，第108页。
[2] 秦博：《伊德妃墓出土银茶具及辽早期饮茶方式》，《文化创新比较研究》2022年第6期，第92页。

苏州虎丘路新村土墩M1出土金器的初步研究

◎ 张铁军（苏州市考古研究所） 何文竞（无锡市文物考古研究所）

为了配合基本建设，2016—2018年苏州市考古研究所曾对苏州虎丘路新村土墩行了考古发掘，发现分属西汉、三国孙吴、六朝中晚期和南宋时期的墓葬9座、器物坑1个、碎砖堆积面1处，出土了一批珍贵的文物。其中M1[1]虽遭多次盗扰，还是出土了一批三国孙吴时期金器，这批金器具有成色高、制作精、题材多等特点。笔者曾从"吴天之墩"、孙策葬在苏州、孙策墓应该比三国孙吴"吴侯"墓时代早规格高、孙策墓应该会经历一次时间跨度较大的合葬等角度对苏州虎丘路新村土墩M1进行了考察，结果显示，M1的情况与孙策墓基本吻合，因而认定江苏苏州市虎丘路新村土墩M1墓主为孙策及其原配夫人。[2]孙策是三国孙吴政权的缔造者，曾是三国孙吴政治集团实实在在的最高领导者，故这批金器当属三国孙吴时期金器巅峰作品范畴，对之进行研究实为三国孙吴研究题中应有之义。

一、基本情况

这批金器共有19件组，分为器物装饰用片饰和饰物两大类。

（一）器物装饰用片饰暂名为小金片（M1∶20），约40个，个体细小，尺寸介于0.1—0.5厘米之间，均由薄金片裁切而成，有圆形、菱形、三角形等不同形状（图一）；因少量小金片出土时贴附于漆面（图二），笔者推测这些小金片原应用作漆器表面装饰，因小金片出土时零散无章，其具体组合构图情况已不可知。

（二）饰物共18件，包括串饰、步摇金片、指环等三类，总重量为39.53克。

1.串饰，共15件，体量相仿，均有尺寸相近的1—2个贯穿孔，当为成组饰物的组成部分；这批串饰题材多样、做工精细、形象逼真，生动传神，具有较高的艺术价值和文化价值。

八棱瓜形串饰，共有6件，均为瓜形，八棱，素面，浇铸、锤揲成型。其中5件（M1∶2、M1∶6、M1∶7、M1∶8、M1∶21）外形和重量相近，高均为0.7、最大腹径为0.8—0.86、穿孔直径为0.15—0.18厘米，重量为3.5—3.82克（图三）；第6件（M1∶62），外形同前，体量稍小，高0.55、最大腹径0.63、穿孔直径0.17厘米，重量为1.5克（图四）。6件八棱瓜形串饰，只有一个贯穿孔，当为线性排列使用，南京上坊大墓亦出土过同类器物。[3]

---

[1] 苏州市考古研究所：《江苏苏州虎丘路新村土墩三国孙吴M1发掘简报》，《东南文化》2019年第6期。
[2] 《江苏苏州市虎丘路新村土墩M1墓主身份推测》，《江苏省考古学会文集（第二辑）》，2022年，第88页。
[3] 南京市博物馆、南京市江宁区博物馆：《南京江宁上坊孙吴墓发掘简报》，《文物》2008年第12期。

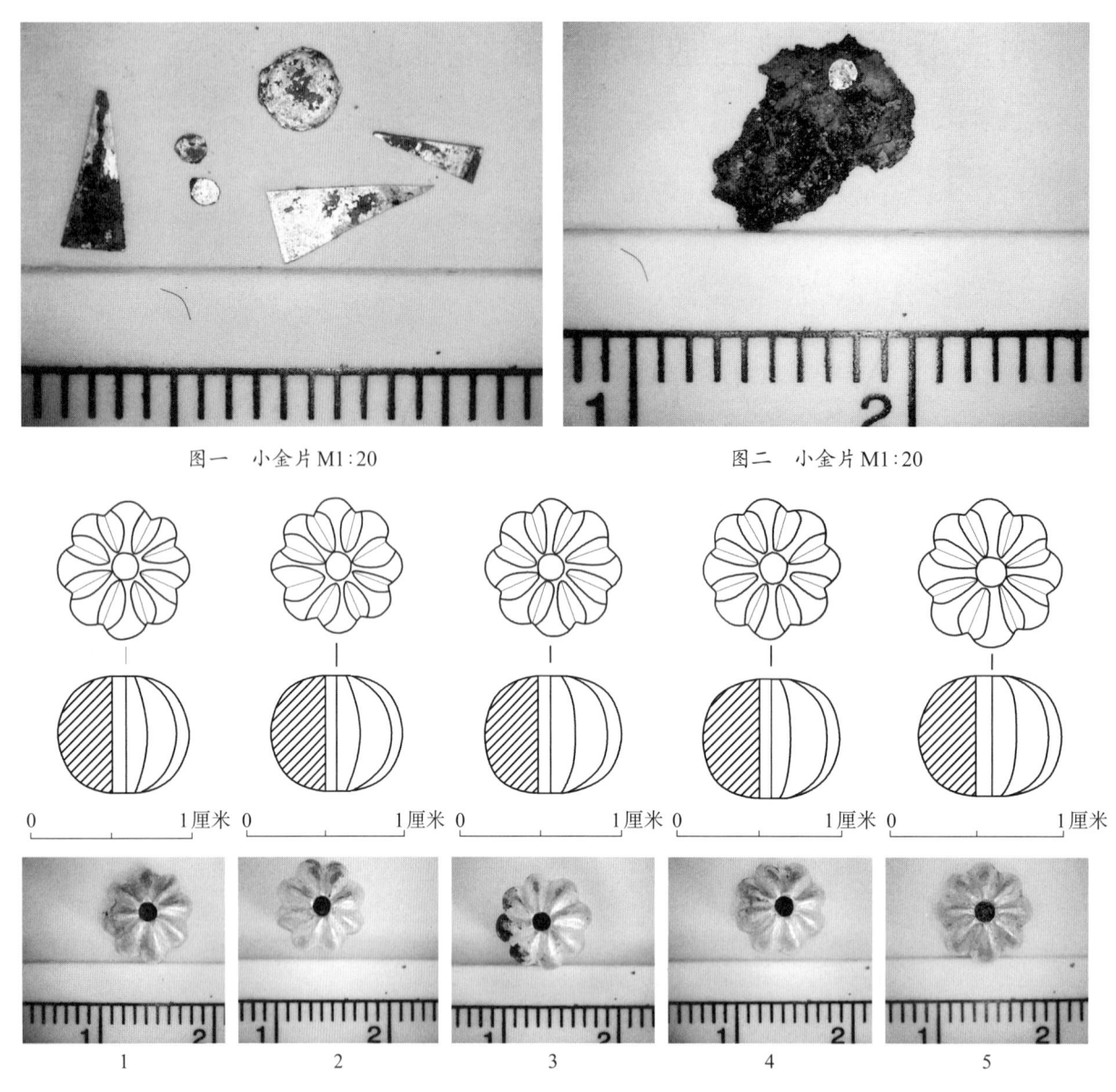

图一 小金片 M1:20　　　　　　　　　图二 小金片 M1:20

图三 八棱瓜形串饰
1. M1:2 2. M1:6 3. M1:7 4. M1:8 5. M1:21

算珠形串饰，共2件，一为素面（M1:28），纵剖面为圆角菱形，有一贯穿上下的穿孔，浇铸、锤揲成型，高0.7、最大腹径0.5、穿孔直径0.15厘米，重1.24克（图五）。长沙袁家岭省委汉墓中曾出土过类似形制的金珠；[1]其他如玛瑙、水晶等质地的类似器物在六朝时期的墓葬中也有发现。[2]二为镂空（M1:61），纵剖面为圆角菱形，掐丝、炸珠、焊接成型，有一贯穿上下的穿孔，高0.95、最大腹径0.55、穿孔直径0.15厘米，重0.68克（图六）。西北工业大学长三角研究院史永研究员经研究，认为此件文物上的小金珠是通过熔焊方式焊接的；以小金珠进行装饰的文物，于我国多处战国、汉代遗址中亦有发现，世界上目前所见最早的资料是公元前2600年乌尔古城的苏美尔短剑。[3]

---

[1] 湖南省博物馆：《长沙汉墓出土金器研究》，《湖南省博物馆馆刊（第九辑）》，岳麓书社，2012年。
[2] 南京市博物馆：《南京象山5号、6号、7号墓清理简报》，《文物》1972年第11期。
[3] 巩文：《两汉时期出土的金丝与金粒细工装饰品》，《中国文物报》2010年12月24日第6版。

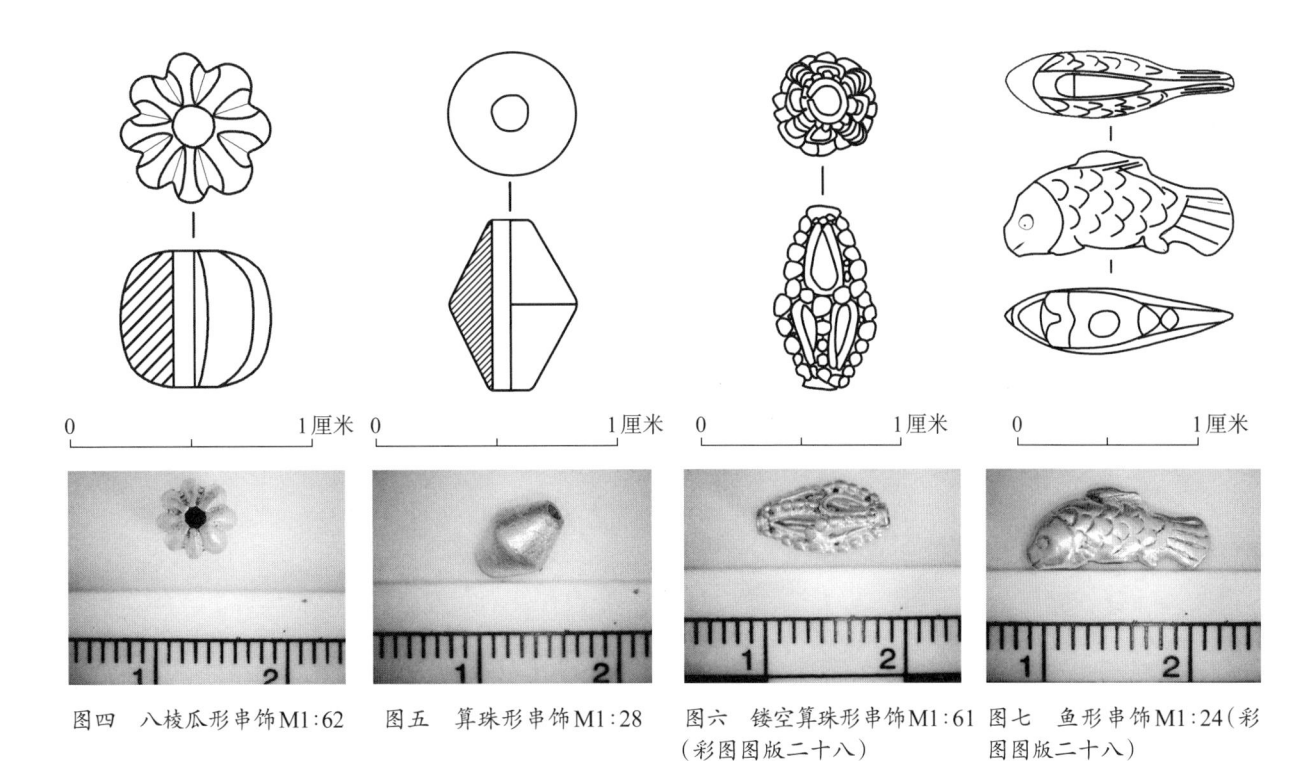

图四 八棱瓜形串饰M1:62　图五 算珠形串饰M1:28　图六 镂空算珠形串饰M1:61（彩图图版二十八）　图七 鱼形串饰M1:24（彩图图版二十八）

鱼形串饰（M1:24），浇铸、錾刻成型，鱼嘴、眼、腮、鳍、鳞俱全，腹背间有一穿孔，长1.3、高0.6、宽0.35、穿孔直径0.17厘米，重1.73克（图七）。鱼的形象在汉代的星宿图中已有发现，如杨桥畔渠树壕东汉壁画墓中的"四宫二十八星宿"壁画中便有鱼的图像，该鱼位于四颗星组成的菱形星座内，[1]其外形与M1:24比较相似；虽然立体的金鱼考古发现少，但河北定县汉墓曾出土多个鱼形金片；[2]武梁祠中画像石上的"白鱼"形象与M1出土之鱼外形也非常相似。

蛙形串饰（M1:37），浇铸、錾刻成型，蛙嘴、眼、四肢俱全，背部、腹部錾刻有圆圈和半月形花纹，腹背间、左右两肋间各有一穿孔，长0.75、高0.4、宽0.55、穿孔直径0.14厘米，重1.03克（图八）。两个穿孔互相垂直，该串饰当用于横、纵饰列的交汇节点，由此饰件可以想见，这批残存的串饰，原本或为纵横交错网状饰物的一部分；另外，与之相似的"蟾"的形象，在汉代的画像石、壁画、帛画、铜镜中常见，多与月亮、西王母、女娲[3]等形象同

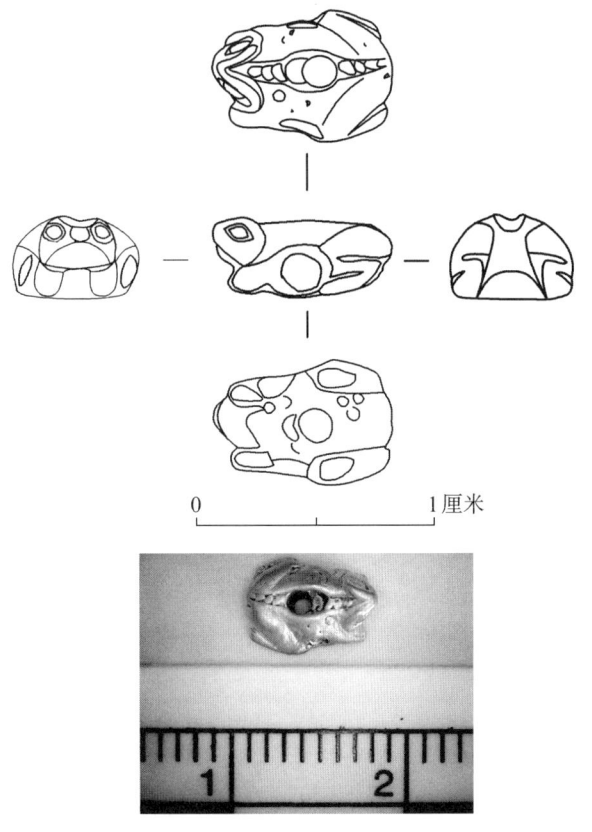

图八 蛙形串饰M1:37

---

[1] 陕西省考古研究所、靖边县文物管理办：《陕西靖边县杨桥畔渠树壕东汉壁画墓发掘简报》，《考古与文物》2017年第1期。
[2] 定县博物馆：《河北定县43号汉墓发掘简报》，《文物》1973年第11期。
[3] 陕西省考古研究所、靖边县文物管理办：《陕西靖边县杨桥畔渠树壕东汉壁画墓发掘简报》，《考古与文物》2017年第1期。

时出现,是象征月宫的瑞兽。

虎形串饰(M1:53),浇铸、錾刻成型,虎龇牙昂首俯卧,虎尾内收;虎牙、唇、鼻、眼、耳、四肢、尾俱全,背部、腹部刻有圆圈形花纹,左右两肋间、腹背间各有一穿孔,长0.86、宽0.5、高0.55、穿孔直径0.17厘米,重1.25克(图九)。此件亦当用于网状饰物的节点。虎是兽中之王,勇猛威武,不可侵犯。而此虎虽然是昂首龇牙,威风凛凛,但是四肢却呈俯卧状,尾巴内收,表现为驯服、恭顺,完全是一副臣服之态,反衬出了佩戴者的身份尊贵庄严,具有无上权威。

交颈鸟形串饰(M1:60),浇铸、錾刻成型,两只鸟身体并列连为一体,脖颈相交,相互依靠,同宿同眠,鸟头、眼、翅膀、尾巴俱全,左右两肋间有一穿孔,长0.9、宽0.4、高0.45、穿孔直径0.12厘米,重1.09克(图一〇)。此形象当为艺术创作而来,两鸟交颈相偎,相互依靠,同宿同栖,象征着夫妻恩爱,同宿同眠,生动地表达了"夫妻白头偕老,永不分离"的美好寓意。

比翼鸟形串饰(M1:38),浇铸、錾刻成型,两只鸟身体并列连为一体,两只头颈后弯,与身体构成一个穿孔,左右两肋各有一翅,贯穿两翅和身体有一穿孔,长1.05、宽0.65、厚0.5、穿孔直径0.16厘米,重2.5克(图一一)。此件器物上2个穿孔平行排列,也可说明此件网状饰物结构比较复杂。比翼鸟是传说中的神兽,据《山海经》载,比翼鸟"其状如凫,而一翼一目,相得乃飞";比翼鸟也是中国最浪漫的爱情意象,唐代诗人白居易《长恨歌》中"在天愿作比翼鸟,在地愿为连理枝"的名句传唱千古,此件器物当也表达了佩戴者夫妻恩爱、永结同心的愿望。

童子形串饰(M1:63),浇铸、錾刻成型,童子裸身、直立,髻、眼、鼻、四肢等俱全,男性特征明显,右臂部分受损残缺,背部有錾刻圆圈和S形纹饰,左右两肋间有一穿孔,高1.1、宽0.5、厚0.45、穿孔直径0.14厘米,重1.37克(图一二)。中国曾经长时间以农业立国,在生产力低下的时代,农业生产主要依赖男人,男人在社会经济生活中承担着顶梁柱的责任,生了男孩,一个家庭就有了

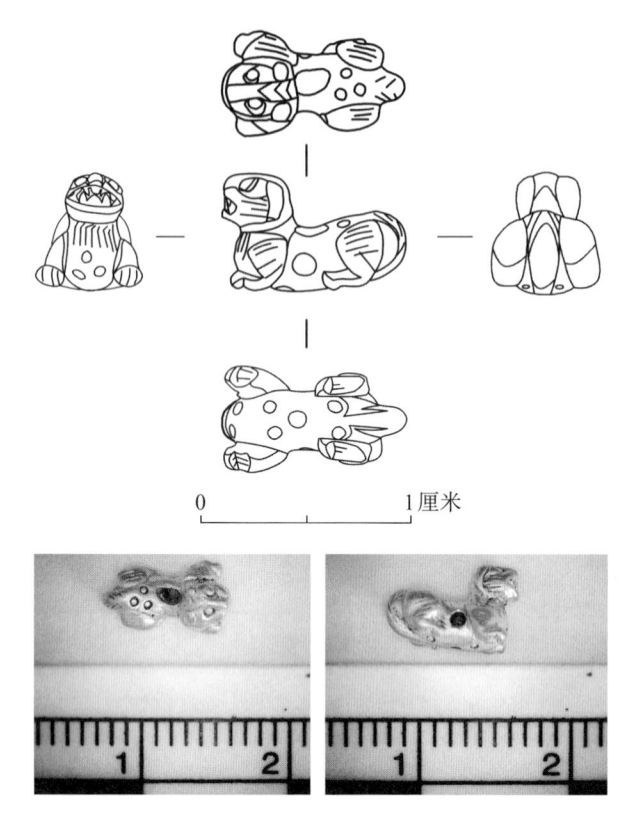

图九 虎形串饰 M1:53(彩图图版二十八)

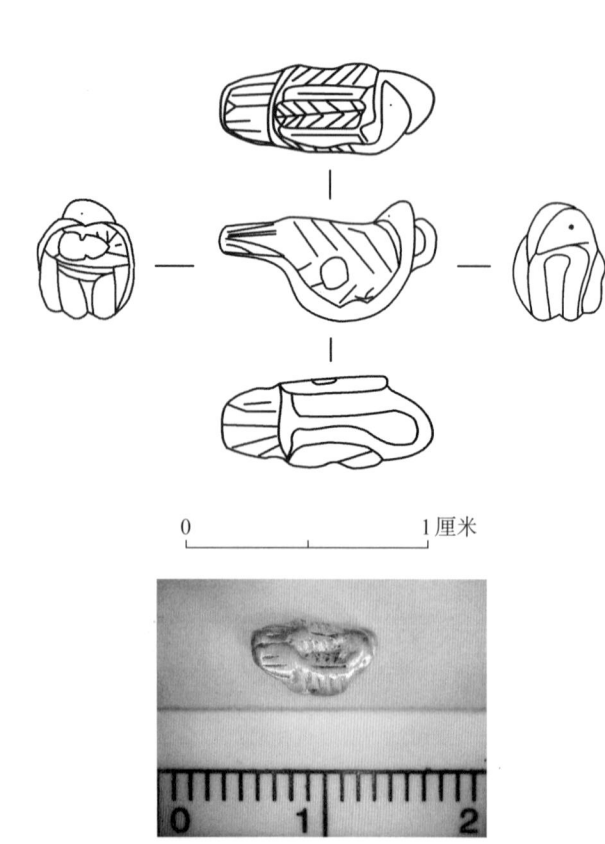

图一〇 交颈鸟形串饰 M1:60

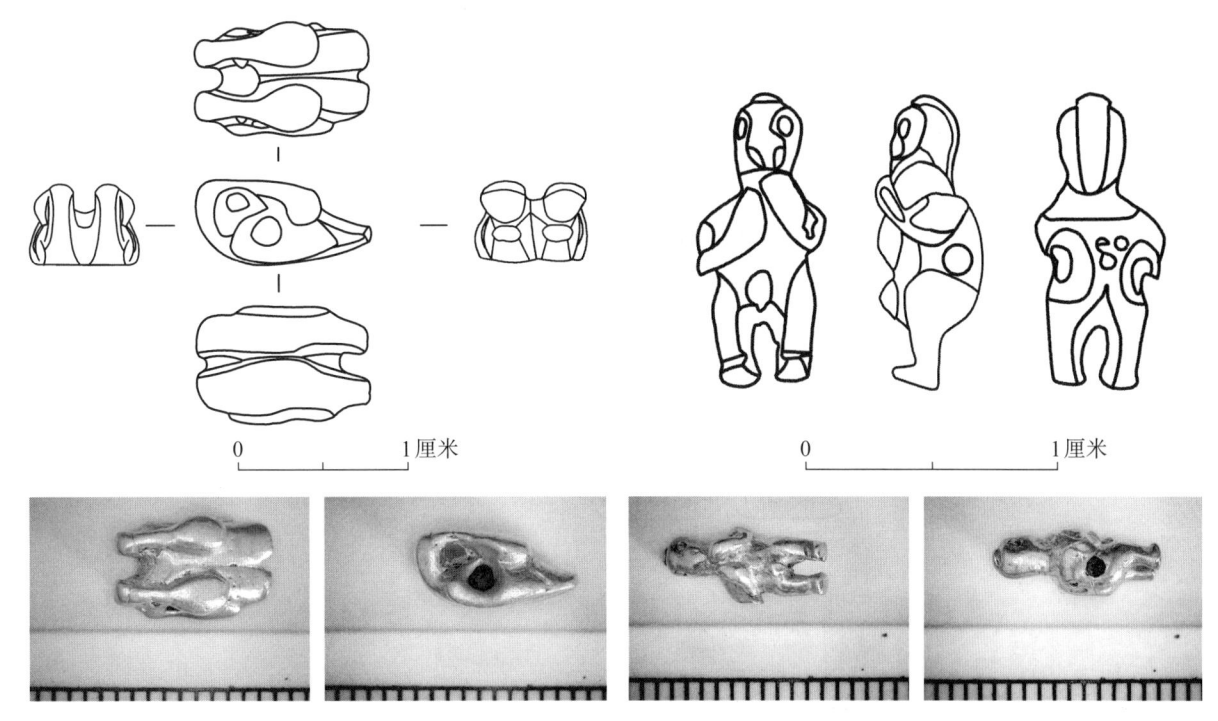

图一一　比翼鸟形串饰M1:38(彩图图版二十八)　　　图一二　童子形串饰M1:63(彩图图版二十八)

希望,孟子也曾说"不孝有三,无后为大",此件器物当寓意传宗接代、"多子多福"。

方形串饰(M1:26),重5.18克,长方体,浇铸、錾刻成型,器表4面均有錾刻花纹,两两对称,上下两面中部有一穿孔,长1.1、宽1.02、厚0.32、穿孔直径0.17厘米(图一三)。此件文物穿孔两端有半圆形凹槽,或可用于穿索转折;此类型器物并不多见,1965年长沙袁家岭省委M1中曾出土过一件类似形制的器物,被命名为"长方形金牌"。[1]

上述15件串饰,在成色、个体大小、制作工艺以及穿孔孔径等方面都比较近似,当属同一件器物;它们的穿孔孔径相似,或曾串于绳径相同的绳上;而蛙、虎、比翼鸟等器物有横、竖互相垂直的两个贯穿孔,或用于横、纵绳列的交汇节点之上,这些绳列因而很有可能构成了一件网状饰物;而比翼鸟形串饰上有2个平行穿孔,则可说明此件网状饰物结构可能更为复杂。

这批串饰的题材可归纳为动物、植物、人、神兽、抽象图案等,它们的文化意义涉及天地四方、水陆两栖、现实和神话,具有视野广阔、内涵丰富的特点,反映了这批器物拥有者胸怀天下的气度,以及夫妻恩爱、后继有人的美好愿望。

2. 步摇桃形片饰(M1:39),重0.28克,锤揲、裁剪、錾刻成型,素面,近尖部有一穿孔,长1.4厘米,宽1.2厘米,厚约0.02厘米(图一四),为步摇上之摇叶,属于女性头饰的一部分。同类器物在东汉魏晋南北朝时期的考古材料中常见,[2]在三国孙吴时期的墓中也不止一次出现,比如湖北鄂州鄂钢饮料厂一号墓、[3]南京上坊孙吴墓[4]等均有出土。

3. 指环,共两件(M1:33、M1:40),基本一致,分别重1.69克和1.73克,浇铸、锤揲成型,圆形,素面,外径2.04厘米,内径1.76厘米和1.74厘米(图一五、图一六),多为女性所用饰品。南京上坊

---

[1] 湖南省博物馆:《长沙汉墓出土金器研究》,《湖南省博物馆馆刊(第九辑)》,岳麓书社,2012年。
[2] 江楠:《金步摇饰品的发现与研究》,《草原文物》2012年第2期。
[3] 鄂州博物馆、湖北省文物考古研究所:《湖北鄂州鄂钢饮料厂一号墓发掘报告》,《考古学报》1998年第1期。
[4] 南京市博物馆、南京市江宁区博物馆:《南京江宁上坊孙吴墓发掘简报》,《文物》2008年第12期。

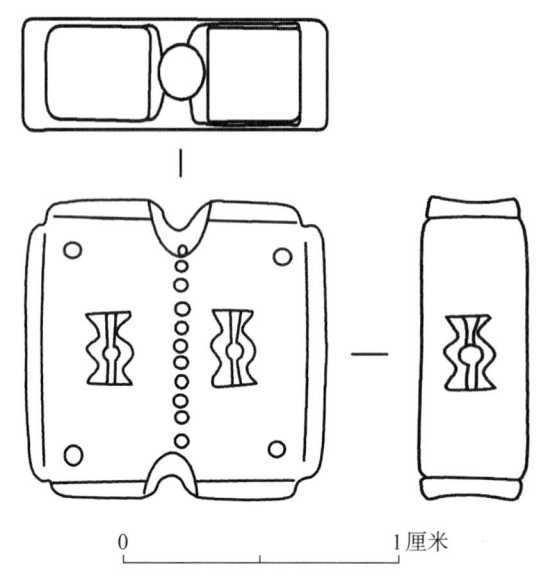

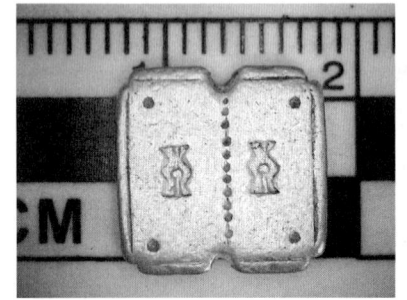

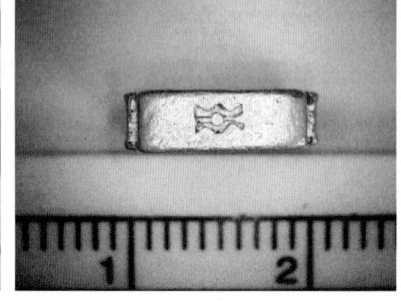

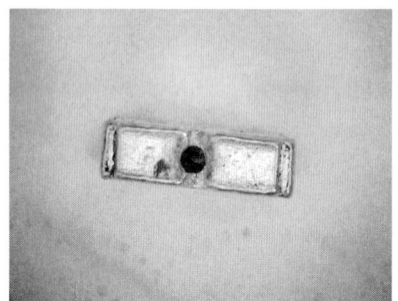

图一三　方形串饰 M1∶26

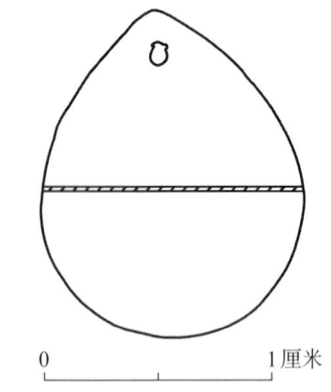

图一四　步摇桃形片饰 M1∶39　　图一五　指环 M1∶33　　图一六　指环 M1∶40

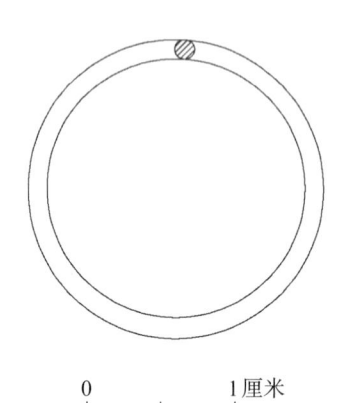

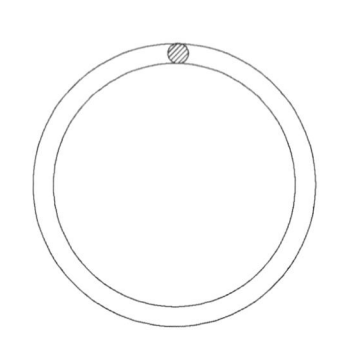

孙吴墓[1]和苏州虎丘路新村土墩M5[2]亦出土过相似器物。

二、对这批器物的认识

这批金器的主体部分为串饰，其文化视野广阔、内涵丰富；这批金器成色极高，安徽大学魏国锋老师曾用便携式X射线荧光（XRF）无损分析仪对方形串饰（M1∶26）进行了成分测试，测试结果为：金含量96.02%、银含量2.15%、铁含量0.99%、锌含量0.83%；这批金器个体小巧、生动形象、制作精良；这批金器与孙策及其原配夫人是相称的，能代表三国孙吴早期金器制作的最高水平。

囿于学识，错漏难免，欢迎方家批评指正！

---

[1] 南京市博物馆、南京市江宁区博物馆：《南京江宁上坊孙吴墓发掘简报》，《文物》2008年第12期。
[2] 苏州市考古研究所：《江苏苏州虎丘路新村土墩三国孙吴M5发掘简报》，《东南文化》2020年第6期。

元和塘出土陶器烧成温度初探

◎ 隋鲁青[1] 吴丽婷[1] 刘芳芳[2] 吴 昊[3] 庞 洁[4] 王晓琪[1*]

（1. 南京大学历史学院）　　（2. 苏州市考古研究所）
（3. 苏州市相城区文化馆）（4. 南京大学化学与化工学院）

一、研究背景与回顾

（一）研究背景

2016年至2022年苏州市考古研究所在相城区陆慕镇进行基本建设考古勘探和发掘的过程中，发现了一处超大型窑址群，因该遗址位于元和塘东西两侧，故命名为元和塘古窑址群。经过勘探和四次发掘后，考古学家初步判定，这一窑址群是一处至少始烧于宋代，持续至清代晚期的超大型陶器和砖瓦烧造窑场。

最重要的发现是位于南区T0513的两个灰坑H23、H32。这两个灰坑均为不规则形，其中出土了五百余件器物，包括瓷器及大量的陶灯、扑满、陶炉、陶盘，还有少量带青铜器纹样的陶片。H23、H32出土的带有青铜器纹样的陶片和器物，通过与《宣和博古图》《三礼图》对比，发现这批陶器极有可能是南宋绍兴十三年定都临安时，祭器"下平江烧造"的那批剩余品。

按照发掘器物类别，我们从H32中分别选用祭器用陶与建筑用陶残片，利用热机械分析（TMA）和差示扫描量热—热重分析（DSC-TG）对其烧成温度进行测定，同时利用X射线衍射分析（XRD）和傅里叶变换红外光谱分析（FT-IR）对其物相构成进行探究，来进一步确认其烧成温度。该研究对于研究苏州地区宋代陶器烧制工艺提供了新的视角，同时，也为探讨该地区的陶器制作技术提供了新的数据支持。

（二）研究回顾

对于陶器烧成温度的研究，目前为止多聚焦于使用热膨胀（DIL）方法来探究其原始烧成温度，且热膨胀方法在烧成温度研究中逐渐得到了完善与改进。李迎华较早系统地对热膨胀法在测温当中的应用进行了较为全面的研究探讨，得出了原始烧成温度与热膨胀曲线净收缩温度对应、热膨胀法更适合高温陶瓷样品、热膨胀曲线的一阶导数曲线更适合判定温度和热膨胀测温适合800℃以上陶器的重要结论。[1] 随后其通过实验考古的方法，验证了烧成温度与烧结程度的对应关系，认为烧成温度在800℃以上时，热膨胀曲线、其一阶导数曲线和二阶导数曲线的净收缩温度与烧成温度存在一一对应

---

[1] 李迎华：《热膨胀测温方法的初步研究及其在考古中的应用》，中国科学院研究生院博士学位论文，2008年。

的线性关系；当温度低于800℃时，不存在对应关系。此外，检测时为了提高测温的精度，当以一阶导数曲线为判断温度的标准。[1]由于陶器的原始烧成温度受到黏土种类、矿物组成和保温时间等影响，单凭热膨胀曲线无法断定准确的烧成温度，就需要借助其他科技分析手段来进行验证。丁银忠等通过实验考古的方法制备出南北方不同成分特点的古瓷胎样品，采用热膨胀仪研究Al_2O_3、K_2O和Fe_2O_3在瓷胎中含量对于热膨胀曲线转折点的影响，认为Al_2O_3含量对转折点影响较大，而K_2O和Fe_2O_3对转折点影响较小。[2]鲁晓珂等对中国古代陶器、白瓷和黑瓷典型样品进行了热膨胀曲线分析，并对高铁坯体进行了模拟实验，认为800℃以上且具有明显收缩转折点的样品可以利用切线法计算转折点温度作为原始烧成温度。此外，在曲线变化趋势不明显时，可以借助微分曲线认定其趋势，同时结合吸水率等物理性能指标来检验烧成温度的正确性。[3]鉴于热膨胀法对于烧成温度在800℃以下的陶器并不准确，张怡等使用实验考古的方法，对样品采用多次重复加热的方法，逐渐提高重烧温度，依据热膨胀斜率的变化，来判断其原始烧成温度。为了确保测温的准确性，在达到设定温度后，都要进行足够时间的保温；同时还需要结合物相分析等侧面验证其原始烧成温度。[4]汪常明和董永东使用低铝高硅的黏土材料制备实验样品，通过热膨胀仪选取不同升温速率和烧成温度对模拟样品进行研究。他们认为选取热膨胀曲线的一阶导数判断烧成温度更为准确，并经过线性拟合后得出了温度校正公式T=1.137 32Tm-161。同时经过测温结果对比，可知该公式可以大大提高原始烧成温度在1 080℃之下、1 250℃之上被测样品的测温精度。[5]

作为当下常用的热分析方法，差热分析（DTA）、差示扫描量热分析（DSC）和热重分析（TG）在陶器烧成温度的研究中也被逐渐应用。日本学者较早开始使用差热分析对黏土矿物原料进行研究分析。须藤俊男用差热分析与热重分析对蛇纹石、蒙脱石、绿泥石、混合黏土矿物进行了脱水过程的能量变化测定，关注到了矿物结晶构造的特性在差热分析与热重分析当中与温度的关系，得出了上述矿物脱水以及石英α相与β相之间转换所需的能量值。[6]日本黏土学会标准黏土委员会选取日本各地所取的高岭石、埃洛石、叶腊石、绢云母、蒙脱石进行了XRD、红外光谱、差热分析、热重分析、扫描电镜、粒度分布与BET比表面积分析（BET即Brunauer、Emmet和Teller，常用于确定固体样品暴露在分子尺度上的表面积），作为黏土研究与活性化分析的参考。[7]下田右运用差热分析，对高岭石与蛇纹石矿物、叶腊石和滑石、云母矿物、绿泥石矿物、蛭石矿物、蒙脱石矿物、水铝英石、海泡石与坡缕石以及与黏土矿物共生的氢氧矿物进行分析，分析各自DTA曲线，展示各自矿物在高温下发生变化的温度点。[8]国内现阶段对于热分析方法的应用在有关高温陶器与低温陶器烧成温度的研究上均有涉及。张宝瑜较早使用差热—热重（DTA-TG）分析方法对高岭石、蒙脱石和水云母进行研究，并结合图谱分析矿物的放热与吸热，判断尖晶石与石英的生成。[9]温婧琦等采用差热—热重（DSC-TG）和热膨胀方法对北京大渠墓出土的彩绘陶残片进行了分析，发现陶楼烧成温度为950—1 100℃，耳杯烧

---

[1] 李迎华、王昌燧、郑克祥：《古代陶器测温的模拟实验研究》，《陶瓷学报》2012年第2期，第215—221页。
[2] 丁银忠、李媛、李合、康葆强、侯佳钰：《实验法探讨瓷胎元素组成和烧成温度对热膨胀法测温的影响》，《文物保护与考古科学》2023年第2期，第81—89页。
[3] 鲁晓珂、徐嫦松、李伟东：《顶杆热膨胀法测定古陶瓷烧成温度的应用研究》，《文物保护与考古科学》2020年5期，第70—80页。
[4] 张怡、朱剑、王涛、赵朝洪、郁金城、王昌燧：《低温陶器的烧成温度测定及其初步应用》，《南方文物》2012年第1期，第140—146页。
[5] 汪常明、董永东：《热膨胀法测量陶瓷烧成温度模拟实验研究》，《科学技术与工程》2018年第16期，第86—91页。
[6] 须藤俊男：《粘土鉱物の脱水過程のエネルギー変化》，《工業化学雑誌》1966年第9期，第1681—1685页。
[7] 宫胁律郎、佐野贵司、大桥文彦、铃木正哉、小暮敏博、奥村大河、龟田纯、梅染卓也、佐藤努、千野大辅、弘山郁织、山田裕久、田村坚志、森本和也、上原诚一郎、八田珠郎：《日本粘土学会参考试料の分析・評価》，《粘土科学》2010年第4期，第158—198页。
[8] 下田右：《粘土鉱物の示差熱分析》，《粘土科学》1971年第4期，第174—187页。
[9] 张宝瑜：《利用差热——热重分析方法研究陶瓷原料控制产品质量》，《江苏陶瓷》1985年第1期，第25—33页。

成温度为650—800℃。[1]黄河等利用同步热分析（TG-DSC）和热机械分析（TMA）对天王俑陶胎残片进行了分析，判断其烧制温度在300—400℃之间，推测应当是在烧制过程中烧制时间短，或者保温时间不足，或者窑温过低使得其并未达到玻璃化转变温度。[2]

二、样品选取与分析方法

（一）样品选取

本文选取的陶器残片样品主要来自于H32。其中出土了丰富的祭器、日用器、玩具、建筑用陶以及泥坯。灰坑中的陶器以泥质灰陶为主，根据器表和胎体的颜色以及胎质细腻程度可以分为三大类。第一类陶器残片胎体非常致密细腻，个别甚至不见气孔，整体呈深灰色与浅灰色，个别夹杂灰色斑点，此类均为陶砖。第二类陶器残片表面灰色，胎体较细腻，可见黑色或褐色颗粒及不均匀气孔分布，胎质比第一类略疏松。根据胎体颜色，可继续细分为A组：残片横截面呈现均匀浅灰色；B组：残片横截面中部呈褐色，靠近器表部分呈灰色；C组：残片横截面表面与胎体界限分明，表面呈深灰色，胎体为橘红色。第三类陶器残片表面及胎体均呈现橙红色，胎质最为疏松。

考虑到器物的种类功能与不同类别，选取1号（陶坩残片）、2号（陶灯盏残片）和3号（金砖残片）三个样品进行热机械分析、差示扫描量热分析—热重分析、傅里叶变换红外光谱分析和X射线衍射分析。

（二）热机械分析（TMA）

分别制备5×5×25 mm三个样品，使用耐驰公司TMA403F3型号的热机械分析仪，使用压缩模式，在静态力F=50 mN，升温范围22—1 200℃，升温速率10 K/min，氮气气氛下进行测试。将样品置于样品支架上，由于石英支架温度范围较窄，仅限1 000℃以下使用，而测试样品可能为高温陶器，故选择氧化铝支架。随后使样品与支架/推杆系统处于可控温炉体内，在程序控温过程中，使用位移传感器连续测量样品在压缩方向上的长度/厚度变化。为保证测试一致性，亦选用氧化铝标准样品，利用软件进行计算扣除后，得出了三个样品的热膨胀曲线。为了更加准确地判定起始点，同时作出热膨胀曲线的一阶导数曲线与二阶导数曲线。加热之后，三个样品均产生了不同程度变化。1号与2号样品无肉眼可见的明显形变，外表面呈现少许光亮，变为深褐色；3号样品膨胀变形，内部呈现出海绵状，外表面呈现明显光亮，变为深褐色。

（三）差示扫描量热分析-热重分析（DSC-TG）

从1号、2号和3号样品上取下小块陶器残片，使用超声波清洗器利用蒸馏水清洗十分钟，随后用鼓风干燥箱在105℃下干燥1小时。再使用玛瑙研钵仔细将残片研磨成粉末，同时研磨完上一样品后对研钵进行清洗，以防止不同样品之间互相污染。将研磨好的粉末分为三份，其中两份备用分别做傅里叶变换红外光谱分析与X射线衍射分析之用。使用耐驰公司STA449型号热重/差热同步热分析仪，加热速率15℃/min，氮气气氛，将样品从40℃加热到1 100℃。

---

[1] 温婧琦、刘乃涛、贺翔、InHee Go、郭宏：《北京大渠墓葬出土彩绘陶楼烧制和成型工艺分析》，《石窟与土遗址保护研究》2023年第1期，第43—56页。

[2] 黄河、赵占锐、于春雷、吴晨、赵西晨、张亚旭、赵星、王丽琴：《唐苏同家族墓出土陶质彩绘天王俑胎体的科学分析》，《文物保护与考古科学》2023年第3期，第35—42页。

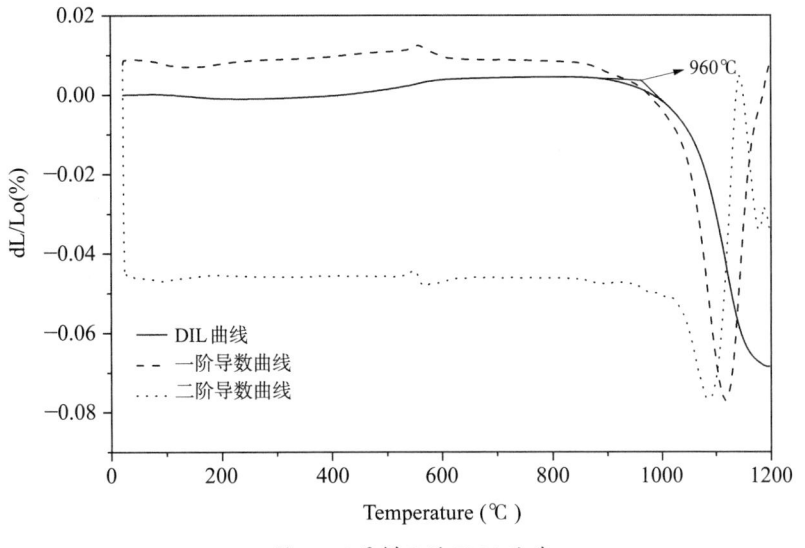

图一 1号样品的TMA曲线

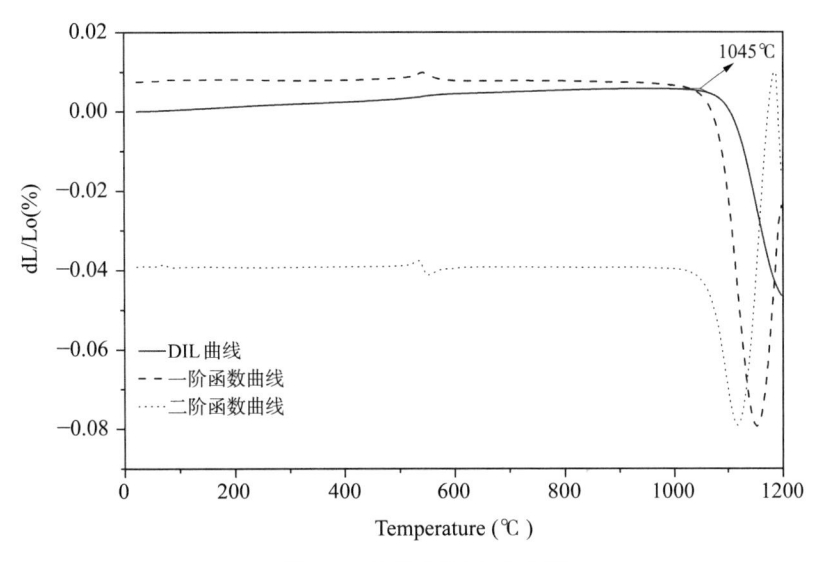

图二 2号样品的TMA曲线

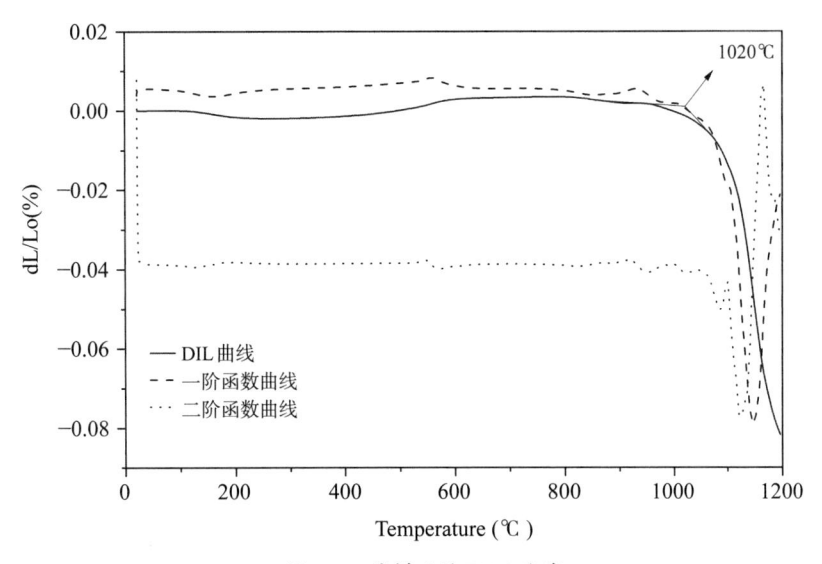

图三 3号样品的TMA曲线

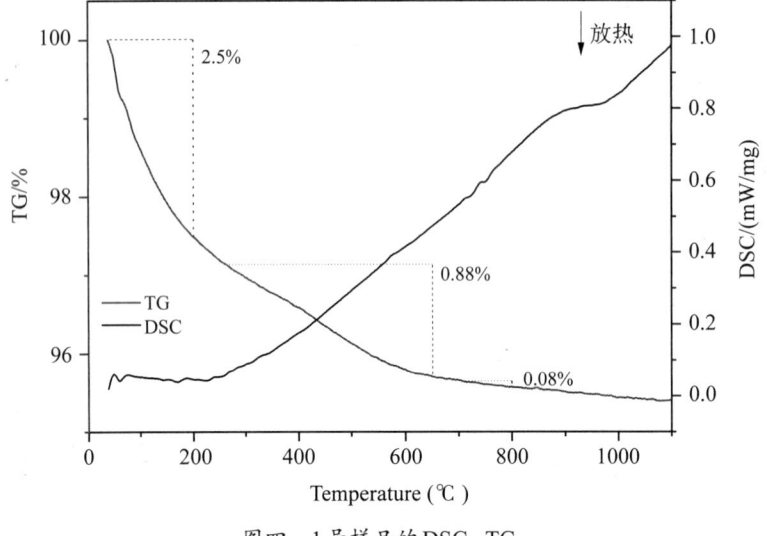

图四　1号样品的DSC-TG

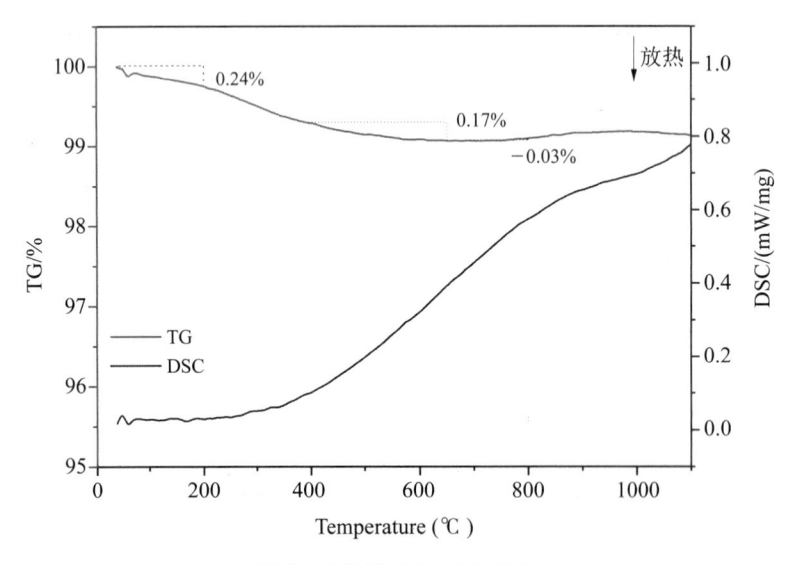

图五　2号样品的DSC-TG

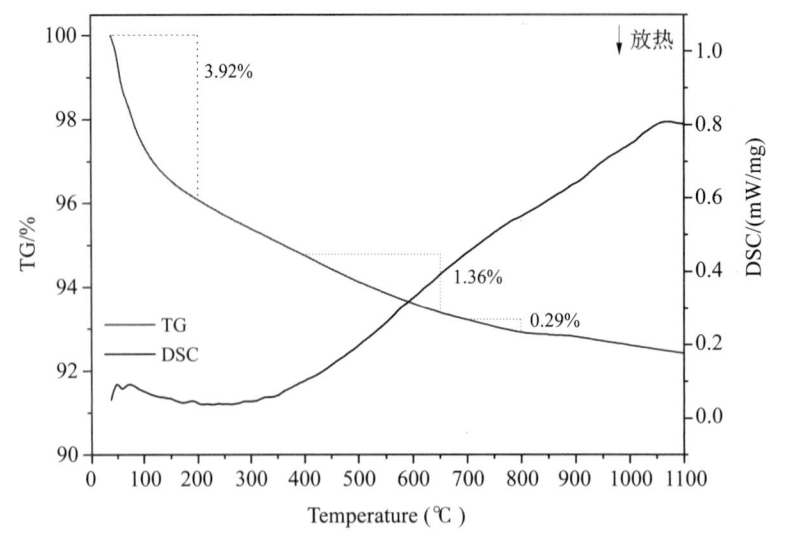

图六　3号样品的DSC-TG

(四）傅里叶变换红外光谱分析（FT-IR）

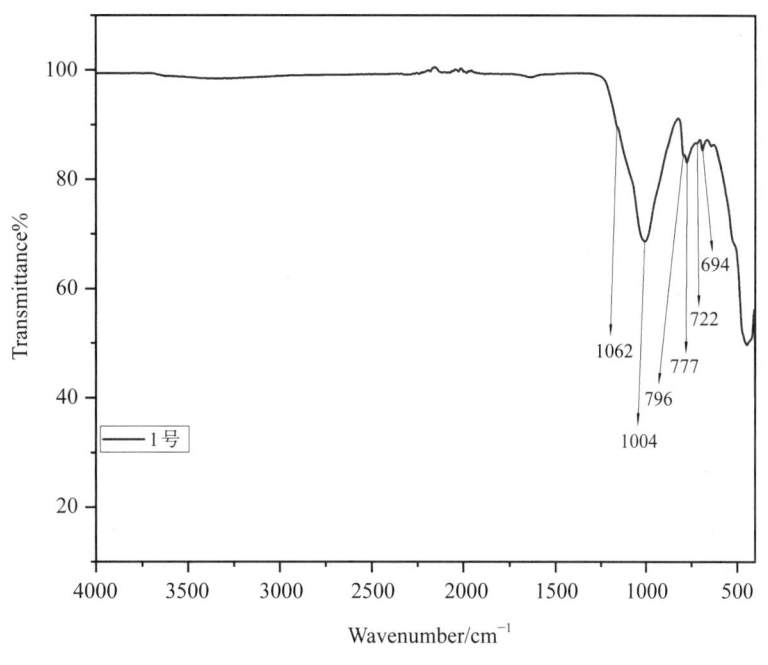

使用美国Nicolet公司Nicolet-6700型傅里叶变换红外光谱仪对样品进行测试。测试波数范围4 000—400 cm^{-1}，对应波长范围为2.5—25 μm，测试使用衰减全反射ATR模块，扫描次数16次，光谱分辨率为4 cm^{-1}，采集时间约20秒。相关数据分析使用Thermo Scientific OMNIC软件进行分析。三个样品的红外光谱图如下。

图七　1号样品的红外光谱

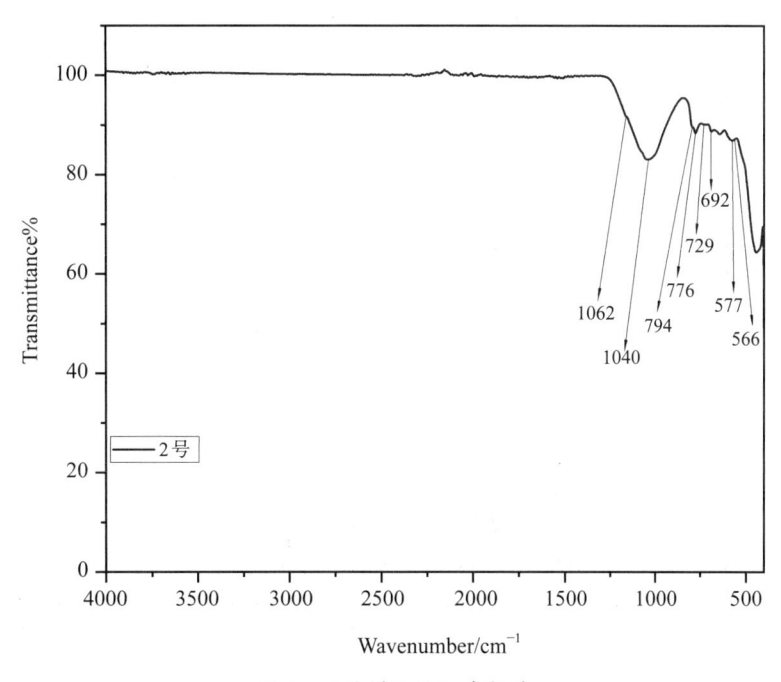

图八　2号样品的红外光谱

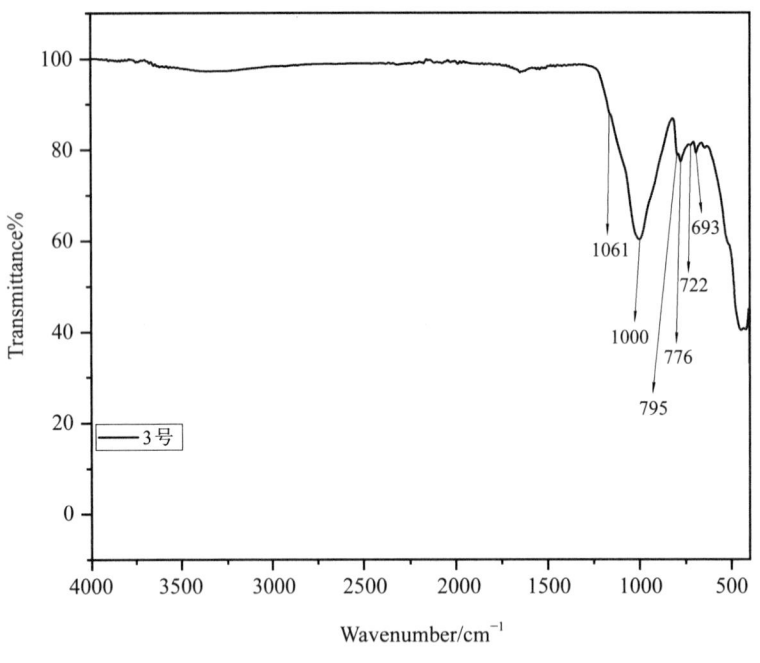

[图九 3号样品的红外光谱]

(五) X射线衍射分析（XRD）

使用日本理学（Rigaku）公司 SmartLab 型号粉末X射线衍射仪，在Cu靶，管压40 kV，管流40 mA，扫描范围5°—90°，扫描速率5°/min下对样品进行测试。相关数据使用jade软件进行分析。三个样品的物相分析谱图如下。

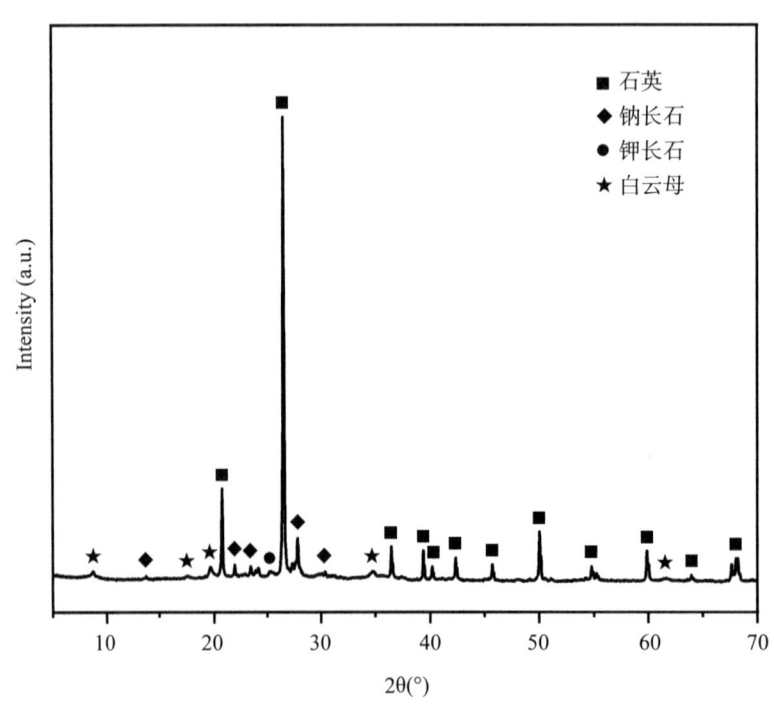

图一〇 1号样品的XRD结果

图一一　2号样品的XRD结果

图一二　3号样品的XRD结果

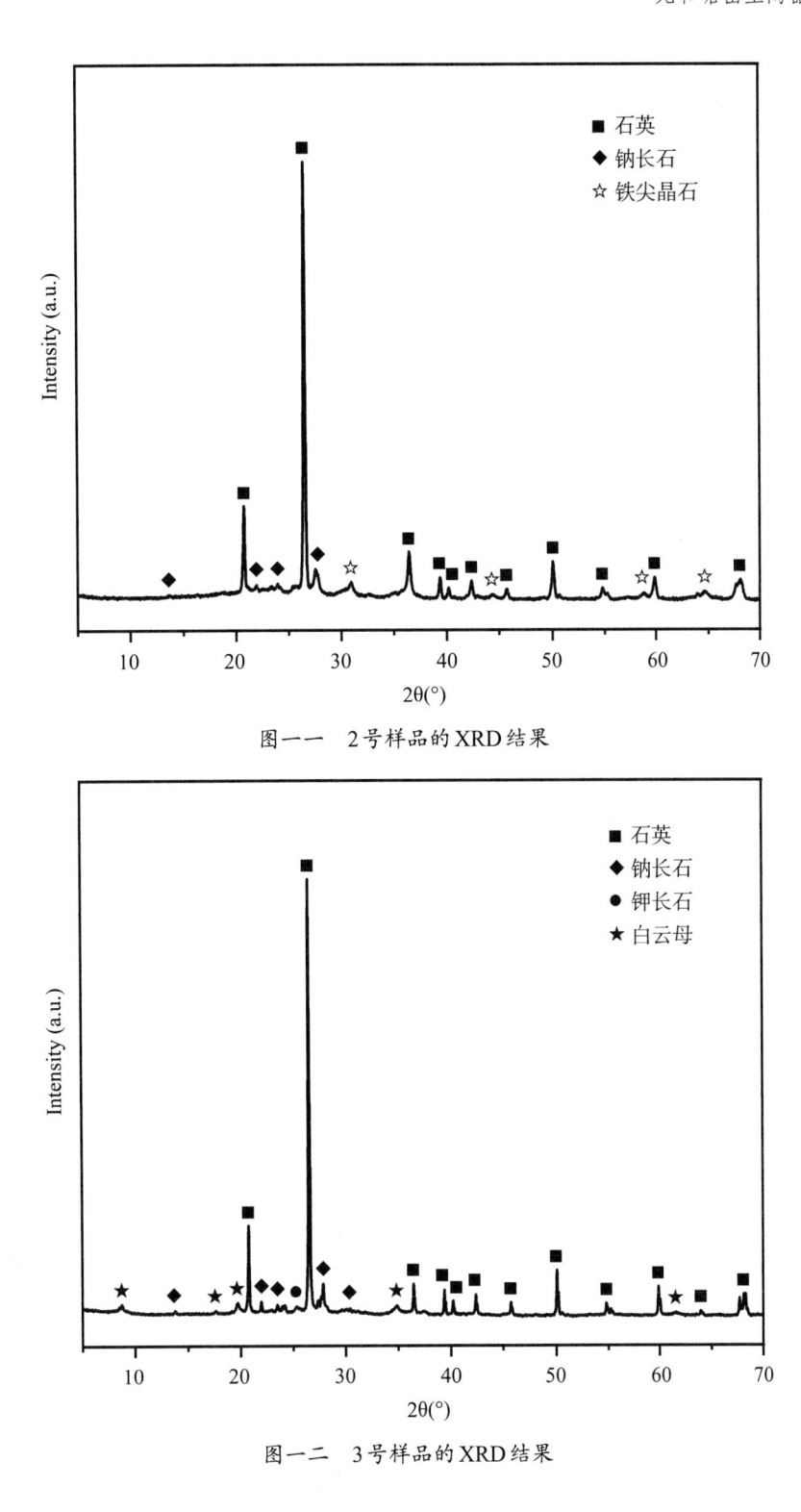

三、实验结果与讨论

（一）热机械分析（TMA）

热机械分析技术为使样品处于一定温度程序（升温/降温/恒温及其组合）控制下，对样品施加一定的机械力，测量样品在一定方向上的尺寸或形变量随温度或时间的变化过程。根据所用测量模式的不同,热机械分析可测量热效应(软化、针入、热膨胀系数变化、溶胀、收缩等)、表征热效应的温度、形变台阶高度(形变程度)和热膨胀系数。[1]一般测量温度与形变多使用热膨胀仪(简称DIL),热机械分析形变模式灵活多变,力的调节范围大,可以在较宽的范围内进行精准调节与控制。陶器作为刚性较大的样品,测试过程中基本不受仪器加载力的影响,故而选择静态力便可以达到与热膨胀仪一样的效果。

与DIL方法相似,热机械分析法也是通过研究样品长度的相对变化率曲线即Dl/L₀曲线上的特征点来判断陶器的原始烧成温度。对于800℃以上且热膨胀曲线具有明显收缩转折点的样品,可以利用切线法计算该转折点的温度作为样品的原始烧成温度,对于收缩转折点的判断,特别是变化趋势不明显时,可以借助微分曲线来认定其收缩趋势,但是对于收缩量较大的曲线在做切线时需要注意纵坐标刻度变化带来的影响。[2]上述三个样品的热膨胀曲线,收缩转折点较明显,但其收缩趋势并不是很明显,因此分别做TMA曲线的一阶导数和二阶导数曲线来进行辅助判断。通过观察各自二阶导数可知,曲线在1 000℃左右时出现了较大幅度的振动或振动范围急剧变化。因此选择手动在1 000℃附近的选定范围作出切线来判定外推起始温度(即T_{onset})。通过分析可知,1号样品的原始烧成温度为960℃左右,2号样品的原始烧成温度为1 045℃左右,3号样品的原始烧成温度为1 020℃左右。

(二) 差示扫描量热分析——热重分析(DSC-TG)

黏土矿物由于其粒度太小,常用的研究方法就包含差热分析(DTA)与红外光谱,前者目的在于测试其脱水温度及相变温度曲线,后者目的在于测试晶体结构。[3]在本次样品的测试中,实际使用了同步热分析法。最常见的单个样品的同步热分析技术是DSC(或DTA)与TG的组合,联用的重要优点就是可以通过DSC(DTA)传感器来校正温度。在特定温度下的吸热或放热效应可以比质量的改变更容易也更精确地被检测到。[4]在DSC实验当中,若测试样品的颗粒较大,研磨不够细致,则会导致测试出的温度比真正的烧成温度更高。升温速率变快,特征温度会向着高温区移动,因此升温速率不可以过快。

气氛在获得DSC曲线的过程当中,有着重要的作用,为了防止陶器残片在加热过程中有逸出气体而改变压强从而导致数据产生偏差,使用氮气使之始终流过体系。由于细粉与样品盘有着非常好的接触并且一般能够被平整地压实,常被推荐用来获得较好的DSC结果。[5]

DSC曲线中不同温度处的吸放热峰代表了不同的含义。88.3℃处的吸热峰来源于层状黏土矿物层间所含物理吸附水的脱除;在348.9、381.9℃处2个小的吸热峰代表着黏土中有机碳的灼烧分解;576.7℃处是α-石英向β-石英转变时的特征吸热峰;671.4℃处的吸热峰与方解石的分解有关;992.3℃处是非晶Al_2O_3重新结晶生成$\gamma-Al_2O_3$所形成的放热峰;1 061℃处的放热峰说明黏土分解产生的产物中重新生成了莫来石。[6]三个样品的DSC曲线大致相同,在700℃之前可见较小石英的转变特征峰,不见方解石分解特征峰;100℃之下的特征峰代表其中所含的物理吸附水的脱除。故而三个样品烧成温度均高于700℃。700—1 100℃的DSC曲线各有差异,需要逐个分析。

---

[1] 刘振海、陆立明、唐远旺编著:《热分析简明教程》,科学出版社,2012年,第62页。
[2] 鲁晓珂、徐嫦松、李伟东:《顶杆热膨胀法测定古陶瓷烧成温度的应用研究》,《文物保护与考古科学》2020年第5期,第70—80页。
[3] 赵珊茸主编:《结晶学及矿物学》,高等教育出版社,2004年,第370页。
[4] Michael E. Brown著:《热分析与量热技术》,中国科学技术大学出版社,2021年,第243、250页。
[5] Michael E. Brown著:《热分析与量热技术》,中国科学技术大学出版社,2021年,第243、250页。
[6] 孙悦、刘小青、何峰、邓玉华、李润国、张超、郑现明、谢峻林:《煅烧温度对低品位黏土物相和结构的影响》,《硅酸盐通报》2023年第4期,第1309—1314页。

1号样品在700—800℃之间有细微的吸热峰,应当是陶片中的钾长石发生分解所致。陶器由于烧成温度较瓷器低,内部更加疏松,空隙较多,吸水性强,加之出土陶器长期埋藏于地下,处于潮湿的环境中,碳酸盐类就会侵蚀到器物内部,留存下来。[1]根据热力学计算可知,在反应温度为900—1 100 K(即626.85—826.85℃)的条件下,钾长石可以与碳酸钠和碳酸钙发生反应从而分解。[2]具体钾长石的分解率又与反应温度和碳酸盐与钾长石的占比相关。[3]因此,700—800℃的吸热峰表明部分钾长石与碳酸盐在高温下发生了反应而被分解,说明该样品在埋藏过程中受到的周围环境中可溶性碳酸盐侵蚀较多。DSC曲线在960—1 030℃呈现的波动,应当是玻璃化的过程。陶瓷器当中的玻璃化通常是热处理与熔融的结果,在此过程中产生玻璃相或者非结晶相,使得器物孔隙率逐渐降低。玻璃化的范围是陶瓷器原料开始熔化的温度与陶瓷器整体开始熔化变形温度之间的温度间隔。[4]上文已证1号样品气孔率较高,故而可知其烧制过程中玻璃化状况不好,远没有达到最佳玻璃化的程度。推测当时在烧制过程中升温速率较快,在短时间内达到较高温度,使得黏土材料完成了部分玻璃化。本测试中升温速率稳定,因此在比当时烧制温度略低的情况下再次产生了玻璃化,从测试结束后样品表面呈现的光亮亦可反映。

2号样品在700℃以上的DSC曲线并无明显的吸放热峰,仅在950—1 030℃之间呈现出细微的玻璃化过程。可见其烧结程度较其余二者好,烧成温度比其余二者稍高。

3号样品在1 000℃附近存在较小的放热峰,而在1 050℃附近存在较宽的吸热峰,可知产生了晶体的形成与熔解。黏土在950—1 000℃时,会生成尖晶石结构与无定形游离二氧化硅,而此时的尖晶石结构并不稳定,当温度逐渐达到1 075℃以上时又会转变为莫来石。[5]故而该放热峰代表了少部分尖晶石的形成,吸热峰代表此时不稳定的尖晶石逐渐熔解的过程。由于测试温度上限仅到1 100℃,故而曲线未能显示出莫来石生成时的放热峰。而放热峰较小、吸热峰较平缓则代表当时并未受热均匀,导致小部分黏土并未生成尖晶石。

观察三个样品的DSC曲线走势,可以发现越接近1 100℃,1号与2号样品的曲线向上,3号样品的曲线则向下。这里给出两种解释。其一,黏土材料在温度达到1 100—1 300℃时,会生成莫来石,[6]且温度越高,生成的莫来石晶型越明显。这一反应体现在DSC曲线上为放热峰,因此3号样品曲线在1 100℃以上应有向下的放热峰。其二,黏土材料中的钠长石在1 118℃之下会熔解。[7]因此1号与2号样品曲线在1 100℃上应有向上的吸热峰,最后随着温度的增加应有生成莫来石的放热峰。

通过热重分析可以确定陶器的显著重量损失。一般质量损失是由于脱水(室温-200℃)、羟基分解(400—650℃)和其他矿物成分的分解,如700—800℃之下方解石的分解。[8]观察三个样品的

---

[1] 孙海燕:《彩绘陶马俑的修复及保护》,《文物修复与研究6》,民族出版社,2012年,第119—121页。
[2] 马鸿文、苏双青、王芳、徐锦明、谭丹君、刘浩:《钾长石分解反应热力学与过程评价》,《现代地质》2007年第2期,第426—434页。
[3] 苏双青、马鸿文、谭丹君:《钾长石热分解反应的热力学分析与实验研究》,《矿物岩石地球化学通报》2007年第26卷增刊,第205—208页。
[4] Eduardo Garzón, Luis Pérez-Villarejo, Dolores Eliche-Quesada, Sergio Martínez-Martínez, Pedro J. Sánchez-Soto. Vitrification rate and estimation of the optimum firing conditions of ceramic materials from raw clays: A review", *Ceramics International*, Vol.48(11), 2022, pp. 15889–15898.
[5] William M. Carty, Udayan Senapati. Porcelain—Raw Materials, Processing, Phase Evolution, and Mechanical Behavior, *Journal of the American Ceramic Society*, Vol.81(1), 1998, pp. 3–20.
[6] 洪秀成、邢文忠、章林、邱智刚、柏晓强、许明初、付圣豪:《利用非等温法研究高岭土的热分解动力学》,《玻璃纤维》2020年第5期,第17—20页。
[7] Kun Li, Eloise Cordeiro, Agenor De Noni Junior. Comparison between mullite-based and anorthite-based porcelain tiles, *a review*, Eng, Vol.4(123), 2023, pp. 2153–2166.
[8] Gomathy Y, Chandrasekaran A, Aravinthraj M, Udayaseelan J. A preliminary study of ancient potteries collected from Kundureddiyur, Tamil Nadu, India, *Microchemical Journal*, Vol.165, 2021, p. 106100.

TG曲线,绝大部分的重量损失都发生在800℃之前。1号样品在室温-200℃时重量损失2.5%,在400—650℃时重量损失0.88%,在700—800℃时重量损失0.08%。2号样品在室温-200℃时重量损失0.24%,在400—650℃时重量损失0.17%,在700—800℃重量损失-0.03%。3号样品在室温-200℃时重量损失3.92%,在400—650℃时重量损失1.36%,在700—800℃时重量损失0.29%。结合DSC曲线可知,三个样品在700—800℃之间并未出现明显的特征峰(1号样品的放热峰为钾长石与碳酸盐的反应),其TG曲线亦无明显波峰,因此可知样品中并无方解石存在与高温分解。1号与2号样品的轻微重量损失应当是渗透进陶器的碳酸盐的分解。

综合上述差示扫描量热分析—热重分析可知,三个样品的烧成温度均高于950℃,均低于1 075℃,1号样品烧成温度较其余二者稍高。

(三)傅里叶变换红外光谱分析(FT-IR)

黏土矿物的红外光谱可以用来判定其中具体的矿物组成,以便对温度进行旁证。

表一 常见黏土矿物FT-IR特征峰[1]-[2]

矿 物	特征峰/cm^{-1}
石 英	512,690,695,712,720,725,755,778,797,1 082,1 160
钠长石	425,530,588,648,723,742,762,784,990,1 032,1 096
钙长石	1 160,1 095,1 062,950,758,733,668,575,540,482
方解石	714,877,1 420
伊利石	414,431,460,490,762,815,905,948,990,1 030
长 石	642

在三个样品中均可见相似的峰,1号样品的694 cm^{-1}、777 cm^{-1}、796 cm^{-1},2号样品的692 cm^{-1}、776 cm^{-1}、794 cm^{-1}和3号样品的693 cm^{-1}、776 cm^{-1}、795 cm^{-1}红外吸收峰说明样品中的主要成分为石英。1号样品的722 cm^{-1}、2号样品的729 cm^{-1}、3号样品的722 cm^{-1}的红外吸收峰说明当中含有钠长石成分。1号样品的1 004 cm^{-1}与1 162 cm^{-1}、2号样品的1 040 cm^{-1}与1 162 cm^{-1}和3号样品的1 000 cm^{-1}与1 161 cm^{-1}特征峰表明长石的存在。长石类矿物的存在表明烧成温度均在1 100℃之下。

三个样品中均不见方解石的714 cm^{-1}、877 cm^{-1}和1 420 cm^{-1}红外吸收峰,亦不见伊利石集中在900—1 000 cm^{-1}段的红外吸收峰,因此可知样品中均不含有方解石与伊利石。故而三个样品的烧成温度均高于800℃。

此外,在2号样品中560—570 cm^{-1}附近存在特征峰,判断其为铁尖晶石的红外特征峰。铁尖晶石的红外光谱振动带中,一般呈现为560 cm^{-1}附近,这与铁的八面体配位的Fe-O键的振动密切相关。

---

[1] De Benedetto, G.E.,Laviano, R., Sabbatini, L., Zambonin, P.G. Infrared spectroscopy in the mineralogical characterization of ancient pottery, *Journal of Cultural Heritage*, Vol.3(3), 2002, pp. 177–186.
[2] Gomathy Y, Chandrasekaran A, Aravinthraj M, Udayaseelan J. A preliminary study of ancient potteries collected from Kundureddiyur, Tamil Nadu, India, *Microchemical Journal*, Vol.165, 2021, p. 106100.

随着温度的升高,铁尖晶石的不断生成,该振动带中心会朝着更长波长的方向偏移。[1]在其他有关铁尖晶石的研究中,其红外光谱振动带集中在425、591和3 409 cm⁻¹附近,425 cm⁻¹是由于Fe-O键在低频区的弯曲振动,591 cm⁻¹是由于Fe-O键在高频区的伸缩振动,3 409 cm⁻¹是由于OH键的伸缩振动。此外,827 cm⁻¹和855 cm⁻¹附近的弱吸收峰与Al-O键有关。[2]或者是由于Fe-O键的振动使得振动带尖峰位于577 cm⁻¹附近。[3] 1号样品的红外光谱中可见566 cm⁻¹与577 cm⁻¹吸收峰,应为铁尖晶石振动带,结合上文铁尖晶石生成温度可知,2号样品的烧成温度应高于950—1 000℃。

(四)X射线衍射分析(XRD)

运用jade软件对XRD数据进行分析后,可知三个样品的具体矿物组成。1号样品石英占比53.4%,钾长石占比5.0%,钠长石占比13.5%,白云母占比28.2%。2号样品石英占比65.4%,钠长石占比21.6%,铁尖晶石占比13.0%。3号样品石英占比57.4%,钠长石占比11.8%,钾长石占比6.3%,白云母占比24.5%。在物相方面需要区分的主要是伊利石与白云母,二者的结构与化学成分几乎一致。绝大多数非水溶性钾矿石,与钾长石共生的常见硅铝质矿物主要有斜长石(端原组分钠长石、钙长石)、石英、白云母。[4]但是对于沉积成因或沉积——浅变质成因的钾矿石,通常可能共生为伊利石。[5]当黏土材料中含有伊利石时,经过650—850℃的高温煅烧后,伊利石会分解成为非晶的SiO_2和Al_2O_3。[6]特别是当温度达到650℃后,伊利石会失去羟基,晶体结构逐渐被破坏。[7]如果陶器残片中含有伊利石,那么在DSC曲线与TG曲线中也会出现明显的特征峰进行表征,显然与上述实验结果不符,因此应该判断其为白云母。

另外,黏土材料中的白云母会在1 100—1 200℃时完全分解,形成莫来石、α-Al_2O_3、γ-Al_2O_3及大量玻璃的物相。[8] 1号与3号样品中白云母的存在代表其烧成温度最高不会超过1 100℃。2号样品的XRD数据显示,其含有部分铁尖晶石,结合上文可知,其烧成温度应当高于950℃。

XRD数据中的长石也可以作为烧成温度的佐证。从理论上讲,纯的长石熔融温度分别为:钾长石1 150℃,钠长石1 100℃,钙长石1 550℃,钡长石1 715℃。但由于黏土材料杂质较多,加上烧制时粉碎细度、升温速率和气氛性质等不同,长石一般只能在不太严格的温度范围内逐渐软化熔融。其一般熔融范围为:钾长石1 130—1 450℃,钠长石1 120—1 250℃,钙长石1 250—1 550℃。[9]钾长石还会在达到熔融范围后,生成新的矿物白榴子石;钠长石熔融温度略低但是熔化时没有新的晶相产生。

---

[1] Chao-yue ZHAO, Feng-hai LI, Ming-jie MA, Yang LI, Wei ZHAO, Xu-jing ZHANG, Yi-tian FANG. Modification of ash fusion behavior of high ash fusion temperature (AFT) coal by textile dyeing sludge addition and its mechanism, *Journal of Fuel Chemistry and Technology*, Vol.50(6), 2022, pp. 703–713.

[2] Masoud Mohammadi and Arash Ghorbani-Choghamarani. Synthesis and characterization of novel hercynite@sulfuric acid and its catalytic applications in the synthesis of polyhydroquinolines and 2,3-dihydroquinazolin-4(1H)-ones, *RSC Advances*, Vol.12(5), 2022, pp. 2770–2787.

[3] Motahare Ghasemirad, Masoomeh Norouzi, Parisa Moradi. A novel Cu complex coated on hercynite magnetic nanoparticles as an efficient and recoverable nanocatalyst for the selective synthesis of tetrazoles, *Journal of Nanoparticle Research*, Vol.26(1), 2024.

[4] 苏双青、马鸿文、谭丹君:《钾长石热分解反应的热力学分析与实验研究》,《矿物岩石地球化学通报》2007年第26卷增刊,第205—208页。

[5] 苏双青、马鸿文、谭丹君:《钾长石热分解反应的热力学分析与实验研究》,《矿物岩石地球化学通报》2007年第26卷增刊,第205—208页。

[6] 孙悦、刘小青、何峰、邓玉华、李润国、张超、郑现明、谢峻林:《煅烧温度对低品位黏土物相和结构的影响》,《硅酸盐通报》2023年第4期,第1309—1314页。

[7] 袁帅、秦永红、金永朋、李艳军:《含钒石煤的悬浮焙烧过程:特性表征、热力学、动力学》,《Transactions of Nonferrous Metals Society of China》2022年第11期,第3767—3779页。

[8] 李家驹主编:《陶瓷工艺学》,中国轻工业出版社,2006年,第44、59页。

[9] 李家驹主编:《陶瓷工艺学》,中国轻工业出版社,2006年,第44、59页。

结合三个样品中均存在钾长石与钠长石可知,三个样品的烧成温度都低于1 100℃。

四、结　　论

通过对苏州元和塘地区出土的陶器样品进行科技分析与检测,陶器样品中的主要成分为石英、钠长石、钾长石、白云母以及铁尖晶石。热机械分析表明三者的烧成温度分别为960℃左右、1 045℃左右和1 020℃左右。差示扫描量热分析—热重分析表明三者的烧成温度在950—1 075℃之间。红外光谱与X射线衍射分析说明样品中不包含方解石与伊利石,说明三者的烧成温度在800—1 100℃之间。综合上述分析结果,认为1号样品的烧成温度为950—1 000℃,2号样品和3号样品的烧成温度为1 000—1 075℃。结合器型分析,1号与2号样品均是祭器,3号样品为皇家所用金砖,故而烧制温度较高,符合其对于较高品质的要求。

致谢:该研究论文是《苏州地域文明探源工程》《元和塘遗址出土陶器研究》以及《元和塘平江窑产品成分分析研究》项目、2024年江苏省研究生实践创新计划项目《苏州元和塘出土陶器烧成温度研究》(编号:SJCX24_0016)的阶段性研究成果,在此对苏州市考古研究所、苏州市相城区文化体育和旅游局以及苏州市吴越史地研究会的大力支持表示衷心感谢!

地质考古在木渎盆地中的应用前景和展望

◎ 李海斌　彭　伟　王玉海　何宝强（江苏省地质局第四地质大队）

一、引　言

地质考古是一门跨学科的综合性研究领域，旨在通过地质学的方法和手段，探究地球物质和自然历史中与人类活动相关的方面。地质学和考古学互相促进互相补充。[1]在过去的几十年里，随着考古学和地质学理论的不断完善和技术方法的进步，地质考古在文化遗产保护、历史地理研究、环境变迁等方面显示出了巨大的应用价值。它不仅帮助理解人类与自然环境的互动关系，揭示古代文明的发展轨迹，还为现代社会面临的资源开发、环境问题和可持续发展提供了重要的科学依据。因此，地质考古对于人类文明的演化和对地球可持续发展的理解具有深远的意义。

木渎盆地位于苏州市西南部，是一个典型的河湖相沉积盆地，具有丰富的地质资源和独特的地理环境。历史上，木渎盆地经历了多次地质变迁和人类活动的影响，形成了独特的地貌和文化遗产。作为中国东部地区重要的文化、经济中心之一，木渎盆地蕴涵着丰富的历史文化遗产和重要的地理战略意义。从古至今，该地区在农业、水利、交通等方面都作出了卓越的贡献，同时也孕育了许多著名的历史人物和文化事件。因此，木渎盆地在地理、历史和文化方面都具有不可替代的重要地位。[2]

二、地质考古的基本原理和方法

（一）沉积物分析法

沉积物分析法是地质考古中的一种重要技术手段，目前绝大多数的考古遗迹遗物都是沉积的结果。[3]通过对沉积物多方面的精细研究，深入揭示古代环境、人类活动与自然过程的互动关系。该方法涉及对沉积物的粒度、矿物组成、颜色、磁性、化学成分、微结构和同位素等多方面的测定和分析，以全面了解沉积物的来源、形成过程和环境意义。

首先，粒度分析是沉积物分析的基础环节，通过测量颗粒的大小、分布和形态，可以推断沉积物的

---

[1] 毛俊翔：《地貌学及第四纪地质学在考古学中的应用》，《客家文博》2016年第2期，第16—21页。
[2] 唐锦琼：《木渎古城附近太湖湖岸线的推想》，《三代考古（七）》，科学出版社，2017年，第554—560页。
[3] 温睿、祁学楷：《从宏观到微观：土壤及沉积物的考古学研究进展》，《西北大学学报（自然科学版）》2023年第6期，第926—942页。

搬运方式和沉积环境。粗粒的沉积物则可能来自山区的快速侵蚀和搬运，而细粒的沉积物则可能来自河流的缓慢沉积或湖泊的静水环境。矿物组成是沉积物分析的关键内容，通过识别和鉴定矿物种类，可以推断出沉积物的来源、成岩环境和地球化学过程。例如，石灰岩的形成通常与海洋环境相关，而页岩则形成于湖泊或沼泽环境，这些矿物组成信息有助于揭示古代环境的特征和变化。[1]

此外，颜色分析也是沉积物分析的重要方面。沉积物的颜色可以提供关于其成因和环境的线索。深色沉积物可能来源于富含有机质的沉积环境，如沼泽或湖泊底部，而浅色沉积物则可能来自于较为干燥的环境，如沙漠或盐湖。颜色的变化还可以指示气候和环境的变化趋势。

磁性分析也是沉积物分析中的重要技术，一些沉积物中含有磁性矿物，其磁性特征可以记录当时的地磁场方向和强度。通过分析这些磁性特征，可以了解古地磁场的方向和变化，进而推断地球的旋转轴方向和极性变化历史。这对于理解地球的演化历史和古气候变化具有重要意义。化学成分、微结构和同位素组成等方面的分析也是沉积物分析的重要组成部分。这些分析能够提供关于沉积物中元素的丰度、分布和迁移等方面的信息，进而揭示出人类活动对土壤的影响、环境变化趋势以及地质过程的演化。这些数据相互补充，共同揭示出了古代环境的特征、风化作用的方式、沉积物的搬运路径以及与人类活动的相互关系。[2]

通过沉积物分析法，能够全面了解古代环境、风化作用、沉积物的搬运路径以及人类活动的影响。这种方法不仅有助于理解古代文明的发展轨迹，还为现代社会面临的资源开发、环境问题和可持续发展提供了重要的科学依据。因此，沉积物分析法在地质考古中具有不可替代的地位，为人类文明与自然环境互动关系的研究提供了强有力的科学支撑。

（二）岩石学研究法

岩石学研究法是地质考古中的一项核心技术，通过对岩石的深入剖析，揭示岩石的形成过程、地质历史和构造运动等信息。该方法涉及对岩石的矿物组成、结构、构造和变质程度等方面的研究，以理解岩石的成因和演化。

矿物组成是岩石学研究的关键环节之一。通过详细分析岩石中矿物的种类、含量和分布，可以推断出岩石的形成环境和过程。不同类型的矿物形成于不同的地质环境，对矿物组成的测定和分析，可以揭示出岩石的来源和形成过程。

岩石的结构和构造也是岩石学研究的重要方面。结构指的是岩石中矿物颗粒的大小、形态和排列方式；而构造则涉及岩石在外力作用下的变形和断裂等现象。通过观察和研究岩石的结构和构造特征，可以推断出岩石经历过的地质过程和应力状态。例如，层理构造可以指示沉积作用的方向，而断裂和褶皱构造则指示了构造运动的方向和强度。[3]

此外，变质程度也是岩石学研究的一个重要方面。变质作用是指岩石在高温、高压条件下发生的矿物组成和结构的变化。通过分析岩石的变质程度和特点，可以了解岩石在地壳中的演化过程和地质历史。例如，大理岩是由石灰岩在高温高压的条件下变质形成的，其形成过程可能与板块构造活动有关。

通过岩石学研究法，地质考古学家能够深入了解岩石的形成过程、地质历史和构造运动等信息。

---

[1] 王晓诚：《保护规划指导下苏州木渎春秋故城遗址展示与阐释策略研究》，北京建筑大学硕士学位论文，2016年。
[2] 岳屹岩：《城市中心区文物保护区划与土地利用调整策略研究》，北京建筑大学硕士学位论文，2016年。
[3] 唐锦琼、孙明利、周官清、赵东升、徐良高、张照根：《苏州木渎古城2011—2014年考古报告》，《考古学报》2016年第2期，第263—302页。

这些信息不仅有助于理解地球的地质过程和演化,同时也为人类文明的发展提供了重要的背景和环境条件。在地质考古中,岩石学研究法具有重要的应用价值,为人类文明与自然环境的互动关系研究提供了科学依据。

(三) 年代测定法

年代测定法是地质考古中的一项基础技术,它通过对地质年代的精确测定,建立了古代事件和人类活动的时空框架。该方法涉及对放射性元素衰变和地球化学过程的深入研究,以确定沉积物、岩石和古生物等样品的年代。

放射性元素的衰变是年代测定法的基础原理。自然界中的放射性元素,如铀、钍和钾等,会经历自发衰变的过程,释放出射线并转变为其他元素。这个衰变过程是恒定且可测量的,因此可以利用放射性元素的衰变规律来计算样品的年代。常用的方法包括铀—铅测年、钾—氩测年和热释光测年等。

铀—铅测年法是用来测定年轻沉积物年龄的一种方法。通过测量样品中铀和铅的含量,可以计算出样品的绝对年代。由于铀经过衰变成为铅,因此通过测量样品中铀和铅的比例,可以确定样品的年代。这种方法适用于年轻的沉积物,对于几千年至几百万年的样品特别有效。

钾—氩测年法是用来测定古老岩石的一种方法。钾会自发衰变成氩,通过测量样品中钾和氩的比例,可以计算出岩石的形成年代。这种方法适用于古老的岩石,特别适用于确定地壳的形成时间和演化历史。

热释光测年法在考古学和地质学上发挥了重要的作用,[1]是一种测定古代陶器和其他含有少量放射性物质的样品的方法。通过加热样品使其释放出之前存储的辐射能量,通过测量释放出的辐射能量可以计算出样品的年代。这种方法适用于古文物和考古遗址的年代测定,因为它不需要破坏样品就可以获得较为准确的年代数据。

除了上述方法外,还有许多其他年代测定技术,如碳-14测年法、古地磁法等。这些方法各有其适用范围和局限性,因此在实际应用中需要根据样品的性质和要求选择合适的方法。

三、木渎盆地的地质背景和历史

(一) 地理特征

木渎盆地位于太湖流域,四周为低山丘陵环绕,盆地内地势平坦,有西北向东南缓缓倾斜之势,平均海拔在2—5米之间。[2]盆地内河流贯穿盆地中部,自北向南流淌,汇入太湖。盆地内气候湿润,属于亚热带季风气候,年均降水量约1 100毫米,年均气温约15℃。此外,盆地内部还有许多分支河流和小湖泊,形成了典型的河网地貌。这些河流和小湖泊不仅对盆地的地形地貌产生了影响,同时也是该地区的重要水源。

由于地处河谷盆地,木渎盆地的气候受到了周围山体的影响。在夏季,由于盆地内地势较低,容易形成雾气和云层,导致气温相对较低;而在冬季,由于四周山体的阻挡,寒冷的空气难以侵入盆地内部,使得这里的气温相对较高。受到河流冲积和人类耕作的影响,该地区的土壤类型主要包括水稻

---

[1] 王维达:《古陶瓷热释光测定年代的研究和进展》,《中国科学(E辑:技术科学)》2009年第11期,第1767—1799页。
[2] 邹定贤:《江苏历史文化名镇景观基因研究——以苏州市木渎古镇为例》,南京农业大学硕士学位论文,2020年。

土、黄棕壤和潮土等。这些土壤类型为当地的农业生产和生态环境提供了重要的物质基础。

（二）地质构造

木渎盆地的地质构造较为复杂，主要由震旦系、寒武系、奥陶系、石炭系、二叠系和第四系等地层组成。其中，震旦系和寒武系是盆地的基底岩层，主要由页岩、泥岩和灰岩组成；而奥陶系、石炭系和二叠系则是盆地的盖层岩层，主要由砂岩、页岩和煤层组成。此外，盆地还包括一些褶皱和断裂构造。

木渎盆地的地质构造呈现出多样性和复杂性的特点，是长期地质演化和构造运动的产物。通过深入研究和解析，可以揭示出其地质构造的主要特点。

木渎盆地的地壳稳定性较高，盆地内的地层基本保持了连续性和完整性，没有出现大规模的断裂和褶皱。然而，在盆地的周边和内部，仍然存在着一些小的断裂和褶皱构造。这些构造的形成与盆地的形成和演化密切相关，是地壳运动和应力作用的结果。

在木渎盆地的地层中，可以观察到明显的沉积层和岩浆岩层。沉积层主要由泥岩、页岩和砂岩等组成，呈现出明显的层理构造。这些沉积层记录了盆地的形成历史和古环境变化，为地质学家提供了宝贵的信息。而岩浆岩层则主要由花岗岩、闪长岩等组成，呈现出了较为单一的岩性特征。这些岩浆岩的形成与地壳深部的岩浆活动有关，对盆地的地质构造和地壳稳定性产生了影响。在盆地的四周，有低山丘陵环绕，这些山脉的形成与盆地的形成和演化密切相关。同时，盆地的地质构造也受到了区域构造的影响，如江南古陆的隆起和太湖凹陷的形成等。这些区域构造事件对木渎盆地的地质构造产生了深远的影响。

（三）形成历史

木渎盆地的形成历史可以追溯到约2亿年前，在燕山期由于地壳的抬升和河流的侵蚀作用形成。在漫长的地质历程中，河流不断地侵蚀着盆地的边缘，使得盆地的面积逐渐扩大。同时，地壳的抬升作用也使得盆地的地形逐渐变得平坦。据研究，木渎盆地的形成与长江三角洲的发育密切相关，是长江三角洲的重要组成部分。目前，木渎盆地的形成仍在持续进行中，主要受到人类活动和气候变化的影响。

四、地质考古在木渎盆地中的应用前景

沉积物分析法是通过对沉积物的粒度、矿物组成、颜色、磁性等方面的测定和分析，揭示沉积物的来源、搬运路径和沉积环境。例如，对黄河流域的黄土高原进行研究，通过沉积物的粒度和矿物组成分析，揭示了该地区的气候变化以及古代人类活动与河流沉积环境之间的互动关系，为理解该地区古代文明的发展提供了重要线索。比如对江西万年仙人洞遗址、[1] 北京王府井东方广场遗址、[2] 山西吉

---

[1] Patania I, Goldberg P, Cohen DJ, et al. Micromorphological analysis of the deposits at the early pottery Xianrendong cave site, China: formation processes and site use in the Late Pleistocene. *Archaeological and Anthropological Sciences*, 11, 2019, pp. 4229-4249.

[2] 靳桂云、郭正堂：《北京王府井东方广场旧石器文化遗址——沉积物的土壤微形态学研究》，《东方考古（第8集）》，科学出版社，2011年，第349—352页。

县柿子滩遗址、[1]河北泥河湾盆地马圈沟遗址[2]等开展的沉积物指标分析,在认识遗址形成过程方面均取得了良好的效果,显示出这一研究方法的潜力和价值。同时,沉积物分析也帮助科学家们了解了古代河流的流向和地貌演变。例如,在长江流域的河谷盆地研究中,通过沉积物分析法确定了河流的搬运作用和沉积物的形成过程。

岩石学研究在地质考古中具有不可替代的地位,为地区的地质演化提供了重要依据。例如通过分析岩石的矿物组成、结构和构造特点,评估工程对地质稳定性的影响,为工程设计和环境保护提供了科学依据。通过对岩石的矿物组成、结构、构造和变质程度等方面的研究,可以揭示岩石的形成过程、地质历史和构造运动等信息。例如,在南美洲的安第斯山脉研究中,岩石学研究揭示了该地区的板块构造和火山活动对当地文化的影响。在华北地区的花岗岩岩石研究中,通过岩石学研究法确定了花岗岩的形成时代、岩浆活动和构造环境。在中国的新疆地区,岩石学研究也帮助科学家们了解了古代丝绸之路的地理环境和文化交流,为探讨该地区的地壳演化提供了重要证据。

年代测定法则是利用放射性元素的衰变规律和地球化学过程,对沉积物、岩石和古生物等样品进行精确的年代测定。通过对地层或样品的年代进行精确测定,建立了古代事件和人类活动的时空框架。例如,在黄土高原的黄土沉积研究中,通过碳-14测年法确定了黄土沉积物的年代序列。在陕西的秦始皇陵区域,碳-14测年法被用于确定陵墓内文物和地层的时间范围。通过精确测定这些文物的年代,我们得以还原出秦朝时期的社会历史和文化面貌。

此外,在新疆的丝绸之路遗址中,多种地质考古方法被综合运用,以揭示古代贸易路线和人类活动遗迹,为该地区的气候变化和人类文明发展提供了宝贵的时间标尺。在中国的周口店遗址研究中,沉积物分析揭示了风化和侵蚀作用对遗址的影响,岩石学研究提供了地质背景和构造运动的信息,而年代测定则确定了文物的具体时间节点,帮助考古学家们确定了该遗址的年代范围和古人类的生活环境。

地质考古项目还包括古地理重建、古环境模拟、古人类活动遗址的勘探与发掘等。这些研究成果不仅有助于我们理解地球的自然演化过程,还为人类文明的发展提供了重要的背景和环境条件。

地质考古项目不仅丰富了我们对古代文明和地球历史的认识,还为现代社会提供了宝贵的资源开发、环境保护和文化传承等方面的科学依据。同时,在欧洲的洞穴绘画研究中,年代测定也帮助科学家们确定了绘画作品的创作时间和艺术家们的文化背景。通过不断深入的研究和实践,地质考古领域将继续取得更多令人瞩目的成果,推动人类对地球和人类历史的认知不断向前发展。这些研究成果不仅有助于我们理解人类文明与自然环境的相互关系,同时也对资源开发、环境监测和文化遗产保护等具有重要的参考价值。

五、面临的挑战和未来的展望

木渎盆地的地质考古应用面临着诸多挑战。首先,技术难度是一个重要问题。由于木渎盆地的地质构造复杂,地层多样,需要采用多种技术手段进行综合分析。例如,沉积物分析需要准确识别不

---

[1] Song YH, Cohen DJ, Shi JM, et al. Environmental reconstruction and dating of Shizitan 29, Shanxi Province: An early microblade sites in north China. *Journal of Archaeological Science*, 79, 2017, pp. 19-35.

[2] Li XL, Pei SW, Jia ZX, et al. Paleoenvironmental conditions at Madigou (MDG), a newly discovered Early Paleolithic site in the Nihewan Basin, *North China. Quaternary International*, 400, 2016, pp. 100-110.

同沉积物的成分和层理结构,岩石学研究需要深入了解岩石的矿物组成、结构和构造特点,年代测定则需要选择合适的方法并确保测年精度。这些技术难度要求研究者具备深厚的专业知识和丰富的实践经验。

在收集到大量数据后,如何准确地解读这些数据,并将其与木渎盆地的地质构造、气候变化、人类活动等联系起来,这些都需要具备敏锐的洞察力和综合分析能力。此外,由于地质材料往往存在一定的不确定性,因此对数据的解读也需要考虑多种因素,进行综合判断。

跨学科合作是地质考古学发展的必然趋势。地质考古学的研究领域广泛,涉及地质学、考古学、历史学等多个学科。未来,随着多学科之间的交叉融合,地质考古学将需要与来自不同领域的专家进行深入合作,共同解决复杂的地质考古问题。这种跨学科的合作将有助于拓宽研究视野、提高研究质量,并推动地质考古学研究的不断深入。

技术创新也是未来地质考古学发展的重要驱动力。随着科技的进步,新的技术和方法不断涌现,为地质考古学提供了更多的研究手段。例如,高精度遥感技术和地球物理探测技术的运用将有助于发现更多的考古遗迹和地下文物;无损分析技术的普及将使研究人员能够更深入地了解文物的材料属性和制作工艺;人工智能和大数据分析技术的应用将大大提高数据处理的效率和精度,为数据解读和模型构建提供有力支持。

在未来,地质考古学需要紧跟科技发展的步伐,不断学习和掌握新技术、新方法,将其应用于实际研究中。同时,还需要与其他领域的专家进行交流与合作,共同推动技术创新和跨学科研究的进步。

苏州考古大事记

◎（宁振南、何文竞整理）

1915年

1915年，吴荫培等创立吴中保墓会，对苏州无主古墓进行调查走访、编号立碑、丈量登记，使得大量重要墓葬得以保存。

1918年

1918年，历史学家顾颉刚初识甪直保圣寺罗汉塑像，写作系列文章，呼吁保护。

1926年

1926年春夏间，李根源在苏州近郊和西部诸山调查历代名人墓葬、石刻、古建筑等文物，并著述出版《吴郡西山访古记》。

1926年，日本学者大村西崖至苏州考察甪直保圣寺，归国后出版调查报告《吴郡奇迹 塑壁残影》，引起中外文化界关注。

1934年

1934年10月，中国营造学社梁思成、林徽因调查吴县甪直保圣寺、苏州罗汉院双塔。

1934年11月，中央古物保管委员会江苏分会对苏州城内外古墓葬进行调查。

1936年

1936年2月29日，卫聚贤至苏州城南石湖游览，在"磨盘山发现吴城，黄壁山发现越城，两城夹北越来溪对峙"，还发现"在城墙的遗址上露出许多几何形花纹陶器"。3月21日，卫氏再至石湖，在黄壁山采集到鹿角、石斧等器物，后又于木渎灵岩山下发现几何印纹陶片，开苏州田野考古调查工作之先河。

1936年8月30日，吴越史地研究会在上海成立。翌年，出版《吴越文化论丛》。

1936年8—9月，中国营造学社刘敦桢、梁思成等再至苏州开展古建筑调查。

1937年

1937年2月20日，吴中文献展览会在苏州沧浪亭开幕，历时十天。展品分为图籍、金石、画像、书画、史料五大类,共6 000余种。

1937年3月18日,苏州参加巴黎博览会展品启运上海征集处,计有六朝鎏金佛像、汉玉满花小瓶、汉代将军鎏金印章、瓷观音等85件珍品。

1938年

1938年11月,吴县古物保管会成立,将"城厢内外著名名胜古迹寒山寺等十处标竖木牌,令民众多加注意以示保护"。

1943年

1943年,昆山县政府组织对姜里古墓进行挖掘,获金银文物两大车,运至县衙,后不知所踪。

1949年

1949年4月27日,苏州解放。

1950年

1950年5月,筹组苏州市文物保管委员会。

1950年6月12日,苏南地区文物管理委员会对吴县甪直保圣寺进行调查,并制定四项保护办法。

1950年7月26日,苏州市文物保管委员会正式成立。

1952年

1952年,苏州市文管会完成编制挂牌,专职人员于万寿宫办公。

1953年

1953年1月,华东文化部组建华东文物工作队,曾昭燏为队长,尹焕章为副队长,下设五组,赵青芳任江苏组组长。4月,各组分赴各省开展工作。江苏组对越城遗址进行调查。

1953年4月5日,复旦大学历史系顾颉刚师生调查越城遗址,见土墙依稀,采集陶片数百块,有红陶、黑陶、灰陶、印纹、刻纹等。

1953年4月,江苏省文管会在南京成立。

1953年12月,苏南文管会由无锡搬至苏州,江苏省政府下令撤销苏州市文管会。文管会物品、接收文物转交江苏博物馆。

1953年,尹山湖出土陶器,得者捐献文管会完整器多件。

1954年

1954年初,江苏省文管会组建苏州文物工作组在苏州五峰山进行考古调查、发掘,朱江担任组长、领队。4—7月间,考古工作由山下古墓葬向山上烽燧墩逐次展开,发掘有明代张安晚家族墓、南宋赵善苍夫妇合葬墓、三个土墩等。

1954年5月17日,江苏文管会苏州文物工作组胡继高前往吴江县同里仁美中学勘察,发现古遗址。

1954年下半年,恢复苏州市文物管理委员会,下设考古组。

1955年

1955年1月,江苏省博物馆筹备处在忠王府举办《江苏省五年来出土文物展览会》,展示新中国成立以来江苏省出土文物中具有代表性的器物,五峰山地区发掘出土的众多文物参展。

1955年1月,苏州市文物管理委员会更名为苏州市人民政府文物古迹保管委员会。

1955年秋,昆山陈墓镇大东窑厂出土石刀,并采集到印纹硬陶片。

1955年,华东艺专美术史教研组调查苏州洞庭东山紫金庵。

1956年

1956年2月21日,第一次全国考古工作会议在北京召开。

1956年4月2日,国务院颁布《关于在农业生产建设中保护文物的通知》,首次提出进行全国范围内的文物普查。

1956年4月11—25日,尹焕章等对丹徒、常州、上海、苏州、松江、无锡、宜兴等地的新石器时代遗址进行考古调查。

1956年8月12日—10月27日,江苏省文管会依次对镇江、扬州、泰州、南通、常熟、苏州六市进行文物普查。

1956年10月22日,江苏省文管会对苏州金鸡墩遗址进行调查,采集到新石器、商周时期遗物。

1956年10月,江苏省文管会倪振逵、南京市文管会李蔚然前往苏州越城遗址调查,发现石器、陶豆、陶网坠以及大量陶片。

1956年11月18日,文化部副部长、文物局局长郑振铎至苏州视察文物古迹,推动抢救古籍图书。

1956年冬,江苏省文管会进行文物普查时,由南京博物院赵青芳先生调查发现并确认了草鞋山遗址。

1956年,江苏省文管会调查发现张陵山遗址。

1956年,吴县洞庭东山出土青花人物风景纹瓷碗。

1957年

1957年5、6月间,南京博物院第一次文物普查工作小组在苏州市和吴县范围内进行古遗址的调查和复查,确认各时期遗址、墓葬共34处,其中有越城遗址、金鸡墩遗址、夷陵山和草鞋山遗址、虎山遗址、华山遗址等5处新石器遗址。

1957年,苏州文管会在虎丘云岩寺塔维修过程中发现鎏金塔、铜佛像、檀木佛龛、越窑秘色瓷莲花碗、经箱、经卷等文物。

1958年

1958年7月,苏州市文化局和文管会筹建苏州市地志博物馆。

1958年,吴江浪打川圩河底出土青铜戈。

1958年,昆山花桥镇北木瓜河与小瓦浦河交汇处出土汉代为主的古钱币500多斤。

1958年,昆山淀山湖镇度城湖底发现古井及宋代石板街,采集到唐宋时期陶罐、瓷片。

1959年

1959年1月上旬,苏州虎丘山北发现元代吕师孟夫妇合葬墓,出土墓志二方及金、银、铜、玉、瓷器

60余件。

1959年2月2日，尹焕章赴苏州浦庄调查出土化石。

1959年3月1日，江苏省博物馆、江苏省文物管理委员会迁往南京，与南京博物院合署办公。

1959年12月31日，苏州地志博物馆、"庆祝解放十周年展览会"筹备组、苏州文管会合并成立苏州博物馆，文管会仍保留牌子，合署办公。

1959年，江苏省文物工作队在昆山荣庄村西侧发现并试掘新石器时代遗址，出土良渚文化陶、石器、龟腹甲、鹿角、猪牙等。

1959年，昆山巴城镇龙滩湖发现新石器时代水井、石器等。

1960年

1960年元旦，苏州博物馆正式挂牌成立，内设考古组。从此，苏州有了自己正式的考古机构。

1960年2—4月，江苏省文物工作队与苏州市文管会联合发掘吴江梅埝新石器时代遗址。

1960年5月22日，尹焕章途经苏州，鉴定出土的新石器时代文物。

1960年5—7月，江苏省文物工作队对越城遗址进行发掘，划分出马家浜文化、良渚文化和春秋时期三大文化层。

1960年11月25—29日，作为江苏太湖沿岸新石器时代遗址调查的第三阶段，尹焕章、张正祥对苏州及周边地区进行古遗址调查。

1960年，昆山张浦镇振苏厂施工出土良渚文化石刀、石斧。

1961年

1961年5月24日—6月21日，江苏省文物工作队尹焕章等对去年冬太湖周边地区的古遗址调查进行补充调查。

1961年10月—1962年4月，苏州博物馆举办"虎丘云岩寺塔出土文物展"。

1961年，《文物保护管理暂行条例》颁布施行，是新中国第一个国家性的系统的文物保护法令。

1962年

1962年3月，苏州博物馆考古组对西山堂汉墓群、天平山唐宋墓群、五龙山六朝墓群、虎丘金鸡墩遗址等处进行广泛考古调查，初步了解了墓葬分布和文化堆积情况。

1963年

1963年9月，同济大学陈从周教授等在苏州、吴县、常熟等地勘察古代建筑及重点文物保护单位。

1963年6月，《江苏省出土文物选集》出版，以260余件（组）出土文物呈现了江苏漫长历史时期的物质文化面貌，苏州地区出土的40余件（组）文物入选，涉及马家浜文化、良渚文化、东周、汉、五代、宋元明等各时期，代表了新中国第一个十年的丰富考古成果。

1964年

1964年6—7月，苏州市文管委会、苏州博物馆在苏州盘门发掘元末张士诚父母合葬墓，出土了一批具有重要研究价值的丝织品与金银器。

1964年，《古遗址、古墓葬调查、发掘暂行管理办法》颁行。

1966年

1966年1—12月,苏州博物馆举办"两年来配合基本建设出土文物汇报展"。

1966年12月,苏州博物馆考古组在虎丘新庄大队发掘明代王锡爵夫妇墓,出土的成组木家具模型为研究明代苏式家具提供了实物资料。

1966年,昆山花桥镇陶家村金城基采集到东周印纹硬陶片、汉代陶片及宋代瓷器。

1969年

1969年5月,常熟三条桥遗址取土发现良渚文化玉、石器。

1970年

1970年10月,南京博物院考古组在吴县木渎祥里村发掘清代名臣毕沅墓,出土随葬物品110件。后于1980年10月,又发现了石质墓志。

1970年,甪直保圣寺天王殿,辟为"吴县文物陈列室"。

1971年

1971年7月,"无产阶级'文革'以来的部分出土文物展览"在北京故宫举办,引起巨大反响。苏州亦选派出土文物参展。

1971年,吴江同里蔬菜大队发现南宋叶梦夫妇合葬墓,出土瓷器、银器、铜钱、墓志等。

1972年

1972年,太仓县沙溪公社涂菘四队发现南宋赵伯旺墓志铭。

1972、1973年初夏,南京博物院、苏州博物馆对吴县草鞋山遗址进行了两次发掘。

1973年

1973年4月,苏州博物馆对吴江县同里镇九里湖新石器时代遗址进行考古调查。

1973年11月,吴县东渚公社河沟中发现拍印席纹、麻布纹和斜方格纹组合的大陶瓮8件。

1973年冬,昆山县兵希公社盛庄大队发现一处春秋战国时期青铜熔铸遗址,出土青铜兵器、容器、青铜块、铜渣及印纹陶片。

1973年,南京博物院在吴县何山清理一座东晋墓,出土一批青瓷器。

1973年,"中华人民共和国出土文物展览"在法国巴黎、英国伦敦举办,是第一次在国外展出中国出土文物。南京博物院收藏、出土于苏州的元代吕师孟墓银奁、金银梳妆用品等参展。

1973—1974年,苏州博物馆对市郊的高山墩、天宝墩、青旸墩、凤凰墩、鸳鸯墩、高邮墩、王妹墩等地的汉代墓葬进行清理和发掘。其中,天宝墩M27出土了两枚金饼,为苏州地区汉墓中首次发现。

1974年

1974年4—6月,南京博物院对吴县澄湖遗址进行发掘,清理古井150余口,出土崧泽、良渚文化至宋代遗物1 200多件。

1974年,吴县洞庭西山消夏湾发现石斧、石锛、石镞、石犁等一批石器。

1975年

1975年3—12月，苏州大石头巷基建工程出土一批唐宋遗物，有生产工具、生活用具、建筑材料、钱币、博具等，可能是宋代平权坊坊市遗址所在。

1975年夏，吴县唯亭公社砖瓦厂在夷陵山西南部取土时，出土一批印纹硬陶器和原始瓷器。

1975年9月，苏州娄门内城河清淤，发现一门太平天国铜炮。

1975年10月，苏州葑门内城河清淤，在程桥下发现一批东周时期青铜兵器、农具。

1975年12月，苏州博物馆考古组在虎丘公社新塘大队千墩坟清理东周墓葬一座，出土青铜鼎、豆、盃、鉴、匜及黑衣陶豆等。

1975年，吴县洞庭西山消夏湾出土青铜剑、矛各一件。

1976年

1976年2月，苏州城东南觅渡桥基建工地发现一座汉代竖穴土坑木椁墓，带有脚箱，出土陶器、漆木器等20件。

1976年3月，吴县文管会在苏州城西狮子山东麓发现西晋墓群，清理墓葬3座。

1976年4月，常熟黄土山遗址取土时发现良渚文化玉、石器8件。

1976年，苏州博物馆配合工程需要对平门城墙进行了发掘，发现早期城墙遗迹，清理六朝墓葬32座、唐墓2座。

1976年，昆山大市镇姜里村"老庙"高地，出土新石器时期石斧、锛、矛、商周时期硬陶鼎、壶、汉代釉陶罐、六朝瓷器等40余件文物。

1977年

1977年1月，昆山周庄镇北太史淀围垦工程中发现一处古文化遗址，出土新石器时代石器、陶器、动植物遗骸、东周青铜兵器及汉以后各类器物。

1977年5月，南京博物院对张陵山遗址（西山）进行发掘，清理崧泽文化墓葬6座、良渚文化早期墓葬5座。

1977年6月，吴县枫桥公社姚桥头高地发现唐代张子文夫妇合葬砖室墓，墓室呈十字形，由甬道、主室、耳室组成，全长5米，出土开元通宝铜钱、陶俑陶马、灰陶墓志。

1977年8月，苏州博物馆举办《苏州出土文物陈列》基本陈列。

1977年9月，维修盘门部分城墙，清理出城楼地基地。

1977年9月，苏州城东北新苏丝织厂发现青铜器窖藏，出土青铜鼎、杯、锛、锄、镰、斤、犁、矛、镞、削、钻、残剑、带钩、折角铜片等56件青铜器。

1977年10月8—17日，长江下游新石器时代文化学术讨论会在江苏南京召开。

1977年冬至1978年春，昆山县玉山镇娄江拓浚工程中，出土秦汉古钱、唐宋铜器、陶瓷器等文物200余件。

1977年，吴县通安公社陈家湾村、枫桥公社茅山发现三块楚国金币"郢爰"。

1978年

1978年春，昆山县花桥公社石头四队发现两只陶瓮，出土5枚银锭和310枚西班牙银币。

1978年4月，瑞光塔第三层发现一批五代至北宋时期珍贵文物，有铜质镀金塔两座，地藏、观音、如来佛菩萨像九尊，五代的手抄经卷、北宋的木刻《妙法莲华经》和嵌螺钿藏经漆匣等，尤其是一座"真珠舍利宝幢"，在所出文物中最为精美。

1978年5月8日，吴县文物管理委员会成立。

1978年7月，南京博物院在吴县枫桥何山清理东晋砖室墓1座。

1978年8月24日—9月3日，江南地区印纹陶问题学术讨论会在江西庐山召开，来自全国22省市共55家文博单位派出近百名代表参会。

1978年8月下旬，苏州博物馆考古组清理南宋齐门古水城门遗址。

1978年冬，沙洲县塘桥、鹿苑两公社交界处的蓑衣墩出土了一批宋元陶瓷器。

1978年，花桥小瓦浦遗址出土汉代釉陶罐、唐宋明清瓷片。

1979年

1979年1月28日—2月9日，吴江县文化馆举办《吴江县文物展览》，展出包括出土文物在内的各类展品384件。

1979年1月，吴县文管会在狮子山再清理西晋墓1座。

1979年3月24日，苏州开元寺旧址发现一部清代手抄本《开元寺志》。

1979年3月，苏州市文管会、吴县文管会对七子山五代墓进行抢救性发掘，出土的越窑青瓷金扣边碗、金银器、青瓷器、漆器均为少见精品。

1979年4月24日，"江苏省出土文物联展"在南京博物院开幕，汇集了江苏省在新中国成立三十年来文物考古收获的精华。

1979年6月，吴江县菀坪公社红旗大队在东太湖围垦田中，发现一批隋代陶、瓷、铜器和铁钱，疑为沉船。

1979年8月28—30日，苏州地区文物工作会议在常熟召开，是新中国成立以来苏州地区规模最大的一次。

1979年9月，吴县光福镇上淹湖西岸发现一批良渚文化晚期石犁、石锥等工具。

1979年，南京博物院、吴县文管会发掘张陵山六朝家族墓5座，其中M4为张镇夫妇墓，出土碑志形制独特，是早期为数不多的出土碑志的墓葬。

1979年，吴县横泾公社东太湖沿滩发现3柄春秋时期铜剑。

1980年

1980年7月6日，吴县何山取土时出土一批东周时期青铜器和陶瓷器。

1980年8月27日，吴县文管会在何山西南麓发现一批西晋青瓷器。

1980年9月17—21日，江苏省考古学会在南京召开成立大会。期间，由南京博物院、镇江博物馆、常州市博物馆、无锡市博物馆、苏州博物馆、扬州博物馆和吴县文管会倡议组织学会分支机构"江苏吴文化研究会"。

1980年9月，《苏州文物资料选编》出版，共93篇，汇集了三十年来在报刊上发表过的有关苏州地区的文物研究报道文章及部分未经发表的资料。

1980年12月，苏州博物馆与江阴县文化馆联合清理北宋瑞昌县君孙四娘子墓。

1980年，苏州瑞光寺塔第二层塔壁中新发现木刻熟药方单、木刻《金光明经》残卷两件北宋文物。

1980年，沙洲县东来公社新庄里发现鲸类化石一件。

1981年

1981年3月，苏州博物馆考古组对相门水门进行发掘。

1981年3月23日，苏州博物馆考古组对苏州盘门外青旸地土墩进行发掘，发现汉墓3座、六朝墓2座。其中2座汉墓被认为可能是东吴时期孙策、孙坚衣冠冢或二次葬的墓冢。

1981年9—10月，苏州博物馆考古组对上方山六号墩进行第一次发掘，清理至石室门后因故暂停。

1981年11月12—17日，江苏省考古学会第二届年会暨吴文化学术讨论会在苏州召开，成立了"吴文化研究组"，作为省考古学会的一个分支机构。会议期间，举办"吴文物联展"，参观上方山"烽火墩"发掘和越城遗址。

1981年12月，苏州虎丘云岩寺塔塔基加固工程启动，期间，在塔基填土中出土"朱明寺大德塔"残碑，实证了唐代朱明寺（珠明寺）的存在。

1981年，苏州城内太平桥北塊通和坊口发现2块宋代刻字青砖，记载了北宋政和四年苏州城内施钱舍米集资砌筑太平坊街事。

1981年，昆山陈墓镇大东砖瓦厂发现六朝古井和宋墓。

1981年，第二次全国文物普查启动实施。

1982年

1982年4月17日，常熟虞山东麓石梅小学内发现一座西晋太康三年券顶砖室墓，出土一批精美青瓷器。

1982年4月22日，吴江文化馆发现清代著名医学家、戏曲理论家徐灵胎墓志铭。

1982年5月，南京博物院、甪直文保所对遭取土破坏的张陵山东山出土文物进行征集、调查，并于1982年8月、1984年6月进行发掘，清理崧泽文化墓葬2座、良渚文化墓葬1座、吴文化墓葬1座，出土、征集遗物30余件。

1982年5月，吴县藏书公社篁村林场发现一座南宋宗室之女墓，出土器物29件。

1982年6月15—18日，江苏省考古学会吴文化研究组在常熟虞山举行以太湖地区石室土墩为主题的吴文化学术座谈会。

1982年7月30日—8月7日，南京博物院对昆山绰墩遗址进行抢救性发掘，发现良渚文化墓葬一座，确认了商周、良渚、崧泽、马家浜的文化堆积序列。

1982年8月，南京博物院在吴县张陵山东山清理一座唐代砖室墓，出土青砖墓志一块。

1982年8月，太仓人民公园海宁寺故址发现《昆山州重建海宁禅寺碑》。

1982年，昆山县正仪公社绰墩山大队砖瓦厂出土一方唐代墓志。

1982年，苏州市文物普查组在山塘街发现一座明代石幢，四面分别刻有画像并题铭。

1982年，吴县文管会在东渚公社淹马大队调查发现窑墩遗址，属良渚文化时期，是苏州西部山区首次发现新石器时代遗址。

1982年，苏州太湖西山岛林屋洞进行整修时出土梁天监二年道士题名记事石碑，五代神像，宋代金龙、玉简及陶瓷器等。

1982年，《中华人民共和国文物保护法》颁行。

1983年

1983年1月，吴县开元寺无梁殿后发现元代书画家吴镇所书《心经》石刻。

1983年3月7—9日，吴江县在同里召开第一次全县"文物之友"会议，学习文物保护法，交流文物动态及开展文物宣传、保护的经验。

1983年3月28日，吴县斜塘公社隆山发现明代丘宗盛墓志铭。

1983年3月，吴县东渚公社宝山东南麓发现新石器时代至汉代遗址。

1983年4月，常熟嘉菱荡遗址取土时发现良渚文化玉石器。

1983年春，南京博物院民族组对苏州以东的"苏州少数民族地区"约160平方千米范围进行妇女发饰、服装、人生礼仪等方面调查，并选择了胜浦前戴村为调查典型。

1983年5月，江苏省考古学会正式成立"吴文化研究会"。

1983年9—12月，南京博物院、中山大学人类学系考古专业、吴县文管会、苏州博物馆联合对吴县境内五峰山及相邻借尼山上24座石室土墩进行发掘。11月，吴文化研究会赴现场考察。

1983年，常熟市人民医院发现清乾隆年间已出土并失踪的宋代宗室赵不诊墓志铭。

1984年

1984年1月，苏州博物馆对古城西郊新庄东周遗址进行清理试掘，发现灰坑、水井、烧窑。

1984年1—2月，苏州博物馆考古部对上方山六号墩进行第二次发掘，完成了全部清理工作。

1984年4月，苏州博物馆调查苏州城墙，试掘盘门三景遗址。

1984年5月，苏州博物馆发掘苏州市西北虎丘乡汉墓SXM1。

1984年8月，苏州博物馆对太仓南转村砖窑厂取土时发现的一座明代夫妇墓葬进行清理，出土器物11件、古籍4部。

1984年9月26日，苏州博物馆选送瑞光塔出土宋代真珠舍利宝幢赴京参加"全国出土文物珍品展览"，庆祝新中国成立35周年。

1984年10月，对横塘星火遗址进行考古调查和试掘。

1984年11月，对新庄西汉徐福墓进行发掘。

1984年12月10日，吴县文管会在斜塘琼姬墩清理一座南宋晚期纪年墓，出土漆器、铜镜、鎏金铜发簪、影青粉盒、铜钱等。

1984年12月10—30日，苏州博物馆对昆山少卿山遗址进行试掘，清理良渚、崧泽文化墓葬各1座，并有马家浜文化遗存。

1984年12月，吴县文管会在文物普查过程中，于北桥乡和枫桥乡分别征集到东周青铜剑1把。

1984年，南京博物院民族部先后三次对吴县胜浦北里巷村的麻织生产进行专题调查，记录生产工艺过程、生产工具、漂染销售、生产历史，并与史籍记载、四川麻织比较。

1985年

1985年春，吴县普查工作组在吴县越溪乡张桥村八队的松毛坞，发现清乾隆时期吴江籍医学家、戏曲理论家徐大椿（字灵胎，晚号洄溪道人）的隐居处——洄溪草堂遗址。

1985年3月，吴县越溪乡前珠村出土一批东周时期青铜兵器、农具。

1985年4—8月，苏州博物馆、张家港市文管会对张家港鹿苑镇徐家湾新石器时代遗址进行发掘，发现崧泽、良渚文化房址、灰坑、墓葬等遗迹,出土陶、石、玉器等400余件。

1985年5月,吴县文管会在苏州城西高景山发现茶店头遗址,采集到红陶寰底内凹罐、印纹硬陶片、石斧、石镰等。

1985年7月,为配合苏州振亚厂基建,苏州博物馆对苏州城东城墙进行解剖发掘。

1985年12月,南京博物院、上海大学文学院、苏州博物馆、吴县文管会联合对吴县三山岛旧石器时代遗址进行发掘。该遗址距今约1.2万年,是目前苏州地区发现的时代最早的古人类文化遗存。

1986年

1986年1月,吴县通安乡太湖沿岸清理战国、西汉、南朝时期古井4口。

1986年3月30日,苏州城内仓街发现东周时期窖藏青铜器。

1986年10月,召开"纪念苏州建城2500年江苏省考古学会年会""吴文化学术讨论会"。

1987年

1987年9月,苏州博物馆在三元新区清理元墓一座。

1987年12月至1988年2月,苏州博物馆、吴江文管会对吴江龙南新石器遗址进行第一次发掘。

1988年

1988年4月,《苏州博物馆通讯》创刊。

1988年11月至1989年1月,苏州博物馆、吴江文管会对吴江龙南新石器时代遗址进行第二次发掘。

1988年,配合大运河拓宽工程,抢救性发掘长桥新塘战国墓地、横塘双桥墓地、白洋湾明墓等。

1989年

1989年3月,苏州博物馆、张家港市文管会对张家港东山村遗址进行调查和试掘。

1989年10月,常熟城郊三八村发现2座明代竖穴石板木椁墓。

1989年12月26—28日,召开"纪念苏州博物馆建馆30周年暨第三届学术讨论会"。

1990年

1990年5—6月,苏州博物馆、张家港市文管会对东山村遗址进行抢救性发掘。

1990年秋,南京博物院、苏州博物馆、昆山文管会对赵陵山遗址进行第一次发掘;次年,进行第二次发掘。两次发掘收获获评为"1992年度全国十大考古新发现"之一,系江苏省首次。

1991年

1991年7月,苏州博物馆、吴江文管会对龙南遗址进行第三次抢救性发掘。

1991年11月,吴县长桥国防园建设工地发现战国墓,出土一件漆木古琴(筝)。

1992年

1992年3月,南京博物院、苏州博物馆、吴县文管会、昆山文管会联合完成沪宁高速公路苏州段的文物调查工作。

1992年3月,昆山文管会在正仪燕桥浜村采集到良渚文化石斧、砺石、陶片及汉唐宋时期陶片、瓷器。

1992年9—10月，苏州博物馆、南京博物院、吴县文管会联合完成沪宁高速公路苏州段抢救性考古发掘。

1992年10月，苏州博物馆考古部对横塘星火商周遗址进行发掘。

1992年10—11月，苏州博物馆考古部与南京博物院、江苏省农科院、日本宫崎大学联合对吴县草鞋山古水稻田遗址进行试掘。

1992年11月—1993年5月，苏州博物馆、南京博物院组成考古队对因采石破坏的小真山墓葬开始抢救性发掘。期间，在大、小真山地区共调查发现土墩57座，并对数个土墩进行发掘。

1992年11月，昆山红峰遗址取土时采集到新石器时代陶器、石器。

1993年

1993年4月，苏州博物馆、常熟博物馆对常熟罗墩新石器时代遗址进行第一次发掘；次年10月，进行第二次发掘。两次发掘共清理良渚文化墓葬14座，出土陶、石、玉器250余件。

1993年9月20日—11月，于苏州博物馆举办"吴文化联展——玉器展"。

1994年

1994年5月6日，常熟市张桥镇南新村发现三座宋代砖室木椁墓。

1994年5月，苏州博物馆、吴江文管会对桃源广福村马家浜文化遗址进行考古调查、试掘。

1994年11月1日—1995年1月18日，苏州博物馆张照根同志参加上海马桥遗址第三次发掘第二阶段工作。

1994年11月—1995年4月，苏州博物馆、吴县文管会对大真山D9M1进行抢救性发掘。明确真山墓地为东周吴楚贵族墓地，相关发现获得"1995年全国十大考古新发现"提名奖。

1995年

1995年6月，于苏州博物馆举办"苏州出土吴国青铜器展"。

1995年10月，配合苏州钢铁厂基建，对华山战国大墓进行抢救性发掘。

1996年

1996年9—10月，于苏州博物馆举办"苏州市第三届文物精品联展——纪念良渚文化发现60周年展"。

1996年12月，苏州博物馆、吴江文管会对吴江广福村遗址进行抢救性发掘，清理出马家浜、马桥文化遗存。

1996年12月，于南京博物院举办江苏"八五"期间考古重大成果汇报展，赵陵山等遗址出土文物参展。

1997年

1997年5月10日—6月1日，苏州博物馆考古部对虎丘黑松林墓地进行抢救性发掘，12月12—24日，继续发掘完成。共清理汉、六朝及宋元明时期墓葬多座，其中97M4六朝墓是苏州地区已发现单体最大的砖室墓，出土石门、兽形石座、石家具、云气人物纹画像石屏风等，等级较高。

1997年10—12月，苏州博物馆、昆山市文化局对千灯镇少卿山遗址进行抢救性发掘，发现崧泽、良渚文化墓葬、灰坑、土台等遗迹。

1997年，苏州博物馆、吴江文管会对龙南遗址进行第四次抢救性发掘。

1998年

1998年10月、1999年5月，苏州博物馆对小真山四号墩（D4）进行抢救性发掘，清理战国墓2座、汉墓5座。

1998年10—11月，苏州博物馆、昆山文管所对正仪镇黄泥山遗址进行抢救性发掘。

1998年11—12月，苏州博物馆、昆山文管会对昆山绰墩遗址进行第一次抢救性发掘，清理崧泽文化墓葬、灰坑、良渚文化房址、灰坑、灰沟等遗迹。

1999年

1999年4—6月，苏州市文物管理委员会、苏州博物馆对古胥门城墙进行考古调查，并对瓮城遗址进行抢救性发掘。

1999年9—12月，举办"苏州市第四届文物精品联展——考古集萃"及"苏州市五十年考古成果汇报展"。

1999年11月8日—12月24日，苏州博物馆等对绰墩遗址进行第二次抢救性发掘。

2000年

2000年5—8月，苏州博物馆、常熟博物馆对常熟市虞山西岭3座石室土墩进行抢救性发掘，出土原始青瓷器等文物130余件。

2000年6—7月，为配合苏嘉杭高速公路建设，对吴县、常熟等的10个乡镇进行考古调查。

2000年9—10月，对常熟唐市圩浜村、董浜红沙村等遗址和白茆科泾村王家宅基古墓葬群进行抢救性发掘。

2000年9月，配合盘门房管所基建，清理民国潘祖年墓，出土翡翠扳指、鼻烟壶等文物10多件。

2000年10月—2001年1月，苏州博物馆等对昆山绰墩遗址进行第三次发掘。期间，对遗址进行了全面调查、勘探和测绘。

2000年11月26日，"吴文化国际学术研讨会"在苏州博物馆闭幕，来自全国的专家60余人参会。

2000年11—12月，继续对苏州西部山区进行吴文化调查，重点调查古墓葬分布和古城址。

2000年12月，完成《苏州城区考古控制区域分布图》，共计19条、50多个遗址的有关材料和平面图。

2001年

2001年2—3月，苏州市文物管理委员会、苏州博物馆再次对苏州古胥门瓮城遗址进行抢救性发掘，揭示出元代瓮城基础及瓮城城门，并由建设单位进行加固保护。

2001年3—4月，配合沿江高速公路建设，在常熟、张家港段发现近10处古文化遗存，并进行调查与发掘。

2001年4—7月，吴文化调查发现春秋时代古城址，并先后在藏书五峰村、木渎新华村和金山村进行古城址的调查与试掘。

2001年6—7月，苏州博物馆对虎丘西侧徐家坟汉墓群进行发掘，清理汉墓16座、明墓9座，出土器物100余件。

2001年7—8月,对常熟莫城黄土山遗址发掘,发现墓葬10座及良渚文化房址1座。

2001年9月—2002年1月,配合苏州环城公路建设,对宝山春秋大墓进行发掘。

2001年10月10日—11月18日,配合工业园区建设,对独墅湖遗址作抢救性发掘,发现被河流环绕的原始村落遗存,清理灰坑、水井等遗迹824个。

2001年11月18日—2002年2月2日,苏州博物馆等对昆山绰墩遗址进行第四次发掘,发掘面积380平方米。

2002年

2002年6月26日,配合苏州工业园区青秋浦河道拓宽工程建设,进行考古调查。

2002年6月27日—7月15日,配合苏州绕城高速公路相城区段建设,进行考古调查。

2002年11月12日—2003年1月16日、2003年3月2日—5月16日,苏州博物馆、昆山文管所对绰墩遗址进行第五次发掘,出土良渚、马桥文化及唐宋时期器物180余件。

2002年11月28—30日,邀请北京、上海、南京等地专家,召开"苏州西部山区春秋古城址群考古专家论证会",确认古城址群的重要学术价值,并提出保护措施。

2003年

2003年4—5月,完成苏沪高速公路苏州段的考古调查工作。

2003年6月6日—8月5日,对太仓双凤镇维新遗址进行发掘,发现良渚、马桥文化遗存。

2003年7月,完成对苏州古桥梁及古驳岸的考古调查工作。

2003年9月26日—12月1日,为配合苏沪高速公路建设,苏州博物馆对澄湖遗址进行抢救性发掘,清理各类遗迹872处,文化遗存年代自新石器时代一直延续至宋代。

2003年12月—2004年4月,苏州博物馆等对昆山绰墩遗址进行第六次发掘,重点发掘马家浜文化水稻田,并通过勘探确认遗址面积约40万平方米,为保护规划奠定基础。

2003年12月—2004年6月,苏州博物馆等对吴江同里遗址进行抢救性发掘,清理崧泽文化祭台1处、墓葬64座。

2004年

2004年1—4月,完成昆山绰墩遗址第六次第二阶段的发掘工作,发掘面积720平方米,发现各类遗迹123处,出土各类器物167件。

2004年2—3月,苏州博物馆进行阊门水城门的调查与发掘工作;同年10—12月,又对阊门古瓮城进行考古调查、发掘,揭露出瓮城墙基础的前瓮城部分和后瓮城南墙基础西段。

2004年4月2日—6月21日,苏州博物馆、吴中区文管会联合举办"苏州独墅湖、澄湖文明之光——两湖考古成果汇报展"。

2004年5月,苏州博物馆考古部对浒关镇高坟西汉墓群进行抢救性发掘,发现西汉竖穴土坑墓葬9座,出土陶器40件。

2004年9月16日—10月23日,在昆山绰墩遗址Ⅵ区揭示6 000年前水稻田200平方米,中德土壤研讨会代表赴现场参观研讨。

2005年

2005年3—4月,对苏州市区、新区及园区的重点建设项目工地进行考古调查。

2005年4月6日,对新区龙娘墩遗址进行抢救性发掘。

2005年5—6月,对桃坞变电站建设工地汉代土城墙遗址进行考古发掘。

2005年6月27日—11月5日,对平四路垃圾中转站项目工地进行抢救性发掘,发现战国遗址一处、汉代夯土城墙一段、六朝墓葬两座,出土陶、瓷、铁器等21件。

2005年6—8月,对园区琼姬墩新石器时代文化遗址进行考古发掘。

2005年12月7—16日,对虎丘风景区内宋代观音殿建筑遗址进行抢救性发掘。

2006年

2006年11月9—12日,苏州博物馆对工业园区"东湖林语"二期项目工地古井群进行抢救性发掘,清理崧泽文化、良渚文化、东周、唐宋时期水井20口,出土文物105件。

2006年11月27日—12月6日,苏州博物馆对山塘街陕西会馆建筑基址进行抢救性发掘。

2006年,苏州获得国家文物局核发的考古发掘团体领队资质,从此苏州考古工作者可以独立向国家文物局申请发掘执照,开展考古发掘工作。

2006年,《苏州市地下文物保护办法》颁布实施,苏州考古工作迎来蓬勃发展期。

2007年

2007年1月9—11日,完成吴江松陵至盛泽南北快速路项目考古调查、勘探。

2007年4月4—21日,对张家港市东山村遗址进行考古调查、勘探。

2007年4月26日,苏州电视台电视大厦建设工地发现1口宋代古井,出土四系瓶、双系黑釉瓶。

2007年6月18日—7月2日,配合吴中区文管会第三次全国文物普查试点,完成西山余家渡遗址、四墩山石室土墩、淀紫山石室土墩考古调查。

2007年9月27日,对木渎环镇路建设过程中发现的3座清代墓葬进行清理。

2007年10月23日—12月10日,对苏州高新区鸡笼山春秋石室土墩墓进行考古发掘。

2007年12月,《苏州文物考古新发现》出版,复刊后首期《苏州文博》编印出版,有力地推动了苏州考古工作的进一步发展。

2007年,第三次全国文物普查启动实施。

2008年

2008年3月7日起,开展京沪高速铁路苏州段考古调查、勘探。

2008年6月30日,完成第三次全国文物普查昆山、太仓地下文物普查工作。

2008年12月起,南京博物院主持先后对张家港黄泗浦遗址进行六次考古发掘,清理出了南朝至唐宋时期的河道、栈桥、仓廒、道路、房址、灰坑、水井、水沟等遗迹,证实黄泗浦遗址是长江下游一处重要的港口集镇遗址。

2009年

2009年3月,在苏州博物馆考古部基础上,苏州市考古研究所正式成立。苏州考古进入一个全新的阶段。

后 记

苏州地区的考古工作起步较早，发展也较为迅速，2006年即获得了国家文物局颁发的"2005年度团体考古发掘资质"（同年度还有海南省、西安市、宁波市等地的三家考古机构），是全国第四家、江苏第一家获得该项资质的非省会城市。

苏州市考古研究所自2009年3月独立运行以来，全所上下长期奋战在田野考古第一线，完成了大量调查勘探与发掘工作。经过15年的发展，客观上讲，需要对以往工作进行梳理、回顾，"以史为鉴，可以知兴替"；况且，这15年也见证了中国考古事业蓬勃发展的历程，特别是近几年从中央到地方都掀起了一股"考古热"，各地的文明探源工程也如火如荼地开展着，如何借力"东风"，更好地展示苏州文物考古成就、更好地实现文物保护与经济发展互利共赢，是每位考古人都需要思考的问题。

另一方面，苏州地域文明探源工程自2022年11月启动以来，苏州市委、市政府高度重视，在人员、经费等方面提供了坚强保障，特别是2023年新招聘了9名专业人员，大大充实了考古所的业务力量，我们才有精力来编写这本纪念文集。

本书由所领导总协调，统稿为车亚风、牛煜龙、张志清。最终的顺利出版得到了省内外诸多合作单位及苏州考古前辈的大力支持，考古所全体人员也时刻关心着出版动态，或提供文章，或邀约沟通，或出谋划策，台前幕后都付出良多，在此一并表示感谢。

感谢上海古籍出版社的宋佳、许佳莹编辑，从框架搭建到文字修改，都十分严谨、负责，编辑过程中也提出了许多中肯的意见，为本书增色不少。

2024年，对于苏州考古来说是一个特殊的年份。这一年，距1954年苏州地区的首次考古发掘正好七十周年，同时苏州考古博物馆也即将建成开放，苏州考古进入了馆所一体化发展的新阶段。这本文集的出版，算是为这些重要事件献上了一份薄礼，同时也期待未来能与大家共襄苏州考古盛举。

由于时间仓促，加之行文风格迥异、编者学识有限，书中不当和疏漏之处在所难免，恳请诸位同仁不吝赐教。

编　者
2024年12月